DIE RÖMER

ATLANTIS – ALTE KULTUREN

Margaret Lyttelton
Werner Forman

DIE RÖMER
Ihre Götter und ihr Glaube

Atlantis Verlag
Luzern und Herrsching

Schmutztitel-Seite: Grabstein einer Isispriesterin mit der Darstellung einer Graburne, aus der sich eine Schlange windet. Schlangen galten in Rom weithin als heilig. Hier stellt die Schlange vielleicht die Seele der Verstorbenen dar.

Titelseite: Dieses Porträt eines jungen Mannes ist auf das Leinentuch gemalt, das das Gesicht des Toten bedeckte. Der Vogel stellt den ägyptischen Gott Horus dar.

© Atlantis Verlag, Luzern und Herrsching, 1986
© 1984 Originalausgabe bei Orbis Publishing
Limited, London
(die Originalausgabe erschien unter dem Titel
»The Romans«)
Umschlaggestaltung: Bine Cordes, Weyarn
Alle Rechte vorbehalten
ISBN: 3-7611-0686-6

Inhalt

Das sich wandelnde Bild der Stadt

Das gewaltige Ausmaß und imponierende Erscheinungsbild der Ruinen des alten Rom, von denen manche noch heute das Zentrum der Stadt prägen, legen ein lebendiges Zeugnis ab von der Macht und dem Reichtum der einstigen Bewohner der Metropole des Römischen Reiches. Grandiose, mit Reliefs geschmückte Bauwerke wie die Triumphbögen, die großen Altäre und die Gedenksäulen der Kaiser bezeugen die Geschicklichkeit und Kunstfertigkeit der alten Römer ebenso wie ihren Wohlstand und den Stolz auf ihre Stadt. In den Städten Pompeji und Ostia lassen die vornehmen, geräumigen Wohnanlagen der mittleren und oberen Schichten deutlich die technischen Leistungen und den hohen Lebensstandard erkennen, die die römische Gesellschaft erreicht hatte.

Die Überreste des antiken Rom spielten eine beachtliche Rolle in der großen künstlerischen und geistigen Bewegung, die wir als Renaissance bezeichnen. Denn die beeindruckenden Ruinen Roms aus der Kaiserzeit, die erhaltenen und neu entdeckten antiken Statuen in der Stadt beeinflußten nachhaltig die Entwicklung der westeuropäischen Kunst und Architektur vom Beginn des 15. Jahrhunderts bis zum frühen 19. Jahrhundert, in einigen Fällen auch noch darüber hinaus. Große Künstler und Architekten wie Michelangelo, Mantegna und Palladio bezogen Anregungen aus der Wiederentdeckung der Antike. Im 18. Jahrhundert stellt sich der Schweizer Maler Füssli selbst dar, wie ihn die Resignation übermannt angesichts der Größe von Bruchstücken einer antiken Skulptur – es handelt sich um eine Hand und einen Fuß von einer Kolossalstatue Konstantins. Die Großartigkeit des alten Rom, wie sie an den Resten seiner Kultur erkennbar und in der lateinischen Literatur lebendig dargestellt war, spielte eine bedeutende Rolle bei der Prägung des Geschmacks und der Empfindungen von Schriftstellern und ihrem Publikum. Dichter wie Goethe und Byron waren mit der altrömischen Bildkunst innig vertraut. Edward Gibbon betont in seiner Autobiographie, wie die Überreste der antiken Stadt ihn zu seinem Entschluß anregten, den „Niedergang und Fall des Römischen Reiches" zu schreiben:

> „Es war in Rom, am 15. Oktober 1764, während ich nachdenklich inmitten der Ruinen des Capitols saß und als die barfüßigen Mönche im Jupitertempel die Vesper sangen, als mir zum ersten Mal der Gedanke kam, den Niedergang und Fall der Stadt darzustellen."

Die alten Römer waren höchst praktische Leute. Die Leistungen ihrer Ingenieurkunst, die wir noch in ihren Bauwerken, ihren Straßen, Brücken und Aquädukten vor Augen haben, beweisen das zur Genüge. Zugleich waren sie geniale Organisatoren. Das zeigt ihre Verwaltung der ganz unterschiedlichen fremden Länder, die sie im Laufe der Zeit eroberten, ebenso wie die planmäßige Regelung der Kornzufuhr nach Rom, wobei gewaltige Mengen von Getreide auf dem Seeweg in die Stadt geschafft und dort an die Bevölkerung verteilt wurden. Vor allem sind es jedoch die Organisation und die Disziplin des Militärs, worin der Charakter der Römer zum Ausdruck kommt. Die Römer waren freilich nicht so vollkommene Rationalisten, wie sie in Geschichtsbüchern oftmals dargestellt wurden. Im Gegenteil, sie glaubten, daß sie in einer Welt voller Götter und Geister lebten, die in

Die Aureliansmauer. Im späten 3. Jahrhundert ließ Kaiser Aurelian diese Mauer errichten, die seinen Namen trägt, um Rom gegen Angriffe von Barbaren zu schützen.

mancherlei Situationen des Alltagslebens unablässig angerufen und besänftigt werden mußten. So versichert der ältere Plinius, der im 1. Jahrhundert n. Chr. schrieb, in seiner „Naturgeschichte", die Welt sei von mehr Göttern als Sterblichen bevölkert. Viele Denkmäler und Bauwerke der Hauptstadt spiegeln die religiöse Stimmung der römischen Gesellschaft wider und beleuchten die Bedeutung, die die Römer der Beobachtung von Ritualhandlungen und der Verehrung ihrer Götter beimaßen. Denn prachtvolle Tempel, die sich teilweise in ausgedehnten Anlagen befanden und mit zahllosen marmornen und bronzenen Statuen von Göttern und Göttinnen geschmückt waren, beherrschten das Erscheinungsbild des alten Rom.

Glaube und religiöse Praxis der Römer verdienen eine nähere Untersuchung und Bewertung, denn das Verständnis der Religion ist die Voraussetzung dafür, viele Seiten der römischen Gesellschaft in ihrer Gesamtheit zu erfassen. Für die Römer war die Religion eine Macht, die die ganze Gesellschaft durchdrang, auf der privaten Ebene der Familie ebenso wie im Bereich der Politik. Die herkömmliche Religion stützte viele Vorstellungen und Überzeugungen des einfachen Volkes und verlieh zugleich der Gesellschaft als Ganzes Dauerhaftigkeit und Zusammenhalt.

Viele Römer glaubten fest daran, daß der Erfolg und die Größe ihrer Stadt die Belohnung der Götter für die fromme Beobachtung der überlieferten religiösen Gebräuche seien. In Rom waren religiöse Zeremonien und Riten im öffentlichen wie im privaten Bereich ein hervorstechender Zug des täglichen Lebens. Die Römer waren überzeugt, daß sie in Dingen der Religion gewissenhafter seien als andere Völker. Cicero, der berühmte Redner und Politiker der späten Republik, formuliert diese Anschauung deutlich in seiner Schrift „Vom Wesen der Götter" (II, 3,8):

> „Unser Staat ist unter Heerführern groß geworden, die die religiösen Bräuche beachteten. Und wenn wir uns mit anderen Völkern vergleichen, so finden wir, daß wir ihnen in anderen Dingen ebenbürtig oder auch unterlegen sind, in der Religion aber, also in der Verehrung der Götter, weit überlegen."

Glaube und religiöse Praxis der Römer sind nicht nur wichtig und interessant, weil sie eine grundlegende Rolle im öffentlichen und privaten Leben spielten, sondern auch, weil sie in beträchtlichem Maße das Saatbeet bildeten, auf dem das Christentum sich ausbreitete.

Aus der Notwendigkeit heraus, der weitreichenden und vielfältigen Thematik der römischen Religion und des römischen Ritus bestimmte Grenzen zu setzen, befaßt sich dieses Buch hauptsächlich mit der Zeit der späten Republik und des frühen Kaiserreichs, also ungefähr dem 1. Jahrhundert vor und dem 1. Jahrhundert nach Christi Geburt. Das ist ein historisch bedeutsamer und interessanter Zeitraum, der uns aufgrund der überlieferten Literatur und der damaligen Geschichtsschreibung recht gut bekannt ist. Ferner wurde der Schwerpunkt der Darstellung auf die religiösen Bräuche der Stadt Rom und ihrer Bewohner gelegt, aber auch auf die Religion der von der Hauptstadt unmittelbar beeinflußten Ortschaften wie Ostia, der Hafenstadt Roms. Dafür gibt es verschiedene Gründe. Rom zieht als Haupt und Herz eines riesigen Reiches naturgemäß unsere Aufmerksamkeit auf sich. Da Rom das Zentrum der Macht war, sind wir insgesamt besser über das Leben seiner Bewohner unterrichtet als bei weniger bedeutenden Städten. In der von uns behandelten Zeitspanne waren die meisten Schriftsteller, deren Berichte über religiöse Handlungen und Vorstellungen höchst wichtige Quellen für die Erforschung der römischen Religion sind, in Rom geboren oder lebten dort.

Freilich muß betont werden, daß es viele Lücken in unserem Wissen von der römischen Religion gibt. Das liegt unter anderem daran, daß uns dokumentarische Berichte aus erster Hand in Form von antiken Inschriften nur sehr spärlich erhalten sind. Unsere Kenntnisse sind weithin auf das beschränkt, was uns Autoren des Altertums über die Religion berichten. Immerhin können diese Berichte durch archäologisches Material ergänzt werden. So befaßt sich dieses Buch besonders mit dem, was die Reste von Tempeln, Altären und anderen Denkmälern zur Religionsgeschichte aussagen. Darstellungen von Kulthandlungen auf Reliefs und Fresken, von denen viele durch Ausgrabungen entdeckt wurden, sind eingehend unter diesem Aspekt untersucht worden. Da zudem die römische Religion sehr konservativ war und Bräuche und Rituale aus grauer Vorzeit bewahrte, waren ihr Sinn und Ursprung selbst den Gelehrten der späten Republik und der frühen Kaiserzeit, die uns Berichte über diese Rituale hinterlassen haben, kaum noch bekannt. So wußte etwa in der von uns behandelten Epoche niemand mehr, welcher Gottheit zu Ehren das berühmte Luperkalienfest gefeiert wurde. Obwohl ein Tag im römischen Kalender dem Fest der Göttin Furrina geweiht war, erinnerte sich offenbar niemand mehr daran, wer sie war, wie Varro im 1. Jahrhundert v. Chr. klagte. Was die Römer tatsächlich glaubten und wie sie sich ihre Götterwelt vorstellten, darüber gibt es nur wenige klare Belege. Wir können uns zwar eine gewisse Vorstellung von der Religion gebildeter Römer wie Varro und Cicero machen, wissen aber insgesamt nur wenig über den Glauben der einfachen Menschen, jedenfalls über das hinaus, was in ihrer bloß äußerlichen Teilnahme an religiösen Festen und Riten von Staat und Familie zum Ausdruck kommt.

Vor der Behandlung der römischen Religion und ihrer Riten erscheint ein kurzer Abriß der Geschichte Roms und der Entwicklung der Stadt angebracht, insbesondere soweit dabei religiöse Vorstellungen ins Spiel kommen. Nach der Sage wurde Rom im Jahre 753 v. Chr. von den Zwillingen Romulus und Remus gegründet. Als Säuglinge ausgesetzt, weil König Amulius sie fürchtete, wurden sie durch eine Wölfin gerettet, die sie säugte. Ein Hirt fand sie, sie wuchsen heran und gründeten Rom. Die Gelehrten nehmen jetzt an, daß die Sage von Romulus und

Folgende Seiten: Das Kolosseum in Rom. Dieses gewaltige, unter Vespasian errichtete Amphitheater war lange Zeit ein Symbol der Macht und Größe Roms. In der Arena, die von Sitzreihen für 50 000 Zuschauer umgeben war, fanden Gladiatorenkämpfe statt und wurden verurteilte Verbrecher den Raubtieren vorgeworfen.

Das reich geschmückte Grab der Familie der Haterii, die vielleicht Bauunternehmer waren, lag drei Meilen außerhalb der Stadt vor der Porta Maggiore. Das Grabrelief zeigt mehrere Bauten, die unter den flavischen Kaisern im späten 1. Jahrhundert n. Chr. errichtet wurden, darunter den Triumphbogen des Titus am Beginn der Heiligen Straße auf dem Forum sowie den Eingangsbogen zum Heiligtum der Isis. Die flavischen Kaiser waren Verehrer der ägyptischen Götter.

Oben: Die römische Wölfin, Bronze aus dem 5. Jahrhundert v. Chr. Die Figuren von Romulus und Remus sind Zutaten der Renaissance.
Unten: Weiblicher Kopf von einem Grab der etruskischen Nekropole bei Orvieto, 3. Jahrhundert v. Chr.

Gegenüber, unten: Fragmentarisches Marmorrelief aus dem 2. Jahrhundert n. Chr. mit den heiligen Gänsen vor dem Tempel der Juno Moneta auf dem Kapitol. Nach der Überlieferung warnte das Schnattern der Gänse die Römer vor einem nächtlichen Angriff der Gallier, die im Jahre 387 v. Chr. die Stadt geplündert hatten, auf ihren letzten Zufluchtsort.

Remus lange nach der Gründung der Stadt entstand, vielleicht im Laufe des 4. Jahrhunderts v. Chr. unter dem Einfluß ähnlicher griechischer Stadtgründungssagen. Der Legende nach gründete Romulus die Stadt auf dem Palatinischen Hügel. Nach den Aussagen antiker Schriftsteller wurde die sogenannte Hütte des Romulus auf dem Palatin noch bis ins 4. Jahrhundert n. Chr. pietätvoll erhalten. Tatsächlich haben Ausgrabungen auf dem Palatin Spuren von eisenzeitlichen Hütten erbracht, von denen einige hundert oder mehr Jahre vor 753 v. Chr., dem traditionellen Datum der Gründung Roms, entstanden zu sein scheinen.

Es hat also ein eisenzeitliches Dorf auf dem Palatin gegeben, ganz ähnlich, wie es die Überlieferung berichtet, und auf den benachbarten Hügeln entstanden zur gleichen Zeit weitere Siedlungen. Daß diese Gründung sogleich ein Erfolg wurde und aufblühte, liegt jedoch – daran ist kaum zu zweifeln – an ihrer Lage an einem wichtigen Flußübergang, den die Tiberinsel dort bildet. Durch diese Brücke wurde Rom ein wichtiges Handelszentrum. Man hat vermutet, daß wegen der Wichtigkeit der Brücke der für ihre Errichtung und Unterhaltung zuständige Mann mit priesterlicher Autorität ausgestattet wurde. Von daher erkläre sich möglicherweise die ursprüngliche Bedeutung des Wortes pontifex, „Brückenmacher", das dann allgemein für Priester gebraucht wurde. Die alte Holzbrücke überquerte den Fluß dort, wo sich der Vieh- und der Gemüsemarkt, das Forum Boarium und das Forum Holitorium, entwickelten. Nahebei, in der Senke zwischen den Hängen des Kapitolinischen und des Palatinischen Hügels, wo es in der Eisenzeit einen Begräbnisplatz gegeben hatte, sollte das berühmte Forum Romanum entstehen, nachdem wahrscheinlich im 6. Jahrhundert das sumpfige Gelände durch den Bau eines großen Entwässerungskanals, der Cloaca maxima, trockengelegt worden war.

Im Verlauf der Jahrhunderte dehnte sich Rom aus. Es bedeckte die sieben Hügel nahe der Tiberbrücke und die Täler zwischen ihnen: Palatin und Kapitol in der Mitte, Caelius und Esquilin gegen Osten, Aventin im Süden, Viminal und Quirinal im Nordosten. So wurde Rom zur „Stadt der Sieben Hügel". Das von diesen Hügeln bedeckte Gelände wurde von einer mächtigen Verteidigungsmauer umgeben, die im 4. Jahrhundert v. Chr., also während der Republik, errichtet worden war.

Unsere Kenntnis der frühen Geschichte Roms ist schemenhaft und dürftig und bietet den Gelehrten unserer Zeit viel Stoff zur Diskussion. Immerhin ist man sich einig, daß Rom in der Frühzeit von Königen regiert wurde, von denen einige etruskischer Herkunft waren, so wie es die Überlieferung berichtet. Die Ursprünge einiger wichtiger römischer Institutionen können bis in diese Zeit zurückgeführt werden. Der Senat, der später in der republikanischen Zeit die entscheidende Rolle bei der Regierung Roms und seiner auswärtigen Besitzungen spielen sollte, war ursprünglich der Rat der Ältesten, die die Könige beraten hatten. Mit der Vertreibung der Könige im späten 6. Jahrhundert v. Chr. wurde die Macht dem Namen nach zwischen dem Senat, der erst 300, dann 600 Mitglieder (meist wohlhabende Patrizier) hatte, und der Volksversammlung (bestehend aus den ärmeren Schichten der Bürger) geteilt. Tatsächlich gewann jedoch der Senat in dieser Partnerschaft die Oberhand und übte die alleinige Macht in Rom aus. Die römische Verfassung war mehr das Ergebnis einer allmählichen Entwicklung, mehr Gewohnheitsrecht als eine besonders ausgearbeitete, schriftlich niedergelegte Urkunde. Römische Schriftsteller und Denker haben die Vorzüge eines solchen Systems hervorgehoben. Der ältere Cato, der strenge Moralist und Staatsmann des 2. Jahrhunderts, erklärte nach Ciceros Bericht:

„Unsere Staatsform ist derjenigen anderer Staaten überlegen ... Sie beruht auf der Begabung nicht eines Mannes, sondern vieler. Sie entstand nicht in einem Menschenalter, sondern in Jahrhunderten. Denn niemals hat es einen so begabten Mann gegeben, daß ihm nichts entgangen wäre. Auch die vereinten Kräfte sämtlicher zu einer Zeit lebenden Menschen konnten unmöglich alle für die Zukunft nötigen Vorkehrungen treffen, ohne die Hilfe von Erfahrung und die Erprobung durch den Lauf der Zeit."

Oben: Die Reste des Pons Aemilius, der ältesten
steinernen Brücke über den Tiber (2. Jh. v. Chr.).

Während der ersten fünf Jahrhunderte seines Bestehens gewann Rom die Vorherr-
schaft über Italien südlich des Po. Zunächst brachte es nach und nach die angrenzenden Gebiete in seine Hand; Etrurien und das Sabinerland im Norden sowie
das Land der Samniten im Süden. In dieser Zeit erlitten die Römer eine Anzahl
ernsthafter Rückschläge, so die Plünderung der Stadt durch eine Schar eindringen-
der Gallier im frühen 4. Jahrhundert v. Chr. Zu Beginn des 3. Jahrhunderts erlangte
Rom die Macht über die alten Griechenstädte in Süditalien, nachdem König
Pyrrhus von Epirus seine Versuche, diese zu verteidigen, aufgegeben hatte. Innerhalb von etwas mehr als einem Jahrhundert dehnten die Römer durch eine Reihe
glänzender Siege anschließend ihre Herrschaft über weite Gebiete außerhalb
Italiens aus. In den drei erfolgreichen Punischen Kriegen während des 3. und
2. Jahrhunderts (264–241, 218–204 und 149–146) vernichteten sie die einst gewaltige Seemacht Karthago vollständig. Damit entledigten sie sich jeder ernsthaften
politischen Bedrohung und wirtschaftlichen Konkurrenz im westlichen Mittel-
meer. Durch ihre Siege über Karthago gewannen die Römer zuerst Sizilien und
Sardinien, dann große Gebiete in Spanien und zuletzt einen beträchtlichen Teil von
Nordafrika. Die eroberten Gebiete wurden zu Provinzen gemacht, die ehemalige

Inhaber hoher Staatsämter verwalteten. Im 2. Jahrhundert eroberten die Römer auch Makedonien und Achaia und brachten damit Griechenland in ihre Hand. Die großen Städte Korinth in Griechenland und Karthago in Nordafrika wurden in demselben Jahr zerstört (146 v. Chr.). Dieses Datum gilt als wichtiger Wendepunkt in der römischen Geschichte. Ungeheure Kriegsbeute floß in die Hauptstadt, Gold, Silber, Sklaven und – vor allem aus Korinth – griechische Kunstschätze. Befreit von äußerer Bedrohung und im Genuß neu gewonnenen Reichtums, begannen die Bürger Roms, ihre traditionell strengen Verhaltensnormen zu lockern, sie gaben ihre kriegerische und sparsame Lebensweise auf, um sich der genießerischen Muße zuzuwenden.

Der Geschichtsschreiber Velleius Paterculus stellt im 1. Jahrhundert n. Chr. fest, mit der Plünderung Karthagos durch Scipio Aemilianus habe der römische Staat das tatkräftige Handeln aufgegeben und sei in Trägheit verfallen. Der Zustrom von griechischen Kunstwerken und Luxusgütern hatte allerdings schon früher, und zwar mit der Plünderung von Syrakus im Jahre 212 v. Chr., begonnen, und einige antike Autoren waren der Meinung, daß die tiefgreifenden Veränderungen in der römischen Lebensweise zu dieser Zeit einsetzten. Jedenfalls haben griechische Kunst und in ihrem Gefolge griechische Kultur überhaupt den Geschmack und die Neigungen der römischen Oberschicht nachhaltig beeinflußt. Im 1. Jahrhundert v. Chr. drückte der Dichter Horaz es so aus:

„Das unterworfene Griechenland besiegte den rauhen Eroberer und brachte seine Künste in das bäurische Latium."

Rom erwarb weiterhin gewaltige Ländermassen jenseits der Meere. Im Jahre 133 v. Chr. vermachte Attalos, der letzte König von Pergamon, Rom testamentarisch sein Reich, das die reichen, dichtbesiedelten Küstengebiete Kleinasiens umfaßte, und im nächsten Jahrhundert führten die Eroberungen des Pompeius im Osten zur Annexion Syriens, während Caesars Siege im Westen die Eingliederung Galliens zur Folge hatten. Doch bewirkten die Machtkämpfe zwischen diesen überragenden römischen Heerführern des 1. Jahrhunderts v. Chr., ihren Rivalen und Nachfolgern eine furchtbare Periode des Aufruhrs und der Bürgerkriege, die die römische Welt an den Rand des Abgrundes brachten und in die Anarchie stürzten. Die Schlacht von Actium im Jahre 31 v. Chr. bedeutet einen zweiten wichtigen Wendepunkt in der Geschichte Roms. Hier schlug Octavianus, der spätere Augustus, Antonius und Kleopatra entscheidend. Damit errichtete er die Alleinherrschaft in der römischen Welt und beendete so eine fast einhundertjährige Ära von erbitterten politischen Zwistigkeiten und Bürgerkriegen.

Augustus verwandelte den Staat de facto in eine Monarchie. Zwar verschleierte er seine tatsächliche Macht, indem er die äußeren Formen der Republik beibehielt, doch beginnt mit ihm in Wirklichkeit die Kaiserzeit. Auf Kosten der politischen Macht und der Freiheit der Senatsaristokratie stellte Augustus den Frieden und die innere Sicherheit im römischen Imperium wieder her.

Unter den folgenden Kaisern wurden noch weitere Gebiete dem bereits riesigen Römischen Reich hinzugefügt. Unter Tiberius wurde die Provinz Kappadokien angegliedert, unter Kaiser Claudius die Provinzen Mauretanien, Britannien und Thrakien. Nach diesen Erwerbungen gab es nur noch wenige Erweiterungen des Reiches, dessen langgestreckte Grenzen immer schwerer gegen Angriffe der Gegner Roms zu verteidigen waren. Immerhin wurden unter Trajan noch die Provinzen Dacien (heute Rumänien) und Arabien (heute Jordanien und das nördliche Saudi-Arabien) errichtet. Im 2. Jahrhundert n. Chr. erreichte das Reich damit seine größte Ausdehnung. Noch heute sehen wir imponierende Zeugnisse römischer Herrschaft und römischer Verwaltung in weit voneinander entfernten Gebieten, die einst Teile des Reiches waren.

Der Erwerb dieses riesigen Reiches hatte natürlich schwerwiegende Rückwirkungen auf die Stadt Rom selbst. Rom wuchs zu gewaltiger Größe an, teils infolge der Gewinne, die das Reich einbrachte, teils durch die große Zahl von Zuwanderern, die nach Rom kamen, sei es als Sklaven, die Beute der Kriege in fernen Ländern waren, sei es als Händler und Handwerker, die von den neuen Erwerbsmöglichkeiten angelockt wurden. Schätzungen der Bevölkerung Roms durch heutige Gelehrte schwanken beträchtlich, aber wahrscheinlich lebten im 1. Jahrhundert n. Chr. etwa eine Million Menschen in Rom. Der Philosoph Seneca, der zu dieser Zeit schrieb, sagt in seiner „Trostschrift an Helvia" (Kap. 6) wohl ohne Übertreibung, daß die Bevölkerung der Stadt zu mehr als der Hälfte aus Zuwanderern bestehe, die aus den Provinzstädten Italiens, aus den überseeischen Kolonien und überhaupt aus der ganzen Welt in Rom zusammengeströmt seien, nachdem sie ihre Heimat verlassen hatten:

„Einige hat der Ehrgeiz hergeführt, einige die Notwendigkeit politischer Geschäfte oder diplomatischer Aufträge, einige ihre Genußsucht, die nach einem bequemen und reichen Platz für ihre Laster sucht, einige ihr Streben nach höherer Bildung, einige sind gekommen, um die öffentlichen Spiele und Unterhaltungen zu genießen, einige zog Freundschaft her, einige die Gelegenheit, ihre Geschäftstüchtigkeit zu beweisen, einige trugen ihre Schönheit zu Markte, einige ihre Redekunst – alle Arten von Menschen sind in dieser Stadt zusammengelaufen, die hohen Lohn für Tugenden wie für Laster anbietet."

Der schnelle Bevölkerungszuwachs in Rom spiegelte sich wider im Aussehen der alten Wohnviertel mit ihren engen, krummen Gassen und ihren riesigen, unregelmäßigen Mietshäusern. Die Mietshäuser wurden oft sorglos aus Fachwerk, Lehmziegeln und verputztem Geflecht bis zu schwindelnden Höhen gebaut. Obwohl

Gegenüber, oben: Der Trajansmarkt in Rom. Südöstlich vom Forum, das er mit Geldern aus der Beute des Dakerkrieges errichtet hatte, ließ Trajan einen aufwendigen Marktkomplex bauen, der sich in mehreren Etagen am Hang des Quirinalhügels hochzog und über 150 Läden sowie eine große überdachte Halle besaß. Der Bau bestand aus römischem Beton, einer Mischung von dauerhaftem Mörtel mit Gesteinsbrocken, und war mit flachen roten Ziegeln verkleidet.

Gegenüber, unten: Mumienporträt einer Frau, Holztafel aus dem 2. oder 3. Jahrhundert n. Chr.

Unten: Porträt aus Ägypten, wahrscheinlich aus dem 3. Jahrhundert n. Chr. Im griechisch-römischen Ägypten wurden solche Bildnisse vielleicht noch zu Lebzeiten des Dargestellten angefertigt und nach seinem Tode an der Mumie angebracht.

Links: Die Thermen des Caracalla, erbaut zu Beginn des 3. Jahrhunderts. Die Errichtung der Gewölbe des gewaltigen Bäderkomplexes wurde durch die Verwendung des römischen Betons möglich. Die Bäder waren mit Mosaikböden und architektonischem Schmuck, zum Beispiel mit aufwendigen marmornen Säulenkapitellen, verziert.

Links: Straße in Ostia, der Hafenstadt Roms. Eine Vorstellung vom Charakter der „Neuen Stadt" Rom, wie sie nach dem Brand vom Jahre 64 n. Chr. errichtet wurde, ermöglichen die erhaltenen Straßen Ostias. Die Neubauten in Rom ähnelten denen, die wir heute noch in Ostia sehen. Regelmäßige Ziegelfassaden über Betonkernen ergaben einen auf Nützlichkeit ausgerichteten, funktionalen Architekturstil.

Die Aureliansmauer in Rom (siehe S. 6). Ein großer Teil dieses ursprünglich zwölf Meilen langen Bauwerkes ist noch heute erhalten. Von 18 turmgekrönten Toren durchbrochen und von über 300 quadratischen Mauertürmen verstärkt, bietet sie einen imponierenden Anblick.

unter Augustus die Höhe solcher Bauten gesetzlich auf etwas mehr als 20 Meter beschränkt wurde, überschritten viele ältere Häuser zweifellos diese Grenze. Feuersbrünste, der Einsturz von Häusern und Überflutungen durch den Tiber bildeten eine ständige Gefahr für die Bewohner. Die überfüllten Straßen der alten Stadt brodelten von Leben und Betriebsamkeit, denn in den Erdgeschossen der Mietshäuser gab es ganze Reihen von Läden (*tabernae*) und Werkstätten. In Rom kannte man – anders als in den Städten des Ostens – keine getrennten Wohn- und Geschäftsviertel. Handwerker des gleichen Gewerbes und Läden mit gleicher Ware waren oft in einer Straße nebeneinander anzutreffen, ähnlich wie in den Städten des Mittelalters und noch heute in einigen Vierteln altertümlicher Orte wie zum Beispiel Istanbul.

Tag und Nacht herrschte im alten Rom Lärm, wie manche Poeten, deren Armut sie in billigen Wohnungen zu leben zwang, beklagten. Martial (etwa 40 bis etwa 104 n. Chr.) schimpft auf die zeitig aufstehenden Bäcker, das den ganzen Tag über andauernde Hämmern der Kupferschmiede, das unablässige Klingeln bei den geschäftigen Geldwechslern. Der Satiriker Juvenal beschwert sich über das nächtliche Rumpeln der Wagen in den engen Gassen und über das Geschrei der Männer, die Rinder und anderes Vieh durch die Stadt trieben. Seneca, der zeitweise nahe beeinem öffentlichen Bad wohnte, beschreibt in einem Brief (Nr. 66) die Geräusche, die ihm auf die Nerven gingen, das Stöhnen der übenden Sportler, das Geschrei und Plantschen der Badenden, die ins Wasser sprangen, und fährt dann fort:

„Stell dir den Haarausrupfer mit seiner durchdringenden grellen Stimme vor, der, um Reklame zu machen, unablässig schreit und seinen Mund nur dann einmal hält, wenn er jemand die Achselhöhlen auszupft und sein Opfer an seiner Statt zum Schreien bringt! Dann der Kuchenverkäufer mit seinen verschiedenen Rufen, der Wurstmann, der Konfekthersteller und alle die Verkäufer von Eßwaren, die ihre Produkte anpreisen, jeder mit seinem besonderen Geschrei!"

Ein grundlegender Wandel in der Anlage und im Erscheinungsbild Roms vollzog sich nach dem großen Brand im Jahre 64 n. Chr., der sechs Tage lang wütete und zehn der vierzehn Bezirke der Stadt schwer traf. Die Gelegenheit, eine neue Stadt aufzubauen, nachdem so viel von der alten zerstört war, wurde von Kaiser Nero schnell und umsichtig ergriffen. Es entstand ein neues Zentrum mit breiten Straßen und großzügigen Bauten von beschränkter Höhe und regelmäßiger Gliederung.

Bei der ständigen Vergrößerung der Stadt hatten sich die Häuser bereits im 1. Jahrhundert v. Chr. über den Mauergürtel der republikanischen Zeit hinaus ausgedehnt. Erst gegen Ende des 3. Jahrhunderts n. Chr. wurde Rom erneut von Verteidigungsmauern umschlossen. Diese Mauern, die man nach Kaiser Aurelian, unter dem sie errichtet wurden, die Aureliansmauern nennt, schließen ein so riesiges Gebiet ein, daß es noch bis in die letzten Jahre des 19. Jahrhunderts die gesamte Bevölkerung des modernen Rom bequem aufnahm. Noch 1870 war viel Land innerhalb der antiken Mauern nicht bebaut. Ein um 1870 aufgenommenes Photo zeigt die große Lateran-Basilika umgeben von Feldern und Weingärten. Im Verlauf der Spätantike und des Mittelalters war die Bevölkerung Roms so stark zurückgegangen, daß über die Hälfte des von der antiken Stadt bedeckten Geländes mehr oder weniger verlassen dalag, verwandelt zu Äckern oder gar Ödland, wo sich nur einige vereinzelte Häuser befanden. Im Mittelalter verlagerte sich das Zentrum der Stadt nordwärts vom Kapitolhügel zum Gebiet innerhalb der großen Tiberschleife, wo das Pantheon steht, und zum Bereich jenseits des Flusses nahe dem Petersdom, dem sogenannten Trastevere. Was einmal der Mittelpunkt des antiken Rom gewesen war, wurde verlassen und vom Grün bedeckt. Die Ruinen des Forum Romanum, der Gipfel und die Hänge des Palatinischen Hügels, wo die Kaiserpaläste gestanden hatten, waren von Weingärten, Bäumen und Feldern bedeckt, während primitive Hütten sich zwischen den Ruinen der Bauwerke am Fuß des Kapitols ausbreiteten. Noch im 17. Jahrhundert graste Vieh auf dem Forum, wie Zeichnungen und Gemälde zeigen, und wirklich nannte man das Forum „Campo Vaccino" (Rinderfeld). So sank der prächtige Mittelpunkt des kaiserlichen Rom in einen Zustand zurück, der dem ursprünglichen vor der Gründung der Stadt ähnelte, wie ihn sich Dichter der Augusteischen Zeit anschaulich vorgestellt hatten. Mit den Worten des Tibull (II, 23–26): „Als Romulus die Mauern der ewigen Stadt noch nicht gebaut hatte, weideten Kühe auf dem grasbedeckten Palatin, und ärmliche Hütten standen auf dem Hügel, wo jetzt der Tempel des kapitolinischen Jupiter ragt." Viele hundert Jahre später hatte sich der Kreis nahezu geschlossen.

Das Stadion Domitians, Teil des Kaiserpalastes auf dem Palatin. Der gewaltige, beeindruckende Palast wurde im wesentlichen unter den flavischen Kaisern errichtet. An der Südostseite der Palastbauten befinden sich die Reste eines langgestreckten, ummauerten Gartens, der in der Form eines Stadions angelegt war.

Die alten Götter Roms

Wir halten die Römer gewöhnlich nicht für ein besonders religiöses Volk. Im Unterschied zu anderen Kulturen des Altertums wie etwa der hierarchisch strukturierten Gesellschaft Ägyptens oder dem theokratischen Staat der Juden erscheinen die Römer bemerkenswert säkular, ja modern in ihrer Weltsicht. Schließlich war die römische Gesellschaft im 1. Jahrhundert v. Chr. verhältnismäßig liberal. Selbst erst vor kurzer Zeit freigelassene Sklaven konnten ihr Glück machen, Reichtum und eine gewisse soziale Position erreichen. Frauen wurden nicht von der Außenwelt abgeschlossen, und eine Laufbahn im Heer ermöglichte es auch Männern aus ärmeren Schichten, eigenes Land zu erwerben.

Natürlich besaßen die Römer eine altehrwürdige Religion mit vielen Göttern, Riten und Zeremonien, doch manche Angehörige der Oberschicht scheinen diese mit Skepsis betrachtet zu haben. Als im Ersten Punischen Krieg einer der Konsuln, Publius Claudius Pulcher, hörte, die heiligen Hühner wollten nicht fressen, was als ein böses Vorzeichen galt, ersäufte er sie. „Wenn sie nicht fressen wollen, so sollen sie trinken", erklärte er und warf sie ins Meer. Cicero, der in seinen Gerichtsreden stets höchste Achtung vor der Religion zeigte, scheint doch ernsthafte Zweifel an ihrer Richtigkeit gehegt zu haben. Diese Zweifel treten in seinen philosophischen Schriften zutage. In seinem Dialog „Vom Wesen der Götter" läßt er einen der Sprecher zahlreiche Gründe gegen die Existenz der Götter vorbringen, während er in dem Buch „Von der Weissagung" den Glauben an Omen, Vorzeichen, prophetische Träume und Astrologie ernsthaft in Frage stellt. Augustin hat dazu später bemerkt, Cicero würde es nie gewagt haben, öffentlich auszusprechen, was er privat schrieb.

Im 1. Jahrhundert v. Chr. war der vielleicht leidenschaftlichste Skeptiker von allen Römern der Dichter Lukrez. In seinem Lehrgedicht „Vom Wesen der Dinge" (V, 1186 ff.) verspottet er mit treffenden Worten den Menschen, den er als abergläubisch ansieht:

„Oft sieht man ihn verhüllten Hauptes sich einem Stein zuwenden, sich jedem Altar nähern oder flach auf dem Boden liegen und seine Hände zu den Kapellen der Götter ausstrecken, die Altäre mit frischem Tierblut besprengen und Gelübde an Gelübde reihen."

Im Jahre 79 n. Chr. bemerkte der mit trockenem Humor begabte Kaiser Vespasian auf dem Totenbett in Anspielung auf die römische Sitte, die Herrscher nach dem Tode zu Göttern zu machen: „Ach, ich glaube, ich werde ein Gott" (Sueton, Leben Vespasians 23).

Will man die Macht der Religion in der römischen Gesellschaft richtig beurteilen, so sollte man sich allerdings nicht allzusehr von der Skepsis einer verhältnismäßig kleinen Zahl prominenter und hochgebildeter Einzelpersönlichkeiten beeindrucken lassen. Zweifellos gab es eine rationalistische Strömung im Denken der Oberschicht der späten Republik, doch kam diese Tendenz nie zu ihrer logischen Konsequenz, nämlich der gänzlichen Verwerfung von religiösen Handlungen und Überzeugungen. Obwohl die religiösen Traditionen der Römer schließlich jedes Ansehen verloren und zugunsten der Lehren des Christentums aufgegeben wurden, sollte ihr Versagen uns nicht die bemerkenswerte Tatsache vergessen lassen, daß die Römer weit mehr als ein Jahrtausend lang an ihren religiösen Überlieferungen festhielten. Dies war der Glaube, der sie erhielt und der einen großen Teil ihres Lebens regelte.

Marmorstatue der Aphrodite, römische Kopie einer berühmten hellenistischen Statue aus dem 3. Jahrhundert v. Chr. Die Römer setzten die griechische Liebesgöttin Aphrodite mit ihrer Venus gleich.

Das römische Verständnis von Religion erfordert von uns, daß wir einige Ansichten hinnehmen, die uns fremd sind, in den Herzen der Römer aber tief verwurzelt waren. Die Tatsache, daß im antiken Rom zwischen Religion und Politik enge Bindungen bestanden, ist von modernen Gelehrten bisweilen als Beweis dafür angesehen worden, daß die Religion hohl, unaufrichtig oder im Verfall begriffen war. So konnten etwa Wahlversammlungen des Volkes nur stattfinden, wenn weder vor noch während der Zusammenkunft ungünstige Vorzeichen beobachtet wurden. Durch die Beobachtung ungünstiger Vorzeichen konnten auch Senatssitzungen aufgeschoben und Senatsbeschlüsse beeinflußt werden. Zweifelsohne wurden solche Vorzeichen von politischen Gruppierungen zu ihrem Vorteil ausgenützt, aber etliche Forscher vertreten jetzt die Meinung, daß das Ausmaß politischer Tricks und Manipulationen übertrieben worden ist. Nur von einem einseitigen christlichen Standpunkt aus, so meinen diese Forscher, habe man aus der engen Verquickung mit der Politik auf einen Niedergang oder Verfall der römischen Religion schließen können. Heute erkennt man, daß „die Skala weltlicher Ziele, für die die Religion eingesetzt werden kann, ebenso breit ist wie die Skala aller menschlichen Ziele" (Spiro, Anthropological Approaches to the Study of Religion, S. 106).

Die Geltung des traditionellen Glaubens in weiten Teilen des Römischen Reiches war ein wichtiger Faktor für den Zusammenhalt und die Stabilität der Gesellschaft. Die Einheit eines vielschichtigen politischen Systems wie des Römischen Reiches hängt nicht nur von gemeinsamen Institutionen ab wie einem einheitlichen Rechtssystem und Kriegswesen, sondern auch von gemeinsamen Glaubensvorstellungen und Symbolen im Bewußtsein des Volkes, wie sie durch die traditionelle Religion weitgehend gegeben waren.

In Rom bestanden enge Verbindungen zwischen Religion und Gesellschaft. Besonders fest waren sie zwischen dem Staatskult und den herrschenden Schichten. Es gab keine eigene Priesterklasse. In der Zeit der Republik wurden alle Priester aus Angehörigen der Oberschicht ausgewählt oder hinzuberufen, und oft erfüllten sie gleichzeitig zwei Funktionen. So war Caesar im Jahre 44 v. Chr. zugleich Konsul und *pontifex maximus* (Oberpriester). Die zu Priestern gewählten Bürger waren nur prominente Laien, aber keine berufsmäßigen Spezialisten für religiöse Angelegenheiten.

In der späten Republik und der frühen Kaiserzeit gab es vier wichtige Priesterkollegien: 16 *pontifices*, 16 Auguren, die Fünfzehnmänner (*quindecemviri*) für die Aufsicht über fremde Kulte sowie ein Kollegium der Epulonen oder Festveranstalter. Letztere richteten das Festmahl für die Senatoren nach dem Fest des Jupiter auf dem Kapitol aus und ebenso die öffentlichen Festmähler, die nach anderen Festen und Spielen abgehalten wurden.

Unter der Monarchie war der König oberster Priester des Staates gewesen. Mit Errichtung der Republik wurden die zeremoniellen und religiösen Pflichten des Königs einem Oberpriester anvertraut, dem *pontifex maximus*, der in einer besonderen Volksversammlung gewählt wurde. Sein Amtssitz war die *Regia*, der alte Palast auf dem Forum. In der Kaiserzeit hatte der regierende Monarch dieses Amt inne. Der *pontifex maximus* stand dem Kollegium der *pontifices* vor, die das oberste Priestergremium bildeten. Ihr Name läßt vermuten, daß sie – wie oben erwähnt – ursprünglich vielleicht mit den magischen Riten des Brückenbaus zu tun hatten, doch entwickelten sie sich später zu einem Beratungsgremium für religiöse Angelegenheiten und waren ganz allgemein für die Abwicklung der religiösen Zeremonien und Rituale zuständig. Sie überwachten den Festkalender und bestimmten die heiligen Tage und die Schaltmonate. Als *pontifex maximus* war Caesar in der Lage, seine Reform des Kalenders durchzuführen, der bis zur Gegenwart fast unverändert gültig geblieben ist. Allerdings waren es oft die hohen Staatsbeamten, nicht die Priester, die die Hauptrolle bei den wichtigsten Opferfeiern und Zeremonien des Staatskultes spielten.

Das zweitwichtigste Priesterkollegium war das der Auguren, die aus dem Flug und den Stimmen verschiedener Vögel herauszulesen hatten, ob bestimmte ge-

Piazzale delle Corporazioni in Ostia, vom wieder-
aufgebauten Theater aus gesehen. Der von Säulen-
reihen umgebene Platz mit einem kleinen Tempel in
der Mitte war ein wichtiges Zentrum des Handels.
Ringsum lagen die Büros der einheimischen Kaufleute und Schiffsmakler sowie ihrer auswärtigen
Geschäftspartner. Der Tempel in der Mitte könnte
von einer der Kaufmannsgilden unterhalten worden
sein.

plante Unternehmungen die Billigung der Götter hatten. Weiter gingen die
Auguren nicht. Es wurde von ihnen nicht erwartet, daß sie die Zukunft voraussag-
ten. Es war eine hohe Ehre, in eines dieser beiden Kollegien gewählt zu werden.
Cicero war trotz all seiner Skepsis begeistert, als er zum Augur gewählt wurde. Die
quindecimviri (der Rat der Fünfzehn) waren vor allem für die Obhut der sibyllinischen Bücher und ihre Auslegung verantwortlich. Ihnen oblag ferner die Ober-
aufsicht über die nichtlateinischen Kulte wie beispielsweise den der Kybele, die von
außen nach Rom gebracht worden waren. Der Historiker Tacitus war Mitglied
dieses Gremiums.

Der durchschnittliche Römer war von der religiösen Verpflichtung, die Götter zu
besänftigen, weitgehend durch die Institution der Staatskulte entlastet, die von
Priestern und gewählten Beamten wahrgenommen wurden. Man glaubte, daß dies
entscheidend sei für Erfolg und Gedeihen des römischen Staates, daß durch diese
Kulte die rechte Beziehung zwischen dem Staat und den Göttern, die *pax deorum*
(Götterfrieden), aufrechterhalten werde. Der „Götterfrieden" beruhte nach Meinung der Römer auf Gebeten und Opfern, die nach altehrwürdigen Ritualen durchgeführt wurden, und auf der Kunst der Weissagung, die sicherstellen sollte, daß die
Vorzeichen für jedes geplante Unternehmen günstig waren, etwa für einen Feldzug
oder die Gründung einer neuen Stadt. Es war ein Teil der Pflichten eines Staats-
beamten, unter der Aufsicht der zuständigen Priester die entsprechenden religiösen
Zeremonien zu verrichten, bevor er wichtige Regierungsgeschäfte in Angriff nahm.
Religiöse Handlungen waren vorzunehmen, wenn Beamte ihr Amt antraten, zu
einem Feldzug aufbrachen, eine Volkszählung durchführten oder eine wichtige
Versammlung einberiefen.

Die Römer verehrten eine große Zahl von Göttern ganz verschiedener Art und ganz unterschiedlicher Herkunft. Sie reichten von bedeutenden Gottheiten wie Jupiter und Juno sowie vergöttlichten Heroen wie Herkules, denen die meisten Staatskulte gewidmet waren, bis hin zu ländlichen Geistern und – innerhalb der Familie – den häuslichen Göttern und den Geistern der verstorbenen Vorfahren. Das hatte mehrere Gründe. Teils spiegelt sich darin die römische Geistesart wider, teils die lange geschichtliche Entwicklung, die die Stadt durchgemacht hatte. Es ergab sich, daß die römische Religion nicht nur einige wenige, sondern eine Vielzahl von Kulten anderer Völker übernahm, mit denen die Römer freundschaftlich oder feindlich in Berührung kamen. Vor allem in der Frühzeit wurde die Übernahme fremder Kulte als ein Mittel betrachtet, sich ein fremdes Volk dadurch gefügig zu machen, daß man seine Hauptgottheit nach Rom überführte. So waren nach der Überlieferung die Römer nicht imstande, die etruskische Nachbarstadt Veji zu besiegen, bis sie durch ein besonderes Gebet deren Göttin Juno überredeten, Veji zu verlassen und nach Rom überzusiedeln.

Edward Gibbon beschreibt in seinem Werk „Niedergang und Fall des Römischen Reiches" (Buch 1, Kap. 2) treffend die geistige Verfassung des vom Polytheismus geprägten alten Römers mit seiner Neigung zum religiösen Synkretismus:

> „Angst, Dankbarkeit, Neugier, ein Traum oder ein Vorzeichen, eine ungewöhnliche Störung der Ordnung oder eine weite Reise versetzten ihn unablässig in die Lage, seine Glaubensartikel zu vervielfältigen und die Liste seiner Beschützer zu verlängern . . . Die Gottheiten von tausend Hainen und tausend Flüssen hatten im Frieden ihre jeweilige, auf den betreffenden Ort beschränkte Bedeutung. Und der Römer, der den Zorn des Tiber beschwichtigte, konnte den Ägypter nicht verlachen, der seine Gabe dem wohltätigen Genius des Nil darbrachte. Die sichtbaren Mächte der Natur, die Planeten und Elemente waren im ganzen Universum die gleichen. Die unsichtbaren Herrscher über die sittliche Welt waren unausweichlich in einer ähnlichen Weise von Dichtung und Allegorie geprägt . . . Von solcher Art war der nachsichtige Geist des Altertums, daß die Völker weniger auf die Unterschiede als auf die Ähnlichkeiten ihrer Religion achteten."

Von großem Einfluß auf den Charakter der römischen Religion ist es gewesen, daß die Römer nicht zu schöpferischem Denken veranlagt waren und keine tiefschürfenden Fragen nach dem Naturgeschehen stellten. Anders als die Griechen brachten sie keine Philosophen und Gelehrten hervor, die wissenschaftliche Erklärungen für die Phänomene der Natur und den Ursprung der Welt zu geben versuchten. Auch hochgebildete Römer hatten keine sichere Grundlage für eine wissenschaftliche und rationale Weltsicht, und so war der Weg frei für den Glauben an übernatürliche Mächte. Das Gefühl menschlicher Hilflosigkeit und Verletzbar-

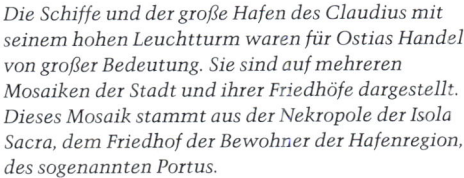

Die Schiffe und der große Hafen des Claudius mit seinem hohen Leuchtturm waren für Ostias Handel von großer Bedeutung. Sie sind auf mehreren Mosaiken der Stadt und ihrer Friedhöfe dargestellt. Dieses Mosaik stammt aus der Nekropole der Isola Sacra, dem Friedhof der Bewohner der Hafenregion, des sogenannten Portus.

keit angesichts der Größe des Universums und die Angst und Furcht beim Eintreten nicht voraussehbarer Geschehnisse sind die Grundlage der römischen ebenso wie jeder anderen Religion. Tatsächlich scheinen die meisten Römer alle wichtigen natürlichen Vorgänge, wie die Gesundheit der Menschen und das Gedeihen der Feldfrüchte, als unter der Aufsicht verschiedener Götter stehend betrachtet zu haben, und auch das gesamte Wohlergehen des Staates wie des einzelnen stellte man sich als göttlich gelenkt vor. Die Hauptaufgabe römischer Religion auf öffentlicher wie auf privater Ebene war, die jeweiligen Götter gnädig zu stimmen, um so den Erfolg in allen Dingen zu sichern, die den Staat und den einzelnen betrafen. Römische Religion hatte es wesentlich mit Gedeihen und Erfolg zu tun. „Jupiter wird der Beste und Größte genannt", schrieb Cicero, „nicht weil er uns gerecht, besonnen und weise macht, sondern weil er uns gesund, vermögend und erfolgreich macht." (Vom Wesen der Götter III, 36).

Die Römer waren ursprünglich Bauern, und zu den ältesten Göttern gehören bei ihnen diejenigen, die für die Landwirtschaft und das bäuerliche Leben zuständig waren, wie beispielsweise Flora – die Göttin der Blumen, Pomona – die Göttin der Früchte, Ceres – die Göttin von Saat und Wachstum, Robigus – der Gott, der den Mehltau vom Getreide fernhielt, und Vesta – die Göttin des Herdes. Der Kult der Vesta, der vielleicht griechischen Ursprungs war, behielt in Roms langer Geschichte große Bedeutung. Neben der privaten Verehrung der Vesta in den einzelnen Familien gab es auch einen staatlichen Kult der Göttin. Die Hauptkultstätte der Vesta war ein kleiner Rundtempel auf dem Forum Romanum, den nach der Überlieferung Numa Pompilius, der zweite König Roms, gegründet hatte. Die runde Form des Tempels könnte die Hütten der frühen Einwohner der Stadt zum Vorbild haben. Jedenfalls glaubten antike Schriftsteller, daß die für einen Tempel ganz ungewöhnliche Kreisform aus der fernen Königszeit stamme, wie es der Dichter Ovid (43 v. Chr.–17 n. Chr.) bezeugt: „Den Bau, den du jetzt mit Bronze gedeckt erblickst, hättest du damals strohgedeckt sehen können und die Wände geflochten aus zähen Weiden." (Fasti VI, 261)

In diesem Tempel brannte unaufhörlich das heilige Feuer, und nur einmal im Jahre wurde es von den vestalischen Jungfrauen neu entfacht. Man nimmt allgemein an, daß der staatliche Vestakult seinen Ursprung im Kult des Herdfeuers im alten königlichen Haushalt Roms hat und auf eine Zeit zurückgeht, als das Feuer so kostbar war, daß in der Gemeinde stets eine Flamme brennen mußte. Man geht davon aus, daß die Vestalinnen ursprünglich die Töchter des Königs waren. Die vestalischen Jungfrauen spielten bei vielen der alljährlich in Rom gefeierten Feste eine wichtige Rolle, und sie hatten einzig spezielle Substanzen, die bei verschiedenen religiösen Feiern gebraucht wurden, vorzubereiten und aufzubewahren, so etwa den Opferkuchen (mola salsa).

Es gab sechs Vestalinnen. Als Kinder wurden sie für einen dreißigjährigen Dienst ausgewählt, danach durften sie ihr Amt aufgeben und heiraten. Anscheinend heirateten nur wenige Vestalinnen, denn es hieß, daß mit solchen Ehen Unglück verbunden sei. Besonderen Nachdruck legte man auf die Keuschheit der vestalischen Jungfrauen und ihre vollständige geschlechtliche Enthaltsamkeit während der Zeit des Tempeldienstes. Denn in der Antike galt Geschlechtsverkehr als befleckend und als Hindernis für eine enge Verbindung mit der Gottheit. Lebendig begraben zu werden war das Los von Vestalinnen, die nicht keusch blieben. Während ihrer Dienstzeit lebten die Vestalinnen in einem eigenen Haus, das an den Tempel grenzte. Sie standen unter der Gerichtsbarkeit des pontifex maximus.

Eine weitere Gottheit, deren Kult sehr alt war, ist der doppelgesichtige Janus, ein Geist der Tür des Hauses und der Pforten. (Das lateinische Wort ianua bedeutet Tür.) Daher galt Janus als Gott des Anfangs, und der Januar, der erste Monat des revidierten Kalenders, ist nach ihm benannt. In Rom wurde er in der Regia auf dem Forum Romanum und an anderen Stellen verehrt. Da die Regia in alter Zeit der Palast der römischen Könige war, mag der Januskult ursprünglich mit dem Tor des Königs verbunden gewesen sein.

Der sogenannte Venustempel in der Hadriansvilla in Tivoli, eine Nachbildung des berühmten Tempels der Aphrodite von Knidos in Kleinasien, der nach der Überlieferung die erste nackte Kultstatue der Göttin beherbergte.

Haus der vestalischen Jungfrauen auf dem Forum in Rom. In diesem Bau lebten die sechs Vestalinnen während ihrer Amtszeit. Das Aussehen des ursprünglichen Hauses ist nicht bekannt. Nach dem Brand von 64 n. Chr. wurde für sie ein geräumiger Wohnsitz um einen langen Säulenhof errichtet. Statuen der Vestalinnen schmücken den Hof.

Der Himmelsgott Jupiter, der die Stürme verursachte, Regen schickte und Macht über das Tageslicht hatte, war ein weiterer altertümlicher Gott. Für ein Volk von Bauern hatte er natürlicherweise eine große Bedeutung. Da er als Urheber des Donners galt, wurde er oft mit einem Blitz in der Hand dargestellt. Ursprünglich war Jupiter wahrscheinlich mit den großen Himmelsgöttern des Vorderen Orients verbunden, so mit dem iranischen Ahura-Mazda, dem syrischen Baal und vielleicht auch mit dem hebräischen Jahwe. Der Haupttempel Jupiters auf dem Kapitolinischen Hügel wurde nach der Überlieferung von den letzten Königen gegründet und im ersten Jahr der Republik, 509 v. Chr., geweiht. Jupiter Optimus Maximus, „der Beste und Größte", wurde bald zum Schutzgott des römischen Staates. In diesem Tempel war er mit seiner Gattin Juno und mit Minerva, der Göttin des Handwerks, verbunden. Sie bildeten eine Dreiheit, und so hatte der Tempel drei *cellae* oder Kapellen im Inneren, also jeweils eine für jede dieser Gottheiten.

Je weitgespannter die Interessen und der Einfluß Roms wurden und je mehr sich seine Macht ausdehnte, desto mehr neue Götter kamen zu denjenigen hinzu, die die alte Bauerngemeinde verehrt hatte. Durch den intensiver werdenden Kontakt mit den Griechen vergrößerte sich auch die Zahl der in Rom verehrten griechischen Götter. Die Geschichte der römischen Kultur ist weithin die Geschichte ihrer Umgestaltung durch die Berührung mit griechischen Gedanken. Zuerst geschah das vor allem durch die Verbindung mit den Etruskern, die bis zum Ende des 7. Jahrhunderts v. Chr. Rom beherrschten. Doch scheint Rom schon früh auch direkte Beziehungen zu den Griechen gehabt zu haben.

Als der römische Feldherr Camillus im Jahre 384 v. Chr. die unmittelbar nördlich von Rom gelegene etruskische Stadt Veji eroberte – zu einer Zeit als die Macht der Etrusker schon im Schwinden war –, weihte er dem griechischen Gott Apollo in Delphi eine Bronzeschale. Bereits im 5. Jahrhundert v. Chr. war in Rom ein Apollotempel errichtet worden, vielleicht als Folge einer Seuche, da Apollo als Gott der Heilkunst galt. Auch mit der Sonne war er verbunden, und Augustus baute ihm einen prächtigen Tempel auf dem Palatin, der von einem goldenen Wagen gekrönt war, auf dem Apollo als Sonnengott stand.

Der Kult der Zwillingsgötter Kastor und Pollux, der sogenannten Dioskuren, die ursprünglich Heroen waren, ist nach der von Livius zitierten Überlieferung im Jahre 484 v. Chr. von den Römern aus Griechenland übernommen worden, weil beide in der Schlacht am Regillussee auf römischer Seite mitgekämpft hatten. Sie erschienen damals auf wunderbare Weise hoch zu Roß in Rom bei der Juturnaquelle auf dem Forum Romanum, um die Nachricht vom Sieg über die Etrusker zu überbringen. So geschah es, daß sie in Rom besonders mit der Reiterei verbunden waren, und zu dem Fest, das ihnen zu Ehren begangen wurde, gehörte eine feierliche Reiterparade.

Bei den Griechen war, im Mutterland ebenso wie in Sizilien, der Kult der Dioskuren vor allem mit der Seefahrt verbunden. Diese Seite ihrer Verehrung kam in Ostia, dem Hafen Roms, besonders zur Geltung, wo für sie ein großes Fest gefeiert wurde. Noch um die Mitte des 4. Jahrhunderts n. Chr. war man überzeugt, daß Kastor und Pollux gutes Wetter für die Schiffahrt bewirken könnten. Der Historiker Ammianus Marcellinus (XIX, 10, 4, vgl. R. Meiggs, Ostia, S. 345) erzählt, daß im Jahre 359 n. Chr. Stürme die Kornschiffe an der Einfahrt in den Hafen von Ostia hinderten, so daß in Rom Hungerrevolten auszubrechen drohten. Dann aber schreibt er:

„Als Tertullus (der Präfekt der Stadt) im Tempel der Dioskuren opferte, legte sich der Wind, und die See beruhigte sich. Dann wendeten sich die Winde zu einer sanften südlichen Brise, und die Schiffe liefen unter vollen Segeln in den Hafen ein und füllten die Speicher mit Getreide."

Der griechische Heros Herakles wurde von den Römern ebenfalls schon früh unter dem Namen Herkules übernommen. Seine älteste Kultstätte in Rom war ein Altar auf dem *Forum Boarium*, dem alten Marktplatz der Stadt. Sein Kult war besonders

29

Oben: Kopf einer marmornen Statue des Zeus aus dem 1. Jahrhundert v. Chr. Kopie eines griechischen Originals aus Bronze von etwa 450 v. Chr. Die Römer setzten den obersten griechischen Gott Zeus mit Jupiter gleich.

Gegenüber, links: Zierplatte aus Terrakotta vom Apollotempel auf dem Palatin, die Apollo und seine Schwester Artemis (Diana) beim Schmücken einer heiligen Säule darstellen. Der neuattische Stil dieses Reliefs spiegelt den klassizistischen Geschmack des Augustus wider.

Gegenüber, unten rechts: Zierplatten aus Terrakotta von demselben Tempel. Der Ausschnitt zeigt Apollo, der sich mit Herkules um den delphischen Dreifuß streitet. Der Tempel wurde von Augustus im Jahre 28 v. Chr. dem Apollo geweiht. Augustus glaubte, unter dem besonderen Schutz Apollos zu stehen, und schrieb seinen Sieg bei Aktium dem Eingreifen des Gottes zu.

bei den Kaufleuten beliebt, vielleicht weil man glaubte, er könne Gefahren auf den langen Reisen abwenden, die Kaufleute zu unternehmen hatten.

Neben der Übernahme von griechischen Göttern und Heroen (Halbgöttern) wie Herakles kam es vielfach zur Gleichsetzung der traditionellen römischen Götter mit den ihnen entsprechenden griechischen durch die Römer. So wurden der Himmelsgott Jupiter und seine Gemahlin Juno mit dem griechischen Himmelsgott Zeus und seiner Gattin Hera identifiziert. Die italische Handwerksgöttin Minerva wurde von den Römern schon früh mit der griechischen Athene gleichgesetzt und die italische Venus mit der griechischen Liebesgöttin Aphrodite. Venus wurde von Caesar als Stammutter seiner Familie beansprucht, weshalb er ihr in Rom einen Tempel weihte. Venus gewann auch eine beträchtliche mythologische Bedeutung unter den gebildeten Römern, weil sie der Sage nach die Mutter des Trojanerfürsten Aeneas war, der der Vernichtung der Stadt durch die Griechen entging und nach Italien gelangte, was dann zur Gründung Roms führte. Diese Sage erlangte durch Vergil, den großen epischen Dichter des 1. Jahrhunderts v. Chr., in der „Aeneis" unsterblichen Ruhm. In ähnlicher Weise wurde Mars, der italische Gott des Krieges, zu dessen Ehren eindrucksvolle Spiele und Feste veranstaltet wurden, da sein Kult den kriegerischen Römern sehr am Herzen lag, mythologisch mit dem griechischen Kriegsgott Ares verbunden.

Alle diese griechischen Götter, die man die Olympier nannte, da man sie sich auf dem Berg Olymp wohnend vorstellte, sofern sie sich nicht gerade in menschliche Angelegenheiten einschalteten (oder einmischten), waren nicht so schemenhaft wie die römischen Götter, mit denen sie gleichgesetzt wurden. Die griechischen Olympier waren keine unpersönlichen Gestalten, sondern gleichsam eine Familie, deren Leidenschaften, Erlebnisse und auch Schwächen denen der Menschen, über die sie herrschten, sehr ähnlich waren. Ihre Lebensgeschichte wurde in der griechischen Kunst und Dichtung gefeiert. Die Römer gewannen dadurch, daß sie ihre Götter mit denen der Griechen gleichsetzten, nach und nach aus mündlichen Erzählungen, aus der Literatur und aus Darstellungen der Plastik und Malerei eine unerschöpfliche Mythologie. Diese Sagen prägten schließlich weithin die Kunst und Literatur der Römer und in gewisser Weise auch ihre Vorstellungen über die Götter. Doch war bei den Ritualhandlungen in Rom die Persönlichkeit der Götter belanglos, im Gegensatz zu der griechisch beeinflußten mythologischen Literatur, die ausführlich von den Taten der Götter erzählt. Mit den Ritualen der Staatskulte verehrte das Volk die Götter in den althergebrachten Formen und auf eine formale, gleichsam unpersönliche Art und Weise.

Einige gebildete Römer stellten die oft wenig rühmlichen Taten der Götter, wie sie die Dichter berichteten, in Frage. Diese Berichte nannten sie die „Religion der Dichter". Von Mucius Scaevola, dem pontifex maximus im frühen 1. Jahrhundert v. Chr., heißt es, er habe die Religion in drei Kategorien eingeteilt, nämlich die der Dichter, die des Staates und die der Philosophen. Die Religion der Dichter lehnte er als bloße Erfindung ab. In seinem Dialog „Vom Wesen der Götter" (I, 42) läßt Cicero einen der Gesprächspartner diese Meinung wiedergeben:

„Nicht viel unsinniger als die Ansichten der Philosophen – oder besser: die Träume der Phantasten – sind die Ergüsse der Dichter. Sie haben die Götter als von Zorn entflammt, vor Brunst rasend dargestellt, ihre Kriege, Schlachten, Kämpfe, Verwundungen uns vor Augen gesetzt, dazu ihren Haß, ihren Zank, ihre Zwietracht, ihre Geburt, ihren Tod, ihre zügellose Hingabe an alle Lüste, ihre Ehebrüche und ihre Liebesaffären mit Menschen."

In beschränktem Maße verehrten die Römer auch abstrakte Gottheiten. So wurde im 4. Jahrhundert v. Chr. ein Tempel der *Concordia*, der Eintracht, geweiht, den Augustus erneuerte, wovon die Reste auf dem Forum Romanum noch heute zu sehen sind. Kapellen oder Altäre entstanden für *Honos* (militärische Ehre), *Virtus* (Tapferkeit), *Pietas* (Frömmigkeit) und *Pudicitia* (Anstand). Die Opfer für Pudicitia durften allein von Frauen dargebracht werden, die nur einmal geheiratet hatten. Gegen Ende der Republik scheint dieser Kult, vielleicht nicht überraschend, ausgestorben zu sein.

Neben den namentlich benannten Göttern verehrten die Römer eine Reihe recht unbestimmter göttlicher Mächte und Geister, die bisweilen *numina* genannt wurden. Das Alltagsleben der Römer war voll von göttlichen Geistern, von denen man mehr oder weniger glaubte, daß sie sich zwischen den Menschen und den Göttern des Himmels und der Unterwelt befänden. Die Bedeutung der übernatürlichen Welt für die Gedanken und die Vorstellungskraft der Römer darf nicht unterschätzt werden. Ihr Leben war überschattet von anscheinend unerklärlichen Erscheinungen in der sie umgebenden Welt. Ständig versuchten sie, auf diese einzuwirken, durch Gebete, mit Opfern oder auch mit Hilfe von Zauberei. Denn die Römer glaubten fest daran, daß sakrale Sprüche und Formeln Macht besitzen. In seiner „Naturgeschichte" (XXXVIII, 3) schreibt der ältere Plinius:

„Haben magische Worte und Beschwörungen Kraft? Persönlich und jeder für sich glauben die klügsten Leute nicht daran, aber in der Gemeinschaft mit anderen und im täglichen Leben handeln sie so, als glaubten sie es, ohne sich dessen bewußt zu sein."

Die Römer waren der Ansicht, daß das Land weithin von Geistern bevölkert sei. Haine, Wälder, Höhlen, Flüsse und Quellen wurden oft als heilig betrachtet, da sie als Wohnstätten jener schemenhaften Gestalten galten, von denen man gewöhnlich nicht einmal das Geschlecht kannte. Lateinische Dichter feierten diese Geister. Ovid schreibt über einen der Hügel Roms und schildert ihn, wie er in der Frühzeit aussah: „Ein Hain war da unter dem Aventin, dunkel vom Schatten der Eichen. Sähest du ihn, sagtest du: Hier wohnt eine Gottheit." In seiner berühmten Ode auf die bandusische Quelle läßt Horaz erkennen, daß er sie als heilig betrachtet: „O Quell von Bandusia, klarer als Glas, der du eine Opferspende von süßem Wein und von Blumen verdienst, morgen will ich dir ein Zicklein darbringen." (Ode III 13,1) Plinius schreibt, daß man Bäume für den Wohnsitz von Geistern hielt und daß

Oben: Tempel des Kastor und Pollux auf dem Forum in Rom. Der ursprüngliche Tempel wurde im Jahre 484 v. Chr. geweiht. Die drei erhaltenen Säulen aus Carrarischem Marmor stammen von dem Neubau, den der spätere Kaiser Tiberius zwischen 7 v. Chr. und 6 n. Chr. errichten ließ.

noch zu seiner Zeit manchmal einfache Bauerngemeinden nach uraltem Ritual einen auffallenden Baum einem Gott weihten. „Wir verehren die Haine und ihr tiefes Schweigen", sagt er.

Viele der großen Ströme Italiens wurden kultisch verehrt, vor allem der Tiber, der oft als bärtiger alter Mann dargestellt wurde. Kreuzwege galten in der Stadt wie auf dem Lande als Sitz von Geistern, den *Lares Compitales*, die durch lokale Feste gnädig gestimmt wurden, welche die Honoratioren der betreffenden Gemeinde ausrichteten.

In der traditionellen Religion der Römer war es von höchster Bedeutung, daß die durch ihr Alter geheiligten Riten und Gebete gewissenhaft und peinlich genau verrichtet wurden. Kam es zu einem Fehler, so war es unumgänglich, die ganze Zeremonie zu wiederholen. Der Historiker Livius berichtet von mehr als einer Gelegenheit, bei der das komplizierte latinische Fest, welches die latinischen Städte auf dem Albanerberg feierten, wegen eines Fehlers von Anfang an wiederholt werden mußte. Bis zum Ende des 1. Jahrhunderts v. Chr. oder vielleicht noch länger glaubte man, daß die Aussichten, die Götter gnädig zu stimmen, keineswegs von der Moral des Bittstellers abhängig waren. Worauf es statt dessen ankam, war einzig und allein die vorschriftsgemäße Durchführung der richtigen Rituale. So gab es in der traditionellen römischen Religion eine deutliche Trennung zwischen Kult und Moral in unserem Sinne, was für uns ungewöhnlich ist. Grundlegend geändert hat sich das erst während der ersten beiden Jahrhunderte n. Chr., und zwar teils unter dem Einfluß von philosophischen Lehren wie der Stoa und teils durch das Eindringen verschiedener orientalischer Religionen.

Obwohl die Römer geradezu mit Besessenheit von der Notwendigkeit überzeugt waren, die Götter durch Opfer und Gebete gnädig stimmen zu müssen, scheinen ihre religiösen Überzeugungen ihr tägliches Leben verhältnismäßig wenig beeinflußt zu haben. Die Erwartung einer göttlichen Vergeltung scheint das Verhalten der Römer nur selten bestimmt zu haben. Die Furcht vor Höllenstrafen bewegte ihre Gemüter bei weitem nicht so stark, wie das zuvor bei den Griechen und später bei den Christen der Fall war. Trotzdem war die Moral bei den Römern eine wirksame Macht, nur leiteten diese ihre sittlichen Wertbegriffe meist nicht aus dem Wesen ihrer Götter ab. In dieser Hinsicht ist der Gegensatz zum Christentum besonders groß. Die Römer hatten nichts, was der Bibel mit ihren Zehn Geboten und den zahlreichen anderen Weisungen für eine sittliche Lebensführung entsprochen hätte. Doch ist ein großer Teil der römischen Literatur, vor allem die Geschichtsschreibung, voll von moralischen Appellen. Propagiert wurden soldatische Tugenden wie Ehre, Mut und besonders Vaterlandsliebe, wie sie zu dieser kriegerischen Gesellschaft paßten. So schrieb Horaz (Ode III, 2,13): „Süß und ehrenvoll ist es, für das Vaterland zu sterben." Der Moralkodex der Römer stützte sich vor allem auf die Familientraditionen und das Streben nach öffentlichem Ruhm und Ansehen. In einem Hause der Oberschicht wuchsen die Kinder heran,

Gegenüber: Stuckverzierungen von der Decke eines Hauses unter der Villa Farnese in Rom aus dem späten 1. Jahrhundert v. Chr. Die reizvollen Landschaftsdarstellungen zeigen mehrere heilige Bäume, die in einfachen Kapellen stehen.

Oben: Ebenfalls zum Schmuck dieses Hauses gehört eine geflügelte Victoria.

Links: Marmorrelief aus republikanischer Zeit, gefunden in der Nähe des Herkulestempels in Ostia. Rechts sieht man, wie eine altertümliche griechische Statue des Herkules mit einem Fischnetz aus dem Meer gezogen wird. Das deutet auf die Möglichkeit hin, daß die Kultstatue des Tempels ein griechisches Original war, welches nach Italien gebracht und aus einem Schiffbruch gerettet wurde. In der Mitte übergibt Herkules einem Knaben eine Tafel mit einem Orakel, während sich die Szene links vielleicht auf die Deutung dieses Orakels durch einen Wahrsager bezieht. Es scheint also, daß Herkules in Ostia auch Orakel erteilte.

33

umgeben von den Totenmasken oder Porträts ihrer Vorfahren, die Verzeichnisse ihrer Leistungen und Ehrungen trugen. Die *dignitas*, Würde und Rang der Familie und des einzelnen, wurde eifersüchtig gehütet und mit allem Eifer gefördert. In dieser auf persönlichen Ruhm bedachten Gesellschaft war das höchste Zeichen gesellschaftlicher Anerkennung, das ein Mann erreichen konnte, die Zuerkennung eines Triumphzuges. Von Gefangenen und Kriegsbeute umgeben, fuhr er im Wagen zum Kapitol, angetan mit den Gewändern und dem Kranz Jupiters.

Wo in Rom Moral verkündigt wird, hat das vielfach einen weltlichen und pragmatischen Ton. Es gab jedoch ein zwar begrenztes, aber gewichtiges Gebiet, auf dem die Moral religiös motiviert war. Einige Vergehen, so glaubten die Römer, wurden durch die Götter bestraft. Das gesellschaftlich am schwersten wiegende Vergehen war der Bruch der Treue (*fides*), eines Eides oder anderer Bindungen, beispielsweise zwischen dem Patron und seinen Klienten. Vermögende und einflußreiche Römer gewannen oft eine riesige *clientela*, ein Gefolge von Abhängigen, so von freigelassenen Sklaven, armen Verwandten, aufstrebenden Schriftstellern oder auch Soldaten aus den Heeren, die sie befehligt hatten. Patron und Klienten waren durch die Verpflichtung zu gegenseitigem Beistand aneinander gebunden. Der Bruch dieser Beistandspflicht wurde als ebenso schwerwiegend angesehen wie Eidbruch und ebenso von den Göttern geahndet.

Die Römer glaubten, daß Meineid von dem Gott bestraft würde, in dessen Namen der Eid geschworen worden war. Der Glaube an die Heiligkeit des Eides war von praktischem Nutzen. Wenn ein Heerlager aufgeschlagen wurde, nahmen die

Oben und links unten: Reliefs vom Durchgang des Titusbogens in Rom, die den Triumphzug des Kaisers Titus nach der Zerstörung Jerusalems im Jahre 70 n. Chr. darstellen. Beutestücke aus dem Tempel in Jerusalem, darunter der siebenarmige Leuchter, werden im Zuge mitgeführt (links). Titus fährt auf dem vierspännigen Wagen (oben).

Links oben: Tempel der Venus Genetrix auf dem Caesarforum. Caesar weihte den Tempel der Venus, die ihm als die mythische Ahnfrau der Familie der Julier galt, im Jahre 46 v. Chr. Neu erbaut und geweiht wurde der Tempel von Trajan im Jahre 113 n. Chr.

Militärtribunen allen Insassen einen Eid ab, daß sie nichts stehlen würden, und sie schwuren den Soldaten, daß die Kriegsbeute gerecht verteilt werden würde. Der Grieche Polybios, der im 2. Jahrhundert v. Chr. längere Zeit in Rom verbrachte, schrieb es ihrem Glauben an die Heiligkeit des Eides zu, daß die Römer verhältnismäßig gewissenhaft mit öffentlichen Geldern umgingen, obwohl wir später von auffälligen Abweichungen von dieser Verhaltensnorm hören. Cicero sah darin einen der wichtigsten Vorteile der Religion für den Staat. Auch der Bruch eines Vertrages mit einem fremden Staat war ein Vergehen, für das man mit göttlicher Strafe rechnete, war doch damit die Verletzung von Eiden und Abmachungen verbunden.

Andere Vergehen, die eine unmittelbare Beleidigung einer Gottheit darstellten, etwa das Versäumnis, eine gebräuchliche Ritualhandlung oder ein Opfer zu vollziehen, sowie Diebstahl von Schätzen oder Opfergaben aus einem Heiligtum, mußten nach allgemeiner Auffassung göttliches Mißfallen und Strafe nach sich ziehen. Aus unerklärlichen Gründen galten auch Blutschande und Verwandtenmord als Sakrileg – vielleicht weil sie so tiefen Abscheu erweckten und als Verbrechen innerhalb der Familie besonders schwer zu ermitteln waren.

Obwohl wir also eine Reihe von Vergehen anführen können, von denen die Römer annahmen, daß die Götter sie bestraften, galten die Götter im allgemeinen nicht als Urheber der Moralgesetze und der Normen sittlichen Verhaltens. Hier liegt vielleicht einer der tiefsten Unterschiede zwischen der christlichen und der altrömischen Auffassung von Religion.

Opfer und Weissagekunst

Die religiöse Praxis der republikanischen Zeit kann man in zwei Hauptbereiche einteilen: die Darbringung von Opfern für die Götter und die Kunst der Weissagung. Denn die Römer glaubten, daß das Wohlwollen und die Hilfe der Götter durch Opfer und Gebete zu gewinnen und zu erhalten seien und daß man den Willen der Götter bis zu einem bestimmten Grad durch Weissagung und die Deutung von Vorzeichen ermitteln könne.

Romulus, der sagenhafte Gründer und erste König Roms, galt als Begründer der Weissagekunst aufgrund des Vogelfluges. Nach der Überlieferung offenbarte sich die göttliche Zustimmung zur Wahl des Platzes, an dem Rom erbaut werden sollte, durch den Vorbeiflug von zwölf Geiern, was Romulus als ein günstiges Omen deutete. Dem zweiten König, Numa, wurde die Begründung der Sitte zugeschrieben, den Göttern Opfer darzubringen. In Wirklichkeit waren für die Römer der späteren Republik Ursprünge und Bedeutung von vielen der religiösen Zeremonien und Feste, die man regelmäßig beging, teilweise oder gar völlig unklar. Die Wurzeln vieler religiöser Gebräuche gehen bis in die Bronze- und Eisenzeit zurück, als die Gemeinde hauptsächlich aus Bauern und Hirten bestand. Deswegen waren viele religiöse Zeremonien mit landwirtschaftlichen Vorgängen verknüpft, und in dem Maße, wie die Römer zu Stadtmenschen wurden, verloren diese Zeremonien ihren Sinn. Doch waren die überaus konservativen Römer nicht geneigt irgendwelche religiösen Bräuche ihrer Ahnen aufzugeben, selbst wenn ihre ursprüngliche Bedeutung unklar geworden war. Je älter religiöse Bräuche und Riten waren, desto größeres Ansehen genossen sie. Mehrere Sprecher in Ciceros Dialog „Vom Wesen der Götter" bekräftigen diese Anschauung. So sagt einer von ihnen:

> „Der Glaube an die Götter Roms hat mit der Zeit zugenommen und im Laufe der Zeit an Kraft und Beständigkeit gewonnen. Wir sehen, daß andere Überzeugungen nach und nach in Vergessenheit geraten sind, weil sie falsch und unbegründet waren. Wer glaubt denn jetzt noch an Zentauren und Chimären? Die Zeit zerstört die irrigen Erfindungen, während sie bestätigt, was Natur und Wahrheit bestätigt haben."

Als später neubekehrte Christen die traditionelle römische Religion verwarfen war einer der Einwände der Römer gegen eine Duldung des Christentums, daß dieses im Gegensatz zum Judentum nicht alt genug sei, um Achtung zu gebieten. Sueton bezeichnet in seinem „Leben des Kaisers Nero" die Christen als Anhänger eines „neuen und üblen Aberglaubens".

Wir wollen nun diese beiden wichtigen Aspekte römischer Religionsausübung näher betrachten: Opfer und Weissagekunst. Für Menschen, die in christlicher Tradition erzogen sind, ist der Gedanke an Tieropfer oft sehr abstoßend. Es fällt schwer, sich die Geräusche und Gerüche solcher Opfer mit Sympathie vorzustellen. Es war oft eine schmutzige Angelegenheit, die bisweilen auch schon im Altertum Widerwillen erregte. Lukian, ein Grieche aus dem Osten des Reiches, der im 2. Jahrhundert n. Chr. schrieb, nimmt Bezug auf „den Priester selbst, der blutbesudelt dasteht und wie ein Menschenfresser metzelt, Eingeweide herausreißt, das Herz herausnimmt und das Blut über den Altar schüttet".

Es waren jedoch nicht alle Opfer der Römer Tieropfer. Viele der Spenden, die die Familie den Hausgöttern darbrachte, bestanden aus Kuchen, Wein oder Milch.

Blick über die Heilige Straße zum Titusbogen auf dem Forum Romanum. Die Via Sacra wurde als Prozessionsstraße bei religiösen Feiern benutzt.

Wörtlich bedeutet opfern, den Göttern etwas heilig machen oder weihen, das heißt, es ausschließlich ihrem Gebrauch widmen. Zu einem bestimmten Zeitpunkt im Jahr, der vom Festkalender festgelegt war, wurden alle Hauptgötter des römischen Staatskultes durch Opfer von Haustieren geehrt, weil man dies für die wirksamste Art des Opfers hielt. Eine bei den diese Opfer begleitenden Gebeten oft gebrauchte Wendung, „macte esto!", „sei größer, vermehrt!" deutet darauf hin, daß hinter dem Opfer die Vorstellung stand, man könne das Leben des Opfertieres auf die Gottheit übertragen. Die lebenswichtigen Teile des Schlachttieres wie Herz, Leber und Nieren wurden auf dem Altar für den Gott verbrannt, das Übrige verzehrten die Priester und die Teilnehmer am Gottesdienst. Vielleicht glaubte man in sehr früher Zeit, daß die Götter tatsächlich die ihnen dargebrachten Teile der Opfertiere verzehrten. In späterer Zeit glaubte man jedenfalls immer noch, daß das Darbringen eines Opfers die Aufmerksamkeit des Gottes anziehe. So schreibt der Philosoph Plutarch: „Es ist nicht der Überfluß an Wein oder das gebratene Fleisch, das die Festfreude ausmacht, sondern die Hoffnung, daß der Gott mit Wohlwollen anwesend ist und das Dargebrachte gnädig annimmt." Ein weiterer gewichtiger Grund, einem Gott Tiere zu opfern, war zweifellos die Erwartung, daß man ihn damit veranlassen könne, als Gegenleistung die Wünsche des Opfernden zu erfüllen. Manche Opfer wurden auch als Sühne für ein Vergehen oder einen Irrtum, vor allem bei der Durchführung von Ritualhandlungen, dargebracht.

Es gab genaue Anweisungen zur Auswahl der Opfertiere für die einzelnen Götter. Göttern wurden gewöhnlich männliche Tiere geopfert, Göttinnen weibliche. Auch die Farbe war wichtig; schwarze Tiere galten als passendes Opfer für die Götter der Unterwelt. Es wurden die unterschiedlichsten Tierarten zum Opfer verwendet. Jupiter wurden Stiere dargebracht, Pferde dem Mars und ein roter Hund dem Robigus, dem Gott, der den Mehltau fernhalten sollte. In Zeiten allgemeiner Angst und Unruhe und ebenso bei wichtigen Staatsangelegenheiten konnten große Mengen von Tieren als Opfer dargebracht werden. Nach der furchtbaren Niederlage des römischen Heeres am Trasimenischen See durch Hannibal im Jahre 217 v. Chr. wurden dem Jupiter dreihundert Stiere gelobt. In der Kaiserzeit konnten bei der Thronbesteigung und zum Geburtstag des Herrschers großartige Opfer dargebracht werden. So sollen anläßlich der Inthronisation des Caligula im Jahre 37 n. Chr. bei den drei Monate dauernden öffentlichen Festlichkeiten über 160 000 Opfertiere geschlachtet worden sein.

Komplizierte Zeremonien begleiteten die Darbringung der Opfer. Geopfert werden konnte von Staats wegen durch die leitenden Beamten oder andere Amtsträger, als Teil des offiziellen Kultes einer bestimmten Gottheit, als Dank für eine bestimmte dem römischen Volk erwiesene Gnade oder als Bitte um eine solche. Ähnlich konnten Privatleute einer Gottheit opfern, entweder zur Unterstützung einer Bitte oder als Dank für einen erfüllten Wunsch. Der Opferhandlung ging eine Prozession der Gläubigen und der Opfertiere zum Tempel der zu ehrenden Gottheit voraus, häufig in Begleitung von Musikanten. Die Teilnehmer trugen oft besondere Kleidung und Lorbeerkränze, die Opfertiere waren mitunter mit Girlanden und Bändern geschmückt.

Das Tieropfer wurde üblicherweise im Hof vor dem Tempel an einem eigens dafür vorgesehenen Altar vollzogen, denn das Innere eines Tempels war nicht der geeignete Ort für blutige Opfer. Manchmal wurden auch große, kunstvolle Altäre außerhalb der Tempel errichtet, so die *ara pacis*, der Altar des Augustusfriedens, der an den von Augustus der römischen Welt gebrachten Frieden und an seine glückliche Rückkehr aus Spanien und Gallien erinnern sollte, sowie der Altar der Augustusfrömmigkeit, den der Senat im Jahre 22 n. Chr. gelobte, als Livia, die Witwe des Augustus und Mutter seines Nachfolgers Tiberius, erkrankt war. Die beeindruckenden Säulenhöfe der großen römischen Tempel, die den Hintergrund der wichtigen staatlichen Opferfeiern bildeten, sieht man am deutlichsten in den kaiserzeitlichen Tempelbezirken, die an das Forum Romanum anschließen. Weit von Rom entfernt, vermittelt das prächtige Heiligtum des Jupiter Heliopolitanus in

Ausschnitt eines Freskos von einem Grab auf dem Friedhof der Isola Sacra bei Ostia (siehe S. 22) mit einem jungen Mann beim Opfer.

Baalbek mit seinem weiten, von Säulen umgebenen Vorhof, der die Reste eines vor die Tempelfront gestellten riesigen Altars umschließt, einen Eindruck von dem erhabenen Hintergrund, vor dem ein römisches Opfer stattfand.

Die einzelnen Handlungen bei dem Tieropfer scheinen sich folgendermaßen abgespielt zu haben. Wenn die Opferprozession den Altar vor dem Tempel erreicht hatte, erging die Aufforderung an alle, deren Anwesenheit das Opfer entweihen konnte, sich zu entfernen. Frauen und Sklaven waren oft vom Opfer ausgeschlossen. Den Zurückbleibenden wurde Schweigen geboten. Dann wuschen sich die Priester und die Opfernden die Hände, da rituelle Reinheit erforderlich war, um das Wohlgefallen des Gottes zu finden. Bei alledem war ein Flötenbläser anwesend, dessen Musik sämtliche Laute übertönen sollte, die von außen die geheiligte Stille hätten stören und damit unwirksam machen können. Dann bedeckte der opfernde Priester oder Beamte das Haupt mit einer Falte seiner Toga und ergriff einen Teller mit einer geweihten Mischung aus Salz und Mehl, die er auf den Kopf des Opfertieres und auf das Opfermesser streute. Bisweilen wurde aus einem flachen, einer Untertasse ähnlichen Gefäß, der *patera*, Wein über den Kopf des Tieres gegossen. Ein Diener entfernte die Bänder und den sonstigen Schmuck von dem Tier und zog ihm symbolisch ein Messer über den Rücken, während vom Bittsteller oder dem amtierenden Beamten die erforderlichen Gebete und Anrufungen vorgetragen wurden, und zwar zur Kultstatue im Tempelinneren hin. Dann führte ein Diener mit einem Hammer oder einer Axt einen Schlag auf den Kopf des Tieres, so daß es zu Boden stürzte, und ein anderer Diener, der *cultrarius* (Schlächter), schnitt ihm die Kehle durch. Es galt als äußerst schlechtes Vorzeichen, wenn das Tier nicht sofort tot war, wenn es auszubrechen versuchte oder wenn sich beim Ausnehmen herausstellte, daß die Innereien in irgendeiner Weise fehlerhaft oder mißgebildet waren. Die Innereien wurden auf dem Altar für den Gott verbrannt, die übrigen Teile des Tieres von den Teilnehmern bei einem Opfermahl verzehrt. Gleich neben den Tempelanlagen waren oft kleine Küchen und Speiseräume errichtet, wo die dem Opfer folgenden Festmähler zubereitet und verzehrt werden konnten. Wurden viele Tiere geopfert, so konnten entsprechend viele Leute am anschließenden Festessen teilnehmen. Alle Mitglieder des Senats waren berechtigt, an den Festmählern teilzunehmen, die auf dem Kapitol in Rom stattfanden. In den Provinzen nahmen, wie es scheint, Soldaten an den Opferfesten teil und betranken sich dabei gelegentlich. Für arme Leute, vor allem in den großen Städten, muß ein Fest mit vielen Opfertieren eine der seltenen Gelegenheiten zum Fleischgenuß gewesen sein.

Bei vielen religiösen Anlässen folgten auf die Opfer öffentliche Spiele, etwa Pferde- und Wagenrennen, Wettläufe, Box- und Ringkämpfe. Den Spielen gingen gewöhnlich Prozessionen voraus, bei denen Götterbilder mitgetragen wurden, die man anschließend auf Sofas setzte, von wo aus sie das Geschehen beobachten sollten. Spuren dieser Tradition scheinen sich noch bis in die Gegenwart in Teilen Italiens und Spaniens erhalten zu haben, wo an den jeweiligen Festtagen die Bilder der Ortsheiligen oder der Jungfrau Maria durch Städte und Dörfer getragen werden.

Obwohl die wichtige Zeremonie des Opfers vor dem Tempel, nicht in ihm stattfand und obwohl in römischer Zeit der Hauptaltar draußen stand und nicht innen wie in einer christlichen Kirche, waren die Tempelbauten doch nicht bloß bedeutungslose Fassaden, die lediglich einen großartigen, symbolträchtigen Hintergrund für den Opferritus gebildet hätten, enthielten sie doch die Kultstatue der Gottheit des Tempels. Im Altertum galten die Tempel als Wohnsitze der Götter, denen sie geweiht waren, und den Ehrenplatz im Tempel nahmen die Kultstatue des Gottes beziehungsweise die Statuen der Götter ein, denen der Tempel gehörte. Der Historiker Tacitus berichtet vom Erstaunen des Pompeius, der nach der Einnahme Jerusalems im Jahre 63 v. Chr. die Gelegenheit wahrnahm, den Tempel der Juden zu betreten, und dort das Allerheiligste leer und ohne Gottesbild fand – ein „leeres Geheimnis" soll er es genannt haben (Tacitus, Historien V 9,1).

Marmoraltar mit Reliefschmuck aus Ostia.

Die Kultstatuen in den Tempeln waren häufig überlebensgroß. Von einigen sind Bruchstücke bei der Ausgrabung verschiedener Tempel entdeckt worden. Bei der Eroberung griechischer Städte in Süditalien und Sizilien und später im griechischen Mutterland schafften die römischen Heerführer eine große Anzahl von Statuen, von denen viele religiösen Charakter hatten, nach Rom. Der Import griechischer Kunst im großen Umfang begann nach der Darstellung der Historiker Roms, als Marcellus im Jahre 212 v. Chr. die reiche griechische Stadt Syrakus einnahm. Etwas später wurden bei dem Triumph des Marcus Fulvius anläßlich seines Sieges über die Ätoler auf dem griechischen Festland im Jahre 189 v. Chr. 285 bronzene und 230 marmorne Statuen im Festzug mitgeführt. Einige von ihnen waren Götterstatuen. So gab es eine berühmte Herkulesstatue, für die Marcus Fulvius einen eigenen Tempel baute. Er fügte noch neun hellenistische Statuen der Musen hinzu und weihte diesen Bau dem Herkules und den Musen. Es wurde Mode, in die Tempel Roms zu den alten Kultbildern Statuen hinzuzustellen, die als Werke berühmter griechischer Bildhauer galten. Der Tempel des Apollo in Circo, der im 5. Jahrhundert entstand, war schließlich mit zahlreichen griechischen Kunstwerken geschmückt, darunter einer Apollostatue aus Zedernholz, die aus Seleukeia in Syrien geholt worden war, und zwölf Statuen von dem Bildhauer Philiskos aus Rhodos, die Apollo, Leto, Diana und die neun Musen darstellten.

Obwohl es dafür keine direkten Beweise gibt, ist es möglich, daß manche Leute, besonders aus den ungebildeten Schichten, sich vorstellten, daß die Götter wirklich in den Statuen innerhalb der Tempel wohnten. Gewiß war man überzeugt, daß die Götter mit ihrem Kultplatz so eng verbunden waren, daß ihre Kulte nicht anderswohin verpflanzt werden konnten. Als die Römer nach der Einnahme ihrer Stadt durch die Gallier im Jahre 386 v. Chr. erwogen, Rom zu verlassen, wurden sie, wie es heißt, vom Auszug durch das Argument abgehalten, daß das Fest Jupiters nirgendwo anders als auf dem Kapitol gefeiert und daß der an diesen Ort gebundene Segen nicht auf einen anderen Ort übertragen werden könne. Die Bilder von Göttern eroberter Städte wurden oft so behandelt, als seien sie die Götter selbst. Bisweilen führten die Römer nach der Einnahme einer Stadt deren Götterbilder fort, damit diese Götter die Macht Roms nicht länger bedrohen konnten. Nach der Eroberung von Tarent im Jahre 209 v. Chr. versuchte der konservative Fabius Maximus nicht, die kolossalen Götterstatuen aus der Stadt fortzuschaffen, mit der Begründung, es sei besser, den Bewohnern von Tarent ihre erzürnten Götter zu lassen. In einem ähnlichen Sinne soll Aemilius Paullus, als er nach seinem Sieg über Makedonien das Heiligtum von Olympia besuchte und die kolossale Zeusstatue des Phidias erblickte, tatsächlich die Gegenwart des Gottes gefühlt haben. In frühchristlicher Zeit gibt es Zeugnisse dafür, daß einfache Leute die Statuen heidnischer Götter wirklich für die Wohnung böser Geister hielten und den Standbildern selbst übernatürliche Kräfte zutrauten. Doch waren diese Kräfte anscheinend nicht so groß wie die Macht des Kreuzes. So gab es im Zentrum der Stadt Gaza eine nackte Statue der griechischen Göttin Aphrodite, die Gegenstand hoher Verehrung war. Als im Jahre 402 n. Chr. der Bischof Porphyrios, von Christen mit Kreuzen umgeben, sich dieser Statue näherte, da war „der Dämon, der die Statue bewohnte, nicht imstande, den Anblick des furchtbaren Zeichens auszuhalten, sondern fuhr unter großem Getöse aus dem Marmor heraus und stürzte dabei die Statue um, so daß sie in viele Stücke zerbrach".

Die Kultstatuen in den Tempeln Roms wurden oft mit Schmuck verziert, den dankbare Anbeter gestiftet hatten. Neben kostbaren Schmuckstücken wurden auch Gold und Silber dargebracht und in einem kleinen Nebengelaß hinter dem Hauptraum, in dem die Kultstatue stand, aufbewahrt. Diese Gaben stellten eine große Verlockung für Tempelräuber dar, trotz der Tatsache, daß Tempelraub als ein Vergehen galt, das die Götter selbst bestraften.

Zu bestimmten Zeiten waren die Tempel für jeden geöffnet, der Bitt- oder Dankgebete vorbringen wollte. Von Zeit zu Zeit wurden allgemeine Bettage vom Senat festgesetzt. Dann verbrachte das Volk, Männer wie Frauen, den Tag damit, bekränzt und vielleicht mit Lorbeerzweigen in den Händen, die Tempel der Stadt der Reihe nach aufzusuchen, um den Göttern ihre Verehrung zu bezeugen und ihnen für die günstige Wendung dieser oder jener Ereignisse zu danken. Unter besonderen Umständen konnte eine mehrtägige Danksagung (*supplicatio*) beschlossen werden, so nach dem entscheidenden Sieg des Scipio Africanus über Hannibal in der Schlacht von Zama im Jahre 202 v. Chr. Neben staatlichen Bitt- und Dankgottesdiensten konnten auch Privatleute die *cella* des Tempels betreten, um ein Gelübde abzulegen. Es war üblich, für den Fall der Erfüllung einer bestimmten Bitte der Gottheit eine Gegengabe oder ein Opfer zu geloben. Der Bittsteller schrieb seine Bitte auf ein Täfelchen, das er an der Kultstatue befestigte. Wurde sein Wunsch erfüllt, konnte er eine Inschrift aufstellen (*ex voto*), die die glückliche Erfüllung des Gelübdes festhielt.

Im alten Rom nahmen die Riten und religiösen Feste viel Zeit und Geld in Anspruch. Die offiziellen Feierlichkeiten wurden vom Staat bezahlt, doch finanzierten manchmal ehrgeizige Privatleute, die auf die Unterstützung der Massen aus waren, die mit den Festen verbundenen Spiele oder veranstalteten private Opfer demonstrativ mit großem Aufwand. Der römische Kalender, den wir aus mehreren bruchstückhaften Inschriften fast lückenlos rekonstruieren können, zeigt, daß weit über hundert Tage im Jahr für Feste bestimmt waren, von denen einige mehrere Tage dauerten. So war die Zahl der Tage, an denen Recht gesprochen werden und die

Oben: Ausschnitt aus der „Apotheose Homers". Allegorische Gestalten nähern sich einem Rundaltar, auf den eine von ihnen Weihrauch streut. Hinter dem Altar steht ein Stier, offenbar das Opfertier. Tieropfer und Weihrauch wurden den Göttern von den Griechen ebenso wie von den Römern dargebracht.

Gegenüber: Die „Apotheose Homers". Das hellenistische Marmorrelief ist signiert von einem Künstler aus Priene, einer griechischen Stadt in Kleinasien, gefunden wurde es aber nahe der Via Appia südlich von Rom. Es war also eines der vielen griechischen Kunstwerke, die nach Italien gebracht wurden. Es ist eine allegorische Darstellung der Vergöttlichung Homers, der links unten sitzt. Oben ruht Zeus auf dem Gipfel eines Berges, unter ihm sind die neun Musen dargestellt.

Volksversammlung zusammentreten konnte, begrenzt. Doch gab es keine „Wochenenden", und nicht alle Feste bedeuteten eine völlige Unterbrechung öffentlicher oder privater Geschäfte.

Es gibt zu viele römische Feste, als daß sie im einzelnen besprochen werden können, und zumindest in der späten Republik wurden einige der älteren und wenig bekannten Feste nur noch von denjenigen Priestern begangen, die unmittelbar damit zu tun hatten. Es gab aber auch bestimmte Feste, vor allem solche, mit denen die Abhaltung öffentlicher Spiele verbunden war, die offenbar große Teilnahme und Begeisterung auslösten. So wurde das neue Jahr mit einem eindrucksvollen Opferfest für Jupiter Capitolinus, den Schutzherrn der Stadt, eingeleitet. Am 1. Januar zogen die beiden neuen Konsuln, die ihr Amt antraten, in der besonderen purpurumrandeten Toga der hohen Beamten von ihren Häusern aus in feierlichem Zug zum Kapitol. Voran schritten in einer Reihe die Liktoren mit den *fasces*. Die beiden Konsuln und ihr Gefolge zogen durch die Heilige Straße über das Forum und stiegen hinauf zum Tempelbezirk des Jupiter Optimus Maximus auf dem Kapitol. Vor dem Tempel nahmen sie auf den elfenbeinernen Amtssesseln Platz und erhielten den Beifall der zuschauenden Menge. Dann opferten sie dem Jupiter zwei weiße Stiere in Erfüllung des am 1. Januar des vorangegangenen Jahres für die Wohlfahrt des Staates abgelegten Gelübdes und erneuerten die Gelübde für das kommende Jahr. Anschließend beriefen die Konsuln den Senat zur ersten Sitzung im neuen Jahr.

Im Februar gab es zwei bedeutende Feste, die Parentalia und die Lupercalia. Die Parentalia dauerten vom 13. bis zum 21. Februar. Es war ein Fest zu Ehren und zum

Oben: Römische Theatermarke aus Bein, gefunden in Ägypten. Die Vorderseite ist mit einem Herkuleskopf geschmückt. Die Buchstaben auf der Rückseite geben vielleicht den Platz ihres Inhabers bei der Aufführung an.

Rechts: Grabrelief eines für die Veranstaltung von Wagenrennen zuständigen Beamten. Links sieht man den Beamten und seine Frau. Er selbst ist auffällig größer als die anderen Figuren abgebildet, zweifellos, um seine größere Bedeutung anzuzeigen. 2. Jahrhundert n. Chr.

Gedächtnis der Toten der Familie, besonders der Eltern. Eine der vestalischen Jungfrauen leitete die Zeremonien ein. Während der Parentalia waren alle Tempel in der Stadt geschlossen, und Eheschließungen konnten nicht gefeiert werden. Die Vorstellungen der Römer über ein Leben nach dem Tode waren ziemlich unbestimmt und wandelten sich mit der Zeit, aber größtenteils glaubten die Römer, daß die Geister der Toten, die Manen, sich sozusagen in einem halblebendigen Zustand in ihrem Grab oder in dessen Nähe aufhielten und daß diese Geister jährliche Opfergaben von Nahrung und Wein brauchten, die sie besänftigten und davon abhielten, die Lebenden zu beunruhigen. Tatsächlich wurden in früher Zeit den Toten oft Speisen ins Grab mitgegeben. Bei den Parentalia brachten fromme Römer Gaben von Wein, Milch und Blumen an den Familiengräbern am Rande der großen Stadt dar, denn Beerdigungen innerhalb der Stadt waren nicht erlaubt. In den „Fasti" (II, 535 ff.) beschreibt Ovid rührend die Gaben, die die Römer ihren Toten darbrachten:

> „Die Geister verlangen nur wenig. Sie schätzen Frömmigkeit höher als aufwendige Gaben ... Ein Ziegel, mit langen Girlanden bekränzt, eine Handvoll Getreide, einige Salzkörner, Brot, in Wein getaucht, ein Sträußlein Veilchen. Tu das in einen Topfscherben und laß es in der Straßenmitte."

Gleichzeitig mit den Parentalia wurde am 15. Februar das uralte Hirtenfest der Lupercalia gefeiert. Seine Ursprünge sind in Dunkel gehüllt, doch scheint es mit der Förderung der Fruchtbarkeit verbunden gewesen zu sein. Es ist noch nicht einmal bekannt, welchem Gott das Fest galt. Römische Schriftsteller nennen verschiedene Anwärter. Wahrscheinlich war es Faunus, wie Ovid meint, ein wilder ländlicher Gott. Zu den Lupercalia trafen sich zwei Mannschaften junger Männer, die Luperci oder besonderen Priester dieses Festes, in einer Höhle auf dem Palatin, dem Lupercal, wo nach der Überlieferung die Wölfin Romulus und Remus gesäugt hatte. Hier opferten die Luperci eine Ziege und einen Hund und strichen das Blut der Tiere auf ihre Stirn. Nach einem oft lärmenden Gelage in der Höhle erschienen die jungen Männer, nur mit einem Streifen vom Fell der geschlachteten Tiere bekleidet, und veranstalteten einen Wettlauf entlang dem Palatinischen Hügel. Dabei schlugen sie mit Riemen aus dem Ziegenfell nach den Zuschauern, eine Sitte, die als fruchtbarkeitsfördernd galt.

Am 1. März, dem ursprünglichen Beginn des römischen Jahres, wurde das heilige Feuer im Vestatempel von den vestalischen Jungfrauen neu entfacht. Bei dieser Zeremonie wurde das Feuer in alter Weise entzündet, indem man Stöcke aneinander rieb. An diesem Tage wurden auch frische Lorbeerzweige an der Regia angebracht, dem Sitz des *pontifex maximus* in republikanischer Zeit, ebenso wie an einigen anderen alten Sakralbauten. Der März war der heilige Monat des Kriegs-

gottes Mars, und so beging man in dieser Zeit eine Reihe von Feiern zu seinen Ehren. Die wichtigste Feier war der Tanz der Salier, der Marspriester, deren Name Tänzer oder Springer bedeutet. Die Salier bestanden aus zwei Gruppen junger Patrizier, die durch die Bezirke Roms tanzten, bekleidet mit gestickter Tunika und kurzem Mantel und ausgerüstet mit bronzenem Brustpanzer, konischem Helm, Schwert, Lanze und Bronzeschild in Form einer Acht. Diese auffällige Form der Schilde erinnert an die Schilde der bronzezeitlichen Mykener und läßt vermuten, daß die Zeremonie auf sehr frühe Zeit zurückgeht. Zuerst am 1. März und dann auch an anderen Tagen des Monats zogen die Salier durch die Stadt und führten an bestimmten Stellen ihren rituellen Tanz auf, wobei sie mit der Schwertern an die Schilde schlugen. Sie sangen dabei ihr altertümliches Kultlied, das so alt war, daß in spätrepublikanischer Zeit die meisten Worte sogar den Ausführenden selbst unverständlich waren. Nach den Darbietungen kehrten die Salier in bestimmten Quartieren ein und genossen üppige Mahlzeiten. Es wird berichtet, daß der gefräßige Kaiser Claudius einst die Amtsgeschäfte auf dem Augustusforum im Stich ließ, um im nahen Tempelbezirk an einem Festmahl der Salier teilzunehmen.

Am 21. April wurde das Parilienfest begangen, das wie viele römische Feste ursprünglich von ländlichem Charakter war. Es wurde zu Ehren von ein oder zwei Gottheiten namens Pales abgehalten. Es gab einen Palestempel in Rom, trotzdem blieb der Charakter der Gottheit so schemenhaft, daß die Römer der späten Republik weder die Anzahl noch das Geschlecht des oder der Pales angeben konnten. Das Fest galt ursprünglich der Reinigung der Herden, um Krankheiten von ihnen fernzuhalten. Im Laufe der Zeit verschmolz es mit der Feier der Gründung Roms, die nach der Überlieferung auf den gleichen Tag fiel. So wurde das Fest zum einen offiziell von Staats wegen gefeiert, zum anderen privat von den Schafhirten auf dem Lande. Doch gab es wohl auch private Feiern in den einzelnen Bezirken Roms, wo man die Gelegenheit nutzte, zu trinken und sich zu vergnügen. Mehrere römische Dichter, darunter Ovid, beschreiben, wie das Fest auf dem Lande gefeiert wurde. Die Schafhürde wurde mit Wasser besprengt, ausgefegt und mit Blättern, Zweigen und einem Kranz geschmückt. Dann wurden die Schafe mit Schwefeldampf beräuchert, und man entzündete ein Feuer aus Fichten- und Olivenzweigen. Gaben von Kuchen und Eimer voll Milch wurden dargebracht, und der Schäfer betete um Vergebung, falls sein Schaf sich auf geweihten Boden verlaufen hatte oder wenn er selbst einen verbotenen Hain betreten und dort Zweige abgeschnitten oder sonst eine der ländlichen Gottheiten gestört hatte. Er flehte zu Pales, Krankheit und

46

Wölfe von der Herde fernzuhalten und die Zahl der Schafe und den von ihnen gelieferten Ertrag an Milch und Käse anwachsen zu lassen. Nachdem der Schäfer dieses Gebet viermal gesprochen, sich mit Tau gewaschen und Milch und Wein getrunken hatte, sprang er durch das Feuer, vielleicht gefolgt von seiner Herde. Bei den Feiern in der Stadt wurde von den vestalischen Jungfrauen ein Gemisch von Blut und Asche der Opfertiere früherer Feiern gesondert aufbewahrt, damit es in den Freudenfeuern verbrannt werden konnte, die bei dieser Gelegenheit in Rom entzündet wurden. Auch hier sprangen die Teilnehmer offenbar durch die Flammen. Ovid erzählt, er habe häufig an dieser Zeremonie teilgenommen.

Gegen Ende April wurden Spiele und Opfer zu Ehren der Flora veranstaltet, die ursprünglich als Blumengöttin galt und später allgemein für Fruchtbarkeit zuständig war. Die Spiele zogen sich über mehrere Tage hin und begannen mit einer Theateraufführung, die wohl ausgesprochen unanständig war. Bei den Zirkusspielen wurden auch Hasen und Ziegen in Schlingen gefangen, also Tiere, deren Geilheit sprichwörtlich war. Erbsen, Bohnen und Lupinen wurden unter die Zuschauer geworfen, auch sie waren Symbole der Fruchtbarkeit. Es überrascht nicht, daß gerade dieses Fest eine besonders ausgelassene Zuschauermenge anzog und Gelegenheit zu obszönen Scherzen und Vergnügungen bot. Jedenfalls führten zahlreiche römische Schriftsteller darüber Klage.

An wechselnden Tagen im Mai, also als ein „bewegliches Fest", wurde eine wichtige Feier begangen, um die Felder zu reinigen und von schädlichen Einflüssen freizuhalten. Dabei führte der Bauer die Opfertiere dreimal um die Grenzen seines Landes herum, ehe er sie der Ceres oder manchmal auch dem Mars opferte. Cato schreibt in seinem Buch über die Landwirtschaft vor, Opfertiere sollten Schwein, Schaf und Stier sein, ein Opfer, das man *suovetaurilia* nannte, doch lassen die Dichter Vergil und Tibull erkennen, daß oft nur ein einziges Tier geopfert wurde etwa ein Lamm. So schreibt Vergil (Georgica I, 343 ff.):

> „Alle, die auf dem Land arbeiten, sollen zu Ceres beten und Milch, Honig und süßen Wein darbringen. Dann sollen die Opfertiere dreimal um die neue Saat geführt werden, geleitet von der ganzen singenden und betenden Menge."

Der Umzug um die Grenzen des Bauerngutes erinnert an die mittelalterliche Sitte des Maiumgangs, bei dem der Geistliche und die Gemeinde in einer Prozession das Gebiet der Kirchgemeinde umschritten und für die Erhaltung des Dorfes und der Feldfrüchte beteten. Gewiß hielten fromme Bauern an der Feier dieses Festes bis zum Ende der Republik und darüber hinaus fest. Es gab ein ähnliches staatliches Fest, bei dem in früher Zeit die Opfertiere um das ganze Stadtgebiet herumgeführt wurden, um es zu reinigen und zu schützen. Als Rom immer größer wurde, war das natürlich nicht mehr möglich. In der Zeit des Augustus wurden jedenfalls an bestimmten Plätzen außerhalb Roms, wo die Stadtgrenze verlief, Opfer abgehalten. Das Fest hieß Ambarvalia und wurde staatlicherseits in Rom anscheinend von dem Priesterkollegium der Arvalbrüder begangen.

Der Umzug um die Felder hieß *lustratio*, abgeleitet vom Verbum *luere*, „lösen", weil man glaubte, das Opfer der Tiere würde die Feldfrüchte von Schaden freihalten. Ein ähnliches, *lustrum* genanntes Opfer, das traditionsgemäß aus Schwein, Schaf und Stier bestand, sollte in Rom alle fünf Jahre nach der Durchführung der Volkszählung gehalten werden. In spätrepublikanischer Zeit hat man den Zensus vernachlässigt, doch wurde er von Augustus, der das *lustrum* dreimal feierte, neu belebt. Ein schönes Relief im Louvre zeigt offenbar die Opferprozession, die in augusteischer Zeit bei einer dieser Gelegenheiten veranstaltet wurde.

Menschenopfer scheinen bei den Römern verhältnismäßig selten gewesen zu sein, obwohl sie bei ihren Nachbarn üblich waren. Kinderopfer gehörten fest zu den religiösen Bräuchen der Karthager, der verhaßten Feinde Roms. Doch in einer Zeit großer allgemeiner Unruhe und Angst, so etwa nach der vernichtenden Niederlage von Cannae 216 v. Chr., wo die Römer von den Karthagern unter Hannibal ge-

Links und nächste Seite: Gräber an der Via Appia südlich von Rom. Nach römischem Gesetz mußten Begräbnisstätten außerhalb der Stadt liegen, daher errichtete man die Gräber vor den Mauern, oft am Rande von Straßen.

schlagen wurden, opferten sie zwei Griechen und zwei Gallier, indem sie sie auf dem *Forum Boarium* lebendig begruben. Aber im allgemeinen wurden Menschenopfer von den Römern mit Abscheu betrachtet. Livius nennt sie „einen ganz unrömischen Brauch". Die von den Römern allgemein geübte religiöse Toleranz erstreckte sich nicht auf die Druiden in Gallien, und zwar auch deshalb, weil sie mit dem barbarischen und widerwärtigen Brauch des Menschenopfers zu tun hatten. In Rom wurden Menschenopfer im Jahre 97 v. Chr. gesetzlich verboten. Immerhin legen einige der in Rom praktizierten Rituale den Gedanken nahe, daß sie in ihrer ursprünglichen Form mit Menschenopfern verbunden waren. So gab es am 14. oder 15. Mai (der Tag ist nicht sicher) einen großen Umzug, an dem die vestalischen Jungfrauen sowie Priester und hohe Beamte teilnahmen und bei dem man zu 27 kleinen Kapellen in der ganzen Stadt zog, den sogenannten *Sacraria Argeorum*, wo man Binsenpuppen, die wie alte Männer aussahen, aufnahm, die dort zwei Monate zuvor niedergelegt worden waren. Diese warfen die Vestalinnen dann vom Pons Sublicius, der ältesten Tiberbrücke, in den Fluß. Einige Römer wie auch andere Beobachter der Zeremonie meinten, daß die besagten Nachbildungen ein Ersatz für die alten Männer waren, die in der Frühzeit als Opfer für den altertümlichen Gott Saturn in den Fluß geworfen wurden. Es gab in Rom ein Sprichwort, das diese Deutung vielleicht bekräftigen könnte: „Die Sechzigjährigen von der Brücke!"

Im Juni gab es Feste in Verbindung mit dem wichtigen Tempel der Vesta auf dem Forum Romanum. Vom 7. Juni an durften verheiratete Frauen den Tempel acht Tage lang zur Andacht betreten. Sie kamen anscheinend barfuß und brachten einfache Speiseopfer dar. Beim Vestafest am 9. Juni opferten die Vestalinnen der Göttin einen besonderen Kuchen, die *mola salsa*, die sie nach altem Rezept aus Getreide und Salz bereitet hatten. Dieser Tag wurde zu einem Feiertag für Bäcker und Müller. Ovid erzählt, daß die Esel, die die Mühlräder drehten, mit Blumen bekränzt und mit Brotfladen geschmückt und die Mühlsteine mit Klee bestreut wurden. Am 15. Juni reinigten die Vestalinnen ihren Tempel und brachten allen Unrat zum Fluß.

Am 24. Juni gab es ein volkstümliches Fest der Fors Fortuna, der Glücksgöttin, in einem Tempel am Tiber unterhalb Roms, wohin die Leute zu Fuß oder in Booten strömten. Ovid ruft das Volk auf, das Fest zu genießen und sich nicht zu scheuen, in den blumengeschmückten Kähnen, die es zum Tempel tragen, ausgiebig zu trinken. Fortuna war besonders bei den ärmeren Schichten beliebt, und an ihrem Kult durften auch Sklaven teilnehmen.

Im August wurde ein Opferfest für Herkules gefeiert, vielleicht am alten Rundtempel in der Nähe des Circus Maximus. Herkules war der Schutzpatron vieler römischer Geschäftsleute, und es wurde bei ihnen Sitte, ihm als Dank für seinen Schutz einen Anteil am Geschäftsgewinn zu weihen. Bisweilen ahmten das sehr reiche Bürger wie Sulla und Crassus nach, die vielleicht hofften, dadurch die Unterstützung und Bewunderung der Masse zu gewinnen. So berichtet Plutarch, als Sulla ein Zehntel seines Vermögens dem Herkules stiftete, habe das Volk tagelang so üppig feiern können, daß am Ende eines jeden Tages große Mengen von Speisen in den Tiber geworfen wurden. Er fügt hinzu, daß der ausgeschenkte Wein nicht unter vierzig Jahre alt war.

Gegen Ende August beging man das Fest des uralten Gottes Consus (dessen Name zeigt, daß er ursprünglich ein Gott der Kornscheuer war) mit einem Opfer an seinem unterirdischen Altar am unteren Ende des Circus Maximus und mit Spielen im Zirkus. Nach der volkstümlichen Überlieferung waren es diese Spiele, bei denen in der Königszeit die Sabiner zusahen, während die Römer ihre Frauen entführten. Bei dem Fest entstand die Sitte, Pferde und Maultiere zu bekränzen und ihnen einen Ruhetag zu gewähren. Ein Nachklang dieser Sitte scheint sich in Rom bis in neuere Zeit erhalten zu haben. So erzählt Goethe in der „Italienischen Reise" (Teil I, vom 18. Januar 1787) von seinem Aufenthalt in Rom über den heiligen Antonius als Schutzpatron aller Vierfüßler:

Die Gräber waren häufig mit reichem Reliefschmuck ausgestattet, der den Wohlstand und den Geschmack des Verstorbenen zeigte.
Dieses Grab einer Freigelassenen, Naevoleia Tyche, bei Pompeji ist mit Akanthusrollen und dem Relief eines in den Hafen einlaufenden Schiffes verziert.
Das Schiff mit gerefften Segeln ist vielleicht ein Symbol des Todes, ein Nachklang der Worte Ciceros:
„Je näher ich der Todesstunde komme, desto mehr fühle ich mich wie ein Mann, der das Land erblickt hat und weiß, daß er nach seiner langen Reise bald den Hafen erreichen wird."

„. . . sein Fest (ist) ein saturnalischer Feiertag für die sonst belasteten Thiere. Alle Herrschaften müssen heute zu Hause bleiben oder zu Fuß gehen . . . Pferde und Maulthiere, deren Mähnen und Schweife mit Bändern schön, ja prächtig eingeflochten zu schauen, werden vor die kleine . . . Capelle geführt, wo ein Priester mit einem großen Wedel versehen, das Weihwasser . . . nicht schonend, auf die muntern Geschöpfe derb losspritzt."

Vom 5. bis zum 19. September feierte man zu Ehren Jupiters die *Ludi Romani*, die römischen Spiele und am 13. September, der als Gründungstag des Tempels galt, vollzog einer der Konsuln ein Opfer für Jupiter Optimus Maximus an seinem Tempel auf dem Kapitol. Dem Opfer folgte ein aufwendiges Mahl für die Beamten und Senatoren, bei dem die Bilder Jupiters, Junos und Minervas auf Sofas gesetzt wurden, als sollten sie an dem Fest teilnehmen.

Im November wurden die Plebejischen Spiele gefeiert. Ihnen ging ein großer Festzug vom Kapitol über das Forum zum Circus Maximus voraus. Daran nahmen nicht nur die Wettkämpfer teil, sondern auch Spaßmacher, Musikanten und Tänzer. Dazu wurden Götterbilder auf Tragen mitgeführt, die bei der Ankunft im Zirkus auf Sofas gesetzt wurden, um den Spielen zuzusehen.

Im Dezember feierten die römischen Frauen, zumindest die vornehmen von ihnen, unter Leitung der Vestalinnen das Fest der Bona Dea, der „Guten Göttin", zu einem jährlich wechselnden Termin im Hause eines der leitenden Beamten – unter Umständen, die mitunter Ärgernis erregten. So wurde im Jahre 62 v. Chr. die Feier im Hause Caesars abgehalten, wobei wie immer Männern der Zutritt feierlich untersagt worden war. Trotzdem verschaffte sich Publius Clodius, ein junger Patrizier von mehr als zweifelhaftem Ruf, als Musikantin verkleidet Zutritt, weil er, wie behauptet wurde, mit Caesars Gemahlin Pompeia ein Verhältnis hatte. Clodius verriet sich durch seine tiefe Stimme, die Feier kam zu einem plötzlichen Ende und mußte später wiederholt werden. Caesar ließ sich von seiner Frau scheiden, und Clodius kam wegen Religionsvergehens vor Gericht. Bona Dea war wahrscheinlich eine Gottheit der Erde, die den Frauen Fruchtbarkeit verleihen sollte. Ihr Kult hatte manches mit den Mysterienreligionen gemeinsam. So durften beispielsweise Einzelheiten der heiligen Riten nicht verraten werden, und der wirkliche Name der Gottheit mußte geheim bleiben. Ebenso wurden bei der Feier heilige Gegenstände enthüllt, die nur die teilnehmenden Frauen sehen durften. Bona Dea scheint eine beliebte Göttin gewesen zu sein. Auf dem Aventin hatte sie einen Tempel, wo ihr im Mai eine Sau geopfert wurde.

Am 17. Dezember wurde das größte Fest des Jahres gefeiert, die Saturnalien. Die Feiern fanden zuerst nur am 17. statt, doch dehnten sie sich allmählich aus, bis sie zu Ciceros Zeit sieben Tage dauerten. Bei diesem Fest wurden die sonst bestehenden Unterschiede in der römischen Gesellschaft auf den Kopf gestellt. Es war eine Zeit der Freizügigkeit für die Haussklaven, die von ihren Herren bei Tisch bedient wurden. Geschenke wurden ausgetauscht, und es war die einzige Zeit im Jahr, in der man öffentlich Glücksspiele um Geld veranstalten durfte. In großen Häusern wählte man einen Narrenkönig oder Festmeister, der die Feiern leitete. Die genaue Funktion des Gottes Saturnus, zu dessen Ehren das Fest gefeiert wurde, war schon im Altertum unklar. Er könnte etruskischen Ursprungs gewesen sein. Im Laufe der Zeit wurde er mit dem griechischen Kronos gleichgesetzt, dem Vater des Zeus, und so stand sein Name als Symbol der „guten alten Zeit" für ein verschwundenes goldenes Zeitalter. Die Reste seines Tempels sind an der Ecke des Forums am Fuß des Kapitolinischen Hügels zu sehen. Hier begann das Fest mit einem Opfer für den Gott, das in griechischer Weise unbedeckten Hauptes begangen wurde. Beim Opfer waren die Senatoren anwesend, anschließend folgte ein großes Festmahl. Manche ernsten und prüden Römer entzogen sich dem ausgelassenen Treiben eines solchen Festes. Der jüngere Plinius baute sich auf seinem Landgut in Laurentum eine abgeschlossene Wohnung, wohin er sich bei derartigen Feiern zurückzog, während Seneca riet, die Zeit der Saturnalien statt müßigen Vergnügungen ernstem Studium zu widmen. Im allgemeinen aber war das Fest eine Zeit der Heiterkeit und Geselligkeit, und etwas von der Atmosphäre und den Sitten der Saturnalien scheint in einigen Ländern in das christliche Weihnachtsfest übergegangen zu sein.

Die Kunst der Weissagung war, wie schon erwähnt, der zweite Grundpfeiler der römischen Staatsreligion. Man glaubte, daß der Mensch durch das Mittel der Weissagung den Willen der Götter erkunden und herausfinden könne, ob sie einer geplanten Unternehmung zustimmten oder nicht. Sie war keine Methode, die Zukunft direkt vorauszusagen. Es gab verschiedene Arten der Weissagung. Das älteste römische Verfahren, das auf die Königszeit zurückging, war die Beobachtung des Fluges und der Stimmen der Vögel, das sogenannte Augurium, das in den Händen der Auguren lag. Später erfolgte die Weissagung auch durch die Betrachtung der Eingeweide der geopferten Tiere und die Beobachtung von Vorzeichen und Omen, etwa Mißgeburten und Naturkatastrophen. Die Bevorzugung der einen oder anderen Methode scheint sich im Laufe der römischen Geschichte gewandelt zu haben. Die Zweckmäßigkeit der Weissagung überhaupt wurde aber anscheinend niemals ernsthaft angezweifelt, höchstens von einigen hartgesottenen Politikern und einigen Intellektuellen wie Cicero, der sich dabei seiner Sache jedoch nicht sicher war, wie es sich in seinem Dialog „Über die Weissagekunst" zeigt.

Gegenüber und oben: Statuen von vestalischer Jungfrauen aus dem Hause der Vestalinnen auf dem Forum Romanum. Die Vestalinnen waren nicht nur für den Kult der Herdgöttin Vesta verantwortlich, sondern nahmen auch an religiösen Festen zu Ehren vieler anderer Gottheiten Roms teil.

Die Küste von Agnano mit dem Blick nach Puzzuoli (Puteoli). In römischer Zeit war dieser Küstenstreifen eine elegante Villengegend.

Im Hügelland von Cumae, einem bekannten Orakel-ort.

Obwohl die meisten Römer sehr abergläubisch waren, gab es immer einige, die Vorzeichen mißachteten. Claudius Marcellus, Konsul im Jahre 222 v. Chr. und in vielen erfolgreichen Feldzügen erprobt, soll sich stets in einer geschlossenen Sänfte in die Schlacht haben tragen lassen, um nicht etwa ein unheilvolles Vorzeichen erblicken zu müssen. Er war im übrigen nicht unreligiös, denn er weihte in Rom Tempel für *Honos* und *Virtus*. Es war nämlich ein merkwürdiger römischer Grundsatz, daß unheilvolle Vorzeichen nichts galten, wenn sie nicht offiziell beobachtet wurden. Diejenigen freilich, die ein regulär beobachtetes Omen nicht ernst nahmen und dann Unglück hatten, bewiesen nach Meinung der Traditionalisten die Richtigkeit der Weissagung. So verließ im Jahre 54 v. Chr. der Triumvir Marcus Crassus trotz unheilvoller Vorzeichen Rom zu einem Krieg gegen die Parther. In der folgenden Schlacht bei Carrhae wurde Crassus getötet, und das römische Heer erlitt eine furchtbare Niederlage. Und als im Ersten Punischen Krieg Publius Claudius Pulcher die ungünstigen Vorzeichen, nämlich daß die heiligen Hühner das Futter

verweigerten, nicht beachtete und in einer Seeschlacht der größte Teil seiner Flotte vernichtet wurde, nahm man diese Katastrophe auch als Beweis für die Richtigkeit und Wirksamkeit der Weissagung.

Die Kunst der Weissagung aufgrund von Augurien, also die Ermittlung des Willens der Götter aus dem Flug und dem Ruf von Vögeln, war ein komplizierter und geheimgehaltener Vorgang, den nur die gewählten Auguren kannten, so daß die eigentliche Prozedur heute nicht mehr im einzelnen zu rekonstruieren ist. Man glaubte offenbar, daß Krähen, Raben und Eulen durch ihre Rufe und Laute Zeichen gaben, Adler und Geier durch ihren Flug. Cicero berichtet, daß in alter Zeit die Augurien so hoch geachtet wurden, daß es keine wichtige Angelegenheit – auch nicht im Privatleben – gab, die ohne Beobachtung der Auspizien unternommen wurde. In Rom wurden die Auspizien von dem jeweils zuständigen Beamten zusammen mit einem Mitglied des Augurenkollegiums wahrgenommen. Sie begaben sich dazu auf einen besonderen Platz auf dem Kapitol, dem sogenannten *auguraculum*, wo der Augur den Beamten anwies, einen bestimmten Teil des Himmels zu beobachten, und dann dessen Aussagen deutete. Bei militärischen Unternehmungen, wo es im entscheidenden Augenblick möglicherweise keine Vögel gab, wurden Hühner in Käfigen beim Heer mitgeführt, so daß man schnell das begehrte Vorzeichen erhalten konnte, bevor man eine Schlacht begann oder einen Fluß überquerte. Den Hühnern wurden Kuchenstückchen vorgeworfen, und wenn ihnen beim Fressen Krümel vom Schnabel auf den Boden fielen, galt das als glückbringendes Omen. Dieses Verfahren scheint eine gewisse Neuerung gegenüber den alten Traditionen bedeutet zu haben, und es ist nicht überraschend, daß es gelegentlich Skepsis erweckte. So sagt ein Sprecher in Ciceros Dialog „Über die Weissagekunst" (II, 35):

> „Wenn ein elender Vogel in einem Käfig gehalten wird, dem Hungertod nahe, und wenn ein solches Tier beim Aufpicken des Futters ein paar Krümel fallen läßt – kannst du dir vorstellen, daß dies ein Vorzeichen ist? Glaubst du Romulus habe den Gott auf diese Weise befragt?"

Es scheint, daß die Römer im Laufe der Zeit die Auspizien bei allen passenden Gelegenheiten immer weniger gewissenhaft einholten, denn in Ciceros Dialog gibt es zahlreiche Hinweise darauf, daß zu seiner Zeit das Verfahren vernachlässigt wurde. Die Beobachtung der Auspizien und die übrigen Aufgaben der Auguren beschränkten sich mehr oder weniger auf die religiösen Zeremonien beim Abhalten von Volksversammlungen. Vor dem für die Versammlung festgesetzten Tage mußte der für den Vorsitz zuständige Beamte ein Zelt auf dem Versammlungsplatz aufschlagen und den Himmel nach Vorzeichen absuchen. Auch andere Beamte waren berechtigt, Zeichen zu melden, die sie gesehen hatten. Außer Vogelzeichen galt auch ein Blitz als ein ungünstiges Omen, das gemeldet werden konnte. Sah der vorsitzende Beamte oder der Augur ein ungünstiges Zeichen, so konnte die Versammlung nicht stattfinden, und wenn sie schon begonnen hatte, wurde sie abgebrochen. War das Vorzeichen von einer Privatperson gesehen worden, entschied der Vorsitzende, ob es gelten sollte oder nicht. In den letzten Jahren der Republik wurde die Zeichenschau gelegentlich benutzt beziehungsweise mißbraucht, um durch ein angebliches schlechtes Omen die Verabschiedung von Gesetzen in der Volksversammlung oder die Abhaltung von Wahlen zu verhindern.

In der späteren Republik scheint die Kunst der Weissagung durch Vogelschau in ihrer Beliebtheit weitgehend hinter den Praktiken zurückgetreten zu sein, wie sie die *haruspices* oder Wahrsager ausübten. Die wichtigste Aufgabe des *haruspex* war es, die Eingeweide der Opfertiere zu betrachten und zu deuten, um festzustellen, ob das Opfer dem Gott willkommen und das bevorstehende Unternehmen von ihm begünstigt sei oder nicht. Da diese Art der Weissagekunst etruskischen Ursprungs ist, waren ihre Adepten in Rom zunächst allesamt Etrusker. Lange Zeit wurden sie als Ausländer mit Geringschätzung und Mißtrauen betrachtet. Im 2. Jahrhundert v. Chr. soll Cato seine Verwunderung darüber ausgedrückt haben, daß ein *haruspex*

Oben und rechts: Der in den Fels gehauene Tunnel, der zur Höhle der cumäischen Sibylle in der Nähe von Puzzuoli führt. In der griechisch-römischen Welt gab es mehrere Sibyllen, die ihre Prophezeiungen in ekstatischer Trance verkündeten. Der Besuch des Aeneas in der Höhle der cumäischen Sibylle und sein Abstieg mit ihr in die Unterwelt wurde von Vergil eindrücklich geschildert.

Blick von Cumae auf das Meer.

den anderen auf der Straße treffen könne, ohne ihm zuzuzwinkern. Im Laufe jenes Jahrhunderts aber wurde es immer üblicher, die *haruspices* zu befragen, und schließlich erlangten sie größere Bedeutung als die Auguren.

Der *haruspex* übte die Kunst der Weissagung gewöhnlich folgendermaßen aus: Nachdem ein Opfertier geschlachtet worden war, wurde es ihm übergeben, und er untersuchte, ob die inneren Organe vollständig und ohne Mängel waren. Mißbildungen bei bestimmten Teilen der Eingeweide wurden offenbar als Beweis dafür gedeutet, daß ein bestimmter Gott ungnädig war.

Haruspices wurden oft auch von privaten Bürgern befragt, und sie ließen sich ihre Dienste anscheinend ziemlich teuer bezahlen. In der frühen Kaiserzeit wurden sie so beliebt, daß Kaiser Tiberius Maßnahmen zur Einschränkung ihrer Tätigkeit ergriff und verordnete, daß sie nur vor Zeugen ihre Kunst betreiben durften, um mögliche Betrügereien vorzubeugen. Die *haruspices* waren berufsmäßige Fachleute in ihrem Gewerbe, anders als die Auguren oder die 15 Verwalter der Sibyllinischen Bücher, die lediglich prominente Bürger ohne besondere Fachkenntnisse waren. Sie hatten nicht nur gezielt nach Zeichen des Götterwillens in den Eingeweiden von Opfertieren zu suchen, sondern konnten auch bestellt werden, um unerklärliche und ungewöhnliche Naturerscheinungen zu deuten, so etwa Überschwemmungen des Tiber, Erdbeben, Kometen, Mond- und Sonnenfinsternisse, aber auch scheinbar übernatürliche Vorkommnisse wie blutschwitzende Schilde, weinende Götterstatuen oder ein sprechendes Rind. Solche Dinge wurden dem Senat mitgeteilt, der dann die *haruspices* befragte, welche Götter erzürnt seien und wie sie durch religiöse Zeremonien besänftigt werden könnten, was man die

Sühnung der Zeichen nannte. In Zeiten öffentlicher Unruhe und militärischer Niederlagen gab es naturgemäß mehr Berichte über Wunder und Vorzeichen als sonst. Ihr Vorkommen wurde von dem konservativen Historiker Livius gewissenhaft notiert, doch auch der kritischer eingestellte Tacitus berichtet einiges davon, während der volkstümliche Kaiserbiograph Sueton großes Gewicht auf sie legt. Die laufende Aufzeichnung dieser Erscheinungen zeigt, daß viele Römer sie ernst nahmen.

Außer den Auguren und den *haruspices* befragten die Römer auch die Sibyllinischen Bücher nach dem Willen der Götter, was allerdings seltener geschah. Die Befragung dieser Bücher fand nur in besonderen Fällen statt. Die Sibyllinischen Bücher stammten nach der Überlieferung aus der alten griechischen Kolonie Cumae nördlich von Neapel, dem sagenhaften Sitz der berühmten cumäischen Sibylle, der sie zugeschrieben wurden. In Rom wurden die Bücher zunächst im Jupitertempel auf dem Kapitol aufbewahrt, und zwar unter Aufsicht einer Kommission von zehn Männern, deren Zahl später auf fünfzehn erhöht wurde. Durch sie wurden auf Befehl des Senats die Bücher befragt. Die Sibyllinischen Bücher bestanden ursprünglich angeblich aus den Prophezeiungen der cumäischen Sibylle, die in griechischen Hexametern auf Palmblätter geschrieben waren. Als diese beim Brand des Jupitertempels im Jahre 86 v. Chr. zugrunde gingen, stellte man eine neue Sammlung von Prophezeiungen der Sibylle aus den Aufzeichnungen ihrer Äußerungen zusammen, die in verschiedenen griechischen Heiligtümern aufbewahrt wurden. Die Worte dieser Bücher galten als sehr wichtig, und sie wurden lange Zeit zu Rate gezogen. Die erste Sammlung der Sibyllinischen Bücher wurde nach der Überlieferung durch Tarquinius Priscus, den fünften König Roms im späten 7. Jahrhundert, von der Sibylle selbst erworben, und noch ein Jahrtausend später, im 4. Jahrhundert n. Chr., fragte man sie um Rat.

Die Sibyllinischen Bücher wurden in Notzeiten befragt. Sie scheinen bewirkt zu haben, daß verschiedene religiöse Bräuche der Griechen von den Römern übernommen und neue Kulte eingeführt wurden. Bei der großen Seuche im Jahre 399 v. Chr. während des Krieges gegen Veji veranstaltete man nach Befragung der Sibyllinischen Bücher das erste *lectisternium*, eine Zeremonie, die die Götter am Opferfest teilnehmen ließ, indem man ihre Bilder beim Mahl auf Sofas setzte. Später, während der Punischen Kriege, rieten die Bücher dazu, den Kult der Großen Mutter (Magna Mater) aus Phrygien zu übernehmen, um den Sieg über Hannibal zu sichern. So wurde der geheimnisvolle schwarze Stein, das Emblem oder der Fetisch der Großen Mutter, von Pessinus in Phrygien nach Rom gebracht.

Obwohl alle diese Formen von Weissagung und Opfern uns abstrus erscheinen mögen und die Skepsis, mit der man sie bisweilen betrachtete, ihre guten Gründe hat, so waren sie für den römischen Staat doch unzweifelhaft von mehrfachem Nutzen. Indem man durch die Weissagung die Gunst und Hilfe der Götter für den Staat gewann, bewahrte man das Vertrauen der Öffentlichkeit zu den Beamten des Staates auch unter schwierigen Bedingungen oder konnte es nach militärischen Niederlagen leichter wiederherstellen. Wenn gewählte Beamte und Funktionäre, vor allem auch Heerführer auf dem Schlachtfeld, die Auspizien beachteten oder nach dem Opfer die *haruspices* befragten, so muß das ihre Autorität gestärkt und die Zuversicht des Volkes erhöht haben, da man sah, daß die jeweils getroffene Entscheidung von den Göttern gutgeheißen wurde. In Zeiten der Gefahr konnte die Bereitschaft eines großen Heerführers, als Antwort auf beunruhigende Vorzeichen die Götter zu besänftigen und ungewöhnlich große Opfer darzubringen, das Vertrauen der Öffentlichkeit wiederherstellen und dazu beitragen, Panik und Verzweiflung abzuwenden. Außerdem konnte das aufwendige und prunkvolle Zeremoniell, das Weissagekunst und Opfer umgab, Ehrfurcht und Achtung vor den Beamten und Generälen beim Volk nur erhöhen. Wenn also die Rituale, mit denen Opfer und Weissagungen verbunden waren, nicht in der Weise zugunsten der Römer wirkten, wie sie sich das vorstellten, so wirkten sie doch im Interesse des römischen Staates und Volkes, indem sie die politische Stabilität förderten.

Ein leerer Thron, der sogenannte Lansdowne-Thron, benannt nach der Antikensammlung Lansdowne, zu der er gehörte. Der große Marmorthron, der aus dem späten 1. Jahrhundert v. Chr. oder dem 1. Jahrhundert n. Chr. stammt, wurde im 18. Jahrhundert teilweise restauriert. Bedeckt mit einem Mantel und verziert mit Schlange, Bogen und Köcher im Relief, symbolisiert er die Macht einer Gottheit, vielleicht Apollos. Ein Relief, das den Kybeletempel in Rom darstellt, zeigt einen ähnlichen leeren Thron in der Spitze des Ziergiebels.

Das Wiedererwachen der Religion unter Augustus

Wir müssen nun das Leben und Wirken des Kaisers Augustus betrachten, da er wichtige und weitreichende religiöse Reformen durchführte die sich in der ganzen römischen Welt auswirkten. Der Aufstieg Oktavians, der später den Titel Augustus erhielt, zur Alleinherrschaft in Rom beendete ein Jahrhundert der Wirren im römischen Staat, die oft in Anarchie ausarteten. Der Höhepunkt dieser Zeit der Recht- und Gesetzlosigkeit waren die 14 Jahre des Bürgerkrieges, die auf die Ermordung Caesars durch Brutus und Cassius und deren Anhänger im Jahre 44 v. Chr. folgten. Ihr Ziel war es, die alte, jetzt völlig verfallene und überholte republikanische Staatsform in Rom wiederherzustellen. Der Mord an Caesar war durch hartnäckige Gerüchte beschleunigt worden, daß er nach der Königsmacht strebe und die wankende römische Verfassung endgültig umstoßen wolle. Oktavian, Caesars Großneffe und von ihm testamentarisch als Haupterbe eingesetzt, gelobte, den Mord zu rächen, und verband sich mit Marcus Antonius und Lepidus zu einem Triumvirat, einem Dreimännerbund, um „den Staat wiederherzustellen". Im Verlauf der nun folgenden Proskriptionen wurden 2000 Römer umgebracht, darunter auch Cicero. Viele der Opfer scheinen weniger aus politischen Gründen aus dem Wege geräumt worden zu sein, sondern vielmehr, weil ihre Gegner ihren Besitz haben wollten. Im Jahre 42 v. Chr. schlugen die Trimvirn bei Philippi das Heer des Brutus und des Cassius, die beide Selbstmord begingen.

Lepidus, das dritte Mitglied des Triumvirates, wurde bald gezwungen, sich ins Privatleben zurückzuziehen, während Oktavian und Antonius eine labile politische Partnerschaft aufrechterhielten, betrachtete sich doch jeder als den rechtmäßigen Erben Caesars. Oktavian festigte seine Macht im Westen des Reiches, wobei er die Veteranen seiner Heere in Italien ansiedelte und Feldzüge in Illyrien und Dalmatien unternahm. Antonius war im Osten weniger erfolgreich und mußte mit der Gefahr eines Angriffs der Parther auf Kleinasien fertig werden. Bald gaben die angebliche Ehe des Antonius mit der ägyptischen Königin Kleopatra und seine Länderschenkungen an sie dem Oktavian einen Vorwand zur Kriegserklärung. Er schlug im Jahre 31 v. Chr. in der Seeschlacht von Actium an der Küste von Epirus die Flotte seiner Gegner. Antonius und Kleopatra flohen nach Ägypten, wo sie ihrem Leben selbst ein Ende setzten.

Oktavian war nun unumstrittener Herr der römischen Welt. Die Herrschaft eines einzigen Mannes wurde als unumgänglich hingenommen. Die meisten Überlebenden der alten herrschenden Schicht betrachteten das Ende der Bürgerkriege und den Frieden als ausreichende Entschädigung für den Verlust an politischer Macht. Die Kriegsmüdigkeit der Römer zu jener Zeit kommt in der Literatur deutlich zum Ausdruck. Während die Kämpfe noch im Gange waren, schrieb Horaz ein Gedicht, in dem er die Römer aufrief, ihre Stadt aufzugeben und sich eine neue Heimat in der Ferne zu suchen, um den Schrecken des Krieges zu entrinnen. Einige Verse Vergils drücken das Gefühl aus, daß die Kriege und Kämpfe jegliches Maß verloren haben (Georgica I, 511–514):

„Mars, der verwegne, zertrümmert die tobenden Länder, nicht anders,
  Als wenn ein Rossegespann, hervor aus den Schranken gebrochen,
  Rast in die schwindelnde Bahn: umsonst an den Zügeln gehalten,
  Reißt es den Lenker davon, und des Zaumzeugs spottet der Wagen!"

(Deutsch von R. A. Schröder)

Das Innere des Pantheons in Rom. Der Bau wurde unter Augustus errichtet und unter Hadrian erneuert. Er war allen Göttern geweiht. Die hochragende Kuppel, die sich bis zu einer Höhe von 43 Metern über den Boden erhebt, wirkt wie ein Echo des Himmelsgewölbes.

Vorhergehende Seite: Das Forum Romanum bei Nacht. Blick vom Vestatempel zum Titusbogen. Viele wichtige Versammlungen und Ereignisse fanden auf dem Forum statt, so auch die Leichenfeier für Caesar mit den dabei ausgebrochenen Unruhen.

Links: Ausschnitt aus einem Fresko, das den Gott Apollo darstellt. Er ist hier mit der Lyra zu sehen, wie es dem Gott der Musik und der Poesie zukommt. Augustus verehrte Apollo besonders und förderte seinen Kult als den eines Friedensgottes.

Rechts: Kopf des Augustus von einer kolossalen Bronzestatue, wahrscheinlich in Ägypten hergestellt. Das Weiße der Augen ist eingelegter Marmor, die Iris besteht aus Glas. Das Bild des Kaisers wurde in den Provinzen durch Plastiken und auf Münzen verbreitet.
Dieser Kopf wurde jenseits der Reichsgrenze bei Meroë im Sudan gefunden. Wahrscheinlich war er bei einem Raubzug äthiopischer Stämme aus dem römischen Ägypten als Beute mitgenommen worden.

Die Römer, die das Grauen der Bürgerkriege durchlebt hatten, suchten nach einer Erklärung, warum sie solches Unglück getroffen hatte, und sie griffen dabei offenbar auf die herkömmliche Erklärung für Katastrophen in der Gesellschaft zurück, nämlich daß sie von den Göttern als Strafe für die Vernachlässigung der Religion und mangelnde Beachtung der Riten und Zeremonien verhängt worden seien. In der Zeit der Kämpfe und der Anarchie hatte man Tempel in Verfall geraten lassen, Priesterstellen waren nicht besetzt worden, manche Zeremonien und Kulthandlungen waren nicht durchgeführt oder zynisch für politische Zwecke mißbraucht worden. Horaz gab folgende Erklärung: „Du wirst weiterhin für die Sünden deiner Väter büßen, Römer, bis du die zerstörten Tempel der Götter wiederherstellst und ihre von schwarzem Rauch verunstalteten Bilder." (Oden III, 6,1) Diese Ansicht scheint auch dem Geschichtswerk des Livius weithin zugrunde zu liegen, der die Vernachlässigung der Götter zu seiner Zeit beklagt und betont, daß es die Befolgung selbst unwesentlicher religiöser Riten war, die Rom einst groß gemacht hatte.

Augustus hat anscheinend die Überzeugung geteilt, daß die Wiederbelebung traditioneller religiöser Bräuche und Gepflogenheiten für die Wiederherstellung von Frieden und Eintracht in der römischen Welt notwendig sei, und er hat diese Überzeugung für seine Zwecke politisch ausgenutzt. Schon vorher hatte es die weitverbreitete Erwartung gegeben, daß eine neue Ära, ein zweites Goldenes Zeitalter bevorstehe. Dieser Glaube fand seinen Ausdruck in der berühmten 4. Ekloge Vergils, der die Geburt eines Knaben voraussagte, unter dessen Herrschaft die Welt den Frieden und ein wunderbares Goldenes Zeitalter genießen würde. Als später im 4. Jahrhundert das Christentum römische Staatsreligion geworden war, glaubte man, daß Vergil in diesem Gedicht die Geburt Christi verkündigt hatte, und so erhielt er eine den alttestamentlichen Propheten ähnliche Stellung, die ebenfalls die Geburt Christi vorausgesagt hatten. Augustus jedenfalls erkannte die unmittelbare Bedeutung der Hoffnung auf ein neues Goldenes Zeitalter. Er nutzte die Gelegenheit, die ihm die Hoffnungen des Volkes auf eine neue Ära nach den Bürgerkriegen boten, und betrieb nachdrücklich eine religiöse Erneuerung.

Die dringlichste Aufgabe war die Wiederherstellung der zahlreichen verfallenden Kultbauten. Schon bald nach der Schlacht bei Actium, in seinem sechsten Konsulat (28 v. Chr.), sorgte Augustus für die Wiederherstellung von 82 Tempeln in Rom, wie er in seinem Tatenbericht, den *Res gestae*, stolz mitteilt. Das zeigt, wie dringlich das Problem der vernachlässigten Kultgebäude geworden war. Archäologische Funde belegen gleichfalls, daß zur Zeit des Augustus in Rom eine beträchtliche Zahl von Tempeln renoviert oder neu gebaut wurden, darunter der Tempel des Saturn, der Tempel des vergöttlichten Caesar (Divus Julius) auf dem Forum, der

Marmorbüste des Kaisers Hadrian, der von 117 bis 138 n. Chr. regierte. Hadrian bereiste das ganze Reich und reorganisierte die Verwaltung und Verteidigung. Unter ihm wurden eine Reihe bedeutender Bauten errichtet oder erneuert, so das Pantheon und seine berühmte Villa bei Tibur (Tivoli). Diese Büste wurde in der Villa gefunden.

Tempel des Apollo in Circo und der Tempel der Magna Mater auf dem Palatin. Augustus baute noch zwei weitere Tempel, den Apollotempel auf dem Palatin und den großen Tempel des Mars Ultor (Mars der Rächer) auf dem Augustusforum. Bei dieser umfangreichen Bau- und Restaurierungstätigkeit verwendete man vor allem Marmor. Sueton zitiert Augustus mit der stolzen Äußerung, er habe Rom als Stadt aus Lehmziegeln vorgefunden und in Marmor gekleidet hinterlassen.

Wie wir gesehen haben, war die traditionelle Religion Roms weitgehend die offizielle Religion des Staates und eng verbunden mit den Einrichtungen der Stadt und ihrer Regierungsform. Als Augustus praktisch Alleinherrscher geworden war, änderten sich Staat und Gesellschaft tiefgreifend. Augustus hielt zwar sorgfältig den Schein einer Regierung durch den Senat aufrecht, in Wirklichkeit gab es aber einen grundsätzlichen Wandel der Staatsform; den Wechsel von der Republik zur Monarchie. Augustus vermied es peinlich, den Titel König zu beanspruchen, der den Römern verhaßt war, und wollte lieber nur *princeps*, leitender Staatsmann, heißen und lediglich als *primus inter pares*, als Erster unter Gleichen, erscheinen. Der Senat tagte weiterhin, aber nur, um die Vorschläge des Augustus gutzuheißen, die Volksversammlung trat zusammen, sie zu billigen, und die Wahlversammlungen fanden statt, um seine Kandidaten zu wählen. Augustus hatte praktisch alle Macht, da er Befehlshaber der Grenzprovinzen war, in denen die meisten Legionen standen. Die von Augustus der römischen Oberschicht aufgezwungene politische Ordnung mit ihrer scheinbaren Aufrechterhaltung republikanischer Formen wurde zwar von einigen abgelehnt, weitgehend jedoch offenbar für bare Münze genommen. Im frühen 1. Jahrhundert n. Chr. bemerkt der Historiker Velleius Paterculus dazu: „Die römische Welt hatte Frieden, die Gesetze hatten wieder Geltung . . . Der überlieferte Zustand der Staatsverfassung war wiederhergestellt." Angesichts des engen Zusammenhanges zwischen Staat und Religion war zu erwarten, daß die politischen Umwälzungen auch zu religiösen Wandlungen führen würden. Die religiösen Veränderungen wurden ebenso wie die politischen häufig durch ihre scheinbare, oberflächliche Übereinstimmung mit herkömmlichen Gepflogenheiten und Einrichtungen verschleiert.

Seit Augustus nahmen die römischen Kaiser mehr und mehr eine zentrale Stellung in den Kulten der Staatsreligion in Rom und dem ganzen Reich ein. Die Vergöttlichung vieler Kaiser und die allmähliche Einrichtung des Kaiserkultes im Reich gaben der Staatsreligion eine neue Dimension. Die der Errichtung der Monarchie folgenden tiefgreifenden Wandlungen der Religion fanden nicht nur unter Augustus statt. Die Regierungszeit des Augustus war eine Übergangsperiode zwischen der Auflösung der Republik und der vollständigen Etablierung der Kaisermacht. Doch können wir zur Zeit des Augustus bereits Tendenzen im Kult und bei den religiösen Einrichtungen erkennen, die die weitere Entwicklung vorzeichnen und einen Wandel im religiösen Empfinden der Römer anzeigen.

Eine der Methoden, mit denen Augustus die religiösen Gefühle der Menschen für seine eigenen Zwecke beeinflussen und manipulieren konnte, war die Wahl der Götter, denen er besondere Verehrung erwies. Indem er bestimmte Götter bevorzugte, festigte er seine eigene Stellung, betonte er seine besondere Beziehung zu ihnen und seine eigene historische Rolle. Die beiden Götter, die er besonders verehrte, waren Apollo und Mars.

Augustus scheint wirklich geglaubt zu haben, er stehe unter dem besonderen Schutz Apollos. Indem er den persönlichen Schutz eines bestimmten Gottes beanspruchte, folgte er dem bewährten Vorbild hervorragender Römer. Scipio Africanus wurde eine besondere Beziehung zu Jupiter zugeschrieben, Caesar beanspruchte eine solche zu Venus Genetrix, Sulla zu Venus und Apollo gleichermaßen. Nach dem Bericht Suetons hatte Augustus, als sein Haus vom Blitz getroffen worden war, gelobt, auf dem benachbarten Palatinhügel dem Apollo einen Tempel zu bauen. Seinen großen Sieg bei Actium errang Augustus in der Nähe eines Apollotempels, den er später restaurieren ließ. Er erklärte, Apollo sei ihm in einem entscheidenden Augenblick der Schlacht erschienen. Nach seinem Sieg baute er den Apollotempel auf dem Palatin und stattete ihn mit zwei schönen Bibliotheken, je einer für griechische und lateinische Literatur, und mit einer Säulenhalle aus, in der griechische Plastiken zur Schau gestellt wurden. In den neuen Tempel überführte er aus dem Jupitertempel auf dem Kapitol die Sibyllinischen Bücher, die er in zwei vergoldeten Truhen unter der Kultstatue des Apollo niederlegen ließ.

Vor Augustus hatte Apollo in Rom keine wesentliche Rolle gespielt, obwohl er zu den wichtigsten Göttern der Griechen zählte und große Heiligtümer in Delos und Delphi hatte. Nach Rom war sein Kult im 5. Jahrhundert v. Chr. während einer Seuche gebracht worden, weil er als Heilgott galt. Die besondere Verehrung des Augustus für ihn beruhte zweifellos teils auf persönlicher Überzeugung, teils auf verschiedenen Aspekten, die mit Apollo verbunden waren und die er fördern wollte. In der Dichtung spielt Apollo wiederholt eine wichtige Rolle bei der Begründung einer neuen Weltzeit und der Einleitung eines zweiten Goldenen Zeitalters, und Augustus wollte sich selbst mit diesem Vorgang verbinden und als Begründer der neuen Ordnung erscheinen. Es gingen sogar Gerüchte um, Augustus sei in Wirklichkeit Apollos Sohn, Apollo habe genau zehn Monate vor seiner Geburt in Gestalt einer Schlange seiner Mutter beigewohnt, als sie bei einer abendlichen Feier in seinem Tempel unabsichtlich eingeschlafen war. Es scheint auch, daß Apollo bereits damals zu einem Gott des Friedens und der Kultur geworden war, und diese beiden Ideale wünschte Augustus ohne Zweifel zu fördern und zu bekräftigen. Das große Jahrhundertfest, die *Ludi saeculares*, die Augustus im Jahre 17 v. Chr. feierte, wurde traditionsgemäß alle hundert Jahre abgehalten, um das Ende einer Epoche anzuzeigen. Indem er bei diesem Fest die Opfer drei Tage und drei Nächte lang andauern ließ, hoffte Augustus, daß die Volksmeinung ihn eng mit dem Ende der alten Ära und dem Beginn eines neuen großen Zeitalters verbinden würde. Das Fest endete mit Feiern im neuen Apollotempel, bei denen ein Chor von je 27 Knaben und Mädchen ein Festlied, das *Carmen saeculare*, sang, das Augustus für diese Gelegenheit bei Horaz bestellt hatte und das Apollo pries und die Rückkehr von Frieden und alter Sitte feierte.

Den Kriegsgott Mars ehrte Augustus ebenfalls in besonderer Weise, und auch in diesem Falle hatte er persönliche Gründe dafür. Im Jahre 42 v. Chr. hatte er während des Feldzuges, der zur Schlacht bei Philippi führte, Mars dem Rächer einen Tempel gelobt, wenn es ihm gelingen würde, den Mord an seinem Adoptivvater Caesar zu sühnen. Der Kriegsgott Mars hatte bei den Römern schon lange hohes Ansehen genossen, der Monat März war nach ihm genannt, und sein Altar stand auf dem Campus Martius, einer Ebene zwischen Kapitol, Palatin und dem Tiber. Hier fanden zu Ehren des Gottes militärische Übungen und Pferderennen statt. Allerdings war vor Augustus dem Mars in der Stadt Rom noch kein Tempel errichtet worden. Vermutlich galt er als ein wilder und grausamer Gott, von dem man am besten Abstand hielt. Augustus baute nun, um Mars als den Rächer zu ehren, innerhalb der Stadtgrenzen auf einem Platz zwischen dem Caesarforum und dem dichtbesiedelten Wohnviertel Subura einen prachtvollen Tempel.

Die Ausschmückung des Forums vor dem Tempel sollte nicht allein die Größe Roms betonen. Zu dem Schmuck gehörten Standbilder berühmter Vorfahren von Caesar und Augustus. Im Tempel selbst stand eine Statue Caesars zusammen mit dem Kultbild des Mars, dem der Tempel geweiht war, und der Venus als Stammmutter der Familie der Julier. So wurde der ganze Komplex so etwas wie ein dynastisches Schaustück und eine Propagandaaktion, die die Verbindung des Augustus mit den großen Männern aus Roms Vergangenheit in Geist und Herkunft herausstellte und dadurch den Anspruch betonte, daß die neubegründete Herrschaft des *princeps* die legitime Fortsetzung der republikanischen Ära sei. Die gleiche Aussage trifft Vergil im 6. Buch der „Aeneis", wenn er die bekannte Aufzählung der alten Könige Roms und der Helden der Republik in der Gestalt des Augustus gipfeln läßt (VI, 791–797):

Marmorbüste des Kaisers Trajan, der von 97 bis 117 n. Chr. regierte. Er wurde unter der bekannten Säule in Rom beigesetzt, auf der seine Siege im Dakerfeldzug dargestellt waren. Unter Trajan stand Rom auf der Höhe seiner Macht und erreichte seine größte territoriale Ausdehnung.

„Der, ja der ist der Mann, der dir so häufig verheißen,
Caesar Augustus, des Göttlichen Sohn, die goldenen Zeiten
Bringt er nach Latium wieder, wo einst Saturnus regierte.
Fern über Garamanten und Inder wird er des Reiches
Grenzen dehnen; das Land liegt außerhalb der Gestirne,
Außer der Jahresbahn der Sonne, wo Atlas den Himmel
Trägt und auf den Schultern läßt kreisen das Sternengewölbe."

(Deutsch von R. A. Schröder)

Eine ähnliche Botschaft verkündet die *Ara Pacis Augustae*, der Altar des Augustus-
friedens, der zwischen 13 und 9 v. Chr. auf dem Marsfeld errichtet wurde, um des
Augustus sichere Rückkehr nach Rom nach langer Abwesenheit in Gallien und
Spanien zu feiern. Bei diesem Denkmal hat es Augustus verstanden, die Überliefe-
rungen und Sagen aus Roms Vergangenheit mit seiner Person zu verbinden und den
Frieden und Wohlstand darzustellen, die seine Herrschaft für Italien gebracht hatte.

Neben der Renovierung und dem Neubau von Tempeln und Kultstätten ergriff
Augustus auch Maßnahmen zur Wiederbesetzung freier Stellen in den Priesterkollegien. Im Bericht seiner Taten, den *Res Gestae*, rühmt er sich, nicht weniger als
170 Kandidaten in Priesterämter gebracht zu haben. Das muß in der Tat ein ge-
eigneter Weg gewesen sein, sich für treue Unterstützung dankbar zu zeigen, denn
die wichtigeren Priesterkollegien waren immer noch recht exklusive Körperschaf-
ten, deren Mitgliedschaft eine begehrte gesellschaftliche Auszeichnung blieb.

Während Augustus Schritte unternahm, um die überlieferte zahlenmäßige
Stärke der verschiedenen Priesterkollegien wiederherzustellen, führte er zugleich

Änderungen in ihren Funktionen ein, die weitreichende Folgen hatten. Die großen Kollegien waren nun kaum noch an politischen Entscheidungen beteiligt, wie sie es in der Republik gewesen waren. Nur noch sehr selten wurden die Auspizien benutzt, um die Abhaltung einer Wahl zu verhindern, und die Befragung der Sibyllinischen Bücher oder der *pontifices* in politischen Fragen nahm ab. Statt dessen waren die Priesterkollegien immer häufiger damit beschäftigt, den Göttern Bitt- oder Dankgebete für Augustus und seine Familie vorzutragen, und dieser Funktionswandel beschleunigte sich unter den folgenden Kaisern. Man sieht das am Beispiel der *fratres arvales*, der Arvalbrüder, deren Aufzeichnungen zum Teil in inschriftlicher Form erhalten sind. Ursprünglich war dieses Kollegium offenbar vor allem damit befaßt gewesen, die uralte Göttin Dea Dia zu ehren, um eine gute Ernte zu sichern, doch nachdem das Kollegium von Augustus neu belebt worden war, beschäftigte es sich hauptsächlich mit Zeremonien, die der kaiserlichen Familie galten.

Für das Heil des Augustus und seiner Familie wurden Spiele und Opfer veranstaltet. Jährlich opferten die Priester an der *Ara Pacis Augustae*. Die herkömmlicherweise am 1. Januar von den neuen Konsuln für das Wohl des Staates abgelegten Gelübde wurden durch Gelübde für das Wohl des Kaisers am 3. Januar ergänzt, die gleichzeitig auch alle Statthalter der Provinzen ablegen mußten, so daß dieser Tag im gesamten Römischen Reich ein allgemeiner Bettag für den Kaiser war. Zahlreiche Jahrestage in der Familie des Augustus wurden mit Gebeten gefeiert. So gab es öffentliche Gebete am Jahrestag von Augustus' erstem Antritt eines Staatsamtes (7. Januar), am Jahrestag seiner Ausrufung als Augustus (16. Januar) und an seinem Geburtstag. Die folgenden Kaiser setzten diese Sitte fort, Jahrestage mit religiösen Feiern zu begehen, und schließlich war der römische Kalender so vollgestopft mit derartigen Begehungen, daß ein Teil von ihnen nicht länger beibehalten wurde.

Die Verlagerung des Schwerpunktes der römischen Religion vom Staat und der Gemeinschaft auf die Person des Herrschers bedeutete eine tiefgreifende Umgestaltung im Wesen der Staatsreligion. Am bedeutendsten bei diesem Wandel war die enge Verbindung des Kaisers mit den Göttern und die Verbreitung des Kaiserkultes. Bei vielen Zeremonien wurde der Kaiser direkt als Sohn eines Gottes oder sogar als Gott bezeichnet. Zunächst scheint dieser Glaube, der der Vernunft ins Gesicht

Links und unten: Das sogenannte Teatro Marittimo in der Hadriansvilla bei Tibur (Tivoli). Die Villa war Hadrians ungewöhnlichstes und ehrgeizigstes Bauwerk, ein weitläufiger Komplex von Gebäuden, Gärten und Teichen, der sich über einen Kilometer hinzog. Die eleganten Räumlichkeiten auf einer kleinen Insel, die von einer Säulenreihe eingefaßt und von einem Graben umgeben war, waren vielleicht die Privatgemächer des Kaisers. Hadrian erklärte, er wolle seinen Lebensabend in dieser Villa verbringen und sich der Malerei, Musik und Literatur widmen.

schlägt, absurd zu sein, und man kann sich kaum vorstellen, daß jemand ihm ernsthaft anhing. In der Tat fand die Vorstellung in Rom selbst mit seinen republikanischen Traditionen starken Widerstand, besonders in der Senatsaristokratie mit ihrem Interesse an griechischer Philosophie. Cicero hatte sich heftig gegen das offenkundige Bestreben Caesars gewandt, sich als Gott anerkennen zu lassen. Caesar waren außergewöhnliche Ehrungen wie einem Gott erwiesen worden, etwa ein goldener Sessel im Senat, eine zeremonielle Sänfte, damit seine Statue bei religiösen Prozessionen mitgeführt werden konnte, ein Tempel der „Gnade Caesars" mit einem eigenen Priester. In einem Tempel der Roma wurde seine Statue mit der Inschrift „Dem unbesiegten Gott" aufgestellt, und der siebente Monat wurde ihm zu Ehren in Julius umbenannt. Obwohl alle diese Ehrungen noch nicht eine förmliche Vergottung Caesars bedeuteten, hätte er sie doch, wie es Sueton ausdrückt, als Sterblicher zurückweisen müssen.

Die römische Aristokratie fand ohne Zweifel den fast göttlichen Status Caesars vor allem deswegen anstößig, weil in der Antike Göttlichkeit eng mit dem Königtum verbunden war, welches sie nachdrücklich ablehnte. Im Osten gab es eine lange Tradition göttlichen Herrschertums. Die Pharaonen Ägyptens waren Gottkönige, und die hellenistischen Könige derjenigen Länder, die dann römische Provinzen wurden, verehrte man seit langem als Götter.

Römische Kaiser wurden niemals zu Lebzeiten offiziell vergöttlicht, doch hat man ihnen in der Praxis häufig göttliche oder fast göttliche Ehren erwiesen, besonders in den Provinzen. Sicherlich erhielt Augustus Ehrungen, wie sie sonst

Der Kanopus in der Hadriansvilla. Teile des großen Gebäudekomplexes waren nach Orten benannt, die Hadrian auf seinen Reisen gesehen hatte. Dieser langgezogene Teich scheint den Kanopus dargestellt zu haben, einen berühmten Kanal zwischen Alexandria und Kanopus in Ägypten. Um den Teich standen Säulen, die zum Teil, wie hier an der Nordseite, abwechselnd durch Bögen und gerade Deckbalken verbunden waren.

70

Göttern vorbehalten waren. Augustus und alle verdienstvollen Kaiser nach ihm wurden nach ihrem Tode in Rom konsekriert, das heißt vergöttlicht. Caesar war der erste Römer, der nach seinem Tode durch einen offiziellen Staatskult als Gott anerkannt wurde. Bei seiner Leichenfeier kam es zu heftigen Gefühlsausbrüchen der Menge, die der Zeremonie beiwohnte. Der Leichnam wurde auf dem Forum verbrannt, und dabei wurden Richtersessel und Bänke aus den nahegelegenen Gerichtsgebäuden auf den Scheiterhaufen geworfen. Die Musikanten und die Teilnehmer des Trauerzuges, die in den Festkleidern mitgezogen waren, die Caesar bei seinen vier Triumphzügen getragen hatte, rissen sie sich vom Leibe und schleuderten sie in die Flammen. Veteranen, die an diesen Triumphzügen teilgenommen hatten, warfen ihre damals getragenen Waffen ins Feuer, Frauen warfen ihren Schmuck und die goldenen Knöpfe und gestickten Tuniken ihrer Kinder hinein. Die Menge riß Feuerbrände aus dem Scheiterhaufen und rannte los, um die Häuser der Verschwörer Brutus und Cassius anzuzünden, die für Caesars Ermordung verantwortlich waren. Später wurde auf dem Forum eine etwa 6 Meter hohe Marmorsäule für Caesar errichtet. Vor dieser Säule brachte man Opfer dar, legt Gelübde ab und schlichtete Streitigkeiten durch Eide in Caesars Namen. Der Senat beschloß bald nach Caesars Tod offiziell seine Vergöttlichung. Seine Göttlichkeit wurde dadurch noch glaubhafter, daß am ersten Tage der Spiele, die Caesars Adoptivsohn Oktavian, der spätere Augustus, zu Ehren seiner Apotheose gab, ein Komet eine Stunde vor Sonnenuntergang zu sehen war und sieben Tage lang leuchtete. Diesen Kometen hielt man für die zum Himmel aufgestiegene Seele Caesars. Vergil feierte das Ereignis in einem Gedicht (Ekloge IX, 47–50):

> „Schau: es erschien der Stern des dionischen Caesar am Himmel,
> Segengestirn, das mehrt der Feldsaat Früchte, das reifet
> Über dem sonnigen Hang des Weinbergs purpurne Trauben.
> Pflanze den Obstbaum, Daphnis, dein Enkel ernte die Äpfel."
>
> (Deutsch von R. A. Schröder)

Durch die Vergöttlichung Caesars wuchs natürlich auch das Ansehen des Augustus, weil er so zu einem Göttersohn (*divi filius*) geworden war.

In der heidnischen Antike gab es bei weitem keine so strenge Trennung zwischen Menschen und Gottheit, wie sie sich dann im protestantischen Christentum entwickelte. Einige seit alters verehrte Götter wie Herkules, Romulus, Kastor und Pollux waren dem Mythos nach als Sterbliche geboren und später wegen ihrer Heldentaten in die Reihen der Götter aufgenommen worden. Selbst in historischer Zeit kam es bisweilen zur Verehrung beliebter Helden nach ihrem Tode. Im 2. Jahrhundert v. Chr. erhielten die beiden volkstümlichen Reformer Tiberius und Gaius Gracchus nach ihrer Ermordung Standbilder, zu denen die Leute strömten, um dort wie an den Altären von Göttern zu opfern und zu beten. Bei den Griechen schien es im Zusammenhang mit ihren religiösen Vorstellungen durchaus annehmbar, daß unter bestimmten Umständen ein bedeutender Mann nach seinem Tode kultisch verehrt wurde. Städtegründer wurden nach ihrem Tode regelmäßig als Götter angesehen, und die hellenistischen Herrscher, die in der Nachfolge Alexanders des Großen die griechische Welt regierten, erlangten den Status und die Ehrungen von Göttern. Im Hellenismus war göttliche Verehrung anscheinend eine mehr oder weniger verbreitete Sitte, außergewöhnliche Ehrerbietung gegenüber besonders mächtigen Persönlichkeiten zu bekunden. So erwiesen die Griechen ziemlich früh auch ihren römischen Provinzstatthaltern göttliche Ehren. Diese Lage machte sich offenbar Antonius zunutze, als er sich in den östlichen Provinzen des Reiches aufhielt. Nach Plutarch zog er in Ephesus im Aufzug eines neuen Dionysos oder Bacchus umher, begleitet von Frauen in der Kleidung von Bacchantinnen und umgeben von Männern und Knaben in der Aufmachung von Satyrn und Panen.

Die göttliche Verehrung römischer Kaiser bedeutete, daß vormals private und inoffizielle Riten wie im Falle der Gracchen nun auf den öffentlichen Bereich übertragen und die hellenistische Gewohnheit, den Mächtigen göttliche Verehrung zu

Nächste Seite· Die Ränder des Kanopus waren mit Kopien berühmter griechischer Skulpturen geschmückt, darunter auch einer Reihe von Karyatiden, Repliken von Statuen, die an der Halle der Jungfrauen am Erechtheion in Athen standen.

Oben und gegenüber unten: Details des Kanopus in der Hadriansvilla.

Gegenüber oben: Details der Statuen am Kanopus.

erweisen, jetzt von Rom und der westlichen Reichshälfte übernommen wurden. Es hat viele Diskussionen unter den Gelehrten gegeben, wie die Römer und die von ihnen unterworfenen Völker sich im einzelnen den göttlichen Status ihres Kaisers vorstellten. Wurde er direkt zu den Göttern gezählt, oder glaubte man, daß er nur einen gottähnlichen, übermenschlichen Status hatte? In der Tat wurde der Kaiser zu Lebzeiten halb als Gott und halb als Mensch angesehen. Einige Gebete und Opfer, die zum Kaiserkult gehörten, galten nicht dem Kaiser selbst, sondern wurden vielmehr für den Kaiser an die Götter gerichtet. Der Kaiser ist also, obwohl er göttliche Ehren erhielt, nicht wie ein Gott behandelt worden. Manchmal wurden Opfer einem lebenden Kaiser direkt dargebracht, aber auch dann blieb seine Göttlichkeit ungewiß, was sich beispielsweise in der Wahl des Opfertieres äußerte.

Diese Unsicherheit über die Göttlichkeit des Kaisers überrascht nicht, und es kann kaum verwundern, daß Unterschiede im Status zwischen den traditionellen Göttern und dem Kaiser bestanden und daß es zu einer so problematischen Angelegenheit keine einheitliche Meinung gab.

Die Vorstellung von der Göttlichkeit der römischen Kaiser ging weniger auf die Politik der Kaiser selbst zurück, sondern vor allem auf die furchtsame Ehrerbietung und Unterwürfigkeit ihrer Untertanen. Der göttliche Status der Kaiser ist also keineswegs einem gleichgültigen und teilnahmslosen Volk von oben aufgezwungen worden. Die höfische Umgebung des Kaisers erhöhte dessen Majestät ebenso wie seine geringeren Untertanen. Da die Menschen nicht in der Lage waren, die gegebenen Verhältnisse zu ändern, neigten sie dazu, diese widerspruchslos hinzunehmen, dabei ihre eigene soziale Position zu verbessern und so auch ihr Selbstgefühl aufzuwerten. In Rom und in den Provinzen wurden die lebenden und die verstorbenen Kaiser aus freien Stücken mit maßlosen Ehrungen überhäuft. Zahlreiche Standbilder der Kaiser und von Angehörigen der kaiserlichen Familie wurden im gesamten Reich errichtet, Spiele zu ihren Ehren abgehalten und Tempel und Altäre erbaut. In den Provinzen bot die Einrichtung des Kaiserkultes den Vertretern der örtlichen Oberschicht eine Möglichkeit, ihre Stellung zu festigen, indem sie in offizieller Eigenschaft an diesem Kult teilnahmen. Durch ihre Anwesenheit bei Festen und Opfern zu Ehren des Geburtstages des Kaisers und anderer Jahrestage sowie bei Einweihungen betonten sie ihr persönliches Verhältnis zum Herrscher und ihre Teilhabe an seiner Autorität. Gleichzeitig demonstrierten sie so ihre eigene Ergebenheit und die ihrer Stadt und Provinz gegenüber dem Kaiser.

Eine Anzahl bedeutender Denkmäler in Rom veranschaulichen direkt oder indirekt den Vorgang der Vergottung und dienen der Erinnerung an den vergöttlichten Kaiser. Augustus baute einen Tempel für den Göttlichen Julius (Caesar) auf dem Forum Romanum, von dem Reste erhalten sind. Tiberius und Livia errichteten einen Tempel des Divus Augustus, des Göttlichen Augustus, über dessen Aussehen wir sowohl durch die Münzen, die Caligula zu seiner Einweihung prägen ließ, als auch durch diejenigen, die Antoninus Pius anläßlich der Renovierung des Tempels herausgab, informiert sind. Reste dieses Tempels sind freilich nicht erhalten. Als Hadrian das Pantheon erneuerte, das nach dem Bericht des Historikers Dio Cassius in der Zeit des Augustus von Agrippa errichtet worden war, stellte man in dem Tempel ein Bild Caesars zusammen mit Bildern von Mars, Venus und anderen Göttern auf. Statuen von Augustus und seinem ergebenen Minister Agrippa standen in der Vorhalle, wahrscheinlich in den beiden großen Nischen, die den Eingang zur Rotunde flankieren. Falls diese Anordnung der Statuen auf den ursprünglichen, unter Augustus errichteten Bau zurückgeht, so betonte der Kaiser schon durch seine Nähe zu den Göttern seine Verbindung mit ihnen und bereitete somit den Weg zu seiner späteren Vergottung vor.

Die eigentümliche Zeremonie der Vergottung eines verstorbenen Kaisers, wie sie im 2. Jahrhundert n. Chr. vorgenommen wurde, ist in einem Bericht des Historikers Herodian beschrieben, der das Verfahren folgendermaßen darstellt (IV, 2):

„Es ist römische Sitte, die Kaiser, welche Söhne als Erben hinterlassen, zu vergött-
lichen. Eine solche Feier nennen sie Apotheose ... Der Leichnam des Verstorbenen wird wie ein gewöhnlicher Mensch mit einer aufwendigen Totenfeier
beigesetzt. Dann aber machen sie ein Abbild aus Wachs, dem Verstorbenen völlig
ähnlich, und stellen es am Eingang des Palastes auf einer riesigen elfenbeinernen
Liege zur Schau, mit goldgewirkten Teppichen darunter. Dieses Abbild liegt da
blaß wie ein Kranker, und rechts und links von der Bahre sitzen Senatoren und
vornehme Frauen den größten Teil des Tages ...

Sieben Tage lang verfährt man so. Täglich kommen Ärzte, gehen zur Liege, tun als
ob sie den Patienten untersuchen und verkünden jedesmal, daß es ihm schlechter
gehe. Wenn man dann behauptet, er sei gestorben, nehmen die vornehmsten Ritter
und ausgewählte Jünglinge des Senatorenstandes die Bahre auf ...

Sie tragen sie aus der Stadt auf das sogenannte Marsfeld. Dort ist ein riesiger
hölzerner Bau aus großen Balken ohne alles sonstige Material errichtet, gestaltet
wie ein Haus. Das ganze Innere ist mit Gesträuch gefüllt, außen ist der Bau
geschmückt mit goldgewirkten Teppichen, elfenbeinernen Bildwerken und
farbigen Gemälden. Darüber steht ein ähnliches, aber kleineres Stockwerk mit
offenen Fenstern und Türen, darüber noch zwei kleinere Etagen ...

Die Bahre wird zum zweiten Stockwerk getragen und niedergesetzt. Alle Duft-
stoffe und Räucherwerk, die die Erde trägt, alle wohlriechenden Früchte und
Kräuter werden hinaufgetragen und aufgehäuft ... Wenn alles voll ist, folgt ein
Umritt um den Bau. Der gesamte Ritterstand umkreist in fester Ordnung mehrfach das Werk im Stil und Rhythmus einer kriegerischen Parade. In ähnlicher
Ordnung folgen Streitwagen mit Männern in Purpurgewändern und angetan mit
den Masken der berühmten römischen Feldherren und Kaiser. Ist das vorbei, so
ergreift der Thronfolger eine Fackel und legt sie an den Bau, und die übrigen
legen von allen Seiten Feuer. Alles wird leicht vom Feuer ergriffen wegen der
Menge des Reisigs und der Spezereien. Dann wird vom obersten und kleinsten

Stockwerk ein Adler freigelassen, der mit den Flammen in den Äther aufsteigt. Er trägt, so glauben die Römer, die Seele des Kaisers von der Erde in den Himmel. Danach wird er mit den übrigen Göttern verehrt."

Augustus hat – mit dem warnenden Beispiel Caesars vor Augen – alles getan, um nicht allzu offenkundig wie ein Gott aufzutreten, vor allem in Rom selbst. Doch konnte er es sich auch nicht leisten, alle ihm erwiesenen göttlichen Ehrungen zu unterbinden oder auch nur zu ignorieren. Die Gewohnheit, mit derartigen Ehrungen einem Herrscher gegenüber Dankbarkeit und Ergebenheit auszudrücken, war in der römischen Gesellschaft schon zu fest verwurzelt, als daß sie ohne weiteres hätte abgeschafft werden können, und außerdem war diese Gewohnheit für Augustus von Nutzen. Denn der Kaiser wurde damit zum unentbehrlichen Brennpunkt der Gesellschaft, auf den sich die Treue und Ergebenheit der Bewohner des Reiches konzentrierten. Er wurde zum wichtigsten Symbol für die Einheit des Reiches. Im täglichen Leben wurde man ständig an Macht und Ansehen des Kaisers erinnert, denn sein Bild befand sich auf allen Münzen, in den Städten des Reiches standen seine Statuen auf Straßen und Plätzen sowie in Tempeln, oft von Privatleuten auf eigene Kosten aufgestellt. Überhaupt galt die Statue des Kaisers nicht einfach als Denkmal, sondern sie war ein Zufluchtsort für Menschen in Not. In Rom erhielten Sklaven das Recht, zu einer Kaiserstatue zu fliehen, wenn sie über grausame Behandlung zu klagen hatten.

Im Jahre 2 v. Chr. beschlossen die Einwohner von Neapel, zu Ehren des Augustus Spiele abzuhalten, und sie weihten ihm einen Tempel, den ersten in Italien, der einem lebenden Kaiser geweiht war. Überschwengliche Lobpreisungen des Augustus, verbunden mit göttlichen Ehren, kommen in Inschriften zum Ausdruck,

Die Säulenhalle in der Hadriansvilla, die sogenannte Stoa Poikile. Sie gilt als Nachbildung der bekannten Stoa Poikile in Athen, der „bunten Halle", die wegen ihrer Schlachtengemälde berühmt war.

wie sie auf öffentlichen Plätzen der Städte in den östlichen Provinzen des Reiches angebracht wurden. Die folgende Inschrift aus Halikarnaß in Kleinasien befindet sich jetzt im Britischen Museum in London:

„Die unsterbliche Natur hat nach überwältigenden Wohltaten der Menschheit das allergrößte Gut gegeben, sie hat uns den Kaiser Augustus geschenkt, der nicht nur der Vater seiner Heimat Rom und Spender aller Glückseligkeit in unserem Leben ist, sondern auch Vater, Gott und Heiland der ganzen Menschheit. Er ist es, dessen Vorsorge die Gebete aller nicht nur erfüllt, sondern sogar übertroffen hat. Denn Land und Meer haben Frieden, und die Städte blühen auf in Ordnung, Eintracht und Wohlstand."

In den östlichen Provinzen, wo es eine alte Tradition war, Herrscher wie Götter zu verehren, wäre es von Augustus unklug gewesen, göttliche Ehren abzulehnen, weil das die Treue der Provinzialen hätte untergraben können. Um den Eindruck zu vermeiden, sie erstrebten göttlichen Status, und sei es auch nur in den östlichen Provinzen, ließen Augustus und seine unmittelbaren Nachfolger üblicherweise Tempel und Kulte zu ihren Ehren lediglich dann zu, wenn sie dabei mit einer bereits etablierten Gottheit verbunden wurden. Sehr oft war dies die Göttin Roma, die Personifikation der Stadt Rom. Sie besaß im Osten des Reiches bereits etliche Altäre und auch einige Tempel. So war die Verehrung der Roma schon in republikanischer Zeit beispielsweise in Rhodos, Delos und Milet eingeführt worden. Die Mauern des Tempels der Roma und des Augustus in Ancyra (Ankara) sind die Stelle, wo sich die beste Fassung der *Res Gestae*, des Tatenberichtes des Augustus, als Inschrift erhalten hat.

Wenn Augustus auch in Rom und Italien Riten gestattete oder gar förderte, die seine nahezu göttliche Verehrung bedeuteten, so achtete er doch sorgfältig darauf, daß dabei auch nicht der Anschein einer Wiederbelebung des Königtums entstand. Vielmehr scheint er versucht zu haben, das Gefühl der Treue und Verbundenheit ihm gegenüber dadurch zu fördern, daß er das römische Volk bis zu einem gewissen Grade am häuslichen Kult seiner Familie Anteil nehmen ließ. So waren bei dem alten Fest der *Compitalia* in republikanischer Zeit die Schutzgeister (*Lares compitales*) an den Straßenkreuzungen Roms unter Vorsitz der örtlichen Beamten (*vicomagistri*) verehrt worden. Augustus belebte das Fest wieder, fügte aber die Verehrung seines Genius zu derjenigen der beiden Geister der sich kreuzenden Straßen hinzu, und diese drei Geister zusammen hießen nun die *Lares Augusti*. Die Durchführung dieser Feiern war die Aufgabe von Freigelassenen, die dabei von Sklaven unterstützt wurden. So konnte das Volk von Rom bei dieser Gelegenheit seine Treue zu Augustus bezeugen, und die reichen Freigelassenen konnten ihren Reichtum zur Schau stellen und ein gewisses Maß gesellschaftlicher Anerkennung erlangen. Ovid bezeugt, daß die Verehrung der Geister der Kreuzwege zuvor vernachlässigt, dann aber durch Augustus mit dem zusätzlichen Kult seines Genius wiederbelebt worden sei. Es gebe, so erklärt er, nunmehr tausend solcher Kultstätten in Rom, an denen diese drei Gottheiten verehrt würden (Fasti V, 134–136).

Als Augustus nach dem Tode des Lepidus, seines früheren Verbündeten im Triumvirat, im Jahre 12 v. Chr. das Amt des Oberpriesters oder *pontifex maximus* übernehmen konnte, zog er nicht in den traditionellen Amtssitz des Oberpriesters, sondern überließ diesen den Vestalinnen. Dafür ließ er einen Teil seines eigenen Hauses in eine öffentliche Kultstätte verwandeln, wo er neben einem Bild der Göttin Vesta und dem Ewigen Feuer auch die Laren und Penaten seiner eigenen Familie unterbrachte. So wurde aus dem privaten Kult des Augustus ein öffentlicher, an dem die Bürger Roms teilzunehmen eingeladen waren, und des Augustus Stellung als Staatslenker sollte als unter göttlichem Schutz stehend erscheinen.

Während Augustus die Treue der unteren Schichten der Gesellschaft seiner Person gegenüber dadurch förderte, daß er seinen Genius mit den Riten der *Compitalia* verbinden ließ, scheint es einen entsprechenden Versuch gegeben zu haben, auch in der Oberschicht eine Art demonstrativer Loyalitätsbezeugung zu

Oben: Der Tempel des Antoninus und der Faustina in Rom. Begonnen im Jahre 141 n. Chr., wurde er zunächst von Antoninus Pius seiner Gemahlin geweiht, der nach ihrem Tode göttliche Ehren zugestanden wurden. Als Antoninus 161 starb, wurde der Tempel durch Senatsbeschluß zugleich seinem Andenken geweiht.

Unten: Teil eines Marmorreliefs, das offenbar verschiedene Maßnahmen Trajans zeigt. Das Relief stammt aus der Regierungszeit Hadrians und wurde auf dem Forum gefunden. Auf diesem Abschnitt spricht ein Kaiser, vielleicht Hadrian, zum Volke. Hinter ihm steht der Tempel des vergöttlichten Julius, links der Bogen des Augustus

organisieren, indem festgelegt wurde, daß bei allen öffentlichen und privaten Festmählern Trankspenden zu Ehren seines Genius dargebracht werden sollten. Das
war zunächst eine Ehrung, die Augustus nach seinem Sieg über Antonius und
Kleopatra durch Senatsbeschluß zugesprochen wurde. Es war eine geschickte Erweiterung des Kultes für den Genius des Familienoberhauptes, der ein Teil der
üblichen Kulthandlungen in römischen Häusern war. Es war Sitte, daß man einen
Freund an seinem Geburtstag ehrte, indem man seinem Genius Trankopfer darbrachte. Die Übertragung dieser Ehrung auf Augustus als ein ständiger Brauch
mußte also nicht unbedingt so gedeutet werden, als sollte ihm ein göttlicher Status
zugeschrieben werden.

Schließlich ist zu überlegen, ob die Bewohner des Römischen Reiches ihren
Kaiser wirklich für einen Gott hielten. Eine zynische Erklärung für alle Schmeicheleien, mit denen man ihn überhäufte, könnte sein, daß sich die Leute davon Vorteile
erhofften. Das mag zuweilen, wenn nicht oftmals auch wirklich der Fall gewesen
sein. Doch wir können nicht sicher sein, ob die Mehrzahl an die Göttlichkeit des
Kaisers glaubte, da wir keine Berichte über ihre Ansichten und Überzeugungen
haben. Die erhaltenen schriftlichen Zeugnisse betreffen zum größten Teil die gebildeten Schichten. Über die Meinungen der Mehrheit des Volkes können wir
jedoch nur Vermutungen anstellen. Zur Zeit des Augustus bestand das Römische
Reich aus einer Vielzahl ganz verschiedenartiger Völker mit sehr unterschiedlichen
Kulturen. Bei einem Teil von ihnen war es längst ein fester Brauch, die eigenen
Herrscher wie Götter zu verehren. Wo dies der Fall war, wie in den östlichen
Provinzen, also den früheren hellenistischen Königreichen der Nachfolger Alexan-
ders des Großen, dürfte es keine Schwierigkeiten bereitet haben, die Göttlichkeit
des römischen Kaisers zu propagieren. Es scheint, daß es ebendiese Provinzen
waren, in denen Augustus am überschwenglichsten als Gott verehrt wurde. Aus der
Verschiedenheit der ihm erwiesenen göttlichen Ehren ergibt sich, daß sie dem
Kaiser wohl meist spontan dargebracht wurden und nicht auf eine Forderung des
Augustus oder seiner Beauftragten zurückgingen.

Schwieriger ist es, sich ein Bild von der Einstellung der Mehrheit der Bewohner
der westlichen Provinzen zu machen. Hier wurde der Kaiserkult nämlich mitunter
von den Beauftragten des Kaisers eingeführt und nicht von den Provinzialen selbst.

In allen Schichten der Gesellschaft, selbst in der gebildeten Oberschicht, scheint
es sehr viel Leichtgläubigkeit und Aberglauben gegeben zu haben. Beispielsweise
bestand ein weitverbreitetes Interesse an der Astrologie, an Horoskopen und an
Magie jeder Art. Man versteht unschwer, wie in einer solchen Atmosphäre viele
Römer durchaus imstande waren, den Gedanken der Göttlichkeit oder des übermenschlichen Charakters des Kaisers hinzunehmen. Die Unterscheidung zwischen
Natürlichem und Übernatürlichem, zwischen Menschlichem und Göttlichem war
meist ungenau und verschwommen. Wir haben gesehen, wie die Römer Sterbliche
wie Romulus und Herkules, denen man große Verdienste um die Menschheit zu-
schrieb, zu Göttern erhoben hatten. Ohne Zweifel erschien Augustus der Mehrzahl
seiner Zeitgenossen, die die Kämpfe und die Anarchie der fünfziger und vierziger
Jahre des 1. Jahrhunderts v. Chr. miterlebt hatten, als ein Heiland, der der Menschheit durch die Wiederherstellung von Frieden und Ordnung unermeßlichen Segen
gebracht hatte. Von den Bezeugungen solch tiefer Dankbarkeit umgeben, mußte
Augustus natürlicherweise im ganzen Reich als Gott angesehen werden. Trotz ihrer
übertriebenen Rhetorik und offenkundigen Schmeichelei lassen die Inschriften, die
im Osten des Reiches von örtlichen Beamten aufgestellt wurden, etwas von echter
Dankbarkeit gegenüber Augustus und der Anerkennung seiner übermenschlichen
Kraft bei der Wiederherstellung des Friedens spüren.

Das späte 1. Jahrhundert v. Chr. war eine Zeit der Angst und Unsicherheit, in der
die Menschen die überlieferten Glaubensinhalte anzuzweifeln begannen. Es war der
Anfang einer Zeit, in der religiöse Vorstellungen in Bewegung gerieten, als man
einige Riten aufgab und andere, die mit dem Kaiserkult verbunden waren, an ihre
Stelle setzte, was nicht ohne inneren Zwiespalt und Verwirrung geschah. Über

Das Mausoleum des Hadrian in Rom am östlichen Ufer des Tiber, vollendet 140 n. Chr. Hadrian baute auch die Brücke, den Pons Aelius, als Zugang zu seinem Mausoleum. Der riesige steinerne Rundbau, der einen Durchmesser von 64 Metern hat und ursprünglich mit Marmor verkleidet war, enthielt die Grabkammer. Im Mittelalter verwandelten die Päpste das Denkmal in eine Festung, die seitdem den Namen Engelsburg, Castel S. Angelo, trägt.

Oben: Gemälde-Triptychon, bestehend aus dem Porträt eines Mannes zwischen Darstellungen des Serapis und der Isis, vielleicht dem Andenken eines Vorfahren gewidmet. Die flankierenden Bilder des Serapis mit dem goldenen Modius auf dem Kopf und der Isis mit ihrem typischen Kopfputz könnten Kopien bekannter Gemälde sein, die an einem der Kultzentren dieser Götter in Ägypten zu sehen waren. Vespasian und seine Söhne waren Verehrer der ägyptischen Götter.

Links: Zugang zum Palast der Flavier auf dem Palatin, vom Forum her gesehen. Der gewaltige Palast wurde weitgehend von Domitian im späten 1. Jahrhundert n. Chr. errichtet. Er blieb der Amtssitz der Kaiser bis zum Ausgang des Altertums. Von Palatium stammt unser Wort Palast. Zeitgenossen sollen von der Höhe der Räume überwältigt gewesen sein. Sie empfanden den Palast als die angemessene Wohnung eines Herrschers und Gottes.

Kaiser Vespasian berichtet der Historiker Tacitus eine merkwürdige Geschichte aus dem Jahre 69 n. Chr., dem ersten Jahr seiner Regierung, die etwas wiedergibt von den widersprüchlichen Vorstellungen über die übermenschliche Stellung des Kaisers. In seinen „Historien" (IV, 8) schreibt Tacitus:

„Es gab Zeichen, daß Vespasian die Gunst des Himmels genoß und die Götter ihm geneigt waren. In Alexandrien umfaßte ein Armer, der wegen seiner Blindheit allgemein bekannt war, seine Knie und bat ihn mit Seufzen um Heilung seiner Blindheit. Das hatte ihm der Gott Serapis geraten, den das zum Aberglauben neigende Volk besonders verehrte. Und er flehte den Princeps an, er solle ihm Wangen und Augäpfel mit seinem Speichel netzen. Ein anderer, der eine lahme Hand hatte, bat, vom gleichen Gott angeregt, der Kaiser möge ihn mit dem Fuß treten, Vespasian lachte zuerst und lehnte ab. Als die beiden drängten, zögerte er, befürchtete teils den Vorwurf des Hochmuts, teils weckten das Flehen der Bittenden und das Zureden der Schmeichler in ihm Hoffnung. Schließlich befahl er den Ärzten zu beurteilen, ob derartige Blindheit und Lähmung durch menschliche Kunst heilbar seien. Die Ärzte trugen verschiedene Erwägungen vor ... Vielleicht sei die Heilung göttlicher Wille und der Herrscher zum göttlichen Werkzeug berufen. Schließlich würde der Ruhm einer gelungenen Heilung dem Kaiser zufallen, der Spott über eine mißlungene den Unglücklichen. So tat Vespasian, im Vertrauen, daß seinem Glück alles möglich und fortan nichts unwahrscheinlich sei, worum er gebeten worden war, mit lächelnder Miene, während die umstehende Menge die Hälse reckte. Alsbald war die Hand des Krüppels wieder gebrauchbar, und dem Blinden leuchtete wieder das Tageslicht. An beides erinnern sich die damals Anwesenden noch heute, da ihnen eine Lüge nichts mehr einbrächte."

Die Geschichte zeigt deutlich das Vertrauen, das gewöhnliche Leute in die übermenschlichen Kräfte des Kaisers setzen konnten, und wie der Glaube an seine Göttlichkeit entstanden sein mochte. Die Stellung des Kaisers, der von den übrigen Menschen getrennt und über sie erhaben war, wird keinesfalls als Pose gesehen, die Vespasian zynisch annimmt, um die öffentliche Meinung zu beeinflussen. Vielmehr wird ihm diese Stellung durch die Haltung der Menge und durch die Schmeicheleien seiner Umgebung aufgedrängt. Gleichzeitig läßt die zitierte Geschichte aber auch gewisse Zweifel an den übermenschlichen Fähigkeiten des Kaisers erkennen.

Privatleben
und persönliche Religion

Vom Privatleben und der persönlichen Religion der Römer wissen wir viel weniger als von den staatlichen Kulten und den Einrichtungen des öffentlichen Lebens, da sie ihrem Wesen nach auch im Altertum dem Blick des Außenstehenden weitgehend entzogen waren. Die Hauptquellen, aus denen die meisten unserer Kenntnisse über die römische Staatsreligion stammen – die Historiker, die über das politische Geschehen berichten, die zahlreichen offiziellen Inschriften und öffentlichen Gebäude, die mit dem Staatskult zusammenhängen –, werfen, von seltenen Ausnahmen abgesehen, kein Licht auf die religiösen Überzeugungen und das Handelns des einzelnen. Immerhin gibt es in der römischen Dichtung neben den Beschreibungen offizieller Kulthandlungen auch solche von privaten religiösen Zeremonien, und es sind Reste kleiner privater Kapellen und von Gräbern erhalten, die uns zusammen mit den zugehörigen Inschriften etwas von der persönlichen Religion der alten Römer berichten.

Die althergebrachten Riten, die die Römer zu Hause vollzogen, scheinen gewissermaßen in verkleinertem Maßstab den Staatskult nachgeahmt zu haben. Hauptinhalt des Kultes war die Darbringung von Opfern, doch spielte auch die Weissagekunst, vor allem die Befragung der *haruspices*, eine gewisse Rolle. Wie im öffentlichen Leben, so regelte auch im privaten Bereich die Religion viele Einzelheiten des Alltags. Die Empfindungen, die hinter der privaten Religionsausübung standen, waren denen ähnlich, die bei den staatlichen Zeremonien zum Ausdruck kamen. In beiden Fällen ging es darum, die jeweils zuständigen Götter gnädig zu stimmen, ihren Schutz und ihre Unterstützung bei allen Geschehnissen und Unternehmungen des täglichen Lebens zu erreichen. Besonderes Gewicht legte man auf die gewissenhafte Erfüllung aller religiösen Pflichten, nicht aber auf moralisches Verhalten im heutigen Sinne.

Ein großer Teil der privaten Riten hatte mit der Familie zu tun. Zeremonien, die sich auf Geburt, Eheschließung, Tod und Bestattung bezogen, waren alle mehr oder weniger privat, sie wurden üblicherweise vom Oberhaupt der Familie, dem *pater familias*, durchgeführt. Die römische Familie war ausgesprochen patriarchalisch. Entscheidend war die väterliche Verwandtschaft, obwohl auch die mütterliche Abstammung wichtig werden konnte, zumal wenn sich die Verwandtschaft zur Steigerung des politischen Einflusses einer Familie ausnutzen ließ. Nach dem Zwölftafelgesetz, der ältesten Kodifikation des römischen Rechtes aus dem 5. Jahrhundert v. Chr., hatte der *pater familias* die uneingeschränkte Gewalt über alle Angehörigen seiner Familie und seines Hauses, bis hin zum Tötungsrecht, das allerdings im 2. Jahrhundert n. Chr. offiziell abgeschafft wurde, aber offenbar schon lange vorher nicht mehr ausgeübt worden war. Söhne blieben unter der Gewalt des Vaters, auch wenn sie volljährig und verheiratet waren. Rechtlich konnten sie keinen eigenen Besitz haben, solange sie von ihren Vätern nicht förmlich aus der Verfügungsgewalt entlassen worden waren, und wir wissen nicht, wie häufig das geschah. Sonst wurden sie erst beim Tode des Vaters gänzlich unabhängig, und dann stand allen Söhnen der gleiche Anteil am Erbe des Vaters zu. Das einzige Mitglied der Familie, über das der *pater familias* nicht durchweg uneingeschränkte Gewalt hatte, war seine Gattin. Nach der älteren Form der Eheschließung ging die Frau zwar aus der Gewalt ihres Vaters in die des Gatten über, doch nach der neueren Form blieb sie unter der Gewalt ihres Vaters oder des von ihm testamentarisch eingesetzten Vormundes. Das bedeutete, daß sie ihr eigenes Vermögen haben konnte und daß der Mann nur über die Einkünfte verfügen durfte, die aus der Mitgift

Fresko aus dem Hauptsaal der Villa der Livia in Primaporta bei Rom. Livia, die Gemahlin des Augustus, war die Besitzerin dieser Villa, der sogenannten Villa des Weißen Huhnes. Die Villa war mit Wandfresken geschmückt, die einen Garten darstellten. Die üppige Vegetation und der Vogel, der auf dem niedrigen Zaun sitzt, sind lebensecht gemalt.

Rechts: Hauskapelle im Hause des Menander in Pompeji. In einer Loggia, die vom Hofe dieses großen Hauses abgeht, sind die kunstlos aus Holz oder Wachs gebildeten Ahnenbilder in einer Mauernische hinter dem Altar aufgestellt. Die Wände des Raumes sind reizvoll mit Säulen bemalt. Hinter ihnen erhebt sich ein Hain, wo Vögel auf den Ästen der Bäume sitzen.

Kapelle der Hausgötter in einem Atrium des Hauses der Vettier in Pompeji in Form einer Nische, die von Säulen umrahmt und mit einem Giebeldreieck nach Art eines Tempels gekrönt ist. Das Wandgemälde zeigt in der Mitte den Genius, das Haupt verhüllt, weil er ein Opfer darbringt: Mit der Rechten gießt er eine Trankspende aus. Flankiert ist er von zwei Laren mit Trinkhörnern. Unten nähert sich eine Schlange, um ihren Anteil am Opfer zu holen. Sie kann entweder als Fruchtbarkeitssymbol oder als Personifikation des Genius des Hausherrn gelten.

stammten. Väter verheirateten ihre Töchter gewöhnlich in so jungen Jahren, daß ernsthafte Einwände der Mädchen nicht zu erwarten waren. Als im 4. Jahrhundert Augustin sich entschloß, sein lockeres Leben aufzugeben, fand sich eine Braut für ihn, die 10 Jahre alt war, wenngleich er dann schließlich doch nicht heiratete. Mädchen mußten mindestens 12 Jahre alt sein, um heiraten zu dürfen.

Es gibt im Lateinischen keine genaue Entsprechung für unser Wort Familie im Sinne der „Kernfamilie" von Eltern und Kindern. Das lateinische Wort *familia* bedeutet den gesamten Haushalt des *pater familias* und schließt alle im Hause wohnenden Kinder und anderen Verwandten mitsamt den Sklaven und Freigelassenen ein. Zweifellos hatten viele Haushalte freier Bürger überhaupt keine Sklaven, während andere nur wenige besaßen. Andererseits gehörten zu den sehr reichen Häusern oft viele Sklaven, wie aus der bekannten Erzählung vom Gastmahl des Millionärs Trimalchio bei Petronius (1. Jahrhundert n. Chr.) hervorgeht. Trimalchio hatte Sklaven, die ihn ins öffentliche Bad zu begleiten hatten und dort mit ihm Ball spielten, während andere die Punkte zählten und wieder andere dafür da waren, die Bälle zurückzubringen, die er fallen ließ. Kam er zurück nach Hause, so gab es dort natürlich den Pförtner und einen Verwalter, der den Haushalt beaufsichtigte. Im Speisesaal gab es ganze Abteilungen von Sklaven, die die Gäste bedienten und beim Bedienen Lieder sangen sowie bei Späßen und Clownerien mitwirkten, die die Gäste unterhalten sollten. Aus der Vielfalt und Menge der aufgetragenen Speisen wird deutlich, daß es mehrere Köche gab, während Sklaven, die in den unterschiedlichen Arten des Fleischzerteilens geschult waren, die verschiedenen Arten des servierten Wildbrets aufschneiden mußten.

Doch ebenso wie aus der Dichtung sind auch in Wirklichkeit Häuser mit vielen Sklaven bezeugt. Als im Jahre 61 n. Chr. der Stadtpräfekt, ein ehemaliger Konsul, von einem seiner Sklaven ermordet wurde, wendete man ein altes Gesetz an, nach dem in solchen Fällen sämtliche Sklaven des Hauses hingerichtet werden sollten. Es waren 400, Frauen und Kinder eingeschlossen. Weil sie nicht versucht hatten, den Mord an ihrem Herrn zu verhindern, galten sie als mitschuldig. So groß war in der römischen Oberschicht das Mißtrauen gegenüber den Sklaven!

Jede fromme Familie ehrte gemeinsam mit ihren Sklaven die Hausgötter (die Laren und Penaten), den Genius oder Schutzgeist des Familienoberhauptes, die Göttin des Herdes (Vesta) und wahrscheinlich auch bestimmte Ortsgottheiten.

Die Laren und Penaten scheinen die Römer schon sehr früh verehrt zu haben. Die Laren sind verschieden gedeutet worden, entweder als die Geister des Landes, das heißt des Bauernhofes, von dem in früher Zeit jede römische Familie abhing, oder als die Geister verstorbener Vorfahren. Die Penaten waren die Geister der Vorratskammer. Diese Gottheiten waren unpersönliche Geister, von denen es keine Mythen gab, ebenso wie von allen alten römischen Göttern.

Vor allem in der Verehrung dieser Hausgötter kam die sehr römische Tugend der *pietas* am deutlichsten zur Geltung. *Pietas* kann man übersetzen als „Pflichterfüllung" oder „Treue". Sie umfaßte die Ergebenheit gegenüber den Göttern ebenso wie gegenüber den Eltern und Verwandten. Das Adjektiv zu *pietas* ist *pius*, fromm oder pflichtbewußt. Dieses Wort hat Vergil gewählt, um Aeneas, den Helden seines vaterländischen Epos „Aeneis", zu kennzeichnen. Im gesamten Verlauf der langen Geschichte Roms hat sich die Religion der Familie offenbar stets bewährt. Der fromme Römer achtete seine Eltern und Angehörigen und ehrte seine Hausgötter gemäß der Sitte seiner Vorfahren.

Wir können zwar nicht feststellen, wie viele römische Familien im letzten Jahrhundert der Republik oder in der frühen Kaiserzeit regelmäßig ihre Hausgötter verehrten, doch fällt auf, daß eine Reihe von Häusern, die aus dieser Zeit stammen, Kapellen für die Hausgötter hatten.

Im Pompeji und Herculaneum, wo unter der Lava des Vesuv, der die beiden Städte im Jahre 79 n. Chr. verschüttete, so viele anschauliche Einzelheiten des Alltagslebens erhalten geblieben sind, kann man in den ausgegrabenen Häusern noch viele Hauskapellen sehen. Die Kapellen, die unterschiedliche Formen haben, sind in einigen Fällen zusammen mit den darin befindlichen Götterbildern erhalten geblieben und haben noch Wandbilder, aus denen die Art des Kultes deutlich wird. In einigen Häusern in Pompeji, wie im Haus des Apollo, hat die Kapelle die Form einer einfachen, ausgemalten Nische, die in die Wand der Küche eingetieft ist, während in anderen Häusern die Kapelle anspruchsvoller gestaltet ist in der Art einer *aedicula*, eines Miniaturtempels mit Basis und kleinen Säulen, wobei sich die

Haus des Mosaiks des Neptun und der Amphitrite in Herculaneum. Hinter dem Haus liegt ein kleiner Hof, der einen Speisesaal unter freiem Himmel bildete. Eine Wand ist mit einem Mosaik geschmückt, das den Meeresgott Neptun mit seiner Gemahlin Amphitrite unter einem großen Muschelmotiv zeigt. Von diesem Mosaik hat das Haus seinen Namen. Die Rückwand ist als Nymphäum gestaltet: In der gewölbten Nische in der Mitte befindet sich ein Springbrunnen mit zwei kleineren rechteckigen Vertiefungen rechts und links, darüber als Mosaik Jagdszenen mit Hirschen.

Aus Ostia stammendes Grabrelief eines Knaben mit einem Ziegenbock, vielleicht sein Lieblingstier oder ein Opfer. Die Inschrift unten beginnt mit einer Anrufung der Totengeister, die nach dem Volksglauben übernatürliche Kräfte besaßen. Das Kind trägt um den Hals eine Bulla, ein Amulett, das bis zur Pubertät als Schutz getragen wurde.

Kapelle dann an hervorgehobener Stelle befindet, etwa an der Wand des Säulenhofes oder des Atriums.

In früher Zeit wurde vielleicht in jedem Hause nur ein Hausgeist oder Lar verehrt. Doch spätestens im 1. Jahrhundert v. Chr. dachte man sich die Laren als ein Paar, und so werden sie in Pompeji regelmäßig in Gemälden dargestellt, gewöhnlich als junge Männer in kurzen Tuniken und mit Trinkhörnern. Außer den Bildern der Schutzgeister ihrer Häuser hatten fromme Römer wohl auch Bilder bestimmter Gottheiten, von denen sie Schutz erhofften. Es scheint, daß man sich gerne einen bestimmten Gott sozusagen als Patron wählte. So berichtet Plutarch, daß Sulla stets ein Bild des Apollo bei sich führte, und Apuleius schreibt im 2. Jahrhundert n. Chr., er nehme auf Reisen immer ein Bild des Merkur mit. In der Hauskapelle konnten neben solchen Bildern auch Familienandenken und Erinnerungsstücke bewahrt werden. In Petronius' Geschichte von dem Millionär Trimalchio sehen die Gäste beim Betreten des Hauses in der mit Fresken aus Trimalchios Leben geschmückten Säulenhalle die Hauskapelle, in der neben silbernen Bildern der Laren und einer marmornen Statuette der Venus auch ein goldenes Kästchen zu sehen war, in dem, wie man ihnen erzählte, Trimalchios erste Barthaare aufbewahrt wurden.

Den Schutzgeistern wurden einfache Gaben dargebracht, vielleicht zu jeder Mahlzeit: Kuchen, Weihrauch und Wein. So werden in Petronius' Roman gegen Ende des Gelages die Bilder von Trimalchios Hausgöttern von drei weißgekleideten Sklaven zur Tafel gebracht, und einer der Sklaven bittet die Götter um ihre Gunst, während er ein Gefäß weiterreicht, aus dem Wein als Trankopfer ausgegossen wird. Das geeignete Opfertier für die Laren war das Schwein.

Eng verbunden mit der Verehrung der Laren war der Kult der Penaten, der Götter der Vorratskammer. Es waren diejenigen Götter, die ursprünglich verehrt wurden, um sicherzustellen, daß jede Familie ausreichend Lebensmittel hatte. Auch sie stimmte man mit kleinen Gaben gnädig, etwa einer Mischung aus geweihtem Mehl und Salz, die man ins Feuer warf oder am Altar der Hausgötter darbrachte.

Der Genius oder persönliche Schutzgeist des Hausherrn wurde zusammen mit den Hausgöttern verehrt. In den Malereien, die die Hauskapelle schmücken, wird er gewöhnlich zwischen den Laren stehend dargestellt. Welchen Ursprung der Kult des Genius des Hausherrn hatte, ist dunkel. Man hat gemeint, daß der Genius in früher Zeit als die Lebens- oder Zeugungskraft betrachtet wurde, die die Familie von einer Generation zur anderen weiterleben läßt. In spätrepublikanischer Zeit wurde der Genius eher als eine Art Schutzgeist oder, wie wir sagen würden, Schutzengel angesehen. Der Genius eines Mannes wurde vor allem geehrt, wenn man an seinem Geburtstag ein Trankopfer ausgoß. Als Augustus an die Macht kam, wurde sein Genius offenbar bisweilen zu den Hausgöttern hinzugefügt, da er in manchen Kapellen in den Fresken dargestellt gewesen zu sein scheint. In einer davon sieht es aus, als sei die Darstellung des Genius des Augustus zu dem vorhandenen Bild, das den Genius des *pater familias* beim Ausgießen einer Trankspende zeigt, hinzugefügt worden, und zwar mit einer erklärenden Notiz, daß dies nach Anordnung des Senats geschehen sei, also nach dem Beschluß, daß bei allen privaten Festmählern eine Trankspende für Augustus dargebracht werden solle.

Es gab bei den privaten religiösen Bräuchen allerdings auch eine dunklere, unheimlichere Seite, als man sie bei den staatlichen Kulten findet, zumindest in geschichtlicher Zeit. Einzelne nahmen oft Zuflucht zu magischen Praktiken verschiedener Art, zu Verfluchungen, Beschwörungen und Amuletten. Diese Praktiken enthüllen einen rohen, gewalttätigen Zug in der Mentalität der Römer, die sich in den überlieferten religiösen Gebräuchen sonst so nicht zeigt. Die ekelhaftesten Zutaten konnten bei Zauberhandlungen benutzt werden, wenn man über jemand Unheil und Tod bringen wollte. So erzählt der Historiker Tacitus von Germanicus, dem Adoptivsohn des Tiberius, als er in Antiochia mit einer rätselhaften Krankheit im Sterben lag, sei er nicht nur überzeugt gewesen, daß Piso, der Statthalter der Provinz und sein persönlicher Feind, ihn vergiftet habe, sondern

Stuckverzierung von der Decke eines spätrepublikanischen Hauses in Rom. Vor einem Hintergrund ländlicher Kapellen steht links neben anderen Gestalten der Fruchtbarkeitsgott Priapus.

auch, daß er seinen Tod durch Zauberei beschleunige. Germanicus ließ seine Wohnung durchsuchen. Tacitus berichtet folgendermaßen (Annalen II, 69):

„Die Untersuchung des Fußbodens und der Wände seines Schlafzimmers brachte Leichenteile ans Licht, Zaubersprüche, Verfluchungen, Bleitäfelchen mit dem Namen Germanicus, halbverbrannt vom Scheiterhaufen gerissene menschliche Reste, beschmiert mit fauligem Eiter und Blut, sowie andere Dinge mit Zauberkräften, von denen man glaubt, daß durch sie die Seele den Mächten der Unterwelt ausgeliefert wird."

Zauberei wurde in allen Schichten der Gesellschaft praktiziert, vom Bauern bis zum Kaiser. In der frühen Kaiserzeit war es bei Hochverratsprozessen gegen Mitglieder des Senatorenstandes ein häufiger Anklagepunkt, ihnen Zauberpraktiken zur Last zu legen. Kaiser Nero suchte offenbar bei Zauberern Hilfe. Gequält von Gewissensbissen, weil er die Ermordung seiner Mutter veranlaßt hatte, versuchte er, ihren Geist zu beschwören, um Vergebung zu erbitten.

Magie besteht im wesentlichen aus einer Verbindung von okkulten Worten und Handlungen, die den natürlichen Lauf der Dinge beeinflussen sollen. In der griechisch-römischen Welt war die Magie nicht so deutlich von der Religion mit ihrer Betonung der richtigen Durchführung von Riten getrennt, wie es später in dem gänzlich anders gearteten religiösen Klima des Christentums zu beobachten war. Aber einige Unterschiede sind festzustellen: Magische Praktiken enthalten ein Element des Zwanges. Wurde der entsprechende Zauber richtig ausgeführt, so mußte das gewünschte Ergebnis folgen, während die Römer in religiösen Zere-

Gräber vor den Mauern Pompejis, im Hintergrund der Vesuv. Der Ausbruch des Vulkans im Jahre
79 n. Chr. begrub Pompeji und Herculaneum unter einer Lavaschicht, die die Ruinen für die Nachwelt
bewahrte. Plinius beschreibt die Wolke von Rauch und Asche, die vom Gipfel des Berges wie eine
Schirmpinie aufstieg, gleichsam wie ein Baumstamm, der sich dann in einzelne Zweige spaltete.

monien durch gewinnende Gebete und Opfer die übernatürlichen Mächte zu beeinflussen und gnädig zu stimmen suchten. Doch gab es auch Gemeinsamkeiten zwischen Magie und Religion. In der Magie wurden Götteranrufungen und Elemente ritueller Handlungen aus den traditionellen religiösen Bräuchen entlehnt. Viele magische Zeremonien beschworen die Götter der Unterwelt und suchten den Beistand von Geistern. Solche Riten wurden gewöhnlich in einer düsteren Atmosphäre vollzogen, mit abstoßenden Helfern und unterstützt durch die magischen Eigenschaften von häufig widerlichen Gegenständen wie den Leichenteilen, mit denen Germanicus verhext werden sollte.

Da im Altertum ein beträchtlicher Teil des täglichen Lebens von kultischen Worten und Handlungen begleitet wurde, kann man oft nur unter Schwierigkeiten feststellen, wo der Trennungsstrich zwischen Religion und Magie zu ziehen ist. So soll Augustus immer ein Amulett aus Robbenfell gegen Donner und Blitz bei sich getragen haben, und Caesar wiederholte dreimal einen Zauberspruch, wenn er den Wagen bestieg, um eine sichere Reise zu haben. Derartige abergläubische Handlungen scheinen mehr mit Magie als mit Religion zu tun zu haben. In gewissem Maße scheinen die Römer zwischen akzeptablen Riten in der Religion und nicht akzeptablen in der Magie nach moralischen Gesichtspunkten unterschieden zu haben – je nachdem, ob das erstrebte Ziel gut oder schlecht, ehrenhaft oder schändlich war. Riten, die eine gute Ernte sichern oder Krankheiten heilen sollten, waren zu bejahen während eine Klausel in den Zwölftafelgesetzen verbot, die Ernte des Nachbarn zu verhexen. Zum Bereich der Religion gehörte alles, wofür man offen im Tempelbezirk beten konnte, wie Gesundheit, Wohlstand, einen Sohn, während weniger ehrenhafte Bedürfnisse und Wünsche der Magie zugehörten, die Knüpfung oder der Abbruch eines Liebesbeziehung, Heilung von Impotenz, Sieg im Pferderennen oder Rache für erlittenes Unrecht. Auf Bleitäfelchen aufgezeichnete Zaubertexte, die solchen Themen gelten, sind in beträchtlichen Mengen in weit voneinander entfernten Teilen des Römischen Reiches gefunden worden, beispielsweise in Nordafrika, Kleinasien und Britannien. Eine derartige Fluchinschrift aus Nordafrika gilt einem Pferderennen (H. Dessau, Inscriptiones Latinae Selectae, 8753). Sie beginnt:

> „Ich beschwöre dich, Dämon, wer du auch seiest, und befehle dir von dieser Stunde, diesem Tag, diesem Augenblick an, daß du die Pferde der Grünen und der Weißen peinigst und tötest. Töte und zerschmettere die Wagenlenker Clarus, Felix, Primulus und Romanus, lasse keinen Hauch in ihren Leibern."

Mit Flüchen beschriebene Bleitäfelchen wurden oft in Gräbern vergraben, um so die Hilfe des Geistes des dort Begrabenen zu gewinnen. Die in den lateinischen Texten benutzten Zauberformeln sind weitgehend von griechischen Vorbildern abgeleitet, diese Art von Magie scheint also aus der griechischen Welt übernommen zu sein. Manche Fluchtafeln sind zusammen mit Figürchen begraben aufgefunden worden, die verstümmelte Menschen darstellen, dem Figürchen sind Arme und Beine gebunden, oder es sind ihm mit Bronzenägeln Herz oder Leib durchbohrt worden. Diese Flüche wenden sich an wenig bekannte, nichtrömische Gottheiten, an völlig unbekannte Geister oder an die Mächte der Unterwelt. In ähnlicher Weise rufen nach den Beschreibungen in einigen römischen Gedichten die Hexen oft Hekate oder Pluto an, griechische Unterweltsgötter, wenn sie dabei sind, Liebestränke oder Verhexungen vorzubereiten. Horaz (Satiren I 8,23–34) gibt eine düstere Beschreibung von zwei Hexen bei ihrem magischen Tun, die er dem Fruchtbarkeitsgott Priapus in den Mund legt:

> „Ich sah Canidia kommen, barfüßig, ihr schwarzes Gewand hochgeschürzt, zusammen mit der älteren Sagana, schaurig heulend. Ihr bleiches Gesicht machte die beiden schrecklich anzusehen. Mit den Nägeln rissen sie die Erde auf, mit den Zähnen zerfleischten sie ein schwarzes Lamm. Das Blut ließen sie in die Grube strömen, um von dort die Totengeister heraufzurufen, die ihnen Antwort geben sollten. Es gab eine Figur aus Wolle und eine aus Wachs. Die wollene war größer, sie sollte die kleinere mit Strafen bändigen. Die wächserne stand demütig da, wie

um alsbald auf Sklavenart den Tod zu finden. Eine der Hexen rief Hekate an, die andere die grausame Tisiphone."

Schließlich läßt Priapus in seinem Schrecken über diese Vorgänge einen lauten Wind fahren, worauf die Hexen, nun ihrerseits erschreckt, die Flucht ergreifen. Das ist offenkundig eine literarisch übertriebene Horrorgeschichte, die man nicht zu ernst nehmen sollte, aber die magischen Riten, die Horaz' Hexen praktizieren, kommen unzweifelhaft von Verfahren her, wie sie tatsächlich stattfanden. Vergil (Ekloge VIII, 73–82) beschreibt den Zauber, den eine Frau ausübt, um ihren Geliebten zu sich zurückzuholen, und diese Zeremonien scheinen die wirklich ausgeübten Praktiken widerzuspiegeln. Sein Gedicht ist einem griechischen Vorbild des Theokrit nachgestaltet:

„Zieh Daphnis heim aus der Stadt, mein Zauber, zieh ihn heim. Ich binde dich mit drei Fäden von verschiedener Farbe, und ich trage das Abbild dreimal um den Altar. Die Götter lieben die ungerade Zahl. Zieh Daphnis heim aus der Stadt, mein Zauber, zieh ihn heim. Binde drei Farben zu drei Knoten, Amaryllis, binde sie und sprich: ‚Ich binde die Ketten der Liebe'. Zieh Daphnis heim aus der Stadt, mein Zauber, zieh ihn heim. Wie in dem gleichen Feuer dieser Ton hart wird und dieses Wachs weich, so sei Daphnis' Liebe, weich zu mir, hart zu anderen."

Bis in die letzten Jahre der Republik hören wir fast nichts über Zauberei in den höheren Schichten der römischen Gesellschaft, aber das änderte sich, zunächst langsam und dann seit der frühen Kaiserzeit immer schneller. Im 1. und 2. Jahrhundert n. Chr. trat die Magie in der römischen Welt viel stärker in Erscheinung als zuvor. Zum Teil mag das damit zusammenhängen, daß aus dem Osten eine neue Art gelehrter Magie nach Rom kam, die auf der Weisheit Persiens beruhte und auf den großen Zauberer Zoroaster zurückgeführt wurde. Elemente dieser Art von Zauberei, ihre Lehren und Beschwörungsformeln sind in griechischen Papyri aus Ägypten erhalten. Sie zeigen den Einfluß von griechischen, jüdischen und ägyptischen okkulten Vorstellungen. Teilweise können wir allerdings auch annehmen, daß die vorher mehr oder weniger unbemerkten Formen überlieferter Magie, die von den ungebildeten Schichten seit uralten Zeiten praktiziert wurden, nun auch in Gesellschaftskreise Einzug hielten, die früher gegen solchen Aberglauben gefeit gewesen waren. In spätrepublikanischer Zeit gab es eine Anzahl prominenter Senatoren, von denen man weiß, daß sie sich mit Magie beschäftigt haben. Der gelehrte und sonst ganz seriöse Publius Nigidius Figulus war maßgebend daran beteiligt, die neubelebten Lehren des Pythagoras über Unsterblichkeit und Seelenwanderung in Rom heimisch zu machen, doch enthielt der Pythagoreismus auch zahlreiche magische Elemente, und seinen Anhängern wurde vorgeworfen, sie betrieben verbotene und gotteslästerliche Künste. Man behauptete, daß sie bei ihren scheußlichen Zeremonien Kinder opferten und Tote wiederzuerwecken suchten. Von Appius Claudius Pulcher, der im Jahre 54 v. Chr. Konsul war, glaubte man, daß er Totenbeschwörungen betrieben habe.

In der frühen Kaiserzeit wurden Beschuldigungen, daß Mitglieder der oberen Schichten Zauberei betrieben, immer häufiger. Man hat eine Reihe von Theorien darüber aufgestellt, warum das so war. Es wurde darauf hingewiesen, daß Aufrührer und Verschwörer zu verschiedenen Zeiten Wahrsager und Zukunftsdeuter befragt haben, um ihre Erfolgsaussichten zu erfahren, und daß diese Seite der Zauberei die römischen Kaiser in Angst versetzte und Verfolgungen auslöste. Denn man glaubte in Rom, man könne durch magische Mittel Kenntnis von der Zukunft erlangen und solche Vorkenntnis könne Verschwörer ermutigen, ihre Pläne voranzutreiben – oder wenigstens fürchteten die Kaiser das. Eine andere Erklärung wurde aus der Beobachtung abgeleitet, daß Anklagen wegen Zauberei besonders leicht vorkommen, „wenn zwei Machtsysteme im Begriff sind, in einer Gesellschaft zusammenzustoßen" (P. Brown, Religion and Society in the Age of St. Augustine, 1972, S. 124). Sicherlich gab es in den frühen Jahren der Kaiserzeit diesen Machtkampf – den Konflikt zwischen den Nachfahren der einst herrschenden Schicht

Oben und links: Diese Statue des jugendlichen Weingottes Bacchus stammt aus dem Heiligtum der syrischen Götter auf dem Janiculum-Hügel in Rom. Sie ist die Kopie einer hellenistischen Statue des griechischen Gottes Dionysos, der mit dem römischen Bacchus gleichgesetzt wurde. Dionysos kam, wie man glaubte, aus dem Osten.

und den neu zur Macht gekommenen Kaisern und ihrem Anhang. Von der frühen Kaiserzeit an begann die Magie, in das öffentliche Leben einzudringen. Im 2. Jahrhundert n. Chr. griffen selbst die Kaiser zur Zauberei, um Hilfe in militärischen Angelegenheiten zu finden. Es heißt, daß sogar Mark Aurel von dem falschen Propheten Alexander von Abonuteichos betrogen wurde. Dieser Scharlatan hielt Hof und verkündete betrügerische Orakel, wobei er sich einer dressierten Schlange namens Glykon bediente. Diese hatte er mit einem künstlichen menschenähnlichen Kopf aus bunt bemaltem Leinen ausgestattet, dessen Maul sich mit Hilfe von Pferdehaaren öffnen und schließen ließ. Sie hatte wie eine richtige Schlange eine gespaltene schwarze Zunge, die ebenfalls durch Haare zu bewegen war. Alexander selbst war eine aufsehenerregende Erscheinung. Er konnte Wahnsinn vortäuschen und seinen Mund schäumen lassen. Dies bewirkte er durch das Kauen von Seifenkraut, einer zum Färben benutzten Pflanze, doch die Zuschauer hielten das Schäumen für göttliche Heimsuchung und waren beeindruckt (Lukian, Alexander 12 ff.). Auf den Rat dieses Mannes hin ließ Mark Aurel zwei Löwen und eine Ladung kostbarer Salben vor Beginn einer Schlacht in die Donau werfen. Wie zu erwarten, schwammen die Löwen ans Ufer. Die Römer aber wurden besiegt.

Im 2. Jahrhundert n. Chr. hatte die Zauberei bereits weithin Anerkennung gefunden. Der aus Nordafrika stammende Schriftsteller Apuleius mußte sich 158/59 in Sabathra gegen eine Anklage wegen Zauberei verteidigen. Er wies zwar den Vorwurf zurück, eine reiche Witwe durch Zauberkünste zur Ehe bewogen zu haben, leugnete aber die Möglichkeit von Zauberei nicht. Im Gegenteil, er führt in seiner Verteidigungsrede aus (Apologia 26):

> „Ihr, die ihr so leichtfertig die Zauberei anklagt, macht euch nicht klar, daß es eine von den unsterblichen Göttern gesegnete Kunst ist, bewandert in der Gottesverehrung und natürlich fromm, mit genauer Kenntnis göttlicher Dinge. Sie wurde in Ehren gehalten seit den Zeiten ihrer Begründer, Zoroaster und Oromasdes, als Hohepriesterin der Himmelsmächte."

Wie viele andere seiner Zeitgenossen war Apuleius der Meinung, daß Zauberei durch das Eingreifen von Dämonen zustande kam, die man sich als Mittler zwischen Göttern und Menschen vorstellte. Das genaue Wesen dieser Dämonen oder Geister, die in Flüchen und Beschwörungen angerufen werden oder sonstwie den Lebenden schädlich werden konnten, wird in keinem der Berichte deutlich, die uns aus dieser Zeit erhalten sind. Das kann nicht überraschen, denn das Reich dieser Geister war „das Dunkle, Anstößige, Ungesetzliche und Unverständige" (vgl. R. MacMullen, Das Heidentum im Römischen Reich). Und doch scheinen die meisten Römer an sie geglaubt zu haben.

Träume spielten in den öffentlichen Staatskulten Roms keine Rolle. In der privaten Religion der Römer waren sie hingegen zweifellos wichtig. Die meisten Römer hatten große Zukunftsängste, und Träume wurden oft als prophetisch betrachtet. Sueton berichtet von der Schlacht bei Philippi (Augustus 91):

> „Augustus war so krank, daß er beschlossen hatte, sein Zelt nicht zu verlassen. Doch wegen des Traumes eines Freundes änderte er seinen Entschluß – zu seinem Glück, wie sich herausstellte, denn sein Feldlager wurde eingenommen, eine feindliche Schar drang in sein Zelt und durchbohrte sein Bett wieder und wieder mit den Schwertern und zerfetzte das Bettzeug, im Glauben, Augustus liege noch darin."

Träume spielten eine große Rolle bei den Wunderheilungen, die viele Menschen an den großen Asklepiosheiligtümern in Epidauros und Pergamon zu erleben hofften. Asklepios, ein griechischer Heros, zu Lebzeiten ein berühmter Arzt, doch schon bald zum Rang einer Gottheit erhoben, wurde in Griechenland hauptsächlich in seinem Heiligtum in Epidauros verehrt. Die Kranken strömten dorthin, um die Nacht im Tempel zu verbringen, wo ihnen der Gott, wie man glaubte, in einem Traumgesicht Anweisungen geben würde, was sie zu ihrer Heilung tun müßten –

Gräberstraße von Pompeji vor dem Herculanischen Tor. Wie in Rom lagen auch in Pompeji die Gräber dicht gereiht an den Straßen außerhalb der Stadttore. Innerhalb der Stadt waren Begräbnisse verboten, ebenso wie schon seit früher Zeit in Rom.

wenn sie nicht einfach geheilt erwachten. Viele Inschriften und Weihgaben bezeugen die Beliebtheit dieses Kultes und die durch ihn bewirkten Wunderheilungen. Dieser Kult wurde auf Anweisung der Sibyllinischen Bücher im frühen 3. Jahrhundert v. Chr. bei einer Epidemie in Rom eingeführt. Auf der Tiberinsel errichtete
man einen Tempel für das Kultbild des Gottes mit seiner heiligen Schlange. Doch
entstand hier keines der großen Heilungszentren. Dagegen gibt es Berichte, daß

Oben und gegenüber: Gräber auf dem Friedhof der Isola Sacra bei Ostia. Der Friedhof wurde vor allem von kleinen Kaufleuten und Handwerkern genutzt, die in den vielen rechteckigen und mit Tonnengewölbe versehenen Grabbauten beigesetzt wurden. Für Sklaven war in diesen Familiengräbern kein Platz vorgesehen. Ihre Gräber sind durch die Hälse von großen zerbrochenen Krügen, die aus der Erde hervorragen, gekennzeichnet. Unter diesen Krügen wurde die Asche der Toten beigesetzt. Durch den Hals des Kruges goß man dann die Trankspenden in den Boden.

viele Römer ebenso wie die Bewohner der östlichen Reichshälfte zum Asklepiosheiligtum nach Pergamon reisten, um im Tempelschlaf vom Gott Hilfe zu erlangen. Den Höhepunkt seiner Beliebtheit erreichte dieser Kultort im 2. Jahrhundert n. Chr. Der Asklepioskult gestattete eine viel engere Verbindung zwischen Gott und Anbeter, als man sie in der Staatsreligion findet. In mancher Beziehung gewährte der Kult des Asklepios – die Römer nannten ihn Aesculapius – eine ähnliche religiöse Erfahrung, wie sie die Mysterienreligionen ihren Eingeweihten vermittelten, ein Gefühl der Nähe zur Gottheit und die Entfachung einer leidenschaftlichen Hingabe an seine Verehrung.

Im Familienleben waren alle wichtigen Ereignisse – Geburt, Reifung, Eheschließung, Tod – mit religiösen Zeremonien verbunden. Die Geburt war damals noch ein sehr gefährlicher Vorgang, die Kindersterblichkeit war in der ganzen römischen Zeit sehr hoch, und so nimmt es nicht wunder, daß die Geburt eines Kindes Anlaß zu einer ganzen Reihe religiöser Handlungen bot. Im *atrium*, der großen Mittelhalle des Hauses, wurde ein Tisch für Juno Lucina, die Göttin der Geburt, aufgestellt, der dort bis zur Namensgebung verblieb. Diese geschah bei Mädchen acht, bei Knaben neun Tage nach der Geburt. Zumindest in früher Zeit wurden die bösen Geister von Feld und Flur am Eindringen in ein Haus, in dem ein Neugeborenes lag, dadurch gehindert, daß in der Nacht drei Männer kamen und mit einer Axt, einem Besen und einem Knüppel auf die Schwelle schlugen.

Erreichte ein Knabe mit etwa 14 Jahren die Mannbarkeit, so war das die Zeit für Zeremonien, die allerdings auch bis zum Alter von 15 oder 16 Jahren verschoben werden konnten. Zuerst legte er die goldene Kapsel oder das Amulett ab, das er in der Kinderzeit zum Schutz um den Hals getragen hatte, und weihte es den Hausgöttern. Dann zog er die gestreifte Toga aus, wie sie die freien Kinder trugen, und legte zum ersten Male die einfache Toga der Männer an. Man brachte den Göttern Opfer dar und geleitete den jungen Mann zum Forum, wo sein Name im *tabularium* in die dort geführte amtliche Bürgerliste eingetragen wurde. An der Feier nahmen die Freunde der Familie teil, ähnlich wie an Verlobungen und Hochzeiten. Reiche Familien scheinen dabei einen Empfang oder ein Festessen gegeben zu haben. Diese Feier des Erwachsenwerdens wurde gewöhnlich, aber nicht immer am 17. März begangen, dem Fest des Liber Pater, eines italischen Fruchtbarkeits- und Weingottes, der mit dem griechischen Gott Dionysos gleichgesetzt wurde und dessen Fest natürlich eine passende Gelegenheit zum Feiern und Zechen war. Nach diesem Fest waren die Söhne von Senatoren eingeladen, die Senatssitzungen als Zuschauer zu besuchen, um sich mit dem öffentlichen Leben und der Staatsverwaltung vertraut zu machen, bevor die Zeit ihres Militärdienstes begann. In diesem Alter konnte ein junger Mann noch nicht voll über sein Eigentum und seine finanziellen Angelegenheiten verfügen, selbst wenn sein Vater schon verstorben war. Vielmehr wurde dann ein Treuhänder oder Vormund gewählt, der ihm bis zum 25. Lebensjahr in Geldangelegenheiten zur Seite stand.

Mädchen weihten bei Erreichung der Reife ihre Spielsachen und die gestreifte Toga, die auch sie in der Kindheit getragen hatten, den Hausgöttern. Aus einer Anzahl von Grabinschriften von Römerinnen, in denen ihr Heiratsalter genannt ist, ergibt sich, daß etwa ein Viertel von ihnen vor dem 14. Jahr verheiratet wurde. Aber schon mit zehn Jahren konnte ein Mädchen verlobt werden. Unter solchen Umständen ist es nicht verwunderlich, daß eine Verlobung rechtlich nicht bindend war. Die Verlobung bestand in einer Zeremonie und im Austausch von Geschenken zwischen Braut und Bräutigam. Gewöhnlich schenkte der junge Mann dem Mädchen einen Ring, der oft aus Gold war. Diesen Ring steckte sie auf den vierten Finger der linken Hand, wie es noch heute Sitte ist.

Wie in vielen Gesellschaften selbst der neueren Zeit war die Eheschließung auch im alten Rom von einer Mischung religiöser Zeremonien und abergläubischer Gebräuche begleitet. Da die Familie die Grundlage der Gesellschaft bildete, war die Ehe eine wichtige Institution. Eine ordnungsgemäße, dem Gesetz entsprechende Eheschließung war Voraussetzung für die Zeugung legitimer Kinder, die die nächste Generation von Bürgern und die rechtmäßigen Erben des väterlichen Besitzes werden sollten. Von daher erklären sich bestimmte Eheverbote. Ein römischer Bürger durfte keine Nicht-Bürgerin heiraten, Mitglieder des Senatorenstandes keine ehemaligen Sklavinnen. Ihnen war es ferner verwehrt, Schauspielerinnen zu ehelichen, zunächst durch Gewohnheitsrecht, dann auch durch Gesetz.

Ehen wurden in Rom gewöhnlich nicht im Mai geschlossen, vermutlich weil in diesem Monat die Geister der Verstorbenen den Lebenden, wie man glaubte, besonders nahe waren, weshalb man zu ihrer Beschwichtigung die Feste und Zeremonien der Lemurien beging. Auch die erste Junihälfte galt offenbar als eine ungünstige Zeit für Eheschließungen, bis am 15. Juni die Feiern zu Ehren der Vesta beendet waren. Da es in der lateinischen Literatur eine Anzahl von Hinweisen auf die Sitten und Riten der Hochzeit gibt, kann man den Ablauf dieser Feier im alten Rom ziemlich genau rekonstruieren. An ihrem Hochzeitstag trug die Braut ein langes weißes Gewand mit einem wollenen Gürtel um die Taille, der zu einem doppelten Knoten, dem sogenannten Herkulesknoten, geschlungen war. Über Gesicht und Haar, das nach Art der Vestalinnen sorgfältig frisiert war, legte sie den Brautschleier, der nach dem Herkommen von flammend roter oder orangener

Grab auf dem Friedhof der Isola Sacra, verziert durch eine in Stein gehauene Blume.

Farbe war. Auf das verschleierte Haupt wurde ein Blumenkranz gesetzt. Der Bräutigam, seine Familie und Freunde kamen zum Hause der Braut, und beide Familien brachten zusammen ein Opfer dar, gewöhnlich ein Schwein, manchmal ein Mutterschaf, und zwar entweder in einem nahegelegenen Tempel oder im Atrium des Hauses. Zumindest in alten Zeiten befragte ein dafür bestellter Augur oder Seher die Vorzeichen, ob die Götter der Eheschließung günstig gesonnen waren. Cicero berichtet allerdings, daß zu seiner Zeit die Anwesenheit eines Sehers nur eine Formalität war. Der Ehevertrag wurde unterzeichnet und von einer Anzahl von Gästen, gewöhnlich zehn, als Zeugen unterschrieben. Das Paar reichte sich die Rechte und tauschte Gelübde aus. Es folgte ein Fest bis zum Sonnenuntergang, danach geleitete ein Festzug die Braut vom Hause des Vaters zu dem des Gatten. Fackelträger und manchmal Flötenbläser gingen voran, die Gäste schlossen sich an, sangen übermütige Lieder und warfen Nüsse. Hatte die Braut ihr neues Heim erreicht, wurde sie über die Schwelle getragen – ein etwaiges Stolpern wäre ein böses Omen gewesen. Im Hause geleitete eine ältere Frau, die sogenannte *pronuba*, die nicht mehr als einmal verheiratet gewesen sein durfte, die Braut zum Ehebett, das im Atrium oder in einem angrenzenden Raum aufgestellt war. Dann zogen sich die Begleitung der Braut und die Festgesellschaft zurück, das Paar blieb allein, um die Ehe zu vollziehen.

Über eine etwaige Scheidung gab es schon in früher Zeit Vorschriften, doch scheint die Auflösung einer Ehe bis zum Ende des 2. Jahrhunderts v. Chr. selten gewesen zu sein. Erst in der letzten Zeit der Republik wurden Scheidungen so häufig, daß die Stabilität des Familienlebens bedroht zu sein schien. Noch stärker wurde die Familie zur gleichen Zeit durch die Abnahme der Geburten bedroht. Im letzten Jahrhundert der Republik und während der frühen Kaiserzeit starben viele Familien der Oberschicht aus. Ob es die gleiche Erscheinung auch bei den Armen gab, wissen wir nicht, weil dafür die Belege fehlen. Man hat zahlreiche Erklärungen für diese Tatsache vorgebracht. So wurde die zunehmende Emanzipation der Frau dafür verantwortlich gemacht: Frauen, die von ihren Ehemännern unabhängig blieben, über ihr eigenes Vermögen verfügten und ihre Gatten offenbar nach Laune oder finanziellen Gesichtspunkten wechselten, hätten keine Lust gehabt, gefahrbringende Schwangerschaften auf sich zu nehmen. Seneca beschwert sich über die aristokratischen Damen, die die Jahre nicht, wie in Rom üblich, mit den Namen der Konsuln bezeichneten, sondern nach den Namen ihrer jeweiligen Ehemänner: „Sie lassen sich scheiden, um wieder zu heiraten; sie heiraten, um sich wieder scheiden zu lassen." Als weitere Gründe für die abnehmende Geburtenzahl und das Aussterben alter Familien werden die hohe Säuglings- und Kindersterblichkeit, Fehlgeburten, Empfängnisverhütung und Unfruchtbarkeit angeführt. Das sind alles Dinge, für die Beweise schwer zu erbringen sind, und so bleiben die verschiedenen vorgebrachten Theorien weitgehend spekulativ. Man hat vermutet, daß die Römer deshalb nicht mehr viele Kinder hatten, weil sie unter chronischer Bleivergiftung litten, die zur Unfruchtbarkeit geführt habe. Das Wasser, das sie tranken, floß durch Bleirohre, und auch in Kochgefäßen war Blei. Eine Anzahl von Skeletten, die man untersucht hat, weist einen ungewöhnlich hohen Anteil von Blei auf. Sicher war die hohe Säuglings- und Kindersterblichkeit einer der Gründe für die geringe zahlenmäßige Stärke der Familien und in einigen Fällen für ihr Aussterben. Der Kaiser Mark Aurel und seine Gemahlin Faustina hatten 13 Kinder, von denen nur drei das heiratsfähige Alter erreichten. Bei den 600 in Ostia gefundenen Grabinschriften, auf denen das Todesalter angegeben ist, hat fast die Hälfte der Verstorbenen nicht das fünfte Lebensjahr erreicht.

Im Jahre 18 v. Chr. unternahm Augustus den Versuch, durch neue Gesetze die Welle der skandalösen Scheidungen einzudämmen und die Kinderfreudigkeit der Ehepaare zu fördern. Ehebruch galt nicht mehr als privates Vergehen, sondern als ein schweres Verbrechen, das die Ausweisung der schuldigen Ehefrau und ihres Liebhabers aus Rom sowie die Beschlagnahme eines großen Teils ihres Vermögens zur Folge haben konnte. Andererseits brauchten Frauen mit drei und mehr Kindern

Rechts: Unvollendeter Sarkophag in S. Clemente in Rom.

Unten: Ein Columbarium in Rom. Dieser Grabtyp mit seinen Nischenreihen in den Mauern, in denen die Urnen mit der Asche der Verstorbenen untergebracht wurden, verbreitete sich in Augusteischer Zeit und blieb mehr als ein Jahrhundert die beliebteste Form des Familiengrabes, bis die Verbrennung durch die Erdbestattung verdrängt wurde. Das Columbarium erhielt seinen Namen wegen der Ähnlichkeit mit einem Taubenschlag.

keinen Vormund mehr, und ihre Gatten konnten in der senatorischen Laufbahn schneller aufsteigen. Die Römer glaubten offenbar nicht, daß die religiöse Erneuerung durch Augustus, wie sie sich in der Wiederherstellung von Tempeln und der Wiederaufnahme alter Riten zeigte, schon genüge, den „Götterfrieden" wiederherzustellen. Auch sittliche Erneuerung hielt man für notwendig. Zügelloses Benehmen der Frauen und vorsätzliche Kinderlosigkeit empfand man als Vergehen, die die sittliche Ordnung des Staates untergruben. So wurde bei den Säkularspielen im Jahre 17 v. Chr. in die von Horaz aus diesem Anlaß verfaßte Festode auch das Gebet aufgenommen, die Göttin der Geburt, Lucina, möge die neuen Ehegesetze des Senats segnen und die Fruchtbarkeit der Ehen fördern. Das Festlied des Horaz feierte nicht nur die Wiederherstellung von Frieden und Wohlstand, sondern auch die Rückkehr der alten Sittlichkeit und der vernachlässigten Tugenden.

Bestattungen begingen die Römer feierlich und nach uralten Riten. Im antiken Rom war die Lebenserwartung viel geringer als heute in entwickelten Gesellschaften. So starben nach den Grabinschriften von Ostia mehr als 80 Prozent der dort genannten Personen vor dem 30. Lebensjahr. Wie im Europa des 18. und frühen 19. Jahrhunderts lebten die Familien auch im alten Rom in steter Erwartung des Todes. Das in der lateinischen Dichtung so häufige Motiv der Vergänglichkeit menschlichen Lebens war nicht bloße literarische Fiktion, sondern Ausdruck der Wirklichkeit. Horaz schrieb häufig über dieses Thema. Von ihm stammen die bekannte Aufforderung *Carpe diem*, „Genieße den Tag" (Ode I 2,8) und ebenso die folgenden anrührenden Zeilen (Ode I 4,13–16):

> „Der bleiche Tod klopft an die Türen der Hütten der Armen und der Paläste der Reichen. Die Summe unserer Tage ist kurz und verbietet uns, ferne Hoffnungen zu hegen. Schon bedrängen dich die Nacht und die Totengeister."

Bei der Bestattung hervorragender Patrizier gab es eine ungewöhnliche und eindrucksvolle Sitte, für die wir einen Augenzeugenbericht des griechischen Historikers Polybios haben, der im 2. Jahrhundert v. Chr. lange Zeit in Rom lebte:

> „Wenn ein berühmter Mann stirbt, wird er zu seiner Beisetzung auf das Forum getragen, zu der Rostra genannten Plattform, wo der Leichnam zur Schau gestellt wird, manchmal aufrecht, öfter liegend. Während hier das ganze Volk umhersteht, besteigt ein erwachsener Sohn des Toten oder ein anderer Verwandter die Rostra und hält eine Rede, in der er an die Tugenden und Verdienste des Ver-

Marmorsarkophag von einem der großen Gräber auf dem Friedhof der Isola Sacra mit Darstellung eines Löwen, der eine Antilope tötet. Ein Sarkophag aus Marmor war ein kostspieliger Luxus. Viel verbreiteter war die Verwendung einfacher Terrakotta.

storbenen erinnert. Nach der Beisetzung und der Verrichtung der üblichen Zeremonien wird das Bild des Verstorbenen an sichtbarer Stelle des Hauses aufgestellt, in einen hölzernen Schrein gefaßt. Dieses Bild ist eine Wachsmaske, die mit bemerkenswerter Treue die Züge und die Gesichtsfarbe des Toten wiedergibt. Bei Opferfeiern werden diese Masken zur Schau gestellt, und wenn ein hervorragendes Mitglied der Familie stirbt, werden sie zur Leichenfeier mitgenommen und dabei von Männern getragen, die dem Urbild an Wuchs und Gestalt möglichst ähnlich sind. Wenn der Dargestellte Konsul war, tragen sie die Toga mit dem Purpurstreifen, war er Censor, die ganz purpurne, hatte er einen Triumph gefeiert, die goldbestickte Toga.

Alle diese Männer fahren auf Wagen, vor ihnen die Liktoren mit den *fasces* (Rutenbündeln und Äxten) und den anderen Ehrenzeichen, die der Tote zu Lebzeiten gemäß den von ihm bekleideten Ämtern geführt hatte. Wenn sie die Rostra erreicht haben, nehmen sie auf einer Reihe von elfenbeinernen Sesseln Platz. Es kann kaum ein erhebenderes Schauspiel für einen jungen Mann geben, der nach Ruhm und Auszeichnung strebt. Denn wer würde wohl nicht von dem Anblick dieser Bilder angeregt werden, die so lebensecht aussehen und so lebhaft an die zu Recht berühmten Männer erinnern?

Wenn der für die Leichenrede bestimmte Sprecher mit der Rühmung des Verstorbenen fertig ist, ruft er die großen Taten und Leistungen der Vorfahren ins Gedächtnis, deren Bilder, angefangen mit dem ältesten, derweil zur Schau gestellt werden. Durch diese ständige Erneuerung des Andenkens tapferer Männer wird der Ruhm derer, die edle Taten vollbracht haben, unsterblich gemacht, während gleichzeitig die Erinnerung an diejenigen, die ihrem Lande treu gedient haben, dem Volke eingeprägt wird. Aber das wichtigste Ergebnis ist, daß so die jungen Männer angespornt werden, für das Wohl des Staates jede Mühe auf sich zu nehmen, in der Hoffnung, jenen Ruhm zu gewinnen, der tapferen Männern zukommt."

Diese Sitte der Patrizier, Wachsbilder der Vorfahren bei Bestattungsfeiern mittragen zu lassen, hat die Entwicklung der Porträtkunst in Rom offensichtlich sehr

Gegenüber, oben und unten: Grab des Vergilius Eurysaces, eines reichen Bäckers, nahe der Porta Maggiore in Rom. Dieses ungewöhnliche, aus Kalkstein errichtete Denkmal aus dem späten 1. Jahrhundert v. Chr. hat einen Fries mit Darstellungen der verschiedenen Phasen der Brotzubereitung. Der obere Teil des Monuments zeigt über einer Folge von einfachen Säulen und Pfeilern drei Reihen von Mörsern, deren Öffnungen aus der Wand ragen – in solchen Gefäßen wurde der Teig bereitet. Dadurch, daß sie ihren Beruf auf ihren Gräbern in Erinnerung brachten, versuchten viele Römer zu erreichen, daß die Lebenden sie nicht vergaßen.

Rechts: Reliefschmuck vom Grab der Haterii, das sich ursprünglich außerhalb von Rom befand. Die Szene zeigt die Aufbahrung des Leichnams in Anwesenheit von Trauernden sowie weitere Begräbnisriten.

gefördert. Bald wurden die Wachsmasken durch plastische Büsten ersetzt. Diese Bilder der Ahnen der Familie wurden gewöhnlich im Atrium aufbewahrt. Im späten 1. Jahrhundert v. Chr. drang die Sitte, der Toten mit Porträts zu gedenken, vom Senatorenstand zu den unteren Schichten des Volkes vor, zu Kaufleuten und Freigelassenen, die die Erinnerung an ihre Angehörigen durch Porträts auf den Gräbern bewahrten. Das konnten lebensgroße Statuen sein, Büsten oder ein Relief auf der Grabstele. Sie sind oft überraschend realistisch und zeigen die Dargestellten in höherem Alter, mit eingesunkenen Wangen und mit Falten im Gesicht und am Hals.

Die Leichenfeiern einfacher Leute begannen nach der rituellen Totenklage mit einem Trauerzug vom Sterbehaus zum Familiengrab. Auch bei privaten Begräbnissen konnte der Zug von eindrucksvoller Größe sein, angeführt von Musikanten und begleitet von berufsmäßigen Klageweibern, die sich heulend die Haare rauften.

In der ausgehenden Republik und während der frühen Kaiserzeit bis hin zu Hadrian (gest. 138 n. Chr.) wurden die Toten fast immer verbrannt. Bis zum Beginn des 2. Jahrhunderts v. Chr. war es Sitte gewesen, die Toten zu beerdigen, und zu Beginn oder in der Mitte des 2. Jahrhunderts n. Chr. wurde dieser Brauch dann erneuert. Der Leichnam wurde entweder zu einer öffentlichen Verbrennungsstätte oder zum Familiengrab gebracht, wo ein Teil des Geländes für den Scheiterhaufen freigelassen war. Nach der Verbrennung wurde die Asche gesammelt und in eine Urne getan, die in eine Nische im Grabbau gesetzt wurde – sofern die Familie ein so aufwendiges Grab besaß. Die Asche der Ärmeren, von denen gewiß viele Sklaven waren, wurde – nach den Resten der Begräbnisstätten in Ostia zu urteilen – mehr oder weniger planlos unter die Erde gebracht, mit dem langen Hals einer Amphora, eines Vorratsgefäßes, darüber, durch den die Grabspenden für den Toten ausgegossen werden konnten.

Dem Grab wurde im alten Rom große Bedeutung beigemessen, nicht nur als letzte Ruhestätte des Verstorbenen, sondern auch als angemessene Gedenkstätte für

Grabmal in Form einer Pyramide auf dem Friedhof der Isola Sacra.

Rechts: Mumienporträt eines Mannes auf Leinen. Der Verstorbene hält in der rechten Hand eine Weintraube, in der linken einen Kranz. Der Hindergrund war mit ägyptischen Symbolen geschmückt. Zwei noch erkennbare Symbole sind der Falke, der den Gott Horus darstellt, und eine Figur mit ausgebreiteten Flügeln, die zu einem Paar gehört, bei dem es sich wahrscheinlich um Isis und Osiris handelt.

Links: Relief vom Grab der Haterii. Der Aufzug neben dem prunkvollen, mit Porträts von Familienmitgliedern ausgestatteten Grabmal weist darauf hin, daß die Haterii Bauunternehmer waren.

sein Leben und seine Taten. Um die Erinnerung an sich zu erhalten, ließen die Menschen ihre Gräber längs der aus Rom hinausführenden großen Landstraße anlegen, denn Bestattungen innerhalb der Stadt waren durch das Zwölftafelgesetz verboten. Diese Grabbauten, die über mehrere Meilen links und rechts die Via Appia säumen, sind noch heute eine auffallende und malerische Erscheinung. Einige der Grabinschriften verzeichnen außer dem Namen des Toten auch die für die Errichtung und Ausschmückung des Grabes aufgewendete Summe. Sie ist oftmals beachtlich hoch. Bei Gräbern von Soldaten, die ihren Rang und die Kosten angeben, kann man, da die Höhe des Soldes der verschiedenen Dienstgrade bekannt ist, berechnen, wie sich Aufwand und Sold zueinander verhielten. Bemerkenswerterweise finden sich mehrere Beispiele dafür, daß für ein Grab wesentlich mehr als ein Jahressold ausgegeben wurde.

Nach der Beerdigung trugen die Angehörigen neun Tage lang tiefe Trauer und brauchten keine staatsbürgerlichen Aufgaben wahrzunehmen. Am neunten Tage gab es ein Fest zu Ehren des Verstorbenen, das bisweilen recht aufwendig war. Den Toten wurden Trankspenden von Wein und Milch dargebracht, die Gäste salbten sich mit duftenden Salben.

Neben dem Totenfest der *Parentalia* im Februar wurde außerdem am 9., 11. und 13. Mai das merkwürdige Fest der *Lemuria* begangen, um die Geister der Toten zu besänftigen, von denen man glaubte, daß sie an diesen Tagen die Häuser heimsuchten, in denen sie gelebt hatten. Von öffentlichen Opfern an diesem Fest hören wir nichts. Hingegen beschreibt Ovid die Riten, die ein frommer Hausvater zelebrierte. Um Mitternacht macht der gottesfürchtige Mann ein Zeichen, um eine direkte Begegnung mit einem Geist abzuwehren, wäscht seine Hände in fließendem Wasser, nimmt dann eine Handvoll schwarzer Bohnen – schwarz wegen der Beziehung zur Unterwelt – und wirft sie zu Boden, wobei er das Gesicht abgewendet hat. Dazu rezitiert er: „Dies sind meine Gaben, mit denen ich mich und das Meine befreie." Das wiederholt er neunmal, ohne sich umzusehen. (Man glaubte, die Geister folgten einem unsichtbar und sammelten die Bohnen auf.) Anschließend wäscht er sich erneut, dann schlägt er ein bronzenes Instrument und wiederholt neunmal: „Geister meiner Ahnen, entfernt euch!" Noch in Augusteischer Zeit scheinen diese Geister Angst und Schrecken ausgelöst zu haben. Maecenas, der reiche Gönner von Vergil und Horaz, nannte, wie es heißt, die Totengeister „ein unversöhnliches Rudel, erpicht auf Essen und Trinken, das unsere Häuser heimsucht und aus dem Tode Hoffnung schöpft". Der Glaube scheint weit verbreitet gewesen zu sein, daß die Geister der Toten übernatürliche Macht besaßen. In den Gräbern oder *columbaria* wurden oft aufwendig gestaltete Altäre für die Totengeister (*dis manibus*) errichtet, teilweise mit Grabinschriften und dem Namen des Toten versehen.

Soweit wir das aus den vorhandenen Zeugnissen ersehen können, scheinen die Römer an der Frage eines persönlichen Weiterlebens nach dem Tode weniger interessiert gewesen zu sein als spätere Generationen bis hin zum Ende des 19. Jahrhunderts. Wie die Vorstellung vom Leben nach dem Tode im einzelnen aussah und wie weit sie reichte, ist schwer abzuschätzen. Gewiß glaubten viele gebildete Römer nicht an ein Nachleben, so der jüngere Plinius (um 61 – um 112 n. Chr.). Ihr Ehrgeiz und ihr Wunsch nach Unsterblichkeit beschränkten sich auf die Hoffnung auf Ruhm, der den Tod überdauert, einen Ruhm, den Plinius ebensosehr von seinen Schriften wie von seinen Taten erhoffte. Eine ähnliche Anschauung drückt Horaz in den berühmten Zeilen über seine Dichtung aus (Oden III 30,1 ff.): „Ich habe mir ein unvergängliches Denkmal errichtet . . . Ich werde nicht völlig sterben." Als Trimalchio in der Schilderung des Petronius gegen Ende seines Gelages in völliger Trunkenheit rührselig wird und das Grabmal beschreibt, das er für sich anfertigen lassen will, so erklärt er, es solle so errichtet und ausgestaltet werden, daß die Erinnerung an ihn nach seinem Tode weiterlebt. Dazu solle das Grab mit Reliefs geschmückt werden, die ihn auf dem Richtersessel zeigen, mit Szenen aus den Gladiatorenspielen, die er ausgerichtet hatte, und mit den Schiffen, die ihm sein Vermögen brachten. Außerdem sollen Statuen seiner Frau, seines Lieblingssklaven und seiner Schoßhunde aufgestellt werden. Die Beschreibung dieses Grabes ist zwar gewiß literarisch übertrieben, spiegelt aber doch viel von dem Geist der Grabkunst der Zeit wider. In der Tat zeigen Reste von einem Grabmal aus Teate, die sich jetzt im Museum von Chieti befinden, ähnliche Szenen aus dem Leben eines anderen Freigelassenen, Lucius Storax. Andererseits spielt Tacitus in der Lebensbeschreibung seines berühmten Schwiegervaters Agricola mit dem Gedanken, daß es wenigstens für einige Auserwählte ein Weiterleben gebe: „Wenn es einen Ort für die Geister der Frommen gibt und wenn, wie die Weisen lehren, große Seelen nicht mit dem Körper zusammen verlöschen – mögest du in Frieden ruhen." (Leben des Julius Agricola 46)

Im allgemeinen haben sich die Römer wohl vorgestellt, daß die Toten in einer Art von halbem Leben weiterexistieren und in einer Zwischenwelt in der Nähe ihrer Gräber wohnen. Offenbar haben sie nicht den griechischen Glauben an den Hades und die Überfahrt der Toten über den Styx übernommen, obwohl es in der lateinischen Dichtung viele Bezugnahmen auf diesen Mythos gibt. Cicero bemerkt, das sei ein Märchen, an das viele alte Weiber glaubten. Das Anwachsen der Mysterienreligionen hat dieses Bild nicht so tiefgreifend verändert, wie manchmal angenommen wird. Auch diese Religionen scheinen sich im ganzen mehr um das Wohlergehen in diesem Leben als im Jenseits gekümmert zu haben. In den Grabschriften gibt es nur wenige Andeutungen über einen möglichen Glauben an ein

Weiterleben. Die Mehrzahl vermeldet nur Name, Verwandtschaftsgrad und manchmal noch das Alter des Verstorbenen.

Man hat angenommen, daß der allmähliche Übergang von der Verbrennung zur Beerdigung im 2. Jahrhundert n. Chr. Ausdruck einer vertieften Geistigkeit und eines Wandels der Vorstellungen vom Weiterleben nach dem Tode war. Doch kommt diese Veränderung zu zeitig, um die christlichen Auffassungen von der leiblichen Auferstehung widerzuspiegeln, und zu spät, um von den orientalischen Kulten und Mysterienreligionen beeinflußt zu sein, da deren Anhänger lange Zeit ihre Toten verbrannt hatten. Nüchterner ist die Erklärung, daß der Übergang durch die zunehmende Verknappung von Brennholz bedingt war, doch auch diese Theorie ist nicht allgemein anerkannt worden. So bleibt die besagte Veränderung merkwürdig und unerklärt.

Neben den nach dem römischen Staatskalender begangenen amtlichen Opfern, von denen einige beschrieben wurden, und den religiösen Zeremonien bei Familienfeiern gab es in der römischen Welt noch ungezählte örtliche Feste. Wir haben gesehen, wie der fromme Römer glaubte, das Land sei von Geistern, *numina*, bewohnt. Deshalb waren dem Bauern verschiedene Opfer aufgetragen. Der Censor Cato gibt im 2. Jahrhundert v. Chr. in seinem Buch über die Landwirtschaft Anweisungen für ein Schweineopfer vor Beginn der Ernte und ein weiteres vor der Auslichtung eines Wäldchens, um den dort lebenden Waldgeist zu besänftigen. Bestimmte Plätze auf dem Lande galten als besonders heilig. Dort errichtete man Kapellen oder kleine Tempel für den Geist oder die Gottheit des Ortes. Jeder Bauernhof und jedes Landgut konnten mehrere solcher Plätze haben. Martial drückt nach dem Verkauf seines Bauernhofes in einem Gedicht die Hoffnung aus, der neue Besitzer möge nicht die Kapellen von Diana und Mars, die Altäre von Jupiter und Silvanus vernachlässigen, wo oft ein Lamm oder Zicklein geopfert worden seien. Der Kult des Silvanus scheint in den ärmeren Schichten des Volkes tief verwurzelt gewesen zu sein. Er war ein ländlicher Gott, doch war seine Verehrung auch in den Städten anzutreffen. In Ostia wurde er vielfach verehrt, entweder allein oder in Verbindung mit anderen Gottheiten. Die erhaltenen Weihinschriften stammen von Sklaven, Freigelassenen und Handwerkern. Die Ausbreitung des Silvanuskultes in den Städten ist wahrscheinlich eine Folge des Einströmens von Landbewohnern.

Die Verehrung heiliger Plätze hielt sich sicher bis in die Kaiserzeit. Ein gewissenhafter Gutsbesitzer fühlte sich anscheinend verpflichtet, für die Instandhaltung der Kapellen und Tempel auf seinen Ländereien Sorge zu tragen. Der jüngere Plinius,

der große Güter besaß, schreibt in einem seiner Briefe an einen Architekten, er beabsichtige auf Rat der *haruspices*, einen Cerestempel, der sich auf seinem Land befand, zu renovieren und zu vergrößern. An den Iden des September kämen dorthin gewöhnlich viele Menschen, um Gelübde abzulegen oder zu erfüllen, daher wolle er den Tempel, der alt und klein sei, vergrößern und zudem eine Säulenhalle bauen, die den Gläubigen Schutz vor Regen und Sonne biete. Der Brief des Plinius vermittelt den Eindruck, daß es sich um ein volkstümliches ländliches Heiligtum handelte. Plinius' Großzügigkeit wird also nicht vergebens gewesen sein. In einem anderen Brief schreibt er (VIII, 8) von seinem Besuch bei einem berühmten und hochverehrten ländlichen Wallfahrtsort, der Quelle des Flusses Clitumnus in der Nähe von Trevi in Umbrien. Er beschreibt die einzelnen Quellen, die gemeinsam die Clitumnusquelle bilden und in einem dunklen Zypressenhain entspringen, und den Fluß selbst mit seinem Wasser, das so kalt und so klar wie Schnee sei. Plinius fährt fort:

> „Daneben steht ein heiliger Tempel von hohem Alter, wo der Gott Clitumnus selbst in einem purpurgesäumten Gewande steht. Die Orakelkapellen ringsum bezeugen, daß seine Göttlichkeit anwesend ist und daß er die Gabe der Prophezeiung hat. Eine große Menge weiterer Kapellen ist in der Nähe verstreut, jede für einen anderen Gott, von denen jeder seinen eigenen Titel, seine eigenen Zeremonien und sogar seine eigene Quelle hat . . .“

Heute befindet sich nahe der heiligen Quelle eine frühchristliche Kirche, die vermutlich aus dem 5. Jahrhundert stammt und weitgehend aus den Resten antiker Bauten errichtet ist. Wahrscheinlich wurden die antiken Säulen und Architekturteile, die in der Kirche verbaut sind, von den Kapellen und Tempeln genommen, die in heidnischer Zeit am Fluß und seinen Quellen standen. Die Ersetzung oder Umgestaltung einer heidnischen Kultstätte in eine christliche Kirche liefert einen eindrucksvollen Beleg für die Art und Weise, wie das frühe Christentum heilige Stätten des Heidentums übernahm, und für die lange Tradition des Kultes an solchen geweihten Plätzen.

Links und oben: Der große Ludovisi-Sarkophag, ein aufwendig gestalteter Marmorsarkophag, der eine Schlachtszene darstellt. Er stammt aus der Mitte des 3. Jahrhunderts n. Chr. und könnte dem Hostilian gehört haben, einem der Söhne des Kaisers Decius. Ein General auf einem sich aufbäumenden Pferd lenkt die Schlacht zwischen römischen Soldaten und struppigen Barbaren, die in einen mörderischen Kampf verwickelt sind.

Die Mysterienreligionen

Die staatlichen Kulte von Göttern wie Jupiter und Merkur und Riten wie die Verehrung der Hausgötter bildeten die Religion, die spezifisch und ausschließlich römisch war. Daneben gab es aber auch andere wichtige und einflußreiche Kulte, die von den herkömmlichen Überzeugungen und Kultformen ganz verschieden waren und die im Verlaufe einer langen Zeitspanne aus dem Osten in die römische Welt eindrangen. Dies waren die Mysterienreligionen oder orientalischen Kulte, wie sie manchmal genannt werden. Dazu gehörte der Isiskult aus Ägypten, die Mithrasreligion aus dem Iran, die Verehrung der großen Muttergottheit Kybele aus Kleinasien und die Mysterien des Dionysos oder Bacchus aus Griechenland.

Die Verehrung von Göttern der Mysterienkulte bestand aus Einweihungszeremonien und geheimen, oft orgiastischen Riten. Römische Moralisten beklagten, daß diese Kulte unter dem Deckmantel der Religion eine Gelegenheit zu Ausschweifungen aller Art böten. Zweifellos wurde ihr Mißtrauen besonders durch die Tatsache erregt, daß die Kulte besonders bei Frauen beliebt waren und man die Zeremonien oft nachts feierte. Aber auch aus prinzipiellen Gründen stießen die Mysterienreligionen auf Ablehnung, weil sie – vielleicht mit Ausnahme des Kultes der Kybele – nicht dem Wohle des römischen Staates dienten, wie es die Aufgabe der traditionellen Kulte war. Vielmehr befaßten sich die Mysterienreligionen mit der Rettung des einzelnen und seiner persönlichen Beziehung zur Gottheit. Die Mitgliedschaft in einer solchen Gemeinschaft besaß man nicht von Geburt an, anders als die Verpflichtung, die Staatsgötter zu ehren. Die Verehrung der Mysteriengötter war vielmehr eine Sache persönlicher Entscheidung und Überzeugung. Schließlich galten für die Anhänger dieser Kulte die alten Grenzen zwischen den einzelnen Völkern und Stämmen nicht mehr. Unter ihnen waren einfache Bewohner Ägyptens und Kleinasiens ebenso anzutreffen wie römische Bürger. Die meisten Mysterienkulte standen auch den verachteten Gesellschaftsgruppen offen, so Frauen und Sklaven, was bei vielen Riten des Staatskultes nicht der Fall war.

In der frühen Kaiserzeit bot jede Stadt des Reiches wie auch Rom selbst den Anblick einer verwirrenden Vielfalt von Kultbauten. So gab es etwa in Ostia neben den üblichen Tempeln der Staatsgötter wie dem Kapitol und dem Herkulestempel sowie den Kapellen und Altären für Geister wie Silvanus und die Nymphen noch mindestens fünfzehn Mithräen, Räume für die Verehrung des Mithras, und ein weites Gelände war der Verehrung der Kybele geweiht, mit einem Tempel für sie, einer Kapelle für ihren Begleiter Attis und Versammlungshäusern für die Vereinigungen der Männer, die an ihren kultischen Umzügen teilnahmen.

Die Vielfalt der Religionen in der römischen Welt, besonders in der Kaiserzeit, war weithin das Ergebnis des gewaltigen Zustroms von Fremden zu der vorher mehr oder weniger einheitlichen Bevölkerung von Rom und Italien. Diese Einwanderer brachten religiöse Überzeugungen und Bräuche mit die von denjenigen Roms gänzlich verschieden waren. Ihre exotischen Kulte hatten Bestand und gewannen allmählich Anhänger unter der einheimischen Bevölkerung. Der Satiriker Juvenal beklagt bitter das Eindringen einer buntscheckigen Menge von Fremden in Rom. Der Tiber sei verunreinigt durch die schmutzigen Fluten des Aberglaubens, die sich aus dem syrischen Strom Orontes in ihn ergössen. Tacitus läßt aus ähnlichen Gründen den Senator Cassius Longinus über die riesigen Sklavenmassen in den Häusern klagen, wie sie zu seiner Zeit verbreitet waren. Sie waren fremder Herkunft, und bei ihnen galten andere religiöse Normen als bei ihren Herren – oder gar keine.

Oben: Relief mit Gladiatoren, gefunden an der Via Appia bei Rom.

Links: Die Stützgewölbe des Amphitheaters von Puzzuoli (Puteoli).

Fresko in der Villa der Mysterien in Pompeji. Es zeigt eine kniende ägyptische Gottheit, vielleicht Horus.

Trotz solcher Vorurteile genoß das alte Rom ein vorher nicht gekanntes Maß an religiöser Duldsamkeit, beherbergte die Stadt doch eine Menge ganz unterschiedlicher religiöser Sekten und Glaubensrichtungen. Es gab bei dieser allgemeinen Toleranz jedoch einige bemerkenswerte Ausnahmen. Juden und Christen wurden oftmals verfolgt, Druiden ständig. Gleichwohl gab es bis zur Einsetzung des Christentums als Staatsreligion im allgemeinen eine weitherzige Duldung von Kulten und Religionen, die aus dem Osten nach Rom und Italien gekommen waren. Natürlich gab es im Laufe der Jahrhunderte mehrere Fälle von Verboten und Unterdrückung. In republikanischer Zeit war römischen Bürgern die Teilnahme an den orgiastischen Kulten der Kybele untersagt. Im Jahre 186 v. Chr. erließ der Senat ein Gesetz, das die Feiern zu Ehren des Bacchus verbot, weil sich die Teilnehmer ungebührlich aufgeführt hatten.

Die wichtigste Beschränkung der religiösen Toleranz betraf die Anhänger des Christentums. Die Ursachen für ihre Verfolgung scheinen vielfältig gewesen zu sein. Christen werden in der römischen Geschichtsschreibung zum ersten Mal von Tacitus erwähnt. Er bezeichnet sie abschätzig als Anhänger eines schädlichen Aberglaubens, sagt aber auch, daß Nero ihnen die Schuld an dem großen Brand Roms im Jahre 64 in die Schuhe schob, um den Verdacht, er habe den Brand selbst gelegt, von sich abzulenken. Unter Neros Anleitung wurden die Christen mit abstoßender Grausamkeit verfolgt: „In Felle wilder Tiere eingenäht, wurden sie von Hunden zerrissen, oder man machte sie zu Fackeln, die bei Einbruch der Dunkelheit angezündet wurden." (Tacitus, Annalen XV, 44) Später wurden die Christen deshalb verfolgt, weil sie nicht die römischen Götter verehrten und den Kaisern keine Opfer darbrachten. Man befürchtete, daß die Vernachlässigung der heidnischen Götter durch die Christen den Götterfrieden gefährde und damit dem römischen Staat Schaden und Unheil bringe. Im Gegensatz zu den Anhängern der anderen

Religionen in der römischen Welt mit Ausnahme der Juden behaupteten die Christen, die einzig wahre Religion zu haben, und griffen die Verehrung der heidnischen Götter an. So kam es, daß mit dem Aufstieg des Christentums zu einer beherrschenden Stellung im Reich die religiöse Duldsamkeit für viele Jahrhunderte aus den von der römischen Zivilisation geprägten Ländern verschwand.

Die wachsende Beliebtheit der Mysterienreligionen in der Kaiserzeit wurde oft damit erklärt, daß moralisch sensible Menschen sich von dem zunehmenden sittlichen Verfall ihrer Zeit abgestoßen fühlten und daß der herkömmliche Glaube verfiel. Carcopino schrieb, daß das römische Pantheon weiterlebte, „aber die Seelen der Menschen waren der alten Religion verlorengegangen. Diese besaß nur noch die äußerliche Ergebenheit der Menschen, aber nicht mehr ihre Herzen und ihren Glauben." Doch es gibt keinerlei Beweise für diese Deutung. Die alte polytheistische Religion scheint ihre Kraft und ihre Glaubwürdigkeit bis weit ins 3. Jahrhundert hinein behalten zu haben, wenn nicht sogar noch länger. Weihinschriften und neu erbaute oder renovierte Tempel bezeugen dies. Die Tatsache, daß christliche Schriftsteller wie Augustin viel Zeit darauf verwendeten, die alten heidnischen Götter anzugreifen, zeigt, daß diese noch eine Macht darstellten, mit der man rechnen mußte. Tatsächlich starben die Mysterienkulte, abgesehen vom Mithraskult, weithin früher aus als die Verehrung der traditionellen Götter des Staatskultes. Die östlichen Kulte besaßen ihre größte Anziehungskraft in der Zeit der Antoninen- und Severerkaiser, dann begann ihr Niedergang. Im ganzen Reich blieb der Kult der römischen Hauptgötter Jupiter, Mars und Herkules am bedeutendsten. Ihre Bildnisse erscheinen am häufigsten auf den kaiserlichen Münzen.

Wir wissen, daß Mitglieder der Kaiserfamilie, wenn sie in einen der Mysterienkulte eingeweiht wurden, doch weiter die Staatsgötter verehrten, und zweifellos taten andere dasselbe. Augustus war in die Eleusinischen Mysterien eingeweiht, Vespasian und seine Söhne waren Verehrer der ägyptischen Gottheiten Isis und Serapis. Im 2. Jahrhundert n. Chr. waren der Kaiser Antoninus Pius und seine Gemahlin Faustina Anhänger des Kybelekultes. Es gibt überhaupt keinen Grund anzunehmen, daß die Verehrung der Isis oder irgendein anderer Mysterienkult die Gläubigen von früheren religiösen Verpflichtungen gegenüber den Staats- oder Hausgöttern befreite.

Auch die Behauptung, der zunehmende Sittenverfall habe den Aufstieg der Mysterienkulte gefördert, erscheint fraglich. Es ist zwar nichts Ungewöhnliches, daß man die eigene Zeit geringschätzt und nostalgisch auf eine frühere, bessere Zeit zurückblickt; doch hier gab es gute Gründe dafür, den Beginn der Kaiserherrschaft als eine Periode des Niederganges in der altehrwürdigen Lebensweise wenigstens von Teilen der römischen Gesellschaft zu betrachten. Insbesondere beraubte das neue Kaisertum den alten herrschenden Senatorenstand seiner politischen Macht und zum Teil sogar der persönlichen Freiheit. Das von Augustus eingeführte Regierungssystem war faktisch monarchisch, selbst wenn es sich hinter der Fassade der alten republikanischen Formen verbarg, und es erniedrigte und demoralisierte

Unten links und rechts: Ein in Ariccia südlich von Rom gefundenes Relief, das eine religiöse Feier in Ägypten darstellt, worauf die Ibisse hinweisen. Der Kult war wahrscheinlich mit Isis verbunden. Rechts auf einer Plattform gestikulieren Gläubige im Rhythmus der Musik, während in der Mitte männliche und weibliche Tänzer in Ekstase umherspringen. Solche Tänzer nannten die Griechen spöttisch „Bachstelzen".

die einst herrschenden Schichten, da es von ihnen Unaufrichtigkeit und heuchlerische Anpassung verlangte. Tacitus zeigt das deutlich, wenn er das Verhalten der Oberschicht beim Eintreffen der Nachricht vom Tode des Augustus und der Nachfolge des Tiberius beschreibt (Annalen I, 7):

„In Rom stürzten Konsuln, Senat, Ritter kopfüber in sklavische Unterwürfigkeit. Je größer einer war, desto größer seine Unaufrichtigkeit und Eile. Sie durften nicht zu viel Freude angesichts des Todes des einen Kaisers, nicht zu viel Trauer in Anbetracht der Thronbesteigung des nächsten zeigen. So legten sie ihre Mienen sorgfältig zurecht in einer Mischung von Tränen und Lächeln, Trauer und Schmeichelei."

Ihrer herkömmlichen Stellung in der Gesellschaft durch den politischen Wandel beraubt, wandten sich die Angehörigen der alten Führungsschicht jedoch nicht etwa den Mysterienkulten zu, um eine neue geistige Stütze und einen Halt für ihr Dasein zu finden, sondern den Lehren der stoischen Philosophie, die aus Athen stammte. Der Stoizismus mit seiner Betonung von Moral und Tugend gab den Menschen etwas, wofür sie leben konnten, nämlich moralische Selbstachtung, und er lehrte, daß die Welt von den Göttern zum Wohle der Menschheit geordnet sei. Der Stoiker bemühte sich, ein sittliches Leben zu führen, und folgte dabei den Lehren seiner Philosophie vom Wesen von Gut und Böse. Der stoische Kaiser Mark Aurel schrieb: „Nichts ist dem Menschen gut, als was ihn gerecht, mäßig, tapfer und frei macht" (Betrachtungen VIII, 14). Gleichzeitig bekräftigte die stoische Lehre, daß sich der Mensch von seinem eigenen Urteil darüber, was recht ist, leiten lassen und nicht einer äußeren Autorität folgen solle, gelegentlich den Entschluß von Römern, der ungerechten Tyrannei eines Kaisers Widerstand zu leisten. „Wenn ein Mann blitzende Schwerter ansehen kann, ohne mit der Wimper zu zucken, wenn er weiß, daß es unwichtig ist, ob seine Seele zum Munde oder zur Kehle hinaus entweicht, dann nenne ihn glücklich", schrieb der bekannte stoische Philosoph Seneca, der unter Nero mutig seinem Leben ein Ende setzte.

Es ist bekanntermaßen schwierig, in irgendeiner Gesellschaft „Dekadenz" zu bestimmen. Gewiß gibt es manche Belege dafür, daß im Rom des späten 1. Jahrhunderts v. Chr. und während des 1. Jahrhunderts n. Chr. die moralischen Maßstäbe im privaten Leben verlorengingen oder sich zumindest wandelten. Arm und Reich genossen die widerwärtigen Schauspiele in den römischen Amphitheatern, in denen Tausende wilder Tiere, gepreßte Gladiatoren, verurteilte Verbrecher beiderlei Geschlechts „abgeschlachtet wurden, um Rom ein Fest zu bereiten" (Byron, Childe Harold). Die Abstumpfung durch Wiederholung konnte nur durch die Steigerung in der Menge der Opfer und im Grad der Brutalität ausgeglichen werden. Beides gab es in der Kaiserzeit in zunehmendem Maße. In den Monaten, in denen Trajan seinen Sieg über die Daker im Jahre 107 n. Chr. feierte, ließ er 10 000 Gladiatorenpaare kämpfen, ebenso viele wie Augustus während seiner ganzen vierundvierzigjährigen Herrschaft.

Das Niveau der von Theater und Mimus gebotenen Unterhaltung litt ebenfalls unter dem allgemeinen Niedergang des Geschmacks. Theaterstücke wurden hauptsächlich eine Gelegenheit für prunkvolle Schaustellungen. Wenn 600 Maultiere oder ganze Abteilungen von Reitern und Fußtruppen auf die Bühne gebracht wurden, war ihnen Aufmerksamkeit und Beifall sicher. Der Mimus wurde mehr und mehr zur Sensationsschau. Einmal wurde in der Zeit Domitians im Schlußakt der Schauspieler durch einen verurteilten Verbrecher ersetzt, so daß die Zuschauer eine wirkliche Hinrichtung und zuvor schreckliche Folterungen genießen konnten.

Und doch haben wir wenig Grund zu der Annahme, daß die sensibleren und urteilsfähigeren Römer, die sich von diesen empörenden Schauspielen abwandten und den zunehmenden Sittenverfall verurteilten, dadurch eine alternative Lebens-

Oben: Der Isistempel von Pompeji in einem Säulenhof, der jetzt von Gras überwuchert ist.
Unten: Das Marktgebäude in Puzzuoli.

form gesucht hätten, daß sie sich in einen der Mysterienkulte einweihen ließen. Im 1. Jahrhundert v. Chr. und auch noch im 1. und 2. Jahrhundert n. Chr. waren die Anhänger der östlichen Kulte in Rom und im übrigen Italien weitgehend Einwanderer und Angehörige der unteren Gesellschaftsschichten. Mit Ausnahme des Kybelekultes, dem der Adel in Rom und die führenden Bürger in Ostia anhingen, deuten die Namen von Anhängern der Mysterienkulte sehr oft auf Menschen fremder Herkunft und niederer sozialer Stellung hin. Man hat ausgerechnet, daß in Süditalien drei Viertel von denen, die der Isis Inschriften widmeten, von nicht-italischer Herkunft und mithin wahrscheinlich Sklaven oder Freigelassene waren, während in Rom ihr Anteil etwa drei Fünftel betrug. In Ostia, wo man eine Anzahl von Inschriften mit Namen von Mithrasanhängern gefunden hat, scheint die Mehrzahl von ihnen eine bescheidene soziale Stellung gehabt zu haben, etwa als Mitglieder von Vereinigungen der Fährleute oder der Bauhandwerker. Niemand, der in Ostia nachweislich ein öffentliches Amt bekleidet hat, befand sich unter den dortigen Mithrasverehrern.

In Rom gab es offensichtlich nur wenige Mitglieder der alten herrschenden Schichten, der Senatoren und Ritter sowie der literarischen Elite, die sich den Mysterienkulten anschlossen. Seneca, der aus einer angesehenen Ritterfamilie stammte, war ein entschiedener Gegner des Isiskultes, und Sueton betrachtete diesen als nichtigen Aberglauben. Juvenal sah die östlichen Kulte als Zeichen des Niedergangs der Gesellschaft seiner Zeit an. Er macht sich lustig über die fanatischen Anhänger der Großen Mutter, die hinter einem riesigen Eunuchen herrennen, dem elende Pfaffen huldigen, und er spricht verächtlich von dem Isispriester, der mit der Maske des Anubis, des hundsköpfigen Gottes, durch die Straßen läuft, gefolgt von seinen in Leinen gekleideten, kahlgeschorenen Gefolgsleuten, die die weinende Menge verspotten. Angesichts der Ablehnung der Mysterienkulte durch große Teile der Oberschicht ist es nicht verwunderlich, daß die ersten Kaiser, die diesen Kulten gegenüber aufgeschlossen waren, nämlich die Flavier Vespasian, Titus und Domitian, aus einer ziemlich armen und unbekannten Familie von Steuereinnehmern stammten. Sueton unterstreicht, daß Domitian eine ärmliche, bedrückende Jugend verbrachte, in der es auf der Familientafel keinerlei Silber gab.

Die Mysterienreligionen betonten zuweilen ihre Exklusivität, verfolgten diesen Anspruch gewöhnlich aber nicht mit besonderem Nachdruck. Trotz der Tatsache, daß die östlichen Kulte aus verschiedenen Ländern kamen – Kybele aus Kleinasien, Isis und Serapis aus Ägypten, Mithras aus dem Iran –, sind ihre Vorstellungen von Erlösung und einer Gemeinschaft mit der Gottheit einander überraschend ähnlich. Die Gottheiten dieser Kulte sind leidensfähig, sie erfahren Tod und Auferstehung. Der Grund für die Ähnlichkeit scheint darin zu liegen, daß alle diese als orientalisch bezeichneten Religionen erst durch den Filter der hellenistischen Geisteswelt gegangen waren, bevor sie nach Italien gelangten. Von daher kommt die ihnen allen gemeinsame Färbung, die Anpassung ihrer jeweiligen Mythologie an den Gedanken einer Allgottheit und ihr gemeinsames Interesse an der Astrologie. Obwohl jeder der Kulte seinen Anhängern Erlösung versprach, waren in der Praxis viele Leute in mehr als einen Kult eingeweiht. Der Schriftsteller Apuleius berichtet, daß er in mehrere Mysterienkulte eingeweiht war. Eine Grabinschrift aus Ostia gilt einem Lucius Valerius Fyrmus, der Priester der Isis und zugleich der Kybele war. Oft stellten Gläubige sogar Bilder und Weihungen für einen Gott auch im Heiligtum eines anderen auf.

Die Einzelheiten der Riten und Einweihungszeremonien der Mysterienreligionen sind für uns heute ziemlich dunkel, da sie von den Gläubigen geheimgehalten und nur den Eingeweihten enthüllt wurden. Insgesamt wurde das Geheimnis bemerkenswert gut gewahrt, so daß jeder Bericht über die Kulte unsicher und problematisch bleiben muß. Die berühmten Eleusinischen Mysterien, die in Eleusis in Griechenland begangen wurden, sollen zuerst betrachtet werden, sind sie doch offenbar die ältesten Mysterien der antiken Welt, die noch vor dem 7. Jahrhundert

v. Chr. entstanden, als Eleusis in den Besitz Athens gelangte, das die Verantwortung für den Kult übernahm. Das hohe Ansehen der Eleusinischen Mysterien blieb bis zum Ende der heidnischen Zeit bestehen, und es ist wahrscheinlich, daß die Formen ihres Kultes teilweise die Riten beeinflußte, die später von den orientalischen Kulten in Rom und Italien ausgeübt wurden. Man nimmt an, daß die anderen Mysterienreligionen wichtige Züge des Eleusinischen Kultes übernahmen, so etwa die Einrichtung von Einweihungszeremonien. Der Eleusinische Kult wurde nie von Griechenland nach Italien übertragen, obwohl Kaiser Claudius es versucht haben soll. Doch gingen zahlreiche berühmte Römer nach Eleusis, um sich dort einweihen zu lassen, darunter Augustus und Mark Aurel. Diese Tatsache ist bezeichnend für die weitherzige Haltung frommer Römer in religiösen Angelegenheiten. Cicero und sein Freund Atticus, die beide die griechische Kultur sehr bewunderten, ließen sich in Eleusis einweihen. In einem seiner Dialoge schreibt Cicero: „Athen hat bestimmt das menschliche Leben vielfältig bereichert mit himmlischen Gaben, doch ist keine besser als diese Mysterien . . . Die Zeremonien werden Initiation genannt, und wir erkennen in ihnen die grundlegenden Prinzipien des Lebens. Sie haben uns den Weg gewiesen, glücklich zu leben und mit einer besseren Hoffnung zu sterben." (Gesetze II 14,36).

Die Eleusinischen Mysterien wurden zu Ehren der Getreidegöttin Demeter und ihrer Tochter, der Getreidejungfrau Persephone, gefeiert. Sie waren ursprünglich ein bäuerlicher Kult, der auf sehr frühe Zeiten zurückging. Das Ritual galt dem Tod und der Wiedergeburt des Korns, und mit der Zeit verbanden sich damit Hoffnungen der Eingeweihten auf Wiedergeburt und Unsterblichkeit. Die Feier fand in der großen Mysterienhalle in Eleusis statt. Sie begann am Abend im Schein von Fackeln. Das Geheimnis dieser Mysterien ist gut bewahrt worden, so daß wir, obwohl es viele Vermutungen darüber gegeben hat, nicht genau wissen, worin die Riten eigentlich bestanden. Wahrscheinlich wurde die Geschichte von Demeter und Persephone dramatisch dargestellt. Man zeigte die Entführung der Persephone durch den Unterweltsgott Pluton und die Trauer ihrer Mutter Demeter, die kein Korn wachsen ließ, bis Persephone wenigstens für einen Teil des Jahres zu ihr auf die Erde zurückkehren durfte. Der Höhepunkt der Einweihungsfeier war die Enthüllung der heiligen Gegenstände des Kultes im hellen Lichtglanz.

Die Mysterien des Dionysos oder Bacchus, die ebenfalls griechischer Herkunft waren, gewannen in der römischen Welt zahlreiche Anhänger. Seine Riten wurden in Rom und im übrigen Italien häufig gefeiert, doch sind spezielle Kultbauten für die Feier der Dionysosmysterien nirgends mit Sicherheit festgestellt worden. Im frühen 2. Jahrhundert v. Chr. gab es in Süditalien und Etrurien viele Anhänger dieser Sekte, und 186 v. Chr. kam es in Rom zu einer regelrechten Welle von bacchischer Ekstase, woraufhin der Senat amtliche Maßnahmen zu ihrer Bekämpfung traf, da es sich bei dieser Sekte um eine Geheimgesellschaft handele, die gesetzloses und unmoralisches Verhalten fördere. Die Feiern der dionysischen Mysterien waren gewiß häufig von wildem Tanzen und Trinken begleitet. Da Dionysos, den die Römer mit Bacchus gleichsetzten, ein Gott der Fruchtbarkeit und des Weines war, nimmt es nicht wunder, daß seine Mysterien gelegentlich einen orgiastischen Charakter annahmen. Der Kult war hauptsächlich, vielleicht sogar ausschließlich Frauen vorbehalten – schließlich waren die ekstatischen Mänaden das traditionelle Gefolge des Dionysos. Die Fresken der „Villa der Mysterien" vor den Mauern Pompejis scheinen die Initiation einer jungen Frau in die Dionysosmysterien zu zeigen. Sie sind unser einziges Zeugnis für die wahrscheinliche Form dieser Einweihung. Auf einem Bild wird eine junge Frau von einer finsteren geflügelten Gestalt gepeitscht. In einer anderen Darstellung soll gerade ein heiliger Gegenstand enthüllt werden, offenbar ein großer ritueller Phallus. Ein drittes Bild zeigt, wie die Frau für eine mystische Hochzeit mit Dionysos vorbereitet wird, was vielleicht die Hoffnung auf ein ewiges glückliches Leben nach dem Tode symbolisieren soll.

Der Kult der Kybele, der Großen Mutter, drang nicht allmählich in Rom ein, sondern er wurde im Jahre 204 v. Chr. auf Anweisung der Sibyllinischen Bücher aus

Gegenüber: Das Amphitheater von Puzzuoli aus dem 1. Jahrhundert n. Chr., eines der größten und am besten erhaltenen römischer Amphitheater. Amphitheater wurden für Gladiatorenkämpfe und Tierhetzen benutzt. Scheinjagden auf wilde Tiere, von denen viele aus Afrika eingeführt wurden, waren eine beliebte Unterhaltung. In den Amphitheatern wurden auch zum Tode verurteilte Verbrecher, Männer wie Frauen, den wilden Tieren vorgeworfen.

Unten: Gemälde einer Löwenjagd vom Friedhof der Isola Sacra bei Ostia.

Oben: Modell einer scenae frons, der Bühnenrückfront eines Theaters. In der Mitte der Haupteingang zur Bühne, die porta regia, rechts und links die Nebeneingänge (hospitalia). Das Modell war vielleicht das Weihrelief eines erfolgreichen Schauspielers für Dionysos.

Oben: Relief mit tanzenden Mänaden und flötendem Pan. Das orgiastische Wesen des Kultes des Dionysos (Bacchus) wird oft durch ekstatisch tanzende Mänaden symbolisiert.

Oben links: Römische Kopie eines griechischen Reliefs, das Menander, einen athenischen Dramatiker des 4. Jahrhunderts v. Chr. und Hauptvertreter der Neuen Komödie, darstellt. Seine Stücke wurden lange Zeit von den Gebildeten bewundert. Augustus hat angeblich auf dem Sterbebett seine Verse zitiert: „Habe ich euch gefallen, zeigt es mir freundlich mit eurem Beifall und gebt mir ein herzliches Lebewohl."

Links: Das wiederhergestellte Theater von Ostia mit Blick zur Piazza delle Corporazioni. In römischer Zeit diente das Theater populärer Unterhaltung. Die Darbietungen hatten kein hohes Niveau. Aufgeführt wurden gewöhnlich Farcen, Mimen und Pantomimen, diese fast eine Art Ballett, kaum aber klassische Tragödien oder auch nur Komödien.

Pessinus in Phrygien nach Rom eingeführt, als die Römer in den Punischen Kriegen hart bedrängt waren. Der große schwarze Stein, der Fetisch der Kybele, wurde damals nach Rom geholt und am Hafen von einer offiziellen Prozession, an der Frauen in ungewöhnlichem Maße beteiligt waren, in Empfang genommen. Man brachte ihn dann ins Zentrum der Stadt zum Palatin, wo ein prächtiger Tempel für Kybele erbaut und im Jahre 191 v. Chr. eingeweiht wurde. Augustus ließ diesen Tempel renovieren. Pessinus blieb auch nach dem Abtransport des schwarzen Steines ein bedeutendes Zentrum des Kultes, und wir hören von bekannten Römern wie dem Feldherrn Marius, daß sie zum dortigen Heiligtum Wallfahrten unternahmen. Überhaupt waren viele Adlige diesem Kult besonders eng verbunden.

Kybele war eine Natur- und Fruchtbarkeitsgöttin, daher war ihr Kult orgiastisch. Ihre Priester waren Eunuchen, die sich bei der Einweihung zu ihrem Dienst in Ekstase selbst entmannt hatten. Attis, der jugendliche Begleiter der Kybele, der bisweilen mit der Göttin zusammen auf ihrem Wagen dargestellt wird, war das Urbild der Priestereunuchen. Der Oberpriester in Pessinus und später auch die anderen Priester führten den Namen Attis. Von dem Mythos von Kybele und Attis gibt es viele Fassungen. Allen gemeinsam ist jedoch die Selbstentmannung des Attis. Nach dem einen der überlieferten Berichte wurde Attis als Säugling von seiner Mutter ausgesetzt, aber von der Göttin Kybele gerettet. Er wuchs zu einem schönen Jüngling heran, und Kybele verliebte sich in ihn. Er wurde ihr untreu, und sie trieb ihn zum Wahnsinn. Er entmannte sich unter einer Pinie und verblutete dort. In einigen Fassungen des Mythos erwacht er wieder zum Leben, so daß man vermutet hat, daß er ursprünglich ein Vegetationsgott war.

Zur Zeit der Republik waren die fremdartigen Riten des Kybelekultes in Rom weitgehend auf den Tempelbezirk beschränkt, und vollzogen wurden sie größtenteils von den aus Phrygien stammenden Priestereunuchen, wenn auch gelegentlich ein Römer Priester geworden sein mag. Ohne Zweifel fühlte man sich in Rom vom Kybelekult und seinen entmannten Priestern fasziniert und zugleich abgestoßen. Gegen Ende der Republik beschwört der Dichter Catull eindrücklich die Reaktionen eines gerade eingeweihten Priesters, erst seine wilde Ekstase, dann sein Entsetzen und seinen Abscheu. Die Geschichte von Attis und Kybele wurde in Rom jedes Jahr durch ein Fest gefeiert. Es begann am 15. März mit einem Umzug von Binsenträgern, die vielleicht an die Binsen erinnern sollten, in denen das Kind Attis ausgesetzt worden war. Es folgten neun Tage des Fastens und der geschlechtlichen Enthaltsamkeit, und am 22. März fand ein Umzug von Baumträgern statt, bei dem Gläubige Pinienbäume zur Erinnerung an den Tod des Attis zum Tempel trugen. Es folgte der „Tag des Blutes", ein Tag tiefer Trauer, an dem sich die Gläubigen mit Messern Verletzungen beibrachten und sich vielleicht die neuen Priester entmannten. Am 25. März wurden nach dem Ende des Fastens die *Hilaria*, das Freudenfest, begangen, die nach dem Bericht eines späteren Schriftstellers an den Sieg des Tages über die Nacht nach der Frühlings-Tagundnachtgleiche erinnerten. Danach endete das Fest mit der „Zeremonie der Waschung", bei der der Kultgegenstand auf einem Wagen zu einem Fluß geleitet und abgewaschen wurde. Das bedeutete das Tränken der Erde im Regen, was die Fruchtbarkeit fördern sollte. Kaiser Claudius gestattete, daß diese Zeremonien in der Öffentlichkeit begangen wurden, womit das Fest Teil des amtlichen Festkalenders wurde und das Priesteramt auch offiziell römischen Bürgern offenstand.

Das Opfer eines Stieres, das sogenannte *taurobolium*, gehörte ursprünglich nicht zum Kybelekult, es scheint im Verlauf des 2. Jahrhunderts v. Chr. nachträglich aufgenommen worden zu sein. Aufzeichnungen über solche Opfer durch Kybele-Anhänger zu Ehren des regierenden Kaisers und seiner Familie sind in Ostia im großen Tempelbezirk der Kybele und ihrer Begleiter gefunden worden. Auch für den einzelnen konnte ein Stier geopfert werden. Er trat dafür in eine zu diesem Zweck gegrabene Grube, die mit einem durchlöcherten Brett abgedeckt war. Auf dem Brett wurde der Stier geschlachtet, so daß das Blut in die Grube floß und den

Fresken aus der Villa der Mysterien in Pompeji, die im 2. Jahrhundert v. Chr. erbaut wurde. Die Fresken stammen aus der Mitte des 1. Jahrhunderts v. Chr. Sie zeigen eine Verbindung von menschlichen und göttlichen oder allegorischen Gestalten und sind von dionysischen Vorstellungen geprägt.

Oben: Fresko einer reichverzierten Tür. Gegenüber: Tanzender Faun, aus einem der Schlafzimmer.

Unten: Offenbar die Einweihung einer jungen Frau in die Mysterien des Dionysos. Unten rechts: Ein junger Satyr spielt die Panflöte, seine Gefährtin säugt ein Zicklein.

Einzuweihenden überströmte. Dadurch sollte die Kraft des Opfertieres auf ihn übergehen, und er sollte gereinigt und zu einem neuen Leben wiedergeboren werden, jedoch in dieser Welt, nicht im Jenseits. Manche Leute wiederholten die Zeremonie nach 20 Jahren, und es gibt Nachrichten, daß Frauen wie Männer sich ihr unterzogen. In Verbindung mit dem Kult gab es auch ein sakramentales Mahl, das christliche Schriftsteller später als eine dämonische Parodie des Abendmahls deuteten.

In den Mithraskult konnte man erst nach schweren Prüfungen eingeweiht werden. Frauen blieb er verschlossen, besonders sprach er Soldaten an. Er war iranischen Ursprungs. In Mesopotamien hatte der Mithraskult stark astrologische Züge angenommen, und in hellenistischer Zeit breitete er sich in Kleinasien aus. Nach dem Westen wurde er laut Plutarch durch kilikische Seeräuber gebracht, die Pompeius später vernichtete. Wenn das stimmt, muß der Kult lange auf die untersten Schichten in den großen Hafenstädten Italiens beschränkt geblieben sein. Jedenfalls blühte er dort lange Zeit und war sehr beliebt. Der Mithraskult wurde, wie es scheint, zuerst unter den Flavierkaisern ausgeübt, und noch im 4. Jahrhundert n. Chr. war er verbreitet, als Mithras schon längst mit dem unbesiegbaren Sonnengott gleichgesetzt worden war. Von der Mitte des 1. Jahrhunderts n. Chr. an verbreitete sich die Mithrasverehrung durch die römischen Truppen an Donau, Rhone und Rhein und selbst in Britannien, wo ein Mithräum in Walbrook in der Innenstadt von London gefunden wurde.

Mithras wurde gewöhnlich in einem kleinen Heiligtum verehrt, das so angelegt war, daß es an die Höhle erinnerte, in der er der Überlieferung nach geboren wurde. Es gab sieben Weihegrade, jeder mit einem bestimmten Planeten verbunden. Die niederen Stufen, zusammen Diener genannt, hießen Rabe, Bräutigam und Soldat, die höheren, insgesamt als Teilnehmer bezeichnet, waren Löwe, Perser, Sonnenbote und Vater. Die Prüfungen, denen sich die Einzuweihenden unterziehen mußten, konnten sehr streng sein, denn neben dem Fasten gab es Geißelungen, Brandmarkungen, Ertragen von großer Hitze und Kälte, und gelegentlich mag es Menschenopfer gegeben haben. Ein magischer Papyrus aus Ägypten vom frühen 3. Jahrhundert n. Chr. scheint einen Teil des Zeremoniells der Einweihung in den höchsten Weihegrad bewahrt zu haben. Er enthält Anrufungen und Gebete, die sich auf eine geistige Wiedergeburt beziehen.

Im nicht endenden Kampf des Guten gegen das Böse war Mithras ein guter Geist, ein Diener Ahuramazdas, des Herrn des Lebens. Er galt auch als Vertreter der unbesiegten Sonne, mit der er später gleichgesetzt wurde. Manchmal findet man ihn, angetan mit der typischen phrygischen Mütze, zusammen mit dem Sonnengott dar-

Links: Kopf der Muttergottheit Kybele, deren Kult aus Phrygien in Kleinasien im Jahre 204 v. Chr. nach Rom eingeführt wurde. Sie trägt ihren charakteristischen hohen Kopfputz, den polos.

Gegenüber, oben: Mithräum aus dem 3. Jahrhundert n. Chr. unter der Kirche S. Clemente in Rom. Dieses unterirdische Heiligtum ist eine der 45 Mithras-Kapellen, die man in Rom gefunden hat. Es war ursprünglich von oben her durch Lichtschächte beleuchtet, die das Licht auf die Kultbilder und auf die langen Bänke zu beiden Seiten des Raumes lenkten, auf denen die Eingeweihten in den ihrem Rang zukommenden fremdländischen Gewändern saßen. Die gewölbte Decke war mit Bimsstein und Mosaiken versehen, was den Eindruck einer Höhle oder Grotte verstärken sollte.

Gegenüber, unten: Der Altar in der Kapelle.

Oben: Kleine Marmorstatue des Mithras mit der phrygischen Mütze aus dem Mithräum.

Links: Relief: Mithras tötet den Stier, das Urtier, aus dessen Blut das Korn und alles Leben entsproß. Spuren der ursprünglichen Bemalung sind zu erkennen.

gestellt. Als größte Tat des Mithras galt die Tötung des großen Stieres, des ersten Tieres, aus dessen Blut das Getreide und alles Leben entstand. Ahriman, die Macht der Finsternis, sandte Seuchen und Feuer, um das neue Leben zu vernichten, doch Mithras überwältigte sie, und nachdem er seine irdische Sendung erfüllt hatte, stieg er im Sonnenwagen in den Himmel auf. Zuvor aber nahm Mithras zusammen mit dem Sonnengott ein sakramentales Mahl ein, das dann von den Mithrasverehrern regelmäßig wiederholt wurde. Man nimmt an, daß Eingeweihte mit dem Rang des Sonnenboten und des Vaters bei diesen Gemeinschaftsfeiern den Vorsitz führten. Es war zu erwarten, daß christliche Schriftsteller auch in diesen Mahlzeiten eine Parodie des Abendmahls erblickten.

Der Kult der ägyptischen Göttin Isis, die oft zusammen mit den gleichfalls aus Ägypten stammenden Göttern Serapis, Osiris und Harpokrates verehrt wurde, war eine weitere sehr beliebte Mysterienreligion in der römischen Welt. Die Verehrung der Isis und ihrer Begleiter war schon im 1. Jahrhundert v. Chr. in Italien fest verwurzelt, vor allem in Campanien, das enge Verbindungen zu Ägypten hatte. Trotz einiger Rückschläge und Widerstände scheint der Kult an Boden gewonnen zu haben, bis er im späten 1. Jahrhundert n. Chr. durch die Gunst der Flavierkaiser zusätzliche Unterstützung erhielt. Die von Vespasian in Ägypten vollbrachten Wunder galten als Zeichen der Gunst der ägyptischen Götter. Der Isiskult scheint stark von synkretistischem Gedankengut beeinflußt gewesen zu sein, wonach sich

Oben: Domus Clementis in Rom, ein Privathaus des späten 1. Jahrhunderts n. Chr., das unter der unteren Kirche von S. Clemente ausgegraben wurde. Nach christlicher Überlieferung war es das Haus des heiligen Clemens, der im Jahre 97 das Martyrium erlitt. Einer der Räume des Hauses wurde im 3. Jahrhundert in ein Mithräum umgewandelt.

in allen menschlichen Vorstellungen über das Göttliche in Wirklichkeit die eine Allgottheit manifestiert. Isis wurde schließlich mit fast jeder bekannten Göttin gleichgesetzt. So nannte man sie die „Göttin mit den zehntausend Namen", „Stern des Meeres" und „Herrin des Alls". Auch „Ruhm der Frauen" hieß sie, da man glaubte, daß sie den Frauen die gleiche Macht wie den Männern gegeben habe. Ein Isishymnus legt ihr die Worte in den Mund:

> „Ich bin es, die die Frauen Göttin nennen. Ich verfügte, daß Frauen von Männern geliebt werden. Ich brachte Mann und Frau zusammen und erfand den Ehebund."

Die Verehrung der Isis und ihrer Begleiter war genau geordnet. Die Tempel hatten eine hierarchisch gegliederte Priesterschaft. Prächtige Umzüge fanden statt, bei denen unter Musikbegleitung das Bild der Göttin umhergetragen wurde. Die Anhänger erlangten die Zulassung zum Kult durch eine Einweihungszeremonie, bei der nach einer Zeit des Fastens den Kandidaten in einer Art dramatischer Vorführung das Weltall, die Götter der Unterwelt und des Himmels gezeigt wurden. Die Einweihung, die starke Gefühle auslöste, wurde als geistige Wiedergeburt verstanden. Im 2. Jahrhundert n. Chr. gibt der Schriftsteller Apuleius, der selbst in die Mysterien der Isis eingeweiht war, in seinen *Metamorphosen* ein Gebet des Romanhelden Lucius wieder, das dessen Verehrung für Isis eindrücklich nachempfinden läßt:

> „Heilige Göttin, ewige Retterin der Menschheit, stets großmütig in deiner Hilfe für die Sterblichen, du zeigst warmherzige Mutterliebe gegenüber den Leiden der Unglücklichen. Kein Tag vergeht und keine Nacht ohne eine Gnadentat von dir. Du schützest Menschen zu Lande und zur See. Du beschwichtigst die Stürme des Lebens und reichst deine Hand, um Sterbliche zu retten. Du kannst das verworrene Geflecht des Schicksals entwirren ... Ich bin nicht fähig, dich würdig zu preisen, zu arm, dich durch Opfer zu ehren. Aber so arm, wie ich bin, ich habe dir Hingabe gelobt und werde getreulich alles tun, was ich kann. Immer werde ich im Heiligtum meines Herzens das Bild deiner göttlichen Züge und deine erhabene Göttlichkeit bewahren."

Die Zeit, in der das Christentum zur Herrschaft kam, liegt außerhalb des Rahmens dieses Buches, doch lohnt sich vielleicht der Hinweis, daß der Isiskult und in geringerem Maße auch einige andere Mysterienreligionen eine Reihe von Wesenszügen mit dem Christentum gemeinsam haben. Die Verehrung der Isis forderte den ganzen Menschen und verlangte von dem Mysten moralische ebenso wie kultische Reinheit. Sie versprach eine geistige Wiedergeburt und bot die Hoffnung auf den Anfang eines neuen Lebens. Es war eine Religion, für die sich ihre römischen Anhänger aus eigenem Antrieb entschieden. Sie war nicht auf eine bestimmte Nation oder eine soziale Schicht beschränkt. Ähnlich wie das Christentum scheint sich der Kult der Isis besonders an Frauen und Sklaven gewandt zu haben. Auch der Mithraskult hatte gewisse Berührungspunkte mit dem Christentum. Es gab ein ähnliches heiliges Mahl und die wunderbare Geburt eines göttlichen Kindes, und die Einweihung scheint die Hoffnung auf ein Leben nach dem Tode geweckt zu haben, wie es auch bei einigen anderen Mysterienkulten der Fall war. So lag es zu einem guten Teil an den Mysterienreligionen, daß sich in der römischen Welt ein geistiges Klima herausbildete, das dem des Christentums entsprach und seinem Wachsen günstig war. Der schließliche Sieg des Christentums sollte aber nicht dazu verleiten, die Stärke und Bedeutung der herkömmlichen Religion Roms zu unterschätzen. Die altehrwürdigen Haltungen und Überzeugungen hatten sich als genügend anpassungs- und neuerungsfähig erwiesen, um der römischen Gesellschaft für einen Zeitraum von fast tausend Jahren Stärke, Stabilität und eine feste Richtung zu geben.

Links: Tragödienmaske aus der Villa der Mysterien in Pompeji. Ein Raum dieser Villa wurde im späten 1. Jahrhundert v. Chr. mit einer Reihe von eleganten Fresken auf schwarzem Hintergrund neu ausgestaltet, die hauptsächlich ägyptische Motive und Gartenszenen zeigen.

Oben: Ibisse.

Rechts: Eine heilige geflügelte Schlange aus Ägypten.

Unten: Zwei ägyptische Göttinnen, vielleicht Isis und Nephthys, zwischen ihnen ein heiliges Krokodil. Die Aufnahme ägyptisierender Motive könnte darauf hindeuten, daß der damalige Eigentümer der Villa ein Verehrer der ägyptischen Götter war. Sie könnte aber auch einfach nur die Vorliebe der Zeit für ägyptisches Dekor widerspiegeln.

Bibliographie

AUTORENKOLLEKTIV (Leitung: R. Müller), *Kulturgeschichte der Antike. Bd. 2: Rom*, Berlin 1978

BENGTSON, H., *Die Flavier*, München 1979

BENGTSON, H., *Römische Geschichte*, 4. Aufl., München 1982

BÖMER, F., *Untersuchungen über die Religion der Sklaven in Griechenland und Rom*, Teil 1–4, Wiesbaden 1957–1963

BIANCHI BANDINELLI, R., *Rom. Das Zentrum der Macht. Die römische Kunst von den Anfängen bis zur Zeit Marc Aurels*, München 1970

EARL, D., *Augustus und seine Zeit*, Wiesbaden 1969

FERGUSON, J., *Greek and Roman Religion*, London 1980

GRANT, M., *Rom*, Zürich 1960 (Kindlers Kulturgeschichte)

GRANT, M., *Mythen der Griechen und Römer*, Zürich 1964 (Kindlers Kulturgeschichte)

GRIMAL, P., *Römische Kulturgeschichte*, München–Zürich 1961

HOPKINS, M. K., *Conquerors and Slaves*, Cambridge 1978

HUNGER, H., *Lexikon der griechischen und römischen Mythologie*, 8. Aufl., Wien 1969 (Neudruck 1974)

KOCH, C., *Religio. Studien zu Kult und Glauben der Römer*, Nürnberg 1960 (Einzelaufsätze)

LATTE, K., *Römische Religionsgeschichte*, München 1960 (Handbuch der Altertumswissenschaft 5)

LEIPOLDT, J. – GRUNDMANN, W., *Umwelt des Urchristentums*, 3 Bände in mehreren Auflagen, Berlin 1971–1979

LIEBESCHUETZ, J. H. W. G., *Continuity and Change in Roman Religion*, Oxford 1979

MACMULLEN, R., *Paganism in the Roman Empire*, New Haven–London 1981

MEIGGS, R., *Roman Ostia*, Oxford 1973

NASH, E., *Bildlexikon zur Topographie des antiken Rom*, 2 Bände, Tübingen 1962

OGILVIE, R. M., *The Romans and their Gods*, London 1969

PAOLI, U. E., *Das Leben im alten Rom*, 2. Aufl., Bern–München 1961

SCULLARD, H. H., *Festivals and Ceremonies of the Roman Republic*, London 1981

ÜRÖGDI, G., *Reise in das alte Rom*, Leipzig 1966

VERMASEREN, M. J. (Hg.), *Die orientalischen Religionen im Römerreich*, Leiden 1981

WARD-PERKINS, J., – CLARIDGE, A., *Pompeii AD 79*, Bristol 1976

WILKINSON, L. P., *The Roman Experience*, London 1975

WLOSOK, A. (Hg.), *Römischer Kaiserkult*, Darmstadt 1978 (Erträge der Forschung, Bd. 372)

Werner Forman und der Verlag danken folgenden Museen und Sammlungen für die Fotoerlaubnis:

Antiquario Palatino, Rom: 31 unten links und rechts, 62, 117 oben; Auckland Institute and Museum, Auckland: 16 unten; Museo Barracco, Rom: 12 unten; British Museum, London: 30 oben, 38, 39 oben, 62 rechts, 66 oben, 67, 98 oben; Musei Capitolini, Rom: 12 oben; J. Paul Getty Museum, Malibu: 2, 4, 21, 44 ganz oben und oben, 59, 81 oben, 102, 105; Museo Gregoriano Profano, Vatikan, Rom: 9, 44 rechts, 101 oben, 103, 116 oben links; Museo Nazionale Romano, Rom: 1, 34, 83, 87, 90, 91, 98 links 106, 107, 109, 111, 115 unten, 120 oben und unten; Scavi di Ostia: 13 unten, 22, 33 unten, 39, 45, 86, 115 oben.

Werner Forman dankt ferner für Unterstützung:

Ajsa Becková, Rom; Alessandro Califano, Rom; Serarcangeli Gianfranco, Rom; Linda Graham, Rom; Pietro Giovanni Guzzo, Rom; Jan Kosinka, Rom; Pater Paul Lawlor, Rom; Fausta Manera, Rom; Signora Sapelli, Rom; Professor Surina, Rom; Dr. Vecchio, Neapel.

ANDROGYN
SEHNSUCHT NACH VOLLKOMMENHEIT

17. November 1986 bis 4. Januar 1987
Neuer Berliner Kunstverein
mit Unterstützung der Philip Morris GmbH

Die Ausstellung wird vom
Kunstverein Hannover
vom 7. Februar bis 12. April 1987
übernommen.

ANDROGYN

SEHNSUCHT NACH VOLLKOMMENHEIT

Dietrich Reimer Verlag Berlin

Dietrich Reimer Verlag, Berlin
Dr. Friedrich Kaufmann
ISBN 3–496–01037–1

© Neuer Berliner Kunstverein und Autoren, Berlin 1986

Ausstellung und Katalog:
Ursula Prinz

Mitarbeit:
Tino Bierling

Übersetzungen:
Lutz Domitz
Sigrid Lézin
Ursula Prinz

Gedruckt mit Mitteln der Deutschen Klassenlotterie Berlin

Satz, Litho und Druck:
Reiter Druck, Berlin

Neuer Berliner Kunstverein
Kurfürstendamm 58
1 Berlin 15
Tel. (030) 3237091/92/93

Vorstand:
Arnold Heidemann
Roland H. Wiegenstein
Dieter Beuermann

Prof. Dr. Alexander Dückers
Prof. Rudolf Glagow
Prof. Jürgen Heinrich
Brigitta Schrieber

Mitarbeiter des NBK:
Dr. Lucie Schauer (Direktor)
Rosemarie Bremer (Geschäftsführer)
Roswitha Kraus (Sekretariat)
Monika Rindfleisch (Buchhaltung)
Ursula Ohlwein (Artothek)
Rita Uhrlau (Artothek)
Urte Ramsbott (artothek mobil)
Gisela Eckhardt (Videothek)
Kurt Fröhlich (Expedition)

Ausstellungsaufbau:
Heide Schade
Oliver Brendel
Christian Goetze
Peter Höflinger
Roland Sander
Wilhelm Schmid

Abbildung auf dem Umschlag:
Simeon Solomon, Nacht

(A) hinter den Bildunterschriften bedeutet, daß sich das Werk in
der Ausstellung befindet.

CIP-Kurztitelaufnahme der Deutschen Bibliothek

Androgyn: Sehnsucht nach Vollkommenheit / [Neuer
Berliner Kunstverein. Ausstellung u. Katalog: Ursula
Prinz. Mitarb.: Tino Bierling. Übers.: Lutz Domitz …]. –
Berlin: Reimer, 1986.
  ISBN 3–496–01037–1

NE: Prinz, Ursula [Bearb.]; Neuer Berliner Kunstverein

Inhalt

Leihgeber

Antwerpen
  Lens Fine Art
Berlin
  Galerie Brusberg
  Luciano Castelli
  Hagen Jung
  Rainer Pretzell
  Raab Galerie
  Hans Sandmeier
  Helga und Helmut Schubauer
  Galerie Springer
  Staatliche Museen Preußischer Kulturbesitz
  Ägyptisches Museum, Gipsformerei, Kunstbiblio-
  thek, Museum für Indische Kunst, Staatsbibliothek,
  Museum für Völkerkunde
Birmingham
  City Museums and Art Gallery
Bonn
  Städtisches Kunstmuseum
Bournemouth
  Russell-Cotes Art Gallery and Museum
Brüssel
  Cabinet des Estampes, Bibliothèque Albert Ier
  Galerie L'Ecuyer
  Musées Royaux des Beaux-Arts de Belgique/Konink-
  lijke Musea voor Schone Kunsten van België
Chicago
  Marianne Deson Gallery
Erlangen
  Universitätsbibliothek Erlangen-Nürnberg
Exeter
  Royal Albert Memorial Museum
Frankfurt
  Städtische Galerie im Städelschen Kunstinstitut
Genf
  Eric und Dominique Franck
  Samy Tarica
Gent
  Museum voor Schone Kunsten
Göttingen
  Städtisches Museum
Graz
  Alte Galerie am Landesmuseum Joanneum
Hamburg
  Galerie in Flottbeck
  Gerd-Wolfgang Essen
  Hamburgisches Museum für Völkerkunde
  Hubertus Wald
Hannover
  Kestner-Museum
  Sprengel Museum

Highland Park, Illinois
  Mary und Leon Feldman
Hofheim
  Galerie Stübler
Kassel
  Staatliche Kunstsammlungen
Köln
  Galerie Jöllenbeck
  Pauseback Kicken
  Dietmar Werle
  Galerie Michael Werner
Liège
  Musée d'Art Moderne
  Musée de l'Art Wallon
  Dépôt de Ministère de la Communauté
  Française
London
  The Trustees of the Victoria & Albert Museum
Mailand
  Arturo Schwarz
München
  Bayerische Staatsbibliothek
  Rüdiger Kampmann
  Antoinette und Karl Mansker
  Peter Schamoni
  Staatliches Museum für Völkerkunde
  Staatliche Sammlung Ägyptischer Kunst
Münster
  Westfälisches Landesmuseum für Kunst und Kultur-
  geschichte
Neapel
  Galleria Lucio Amelio
Neuß
  Clemens-Sels-Museum
New York
  Mary Boone
  Gallery Darryl Isley Fine Art
  Marlborough Gallery
  Angela Westwater
Nürnberg
  Germanisches Nationalmuseum
  Sammlung internationaler zeitgenössischer Kunst
  der Kunsthalle Nürnberg
Otterlo
  Rijksmuseum Kröller-Müller
Paris
  Bibliothèque de l'Arsenal
  Alain Blondel
  Musée National d'Art Moderne, Centre Georges
  Pompidou
  Galerie Louise Leiris
  Galerie Samy Kinge
  Félix Marcilhac
  Musée Gustave Moreau
  Musée Picasso
  Musée Zadkine

6

Réunion des Musées Nationaux
Rotterdam
   Museum Boymans-van Beuningen
Sheffield
   Sheffield City Art Galleries
St. Augustin
   Haus Völker und Kulturen
Stuttgart
   Linden-Museum
Utrecht
   Museum Heedendagse Kunst
Wien
   Galerie Hilger
   Barbara Hrdlicka
   Graphische Sammlung Albertina
   Künstlerhaus, Gesellschaft mbH
   Kunsthistorisches Museum
Winterthur
   Kunstmuseum
Zürich
   Galerie Maeght Lelong
   Museum Rietberg
   Oliver Stahel
Die Künstler
Ungenannte Leihgeber

Fotografen

Jörg P. Anders, Berlin
Dieter Appelt, Berlin
S. Autrum-Mulzer, München
Margarete Büsing, Berlin
Uraula Didoni, Stuttgart
Documentation photographique de la Réunion des musées nationaux, Paris
Reinhard Friedrich, Berlin
Gabinetto Fotografico Soprintendenza Beni Artistici e Storici di Firenze
Dietrich Graf, Berlin
Derek Greaves, Sheffield
Roland Gretler, Zürich
Studio Yves Hervochon, Paris
Paul Hester, Houston
Ruth Hietzge-Salisch, Berlin
J. Hyde, Paris
Hermann Kiessling, Berlin
Ralph Kleinhempel, Hamburg
Nanda Lanfranco, Genua
Salvatore Licita, Mailand
Jochen Littkemann, Berlin
Hans Meyer-Veden, Hamburg
Harold Morris, Winborne/Dorset
Hans Wolfgang Müller, Tutzing
Otto E. Nelson, New York
Petersen, Berlin
Gerd Pfeiffer, München
István Rácz, Hilterfingen/Schweiz
F. Rosenstiel, Köln
Adam Rzepka, Paris
Schambach & Pottkämper, Krefeld
Lothar Schnepf, Köln
Udo F. Sitzenfrey, Wien
Walter Steinkopf, Berlin
P. Steyer, Deutsches Archäologisches Institut, Istanbul
Angelika Weidling, Berlin
Wettstein & Kauf, Zürich
und Museumsfotos

Vorwort

Die Idee zu dieser Ausstellung liegt bereits einige Jahre zurück. Seitdem ist von Vielen dazu beigetragen worden, dieses komplexe Thema zu realisieren. Wir möchten ihnen allen unseren herzlichen Dank sagen.

Tino Bierling gab die Anregung für diese Ausstellung und begleitete sie während der ganzen Vorbereitungszeit. Eberhard Roters hat sich für das Projekt von Anfang an mit ermutigenden Worten eingesetzt; die Mitarbeiter des Neuen Berliner Kunstvereins haben nach ihren Kräften die ganze Zeit daran mitgewirkt, es zu realisieren.

Besonderer Dank gilt den wissenschaftlichen Mitarbeitern, von denen insbesondere Hans Biedermann, Wilhelm Gauger, Lutz Malke und der inzwischen verstorbene Hermann Kern durch ihre Beratung die ersten Anfangshürden überwinden halfen.

Ihnen und allen übrigen Autoren des Kataloges ist für die geistige Durchdringung des Themas zu danken.

Den Leihgebern, öffentlichen wie privaten, denen die Herausgabe der diffizilen Kunstwerke nicht immer leicht gefallen sein mag, muß ihre Großzügigkeit hoch angerechnet werden.

Wir danken der Akademie der Künste für die Überlassung der Ausstellungsräume. Für zusätzliche Hilfe sind wir insbesondere Nele Hertling und Lorenz Dombois verpflichtet. Außerdem möchten wir denjenigen danken, ohne deren Unterstützung und Rat diese Ausstellung so nicht hätte stattfinden können. In alphabetischer Reihenfolge sind dies: Dominique Bozo (Paris), Dieter Brusberg (Berlin), Alexander Dückers (Berlin), Marie-Louise von Franz (Küsnacht), Johannes Gachnang (Bern und Berlin), Armand de Guéménée (Paris und Den Haag), Herbert Härtel (Berlin), Marianne Heinz (Kassel), Gerd Höpfner (Berlin), Olaf Holy (Berlin), Ami Hürlimann (Berlin), Maurice Jardot (Paris), Friedrich Kaufmann (Berlin), Alison Kennedy (Berkeley), Samy Kinge (Paris), Hans-Joachim Koloß (Berlin), Geneviève Lacambre (Paris), Francine-Claire Legrand (Brüssel), Jörn Merkert (Düsseldorf), Phil Mertens (Brüssel), Axel Möller (Berlin), Andrej Nakov (Paris), Annelies Schlote (Düsseldorf), Günter Senf (München), Rudolf Springer (Berlin), Serge Stauffer (Zürich), David Sylvester (London), Helmut Uhlig (Berlin), Gerd de Vries (Köln), Dietrich Wildung (München).

Dieter Appelt hat sich mit seinem Rat besonders um dieses Unternehmen verdient gemacht. Von ihm stammen auch die Fotovorlagen für das Plakat und der Plakatentwurf.

Der Senator für Kulturelle Angelegenheiten hat das Projekt durch seine Befürwortung von Anfang an mitgetragen. Ohne die Finanzierung durch die Deutsche Klassenlotterie Berlin hätte es nicht verwirklicht werden können. Darüber hinaus hat die Philip Morris GmbH großzügige mäzenatische Unterstützung gewährt. Desweiteren gilt unser Dank der Firma Intertec und der Sparkasse der Stadt Berlin West für ihre finanziellen Beiträge zum Gesamtunternehmen.

Schließlich möchten wir vor allem den beteiligten Künstlern herzlich danken, die für diese Ausstellung gearbeitet und sie durch ihr Werk bereichert haben.

Lucie Schauer
Ursula Prinz

Ursula Prinz

Einführung

Der Androgyn, die Mischform des Männlichen und des Weiblichen, gehört in den Bereich des Mythischen, dessen Ursprung zu ergründen kaum möglich erscheint. Eines der ältesten schriftlichen Zeugnisse ist die von Aristophanes erzählte Geschichte aus Platos „Gastmahl", dem Buch von der Liebe. Dort ist vom dritten Geschlecht die Rede, das männlich und weiblich zugleich gewesen sei. Kugelrund sollen diese Wesen ausgesehen und die Kraft von Sonne (männlich), Erde (weiblich) und Mond (beide vermischt) in sich vereint haben. Da dem Göttervater das Treiben dieser merkwürdigen Ungeheuer zu bunt und wohl auch zu gefährlich wurde, beschloß er, deren Macht zu brechen, indem er sie in zwei Hälften zerschnitt. Seitdem nun streben die Menschen nach ihrer verlorenen Hälfte, die übrigens sowohl entgegengesetzten Geschlechts sein kann als auch gleichgeschlechtlich, wobei die Vereinigung zweier männlicher Hälften höher bewertet wird als die zweier weiblicher, was wahrscheinlich aus der Höherbewertung des Mannes bei den Griechen herzuleiten ist. „So lange schon ist die Liebe zueinander den Menschen eingepflanzt, vereinend die ursprüngliche Natur, strebend aus Zweien eins zu machen und die Natur zu heilen, die menschliche." (1)

In dieser Erzählung, die versucht, das Wesen und den Ursprung der menschlichen Liebe zu erklären, taucht der Androgyn als mächtiges Urwesen auf, das die Kraft beider Geschlechter in Harmonie miteinander vereint. Es ist anzunehmen, daß sich hier eine viel ältere Vorstellung erhalten hat, denn Aristophanes fügt bei der Beschreibung der mannweiblichen Menschen hinzu: „Jetzt aber ist der Name ins Schimpfliche gewendet." (Vgl. Lutz Malke im Anschluß an diesen Text)

Positiv-Negativ, Ideal und Dekadenz, Macht und Ohnmacht – zwischen diesen Polen bewegt sich die Vorstellung vom Androgyn im Laufe der Menschheitsgeschichte, je nachdem, welchem religiösen, philosophischen oder auch psychologischen System er verbunden wurde. Dabei ist zu beachten, daß es Zeiten gab, in denen androgyne Vorstellungen aus moralischen, vor allem religiösen Gründen verdrängt und verschlüsselt wurden und fast nur in okkulten Kreisen weiterexistieren konnten. Es ist manchmal nicht leicht, die verschiedenen Sehweisen des Androgynen voneinander zu unterscheiden und zu verstehen. Das liegt vor allem an der Gleichsetzung des Begriffs mit dem des Hermaphroditen, der die konkrete Personifizierung des Androgyn ist, aber nur eine von vielen unterschiedlichen

Erscheinungsformen und der in seiner in der Natur vorkommenden Ausformung mit dem Androgyn mythischer Vorstellung nicht mehr viel gemein hat. Allerdings ist der mythische Androgyn als Idealvorstellung von Künstlern immer wieder in die Erscheinungsform des Hermaphroditen gehüllt worden.

Ovid weiß in seinen Metamorphosen die Geschichte des Hermaphroditos, Sohn von Hermes und Aphrodite, zu berichten, aus dessen Verbindung mit der Quellnymphe Salmacis die doppelgeschlechtliche Gestalt erwuchs. (2) Auch hier entsteht der Androgyn-Hermaphrodit aus der Liebessehnsucht.

Die Sehnsucht nach der Einheit, nach der Verbindung der Gegensätze und ihrer Überwindung, nach Harmonie, kennzeichnet diese frühen Überlieferungen des Begriffs. Zugleich ist diese Sehnsucht aber auch die Suche nach dem verlorengegangenen Ursprung. Gert Mattenklott erweitert diesen Gedanken ins Gesellschaftsutopische: „Der Androgyn ist die im Kult, dem Mythos, der Kunst vorgestellte Utopie des Ursprungs und des Ziels, die der Befreiung von den Zwängen und Abhängigkeiten des in seiner sexuellen Rolle ... definierten Menschen, die Leugnung einer isoliert genitalen Sexualität, das Bild erweiterter Lebensmöglichkeiten." (3) Eine ähnliche, bildliche Metapher, die nicht nur die Aufhebung der Gegensätze symbolisiert, sondern auch die Verbindung von Anfang und Ende ist der Uroboros, die sich in den Schwanz beißende Schlange. Auf der Smaragdtafel des Hermes Trismegistos wird sie von der Inschrift begleitet: „Wie oben so unten". Hier tritt die über das rein Geschlechtliche hinausweisende Bedeutung des Androgyn-Begriffs zutage. Bereits in dem platonischen Beispiel scheinen Gleichsetzungen von männlich und weiblich mit Sonne, Mond und Erde auf und verweisen auf einen Sinnzusammenhang, der – auf der Basis des geschlechtlichen Gegensatzes – den gesamten Kosmos durchdringt. Dieses Phänomen ist keineswegs auf Europa beschränkt, sondern läßt sich weltweit beobachten.

In den verschiedenen Beiträgen dieses Buches wird auf die unterschiedlichsten Ausformungen des Androgynen eingegangen. An dieser Stelle sei ein Ethnologe zitiert, der diesem Gegenstand eine gründliche Studie gewidmet hat, Hermann Baumann (4): „Da ist zuerst der Welteiternmythos, der gewissermaßen die Grundlage abgibt für den himmlischen-irdischen Parallelismus, den wir in Gesellschaft, Staat und Religion aller dieser Kulturgebiete (der archaischen Hochkulturen) so markant durchgebildet finden. Daß Himmel und Erde als ein Gattenpaar erscheinen, von Anfang an als Paar geschieden oder durch eine nachträgliche Trennung aus einer ursprünglichen bisexuellen Einheit entstanden („Himmel-Erde-Trennungsmythos", „Weltei") ist das

Leitmotiv des „Weltmythos". Der Himmel-Erde-Gegensatz ist nur ein Begriffspaar, wenn auch das wichtigste, in einer Reihe weiterer, welche die Welt in Gegensätzlichkeiten gliedern. Weltkategorien nach Polaritäten ist ein so ausgeprägt archaisch-hochkulturlicher Zug, daß eine systematische Vergleichung über alle Gebiete des Weltmythos vielversprechend ist. Hier war es aber nur möglich, jene Polarität herauszugreifen, die neben dem ‚Oben' und ‚Unten' eine besondere Rolle auch in der bisexuellen Thematik spielt, die von ‚rechts' und ‚links'. Wird der bisexuelle Urkosmos gehälftet, entsteht ein ‚Oben' und ein ‚Unten'; wird der bisexuelle Urmensch geteilt, so zerfällt er in eine rechte männliche und eine linke weibliche Hälfte. Die Rechts-Links-Polarität geht der von männlich-weiblich, oben-unten, warm-kalt, hell-dunkel, trocken-feucht und wie die Gegensätzlichkeiten heißen mögen, parallel."

Die Gleichsetzung der geschlechtlichen Polarität mit im Kosmos waltenden Gegensätzen soll nun aber nicht dazu führen, das Thema beliebig auszuweiten, sondern verständlich machen, daß das Gebiet der Sexualität gar nicht isoliert zu betrachten ist, schon gar nicht, wenn es darum geht, ein harmonikales Weltbild aufzustellen. Der Trennung steht die Einheit gegenüber, die Einheit, die ja ursprünglich auch im (androgynen) Chaos vorhanden war und die utopische Einheit, die im Leben nur ein Traum sein kann, eine Sehnsucht, so wie sie sich im Androgyn manifestiert. Es geht also nicht nur um die Schilderung der Realität, sondern auch und besonders um das Nachspüren eines Traums, der die Menschheit seit Anbeginn begleitet hat und der immer entscheidend mit der Existenz- und Identitätsfrage verbunden ist. Der Sexualität, der Liebe, entgeht niemand, auch nicht der Sehnsucht nach Erlösung aus der Vereinzelung, nach Erfüllung und Ruhe, die nur im Göttlichen vorstellbar ist, oder, wie die Alchimisten es umschreiben, im Stein der Weisen, den auf dieser Erde noch keiner gefunden hat. „…das Androgyne ist ein geheimer aber mächtiger Protest gegen das ‚Prinzip Realität'. In diesem Sinne führt die Frage des Androgynen unausweichlich zum Denken des Undenkbaren – zu einer Begegnung mit dem Tod. Die von ihm ausstrahlenden Kraftlinien stoßen immer an die Grenze des absolut Anderen, an die irreversiblen Wege des Unbestimmten. Man muß entweder resignieren und die menschliche Liebe der weltlichen Prosa gemäß leben oder, wenn man das androgynische Paradigma akzeptiert, ungeahnte Risiken auf sich nehmen." (Jean Libis, 5)

Bei dem Versuch, das Androgyne zu definieren, gerät man unvermeidbar an die Grenzen des Definierbaren. Denn das Wesen des Androgynen ist nicht nur die Zweiheit in der Einheit und die Ruhe, sondern auch das Vermischte und die Spannung. Übergänge zwischen zwei Gegensätzen, Teile vom einen im anderen, sind uns näher als das Unglaubliche des – vermeintlich – idealen Zustandes. Hier berührt sich das Thema mit dem der Metamorphose, erweist es sich als eine Variante im Bereich der unendlichen Verwandlungen. Die Psychoanalyse, vor allem C. G. Jung, hat uns gelehrt, den Anteil des Männlichen in der Frau oder auch des Weiblichen im Manne zu erkennen, ohne den die Menschen einander gar nicht verstehen könnten. Die gegengeschlechtlichen Instanzen der eigenen Psyche, der Animus der Frau und die Anima des Mannes, spielen eine wesentliche Rolle bei der Erfahrung des anderen Geschlechts (6). In der griechischen Mythologie ist die mehrfache Geschlechtsumwandlung des Sehers Teiresias hierfür ein aufschlußreiches Beispiel. Aufgrund seiner Erfahrung in beiden Geschlechtern sollte Teiresias einst bei einem Streit zwischen Hera und Zeus in der Frage entscheiden, ob Mann oder Frau mehr Vergnügen beim Liebesakt empfinden. Teiresias antwortete darauf, daß die Frau mehr Vergnügen dabei empfinde, worauf Hera ihn aus Ärger mit Blindheit schlug (7).

Im religiösen Bereich begegnet der zweigeschlechtliche Adam bei den Gnostikern ebenso wie in der jüdischen Kabbala (8) und bei dem Mystiker Jakob Böhme (1575–1624): „Christus und die Jungfrau Sophia (sind) nur eine Person, als die wahre männliche Jungfrau Gottes, welche Adam vor seiner Eva war, da er Mann und Weib, und doch keines war, sondern Jungfrau Gottes…" (9). In der hermetischen Schule, bei Hermes Trismegistus, wird Gott selbst als androgyn bezeichnet (10). In manchen Kulten und Religionen erscheint eine weibliche Gottheit als androgyne Schöpfungskraft (11), in anderen ein Weltriese, aus dessen Leib der Kosmos geschaffen wird (12); am häufigsten ist verständlicherweise das Schöpferpaar (13).

Vor allem aus der Emanzipationsbewegung haben wir erfahren, daß „männliche" und „weibliche" Verhaltensweisen Rollen sind, die uns in einem Jahrtausende währenden Prozeß anerzogen worden sind, der seine Wurzeln in religiösen und kulturellen Traditionen hat (14). Wir haben auch erfahren, daß die Bewertung des Männlichen und Weiblichen keineswegs zu allen Zeiten gleich gewesen ist, wenn die Zeugnisse hierfür sich allerdings gerade zu Anbeginn der Menschheit im Dunkel verlieren und viel Raum für Spekulationen lassen. Die Frage nach patriarchalischer und matriarchalischer Gesellschaftsordnung der frühen Kulturen ist noch nicht ausdiskutiert (15).

In der neueren Zeit, vor allem durch das Christentum geprägt, überwiegt die Höherbewertung des männlichen Prinzips gegenüber dem weiblichen, wobei männlich mit rational und weiblich mit emotional gleichgesetzt wird. Eng damit verbunden ist die Einstellung zur Erotik, die beim Thema Androgyn eine wesentliche Rolle spielt. Wiederum ist die Spannbreite der Bedeutungsmöglichkeiten sehr weit: Sie reicht vom Asexuellen bis zum Bisexuellen über alle denkbaren Zwischenstufen und Schattierungen. Der Androgyn kann – wie bei manchen Gottheitsvorstellungen (16) die vereinigte Kraft beider Geschlechter beinhalten, er kann aber ebenso Geschlechtslosigkeit bedeuten, und diese wiederum in einer negativ-ohnmächtigen, unfruchtbaren Weise, wie in einer positiv-erhabenen, transzendenten und schöpferischen Form. Verschiedene dieser Bedeutungsebenen werden in den einzelnen Kapiteln dieses Buches zur Sprache kommen.

Stetig ist bei alledem nur der Wandel, dem auch der Androgyn unterliegt. In seiner Idealgestalt, d. h. in absoluter Ausgeglichenheit zwischen männlich und weiblich, wird er uns nur selten begegnen. Häufiger erscheint er als effeminierter Mann, seltener als vermännlichte Frau. Und selbst hier ist der Androgyn, also der verweiblichte Mann, von Apollo und Orpheus über Johannes den Täufer bis hin zum jungen Dichter des Fin de siècle öfter positiv akzentuiert als der Gynander, die vermännlichte Frau, zu der z. B. Pallas Athene, die Amazonen der Antike, Judith und Salome aus dem Alten Testament, Jeanne d'Arc und die Femme fatale des Fin de siècle zählen. (Daß die Begriffe auch umgekehrt angewandt werden, zeigt der Artikel von Lutz S. Malke) Natürlich ändert sich die Sichtweise auf die betreffenden Gestalten mit dem Blickwinkel der Zeiten, in denen sie betrachtet werden. Auf die latente Ambivalenz des Begriffs weist auch Gisela Bleibtreu-Ehrenberg hin: „Obgleich heute populärwissenschaftlich Androgyne als eine Art Beispiel für Balance und Gleichgewicht der geschlechtlichen Polarität gedacht werden, repräsentieren sie in Wahrheit häufig eine Störung der mann-weiblichen Beziehungen bzw. eine Geschlechterspaltung, die auf einer ungleichen Verteilung der Macht zwischen den beiden Geschlechtern beruht." (17) Die jeweilige Sichtweise des Androgyn muß also auch als Seismograph des gesellschaftlichen Verhältnisses zwischen den Geschlechtern betrachtet werden.

Und hierbei geht es dann nicht nur um die beiden Geschlechter, sondern auch um die Einstellung zu den Zwischengeschlechtlichen, Homosexuellen, Transvestiten und Transsexuellen, die ebenfalls in den Bereich des Androgynen gehören, von uns aber nicht ausführlich behandelt werden können, weil unser Hauptthema die Suche nach der Ganzheit ist, nach der psychischen Einheit jedes einzelnen Menschen und seiner Harmonie mit der Umwelt. Jean Christophe Ammann hat in seiner Ausstellung „Transformer" in Luzern 1974 diesem Bereich bereits eine eigene Untersuchung gewidmet.

Im Zentrum unserer Betrachtung steht das, was jeden Mann und jede Frau betrifft und was June Singer mit „die neue Androgynie" bezeichnet: „Glücklicherweise muß die neue Androgynie nicht in der Welt ausgelebt werden, um zu überleben und sich zu entfalten. Es ist vielmehr ein innerer Prozeß durch den auf lange Sicht, ein verändertes Verhalten resultiert. Die neue Entwicklung des Individuums kommt aus einer Perspektive, in der Männer und Frauen sich selbst als Ganzes sehen und als vollständige Teile des Seins, in einer geordneten kosmischen Einheit funktionierend. Ein neues Bewußtsein der Individuen hat unvermeidbar seine Auswirkungen auf das kollektive Bewußtsein.' (18) Man kann es auch schlichter formulieren: Es geht um die Selbsterkenntnis des Menschen am Beispiel der idealischen Androgynie. Erst durch die Erkenntnis sowohl des Vermischten als auch des ausgewogenen Ideals wird es möglich sein, dem wirklich Männlichen und dem wahrhaftig Weiblichen auf die Spur zu kommen und damit dem Menschlichen. Dabei wird sich herausstellen, ob oder in welchem Ausmaß das Androgyne als Idealvorstellung über die Funktion als Leitbild hinaus Bestand haben kann. Philippe Ariès konstatiert über die Beziehung in Ehe ohne Trauschein lebender Jugendlicher: „Es ist, als wollten diese in verlängerter Jugend lebenden jungen Leute, die sich eine ‚gleichberechtigte' Beziehung zum Partner des anderen Geschlechts wünschen, den anderen finden und zugleich im anderen sich selbst wiederfinden. Als Gleiche spiegeln sie sich in ihrem jeweiligen alter ergo und erfahren sich darin auf magische Weise mit jenem kleinen Unterschied ausgestattet, der ihnen fehlt zum vollkommenen, autarken, stabilen und vom Bedürfnis der Fortpflanzung befreiten Bild des Androgynen." Und er fragt: „Ist die Verwischung der äußeren Unterschiede zwischen den Geschlechtern bei den Heranwachsenden nicht eines der charakteristischen Merkmale unserer Gesellschaft, einer eingeschlechtlichen Gesellschaft? Die Rollen sind austauschbar, die des Vaters und der Mutter, ja selbst die der Geschlechtspartner. Merkwürdig nur: Das Einheitsmodell ist männlich. Die Gestalt der jungen Frau ähnelt der des jungen Mannes; sie hat die verhüllten Formen verloren, die den Künstlern vom 15. bis ins 19. Jahrhundert so lieb waren..., vielleicht weil sie an Mutterschaft erinnern. Ginge man noch weiter zurück, so fände man vielleicht noch eine weitere Gesellschaft, die – wenn auch nur flüchtige – Zeichen einer schwachen Tendenz zur Eingeschlechtlichkeit zeigt, das Italien des Quattrocento nämlich, doch damals war das Leitbild weniger männlich als heute, es tendierte eher zum Androgynen." (19)

Wir führen dieses vielschichtige Thema in einer Kunstausstellung vor, weil das Thema ein bildhaftes ist und sich die bildende Kunst immer wieder damit auseinandergesetzt hat – gerade heute tut sie dieses wieder verstärkt – weil es uns gut scheint, Kunst unter dem Aspekt ihrer Stellung zu den Menschen betreffenden Grundfragen anzusehen. „Kunst ist Vereinigung von väterlicher und mütterlicher Welt, von Geist und Blut; sie kann im Sinnlichen beginnen und ins Abstrakteste führen, oder kann in einer reinen Ideenwelt ihren Anfang nehmen und im blutigsten Fleische enden. Alle Kunstwerke, die nicht nur gute Gauklerstückchen sind, haben dies gefährlich lächelnde Doppelgesicht, dieses Mann-weibliche. Dieses Beieinander von Triebhaftem und reiner Geistigkeit" schrieb Hermann Hesse (20) in der Tradition der Gleichsetzung der Begriffe männlich = geistig, weiblich = sinnlich beharrend.

Die Ausstellung geht vom Heute aus und beleuchtet von hier aus die Vergangenheit. Natürlich können wir die

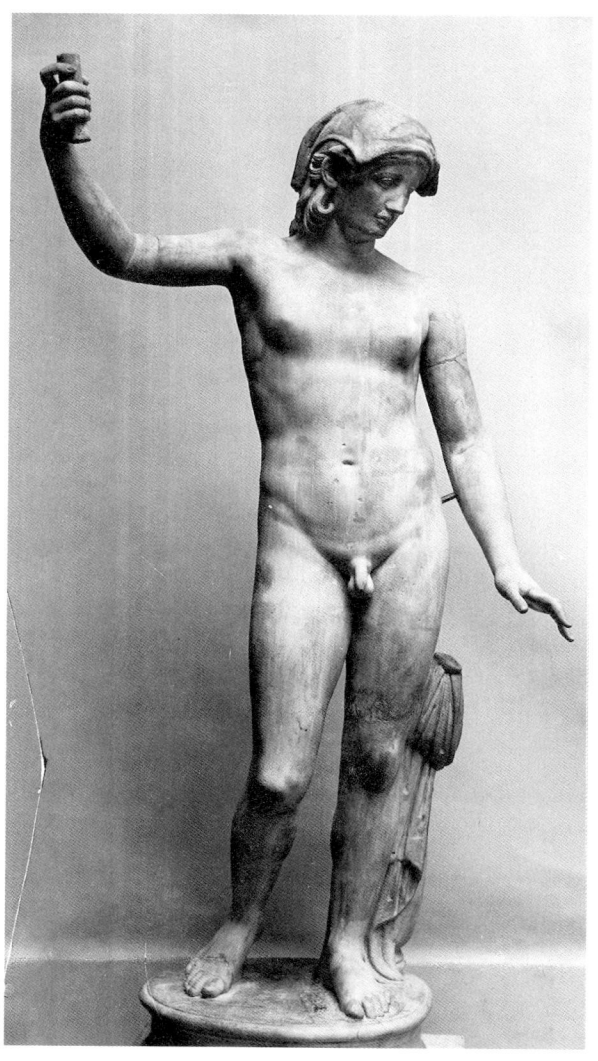

„Berliner" Hermaphrodit
Römische Kopie nach griechischem Original
mit späteren Ergänzungen, 1. H. 4. Jh. v. Chr.
Pergamonmuseum Berlin (Ost)

Vergangenheit nur ausschnittweise darstellen. Es konnten nicht alle Zeiten in gleicher Weise berücksichtigt werden. Das Thema hat auch nicht zu allen Zeiten gleiche Beachtung gefunden und finden können. Oftmals wurde es im verborgenen betrachtet, bei Okkultisten und Geheimbünden. Sehr oft erscheint es verschlüsselt, so daß es auf den ersten Blick nicht für jedermann zu erkennen ist. Manchmal sind die treffenden Beispiele auch nicht verfügbar. Leonardo und Raffael können nur in der Rezeption vorgeführt werden. Bauplastik kann nicht aus dem Zusammenhang gerissen und forttransportiert werden.

Am Anfang der Ausstellung stehen zwei Prototypen, Hermaphroditen der Spätantike, Androgyn und Gynander in ihrer erkennbarsten Gestalt und die Hermaphroditen der Alchemisten (Vgl. den Beitrag von Hans Biedermann), beide anschauliche Ausformungen des Androgyn und doch ganz unterschiedlich: Die einen einer Geheimwissenschaft und inneren Erkenntnis und Läuterung dienend – einer eher körperlich sinnlichen Erbauung zuträglich die anderen, so am Anfang schon die ganze Dimension des Themas andeutend, das – zumindest für heutige Augen – auch eine ironisch-heitere Seite haben kann. Die Ausstellung verfährt von Anbeginn an zweigleisig, auf einer europäischen und einer außereuropäischen Schiene. Auch im außereuropäischen Bereich ist keineswegs Vollständigkeit angestrebt. Vor allem bei den völkerkundlichen Werken gibt es – nicht zuletzt aufgrund mangelnder schriftlicher Quellen – bei den Wissenschaftlern nicht immer Einigkeit in der Deutung der Objekte. Trotzdem haben wir uns entschlossen, hin und wieder auch in ihrer Bedeutung nicht eindeutige Stücke mit in die Ausstellung einzubeziehen, denn gerade ihre Mehrdeutigkeit und Rätselhaftigkeit kann die Ausstellung bereichern. Am breitesten sind Indien und Afrika vertreten, weil hier das Thema am offensten zutage tritt, wenn auch in sehr unterschiedlicher Weise. Die Fachleute haben hier in ihren Artikeln das Wort. Die ältesten Kunstwerke in unserer Ausstellung stammen aus Ägypten und Indien. Es können immer nur Einzelstücke von der Verbundenheit dieser Kulturen mit androgynen Vorstellungen zeugen, die aber dennoch in der Lage sind, etwas von der besonderen Geistigkeit, die sie enthalten, zu übermitteln. Im ostasiatischen Bereich sind bildhafte Beispiele selten. In den kosmischen Vorstellungen dieser Region ist aber verwandtes Ideengut vorhanden. Peter W. Thiele gibt eine Einführung dazu in seinem Artikel zu Yin und Yang.

Bezüge, die sich zur modernen europäischen Kunst ergeben, sind gerade in diesem Bereich nicht immer zufällig, mögen sie auch manchmal nur indirekter Natur sein. Die Künstler stützen sich bewußt oder auch unbewußt auf die alten Symbole, wenn sie dann auch deren ursprüngliche Bedeutung ihren Zwecken gemäß abwandeln. Gerade deshalb ist es ganz wichtig, nach der jeweiligen Bedeutung des einzelnen Werkes zu fragen und zu forschen. Und immer zieht sich als roter Faden die Sehnsucht des Menschen nach der Vereinigung der Gegensätze, so viel auch an Reizen und Qualen aus deren Unterscheidung gewonnen wird, leitbildhaft durch die ganze Ausstellung.

Wir haben versucht, möglichst nicht zu viele Einzelstücke in der Ausstellung zu versammeln, sondern Ensembles zu bilden. Die einzelnen Künstler sind fast immer mit mehreren Arbeiten vertreten, damit eine Atmosphäre geschaffen werden kann, in der die besondere Eigenart des jeweiligen Künstlers sich auch übermittelt. Hierbei stehen Künstler, die dem Thema besonders verbunden sind mit größeren Werkgruppen anderen gegenüber, die sich mehr am Rande dem Thema gewidmet haben. Es kommt dabei absichtlich zu Schwerpunktbildungen zu bestimmten Zeiten. Nach Renaissance und Manierismus ist das späte 19. Jahrhundert eine wesentliche Epoche. Hier sind vor allem Werke aus Frankreich, Belgien und England ausgewählt. Weitere Schwerpunkte im Vorfeld der aktuellen Kunst bilden Dada, der Surrealismus und Persönlichkeiten wie z.B. Francis Picabia und Hans Bellmer, die ebenfalls in einzelnen Aufsätzen untersucht werden.

Vielleicht wird es möglich sein, aus der Nähe oder Ferne bestimmter Zeitspannen, die eine Konzentration auf das Androgyn-Thema erkennen lassen, Rückschlüsse auf unsere Zeit und unser heutiges Selbstverständnis zu ziehen. Die Kontemplation des Mythos scheint mir eher Zeichen einer Besinnung und Sehnsucht nach Erkenntnis zu sein, denn Ausdruck urtümlicher Schöpferkraft. Die Suche nach dem verlorengegangenen Mythos ist wie die Suche nach dem Ursprung und der eigenen Seele, der wir in den Abgründen des Unbewußten nachzuspüren versuchen, wobei unser Intellekt immer wieder an unüberwindliche Grenzen stößt. Jean Libis gibt eine Erklärung für die Faszination des Mythos auf den modernen Menschen: ‚Der Mythos ist der Spiegel unserer Psyche, er stellt die Kategorie unserer Wünsche dar, und – was auf dasselbe hinausläuft – unserer Ängste. Wie Narziß sich in seinem Bilde bewundert, so betrachtet der moderne Mensch – voller Staunen – sein eigenes Unbewußtes, das in archaische Konstruktionen verhüllt ist, die aber paradoxerweise immer wieder neu geboren werden und ihn herausfordern. Das scheint uns der Grund dafür zu sein, daß der Mythos von neuem eine wahrhaftige Faszination auf das aktuelle Denken ausübt.‘ (21)

Die Faszination des Mythos mag ihre Gründe in einer Skepsis reiner Intellektualität gegenüber haben, kann aber heute auch nicht losgelöst von ihr betrachtet werden und in prononciertem Irrationalismus enden. (22) Dieses ist uns schon aufgrund politischer Erfahrung unmöglich geworden. Wenn man denn also heute den Mythos ernst nimmt und nicht bloß als dekorative Tirelei verwendet, wird man ihn auch mit neuer, aktueller Bedeutung versehen – wobei zu fragen ist, ob es nicht gerade das Wesen des Mythos ist, diese Möglichkeit zur Erneuerung bereits immer potentiell in sich geborgen zu haben.

Hermaphrodit
Pergamon, 2. Jh. v. Chr.
Antikenmuseum, Istanbul

Max Ernst
Les hommes n'en sauront rien, 1923
The Tate Gallery, London

Victor Brauner
Aus der Serie „Victor" 1949 (A)

Elmar Gruber vergleicht in seinem Buch „Tranceformation" die Mythen mit den Träumen und den Schamanen als ihren Vermittler und berichtet darin von den Erfahrungen einer Ethnologin: „Als großartiger, theatralischer Psychopomp flatterte Barbara Myerhoffs Paradeschamane Ramón auf sie zu, als sie sich voll sakramentalen Peyotes den Pforten des Verstehens zubewegte. Ein klebriger Gnom war er jetzt, wie er plötzlich aus der gurgelnden Dunkelheit orakelnd hervorsprudelte und vor der tapferen Ethnologin auftauchte, die in bebender Erwartung die Frage der Fragen stellte... ‚Was bedeuten die Mythen?' Mit unheilvollem Grinsen öffnete sich ein prophetischer Abgrund, als die Antwort ertönte: ‚Die Mythen bedeuten – nichts. Sie bedeuten sich selber'. Da ward die Ethnologin erleuchtet." (23)

In unserem Jahrhundert hat sich kaum eine Kunstrichtung so sehr mit dem Thema auseinandergesetzt wie der Surrealismus, der gesondert abgehandelt wird. Ihm ging es wesentlich um die Mann-Frau-Beziehung. Der Androgyn erscheint hier gelegentlich als die ganz konkrete, wenn auch geistig überhöhte, Vereinigung von Mann und Frau im Liebesakt (24). Bildlich hat dies z. B. Max Ernst in seinem Bild „Les hommes n'en sauront

Victor Brauner, Zahl, 1943 (A)

Victor Brauner, Mutterfigur, sich selbst befruchtend, 1961 (A)

Victor Brauner, Zwei Menschen, 1954 (A)

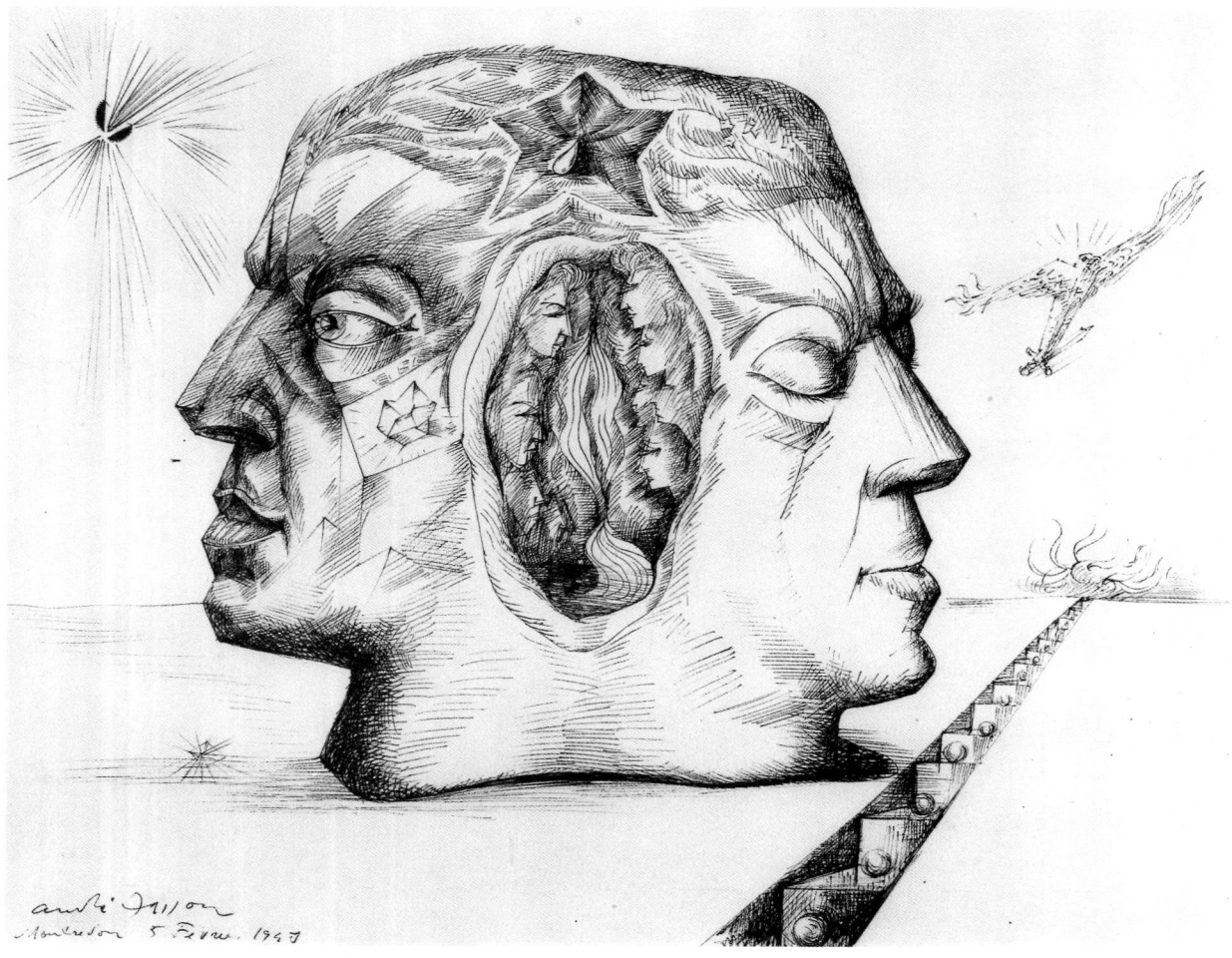

André Masson, Portrait André Breton, 1941, Zeichnung
Musée National d'Art Moderne, Centre Georges Pompidou, Paris

rien" von 1923 (25) dargestellt, als Sonne – und Mond-
symbol der Vereinigung von Mann und Frau zur metaphysischen Umwandlung in ein Wesen der höheren Erkenntnis im Sinne der coincidentia oppositorum der
Alchemisten (26). Noch deutlicher, geschlechtlicher,
sind die Arbeiten von Victor Brauner, der die alchemistischen Symbole, wie z. B. die Schlange, Geschlechtsteile und Fruchtbarkeitssymbole bunt durcheinander-
würfelt. In seiner „Zahl" verbinden sich die beiden
Geschlechter zu einem kastenförmigen Raum, in dem
eine kleine Skulptur, zugleich geistiges und fleischli-
ches Kind, eingeschlossen ist. Die Vorstellung der
künstlerischen Schöpfung als Produkt von männlichen
(rationalen) und weiblichen (intuitiven) Kräften in der
Person des Künstlers existiert schon im 19. Jahrhundert
(27). Bereits in der deutschen Romantik, bei Novalis, ist
der Hermaphrodit Symbol der sexuellen Vereinigung,
„weil die Liebe das magische Band ist, das das Selbst
mit der Welt verbindet" (28). Die Liebe ist bei Novalis
zugleich Spiritualisierung des Fleisches und Materiali-
sation des Geistes. Nur durch die Liebe kann der

Mensch die Einheit mit der Natur wiedererlangen. Im
Androgyn verkörpert sich ihm die Vereinigung von
Geist und Natur.

Der Surrealismus knüpft hier an, indem er das Thema
noch stärker unter dem sexuellen Aspekt sieht. Die Frau
ist nicht vorwiegend ideell und ideal an der Produktivi-
tät beteiligt, sondern ganz konkret. Fruchtbarkeit wird
hier biologisch begriffen und als schöpferische Leistung anerkannt. Nicht umsonst wird sie ein Lieblingsthema der Surrealisten. Trotzdem bleibt die Frau –
wahrscheinlich weil der Surrealismus im wesentlichen
von Männern formuliert wurde – in ihrer weiblichen
Rolle, der Gefährtin des Mannes und Gebärerin belas-
sen. Übergriffe in die „männliche" Sphäre des geistig
Schaffenden, des künstlerisch Produzierenden, sind ihr
trotz aller Hochschätzung versagt. Letztlich bleibt sie
doch in der Rolle der den Mann zu geistiger und künstlerischer Schöpfung befähigenden Muse. Whitney
Chadwick (29) weist in André Bretons Werk „Arcane
17", das 1944 veröffentlicht wurde, nach, daß allein der

18

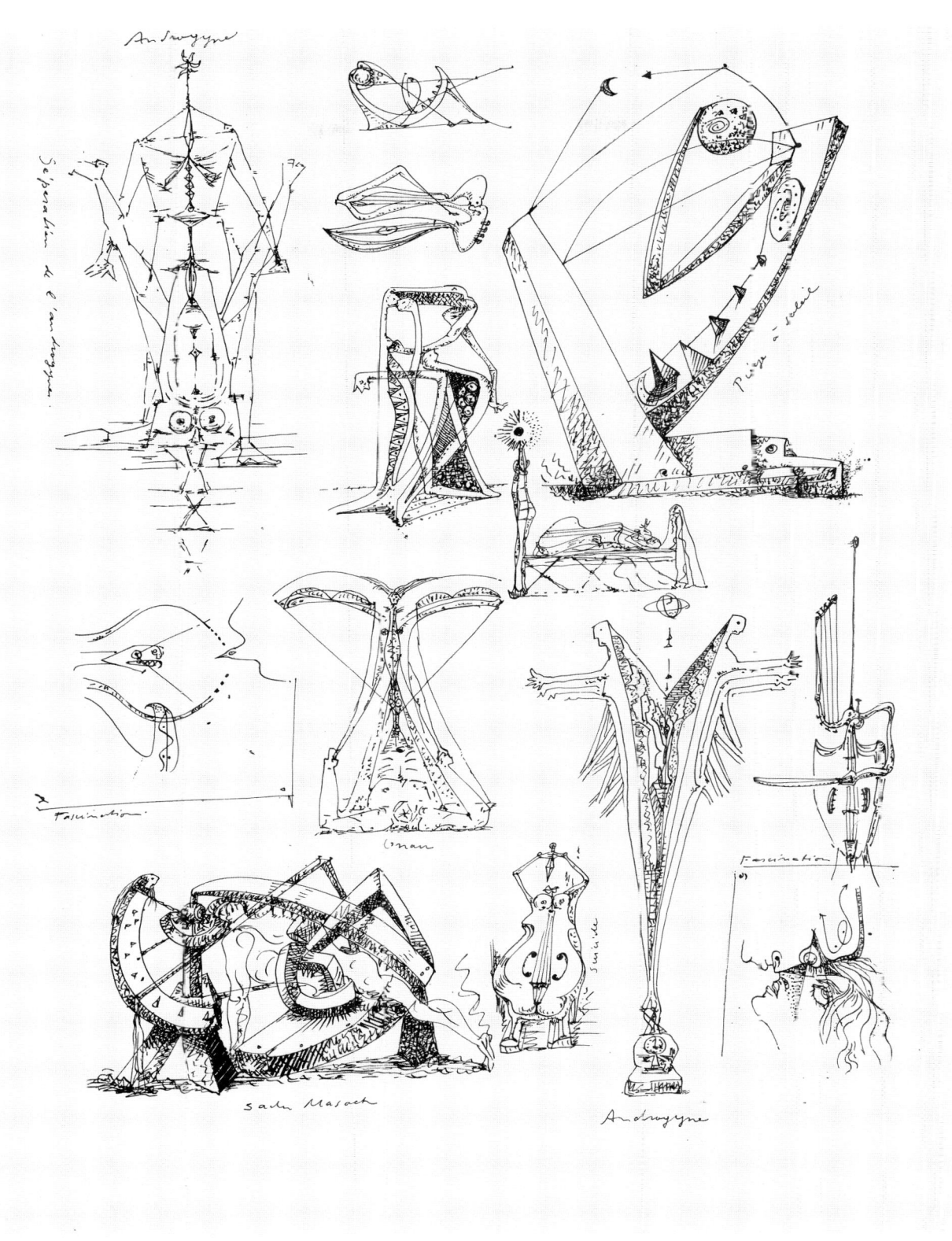

André Masson, Androgyne Sanduhr, Chinatusche, 1943

Paul Delvaux, Der Mann auf der Straße, 1940 (A)

Paul Gauguin, Der Zauberer von Hiva-Oa, 1902 (A)

Pablo Picasso:
Kopf von Boisgeloup 2, 1933 (A)

Frauenkopf, 1931 (A)

Pablo Picasso:
Bildhauer, Kopfskulptur auf Postament, drehend mit sitzendem Modell, 1933 (A)

Sitzender Bildhauer vor zwei Kopfskulpturen, 1933 (A)

Ruhender Bildhauer mit liegendem Modell vor Skulptur, 1933 (A)

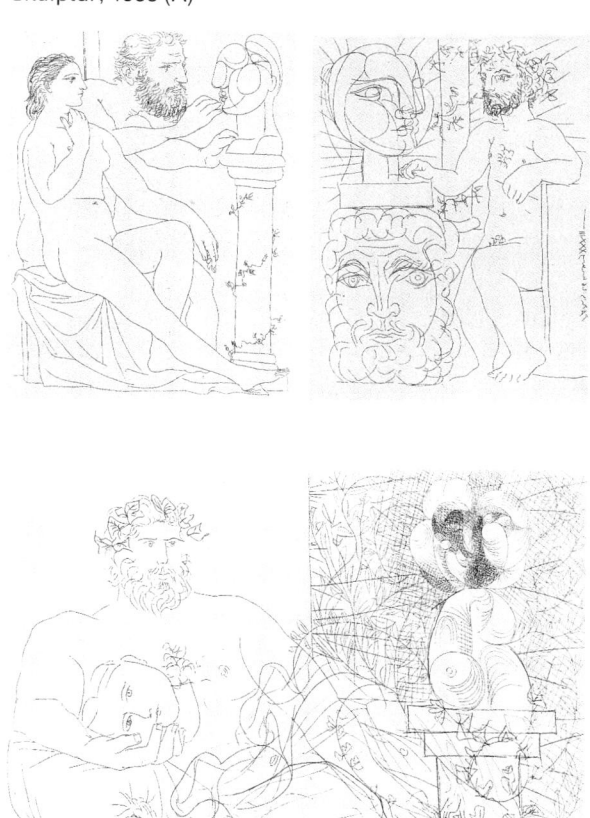

Pablo Picasso, Geflügelter Stier, von vier Kindern betrachtet, 1934 (A)

männliche Künstler gemeint ist, der an beiden Reichen (Männlich und Weiblich) teilhat und als solcher die Synthese vollziehen kann. Das Kunstwerk wird also von ihm aus beiden Komponenten geboren wie ein wirkliches Kind. André Masson ist dies bewußt gewesen als er 1941 sein Porträt von André Breton zeichnete: André Bretons Gesicht als Januskopf, in wachem, bewußtem Zustand auf der einen und in schlafendem, unbewußtem auf der anderen Seite. An der Stelle, an der die Köpfe zusammengewachsen sind, öffnet sich unter dem fünfzackigen Stern (die Fünf ist u. a. ein Symbol für Androgyn) vaginaartig die Kopfhaut und gibt den Blick auf mehrere Frauengesichter, die eine Flamme umgeben, frei. Die Vereinigung der Gegensätze ist hier im Kopf Bretons vollzogen. Männliches und Weibliches, Bewußtsein und Unbewußtes haben Teil an der Erkenntnis der Transzendenz.

In dieser Tradition steht auch Pablo Picasso, z.B. mit seinen Köpfen aus Boisgeloup 1931/32, die durch seine

Freundin Marie-Thérèse Walter angeregt worden waren. In einer umfangreichen Studie hat Gaile Ann Haessly (30) nicht nur auf die Überlagerung beider Geschlechter vor allem im „Großen Kopf" hingewiesen, sondern darüber hinaus auch weiterführende ästhetische, mystische und psychologische Bezüge hergestellt. Die schon zuvor von anderen Wissenschaftlern wahrgenommene sinnliche Komponente der phallisch geformten Nase und des vaginaartig geöffneten Mundes kommt im „Großen Kopf" am stärksten zum Ausdruck, ist aber auch bei ähnlichen gleichzeitig entstandenen Köpfen zu beobachten. An späteren graphischen und gemalten Versionen des gleichen Typs erläutert Haessly die paradigmatische Bedeutung des Kopfes. Er ist als Kunstwerk schlechthin die Zusammenführung von Gegensätzen, für die die sexuelle Vereinigung von Künstler und Modell nur ein Gleichnis ist. John Golding wies bereits 1973 (31) auf das Zunehmen sexueller Thematik und von Überlagerungen männlicher und weiblicher Geschlechtsmerkmale auf Gesichtern in Picas-

Alexej Jawlensky, Nacht, 1933 (A)

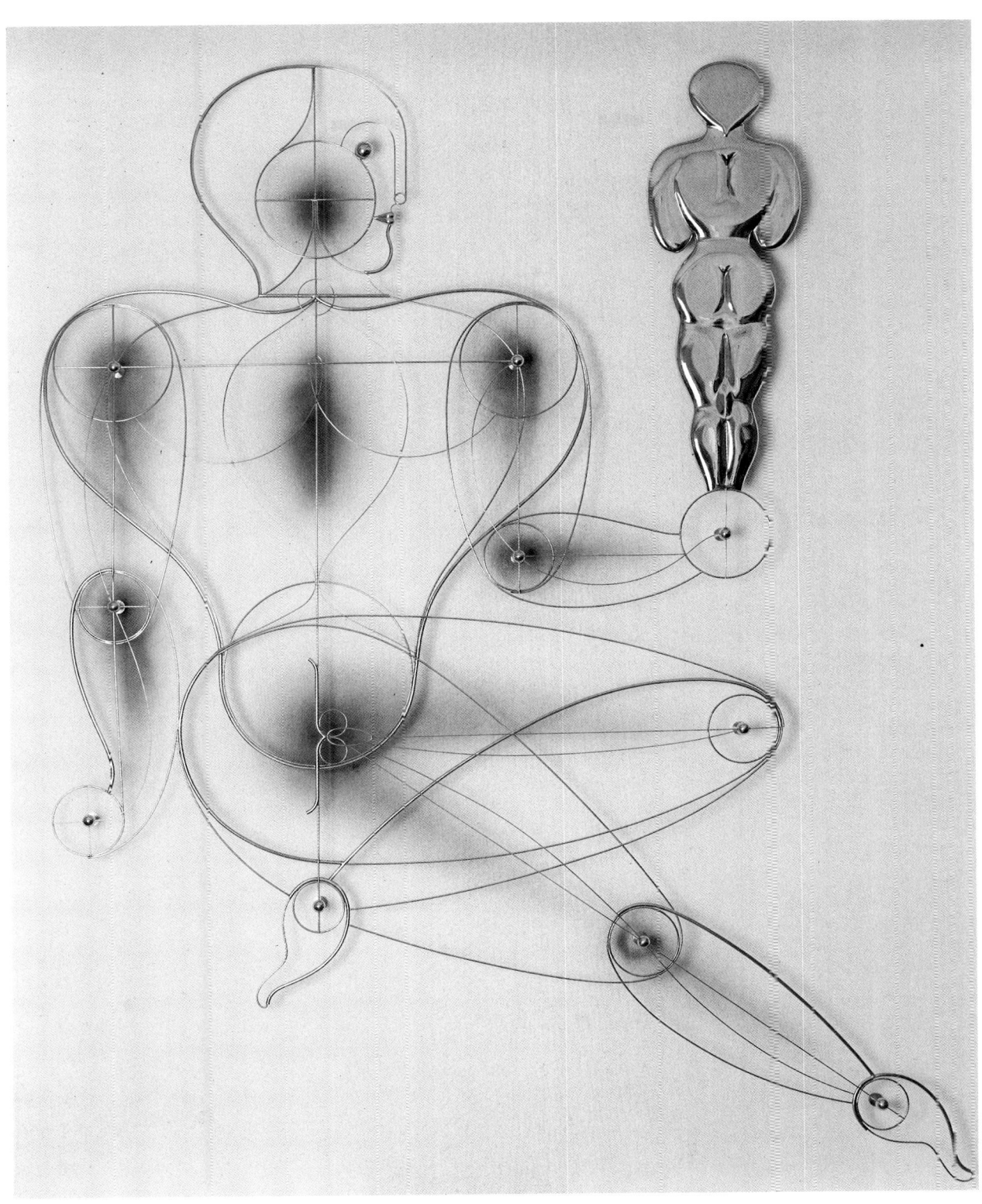

Oskar Schlemmer, Homo, Figur T, 1931 (A)

Jacques Lipchitz, Der Schrei, 1928/29 (A)

sos Plastik, Zeichnungen und Bildern der Zeit zwischen 1929 und 1933 hin, die er auf seine Berührung mit dem Surrealismus zurückführt. 1933 schuf Picasso das Titelblatt für die surrealistisch orientierte Zeitschrift „Minotaure", die fünf Jahre später einen Artikel zum Thema „Der Androgyn" von Albert Béguin veröffentlicht. (Vgl. den Beitrag von Robert Short.) Golding deutet die Überlagerung der Geschlechter eher als Ausdruck des Monströsen und Aggressiven, gesteht jedoch zu: „Vielleicht ist es Picassos Fähigkeit, Elemente beider, männlicher und weiblicher Sexualität, in eine einzelne Person einzuführen, und doch jedem einzelnen Bild seine Unvergleichlichkeit zu lassen, die Picassos Vision von derjenigen der Surrealisten unterscheidet und ihn dennoch befähigt, einige ihrer Ziele ebenso kraftvoll und unabhängig zu erreichen." (32)

Die Verbindung von Männlichem und Weiblichem zu einem einzigen animalischen Mischwesen gelang Jacques Lipchitz in seiner zunächst „Das Paar" genannten Skulptur von 1929, die er später in „Der Schrei" umbenannte, weil „die Köpfe der beiden Figuren sich zu der Wirkung eines einzelnen schreienden Kopfes verbinden". (Jacques Lipchitz, 33) Gerade an dieser Figur hat Robert Knott den Ausdruck der Idee des primor-

dialen Wesens der vereinigten Gegensätze aufgezeigt und sie zugleich als Versprechen der Überwindung des Todes und Wiedergeburt bewertet (34). Trennung und Tod sind die Voraussetzungen für die neue Einheit. (Vgl. auch den Beitrag von Eberhard Roters.) „... inmitten der Tragödie muß das Leben weitergehen. Inmitten des Todes gibt es Schöpfung und Geburt." (Jacques Lipchitz, 35)

Fern solcher Dramatik steht der „Kleine Amphion" von Henri Laurens aus dem Jahr 1937. Amphion, der mythische Erbauer von Theben, bei dessen Lyraspiel sich die Steine von selbst zur Stadtmauer fügten, ist in Bewegung und Licht aufgelöst, vom Klang seines Seiteninstruments auch körperlich durchdrungen, ein Ebenbild himmlischster Harmonie. Christa Lichtenstern wies auf den Zusammenhang dieser Skulptur mit dem von Arthur Honnegger vertonten Melodrama „Amphion" von Paul Valéry hin, das 1941 in der Pariser Oper uraufgeführt wurde (36). Dort ergreift Apollo von Amphion Besitz und spricht, bzw. spielt durch ihn. Apollo, der Musenführer, selbst eine androgyne Gestalt (vgl. den Beitrag von Lutz Malke) verschmilzt hier ikonographisch mit Amphion. Formal verbinden sich die strengen, harten Formen (der Lyra) mit den weichen, beweg-

Henri Laurens
Der kleine Amphion, 1937 (A)

ten des fast volumenlosen Körpers. Luft und Raum dringen in die Gestalt ein; Männliches und Weibliches spielen keine Rolle, heben sich auf in Harmonie. In diesem Zusammenhang ist es interessant, daß Christa Lichtenstern die Figur von weiblichen ägyptischen Vorbildern ableitet, die Laurens auch für andere, weibliche Figuren verwandte.

Bevor wir uns endgültig aus dem Umkreis des Surrealismus entfernen, sei hier noch ein Blick auf Paul Delvaux geworfen, dessen Werk zunächst gar nicht so androgyn zu sein scheint. Sein Parad es wirkt sehr weiblich. Nackte, verträumte Frauen wandeln durch eine elysische oder antikische Landschaft, stark kontrastierend zu den sehr heutigen, angezogenen, diesseitigen, z. B. zeitungslesenden Männern, zu denen sie in keine Beziehung treten. Die Welt des Mannes ist die banale Realität, die Welt der Frau das – verlorene – Paradies. In dieser Wertschätzung des Weiblichen scheint das surrealistische Prinzip hindurch. Aber – bei aller Sinnlichkeit der Darstellung – bleibt die Frau hier doch eher eine Unberührbare, eine Eva vor dem Sündenfall, vor dem Begreifen ihrer Geschlechtlichkeit und also androgyn – im asexuellen Sinne. Sie ist noch eins mit sich, mit der Natur, mit dem Kosmos. An dieser Welt haben lediglich auch Knaben teil. Die Männer bleiben Eindringlinge, Voyeure (37). (Farbabb. S. 20)

Oskar Schlemmers verlorene, aber in einer Rekonstruktion vorhandene Wandgestaltung für das Haus Dr. Raabe in Zwenkau von 1930/31 sieht fast wie eine Familienszene aus. Ursprünglich gehörte noch ein Profil auf der rechten Seite zum Ensemble. Die stilisierte Metallfigur ist aus Schlemmers „Homo"-Thema entwickelt und mit männlichem Geschlechtsteil ausgestattet. Das weich modellierte Profil, wenn auch nicht eindeutig zu identifizieren, läßt eher weibliche Assoziationen zu. Dagegen ist die zunächst wie ein Kind anmutende Figur auf der Hand des Mannes vollends ungeschlechtlich. Bei genauerer Betrachtung handelt es sich auch nicht wirklich um ein Kind, sondern um eine lediglich im Maßstab kleinere, symmetrisch modellierte Figur, die sofort an die Kunstfigur denken läßt, deren Problematik Schlemmer vor allem im Zusammenhang mit dem Tanz beschäftigte. In seinem 1925 im Bauhausbuch 4 „Die Bühne am Bauhaus" veröffentlichten Aufsatz ‚Mensch und Kunstfigur" beschreibt er den Tänzermenschen, der zwar gefühlsbestimmt aber auch abstrahiert und mechanisiert, durch Maß und Zahl bestimmt, organisch im kubischen Raum agiert. Der Mensch wird zur Kunstfigur. „Indessen sucht der Mensch den Sinn. Sei es das faustische Problem, das sich die Erschaffung des Homunkulus zum Ziele setzt, sei es der Personifikationsdrang im Menschen, der sich Götter und Götzen schuf: der Mensch sucht immerdar Seinesgleichen oder sein Gleichnis oder das Unvergleichliche. Er sucht sein

Ebenbild, den Übermenschen oder die Phantasiegestalt." Die Geschlechtlichkeit wird hier unwichtig; es geht vielmehr um den Menschen als Organismus, nicht als Mann oder Frau. Es ist wohl kaum ein größerer Kontrast zur surrealistischen Auffassung denkbar und doch haben beide Beispiele, das surrealistische und dasjenige Schlemmers, Anteil am umfassenden Reich des Androgynen.

Der asexuellen, idealischen Seite des Androgynen läßt sich ein anderes künstlerisches Konzept, das Spätwerk von Alexej Jawlensky, an die Seite stellen. Die späten Gesichter (Farbabb. S. 24), oder – wie er sie nennt – „Gesichte" (38) sind nur selten als männlich oder weiblich zu identifizieren und werden im Laufe der Zeit immer idealer und abstrakter. Jawlensky versucht in diesen Bildern etwas Religiöses darzustellen, das Göttliche im menschlichen Antlitz sichtbar zu machen, Gott so nahe zu kommen wie möglich. „Kunst ist Sehnsucht zu Gott" ist sein Leitsatz. Clemens Weiler schreibt über diese Bilder (39): „Er meinte diese Formen tatsächlich als ein Bild des den ganzen Himmel und die Erde, die Welt und Menschen umspannenden Kosmos." Und: „Sie stellen einen Sublimierungsprozeß dar, dem etwas Idealisches anhaftet, da sie von der einmal aufgestellten Forderung der ‚Urform' ausgehen, die sie immer mehr und mehr zu verwirklichen und mit Leben zu erfüllen haben." Hier klingt sie wieder an: Die Sehnsucht nach dem Ursprung.

Das Göttliche in der Vereinigung der Gegensätze war einem der wesentlichen Vermittler zwischen der Kunst des 19. Jahrhunderts und derjenigen unserer Zeit ein vertrauter Gedanke: Paul Gauguin. Jehanne Teilhat-Fisk hat das in ihrer Studie „Paradise reviewed. An Interpretation of Gauguins' Polynesian Symbolism", Ann Arbor 1983, ausführlich nachgewiesen. Sie beschreibt Gauguins Konzept des Androgyns als geschlechtslos, als reine Form der Vereinigung von Gegensätzen und vermutet nicht nur eine Beeinflussung durch die zeitgenössischen mystizistischen und okkultistischen Ideen, sondern auch durch die bodenständige Skulptur Tahitis und der Marquesas. Gauguin hat sich u. a. in „Noa Noa" schriftlich zur Androgynität geäußert (40) „Wir gingen beide nackt, mit dem weißblauen Pareo umgürtet, das Beil in der Hand und mußten unzählige Male den Bach durchschreiten, um ein Stück Weges abzuschneiden, den mein Führer mehr mit dem Geruche als mit den Augen zu entdecken schien, denn ein prächtiges Gewirr von Gras, Blättern und Blumen hatte den Boden ganz bedeckt. Es herrschte vollkommene Stille, trotz des klagenden Rauschens des Wassers in den Felsen, eines einförmigen Rauschens, einer sanften, leisen Klage – wie die Begleitung der Stille. Und in diesem Walde, in dieser Einsamkeit, dieser Stille wir beide allein – er, ein ganz junger Mann, und ich, fast ein Greis, dem viele Illusionen den zarten Hauch von der Seele gestreift, viele

Anstrengungen den Körper erschlafft und eine physisch und moralisch kranke Gesellschaft ihre Laster, dies alte, verhängnisvolle Erbe hinterlassen. Mit der animalisch geschmeidigen Anmut seiner Androgynen-Gestalt schritt er vor mir her. Ich meinte die ganze Pflanzenpracht ringsum in ihm verkörpert zucken und leben zu sehen." In dem Bild „Der Zauberer" (Farbabb. S. 21) wird das Magische, das dem Androgynen so oft zugeschrieben wird, besonders deutlich. Zauberer und Schamanen sind häufig zweigeschlechtlich. Das Geheimnis ihrer Macht ist in der Doppelgeschlechtlichkeit mit begründet und ausgedrückt. Die von Gauguin beschriebene Nähe zur Natur wird in diesem Bild der Harmonie von Mensch, Tier und Pflanzenwelt sichtbar.

Wenn heute Künstler und Künstlerinnen ganz unterschiedlicher Richtungen vom Androgynen fasziniert sind, so hat das sicher auch mit einer Sehnsucht zu tun, mit der Sehnsucht nach einer menschlichen Wirklichkeit, die in unserer alltäglichen Realität verdrängt und verstellt ist. Die Suche nach der Einheit in Geist und Natur, von der der Mensch ein Teil ist, kann im Kunstwerk exemplarisch vollzogen werden. Umgekehrt ist diese Suche nach Einheit im Kunstwerk auch Klage über den Verlust der Identität und ein Aufzeigen der Wunden.

Mythologische Verkleidungen gebraucht Martin Rosz. Selket und Arachne, die altägyptische Todesgöttin und die berühmte Teppichweberin im alten Athen: In beider Gestalt sieht Martin Rosz sich selbst. Arachne wurde, weil sie Pallas Athene zum Wettstreit herausgefordert hatte und das Liebesleben der Götter in ihrer Weberei darstellte, von dieser in eine Spinne verwandelt, die nun ewig ihr Netz weben muß. Selket mit dem Skorpion auf dem Haupt ist die Bewacherin der Eingeweide der Toten. Das Leben webend, das zum Tode führt, um das Innerste wissend und leidend, übernimmt der Künstler die Rolle der mythologischen Figuren, doch nicht etwa als Travestie, sondern das Wesentliche ihrer Botschaft ins Menschliche übertragend, das das Geschlechtliche einschließt aber auch darüber hinaus weist.

Travestie ist Gegenstand der Arbeiten von Alfred Hrdlicka, Werner Tübke, Jürgen Klauke, Urs Lüthi, Salome, Luciano Castelli, aber bei jedem von ihnen in ganz anderer Bedeutung. Hrdlickas Zeichnungen unterscheiden sich von Karikaturen dadurch, daß sie über das Lächerliche hinaus die Tiefe menschlicher Psyche und Abgründe deutlich zu machen wissen. Klauke treibt sein Spiel mit Geschlechtsorganen, die er vertauscht, vermehrt, austauscht und übertreibt. Er setzt z. B. eine riesige Vagina an die Stelle seines eigenen Geschlechtsteils und zwei penisartige Gebilde an die Stelle seiner Brüste. Durch die Überbetonung des Sexuellen kreiert er Monstren, die aber zugleich eine eher sterile Ästhetik ausstrahlen. Auf eine ganz eigene

Paul Delvaux, Die rote Stadt, 1943/4 (A)

Weise wird also auch hier das Sexuelle transzendiert und spielerisch verfremdet. Urs Lüthis Arbeiten, die er als Selbstportraits bezeichnet, sind Sehnsuchtsbilder nach einem Idealzustand, dem aber nicht nahezukommen ist, teils durch eigene Schuld, teils durch die Art des Seins bedingt. Die Mittel der Suche nach Harmonie künden von Ohnmacht und Vergeblichkeit. Sie können von der Parodie bis zur Abstraktion reichen. Salome und Luciano Castelli zeigen sich in Masken – weibliche Attribute bei Salome – Strapse, Geishakostüm –, bei Castelli die Tiergestalt. Die Gesichter und Körper selbst sind nahezu ungeschlechtlich. Es ist Ausdruck einer Suche nach Identität – die nicht die normal männliche sein kann und will – bewußtes Rollenspiel, wobei die Rolle zur Realität wird; Transformationen in das andere Geschlecht, wobei der Rollentausch wichtiger wird als die Vermischung, die das Androgyne ausmacht. Bei Pierre Molinier, dem gedanklichen Vater dieser Kunst, ist der Transvestitismus ins Autoerotische übersteigert.

In Michael Buthes Mischwesen zwischen Pflanze, Tier und Mensch klingt das Metamorphotische eines André Masson wieder an. Alles scheint möglich, in reichster Sinnlichkeit. Gold ist ein bevorzugtes Malmittel. Die Vermischung der Substanzen der Alchemisten, ihre Su-

che nach dem alchemistischen Gold, das Synonym für die Vollkommenheit ist, scheint hier im Hintergrund auf.

Die gelegentlich auch hermaphroditischen Figuren von Georg Baselitz weisen Übergänge ins Kosmische auf. Antropomorphe Mischwesen, sind sie mit der Erde genauso verwoben wie mit den Gestirnen, kriechen sie am Boden wie die Würmer und wachsen in den Himmel wie die Bäume. Zugleich wirken sie wie Psychogramme eines in den Tiefen der eigenen Seele forschenden und wühlenden Geistes.

Michael Schwarzes Skulpturen lassen sich hier anschließen. Sie vermitteln Traumvorstellungen, vielleicht auch Alptraumvisionen, übertragen in Bronze. Alptraumvisionen klingen auch bei Wolfgang Petrick an. Die Personen auf seinem Bild tragen Ballettschuhe, aber die sind schwer wie Blei. Totenköpfe verkürden das memento mori. Der Tanz ist – wenn überhaupt – ein apokalyptischer, ein Totentanz. Matthias Grünewalds Heiliger Sebastian tanzt mit. Er ist Metapher für den Menschen, den Künstler, den in der Welt Kämpfenden, von Pfeilen und Schmerz Durchdrungenen und Weiterlebenden. Im Zentrum des Triptychons, schlägt unter dem Kopf eines rasenden Pferdes die Bewegung im Kreis zusammen in einer farbigen Lichtvision, in der

Bewegung, Kampf und Gegensätze zur Ruhe finden. Hier begegnet das Thema des Todes wieder, das schon oft als Voraussetzung und Bedingung für die Erlangung der Einheit aufschien.

Diesseitiger und sehr sinnlich geht es bei Thomas Lange zu, dessen Zentaur die Verwobenheit zweier Körper und zweier Leben darstellt, wobei das weibliche und männliche Element austauschbar erscheint. Frank Dornseif kombiniert den Hermaphroditen mit der Gegenüberstellung zweier Männer, eine homoerotische Paraphrase auch dies, die die Frage nach dem weiblichen Anteil im Selbst stellt.

Rune Mields „Über die Schönheit der Männer – Über die Sehnsucht der Frauen" überlagert prähistorische weibliche Symbole mit Umrißzeichnungen antiker Männerstatuen und lebender Modelle. Sie unterlegt ihre Arbeiten mit Zitaten aus dem Hohen Lied Salomonis. Die ewig weibliche Sehnsucht nach Ergänzung und Erfüllung durch den Mann ist hier das Thema, das durch die Art der Gestaltung zu einer formalästhetischen Einheit gebracht worden ist.

Mann und Frau, Adam und Eva, sind auch das Thema von Ulrike Rosenbachs Performance und Videoinstallation. Sie bedient sich eines Kunstwerkes der Renaissance, das Adam und Eva im Paradies darstellt, vor dem Sündenfall, in paradiesischer Harmonie. Die Künstlerin selber übernimmt die Rolle der Schlange, der Verführerin. Die Schlange ist das androgyne Element. Sie initiiert den Sündenfall, der die Erkenntnis, auch die Erkenntnis des Verlustes der Einheit zur Folge hat. Sie ist aber auch diejenige, die das Wissen um diese Einheit zum Ausdruck der Klage bewegt.

Stephen Willats hat mit jungen Londonern gearbeitet, die – selbst heterosexuell – als Transvestiten auftraten, weil sie gegen die gesellschaftlich festgelegten Rollen von Mann und Frau protestieren wollten, um das androgyne, womit sie das menschlichere Sein meinen, zu leben.

Von ganz anderer, literarischer Seite her greift Pierre Klossowski das Thema an. Aus Gedankengut, das mit den Rosenkreuzern verbunden ist, einer okkulten Bewegung, die im späteren 19. Jahrhundert durch Sâr Joséphin Péladan wiederbelebt wurde und die besonders für den Symbolismus wichtig war (vgl. den Beitrag von Francine-Claire Legrand), schuf er seine Figur des Baphomet, den jungen Androgyn Ogier, Prinzen der Verwandlungen, der im Kloster der Tempelherren abgründige Rituale durchlebt, bei denen das Geschlecht in seiner adoleszenten Uneindeutigkeit eine wesentliche Rolle spielt (41). Schuld und Unschuld, Menschliches und Göttliches, Sakrales und Profanes, Verstrik-

kung und Erlösung, Leben und Tod werden auf eine beklemmende aber auch befreiende Art miteinander verquickt.

Edith Altman beschäftigt sich mit der jüdischen Religion und der Kabbala. Der Lebensbaum wird für sie zu einem Anlaß für philosophisch geometrische Überlegungen, die in farbige Zeichnungen umgesetzt werden. Auch hier geht es um die Harmonisierung des Selbst.

Anno Wilms verfolgt mit der Kamera nicht nur transvestitische Menschen, künstlerische Außenseiter aller Arten. Sie gestaltet auch – vor allem in den Fotoserien – Gedankliches. Angeregt durch die Besonderheit ihrer Modelle, denkt sie fühlend weiter und schöpft so ganze Bildgeschichten, die ein Thema verinnerlichen und vergeistigen. So wird aus dem Porträt eines Transvestiten eine Abstraktion, eine Findung des Selbst oder auch ein Weg zum Nirvana.

Allein von der Farbe her geht Sergio Sermidi das Thema an. Die dynamische Interaktion der Farben ist für Sermidi das Androgyne – im Sinn einer fruchtbaren Intervention. Er begreift das Bild als erotische Schöpfung, als harmonikales Gegenstück zum Chaos. Mit der Farbe verbindet sich das Licht, in dessen stärkster Konzentration die Gegensätze einander aufheben. Vincent van Gogh schrieb einmal an seinen Bruder: „Die Liebe zweier Liebenden auszudrücken durch eine Vermählung zweier Komplementärfarben, durch ihre Mischung und ihre Entgegensetzungen, durch das geheimnisvolle Vibrieren einander angenäherter Töne." Es scheint mir in diesem Zusammenhang interessant, an den Regenbogen zu erinnern, der das Spektrum aller Farben enthält. In zahlreichen Legenden wird ihm eine androgyne Bedeutung zuteil (42).

Jakob Mattner verzichtet ganz auf die Farbe und arbeitet nur mit Licht, dem Zwielicht von Morgen und Abend, zwischen Tag und Nacht. Die Dämmerung ist die Zeit der Androgyne, des Werdens und Vergehens, der Augenblick des Übergangs, der Vereinigung des Gegensätzlichen, nicht im Sinne der Aufhebung, wie sie das Mittagslicht bewirkt, sondern im Sinn der Vermischung.

Aus Einzelstücken setzt Michael Schoenholtz seine Skulpturen zusammen: Er schafft die Einheit aus dem Gespaltenen, verbindet Glattes und Grobes, Rundes und Eckiges, Weibliches und Männliches, Mond und Sonne. Dies geschieht auf eine spröde, nordische Art. Die Auseinandersetzung mit Gedanklichem findet ihren Ausdruck im Kampf mit den Widerständen der Materie, die bewältigt und beherrscht werden muß.

Ganz anders widmen sich die Italiener ihrem Sujet. Sie sind auf natürliche und vergleichsweise unkomplizierte

Art Erben einer langen künstlerischen Tradition, die sich direkt auf die Antike bezieht. Aber sie sind dies natürlich nicht ungebrochen. Giulio Paolini erinnert sich des Barberinischen Fauns, dieser schlafenden Ausgeburt sinnlichster Natur, geschlechtlich in jeder Dimension, auch in der androgynen. Er reißt ihn in zwei Stücke, trennt ihn mitten durch in zwei Teile, die fern voneinander, dennoch zusammengehören, spaltet ihn gleichsam wie einst Zeus den doppelgeschlechtlichen Urmenschen spaltete. Die verlorene Einheit wird hier ganz sinnfällig. Ist sie je wiederherzustellen? Ein wenig Melancholie überträgt sich auf den Betrachter.

Die Selbstdarstellungen von Francesco Clemente changieren zwischen männlich und weiblich. Sein Liebespaar ist schwer zu definieren. Pfeile durchbohren die möglicherweise weibliche Figur, ballonartige, runde rote Gebilde zieren brustartig die männliche, beides in Dreizahl, also einer dem männlichem Geschlecht zugeordneten Symbolzahl. Bei beiden Figuren ist das Geschlecht ausgespart. Die Austauschbarkeit von weiblich und männlich scheint hier ausgedrückt. Das Thema ist die Liebe, die verletzt und bereichert. Die Frage der Hera an Teiresias: Wer empfindet mehr Lust bei der Liebe, der Mann oder die Frau, hier bleibt sie unbeantwortet in der Schwebe.

In Rebecca Horns „Skarabäus" genannter Malmaschine wird die Schöpfung evoziert, und zwar in vielschichtigster Weise: zunächst einmal ganz wörtlich. Die Maschine schöpft die Farbe und gießt sie aus; sie schöpft/schafft dadurch das Bild, in gleichmäßigem Rhythmus. So wie die Erde um die Sonne kreist, bewegt sich die Maschine. Bei den Ägyptern war der Skarabäus eine die geglaubte Sonnenbewegung bewirkende Kraft und schließlich Erscheinungsform des Sonnengottes, des schöpferischen, selber. (Vgl. den Artikel von Wolfhart Westendorf.) Das Schöpferische als maschinell-intellektueller Vorgang – ist er ein männlicher? Das Produkt, die weiche, sinnliche Malerei – ist das weiblich? Hier schuf Rebecca Horn, vielleicht ein wenig ironisch, aber in erster Linie doch wohl sehr klug und liebenswürdig – die Dinge, so wie sie sind, in der Schwebe lassend – einen kleinen Kosmos aus männlichen und weiblichen, intellektuellen und sinnlichen, imaginativen und mechanischen Kräften.

Timm Ulrichs „Uroboros oder Das Blut eines Dichters" paraphrasiert die sich in den Schwanz beißende Schlange der Alchemisten und überträgt deren metallische Substanzen ins profan Heutige: Zucker und Salz tun es auch. Die Vereinigung der Gegensätze geschieht hier fast unsichtbar. Und gerade dadurch entfaltet sich die ganze Poesie des Werkes.

Dieter Appelt reflektiert Kunst, Literatur, Leben, sich selbst, im transzendenten wie im wörtlichen Sinne. Der Spiegel gibt unser Bild auf spiegelverkehrte Weise wider. Sind nicht männlich und weiblich Abbild ein und desselben Menschen, das in der Ergänzung deckungsgleich wird? Ganz genau so wie Leben und Tod ein Ganzes sind und ohne die Reflektion des anderen nichts?

1 Plato, Das Gastmahl, Übertragen von Kurt Hildebrandt, Reclam, Stuttgart 1949, S. 58
2 Ovid, Metamorphosen, Reclam, Stuttgart 1982, S. 130 ff.
3 Gert Mattenklott, Bilderdienst, Frankfurt 1985, S. 97
4 Hermann Baumann, Das doppelte Geschlecht, Berlin (1955) 1980, S. 252
5 Jean Libis, Le mythe de l'androgyne, Paris 1980, S. 275, Übers. d. Verf.
6 C. G. Jung, Die Beziehungen zwischen dem Ich und dem Unbewußten, in: Persönlichkeit und Übertragung, Olten 1984, S. 81 ff. Vgl. auch den Beitrag von Hermann Strobel
7 Ovid, a. a. O., S. 101 ff.
8 June Singer, Adrogyny, Towards a New Theory of Sexuality, New York 1976, S. 13 ff. Vgl. auch Karin Orchard, Androgynität in der Kunst des 15. und 16. Jahrhunderts, Magisterarbeit, Universität Hamburg 1986
9 L. S. A. M. v. Römer-Amsterdam, Über die androgynische Idee des Lebens, in: Jahrbuch für sexuelle Zwischenstufen, 5. Jg., Bd. 2, Leipzig 1903, S. 801; Barbara Wedekind-Schwertner, Daß ich eins und doppelt bin, Frankfurt, Rom, New York 1984, S. 224 f.
10 Vgl. Mircea Eliade, Méphistophélès et l'androgyne, Paris 1962
11 Erich Neumann, Die große Mutter, Zürich (1974) 1985, S. 204 ff.
12 Hermann Baumann a. a. O. S. 365
13 Waldemar Stöhr, Hochzeit und Trennung von Himmel und Erde, in: Die Braut, geliebt, verkauft, getauscht, geraubt, Zur Rolle der Frau im Kulturvergleich, hg. von Gisela Völger und Karin von Welck, Köln 1985, Bd. 1, S. 118 ff.; Barbara Wedekind-Schwertner, a. a. O., S. 26
14 June Singer a. a. O.
15 Vgl. Neumann a. a. O.; Wolfgang Helck, Betrachtungen zur großen Göttin und den ihr verbundenen Gottheiten, München und Wien 1971; Uwe Wesel, Bachofen revisted, in: Die Braut a. a. O., Bd. 2, S. 788 ff.
16 Vgl. Alfred Bertholet, Das Geschlecht der Gottheit, Tübingen 1934
17 Gisela Bleibtreu-Ehrenberg, Der Weibmann, Frankfurt 1984, S. 47
18 June Singer a. a. O., S. 22

19 Philippe Ariès, Ehe ohne Trauschein, Überlegungen zur Geschichte der Homosexualität, in: Ariès, Béjin, Foucault u. a., Die Masken des Begehrens und die Metamorphosen der Sinnlichkeit, Zur Geschichte der Sexualität im Abendland, Frankfurt 1984, S. 208 und 82

20 Hermann Hesse, Narziß und Goldmund, Frankfurt 1956, S. 156

21 Jean Libis a. a. O., S. 274, Übers. d. Verf.

22 „Bedenkenswert, auch heute: wie die Kritik an der Einseitigkeit des männlichen Rationalismus Gefahr läuft, als Irrationalismus und Wissenschaftsfeindlichkeit mißverstanden und auch mißbraucht zu werden; und dies besonders in restaurativen Epochen (der Weg zu den Müttern als Rück-Fall in Ressentiment, als Flucht-Weg vor einer Analyse der Verhältnisse, als Idealisierung primitiver Gesellschaftszustände, womöglich als Vorbereitung von Blut und Boden-Mythos…)" Christa Wolf, Voraussetzung einer Erzählung: Kassandra, Darmstadt, Neuwied 1983, S. 101

23 Elmar Gruber, Tranceformation, Schamanismus und die Auflösung der Ordnung, Basel 1982, S. 45

24 Vgl. Whitney Chadwick, Myth in Surrealist Painting 1929–1939, Ann-Arbor 1980; Robert Knott, The Myth of the Androgyne, in: Artform, Nov. 1975, S. 38 ff.

25 Max Ernst, Les hommes n'en sauront rien, 1923, Öl auf Leinwand 81 x 65 cm, The Tate Gallery, London

26 Geoffry Hinton, Max Ernst, Les hommes n'en sauront rien, in: Burlington Magazine, Nr. 117, 1975, S. 292 ff.

27 Vgl. den Beitrag von Ralph Tegtmeier

28 A. J. Busst, The Image of the Androgyne in the Nineteenth Century, in: Jan Fletcher, Romantic Mythologies, London 1967, S. 62, Übers. d. Verf.

29 Chadwick, a. a. O.

30 Gaile Ann Haessly, Picasso on Androgynism: From Symbolism through Surrealism, Syracuse University 1983

31 John Golding, Picasso and Surrealism, in: Roland Penrose, John Golding, Picasso 1881–1973, London 1973; Vgl. Laszlo Glozer, Picasso und der Surrealismus, Köln 1974, S. 56

32 Golding a. a. O., S. 99, Übers. d. Verf.

33 Jacques Lipchitz, My Life in Sculpture, mit H. H. Arnason, New York 1972, S. 99

34 Robert Knott, The Myth of the Androgyne, in: Artforum, Nov. 1975, S. 38 ff.

35 Jacques Lipchitz, a. a. O.

36 Christa Lichtenstern, Der „Amphion" von Laurens: Plastischer Prozeß und Mythos, in: Henri Laurens (1885–1954), Ausst.-Kat. Sprengel Museum Hannover 1985, S. 54 ff.

37 Vgl. Konrad Scheurmann, Paul Delvaux, Dissertation, Universität Gießen 1976 und Michel Butor, Jean Clair, Suzanne Houbart-Wilkin, Delvaux, Brüssel 1975, S. 99

38 Brief an P. Willibrord Verkade, Wiesbaden 12. Juni 1938, in: Das Kunstwerk 1948, Doppelheft 1/2

39 Clemens Weiler, Alexej Jawlensky, Köln 1959, S. 104 und 116

40 Paul Gauguin, Noa Noa, Paul Cassirer, Berlin 1907, S. 31

41 Pierre Klossowski, Le Baphomet, Paris 1965

42 Elémire Zolla, The Androgyne, Fusion of the Sexes, London 1981, S. 57

Baldassare Peruzzi, Musenreigen mit Apollo Öl auf Holz, Galleria Palatina, Palazzo Pitti, Florenz

Lutz S. Malke

Weibmann und Mannweib in der Kunst der Renaissance

Griechisch-römische Götter und Göttinnen

Im „Thesaurus Linguae Graecae" von Henricus Stephanus (1572) ist „Gynandros" als „weibischer Mann', „Androgynos" als „Mannweib" übersetzt (1). Beiden Begriffen haftet damals wie heute ein abwertender Nebensinn an, der eine negative Einstufung durch die Gesellschaft bezeugt. Dies läßt sich aus der Festschreibung bestimmter Eigenschaften erklären, die durch Rollenverhalten für jedes der beiden Geschlechter einseitig ausgeprägt waren, durch gynandrische bzw. androgyne Personen jedoch in Frage gestellt wurden. Für die griechisch-römischen Götter und Göttinnen galt diese Beschränkung nicht. Ihnen wurde als hohe Tugend angerechnet, was bei Menschen Charakterschwäche schien. Weibmann und Mannweib sind der Gegenstand des folgenden Versuchs, in dem Götter und Dämonen, Christus, Heilige, Engel, Teufel und Menschen in ihrer Doppeldeutigkeit vorgestellt werden: Sie alle haben die Tendenz gemeinsam, ihr Geschlecht durch Vorzüge, aber auch Nachteile des anderen Geschlechts zu erweitern.

Als Maßstab für vollkommene Weiblichkeit können jene göttlichen Wesen an den Anfang gestellt werden, die von den Griechen als Verkörperung höchster geistiger und künstlerischer Ideale angesehen wurden: die neun Musen. Im Mittelalter durch die Allegorien der sieben „Freien Künste" ersetzt, erlebten die Musen wie die übrige antike Götterwelt eine Wiederkehr in der Frührenaissance. In dem Gemälde „Parnaß" von Andrea Mantegna (2) ist ihr Reigen das zentrale Motiv. Die mittlere Gruppe wurde in einem Kupferstich der Mantegnaschule herausgegriffen (3). Sie zeigt besonders deutlich die Wiederbelebung des körperlichen Ausdrucks und der Bewegung in der italienischen Kunst. Für Figur, Gewand und Pose hat sich der Maler von griechisch-römischen Reliefs anregen lassen. Erst durch die Wiedererlangung derartiger darstellender Fähigkeiten wurde es möglich, seelische Gegebenheiten wie die Androgynität durch unmittelbaren Ausdruck in der Kunst sichtbar zu machen.

Mantegnas Musen fanden Bewunderung und Verbreitung in Malerei und Druckgraphik. Bei der vielfältigen Beziehung der Musen zu anderen Göttern hat der Maler die wichtigste beachtet: die Anwesenheit des Apollo auf dem Parnaßgebirge, das als Wohnsitz der Musen galt. Während der Gott in Mantegnas Gemälde seitlich sitzt und zum Tanz aufspielt, wird er bei der ausschnitthaften Nachbildung des Reigens von Baldassare Peruzzi (4) in die Musen eingereiht. Sein Auftreten als „Apollon Musagetes" – Anführer der Musen – in der antiken Kunst ist jetzt dahingehend interpretiert, daß er in ihrer Mitte tanzt und im Äußeren seines Antlitzes, seiner Haltung und Kleidung den weiblichen Gestalten angeglichen ist. Was die Musen charakterisiert, Tanz und Musik, das gilt auch für Apollo. Im Mythos wird betont, daß der Gott un-

Apollo Kitharoedus
Pergamon-Museum, Berlin (Ost)

Athena
Römische Kopie nach Original der Phidias-Schule
Museo Nazionale, Neapel

mittelbar nach seiner Geburt schon nach der Leier rief. Griechisch-römische Statuen zeigen ihn mit diesem Instrument als Apollon Musagetes und Apollon Kitharoedus. Im Gegensatz zu anderen Darstellungen, in denen Apollos männliche Eigenschaften betont werden – z. B. bei dem bogenschießenden „Apollo Belvedere" im Vatikan – sind in seiner Beziehung zu den Musen die mit ihnen verwandten musischen Eigenschaften hervorgehoben: die Hingabe an Musik und Tanz, die bei den Musen als weiblich charakterisiert ist. Das auf alter Tradition beruhende lange Gewand des Sängers verstärkt neben der weiblichen Haartracht diesen Eindruck (5).

Daß es nicht um eine starre Festlegung, sondern um Austauschbarkeit von Rollen geht, wird durch das Intervenieren einer ganz anders gearteten Gottheit bewiesen, die den Musen ihren Besuch abstattet: Athena (6). Dem Mythos nach hat sie den Menschen Kunstfertigkeit und Technik, z. B. die Kultivierung des Ölbaums, gebracht. Sie ist aber keineswegs den Musen angepaßt, sondern tritt in ihrer üblichen kriegerischen Ausstattung auf, bewehrt mit Helm, Lanze und Schild, auf diesem das Haupt der getöteten Medusa. Athena repräsentiert wie Apollo musische, künstlerische Eigenschaften und ist in der Renaissance zur Allegorie der Künste und Wissenschaften im umfassenden Sinne geworden; sie personifiziert die Weisheit.

Egidius Sadeler nach Bartholomäus Spranger
Athena fesselt die Unwissenheit (A)

Andreas Meldolla, genannt Schiavone
Athena besucht die Musen (A)

J. B. Massé nach Rubens
Maria de' Medici als Athena (A)

Pierre Chenu nach Niccolò dell' Abbate (?)
Franz I. als Athena, Mars, Diana etc. (A)

Beide Götter, Apollo und Athena, sind in unserer Betrachtung über Weibmann und Mannweib Beispiele dafür, wie ein Geschlecht das andere miteinbezieht und durch diese Erweiterung seines Wesens auch den Wirkungsgrad vergrößert. Androgynität wird in der griechischen Mythologie vielen Göttern zugeschrieben, unter anderem Dionysos, ja, selbst Zeus (7). Sie gelten als männlich und weiblich, verfügen damit über wechselseitige Möglichkeiten des Seins, der Erscheinung und des Ausdrucks. Was für die von Menschen geschaffenen Götter zutrifft, entspringt Wunschvorstellungen der Menschen selbst, die ideale Eigenschaften auf die Götter projiziert haben. Die Verbindung beispielsweise von Kraft des Mannes mit weiblicher Schönheit sowie umgekehrt von Schönheit der Frau mit männlicher Kraft bezieht sich nicht nur auf die äußere Erscheinung, sondern vor allem auf die Wandlungsfähigkeit des Wesens. Das Schwanken zwischen männlichem und weiblichem Verhalten ist ein Merkmal der griechischen Götter. Über ihr stärker männlich oder weiblich geprägtes Wesen entscheiden ihre Eigenschaften.

Im 16. Jahrhundert konnte solche Potenzierung in die politische Allegorie übertragen werden. Auf göttliche Tugenden bezogen sich sowohl männliche als auch weibliche Herrscher. So ließ sich Maria de' Medici in dem sie verherrlichenden Gemäldezyklus von Rubens, ehemals für das Palais du Luxembourg, Paris, bestimmt, als römische Kriegsgöttin Bellona darstellen (8). Knapp ein Jahrhundert später wurde sie in dieser einprägsamen Gestalt durch die druckgraphische Verbreitung des Bilderzyklus (von Massé/Nattier) als „Minerve (= Athena), Déesse des Arts" bezeichnet. Diese Umbenennung gibt den Hinweis auf die Doppelbedeutung von Athenas bzw. Minervas kriegerischer und friedlicher Aktion. Beide nahm man als Machtfaktor für Maria de' Medici in Anspruch, indem die Athena-Idee die einseitig kriegerische der Bellona ersetzte.

Schon zuvor hatte für den französischen König Franz I. Athena als Sinnbild gedient. Er ist in einer Miniatur, die Niccolò dell' Abbate zugeschrieben wird, als zwitterhafte Persönlichkeit dargestellt: im Kriege Mars, im

Römische Kopie nach Original der Phidias-Schule
Medusenhaupt („Medusa Rondanini")
Marmorrelief
Glyptothek München

Michelangelo Merisi, genannt Caravaggio
Medusenhaupt
Leinwand auf Holz (Turnierschild)
Uffizien, Florenz

Frieden Minerva-Athena, Diana, Hermes und Amor in einer Person (9). Durch seine Athenagestalt sollte dem Betrachter verdeutlicht werden, daß Franz I. sich zu Friedenszeiten in Identifizierung mit der Göttin in einer Beschützer- bzw. Mäzenatenrolle zugunsten der Wissenschaften und bildenden Künste am Hofe verstand. Das gleiche trifft in der Interpretation von Massé/Nattier für Maria de' Medici zu, in deren Bild jedoch nach der ursprünglichen Konzeption als Bellona durch eine große Kanone und durch Trophäen vor allem auf das kriegerische Wesen hingedeutet wird. Beide wählten das Bild einer Göttin, die als „Virago" – mannhafte Frau – aus der Antike überliefert war. In Athena (10) wie in Bellona sind die Gegensätze männlich-weiblich aufgehoben, denn ihre Symbolik gilt gleichermaßen für Mann und Frau. Auch bei den nachfolgend genannten Gestalten – Göttern, Heiligen wie Menschen – wird sich erweisen, daß männliche Eigenschaften sich mit weiblichen in einem Maße verbinden, das ihr Geschlecht austauschbar macht.

Von den Göttern kommen aber nicht nur Gaben der Kreativität, sondern auch Kräfte des Dämonischen und der Zerstörung; im Krieg konzentrieren sie sich. An menschlichen Eigenschaften gemessen, liegen bei solchen Vorstellungen vor allem männliche Ambitionen von Eroberung und Macht zugrunde, wie sie stets eine Geißel der Menschheit waren. Neben Göttern, die solche „Kräfte" personifizieren – wie Mars – gibt es jedoch auch weibliche Gottheiten mit bedrohender und tödlicher Ausstrahlung, z. B. Medusa und Sphinx (11). Ihr Aussehen schillert zwischen Schönheit und Dämonie. Das hat besonders die Künstler des Fin de siècle angeregt. Athena trägt das „Gorgoneion", das schlangenumwundene Haupt der getöteten Medusa, an ihrem Brustharnisch und die Sphinx auf ihrem Helm. So demonstriert sie ihr eigenes doppeldeutiges Wesen der Göttin des Friedens und zugleich des Krieges, in welchem sie männermordend als Athena promachos – „Vorkämpferin" – in Erscheinung tritt. Die menschliche Erwartungshaltung gegenüber dem gnädig gewährenden oder beleidigt strafenden Gott oder der Göttin findet ihren Ausdruck darin, daß sie ein- und derselben Gottheit männliche wie weibliche Züge zuschreibt. Grundlage hierfür war das Rollenverhalten, das von den Frauen Fruchtbarkeit und die schützend-bewahrende Einstellung, von den Männern die kriegerisch-erobernde Tat forderte. Das Intervenieren der Frauen im Krieg zwischen Römern und Sabinern ist eines der treffendsten geschichtlichen Beispiele. Die Umkehrung dieser Eigenschaften machte Menschen wie Götter zu androgynen Personifikationen, in denen solche Gegensätze gegenstandslos wurden.

In der griechischen Mythologie findet die Vereinigung des Unvereinbaren, von Mars und Venus, statt. Die Entwaffnung des Mars durch Amoretten wird auch in der Renaissance zu einem beliebten Thema. Mars, der Krieg, wird durch Venus, die Liebe, besiegt. In dem bereits erwähnten Parnaßgemälde von Mantegna stehen beide Arm in Arm auf einem „arco naturale" – einem natürlichen Felsenbogen, der wohl die Überbrückung ihrer Gegensätze symbolisiert. (12)

Baldassare Castiglione faßt solche Überlegungen in seinem Buch vom Hofmann, im „Cortigiano", zusammen:
„Da Männliches und Weibliches von Natur aus immer zusammen sind und eins nicht ohne das andere sein kann, so darf man nach der Bestimmung beider nicht männlich nennen, was nicht auch das Weibliche hat, und nicht weiblich, was nicht das Männliche hat. Weil ein Geschlecht allein Unvollkommenheit zeigt, schreiben die alten Theologen Gott beide zu, weswegen Orpheus sagte, daß Zeus männlich und weiblich sei; und in der Heiligen Schrift liest man, daß Gott die Menschen nach seinem Bilde männlich und weiblich bildete, und oft wechseln die Dichter, wenn sie von den Göttern sprechen, das Geschlecht." (13)

Die Idee von den doppelgeschlechtlichen Göttern ist durch antike Autoren, vor allem durch die Orphiker, überliefert (s. Anm. 7). Vicenzo Cartari hat dies in sei-

Vicenzo Cartari
Images des Dieux, Lyon 1581
Männliche Venus (Aphroditos) (A)

Giorgio Ghisi (?)
nach Perino del Vaga
Thetis mit zwei
Tritonen (A)

nem Buch über die Götter des Altertums im Kapitel über Venus aufgegriffen. Der Holzschnitt der Lyoner Ausgabe von 1581 zeigt Venus zweimal: als verhüllte Trauergestalt neben dem toten Adonis und als „Aphroditos", die männliche Venus. Ihre obere Körperhälfte ist als Mann mit weiblicher Brust gestaltet, die untere mit einem Frauengewand bekleidet. Diese Figur nimmt auf die Überlieferung eines Aphroditos-Kultes in Zypern Bezug (14). Die dort verehrte Kultstatue hatte nach Cartari einen Kamm als Attribut, zum Gedenken, daß die androgyne Göttin die Frauen der Insel vor grassierendem Haarausfall verschont hatte. Zum Doppelgeschlecht der Götter sagt Cartari, „daß unter ihnen keine Geschlechtsunterschiede wie bei den Menschen beständen" – „che fra quelli non sia la differenza di sesso, che è trá mortali" (15).

Ein Kupferstich, der im Peintre-Graveur von Bartsch unter Giorgio Ghisi aufgelistet ist (16), zeigt einen hermaphroditischen und einen knabenhaften Triton unter dem wehenden Mantel der Thetis. Doppelgeschlechtlichkeit wurde hier auch einem Meerwesen zugeschrieben, sei es in Ableitung von einer antiken Darstellung oder in illustrierender bzw. emblematischer Absicht.

Der androgyne Mensch als „Ebenbild" des jüdisch-christlichen Gottes Jahwe

Frühes Christentum und Mittelalter dürfen innerhalb des geschichtlichen Ablaufs der Androgynität nicht ausgeklammert werden. Hierfür ist aber bisher das wenigste Material bekannt, und die wissenschaftliche Untersuchung steht auch hier noch aus. In der Kunst der Renaissance, für die eher die Quellen der Antike und des Neuplatonismus relevant sind, kommt es häufiger zu androgynen Christus- und Heiligendarstellungen. Dabei läßt sich eine Tendenz zur Übertragung weiblicher Ideale auf den Mann feststellen. Dies gilt aber nicht allgemein, sondern findet sich bei einigen ausge-

Raffael
Heiliger Sebastian
Holz
Accademia Carrara, Bergamo

Pietro Vannucci, genannt Perugino
Heilige Magdalena
Öl auf Holz
Galleria Palatina, Palazzo Pitti, Florenz

prägten Künstlerpersönlichkeiten, die ihrerseits besonderen Einfluß auf die Kunstentwicklung ihrer Zeit genommen haben: Perugino, Raffael und Leonardo da
Vinci. Sie setzten als Maßstab weibliche Ideale der Tugend, Schönheit, Anmut, Lieblichkeit wie andererseits
den Ernst. Das waren Eigenschaften, zu deren Ausdruck in der Kunst des Mittelalters noch die Möglichkeit
psychologischer Differenzierung gefehlt hatte. Von
ernsten, verinnerlichten Zügen bis zum lieblichen sich
mitteilenden Lächeln reicht nun die Spannweite des
Ausdrucks und ermöglicht erst die Wiedergabe auch
androgyner Züge. Diese Entwicklung läßt sich bei den
genannten Meistern und den von Michelangelo beeinflußten Künstlern der „maniera" nachvollziehen.

Perugino, Raffael, Leonardo da Vinci

In dem Gemälde der Heiligen Magdalena von Perugino
kommt eine stimmungsvoll und gefühlsmäßig betonte
Verhaltenheit zum Ausdruck, wie sie allgemein die Figuren dieses Malers kennzeichnet. Vorstellungen von
einer idealen Ausgeglichenheit des Gemüts liegen zu-

grunde, über die man beispielsweise in Leone Battista
Albertis Abhandlung über die „Ruhe des Gemüts"
nachlesen kann (17). Die Züge der Hl. Magdalena sind
von innen her belebt, weisen aber durch ihre Herbheit
auch in die Richtung mannhafter Selbstbehauptung, die
von der Heiligen durch ihr Schicksal der Buße und des
einsamen Lebens in der Wildnis gefordert wurde. Eine
psychologische Charakterisierung deutet sich in dem
Bild an. Ihm entspricht in dem verhaltenen Ausdruck
und im formalen Aufbau weitgehend Raffaels Gemälde
des Heiligen Sebastian in der Accademia Carrara,
Bergamo. Beiden Halbfiguren ist die Anordnung im
Dreiviertelprofil und das seitliche Herausblicken aus
dem Bild gemeinsam. Im Gegensatz zu dem eher ernsten Ausdruck der Hl. Magdalena scheinen die Züge
des Hl. Sebastian jedoch gemildert. Bei der Frau zeigt
sich eine Neigung zu strengerer Haltung, bei dem Jüngling ein Hang zur Weichheit. Sie reagieren auf ihre
Rolle des Leidens und Martyriums unterschiedlich. Das
Feminine, wie es sich in der Person des Hl. Sebastian
manifestiert, läßt aber auch Rückschlüsse auf die Persönlichkeit des Künstlers zu. Als Hauptquelle stehen
hierzu die Bemerkungen Vasaris über Raffael zur Verfügung. Der Biograph nennt ihn „non meno eccelente

Leonardo da Vinci
Heiliger Johannes
der Täufer
Öl auf Leinwand
Louvre, Paris

Alexandre Colette
nach Leonardo da Vinci
Mona Lisa (A)

Raffael Morghen
nach Bernardino Luini
(früher für Leonardo
da Vinci gehalten)
Christus, disputierend (A)

Ambrogio de Predis
zugeschrieben
(19. Jahrhundert?)
Christus lehrend
Museo Lázaro Galdiano
Madrid

che grazioso", spricht von „graziata affabilità, che sempre suol mostrarsi dolce e piacevole" und „la gentilezza stessa" (nicht weniger hervorragend als anmutig, von anmutiger Freundlichkeit, die sich immer süß und angenehm zeigt, die Freundlichkeit selbst). Bildnisse und Selbstbildnisse von der Hand Raffaels scheinen diese Charakterisierung zu bestätigen. Man muß jedoch berücksichtigen, daß auch eine Legendenbildung nach dem Tod des Künstlers einsetzt, die ihn mit idealisierten weiblichen Grundzügen ausstattet. Von fast weiblicher Anmut ist das Raffael zugeschriebene, in Krakau, Museum Czartoryski, bewahrte Bildnis eines Jünglings. Wie die Bildunterschrift eines Reproduktionsstichs von Paulus Pontius dokumentiert, hat man es für ein Selbstbildnis Raffaels gehalten. Wenige Jahre nach dem Gemälde des Hl. Sebastian und noch vor dem Krakauer Bildnis entstand um 1503–05 das „Mona Lisa"-Gemälde von Leonardo da Vinci. Es ist oft in den Zusammenhang mit Androgynität gebracht worden. In modernen Abwandlungen ist die Mona Lisa mit Pagenhaarschnitt oder auch mit Schnurrbart zu sehen (Vgl. Abb. S. 136). Ihre durch Leonardo charakterisierte Weiblichkeit konnte dadurch aber nicht aufgehoben werden; denn in solchen Persiflagen erscheint sie als Weibmann und damit weiterhin als weiblich geprägte Persönlichkeit, deren wissendes Lächeln durch alle Verunstaltungen hindurchschaut. Leonardos Meisterwerk wurde mißverstanden, da man glaubte, daß die Bildung seiner ideal aufgefaßten Menschen von der Gestalt des Mannes ihren Ausgangspunkt nahm. Das ist nicht der Fall. Vielmehr hat Leonardo mit der Mona Lisa ein Idealbild der Weiblichkeit geschaffen. Daß er ihre Eigenschaften, z.B. die Feinheit und Lieblichkeit des Lächelns, auch im Mann suchte, darüber kann wohl kaum ein Zweifel bestehen; denn er hat sie auf männ-

liche Figuren seiner Gemälde überragen (18). Besonders evident ist dies bei dem Bild Johannes des Täufers. Die Originalfassung im Louvre zeigt den jugendlichen Heiligen mit großer Anmut und Schönheit. Es versteht sich, daß z.B. für einen Söldnerführer wie den Colleoni oder Gattamelata solche Eigenschaften als unbrauchbar erscheinen mußten, während sie für den Jüngling in seiner Rolle des Verkünders der Ankunft des Erlösers eher angemessen waren.

Christus

Leonardo war von diesem androgynen Schönheitsideal so sehr durchdrungen, daß er es auch auf die Hauptgestalt der christlichen Religion, auf Christus, übertrug. Das nicht erhaltene, aber in zahlreichen Kopien und Variationen überlieferte Original zeigte vermutlich einen jugendlichen lehrenden Christus als Halbfigur dem Betrachter konfrontiert. Eine Stelle im Neuen Testament (Lukas 2, 46/47), die von dem 12jährigen Christus im Tempel erzählt, liegt der Darstellung zugrunde. Der Knabe erweist sich hier den Pharisäern – die bei Leonardo nicht mitdargestellt waren – im theologischen Disput überlegen. In den Nachbildungen, z.B. in einem Gemälde des frühen Correggio (19), in dem mit Pharisäern ergänzten Bild von Bernardino Luini in der National Gallery, London, ist Christus durch Züge charakterisiert, die sich mit seelischer Reife und weiblicher Milde umschreiben lassen. Was als höhere göttliche Eingebung eines Kindes gemeint war ist durch Leonardo für die Androgynität in Anspruch genommen worden. Statt des kindlichen Knaben ist in den Nachbildungen ein herangereifter Jüngling zu erkennen, dessen Persönlichkeit voll entfaltet ist. Wie steht es aber mit seiner

Jan Gossaert, genannt Mabuse
Maria mit dem Kind in einer Nische sitzend
Eichenholz
Kunsthistorisches Museum Wien

Menschen mit dem Bild Gottes – aufgefaßt. So zeigt es den Übergang von menschlichem zu göttlichem Wesen in der Idee des Schöpferischen, die mit der des Androgynen wesensverwandt ist (20).

Zur Androgynität Christi – als Spiegelbild des liebenden wie auch strafenden Gottes – trägt seine Rolle als Liebender in der Christus-Johannes-Beziehung bei. In der Kunst manifestiert sie sich beim letzten Abendmahl, bei dem Johannes den Gottessohn fragt, welcher der Jünger den Verrat an ihm begehen wird. Bereits in mittelalterlichen Christus-Johannes-Skulpturen ist auf diese Bibelstelle (Johannes 13, 25) Bezug genommen: Johannes liegt an der Brust Christi. Im Abendmahlbild von Leonardo wendet sich Johannes zu den anderen Jüngern. Seine Nähe zu Christus ist hier nicht räumlich gesehen, sondern durch die Übereinstimmung der ver-

Pier Jacopo Alari-Bonacolsi, genannt Antico
Venus-Caritas (Amor Dei)
Bronzestatuette
Walters Art Gallery, Baltimore (USA)

geschlechtlichen Entwicklung? Die Züge sind jugendlich-weich, ja, weiblich und doch durch den Ausdruck von Weisheit und tiefem Ernst über jedes menschliche Alter erhaben. Mit großer psychologischer Kenntnis hat Leonardo in diesem Antlitz gleichzeitig zwei Phasen des Übergangs und der Unbestimmtheit dargestellt: die vom Männlichen zum Weiblichen und von Kindheit zu jugendlicher Reife. Durch Integration des Lebensbogens ermöglichte er es, das Thema der Androgynität auch an den Entwicklungsphasen der menschlichen Persönlichkeit zu messen und es als naturgegeben zu relativieren. Die schnelle Ausbreitung des leonardesken Weibmannes durch die lombardische Malerschule beweist, daß sein Leitbild von einer androgynen Zeitströmung gern aufgenommen wurde. Eine spätere Nachbildung , vermutlich des 19. Jahrhunderts, im Museo Lázaro Galdiano, Madrid, verstärkt noch den androgynen Ausdruck und verbindet ihn mit einer Grundstimmung von Melancholie.

Im Zusammenhang mit leonardesken Christus-Bildnissen soll Dürers Selbstportrait aus dem Jahr 1500 (München, Alte Pinakothek) erwähnt werden. Es ist im Sinne einer „Conformitas Christi" – einer Ähnlichkeit des innerlichten, hingebungsvollen Gesichter ausgedrückt, die nicht nur bei dem jugendlichen weichen Johannes, sondern auch bei dem männlichen bärtigen Christus weibliche Eigenschaften aufzeigen (21).

In der Emblematik wird die weibliche Charakterisierung Christi noch deutlicher. Eine erstaunlich freie, noch heute die dogmatische Kirche herausfordernde Idee hatte Jan Gossaert, genannt Mabuse. In einem Gemälde der Muttergottes mit dem Kind hat er für den Christusknaben voll ausgebildete weibliche Brüste erfunden (21). Durch malerische Mittel des Inkarnats sind sie noch besonders hervorgehoben. Die Bedeutung, die dem Werk zugemessen wurde, erkennt man schon daran, daß es mehrfach vom Künstler selbst wiederholt und von anderen Malern kopiert sowie durch die Druckgraphik verbreitet wurde. Um die emblematische Bedeutung zu entschlüsseln, muß man neben der Brust den energischen Gestus der ausgebreiteten Arme beachten, die auf eine Textpassage im Nischenbogen hinweisen: „…SERPENTIS CAPVT CONTRIVIT". Zusammen gesehen mit dem heftig auftretenden Fuß ist es eine Anspielung auf die an die Genesis 3, 15 anknüpfende Umschrift: „Der Sproß des Weibes, Jesus Christus, hat das Haupt der Schlange zertreten." Sie besagt, daß Christus das Böse besiegt und die Menschheit von der Sünde erlöst hat. Die emblematische Bedeutung der weiblichen Brust, die von Marias Hand umfaßt und vorgezeigt wird, ist von der Allegorie der „Caritas" abgeleitet, einer der drei christlichen Tugenden Liebe, Glaube, Hoffnung. So erscheint der Christusknabe hier als der Liebe spendende „Amor Dei". Daß in der Renaissance die „Caritas" unmittelbar auf die antike Venus zurückgeführt wird, belegt eine Bronzestatuette von Pier Jacopo Alari-Bonacolsi, genannt Antico (22).

Inwieweit androgyne Eros-Darstellungen aus dem Altertum bekannt waren, läßt sich schwer beurteilen, doch ist ein unmittelbarer Zusammenhang des „Amor Dei" mit dem griechischen androgynen Eros nicht auszuschließen. Der Typus war vor allem durch hellenistische Terrakottastatuetten verbreitet (23).

Der Christusknabe der Gossaert-Madonna gibt in Vorausschau auf den erwachsenen Gottessohn als Ebenbild Gottes einen zwiefachen Hinweis auf das androgyne Wesen Jahwes: einmal durch seine körperliche Zwitterhaftigkeit und zum anderen durch seine Bedeutung als „Amor-Dei" und gleichzeitig „Furor Dei" – dieser ausgedrückt im Wort als Zertreten der Schlange. Der erwachsene Christus, gekreuzigt und auferstanden, ist wie Jahwe der liebende und strafende Gott. Mit diesen Eigenschaften steht er neben androgynen Göttern des Altertums, Apollo und Dionysos, Artemis und Athena. Renate Laut untersuchte die pragmatische Aufnahme androgyner Eigenschaften von Göttern anderer

Hans Burgkmair d. J.,
(Schule)
Devotissime Meditationes,
Augsburg 1520
Adam und Eva
als Doppelgestalt (A)

Kulte in den monotheistischen Jahwe-Kult in ihrer Studie: „Weibliche Züge im Gottesbild israelisch-jüdischer Religiosität" (24).

An die von der Kunstgeschichte bisher unbeachtete tabuisierte Darstellung von Gossaerts weiblichem Christusknaben schließen sich noch weitere Folgerungen an: In seiner Eigenschaft des Erlösers und Richters der Menschen kommt Christus die Rolle des „neuen Adam" zu, der die Sünde des „alten Adam" aufhebt. Zur Entstehungszeit des Gossaert-Bildes (1527) waren dies geläufige, unter anderem durch Andachtsbücher über die Passion Christi vertraute Vorstellungen. In „Deuotissime Meditationes de vita … et passione saluatoris Jesu Christi", Augsburg (Sigmund Grimm) 1520, f. A III verso, beginnen die Illustrationen mit einem Holzschnitt, in dem Jahwe Eva aus dem Körper Adams hervorwachsen läßt. Dieser Vorgang erscheint als androgyne Figur im Augenblick der Teilung. Er steht im Gegensatz etwa zu Hermaphrodit und Salmakis im Augenblick ihrer Verschmelzung (s. unten). Im Text der „Deuotissime Meditationes" wird über Erlösung und andererseits Strafe reflektiert. Beides ist von dem „neuen Adam" als dem Ebenbild Jahwes zu erwarten. Hierzu bedarf es der Gottesmutter Maria als der „neuen Eva", die durch die unbefleckte Empfängnis die Erbsünde überwindet. So erhält die Darstellung der Erschaffung der Menschen im Kontext mit den Illustrationen zur Passion eine mit dem androgynen Christusknaben vergleichbare allegorische Bedeutung, derzufolge Christus die gläubigen Menschen durch Liebe erlöst und die ungläubigen mit Tod und ewiger Verdammnis straft.

Die Idee der Schöpfung, in Anlehnung an Gnosis und Kabbala, beschäftigte auch den Neuplatoniker Leone Ebreo (25). Er leitete die Androgynität der Menschen von der Schöpfung ab. Der androgyne Jahwe habe den androgynen Menschen nach seinem Ebenbild gestaltet und ihn erst danach durch Erschaffung der Eva zweigeteilt – eine Vorstellung, die von dem platonischen Mythos der durch die Götter zweigeteilten Menschen nicht weit entfernt ist (vgl. Einleitung). Leone Ebreo führte Platons Aristophaneserzählung im Symposion spekulativ auf die Genesis zurück (26). Er sah damit die Nähe beider Mythen. Seine Schriften haben zu der Erkenntnis beigetragen, daß im Mann wie in der Frau gleichzeitig sowohl männliche wie weibliche Eigenschaften aktiv sind.

Engel

Metaphysische Schönheit der Engel ist von den Künstlern der Renaissance in Sinnlichkeit übersetzt worden. Sie haben Modelle aus ihrer Umwelt, schöne Knaben, Jünglinge und Mädchen ausgewählt, wobei das Geschlecht offenbar keine besondere Rolle spielte. Schon wegen ihres meist kindlichen Alters erscheint die Geschlechtszugehörigkeit solcher Engelfiguren nicht voll ausgeprägt. Ihr Aussehen ist durch Schönheit und Lieblichkeit, vorwiegend weibliche Züge, charakterisiert. So findet man oft feminin dargestellte Engel, denen jedoch ein männliches Modell als Vorbild gedient hat. Ihr androgyner Aspekt ist auf ein weibliches – hier engelhaftes – Ideal zurückzuführen, das die Vorstellungen italienischer Renaissancekünstler geleitet hat.

Für Engel ist in den Quellen Geschlechtslosigkeit – die Aufhebung der Unterschiede zwischen Mann und Frau – überliefert (27). Die in ihrem Geschlecht entweder kindlich oder unbestimmt dargestellten Engel erfüllen diesen Anspruch zwar insoweit, als sie nicht einen ausgesprochen männlichen oder weiblichen Typ verkörpern. Gerade in ihrer Unbestimmtheit ist ihnen jedoch, soweit sie in reiferem jugendlichem Alter erscheinen, eine besondere Sinnlichkeit gegeben. Dabei handelt es sich um eine durch die Aufhebung der Unterschiede freigesetzte Androgynität, wie sie bis hin zu den Engelsfiguren des Ignaz Günter wirksam bleibt.

Bei den nach kindlichen Modellen gemalten Engeln des Sandro Botticelli (28) ist ihr geschlechtslos-androgynes Wesen vor allem dadurch bedingt, daß sie die geschlechtliche Reife kaum erreicht haben. Dennoch sind sie sinnlich wiedergegeben, in ästhetisch-sublimierter Art. Ein Gleichmut der Gesichter, der die „tranquillitas animi" – die Ruhe des Gemüts – hervorhebt, verbindet in dem Berliner Tondo die Engel mit der Madonna und dem Kind. Auch in anderen Werken von Botticelli haben die Gesichter einen überfeinerten, stilisierten Ausdruck, der einer Ausdrucksleere nahekommt. Männliche und weibliche Gesichter sind hierdurch auf einen gemeinsamen Typus festgelegt. Ihr Unterschied, soweit er Empfindung und Ausdruck betrifft, ist negiert (29).

Jacopo Carrucci, genannt Pontormo, zugeschrieben
Pygmalion und Galatea
Holz
Palazzo Vecchio, Florenz

Dies scheint ein Ideal der von Botticelli gemalten Florentiner Gesellschaftsschicht gewesen zu sein. Es ist auch in seinen Portraits latent. Hinter den androgynen Engelfiguren des Berliner Tondo sind Bildnisse der florentinischen jeunesse dorée zu vermuten. Für diese Epoche ist das nichts Außergewöhnliches. Bürger, vor allem Auftraggeber, ließen sich auf Altartafeln häufig in der Gestalt von Heiligen darstellen. Der quattrocenteske Künstler Botticelli steht in der psychologischen Ausdrucksfähigkeit seiner Gesichter noch auf einer frühen Stufe. Sein Blick geht in das Innere der Persönlichkeit, bleibt aber in äußeren Verhaltensformen befangen, die für Mann und Frau gleichermaßen verbindlich waren. Auch bei Perugino verraten die Gesichter der Engel wie die seiner Heiligen oft Portraits. In den Engeln sind Knaben und Mädchen als Modelle zu vermuten. Bei ihnen tritt Androgynität mehr oder weniger stark hervor.

Im Zusammenhang mit der Modellfrage ist zu erwähnen, daß unter anderem auch aus Mangel an weiblichen Modellen nach männlichen gezeichnet wurde

(30). Diese mußten dann in weibliche Figuren abgewandelt werden. In solchen Fällen handelt es sich in der Regel nicht um eine androgyne Aussage, sondern um eine pragmatische Lösung. Sie wurde jedoch von großen Künstlern durchbrochen. Besonders in Pontormos Auffassung vom menschlichen Körper spielt das lebende Modell eine wichtige Rolle. Seine überlangen Leiber, deren Fleischlichkeit betont ist, sind oft androgyne Neuschöpfungen. Das trifft z. B. für die als Venus posierende Galatea des Pygmaliongemäldes im Palazzo Vecchio, Florenz, zu (31). In diesem Bild wird deutlich, daß der Pseudoumwandlung des männlichen Modells bei Pontormo ein erotisches Ideal vom Weibmann zugrunde liegt.

Andrea Meldolla,
genannt Schiavone
Hl. Johannes
der Evangelist (A)

Teufel

Was bei den Engeln als Ideal von Schönheit und Vollkommenheit gestaltet ist, tritt bei den Teufeln als körperliche Mißbildung in Erscheinung. In einem Kupferstich von Heinrich Aldegrever begraben drei Teufel einen reichen Mann, dessen Seele im Hintergrund von anderen Teufeln davongetragen wird (Gleichnis vom reichen Mann und armen Lazarus, Lucas 16). Sie haben deformierte Genitalien, weibliche Brüste und Tierköpfe und entsprechen damit den damaligen Glauben, daß eine Mißgestalt Gottesstrafe sei. Sie trifft die Teufel als abtrünnige Engel.

Heilige

Bei den Heiligendarstellungen wurde schon festgestellt, daß zuerst durch Perugino und Raffael Physiognomie und psychologischer Ausdruck die Doppeldeutigkeit des Androgynen annahmen. Doch gibt es auch Figuren, die in ihrer gesamten körperlichen Erscheinung und Attitüde den Eindruck von Androgynität erwecken. Andrea Meldolla, genannt Schiavone, hat in einer Radierungsfolge der zwölf Apostel den Hl. Johannes in dieser Weise aufgefaßt, wobei seine Kenntnis von der femininen Charakterisierung dieses Heiligen auf Francesco Mazzola, genannt Parmigianino, zurückging.

Für Parmigianino hat das Zeichnen nach dem lebenden Modell eine herausragende Bedeutung (32). Seine Modelle sind meist sehr jung, von ätherisch-zarter Konstitution. Doch auch ältere Modelle haben die gleiche weibliche Eleganz der Erscheinung wie die jungen. Vergleicht man sie mit den massiven Gestalten Pontormos, so wird die Bestimmung des unterschiedlichen Figurenkanons durch das jeweils bevorzugte Weibmann-Modell deutlich.

Hans Springinklee
Hl. Wilgefortis mit dem Spielmann (A)

Helena Antonia nata in Archiepifcopatu Leodienfi. Æt. fuæ xvul .a' Ser.™ Archi-
duciſra Aufr: Maria Vidua. Græcy educata __
Helena Antonia geboren im Ertzbiſtumb Littich.jhres alters 18.iar.Ertzogi Que Gräf.et

Dominicus Custos
Bildnis des bärtigen Mannweibes oder
Weibmannes „Helena Antonia" (A)

Bei weiblichen Heiligen kommt es seltener vor, daß sie
androgyn erscheinen. Auf die Herbheit der Züge von
Peruginos Hl. Magdalena wurde bereits hingewiesen.
Dagegen ist die Hl. Margarete, die der Legende nach
den Teufel besiegt, meist keineswegs als Mannweib,
sonder als empfindsame Frau dargestellt. Das Wunder
liegt gerade darin, daß sie als schwache Frau mit göttlicher Kraft über die Verkörperung des Bösen siegt. Pieter Bruegel der Ältere läßt mit seinem abgründigen Humor die Heilige allerdings als Verrückte, als „Dulle
Griet", auftreten, die als Attribut Teile einer Männerrü-
stung trägt und im Alleingang die Hölle samt allen ihren
Teufeln provoziert. Auf die soziologische, frauendiskri-
minierende Bedeutung dieses Bildes und seine ikono-
graphischen Fundamente hat Walter S. Gibson in dem
Berliner Bruegel-Colloquium 1975 aufmerksam gemacht (33). In eine ähnliche Richtung zielt die Legende
von der Päpstin Johanna, die sich angeblich in das
höchste Kirchenamt eingeschlichen hatte und erst auf-
fiel, als sie ein Kind bekam.

Unter anderem Vorzeichen ist die Legende der Hl. Wilgefortis, einer bärtigen Frau, zu sehen (34). Sie sollte
mit einem Heidenprinzen verheiratet werden, lehnte
dies aber aus Treue zum Christentum ab. Ihre Bitte um

ein Wunder: daß Gott sie verunstalte, indem er ihr einen
Bart wachsen lasse, wurde erfüllt. Zur Strafe wurde sie
wie Christus gekreuzigt. Manche Darstellungen ihrer
Kreuzigung lassen keinen Unterschied zwischen ihr
und der Gestalt Christi erkennen. Es kam sogar zu einer
Bedeutungsüberlagerung mit dem Gnadenbild des
„Volto Santo" in Lucca. Wie ihr Name Wilgefortis
(= starker Wille) besagt, ist sie mit den heldenhaften
Jungfrauen, z.B. Judith oder Jeanne d'Arc (siehe un-
ten) zu vergleichen. Diese nahmen freilich nicht zum
Schutz ihrer Person, sondern ihres ganzen Volkes
männliche Charakterzüge an.

Die genannten Beispiele sind soziologisch tief verwurzelt und von unterschiedlicher inhaltlicher Aussage.
Obwohl sie Gegenbild zu den Normen unserer jüdisch-
christlich geprägten patriarchalischen Gesellschaft
sind, dienen sie letztlich dazu, diese zu bestätigen und
selbst die weiblichen Heiligen auf ihr Rollenverhalten
als Frau festzulegen.

Menschen

Bei den Menschen gab es wie bei den Heiligen die verschiedensten androgynen Erscheinungen mit unterschiedlicher Bewertung durch die Gesellschaft. In den
Kunst- und Wunderkammern der Feudalherren wurden
neben ausgestopften Krokodilen und sonstigen Rari-
täten Bildnisse übergroßer, abnorm gestalteter Menschen und bärtiger Frauen aufbewahrt. Das Bildnis einer Helena Antonia, das in einem von Dominicus
Custos verlegten Kupferstich überliefert ist, läßt nicht
erkennen, ob ein Mann in Frauenkleidern oder eine bärtige Frau wiedergegeben ist. Vielleicht handelt es sich
um einen Zwitter, der durch seine ihn determinierende
gesellschaftliche Umgebung für die Frauenrolle bestimmt wurde. Wie quälend, ja, persönlichkeitsver-
nichtend eine einseitige Rollenunterwerfung für den
betroffenen Menschen sein kann, ist als Thema in der
modernen Literatur aufgegriffen (35).

Häßlichkeit und abstoßendes Wesen wurde bei alten
Zwittern karikierend hervorgehoben. Dies zeigt ein den
Physiognomiestudien von Leonardo da Vinci naheste-
hendes Bildnis, eine Kopie nach Quinten Massys, in der
National Gallery, London (36). Noch schlimmer waren
menschliche Mißgeburten dargestellt, die neben erfun-
denen Tier-Mensch-Mißgestalten durch Flugblätter einem sensationslüsternen Publikum bekannt gemacht
wurden. Berichte von Wundererscheinungen in fernen
Ländern am Rand der Welt und Ungeheuern, die dort
angeblich lebten, erweiterten die Kunde von schrecklichen hermaphroditischen Mischwesen (37).

In den Niederungen des Abartigen, Monströsen sah man auch Bisexuelle und Homosexuelle angesiedelt. Dieses Vorurteil ging vor allem von der Kirche aus. Im Hofleben scheinen freiere Sitten befolgt worden zu sein. Der französische König Henri III (Valois) hat beispielsweise alle Vorurteile gegen Homoerotik in spektakulärer Weise ignoriert (38). Er umgab sich mit schönen Lieblingen und Günstlingen, den „Mignons". Stunden verbrachte er am Toilettentisch, um sich wie eine Frau zu schminken, zu frisieren und zu kleiden. Er sammelte kostbaren Schmuck und tat überhaupt alles, um die Rolle einer Frau seines Standes in der Gesellschaft zu imitieren und ihr durch Verwirklichung in seiner Person einen auffälligen Akzent zu verleihen. Henri III war das Ziel politischer und moralischer Pamphlete. Thomas Artus hat in seiner Schmähschrift „Les Hermaphrodites" (um 1600) den allgemeinen Sittenverfall am Hofe angeprangert. Dazu rechnete er als ein Hauptübel auch die Homosexualität. Im Titelbild erscheint Henri III als Hermaphrodit. Der König rächte sich nicht für diese Vorwürfe, sondern gab ungeniert zu, daß der Verfasser die Wahrheit gesagt habe (39). Die augen-

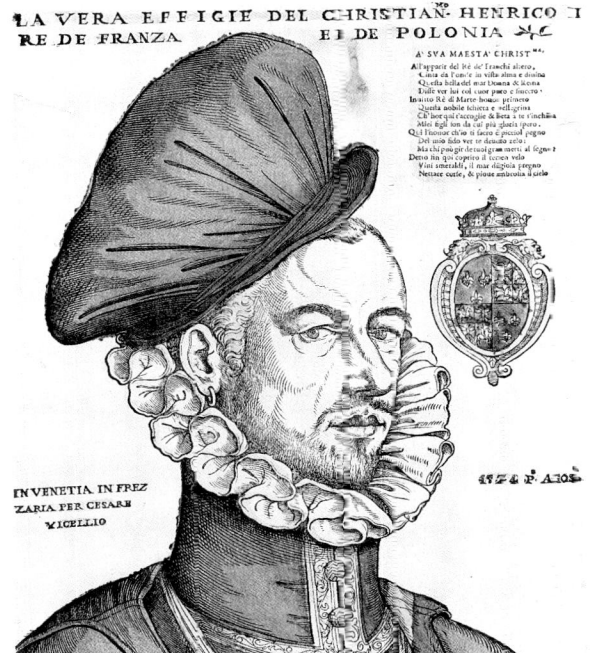

Cesare Vecelleio, Bildnis Henri III. (A)

Thomas Artus
Les Hermaphrodites, Paris um 1600
Titelblatt (A)

scheinliche Effeminatio erachteten seine Untertanen übrigens als aus Italien importiert. In der Tat hat Henri III diese Eigenschaft anläßlich seines großartigen Einzugs in Venedig, 1574, erstmals voll entfaltet.

In 16. Jahrhundert konnten – soweit sich dies aus heutiger Sicht beurteilen läßt – Ähnlichkeiten des Geschlechts unter anderem durch die übereinstimmende lange Haartracht entstehen. Allerdings fallen die Haare bei Jünglingen meist breiter auf die Schulter (wie auch schon in der griechisch-archaischen Kunst), bei Mädchen tiefer auf den Rücken herab. Bei den Mädchen rahmen die welligen Locken das Gesicht mehr ein. Dies trifft für ein von Dürer 1507 nach seinem Aufenthalt in Venedig gemaltes doppeldeutiges Bildnis zu, so daß man es eher für das Bildnis eines Mädchens halten könnte. Das Barett, das zu jener Zeit von jungen Männern getragen wurde, zeigt kostbaren Schmuck, die kunsthistorische Interpretation schwankt zwischen Knaben- oder Mädchenbildnis. Erwin Panofsky bringt mit dem Bild einen Brief über Dürer in Verbindung, der eine Anspielung des Verfassers, des Kanonikus Lorenz

Albrecht Dürer
Bildnis eines Mädchens oder Knaben
Pergament auf Holz
Gemäldegalerie SMPK, Berlin

kann man von der Gestalt des Dionysos ausgehen, der die Dimension des Androgynen vom höheren apollinischen Wesen ins Sinnliche, Orgiastische überleitet. Auch hier steht der Kult in seinen Ausdrucksformen Musik und Tanz im Vordergrund. Dionysos ist der Gott der Verweichlichung und Verweiblichung in einer Person. Die kraftlos machende Wirkung des Weins versetzt ihn in diesen Zustand. Dionysos-Bacchus wird in der griechisch-römischen Kunst mit üppiger oder sogar mit weiblicher Brust dargestellt (42).

Gleichzeitig erstarken unter seinem Einfluß jene Frauen, die sich ihm ganz hingeben. Durch den Gott in einen Zustand der Raserei hineingesteigert, werden sie zu männermordenden Mannweibern. Sie erschlagen Orpheus und Pentheus, den Sohn des Königs Kadmus von Theben.

Die Verweichlichung/Verweiblichung des Mannes ist ein Thema in Ovids Metamorphosen. Der Dichter schildert die sinnliche Begierde der Quellnymphe Salmakis, die sich in den badenden Hermaphroditen verliebt und durch das Walten der Götter mit ihm zu einer Gestalt vereint wird. Wer als Mann in diesem Quell badet, heißt

Cherubino Alberti
Römische Bacchusstatue
mit Panther (A)

Robert de Baudous (?)
nach Hendrik Goltzius
Salmakis und
Hermaphrodit (A)

Beheim von Bamberg, auf ein Verhältnis des Künstlers mit einem Knaben enthält (40). Da es die einzige bekannte derartige Mitteilung ist, dürfte der Wahrheitsgehalt schwer nachprüfbar sein. Allein die Tatsache, daß mit geringem Verwandlungsaufwand aus einer Frau Christus selbst und aus einem Mädchen ein Knabe werden kann, deutet fließende Grenzen an. Diese galten sogar für eine Epoche, in der das Nichtbefolgen des Rollenverhaltens sich für den Betroffenen nur nachteilig auswirken konnte. Die Entscheidung zur Grenzüberschreitung wird im folgenden unter dem Aspekt Verweiblichung des Mannes und Vermännlichung der Frau näher betrachtet.

Verweiblichung

Unter dem Stichwort „Effeminatus" ist für Verweiblichung im Reallexikon für Antike und Christentum eine Fülle von Beispielen angeführt (41). Für das Altertum

46

Barthélemy Aneau
Picta Poesis, Lyon 1552
Hermaphrodit, Sinnbild vollkommener Ehe (A)

es bei Ovid, muß erleben, daß er weich und kraftlos wird und als Zwitter wieder heraussteigt (43). Der Hermaphrodit als Doppelwesen hat dies durch Flehen von den Göttern erwirkt und damit zugleich einen Multiplikationseffekt, wie wir heute sagen würden, eingeleitet. Ovid geht in seiner Sage nicht darauf ein, daß der Hermaphrodit allein schon durch seine Abstammung von Hermes und Aphrodite androgyne Eigenschaften in die erzwungene und endgültige Ehe einbringt.

Gemälde und Buchillustrationen zu den Metamorphosen zeigen im 16. Jahrhundert eine differenzierte Auffassung. Eine Einteilung in Bildtypen wurde von A. Pigler versucht (44). Aus der Abfolge der Handlung sind verschiedene Augenblicke gewählt: Salmakis hält sich hinter einem Gebüsch versteckt und beobachtet, von Liebe entflammt, den sich entkleidenden Hermaphroditen (45). Sie stürzt sich auf den Badenden. Sie umarmt ihn im Wasser. In Simultandarstellung wird in einigen Bildern zusätzlich das durch die Verschmelzung entstandene Doppelwesen sichtbar. Der Vorgang des Zusammenwachsens im Anfangsstadium ist von Jan Gossaert, genannt Mabuse, mittels einer komplizierten

Verschränkung der Arme und Beine angedeutet. Im Hintergrund ist dann bei dem zusammengewachsenen Körper mit männlichem und weiblichem Kopf die Situation kurz vor dem endgültigen Einswerden gezeigt (46).

Viele Ovid-Illustrationen geben die Figuren als Staffage in der groß gesehenen Landschaft. Bei Hendrik Golzius erhalten die Landschaftselemente selbst Symbolbedeutung (47). Der Hermaphrodit ist halb sitzend, halb liegend auf einem Felsen plaziert, den rundum Wasser umgibt. Die darin stehende Salmakis hält ihn an Schulter und Knie. Ausgewaschene Felsformationen schließen die Komposition kreisförmig und verdeutlichen, daß die Kraft des Wassers härtestes Gestein aushöhlt und erweicht – ein Sinnbild für die Quelle Salmakis, die die Männer verweichlicht.

Die Salmakis-Szene ist von Barthélemy Aneau in „Picta Poesis", Lyon 1552, S. 32, als Holzschnitt aufgenommen und als „libido effoeminans" – verweiblichende Begierde, Wollust interpretiert worden. Der Autor verwendet in zwei weiteren Holzschnitten die Figur des Hermaphroditen (48). Auf S. 14 f. ist dieser als „MATRIMONII TYPUS" vorgestellt: eine ideale Verbindung von Mann und Frau, wie der zugehörige Text erklärt. Dadurch ist die geläufige Bedeutung „libico" in ihr Gegenteil verkehrt und der Hermaphrodit mit dem „Amor castus" – der keuschen ehelichen Liebe – in Verbindung gebracht. Darüber hinaus enthält Aneaus Emblem einen gedanklichen Schritt, durch den die antike Figur des Hermaphroditen als Sinnbild für das christliche Sakra-

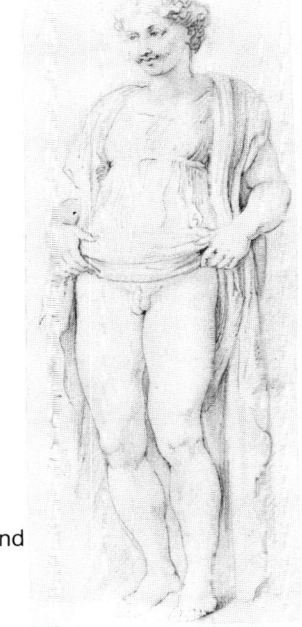

Peter Paul Rubens
Hermaphrodit,
sein Geschlecht entblößend
Zeichnung
Königliche Kupferstich-
sammlung Kopenhagen

ment der Ehe gebraucht wird. Auf Mose 2, 24, und auf Matthäus 19, 5 f., ist Bezug genommen: „…zwei werden ‚ein Fleisch' sein".

In der griechisch-römischen Skulptur hat die Gestalt des Hermaphroditen eine künstlerische Vollendung erfahren, die bis heute die Vorstellung von einem menschlichen Zwitter mitprägt. Die für die Ausstellung angefertigten Gipsgüsse geben die hellenistische Statue eines Hermaphroditen aus Pergamon und den sog. „Berliner Hermaphroditen" wieder, ein Werk der Kaiserzeit nach polykletischem Figurenkanon (Anm. 49 Abb. s. Einführung). Beide Werke waren in der Epoche der Renaissance noch nicht ausgegraben. Sie belegen eine unterschiedliche Auffassung vom Weibmann: eine betont weibliche und eine jünglingshafte. Die Statue aus Pergamon zeigt einen Frauenkörper mit männlichen Genitalien, der Berliner Hermaphrodit einen Jünglingskörper mit weiblicher Brust. Sie gleichen wohl nur wenig tatsächlichen menschlichen Zwittern, bei denen die Genitalien meist in verwachsener, verkümmerter Bildung vorkommen. Vielmehr handelt es sich um idealisierte Gestalten des Weibmannes, um seine Bereicherung durch weibliche Formen, die Fähigkeit zu weiblichen Gefühlen, also den Weg zur doppelgeschlechtlichen Ganzheit. Diese Weibmänner sind ihrer äußeren geschlechtlichen Erscheinung nach bisexuell. Die Sehnsucht nach einem doppelgeschlechtlichen Ursprung, wie er von Platon beschrieben worden ist, erfüllt sich im Hermaphroditen nur partiell, denn ihm fehlt ja der gebärende weibliche Schoß. Bei den Skulpturen stellt sich die Frage, wie weit eine Erfüllung nicht nur im Erotischen, sondern auch im Geistigen und Seelischen angestrebt wurde.

Sinnlichkeit ist dagegen eindeutig bei der bekannten Marmorskulptur des liegenden Hermaphroditen hervorgehoben. Römische Kopien dieses hellenistischen Werks sind in Rom und Paris erhalten (50). Nachbildungen der Renaissance in Florenz und Wien als Kleinbronzen nehmen die Erotik auf. Die Bereitschaft zu geschlechtlicher Hingabe ist durch die Stellung des Körpers angedeutet. In dieser Spätphase griechischer Kunst wurde das Doppelgeschlecht der Gestalt des Hermaphroditen als Steigerung von Erotik und Sexualität zu höchster Vollkommenheit empfunden.

In der Renaissance war neben dem liegenden Hermaphroditen ein Statuentypus bekannt, bei dem der Hermaphrodit sein Gewand hochzieht, um sein Glied vorzuzeigen. Eine unveröffentlichte Rubenszeichnung gibt diese Figur, die ursprünglich wohl auf eine Pan-Statue zurückgeht, wieder (51). In einer Radierung von F. Greuter in „Galleria Giustiniana" (52) sind die Genitalien weggelassen. Die antike Statue ist wohl aus Prüderie geschlechtslos dargestellt.

In Eigenschöpfungen der Renaissance wurde Androgynität analog zu antiken Werken „antikisch" aufgefaßt. Ausgangspunkt war sowohl der schöne männliche Körper, abgewandelt in den effeminierten Jüngling, als auch der schöne Frauenkörper, dessen ideale Formen auf den Mann übertragen wurden. Dies geschah in der Nachfolge von Michelangelos Spätwerk durch jene Künstler, die sich seiner künstlerischen Ausdrucksweise (maniera) angeschlossen hatten. Zwischen ihren Werken und denen des großen Meisters besteht jedoch ein grundlegender Unterschied, der das Androgyn-Thema unmittelbar berührt: Bei Michelangelos Skulpturen ist, wenn man von der Marmorstatue des trunkenen Bacchus im Bargello, Florenz, absieht, nicht ein androgynes, sondern ein sieghaft-männliches Ideal dominant. In der berühmten David-Statue wird es gleichzeitig Ausdruck politischer Stärke des Stadtstaates Florenz. Um übersteigerte Manneskraft handelt es sich auch bei der sogenannten „Vittoria". Nicht eine Siegesgöttin, sondern ein willensstarker, muskulöser Jüngling setzt hier brutal sein Knie auf den am Boden kauernden überwältigten Gegner (53). Ihren Titel erhielt die ursprünglich für das Grabmonument Papst Julius II. geschaffene, dann im Palazzo Vecchio, Florenz, aufgestellte Marmorgruppe erst später, so daß ein androgyner Sinnzusammenhang entfällt.

In Proportionsstudien sind seit der Kunst der Antike bis zu Albrecht Dürer und zum 18./19. Jahrhundert stets mehr die Unterschiede als die Gemeinsamkeiten zwischen dem männlichen und weiblichen Körper herausgearbeitet worden. Der männliche galt als schöner, ihm gegenüber wurde der weibliche oft abgewertet (54). Andererseits wurde z. B. die Figur der Venus in den erhaltenen Statuen des Altertums als Inbegriff von Schönheit gefeiert. Ihr Körperbau und ihre Maße wurden in den Rang der Vollkommenheit erhoben. So kann es nicht überraschen, daß dieses weibliche Schönheitsideal die Gestalt des Weibmannes in der Kunst beeinflußt hat.

Die Skulptur des Weibmannes schuf nach dem Formenkanon des späten Michelangelo der für die Medici tätige Bildhauer Giovanni da Bologna. Skulpturen der badenden Venus spielen in seinem Œuvre eine zentrale Rolle. Als frühe Fassung ist die Marmorvenus in der Grotte des Buontalenti, Palazzo Pitti, Florenz, anzusehen. Ihre Stellung im Kontrapost hat der Künstler unter dem Einfluß von Michelangelos Spätwerk, z. B. der Skulptur des David-Apollo, im Bargello, und der „Vittoria" weiterentwickelt: Die Pose wurde immer komplizierter und gipfelte schließlich in der „figura serpentinata" der „Venus Urania", (Allegorie der Astronomie, 55).

Ihrer überaus künstlichen Haltung und ihren schwellenden weiblichen Formen entspricht Giovannis Apollo-

Francesco Susini, Liegender Hermaphrodit (A)

Statuette, etwa gleichzeitig, um 1573, für eine Wandnische im Studiolo von Francesco de' Medici, Palazzo Vecchio geschaffen. Androgynität läßt sich hier durch parallele Anwendung gleicher Kriterien der Körperformen und der Attitüde in der Plastik von Frau und Mann erfassen. Venus Urania und Apollo ergänzen sich in einer völlig neuen, perfekten, spiegelsymmetrischen Figur. Die Annäherung ihrer Gestalten aneinander ist vermutlich um so augenfälliger für die Epoche selbst gewesen, als die traditionelle Darstellung von Aktfiguren sich hauptsächlich auf Adam und Eva unter dem Baum der Sünde beschränkte. Und bei diesen war nicht das Gemeinsame, sondern der „charakterisierende" Unterschied demonstriert. Am anschaulichsten zeigen dies wohl Dürers Proportionsstudien (56). Daß von Giovanni da Bologna für die männliche und weibliche Gestalt übereinstimmende Schönheitsprinzipien zugrunde gelegt wurden, bringt beide auf eine gemeinsame Norm – die der Androgynität. Einander angenäherte Idealvorstellungen von Mann und Frau gaben Anlaß zu dieser Gleichsetzung. Wie schon oben bei der Übertragung der Bewegungsstudien von Mantegnas Musen auf die Figur des Apollo festgestellt wurde, scheint es sich im Widerspruch zur theoretischen Verherrlichung des männlichen Körpers oft so zu verhalten, daß der Idealgestalt der Frau die des Mannes angeglichen wurde. Der umgekehrte Fall, der zur „Vermännlichung" gehört, wird in Michelangelos Sybillen in der Sixtinischen Kapelle gesehen.

In der Überspitzung der Pose manieristischer Statuetten läßt sich die Effeminatio auch bei anderen Werken von Giovanni da Bologna und seinem Werkstattkreis belegen. Bei einer Meleager-Statuette in der Skulpturengalerie der Staatlichen Museen, Preußischer Kulturbesitz, werden Pose und Körperformen zu einer äußerst gezierten, effeminierten Figur übersteigert (57). Meleager, der zusammen mit der von ihm geliebten jungfräulichen Jägerin Atalante und einer Schar von Helden den das Land Kalydonien verwüstenden Eber erlegte, überrascht durch dieses hohe Maß von Effeminiertheit. Sie läßt sich aus dem Mythos nicht erklären.

Zu dem Kreis der hier vorgestellter Götter und Helden mit Neigung zum Androgynen gehören weitere Effeminati. Neben Apollo sind es, wie bereits erwähnt, besonders Amor und Bacchus. Das Gemälde „Amors Abschied von Psyche" von Joseph Heintz dem Älteren (58, Farbabb. S. 68) zeigt den Gott mit mädchenhaft aufgestecktem Haar und mit weiblichen Körperformen,

Giovanni da Bologna
Venus Urania oder: Astronomie
Bronzestatuette, vergoldet
Kunsthistorisches Museum Wien,
Sammlung für Plastik
und Kunstgewerbe

Giovanni da Bologna
Apollo
Bronzestatuette
Palazzo Vecchio, Florenz,
Studiolo des Francesco
de' Medici

Giovanni da Bologna, Schule
(Pietro Francavilla zugeschrieben)
Meleager
Bronzestatuette
Skulpturengalerie SMPK, Berlin

ebenso der Kupferstich „Amor verliebt sich in Psyche"
von Jan Muller nach einem Gemälde von Bartholomäus
Spranger (59). Beide Darstellungen sind als Illustrationen zur Fabel des Apuleius, Metam. V, zu verstehen und
haben göttliche Liebe zum Thema. Psyche – die
menschliche Seele – wurde in allegorischen Bildern
des Mittelalters und der Renaissance in Ableitung von
dem femininen griechischen Wort und dem lateinischen
„anima" weiblich dargestellt. Ihre Liebe zum Liebes-
gott selbst und Amors Liebe zu Psyche wurde auch
christlich interpretiert (60). Eine grundlegende Übereinstimmung findet sich z. B. in dem Kult-Thema, nach
dem der Gott erst die Seele aufsucht und sich mit ihr
vereinigt, sie aber dann wegen ihres Ungehorsams verläßt. Beide Begebenheiten – Ankunft des sich in Psyche
verliebenden Amor und sein Abschied – sind in dem
Stich nach Spranger und in dem Gemälde von Joseph
Heintz d. Ä. dargestellt.

In Sprangers Gemälde „Sine Baccho et Cerere friget
Venus" – Ohne Bacchus und Ceres erkaltet Venus
(Farbabb. S. 69) – (61) und in dem Kupferstich dessel-

ben Themas von Jan Saenredam nach Hendrik Goltzius
ist es Bacchus, der sich den beiden Göttinnen anver-
wandelt. Im Kupferstich sitzt Venus auf seinem Knie, sie
umarmt ihn. Die Figuren ähneln einander weitgehend
durch ihre Sinnlichkeit und Fröhlichkeit und vor allem
durch ihre Körper. Bei dem Bild von Spranger fällt die
Erotik der Gestalten auf. In einem Bilderzyklus der Göt-
terliebe nach Ovid, in dem auch die Hermaphrodit-Sal-
makis-Szene vorkommt, finden die gespreizten Stellungen von Sprangers Figuren, die auf denen Parmigiani-
nos beruhen, eine unerschöpfliche Variation (62). Diese
Werkfolge entstand am Hof Rudolfs II. in Prag. Sie bezeugt den Geschmack einer verfeinerten manieristischen Kunst und eine Vorliebe für erotisch-poetische
Bildthemen durch den Kaiser (63). Der nach Terenz,
Eunuchus IV, gewählte Titel des ausgestellten Gemäldes ist ein vitaler Sinnspruch, programmatisch für die
irdischen Freuden.

Dem Fest der Sinne steht die Verherrlichung der Tugend in Gestalt der Athena gegenüber, die oben bei
dem Stich von Egidius Sadeler nach einem Bild von

Spranger erwähnt worden ist. Durch Zusptzung von Sinnlichkeit und Effeminiertheit einerseits, von Tugend und Abstraktion andererseits, erreicht Spranger eine Antithese, in deren Synthese die Unterschiede im Rollenverhalten von Mann und Frau negiert sind. So, wie der Sieg des Geistes in Athena durch die Kraft des Mannweiblichen repräsentiert ist, hat bei den drei Gottheiten des Genusses, Venus, Bacchus und Ceres deren gleichmachende weibliche bzw. weibmännliche Harmonie den Vorrang.

Vermännlichung

Die Angleichung weiblicher Körperformen an die männliche Gestalt findet sich seltener, ist jedoch im Zusammenhang mit dem Zeichnen nach männlichen Modellen bei Michelangelos Sybillen in der Sixtinschen Kapelle vermutet worden (64). Der Körper der Omphale, die sich – der griechischen Mythologie folgend – den starken Herkules hörig gemacht hat, ist in der Kunst meist sehr weiblich dargestellt. (Andererseits ist der verweichlichte Herkules der Schar der Effeminat zuzuordnen.) Bartholomäus Spranger gibt freilich in einem Gemälde, das sich im Kunsthistorischen Museum Wien befindet, Omphales Rückenakt ein knabenhaftes Aussehen.

Bei den meisten mythologischen Mannweibern und bei vielen androgynen Göttinnen bleibt der weibliche Aspekt unverändert. Dies trifft z. B. auf Artemis-Diana zu, wenn sie in ihrer männlichen Rolle als kühne Jägerin dargestellt ist. Mit energischer Bewegung, aber in ihrer Gesamterscheinung als junge Frau, erscheint sie in der bekannten antiken Skulpturengruppe der „Artemis von Versailles". Selbst in den Szenen, in denen sie den Jäger Aktaion, der sie beim Bad überrascht, strafend in einen Hirsch verwandelt, unterscheidet sie sich kaum von den sie umgebenden Nymphen.

Im Fries des Pergamon-Altars, Ost-Berlin (Pergamon-Museum), nehmen alle Göttinnen aktiv am Kampf gegen die Giganten teil. Sie tun dies in ihrer weiblichen Gestalt.

Das Kriegsvolk der Amazonen war in der griechischen Kunst ihrem Verhalten nach männlich dargestellt, mit ihrem Aussehen aber dem weiblichen Schönheitskanon angepaßt. Dem Mythos zufolge führten sie den sonst Männern vorbehaltenen Kampf mit Schwert und Lanze und schnitten eine Brust ab, um den Bogen besser spannen zu können. Diese anatomische Einzelheit ist in der griechischen Kunst nicht wiedergegeben worden, weil sie den ästhetischen Idealen widersprach.

Jan Muller nach Bartholomäus Spranger
Amor verliebt sich in Psyche (A)

Jan Saenredam nach Hendrik Goltzius
Ohne Ceres und Bacchus erkaltet Venus (A)

André Thevet, Les vrais portraits
des hommes illustres, 1584
Bildnis der Jeanne d'Arc (A)

Neben berühmten Amazonen wie Penthesilea sind in der Antike auch andere Beispiele mannhafter Frauen geschildert worden. In Vergils „Aeneis" hat sich Camilla von der spezifischen Frauentätigkeit des Spinnens zurückgezogen und tritt statt dessen in der Rolle des Heerführers auf (65). Sie kämpft an der Spitze der volkischen Reiterei im Krieg des Turnus gegen Aeneas.

Daß die Vermännlichung der Frau in der Antike nicht das Ausmaß der Effeminatio des Mannes erreicht hat, ist schon aus dem Fehlen eines Pendant-Artikels, etwa unter dem Stichwort „Virago", im Reallexikon für Antike und Christentum ersichtlich (66).

In der Renaissance ist „Virilitas" eine Tugend, die z. B. in Dürers Triumphwagen Kaiser Maximilians I. nicht einer Frau, sondern dem Herrscher zugeschrieben wurde.

Zu den Mannweibern des 15. Jahrhunderts gehört Jeanne d'Arc, die Jungfrau von Orléans (67). Als Anführerin des französischen Befreiungsheeres gegen die Engländer hatte sie zunächst Ruhm erlangt. Dann wurde sie in einem Inquisitionsprozeß unlauterer Motive beschuldigt und hingerichtet, nach dem Tod rehabi-

litiert und in unserem Jahrhundert, 1920, heiliggesprochen. Ihr androgynes Sonderschicksal wurde von der Tagespolitik, der sie lebte, vor allem von der Kirche nicht toleriert, gleichzeitig aber ausgenutzt. Doch schon 1584 wird ihr Bildnis als Kupferstich in André Thevets Buch „Les vrais portraits et vies des hommes illustres" – Die wahren Bildnisse und Lebensbeschreibungen berühmter Männer – veröffentlicht. Der Autor hat den ungewöhnlichen Schritt vollzogen, ein Mannweib unter die Männer einzureihen.

Bei den Weibmann- und Mannweib-Beispielen ließ sich aufzeigen, daß an die männlichen und weiblichen Götter und Menschen zweierlei Maß angelegt worden ist: Für den Weibmann bzw. den gynandrischen Gott bestand eine Tendenz, sich auch äußerlich der Frau anzugleichen, in Gestalt, Gesichtsausdruck und Haltung.

Das Mannweib und auch die androgyne Göttin verwirklichten Androgynität weniger durch ihr Aussehen, etwa durch Männerkörper und -kopf, als durch die sonst für den Mann in Anspruch genommene Entschlossenheit des Handelns. Gerade diese Eigenschaft, die im Widerspruch zum weiblichen Rollenverhalten stand, mußte in der patriarchalischen Gesellschaftsordnung Spannungen verursachen. Die Bereitschaft beider Geschlechter, androgyne Wesenszüge in sich selbst zu entdecken und anzuerkennen und sie auch bei dem anderen Geschlecht zu tolerieren, hatte deshalb in der Renaissance (wie noch heute) kein breites Fundament. Um so überraschender ist es, daß die Dialektik des Problems bereits in den Gesprächen des „Cortegiano" von Baldassare Castiglione vorweggenommen wurde: „nicht männlich zu nennen, was nicht auch das Weibliche hat, und nicht weiblich, was nicht das Männliche hat".

1 Henricus Stephanus, Thesaurus Linguae Graecae, 1572 (Neudruck Graz 1954), Bd. III, Sp. 828: *Gynandros* = Effeminatus, Muliebris; Bd. II, Sp. 655: *Androgynos* = Semivir, Virago. Diese Begriffe sind im Griechischen maskulin und unterscheiden sich nicht grundsätzlich voneinander. In weiteren Umschreibungen hebt Stephanus die Doppelgeschlechtlichkeit als gemeinsame Grundbedeutung – auch durch Gleichsetzung – hervor. (Freundliche Mitteilung von Felix Preißhofen, Freie Universität Berlin.) Im Deutschen ist das Wort „Weibmann" – im Gegensatz zu „Mannweib" – umgangssprachlich nicht verbreitet. Es fand konsequente Anwendung bei Gisela Bleibtreu-Ehrenberg, Der Weibmann, Kultischer Geschlechtswechsel im Schamanismus, Frankfurt am Main 1984

2 Musée du Louvre, Paris. 1497 vollendet. Ronald Lightbown, Mantegna, Oxford 1986, S. 442 f., Nr. 39

3 Arthur M. Hind, Early Italian Engraving, Part II, Vol. V, London 1948, S. 27, Nr. 21: Andrea Mantegna, 1495–1500. Der Kupferstich basiert vermutlich auf einer Vorstudie für das Gemälde (Lightbown a. a. O., Nr. 222)

4 Florenz, Palazzo Pitti, Galleria Palatina, Ö farben auf Holz, 35 × 78,5 cm. Das Gemälde wurde für ein Werk des Giulio Romano gehalten und durch zahlreiche Kupferstiche von Allaert Claesz bis zu Carlo Lasinio verbreitet. Ein früher Stich von Philipp Thomassin nennt Peruzzi als Erfinder der Komposition. (Georg Kauffmann, Peruzzis Musenreigen, Mitteilungen des Kunsthistorischen Instituts Florenz 11, 1963/64, S. 55–66)

5 Der Apollo Kitharoedus im Pergamon-Museum, Berlin, trägt einen Peplos – ein weibliches Gewand. Eine andere römische Statue des Apollo Kitharoedus, basierend auf einem hellenistischen Typus, mit nacktem Körper und um die Schenkel gelegten Gewand (aus der Slg. Farnese, Neapel, Museo Nazionale Inv. Nr. 6262) ist in einem Nachstich nach Marcanton Raimondi wiedergegeben (Bartsch 333 – Kopie). Lt. Bildunterschrift wurde sie für eine Darstellung des Hermaphroditen gehalten. Das läßt Rückschlüsse auf die Sehweise in der Renaissance zu. Statuen des Apollo Kitharoedus wurden offenbar als so feminin aufgefaßt, daß man sie als doppelgeschlechtlich betrachtete. Das hellenistische Urbild zeigt diese Eigenschaft noch verstärkt als Kopie aus der römischen Kaiserzeit, in der es während des 2. Jahrhunderts nach Christus eine Tendenz zur Betonung des Mannweiblichen bei Apollo und Bacchus gab.

6 Athena kommt zu den Musen, um das Wunder der von Pegasus am Helikon eröffneten Quelle zu betrachten.

7 Quellennachweis zur Androgynität griechischer Götter, Zeus, Dionysos u. a. siehe Marie Delcourt, Hermaphroditea, Recherches sur l'être double promoteur de la fertilité dans le monde classique (Collection Latomus vol. LXXXVI) Brüssel 1966, S. 9. Zeus' Wandlungsfähigkeit kulminiert bei Anlässen seiner Liebschaften, zu deren Gelingen, z. B. bei der Nymphe Callisto, er öfter weibliche Gestalt annimmt. Er ist sogar in der Rolle des Gebärens gezeigt: unter dem Hammerschlag des Hephaistos entspringt Athena seinem Haupt. Aristoteles beschreibt nach den Orphikern sein Wesen als Urkraft: „… aus Zeus ist alles geschaffen./Zeus ist der Erde Grund und auch des sternfunkelnden Himmels, Zeus ist Mann und Zeus ist auch unsterbliches Mädchen…". Aristoteles, Werke, in deutscher Übersetzung, hrsg. von Ernst Grumach, fortgeführt von Helmut Flashar, Bd. 12, Darmstadt 1970, Teil II, Über die Welt, Kap. 7, S. 259.

8 F. Dowley, French Portraits of Ladies as Minerva, Gazette des Beaux-Arts VI sér., 45, 1955, S. 264

9 Die Zuschreibung an Niccolò dell' Abbate ist umstritten. Vgl. Edgar Wind, Heidnische Mysterien in der Renaissance, Frankfurt/Main 1981, S. 245, Anm. 69. Eine genauere Untersuchung der Miniatur, inhaltlich und stilistisch, findet sich bei Brigtte Walbe, Studien zur Entwicklung des allegorischen Porträts in Frankreich von seinen Anfängen bis zur Regierungszeit König Heinrichs II. Diss. Frankfurt am Main 1974, S. 82ff.

10 Pallas Athena, Schule des Phidias, Römische Kopie aus der Kaiserzeit. Neapel, Museo Nazionale, Inv. Nr. 6024 (aus der Slg. Farnese)

11 Zur Bedeutung der Sphinx nicht nur als Weisheitsträger, sondern auch als Todesdämon siehe Heinz Demisch, Die Sphinx, Stuttgart 1977, S. 224. Im Fin de siècle dominiert die Todessymbolik. Zur Medusa vgl. A. Giuliano, „Gorgone", in: Enciclopedia dell' Arte Antica, III, S. 982ff., und Seymour Howard, Covert References in the Dresden Venus and its kin, in: Actas des XXIII Congreso Internacional de Historia del Arte, Granada 1973, III, erschienen 1978, S. 533; „Athena …, who wore the imago of her archaic alter-ego emblazoned on the aegis over her heart".

12 Zur Idee der „armonia" in Mantegnas Parnaßgemälde siehe Elisabeth Schröter, Die Ikonographie des Themas Parnaß vor Raffael, Hildesheim (Olms) 1977, S. 280 ff., und Renate Liebenwein, Wenn Mars bei Venus ruht, Andrea Mantegnas „Der Parnaß" – ein Friedensbild, Frankfurter Rundschau, 22. 12. 1984.

13 „E però maschio e femina da natura son sempre insieme, né po esser l'un senza l'altro: così quello non si dee chiamar maschio che non ha la femina, secondo la diffinizione dell' uno e dell' altro; né femina quella che non ha il maschio. E, perché un sesso solo dimostra imperfezione, attribuiscono gli antichi teologi l'uno e l'altro a Dio: onde Orfeo disse che Iove era maschio e femina; e leggesi nella Sacra Scrittura che Dio formò gli omini maschio e femina a sua similitudine, e spesso i poeti, parlando degli dei, confondono il sesso. Opere di Baldassare Castiglione, Giovanni della Casa, Benvenuto Cellini, a cura di Carlo Cordié Milano/Napoli 1960 (La Letteratura Italiana, Storia e Testi, vol. 27), S. 219 (Buch III, Kap. XIV).

14 Paulys Real-Encyclopädie der Classischen Altertumswissenschaft, hrsg. von Georg Wissowa, Bd II Stuttgart 1894, Sp. 2794: Aphroditos

15 Vicenzo Cartari, Imagini delli Dei de gl'antichi Venedig 1647 (Neudruck Graz 1963), S. 283 f. Zu Cartaris Quellen vgl. Paulys Real-Encyclopäde a. a. O.

16 J. Adam von Bartsch, Le Peintre-Graveur, 21 Bde. Wien 1803–1821, Bd. 15, Nr. 33. Suzanne Boorsch Michal and R. E. Lewis, The Engravings of Giorgio

Ghisi, The Metropolitan Museum of Art, New York 1985, S. 211: Rejected Works, R 1–4, after Perino del Vaga.

17 Die innere Ruhe der Figuren wurzelt in einer idealisierten stoischen Grundhaltung des Gemüts. Vgl. Leone Battista Alberti, Profugiorum ab Aerumnia Libri III (Opere volgari, Bd. II, Rime e trattati morali, a cura die Cecil Grayson, Bari 1966. Scrittori d'Italia Nr. 234).

18 Auf die Frage der Homosexualität von Leonardo da Vinci und Michelangelo geht Karin Orchard in ihrer Magisterarbeit näher ein (s. Lit.-Verz.).

19 David Alan Brown, The Young Correggio and His Leonardesque Sources, Garland Publishing Inc. New York/London 1981, S. 26 ff.

20 Erwin Panofsky, The Life and Art of Albrecht Dürer, Princeton 1955, S. 43. Fedja Anzalewsky hat Panofskys Deutung durch eine schriftliche Äußerung Dürers untermauert, jedoch noch mehr die gottverwandte Schöpferidee hervorgehoben: Dürers Selbstbildnis aus dem Jahre 1500, in: Ars Auro prior, Studia Ioanni Bialostocki sexagenario dicata, Warszawa 1981, S. 287 ff.

21 Vgl. die Kopfstudien bei André Dutertre, Collection des têtes du célèbre tableau de la Cène par Léonard de Vinci…, Paris 1808, Tafel 8 und 9. (Clelia Alberici, Leonardo e l'incisione, Milano 1984, S. 74 f.)

22 Die Verbindung von „Caritas" und „Amor Dei" im Mittelalter erläutert R. Freyhan: The Evolution of the Caritas Figure in the Thirteenth and Fourteenth Centuries, Journal of The Warburg and Courtauld Institutes XI, 1948, S. 72 ff. In der Renaissance erfolgt dann der Rückgriff auf Venus in einer Bronzestatuette von Pier Jacopo Alari-Bonacolsi, genannt Antico. Die Figur ist im Katalog der Ausstellung „Natur und Antike in der Renaissance", Liebieghaus Frankfurt/Main 1985/86, Nr. 116, als „Venus-Caritas (Amor Dei)" erkannt worden. Der Christus-Amor geht unmittelbar auf derartige Antikenrezeption zurück.

23 Auf Darstellungen des androgynen Eros geht Marie Delcourt a. a. O. (1966), S. 54 ff. ein.

24 Renate Laut, Weibliche Züge im Gottesbild israelisch-jüdischer Religiosität. Eine Untersuchung. Als Manuskript veröffentlicht: Köln Brill in Komm. 1983 (Arbeitsmaterialien zur Religionsgeschichte 9)

25 Leone Ebreo (Giuda Abarbanel), Dialoghi d'Amore, a cura di Santino Caramella, Bari 1929, S. 289 ff. Eine Erläuterung zum Androgynen in der komplizierten Vorstellungswelt der Gnosis und Kabbala, vor allem der Schechina-Idee, findet sich bei Barbara Wedekind-Schwertner, „Daß ich eins und doppelt bin", Studien zur Idee der Androgynie unter besonderer Berücksichtigung Thomas Manns, Frankfurt am Main, Bern, New York, Nancy 1984 (Europäische Hochschulschriften, Reihe 1, Deutsche Sprache und Literatur, Bd. 785), S. 52–90.

26 Edgar Wind, Heidnische Mysterien in der Renaissance, Frankfurt/Main 1981, S. 242 ff. (engl. Erstausgabe London 1958)

27 Reallexikon für Antike und Christentum, Bd. 5, Stuttgart 1962, Sp. 122: Die Natur der Engel ist über Leidenschaften erhaben… Die Engel sind geschlechtslos…

28 Gemäldegalerie Staatliche Museen Preußischer Kulturbesitz, Berlin, Katalog der ausgestellten Gemälde des 13.–18. Jahrhunderts, Berlin 1975, S. 57 (Datierung nach Salvini gegen 1477).

29 Die Zurücknahme des Ausdrucks bis hin zur Ausdruckleere findet sich bei Picassos Figuren der Rosa und Blauen Periode. Sie beruht hier jedoch auf der Passivität des Leidens und Ertragens, also auf einer sozialen Situation. Männliche und weibliche Gesichter treten durch diese Gleichheit in eine gemeinsame Dimension ein, die wie bei Botticelli ihre Androgynität ausmacht.

30 Vgl. Joseph Meder, Die Handzeichnung, Wien 1919, S. 394 ff.

31 Edi Bachheschi, L'opera completa del Bronzino, Milano 1973, Nr. 11: Florenz, Palazzo Vecchio (früher in der Galleria Barberini, Rom). Aufgrund einer Bermerkung bei Vasari ist das Bild Bronzino zugeschrieben worden. Stilistische Kriterien, zu denen auch die androgyne Gestaltung der Galatea gehört, sprechen eher für Pontormos Urheberschaft. Den Hinweis auf das Gemälde verdanke ich Herrn Andreas Blühm, Berlin, der eine Dissertation über das Pygmalion-Thema schreibt.

32 Siehe A. E. Popham, Catalogue of the Drawings of Parmigianino, 3 Bde., New Haven und London 1971. Der Autor geht allerdings ungeachtet seines reichen Abbildungsmaterials mehr auf die kompositionellen und funktionalen Zusammenhänge als auf die Modellfrage ein.

33 Das Gemälde befindet sich im Museum Mayer van den Bergh, Antwerpen. Lutz S. Malke in: Pieter Bruegel der Ältere als Zeichner, Kupferstichkabinett Berlin, Staatliche Museen Preußischer Kulturbesitz (Ausstellungskatalog), Berlin 1975, Nr. 88, und Walter S. Gibson, Bruegel, Dulle Griet, and sexist politics in the sixteenth century, in: Pieter Bruegel und seine Welt, Colloquium 1975, hrsg. von Otto von Simson und Matthias Winner, Berlin 1979, S. 9 ff.

34 Zur Darstellung der volkstümlichen Hl. Wilgefortis gibt es umfangreiche Literatur, die auch die Überlagerung mit der Legende des „Volto Santo" und des Spielmanns in Lucca behandelt: Der Spielmann war bettelarm und geigte um einen Almosen vor dem Kruzifix in Lucca. Es warf ihm den einen seiner beiden goldenen Schuhe zu. Des Diebstahls beschuldigt, spielte er erneut vor dem Gnadenbild, und dieses wiederholte – als Gottesurteil – das Wunder. Die

Heilige Wilgefortis ist im germanischen Sprachraum meist unter dem Namen „Kümmernis" bekannt und unter diesem Stichwort von A. Weckwerth bearbeitet in: Lexikon der christlichen Ikonographie, hrsg.v von Wolfgang Braunfels, Rom, Freiburg, Basel, Wien (Herder Verlag), Bd. 7, Sp. 353–355. Der Holzschnitt von Hans Springinklee steht in engem Zusammenhang mit einem Burgkmair-Einblattholzschnitt und der zugehörigen Textlegende. Vgl. Ausstellungskatalog Hans Burgkmair, Das Graphische Werk, Städtische Kunstsammlungen Augsburg 1973, Nr. 38. Dort und im Lexikon der Kunst, Bd. II, Leipzig 1976, S. 241, weitere Literatur.

35 Herculine Barbin, dite Alexina B., présenté par Michel Foucault, Paris 1978. Autobiographischer Bericht eines als Mädchen aufgezogenen Hermaphroditen, der medizinisch als Mann eingestuft wird und amtlich seinen Namen ändern muß. Der Verlust der Identifikation führt zum Selbstmord.

36 London, National Gallery, Inv. Nr. 5769

37 Conrad Lycosthenes, Prodigiorum ac ostentorum chronicon, Basel 1557. (Chronik von Ungeheuern und Wunderzeichen) Vgl. die bedeutende Materialsammlung von Eugen Holländer, Wunder, Wundergeburt und Wundergestalt in Einblattdrucken des 15.-18. Jahrhunderts, Stuttgart 1922 (2. Aufl.).

38 Ernest Lavisse, Histoire de France, Bd. 6, I, passim. Vgl. Arthur Geoffrey Dickens, Europas Fürstenhöfe. Herrscher, Politiker und Mäzene. 1400–1900. Graz, Wien, Köln 1978, S. 50 f. (freundl. Hinweis von Uwe Fleckner, Dortmund).

39 Maurice Magendie, La Politesse Mondaine, et les Théories de l'honnêteté, en France au XVIIe siècle, de 1600 à 1660, Paris 1925 (Neudruck Genf 1970), S. 85, Anm.: „April 1605: En ce temps on fit un livre hardi mais bien fait, où, sous le nom de l'île imaginaire des Hermaphrodites, on blâmait tous les vices de la Cour. Le Roi ne voulut pas qu' on inquiétat l'auteur 'faisant conscience de fâcher un homme pour avoir dit la vérité'". In dieser Zeit erschien ein gewagtes, aber gut gemachtes Buch, in dem unter dem Bild einer imaginären Insel von Hermaphroditen alle Laster des Hofes bloßgestellt wurden. Der König wünschte nicht, daß man den Verfasser verfolgte und rief ins Bewußtsein, daß man einen Mann nicht deshalb quälen solle, weil er die Wahrheit gesagt habe.

40 Erwin Panofsky, The Life and Art of Albrecht Dürer, Princeton 1955, S. 117

41 Hans Herter, Effeminatus, in: Reallexikon für Antike und Christentum, Bd. IV, Stuttgart 1959, Sp. 620–650

42 Hans Herter a. a. O., Sp. 623 und 643

43 Ovid, Metamorphosen IV, 385–389

44 A. Pigler, Barockthemen, Bd. II Budapest 1974 (2. Aufl.), S. 234, unterteilt vergröbernd in zwei Bildtypen.

45 Vgl. das Gemälde von Bartholomäus Spranger: Hermaphrodit und Salmakis, Wien, Kunsthistorisches Museum.

46 Jan Gossaert, genannt Mabuse, Hermaphrodit und Salmakis, Holz, 32,8 × 21,5 cm. Um 1516. Rotterdam, Museum Boymans van Beuningen (H. Pauwels, H. R. Hoetink, S. Herzog, Jan Gossaert genaamd Mabuse, Ausstellungskatalog, Rotterdam und Brügge 1965, Nr. 16)

47 Ovid, Metamorphosen. Stichfolge (52 Blatt) nach Hendrik Goltzius, verlegt von Robert de Baudous und auf einzelnen Blättern mit seiner Stechersignatur versehen. Bartsch, Peintre-Graveur III, S. 108, 82, 3 Folgen. Maße zwischen 25 und 26,6 × 16,5 und 16,7 cm. 3. Folge, Nr. 52, Hermaphrodit und Salmakis, entstanden 1615 als letztes Blatt des unvollendeten Werks.

48 In einem Holzschnitt auf S. 84 ist der Hermaphrodit als Sinnbild für die Wahrheit der Göttersprüche verwendet, durch die auch scheinbar unmögliche, in sich widersprüchliche Situationen eintreten.

49 Zum „Berliner Hermaphroditen" siehe Marie Delcourt a. a. O. (1966), S. 29. Nach freundlicher Mitteilung von Klaus Stemmer, Freie Universität Berlin, wird das Werk heute in die römische Kaiserzeit datiert. Es steht jedoch im Rückgriff auf die Klassik des 4. Jahrhunderts dem polykletischen Formenkanon nahe. Die Statue ist mit ihren Ergänzungen und Anstückungen des 19. Jahrhunderts im Depot des Pergamon-Museums, Ost-Berlin, erhalten. Kopf und Torso als die wichtigsten Teile die den Hermaphroditen erkennen lassen, sind original.

50 Marie Delcourt a. a. O. (1966), S. 33 ff. Über die Ikonographie des Hermaphroditen in der griechisch-römischen Kunst bereitet Andrea Raehs, Aachen, eine Dissertation vor.

51 Kopenhagen, Statens Museum for Kunst kongelige Kobberstiksamling, Inv. Nr. Mag. 17/III/48 (Foto Gernsheim 72834). Freundlicher Hinweis von Hans Mielke, Kupferstichkabinett SMPK Berlin. Die Zeichnung ist unveröffentlicht. Es existiert auch eine Rubensstudie nach dem liegenden Hermaphroditen (New York, Coll. Baker. Abb. in: Umberto Baldini, L'opera completa di Michelangelo scultore, Milano 1973, S. 90, Abb. 17/3).

52 Galleria Giustiniana, Bd. I, Rom 1631, f. 80 (Kupferstichkabinett Berlin, Staatliche Museen Preußischer Kulturbesitz)

53 Giovanni da Bologna führte 1565 den Auftrag zu einem Pendant aus und schuf die Siegesgruppe „Florenz triumphiert über Pisa". An der Stelle des männlichen Helden steht die Stadtgöttin „Firenze". Ihr formaler Aufbau als „figura serpentinata" ist von Michelangelo übernommen. sie überwindet einen männlichen Gegner. (s. Charles Avery, Florentine Renaissance Sculpture, London 1970, S. 242.)

54 Peter Gerlach, Vom Primat des Mannes, ein Mensch zu sein. Die Frau in der Proportionstheorie des 18. und 19. Jahrhunderts, in: Zeitschrift für Kunstpädagogik 19, 1983, Heft 5, S. 6–13 (freundlicher Hinweis von Karl Wangler, Berlin).

55 „Venus Urania" ist die alte Bezeichnung im Inventar der Wiener Schatzkammer aus dem Jahr 1750. (Ausstellungskatalog Giambologna, hrsg. von Charles Avery, Edinburgh, London, Wien 1978/79, Nr. 12.)

56 Vgl. Ausstellungskatalog Albrecht Dürer 1471–1971, Nürnberg 1971, S. 240 ff.: Das Werk, Die konstruierte und proportionierte Figur. Dürer erforschte allerdings, vom Körper des Mannes ausgehend, analoge Gesetzmäßigkeiten für die Proportionen der Frau. Vgl. Karin Orchard, Androgynität in der Kunst des 15. und 16. Jahrhunderts (Magisterarbeit), Universität Hamburg 1986, S. 42 f. Die Autorin untersucht besonders gründlich die kunsthistorischen Aspekte androgyner Körperlichkeit in der Renaissance.

57 Die parallele Entwicklung der badenden Venus und des sog. „Apollino" läßt sich an Stücken der Skulpturengalerie Berlin, Staatliche Museen Preußischer Kulturbesitz, ablesen. Neben der Meleager-Statuette (Inv. Nr. 2594) handelt es sich um zwei Kleinbronzen: die – falsch ergänzte – badende Venus (Inv. Nr. 5029) und den Apollino nach einem Wachsmodell (Inv. Nr. 1952). Die Skulpturengalerie besitzt außerdem eine vergoldete Replik der „Venus Urania" (Inv. Nr. M. 71), die dem Wiener Original nachsteht. (Vgl. Bildwerke der christlichen Epochen, Bestandskatalog, München 1966, Nr. 622, Venus Urania, und Nr. 632, Meleager, Pietro Francavilla zugeschrieben, sowie Giambologna, Ausstellungskatalog Edinburgh, London, Wien 1978/79, hrsg. von Charles Avery und Anthony Radcliffe, Nr. 38, Apollo, und Nr. 6, Venus.)

58 Jürgen Zimmer, Joseph Heintz der Ältere als Maler, Weißenhorn 1971, S. 90 f. Thomas Da Costa Kaufmann, L'École de Prague, La peinture á la cour de Rodolphe II, Paris 1985, S. 238

59 Hans Mielke, Manierismus in Holland um 1600, Kupferstiche, Holzschnitte und Zeichnungen aus dem Berliner Kupferstichkabinett (Ausstellungskatalog der Staatlichen Museen Preußischer Kulturbesitz), Berlin 1979, Nr. 27

60 Gerhard Binder und Reinhold Merkelbach (Hrsg.), Amor und Psyche, Darmstadt 1968 (Wege der Forschung Bd. CXXVI). Darin auszugsweise die christliche Interpretation des Fulgentius, Mitologiarum liber III

61 Alte Galerie am Landesmuseum Joanneum Graz, Kunst des Manierismus aus eigenen Beständen, Ausstellungskatalog Graz 1966, Nr. 35: 1590 zu datieren. Das Gegenstück befindet sich im Kunsthistorischen Museum Wien. Dirk Kocks, Sine Cerere et Libero friget Venus: zu einem manieristischen Bildthema, seiner erfolgreichsten kompositionellen Fassung und deren Rezeption bis in das 18. Jahrhundert, in: Jahrbuch der Hamburger Kunstsammlungen 24, 1979, S. 113 ff. (auch über Kultverbindungen der drei Gottheiten).

62 Zur Erotik vgl. Karin Orchard a. a. O., Kap. 6.2.1, „Die verschlungenen Beine".

63 Thomas Da Costa Kaufmann, Éros et poesia: la peinture à la cour de Rodolphe II, in: Revue de l'Art 69, 1985, S. 29–46

64 Karin Orchard a. a. O., S. 59 f.

65 Achim Brill, Die Gestalt der Camilla bei Vergil, Heidelberg 1972 (Dissertation)

66 Nach Auskunft der Redaktion ist ein solches Stichwort nicht vorgesehen. Die Thematik soll in den noch erscheinenden Bänden bei anderen Stichworten, z.B. Hermaphrodit und Homosexualität, am Rande mitbehandelt werden.

67 Ingvald Raknem, Joan of Arc in History, Legend and Literature, Oslo, Bergen, Tromsö 1971 (Scandinavian University Books)

Hans Biedermann

Das Androgyn-Symbol in der Alchemie

Die volkstümlich-kindliche Ansicht, Alchemie wäre nichts als eine betrügerische Goldmacherkunst und Vorläuferin der wissenschaftlichen Chemie, ähnlich wie die Astrologie vorwissenschaftliche Wegbereiterin der Astronomie gewesen sein soll, hat sich – vor allem dank der Forschungen der Schule von C. G. Jung – im Laufe der letzten Jahrzehnte nur noch in Schulbüchern am Leben erhalten. Zahlreiche Studien und Quellenpublikationen im deutschen, französischen und englischen Sprachraum haben deutlich genug gezeigt, daß wir es in der Tat mit einer sehr interessanten, absonderlichen und noch nicht restlos verstandenen Geisteswelt am Kreuzungspunkt zwischen Religion, Kunst und Wissenschaft zu tun haben. Wichtige Komponenten jeder

der drei Bereiche werden als Bausteine für eine sich der rationalen Erfaßbarkeit teilweise entziehende Lehre herangezogen, die in gleicher Weise aus Ideologie und Praxis besteht.

Wie die heutige Chemie sich der Struktur- und Summenformeln bedient, um ihre Inhalte für den „Eingeweihten" verständlich darzulegen, so sind die Gegenstücke für den Benzolring oder „H_2O" in der Sprache der Alchemisten die Symbolbilder. Der sich in den Schwanz beißende Schlangendrache Uroboros, der rote Löwe, das Bad des Königspaares, die auffliegende weiße Taube – all dies sind jene metaphorischen, die Phantasiewelt stark beeindruckenden Bildsignete für einerseits chemische, andererseits parareligiöse Inhalte, die in Form von detailreichen illuminierten Seiten die alchemistischen Handschriften und in Form von Holzschnitten und Kupferstichen die alchemistischen Druckwerke schmücken. Eine bedeutende Rolle spielt dabei das Symbol des Androgyns oder Hermaphrodi-

Daniel Stolcius von Stolcenberg, Chymisches Lustgärtlein, Frankfurt 1624, Die Alchemistin Maria Prophetissa

Hieronymus Reusner
Pandora..., Basel 1582
Hermaphrodit (A)

ten, der auf einen langen Entwicklungsweg in der Ideengeschichte zurückblicken kann. Zunächst ist es aber nötig, allgemein auf die Inhalte der alchemistischen Texte einzugehen.

Nicht zu leugnen ist, daß die Alchemisten tatsächlich laborierten und vielfach auch vorgaben, synthetisches Gold herstellen zu können, ebenso die Universalmedizin des „Elixir vitae". Dieser Aspekt wird in zahlreichen Goldmacher-Biographien in den Vordergrund gestellt, und er soll – vor allem für Renaissance und Barock – auch nicht vernachlässigt werden. Falsch wäre es jedoch, über der Betrachtung der mitunter kurios wirkenden, manchmal auch echte chemische Entdeckungen und Beobachtungen mit sich bringenden Experimente ihren spirituellen Hintergrund zu übersehen. Das Weltbild der Alchemie, wie es sich im Spätmittelalter in Europa immer deutlicher herauskristallisierte, beruht auf der Korrespondenz zwischen den Vorgängen im Laboratorium einerseits und in der Seele des Laborierenden andererseits. Ein allgemeiner Läuterungsweg sollte die in der Natur keimhaft vorhandenen geisttragenden, aber noch verunreinigten Grundstoffe immer feiner, gediegener und „edler" machen (unser Ausdruck „Edel-

metalle" ist ein Nachklang dieser Ideologie). Der Weg dazu sollte durch das Eliminieren der „unedlen", erdigen Komponenten beschritten werden, um gleichzeitig die quasi-spirituelle Komponente in den Grundstoffen reiner und heller hervortreten zu lassen. Mit anderen Worten: die grob-materiellen Schlacken waren es, die den unveränderlich strahlenden und reinen Bestandteilen sukzessive weichen sollten.

Wenn wir nunmehr an die erwähnte Korrespondenz oder Entsprechung im Läuterungsweg der Grundmaterie (Materia Prima) bis hin zum essenzhaften „Stein der Weisen", der Blei in Gold verwandeln soll, erinnern und ihn auf den Veredelungsweg in der Seele des suchenden Alchemisten übertragen, so stellen sich für den Kenner der Religions- und Ideengeschichte sofort schlüssige Assoziationen ein. In der Spätantike und in der Epoche des Frühchristentums gab es eine machtvolle geistige Bewegung, die in mannigfachen Ausprägungen zeitweise das „linientreue" Christentum zu überfluten drohte: die Gnosis (den Gnostizismus), dessen Basis-Credo sich etwa so definieren läßt:

Aus dem Lichtreich des Geistes hat sich einst ein ihm entgegengesetztes, dunkles und schweres Reich der Materie ausgesondert und einen Teil der Geistsubstanz unterjocht und in Fesseln geschlagen. Wird das Reich des Geistes von positiven Eigenschaften und Attributen wie „hell, strahlend, leicht, edel, heilig" charakterisiert, so ist die vom Pneuma abgestiegene, widergeistige Hyle-Seite des Kosmos, das Reich der Materie, schwer, dunkel, böse, gefesselt und fesselnd, lichtlos, blind. Viele Systeme und Einzelideologien mit zahllosen, oft abstrus wirkenden Ritualen hatten es sich zum Ziel gesetzt, die in den Fesseln der Materiewelt gefangenen Funken des Lichtreiches im Menschen zu befreien und wieder zum strahlenden Urgrund des Seins zurückzuführen. Die geschaffene, greifbare Welt ist hier nicht Gotteswerk, sondern trügerisches Fabrikat eines geistfeindlichen Demiurgen, eines Bewirkers, der zwischen Gottheit und Menschheit steht. Damit ist die gesamte Weltordnung nicht nach einem einheitlichen Heilsplan göttlich angelegt, sondern dualistisch oder bipolar strukturiert. Der Mensch, der von Erleuchtung begabt ist und dieses Prinzip erkennt, hat die Aufgabe, die in der geschaffenen Materiewelt gefangenen „Lichtatome" freizumachen und sie in das uranfängliche Geistesreich zurückzuführen. Dies konnte im Sinne der zahllosen Einzelrichtungen des Gnostizismus auf sehr verschiedenartige Weise geschehen – entweder durch konsequente Askese und spirituelle Disziplinierung, oder auch durch selbstzerstörerische Orgiastik, deren Ziel es war, das verpönte Reich der Materie zu schwächen: also durch strikte Verneinung all dessen, was als natürlich und der normalen Vermehrung der materiegebundenen Menschheit dienlich angesehen werden konnte. Daß diese einfache Grundformel mit ihrer geheimen Aufforderung zu exzessiver Ausschweifung (mit edler Motivierung!) in der Welt des zerfallenden Imperium Romanum große Propagandakraft besaß, ist leicht vorstellbar.

Zugleich ist es evident, daß der einst ungemein enflußreiche Gnostizismus mit dem Sieg des Christentums nicht völlig und schlagartig verschwinden konnte. In derartigen Situationen ist es üblich, daß eine überwundene Ideologie in den Untergrund wandert, sich mit Tarnkappen umhüllt und in neuem Gewand, meist mit etwas abgewandelter Bilderwelt, wieder auftaucht – nunmehr jedoch nicht mehr als eine Massenbewegung, sondern auf kleine Kreise Eingeweihter und Erleuchteter beschränkt. Als Minoritätenprogramm mit entsprechender Neueinkleidung können verpönte Ideologien aus früheren Epochen immer wieder auf eine begrenzte Anhängerschaft rechnen. Im Hinblick auf den Gnostizismus ist nicht zu verkennen, daß nicht nur die alchemistische Doktrin, sondern auch viele andere „magische Künste" des Abendlandes in meist pseudochristlichem Gewand die Zeiten überdauert haben, ohne viel Anstoß zu erregen. Wer die Keim- und Wurzelregion von ihren überlieferten Texten her kennt, wird manches der dort immer metaphorisch zitierten Symbolbilder in der alchemistischen Ikonographie wiederfinden; so etwa das philosophische Ei, die sich zum Ring schließende Schlange, das verborgene Wachstum der Steine und Erze, die heilige Hochzeit im Brautgemach, das läuternde Feuer, die Bezugnahme auf die Planeten, den an seinem eigenen Gift zugrunde gehenden Drachen, und schließlich, als das eindringlichste Symbolbild der Bipolarität und ihrer auflösenden Synthese, das alte Bild des Androgyns, der beide Erscheinungsweisen des Menschen, die zwei Geschlechter, in sich vereinigt.

In ähnlicher Weise wie die gnostischen Schulen und Systeme war übrigens auch das Judentum in zunehmendem Ausmaß gezwungen, angesichts des Sieges des Christentums einen nicht zu auffallenden Weg einzuschlagen. Die philosophischen Spekulationen waren zum Teil stark gnostisch beeinflußt. „Die jüdischen Gnostiker waren dem Gesetz treu ergeben, doch suchten sie hinter dieses Gesetz zu blicken und so den Sinn des Schöpfungszusammenhanges zu verstehen" (1). Die teils spekulativ-philosophischen, teils mystischen Schulen der jüdischen Esoterik sind nicht auf den engeren Kreis der Kabbala, des Sepher Jetzira, des Buches Sohar und der anderen in diesem Zusammenhang meist genannten Texte beschränkt, sondern machen ihren Einfluß auch in Teilen der Lehre geltend. Da in der Alchemie, die im Untergrund gnostische Elemente dem Abendland in verhüllter Form vermittelte, auch aus dem Judentum stammende Lehrweisen eine Rolle spielen, müssen sie einleitend kurz dargestellt werden.

Daniel Stolcius von Stolcenberg
Chymisches Lustgärtlein, Frankfurt 1624
Allegorie der Welt

Ihr Ausgangspunkt ist der biblische Bericht vom ursprünglich noch ungesondert existierenden Menschen, der noch eine Einheit bildet, noch männlich-weiblich ist, ehe er im Tiefschlaf geteilt wird und aus seiner Seite (tselah, irreführend mit „Rippe" übersetzt) die Weiblichkeit ausscheidet. „Im Menschen vor der Teilung in Mann und Weib sind daher Leib und Seele noch ‚eins' obwohl in einem anderen Zustand. Der Leib hat noch keine eigene Entwicklung; jedoch nach der Teilung erhält der Leib, als ein besonderes Wesen, ein eigenes Leben. Diese Teilung in Mann und Frau wird verursacht, weil der ursprüngliche Mensch die Welt, das Leben, das Materielle... nicht mit dem Ursprung verbindet. Dadurch steigt der Mensch in eine ‚niedrigere' Welt ab, wo der Leib ein besonderes Wesen führt, so wie es die Frau jetzt dem Mann gegenüber führt. Von diesem abgetrennten Körper sagt der Mensch, er wisse und fühle, ...daß er zu seinem Wesen gehöre, so wie er von der Frau weiß und fühlt, daß sie zu ihm gehört, daß sie zusammen ein Wesen sein müssen. Im Menschen entsteht das Bedürfnis, wieder ‚eins' zu werden mit demjenigen, das er als zu sich gehörend fühlt... Er leidet unter der Trennung, und alle seine Sinne sind darauf gerichtet, die Trennung rückgängig zu machen, um sich mit dem anderen Teil zu vereinigen" (2). Diese an Platons Mythos gemahnenden Spekulationen über den androgynen Urmenschen (Symposion) ist weit verbreitet und u. a. in Texten über den Urriesen Ymir der Germanen, den indischen Purusa, den persischen Gayomard und den orphischen Urgott Phanes erhalten In der jüdischen Esoterik kommt die Idee eines zu überhöhender Auflösung strebenden Dualismus, in der Kabbala durch den Gegensatz Links-Rechts und die Mitte dargestellt, auch zahlensymbolisch zum Ausdruck. Die

Michael Maier
Atalanta fugiens, Oppenheim 1618
Quadratur des Kreises, Vereinigung der
Gegensätze von Mann und Frau (A)

Drei ist die Zahl, die den Begriff des Mannes ausdrückt, die Vier hingegen die Zahl der Frau. Die Drei und die Vier sollen sich additiv zu einer höheren Einheit fügen, was jedoch nur möglich ist, wenn sie durch die Quadratur, die Multiplikation mit sich selbst, zur Erfüllung finden. Die „Erfüllung der männlichen Drei" ist die Neun, jener der „weiblichen Zahl" die Sechzehn. Im pythagoräischen Dreieck mit den Seitenlängen 3 und 4 bildet die Hypothenuse die Zahl 25 (= 16 + 9), und diese Summe stellt somit geometrisch die Überhöhung des aus 3 und 4 abgeleiteten Elementes 5 dar (3).

Nun spielen in den alchemistischen Texten, wie noch zu belegen sein wird, Spekulationen um Dreiheit und Vierheit eine bedeutende Rolle. Die Vier ist die Zahl der klassischen Elemente Wasser, Erde, Luft und Feuer, die Drei hingegen – wie später gezeigt wird – jene der „philosophischen" (alchemistischen) Elemente. Wenn daher von „dreieckig und viereckig" die Rede ist, so kann dieses einerseits bedeuten, daß ein bestimmter Stoff sowohl aus den vier Elementen der alten Naturphilosophie wie auch aus jenen der alchemistischen Lehre gebildet ist und somit die Ganzheit enthält. Andererseits kann aber dabei auch die jüdische Esoterik angesprochen worden sein, die Männliches und Weibliches mit den Zahlen 3 und 4 ausdrückt (ein Gesichtspunkt übrigens, der auch in der psychologischen Schule von C. G. Jung eine wichtige Rolle spielt). Von einer Quadratur im Sinne der erlösenden Einheit polarer Gegensätze sprechen auch die alchemistischen Texte in Wort und Bilds doch verhüllend nicht von den Quadraten über dem Dreieck des Pythagoras, sondern von der „Quadratur des Zirkels", was wörtlich die Umwandlung eines Kreises in ein flächengleiches Quadrat mit geometrischen Mitteln bedeutet und ein unlösbares Problem darstellt (4). Heute steht die Metapher von der Quadratur des Kreises für den Versuch, Unmögliches möglich zu machen. Wenn wir jedoch in den Kupferstichen zu Michael Maiers alchemistischem Werk „Atalanta fugiens" (1618) einen Philosophen dargestellt sehen, der mit einem riesigen Zirkel einen Kreis um ein Dreieck schlägt, in dem ein Quadrat und in diesem wieder ein Kreis mit den Gestalten von Adam und Eva, von Mann und Weib, dargestellt ist, so drängen sich die hier angedeuteten Symbolbilder von Männlichkeit, Weiblichkeit, Quadratur und überhöhender Auflösung der Gegensätze geradezu auf. Im „Rosarium Philosophorum", einem wichtigen Text dieser Doktrin, heißt es: „Bilde aus Mann und Weib einen Kreis, aus diesem ein Viereck, daraus ein Dreieck und wieder einen Kreis, und du hast das Magisterium" (die höchste Kunst, das Endziel). Es kann sein, daß eigentlich von „Quadrieren" der männlichen und der weiblichen Zahlen die Rede war und von einer umfassenden überhöhenden Einheit, und daß durch Tarnung oder Übersetzungsfehler das Problem der „Quadratur des Kreises" daraus wurde. Die Be-

gleittexte mahnen jedenfalls den Alchemisten, beflissen zu sein, „Die Geometrische Lehr zu verstehn". Da nicht Geometrie im heutigen Sinne dem Alchemisten nützlich sein kann, muß es sich um das Bemühen handeln, den tieferen Sinn des männlichen und des weiblichen Prinzips zu verstehen und beide zu einer das Gegensatzpaar zu einer größeren Harmonie vereinigenden Ganzheit zu führen. „Gematrijja", Gematrie, ist übrigens eine kabbalistische Geheimlehre, die sich mit der Ermittlung des Quersummenwertes der hebräischen Wörter (deren Buchstaben auch für Zahlen stehen) beschäftigt und darauf viele Spekulationen aufbaut. Die Mahnung des alchemistischen Buches, Geometrie zu studieren, dürfte daher im weiteren Sinne als Empfehlung zu verstehen sein, die esoterischen Traditionen der Juden nicht zu vernachlässigen, die das griechische „Geometria" zu „Gematrijja" umgebildet hatten und sich mit den Problemen von Einheit, Zweiheit, Zahl des Mannes und des Weibes und dem Quadrieren beschäftigt hatten.

Nach diesem Exkurs in die jüdische Geheimlehre, die ohne Zweifel gnostische Traditionen aufgenommen und geholfen hat, diese dem „spirituellen Untergrund" des Abendlandes zu vermitteln, können wir uns wieder der alchemistischen Doktrin zuwenden, und zwar in jener Ausprägung, die vom späten Mittelalter bis in das 18. Jahrhundert lebendig war und sich in zahllosen kryptischen Texten und Bildern äußerte, die jedoch nicht dem profanen Außenstehenden, sondern nur dem Kenner der Metaphern verständlich sein durften. Die Inquisition war in dieser Zeit recht wachsam und hätte für unverhüllt häretische Texte und ihre Autoren kaum großes Verständnis an den Tag gelegt.

Halten wir fest, was „Hermaphrodit" oder „Androgyn" in der Bildersprache der Alchemie bedeutet.

Vorauszuschicken ist, daß im Sinne dieser Lehre die „Entwicklungshilfe" des Alchemisten am Werk der Natur, ihre Grundstoffe von grauen und erdhaften Substanzen zum strahlenden und edlen Gold hinzuführen, einen Wirkstoff oder Motor benötigte: den „Stein der Weisen" (lapis philosophorum). Von ihm hieß es, er könne aus einem nur in metaphorischen Umschreibungen benannten, geheimnisvollen Urstoff, der Materia Prima, auf dem Weg über zahlreiche und langwierige Operationen hergestellt werden. Wenn alles im Sinne der Lehre durchgeführt worden sei, so bilde sich am Ende ein schweres, fettglänzendes, rötliches Pulver, an Safran erinnernd, der „rote Löwe" oder der Stein der Weisen. Diese legendäre Substanz sollte es nicht nur ermöglichen, alle aus Unvollkommenheit der Natur resultierenden Krankheiten zu heilen, sondern auch aus geschmolzenem Blei oder aus Quecksilber Gold zu machen.

Johann Daniel Mylius
Philosophia reformata, Frankfurt 1622 (A)

Die Allegorie des Androgyns oder Hermaphroditen tritt in den einschlägigen Texten zweifach auf, ohne daß es heute möglich wäre, in jedem Fall exakt zu entscheiden, welcher gerade gemeint war. Zunächst wird der wie ein Urschleim geschilderte Ausgangsstoff Materia Prima in zahlreichen Texten mit dieser Metapher angesprochen und auch sonst mit paradoxen Umschreibungen geschildert: es handle sich um einen „Stein, und das ist kein Stein; es ist ein Wasserstaub, und es ist kein Staub; es ist eine dicke geronnene Milch, und ist keine Milch; es ist ein grün giftig Ding, da die Frösche drunter hokken, und es ist kein Gift, es ist eine Medizin. In summa, es ist die Erd, davon Adam gemacht und geschaffen ist" (so die pseudoparacelsische Schrift „Secretum Magicum"). Der unter dem Namen „Der kleine Bauer" veröf-

fentlichte Text des Johannes Grasshoff (Grassaeus), 1617, baut das Rätselspiel weiter aus: „Ist sichtbar und unsichtbar. Die Kinder spielen damit auf der Gasse. Ist weich und schwer und an Geschmack süß und herb. Ist in seinem Wesen dreieckig, und viereckig in seinen Eigenschaften. Ist ein Stein und doch kein Stein, gleichzeitig männlich und weiblich, daher Hermaphrodit genannt."

Die andere Stufe des alchemistischen Prozesses, in der jenes Symbol auftritt, ist die sich anbahnende letzte, die Bildung des Steins der Weisen. Dazu ist es nötig, die Lehre von den zwei alchemistischen Grundprinzipien zu erwähnen, von den „philosophischen Elementen" Sulphur und Mercurius, was zunächst Schwefel und

Quecksilber bedeutet. Gemeint sind jedoch hier zwei Prinzipien, einerseits das Brennende oder Brennbare, Feurige (Sulphur), andererseits das Leichte, Subtile, Flüchtig-Geistige (Mercurius). In der Zeit vor Paracelsus (1493–1541) und dem legendären, historisch nicht greifbaren Basilius Valentinus (15. Jahrhundert), die als drittes „Element" jenes der Greifbarkeit (,Sal") hinzufügten, war das alchemistische Weltbild dualistisch oder bipolar geordnet; die Naturstoffe sollten in verschiedenen Mischungsverhältnissen diese beiden Grundstoffe enthalten, vor allem aber die Metalle.

Diese eigenartige Theorie wird dann leichter verständlich, wenn wir berücksichtigen, daß viele Erze vor dem Verhüttungsprozeß kaum wie Metalle aussehen, sondern eher wie erdähnliche Stoffe. Erst nach dem Zerkleinern und starken Erhitzen ändert sich das, und bei sulfidischen Erzen wird Schwefel frei, was der dabei entstehende Geruch deutlich anzeigt. Daher konnte die „Qualität der Brennbarkeit" dem schwefeligen Urprinzip zugeschrieben werden.

Quecksilber, Mercurius im Sinne der alten Chemie, wirkt bei normaler Temperatur wie ein geschmolzenes Metall (Silber, Zinn, Blei), kann leicht verdampft und wieder kondensiert werden und konnte in diesem Sinne die Rolle eines Prinzips der Flüchtigkeit und ,hochfliegenden Geistigkeit" spielen. Wird diese Theorie weitergesponnen, so ergibt sich, daß ein Stoff umso edler, vergeistigter und damit auch goldähnlicher wird, je größer sein Gehalt an „Mercurius" ist. Auch Sulphur muß vorhanden sein, freilich in einem geeigneten Zustand, denn sonst verflüchtigt sich alles. Ein dem arabischen Alchemisten Geber (Dschâbir ibn-Hayyan, 8. Jahrhundert) zugeschriebener Text aus dem 13. Jahrhundert drückt dies so aus:

„Gold ist aus subtilster Mercurius-Substanz und aus einem Teil reiner, roter, verfestigter (fixer), im Sinne ihrer Natur umgewandelter Sulphur-Substanz, die dem Gold seine Farbe gibt, entstanden. Der Anteil an Mercurius ist aber größer, und daher hat der Mercurius auch eine größere Affinität zu Gold. Da am Gold subtile und fixe Bestandteile zusammenwirken, erklärt sich sein hohes Gewicht dadurch, daß diese sehr dicht sind." Aufgabe des Goldmachers war es also nur, die Zusammensetzung der von ihm bearbeiteten Stoffe so zu manipulieren, daß sich die richtigen Komponenten in dem angestrebten Verhältnis kombinierten. Hier haben wir noch nicht in vollem Umfang die spekulative Alchemie späterer Jahrhunderte vor uns, sondern erst eine aus der Metallurgie abgeleitete Theorie; die Dualität der Prinzipien und die Veredelungslehren aber sind gleichwohl vorhanden und weisen auf die alten Wurzeln des Lehrgebäudes hin.

Alchemietraktat
Handschrift, Frankreich 18. Jh.
Hermaphrodit (A)

Hiernoymus Reusner
Pandora
Basel 1582

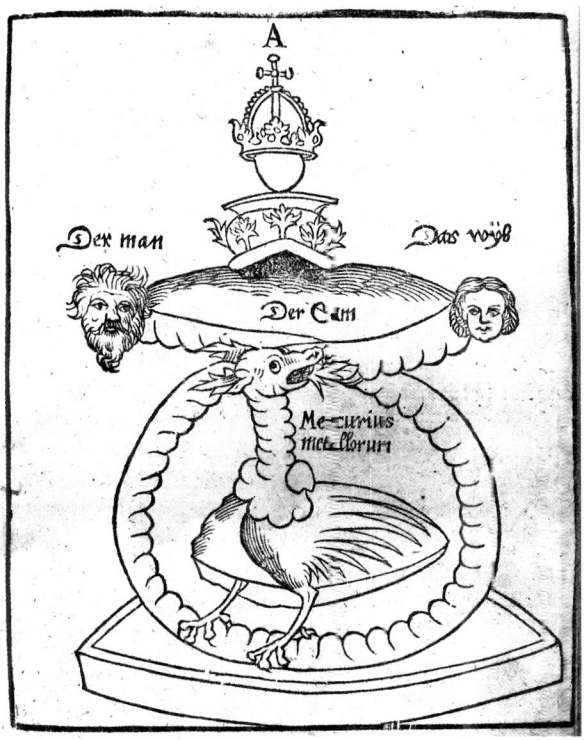

Urbigerus
Abrégé de toute philosophie démonstrative
Düsseldorf 1694 (A)

Diesen Wurzeln kommen wir auch dann näher, wenn wir die Farbsymbolik der alchemistischen Texte genauer betrachten. Statt „Sulphur und Mercurius" kann auch von roten und weißen Gestalten (Wesen, Tieren, Pflanzen usw.) die Rede sein, etwa vom roten Löwen und der weißen Lilie, oder von rotem Blut und weißer Milch, die „vermählt" werden müßten, wobei eine in dem sonst diskret vorgehaltenen Tarnmäntelchen aus der christlichen Ikonographie erstaunlich freizügige sexuelle Metaphorik gebraucht wird. Und in der Tat scheint die Wurzel dieser dualistischen Theorie auf die Zeugungslehre der antiken Medizin zurückzugehen, derzufolge neues Leben dann entstehe, wenn (weißes) Sperma mit (rotem) Menstrualblut im „Feuer des Begehrens" vereinigt werde. Die gnostischen Sekten der frühchristlichen Epoche haben in ihren abstrusen Ritualen diese Auffassung zu praktizieren gewußt, um die Zeugung neuen Lebens in der korrumpierten Materiewelt zu verhindern (5). Der Unterschied dieser antiken Lehre gegenüber der alchemistischen Farbsymbolik

liegt nur darin, daß dort das „männliche" Prinzip mit der roten und das „weibliche" mit der weißen Farbe assoziiert wird. Wir wissen nicht, ob es sich hier um eine bewußte, etwa tarnende, oder um eine aus einer Unachtsamkeit entstandene Uminterpretation der alten Empfängnistheorie handelt.

Ein von einem pseudonymen Gold-Rosenkreuzer „Ketmia Vere" 1782 veröffentlichter Text spinnt die Rot/Weiß-Theorie kompliziert und pseudochemisch so aus: der „Mercurius ... hat eine zweifache Natur und wird deswegen Hermaphrodit genannt. Die Lunaria (das Mercurialwasser) ist der weiße Mercurius; der allerschärfste Weinessig... ist der rothe. Dieser weiße Mercurius ist das Bad des Mondes, und der rothe Mercurius das Bad der Sonnen... Ich schließe endlich die Braut und den Bräutigam in eine helle Kammer...", wo die chymische Hochzeit als die zeugende Vereinigung der beiden polaren Gegensätze stattfindet. Wird hier das Prinzip Mercurius als Hermaphrodit bezeichnet wie anderweitig die Materia Prima, so kommt in anderen Texten das androgyne Doppelwesen erst durch die Verheiratung der zwei Komponenten zustande. Daß die Analogie zwischen natürlicher Zeugung und dem alchemistischen Prozeß in die Texte nicht hineininterpretiert zu werden braucht, sondern darin wörtlich herangezogen wird, beweist eine Textstelle aus dem Traktat „Margarita pretiosa" des italienischen Alchemisten Petrus Bonus (um 1335). Er bringt Analogien für den alchemistischen Prozeß mit dem Hinweis auf die Entstehung des Menschen aus Sperma und Blut; ebenso entstehe das Gold aus dem Menstruum (Menstruationsblut) Mercurius und dem Sperma Sulphur (6). So ist auch der Stein der Weisen, in dem die beiden natürlichen Prinzipien sich „vermählt" haben und zu einer höheren Ganzheit geworden sind, Hermaphrodit oder Androgyn, und zwar als Symbol für die „coincidentia oppositorum" – auch begleitet von Elementsymbolen wie etwa Luft und Erde und den darin lebenden Tieren (etwa Fledermaus und Hase) oder durch eine Doppelgestalt mit zwei Köpfen und einem roten und einem weißen Flügel (z. B. in der Handschrift „Splendor Solis", Kupferstichkabinett Berlin, um 1530), Miniatur aus der Werkstatt des Nürnbergers Albrecht Glockendon).

Berühmte Miniaturen dieser Art befinden sich auch in den verschiedenen Versionen des „Buches der Heiligen Dreifaltigkeit", einer wertvollen Quelle alchemistischer Ikonographie in weitgehend christliche Verkleidung, das nie gedruckt wurde und von einem Franziskaner namens Ulmannus um 1422 verfaßt worden sein soll. Von diesem Werk existieren nur handschriftliche

Buch der Heiligen Dreifaltigkeit
Handschrift, deutsch, 2. H. 15. Jh. (A) ▶

Michael Maier, Symbola Aureae, Frankfurt a. M. 1617 (A)

sionen, vermutlich deshalb, weil kein Verleger sich an
die Drucklegung des mit seiner umgedeuteten christlichen Allegorik an Häresie grenzenden Buches wagte
(7). Der erwähnte Text „Splendor Solis" wird einem legendären Alchemisten namens Salomon Trismosinus
zugeschrieben.

Berühmte gedruckte Darstellungen des Androgyns finden sich in Büchern wie „Rosarium Philosophorum"
(Frankfurt 1550), in den „Symbola aureae mensae du-
odecium nationum" von Michael Maier (Frankfurt 1617),
im „Viridiarum Chymicum" (Frankfurt 1624) und mehreren anderen Werken dieser Epoche. In den „Symbola"
wird ein doppelköpfiges nacktes Wesen mit nebeneinander dargestellten männlichen und weiblichen Genitalien dargestellt, das eher monströs als symbolkräftig
wirkt. Es hält ein großes Y in der Rechten, eine Buchsta-
benglyphe, die Einheit und Spaltung auf einfache Weise
zusammenfaßt und wie eine „stenographische Abkür-
zung" für das angesprochene Thema wirkt (8). Doppel-
köpfig, aber bekleidet, tritt die Androgyn-Gestalt im „Vi-

◄ Splendor Solis
Handschrift, Augsburg, um 1600 (A)

Bartholomäus
Spranger,
Ohne Ceres
und Bacchus
erkaltet Venus,
1590 (A)

Joseph Heintz
der Ältere,
Amor verläßt
Psyche,
nach 1603 (A) ▶

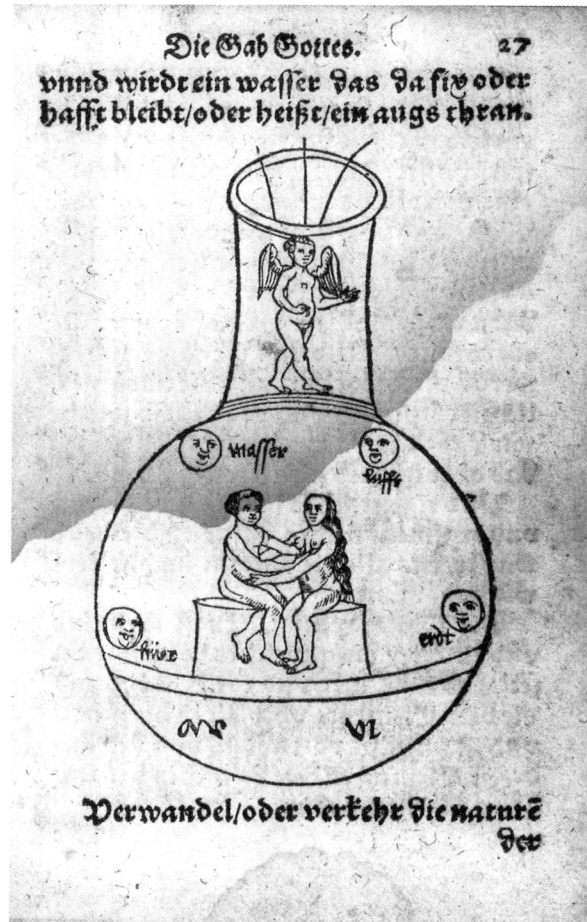

Die Gab Gottes. 27
vnnd wirdt ein waſſer das da fix oder
hafft bleibt/oder heiſt/ein augs thran.

Verwandel/oder verkehr die natur
der

Hieronymus Reusner
Pandora... Basel 1582 (A)

ridiarium" (deutsch „Chymisches Lustgärtlein") auf, und zwar als Materia Prima (Fig. 98, mit der Inschrift Rebis, von res bina = zweifache Sache) und philosophisches Ei (Fig. 85), Symbol des keimhaft vorhandenen Ganzen, hier mit der Inschrift „Ich hab viel Form, Farb und Gestalt/ Führ an mir Mans und Weibs Gewalt". Wir können immer wieder registrieren, daß die Dualität nicht nur in dem Zusammenziehen von Sonne und Mond, Mann und Weib, Rot und Weiß, Sulphur und Mercurius, Mars und Venus usw. ausgedrückt wird, sondern auch in der paradox wirkenden Gleichartigkeit der Darstellung des noch unausgebildeten Urstoffes und des ersehnten Endstadiums, des Steins der Weisen. Ikonographisch sind die Unterschiede kaum zu fassen. Damit sollte vermutlich ausgedrückt werden, daß beim Erkennen der rechten Ausgangssubstanz mit ihrer keimhaft vorgegebenen Doppelnatur bereits der wichtigste Schritt getan sei, um die Ganzheit und Vereinigung der beiden Pole auch auf ungleich höherer Ebene im Lapis philosophorum zu erreichen. In jenen Bildern, auf wel-

chen das Doppelwesen gekrönt dargestellt ist, können wir Allegorien des Steins der Weisen vermuten.

Auch er trägt gelegentlich nicht nur heilig und erhaben, sondern auch luziferianisch wirkende Attribute, so etwa die Flügel der Fledermaus an Stelle jener des Engels. Sollte dadurch auf die Gefahr des egoistischen Goldmachens (9) hingewiesen werden oder eher darauf, daß die gesamte alchemistische Doktrin und Praxis ihren Vertretern immer wieder häretisch erscheinen mußte? Der Autor „Ulmannus" schreibt jedenfalls im „Buch der heiligen Dreifaltigkeit", daß er um dieses Buches willen von den Teufeln "maniger hand pein" erlitten habe, und hätte nicht Gottes Allmacht ihn behütet, er „were mit diesem puch manigen sijnnes (in mancher Hinsicht) verdorben." Da die Tradition viele der historisch kaum greifbaren Alchemisten des ausgehenden Mittelalters und der frühen Neuzeit als Kleriker bezeichnet, könnten derartige Gewissensnöte einen durchaus realen Hintergrund besessen haben.

Die gnostisch-häretischen Wurzeln des dualistischen Weltbildes der Alchemie wurden bereits angedeutet; einige Zitate aus den alten Quellen können diesen Umstand verdeutlichen.
Das gnostische System des Valentinos (in Rom um 150 n. Chr.) ist ausgeprägt dualistisch, auf einer „unnennbaren Zweiheit" basierend, aus der „das Unaussprechliche" und „das Schweigen" hervorgegangen sein sollen. Den Urgrund hielt diese Schule zum Teil für „ungepaart, weder männlich noch weiblich und überhaupt für nichts Seiendes, andere bezeichneten ihn als mannweiblichen Hermaphroditen", so etwa Markos (11). Zeremoniell begann Markos die Kulthandlung damit, daß er in „einem Becher Wein (wohl weißen) mischte (mit Wasser?), dabei aber die Gebete in die Länge zog und durch Beimengung irgend eines Stoffes den Trank plötzlich rot färbte" (12). Deutlicher läßt sich die Parallele zwischen Gnostizismus und Alchemie sicherlich kaum illustrieren.

Angesichts der Tatsache, daß ein bedeutender Teil der alchemistischen Doktrin offenbar mündlich vom Meister zum Schüler weitergegeben wurde und in den Texten und Bildern nur in Form vager Andeutungen zur Sprache kam, können wir nicht hoffen, das komplette Lehrsystem aus den Quellen bergen zu können. Die alten gnostischen Texte sprechen in dieser Hinsicht eine deutlichere Sprache. Elaine Pagels überschreibt einen Abschnitt in ihrem Werk über die gnostischen Evangelien (13) mit „Gott der Vater – Gott die Mutter" und weist darauf hin, daß der biblische Schöpfer (Genesis 1,26–27) einen Menschen (Adam) machte, „ein Bild, das uns gleich sei" und daß die Menschheit „männlich und weiblich" geschaffen sei. Die Folgerung, daß der Schöpfer selbst beide Geschlechter in sich tragen müsse, ist naheliegend. In einem „Dreigestaltige Prot-

ennoia" (erster Gedanke) betitelten Text offenbart sich
eine göttliche Wesenheit mit den Worten „Ich bin mannweiblich. (Ich bin Mutter) und Vater, da ich mich mit mir
selbst (vereine) … (und mit denen, die) mich (lieben) …
Ich bin der Schoß, (der) dem All Gestalt verleiht… Ich
bin Meirothea, die Herrlichkeit der Mutter." Ein anderer
Text (Das geheime Buch) gibt den Ausdruck „Matropa-
ter" (Muttervater); ein weiterer mit dem eigenartigen Titel „Donner, vollkommener Verstand" nennt die in den
alchemistischen Texten so beliebten Koppelungen der
Gegensätze („Ich bin die Erste und die Letzte, ich bin
die Geehrte und die Verachtete … Ich bin das Wissen
und die Unwissenheit") im Hinblick auf die in den ortho-
doxen Richtungen nicht erwähnten weiblichen Aspekte
der Schöpferkraft. Elaine Pagels schließt an diese Zitate eine Interpretation des talmudischen Gelehrten
Rabbi Samuel bar Nachman, die sicherlich von der platonischen Androgyn-Mythe beeinflußt ist und das vom
Schöpfer „männlich und weiblich" angelegte Urwesen
so schildert: „Als der Heilige Eine … zuerst den Menschen erschuf, schuf er ihn mit zwei Gesichtern zwei
Genitalorganen, vier Armen und Beinen, Rücken an
Rücken. Dann teilte er den Adam in zwei …"

Es scheint, als könnten wir die Androgyn-Symbole
zweifach verstehen – zunächst „präsexuell", als die
noch unzerteilte Urnatur, die anlagemäßig beide
Aspekte als „Materia prima" in sich birgt – dann aber
auch als Allegorie der Vereinigung, die König und Königin auf höherer Ebene wieder zu einer großen Ganzheit
des „Lapis philosophorum" zusammengefügt hat. Die
Symbolik bringt die Koinzidenz der Gegensätze zu einem Ringschluß von Anfang und Ende, damit zu dem
beliebten allegorischen Bild des Uroboros, der sich in
den Schwanz beißenden Schlange.

Einer der schönsten alchemistisch-allegorischen Kupferstiche ist als Anhang in dem Sammelwerk „Musaeum Hermeticum" (Frankfurt 1678) enthalten und stammt
von Matthäus Merian d. Ä.; er zeigt in Großformat die
gesamte dual geordnete Welt mit einer männlichen
Sonnen- und einer weiblichen Mondseite, in der Mitte
das sphärisch gegliederte Weltall mit dem Adepten der
chymischen Kunst. Die Sonnenseite zeigt die Gestalt
Adams, mit Sonne, Mond und Stern geschmückt, mit einem Löwen und einem Phönix, die Mondseite eine ähnlich ausgestattete Eva in einer nächtlichen Szenerie mit
Adler und Hirsch. Adam trägt die strahlende Sonne, Eva
eine Mondkugel.

Der Schmuck der Körper des Urpaares mit planetarischen Symbolen läßt an eine dualistische Legende aus
der Schule des Gnostikers Bardesanes denken (Bar-
Daisan, Ibn-Daisan, 154–222, dem System des Valentinos zuneigend). Seine Lehre soll durch eine indische
Gesandtschaft unter der Führung eines Dandamis be-

Daniel Stolcius von Stolcenberg
Chymisches Lustgärtlein, Frankfurt 1624
Allegorie der Prima Materia, Rebis

Matthäus Merian
Musaeum Hermeticum, 1678
Anhang, 1618?
Detail mit Adam

Fernand Khnopff, Die Kunst, die Zärtlichkeiten, 1896 (A)

Edward Burne-Jones, Amor und Psyche, um 1871 (A)

gründet worden sein, die zur Zeit des Kaisers Antoninus Pius (138–161) nach Syrien gekommen sein soll. In ihrem Heimatland, so wird erzählt, „befinde sich in einem großen Berge eine ungeheure, natürliche Höhle, in dieser aber eine Statue, etwa zehn oder zwölf Ellen hoch, aus wunderbarem Stoff, weder Holz noch Erz. Das Wesen, das sie darstellt, hält die Hände ausgestreckt in der Form des Kreuzes; die rechte Seite seines Antlitzes ist männlich, die linke weiblich, ebenso der rechte Arm, der rechte Fuß und überhaupt die rechte Hälfte von entgegengesetztem Geschlechte wie die linke. Auf der rechten Brust war die Sonne, auf der linken der Mond eingezeichnet; auf dem übrigen Körper waren die Planeten in ihrer Zahl abgebildet ...“

So schildert Wolfgang Schultz (14) die angeblich aus Indien stammende oder von dort her beeinflußte gnostische Doktrin des Bardesanes, wobei es wohl nicht mehr möglich ist, exakt auf reale Vorbilder in einem indischen Höhlentempel (Ellora, Ajanta?) rückzuschließen. Schultz fährt fort, Bardesanes habe die legendäre Statue verglichen mit dem Gekreuzigten, „der ja überdies in so vielen gnostischen Systemen mannweiblich gedacht war.“ – Indologen werden zweifellos finden, daß die antike Sage nicht aus der Luft gegriffen sein muß. Eine Erscheinungsform des Gottes „Shiva vereinigt in sich das Weibliche und das Männliche. Solch ein zweigeschlechtliches Symbol bedeutet die Verkörperung aller Gegensatzpaare in einer einzigen Gestalt, ein Transzendieren der Gegensätze der Erscheinungswelt ... Der Adept muß diese Haltung als wirkendes Symbol seiner höchsten metaphysischen Verwirklichung erkennen und verkörpern“ (15). Wir sehen, wie sehr die esoterischen Lehrsysteme in verschiedenen Kulturen einander gleichen und wie dieser Umstand offenbar auch zur Herstellung eines transkulturellen Brückenschlages ermutigt.

Denken wir uns aber jetzt die beiden Urgestalten des erwähnten Merian-Stiches aus dem „Musaeum Hermeticum“ in eine einzige Personifikation zusammengezogen, also als einheitliche Figur des Androgyns, so stellt sie mit ihren kosmischen Symbolzeichen eine Parallele zu der indischen (Shiva-) Statue des Bardesanes dar. Auch diese könnte, wie der Hermaphrodit im „Chymischen Lustgärtlein“, die Bezeichnung „Rebis“ tragen. Der Lehrinhalt der gnostischen Naassener (von naḥaš – Schlange) wird bei Schultz (16) in einer Form geschildert, die uns zu den einleitend erwähnten jüdischen Mythenexpositionen um den noch nicht entzweiten Urmenschen der Schöpfungsgeschichte zurückführt:

„Der Mensch heißt Adam, ist der Ursprung des Alls, männlich und weiblich zugleich. Deshalb heißt es im Liede von ihm: Von dir ist ‚Vater‘ und durch dich ist ‚Mutter‘, sind die beiden unsterblichen Namen, die Eltern der Ewigen, von dir die Bürger des Himmels, du berühmter Mensch!‘

Wenn sich in der spätantik-frühchristlichen Geheimlehre eine Spur gnostischer Anschauungen über die Umwälzungen der Geistesgeschichte hinweg erhalten konnte, was kaum zu leugnen ist, so ist es nicht verwunderlich, daß Symbole dieser sonst weitgehend vergessenen Ideologie in der esoterischen Bilderwelt der Alchemisten weiterlebten. Sie ist spekulativ ausgebaut und mit christlichen Attributen erweitert worden, stellt aber allem Anschein nach die systematische Weiterentwicklung einer altertümlichen Lehre von Polarität und Einheit dar, deren Wurzeln in noch viel ältere Horizonte hinabreichen. (17) Das ist jene Lehre, die in dem apokryphen Thomas-Evangelium (Vers 22) so formuliert wird: „Wenn ihr das Männliche und das Weibliche zu einem einzigen machen werdet, so daß das Männliche nicht männlich und das Weibliche nicht weiblich sein wird, ... dann werdet ihr in das Königreich eingehen.“ Olympiodoros, der Verfasser des Traktates „Über die heilige Kunst des Steines der Weisen“ (Ed. Berthelot 1877–78), wahrscheinlich ein neuplatonischer alexandrinischer Philosoph des 6. Jahrhunderts, postuliere auf dieser Grundlage bereits im alchemistischen Sinne, man müsse „dem roten Adam die weiße Jungfernerde zugesellen. Das weibliche göttliche Wasser, die Brüte Ägyptens, zeugt aus dem männlichen goldmachenden Stein das Gold. Die Umwandlung beruht darauf, daß allem Bestehenden ein gemeinsames Prinzip zugrunde liegt...“ So soll das rote und das weiße Prinzip zu einer höheren Doppeleinheit werden, um die gefangenen Lichtfunken (pneumata) aus den materiellen Körpern (somata) zu befreien, und das edle Signum dieses Prozesses ist der alchemistischen Lehre zufolge das sonnenhafte Gold. Konnte die tastende Laborpraxis früherer Jahrhunderte dieses Ziel auch nicht erreichen – die Symbolik des Strebens nach einer die Gegensätze überhöhenden Ganzheit wirkt hinweg über Raum und Zeit. Manfred Lurker (18) formuliert dies so: „Als lapis philosophorum galt u.a. der Hermaphrodit, in dem die Vereinigung der Gegensätze erreicht ist und der in Parallele zu Christus gesetzt wurde, in dem Männliches und Weibliches aufgehoben sind, in dem Anfang und Ende, Gott und Mensch zusammenfallen.“

1 Ursula und Kurt Schubert, Jüdische Buchkunst, erster Teil, Graz 1983, S. 30
2 Friedrich Weinreb, Zahl, Zeichen, Wort, Das symbolische Universum der Bibelsprache, Reinbek 1973, S. 98–99
3 ebda S. 44ff
4 Hans Biedermann, Handlexikon der magischen Künste, 2. Aufl., Graz 1973, S. 417
5 Epiphanius, in: Wolfgang Schultz, Dokumente der Gnosis, Jena 1910, S. 162

6 Vgl. Buntz, in: Emil Ernst Ploss, Heinz Rosen-Runge, Heinrich Schipperges und Herwig Buntz, Alchimia, Ideologie und Technologie, München 1970, S. 130

7 ebda S. 165

8 Hans Biedermann, Materia Prima – Eine Bildersammlung zur Ideengeschichte der Alchemie, Graz 1973, S. 96–97

9 Buntz a.a.O., S. 167

10 Wolfgang Schultz a.a.O., S. XVVIII

11 ebda S. LI

12 ebda S. LII

13 Elaine Pagels, Versuchung durch Erkenntnis, Die gnostischen Evangelien, Frankfurt 1981 (The Gnostic Gospels, New York 1979)

14 Wolfgang Schultz a.a.O., S. LV

15 Heinrich Zimmer, Abenteuer und Fahrten der Seele, Mythen, Märchen und Sagen aus keltischen und östlichen Kulturbereichen – Darstellung und Deutung, Düsseldorf 1977, S. 187

16 Wolfgang Schultz a.a.O., S. 39

17 Eine bipolare Weltordnung suchten französische Prähistoriker bereits aus den Bildmotiven der altsteinzeitlichen Höhlenmalereien herauszulesen. Vgl. Hans Biedermann, Höhlenkunst der Eiszeit, Köln 1984

18 Manfred Lurker (Hg.), Wörterbuch der Symbolik, Kröners Taschenausgabe, Bd. 464, Stuttgart 1979, S. 176

Francine-Claire Legrand

Das Androgyne und der Symbolismus

Das ausgehende neunzehnte Jahrhundert scheint ganz im Zeichen des Androgynen zu stehen, in dem sich ein Schönheitsideal der Zeit erfüllt. Überliefert als Erbteil uralter Mythen und langer esoterischer Traditionen, nehmen in ihm unklar verschwommene Bestrebungen und Sehnsüchte Gestalt an, Ideen, die sich damals gewisser elitärer Kreise bemächtigten.

Eine eingehendere Beschäftigung mit dem intellektuellen Klima der Zeit läßt die dominierende Rolle des Androgynen verständlich werden. Seine Wiedergeburt erfolgt inmitten des Symbolismus und der ihm verwandten Strömungen. Zur triumphalen Entfaltung gelangt das Androgyne infolge des Eindringens in das Dunkel des Unbewußten und – damit verbunden – in der im Hinblick auf alle Doppeldeutigkeiten und sehnsüchtig beschworenen Wunschbilder gemeinhin als Dekadenz bezeichneten Geisteshaltung.

Was ist ein Symbol? Die Griechen haben dieses Wort auf einen Gegenstand – häufig auf ein Gefäß – angewandt, der in zwei Teile zerbrochen war. So bewahrte ein Paar, das die Nacht gemeinsam unter einem Dach verbracht hatte, jeder als Zeichen der Dankbarkeit eines der beiden Bruchstücke des Gefäßes auf. Später mußten dann die Kinder dieser Beiden die Scherben aufheben, damit sie, würde man sie eines Tages wieder zusammenfügen, ein neues Ganzes bildeten, dem dann eine ganz bestimmte sinnhafte Bedeutung zukäme. Ist diese Definition nicht voller Anspielungen auf das Wesen des Androgynen?

Strenggenommen gibt es keinen symbolistischen Stil. Ebensowenig läßt sich in der bildenden Kunst von einer Schule des Symbolismus sprechen, wenngleich – dies gilt zumindest für die belgische Malerei – deutliche Verbindungslinien zu Gustave Moreau wie zu den englischen Präraffaeliten führen. Im Großen und Ganzen freilich läßt sich kein durchgehender Zusammenhang, keine echte Verwandtschaft der von den Künstlern gewählten Ausdrucksmittel erkennen. Die Berührungspunkte sind mehr inhaltlicher Natur und aus dem Inhalt zu erklären, wenn es etwa um die Wiedergabe von Seelenzuständen oder Stimmungslagen geht, um eine spezifische Weltsicht oder um die Art, in der ein Künstler sich selber sieht, ganz vom Geheimnis umgeben. Charles Chassé hat dies deutlich erkannt, als er bemerkte, daß „die Idee, die Vorstellung des Geheimnisvollen fraglos das tragende Element des reinen, eigentlichen Symbolismus" sei (1).

Nicht beschreiben, nicht einkreisen, nicht einmal benennen. Sich mit Anspielungen begnügen, suggerieren: das ist das Ziel. Und was will man suggerieren? Das Unsichtbare, nicht Wahrnehmbare, das Verborgene und Undefinierbare, die versteckte Seite der Welt, die von der sichtbaren irrtümlich getrennt wurde.

Demjenigen, der sich dieser Welt zu nähern sucht, verschaffen Selbstäußerungen von Dichtern den geeignetsten Zugang, Aussagen wie die des Romantikers Novalis: „Alles Sichtbare ist dem Unsichtbaren verbunden, alles, was man hören kann, dem, was man nicht hören kann, alles Gefühlvolle dem Gefühllosen. Vielleicht alles was man denken kann, dem nicht Denkbaren." (2)

Auf entsprechende Fragen hin umreißt Mallarmé seine Haltung und damit zugleich auch das Hauptanliegen des Symbolismus „Das Betrachten von Dingen, die Bilder, die aus von ihnen hervorgerufenen Träumereien entstehen, sind die Gesänge. Die ‚Parnassiens' bemächtigen sich einer Sache ganz und stellen sie dar; deshalb mangelt es ihnen an Mysterium. Sie berauben den Geist des köstlichen Vergnügens, sich der eigenen Kreativität überlassen zu können. Eine Sache beim Namen nennen bedeutet, dem Gedicht Dreiviertel des Genusses nehmen, den es birgt und der sich erst nach und nach voll erschließen kann: Es ganz verinnerlichen, dies wäre der Traum. Erst die perfekte Handhabung jenes Mysteriums erschafft das Symbol. Es geht darum, Vorgestelltes schrittweise zu vergegenwärtigen und damit einen bestimmten Seelenzustand hervorzurufen, oder – umgekehrt – um die Herbeiführung eines solchen Zustands als Endpunkt einer Entschlüsselungsfolge, ausgelöst durch die Wahl eines Bildes" (3).

Und Emile Verhaeren schreibt „Ein gewaltiger Rückgriff der modernen Vorstellungskraft auf die Vergangenheit, unbändiger wissenschaftlicher Forschungsdrang und eine noch nie dagewesene leidenschaftliche Hinwendung zu etwas Unerklärlichem, noch nicht deutlich bestimmbar Übernatürlichem haben uns dazu getrieben, unsere Vision und wohl auch unser Erzittern vor diesem völlig Unbekannter durch einen eigenartigen Symbolismus darzustellen, der die Seele unserer Zeit ebenso widerspiegelt, wie im Symbolismus der Antike die damalige geistige Situation zum Ausdruck kam. Nur, daß wir ihn nicht etwa mit unserem Glauben oder unseren Erwartungen ausstatten. Im Gegenteil was wir hineinlegen, sind unsere Zweifel, unsere Ängste, unsere Sorgen, unsere Gebrechen, unsere Hoffnungslosigkeit und letztlich wohl auch unsere tiefen Todesnöte" (4).

In seinem 1891 im „Mercure de France" erschienenen Artikel über Paul Gauguin und den Symbolismus in der Malerei versucht der Kritiker Albert Aurier das Wesen des Symbolismus mehr theoretisch zu erfassen und setzt ihn in Beziehung zur idealistischen Philosophie. Aurier zufolge steht die Kunst ganz im Dienst von Ideen; sie gibt im Bild wieder, was in der Welt als am erhabensten gilt und deren eigentliche Grundfesten ausmacht – Ideen. Ein derartiges Bild ist zwangsläufig symbolisch, weil es durch seine Formen Ideen ausdrückt. Überdies ist es äußerst subjektiv, weil der Gegenstand nie als Gegenstand aufgefaßt ist, sondern vielmehr als Verkörperung einer Idee.

Diese Gedanken, die den Anteil an Intuition unberücksichtigt lassen, unterscheiden sich stark von der kultivierten Sanftheit der zitierten Dichter. „Idee" kann hier nicht für eine Gesamtheit vernunftmäßig abgeleiteter Vorstellungen stehen, weshalb denn auch eher der Ansicht von Jean Moréas zuzustimmen ist, der den Symbolismus in den Umkreis der „Idee an sich" setzt (5).

Nach dieser Auffassung verlieren sich die Trennwände zwischen Musik, Dichtkunst und Malerei. Da aber die Musik die Töne nicht fesselt, sondern sie frei in den Raum entläßt und ihn in Schwingungen versetzt, wird sie zur symbolistischen Kunst par excellence. In Anlehnung an die Musiker gehen die Dichter dazu über, die Wörter – alle Regeln verachtend – nur nach ihrer visuellen Wirkung und nach der Klangfolge aneinanderzufügen. Dieses Vorgehen regt die Vorstellungskraft an. Das Symbol verbirgt sich hinter den von ihm hervorgerufenen Schwingungen, und da dies das erklärte Ziel ist, überläßt man sich bereitwillig der Wirkung des Bildes.

Ohne ihre Erkennbarkeit zu verändern – oder sie nur ausnahmsweise verändernd, wie es gelegentlich bei Gustave Moreau zu beobachten ist, der sich dem Informellen nähert – können Landschaften und Figuren in das Licht des Irrealen getaucht sein und darin wie Abbilder einer anderen Welt erscheinen. Einer Traumwelt oder einer Welt der Erinnerung – wer weiß? Ein derart angelegtes Bild ist eher dazu angetan, Verwirrung zu stiften, als ein zu präzises Wort oder ein Roman, eher auch als Musik, jenes sich unablässig entziehende Geflecht aus Tönen und Klängen. Die Ambivalenz erstreckt sich vor allem auf das Geschlecht der Dargestellten. Bald scheint sich in den Gestalten das Trachten nach geschlechtsloser Reinheit zu verkörpern, bald suggerieren sie morbide Wollust, bald beides zugleich oder aber einen wonnevoll auszukostenden Zustand der Unschlüssigkeit, ein unentschiedenes Schwanken zwischen dem einen und dem anderen. Doppeldeutigkeit herrscht vor bis hin an die Grenze zu lüstern-perverser Verderbtheit.

Alles so heftig Begehrte – das Außerordentliche, das Sonderbare, das Künstliche – läßt sich in der Malerei durch Formen ausdrücken und in Farben fassen. Bei Worten hingegen wären modulierende Stimmen vonnöten, das heißt, man müßte auf den einsamen Genuß verzichten.

Besser noch als die Worte es vermögen, können die bildenden Küste die Schätze der Vergangenheit heraufbeschwören. Es ist eine kollektive Vergangenheit, die bei vielen Beobachtern vage Erinnerungsbilder hervorruft, die vielleicht auf frühere Leben verweisen. Eine verworrene Anhäufung von Legenden, mythischen Gestalten und Archetypen, die immer wieder entdeckt werden, von Jahrhundert zu Jahrhundert. So wird „das sichtbare Bild zum Zeichen für das mit Worten nicht Ausdrückbare" (6).

Freilich spielt die Kunst diese Rolle lediglich für eine ganz bestimmte Gesellschaftsklasse, nämlich jene Schicht der Bourgeoisie, die zwar des Genießens ihrer Privilegien müde ist, aber dennoch nicht von ihnen lassen kann. Es bedarf schon einer ansehnlich gefüllten Brieftasche, um sich, bei gleichzeitiger Ernüchterung, den Luxus des Überdrusses zu leisten. Die sogenannte unterprivilegierte Klasse hat naturgemäß an einer derartigen Bewußtseinshaltung nicht teil, geschweige denn an den recht ausgeklügelten visuellen und verbalen Mitteln, in denen diese Haltung sich äußert.

Das besagt, daß der Symbolismus seinem Wesen nach aristokratisch ist, elitär und zudem vergangenheitsbezogen. Die Absage an die moderne Welt, vor allem an die Industrialisierung, erfolgt dabei unter den gleichen Gesichtspunkten wie die Ablehnung der proletarischen Problematik, in der sich der Naturalismus gefiel.

Melancholie ist die aristokratische Geistesverfassung schlechthin, gehört überdies zu den Triebkräften der Kunst und kann sich unter Umständen, wie man weiß, bis zum wohligen Selbstmitleid mit insgeheimem Schmerzgenuß verstärken (7). Für das Aufkommen jeder Art von Mystizismus jedenfalls bildet die Melancholie den geeigneten Nährboden. Dieser Mystizismus muß nicht unbedingt christlich geprägt sein, und katholisch ist er allenfalls durch Abirrung. Eher handelt es sich um ein Suchen nach Zuflucht, um die Hingabe an ein unbestimmtes Jenseits, in dem Esoterisches und Okkultes auftauchen und das Heimstätte für allerlei, nicht selten mißverstandene oder sinnentstellend weitergegebene hermetische Lehren ist. In Frankreich wird der Hang zum Mystizismus durch den Orden der Rosenkreuzer bestärkt, der durch „Sâr" Mérodack Joséphin Péladan, von dem noch die Rede sein wird, neu belebt wurde. Intuition – oder vielmehr das gläubige Vertrauen darauf als ein im Dunkel aufleuchtender schwacher Schein – trägt über alle Vernunftgründe den Sieg davon und jeder wähnt sich von nun an im Flug über das Jen-

William Degouve de Nunques, Die Engel in der Nacht, 1894 (A)

seits. Tische drehen sich unter inspirierter Händen, niemals waren die Stimmen aus jener anderen Welt deutlicher zu vernehmen als damals (8).

Ein weiterer Ausdruck mystischen Suchens zeigt sich in der Vorliebe für alles Exotische. In unbekannten Ländern, in denen das Fremde wie ein Liebestrank wirkt, kann der Mensch eins werden mit der Natur und in ihr aufgehen. Natur oder Anti-Natur, denn die Ablehnung dessen, was nach landläufiger Auffassung als natürlich erscheint, erweist sich als noch überraschenderer Exotismus und als Inbegriff des so gebieterischen Verlangens nach Flucht und Ausbruch.

Heldenverehrung ist davon lediglich ein weiterer Aspekt: Die ungewöhnliche, aus der Norm fallende Persönlichkeit stellt sich als Wesen dar, das aller menschlichen Bindungen ledig ist und auf das jeder seine

Träume projizieren kann. Häufig handelt es sich dabei um Wagnersche Helden, um Siegfried, Tristan oder Parzifal, wie denn Richard Wagner überhaupt eine der Leitfiguren ist. Doch auch antike Mythen leben in Gestalt von Perseus, Ödipus und Jason, vor allem aber in Narziß und Orpheus wieder auf

Die Frau erscheint mit mehreren Gesichtern. Einmal ist sie der Engel, der den in sinnliche Begierden verstrickten Mann errettet, sie ist Schwester und Freundin, die ihm den Weg zur Erfüllung weist. Aber sie tritt auch als Versucherin auf, als „Femme fatale", die dem Mann mit ihrem unheilvollen Einfluß die Kraft, sich auf ein Ideal hin auszurichten, raubt, die seine Männlichkeit zerstört und seinen Tatendrang schwächt. Dann wieder steht sie am Kreuzpunkt der Geschlechter, unfaßbar und rätselhaft, zu verbotenen Freuden lockend, denen sie sich, kaum daß sie erahnbar sind, wieder entzieht.

Wie der Impressionismus von Sonnenlicht erfüllt ist, so ist der Symbolismus der Nacht verbunden. Der Schatten, auch wenn er nichts weiter verbirgt als sich selbst, bewirkt Emotionen. So dient denn das Helldunkel einer Mondnacht oder die schwankende Helligkeit der Sterne den Personen als Schmuck. Sie verkörpern das Schweigen der Nacht, jene „leidenschaftliche" Stille, die so oft von den Dichtern besungen wurde und die für sie nun eine besondere Bedeutung annimmt: Das Bild bringt sie zum Schwärmen (9).

Während der Symbolismus in der Literatur zu dem am 18. September 1886 im „Figaro" veröffentlichten „Manifeste du Symbolisme" von Jean Moréas in enger Verbindung steht – einem recht dürftigen und konfusen Dokument –, geht er in der bildenden Kunst schon auf die englischen Präraffaeliten zurück. Ein Millais erreicht durch die getreue Wiedergabe der Natur eine Berührung mit dem göttlichen Prinzip, das die Natur beseelt. In den Werken Rossettis blühen Mythen und Legenden auf, deren nebelhaft unbestimmter Sinn zum Eindruck des Geheimnisvollen beiträgt.

Ein Zeitgenosse hat den Symbolismus als „Nachwehe" der ausklingenden Romantik bezeichnet und tatsächlich besteht zwischen dem einen und dem anderen eine durchgehende Verbindungslinie. Indem er Klassizismus, Naturalismus und Impressionismus unbeachtet läßt, nimmt der Symbolismus gewisse Obsessionen der Romantik auf: den Satanismus, die Auseinandersetzung mit dem Tod, die der Frau zugewiesene Rolle. Doch das Drama, der Aufruhr, die Heftigkeit der Romantik verschwimmt unter der Mattigkeit des Fin de siècle.

Worin könnte das Mysteriöse besser Gestalt annehmen als im Androgynen? Alles daran ist geheimnisvoll: sein Geschlecht, seine Herkunft, seine Bestimmung. Zum einen verweist es auf einen Idealzustand des Menschen in grauer Vorzeit, zum anderen sehen es seine Verehrer als künftiges, fernes Ziel in einem Zustand der Vollkommenheit, den es zu erreichen gilt – „reiner Mythos, der Vorstellungskraft des Menschen entsprungen, der blind tastend seinen Platz in der Welt sucht und ein Bild projiziert, das am besten geeignet ist, sowohl Rechenschaft über seinen Ursprung abzulegen wie auch Einiges von seinem Trachten zu symbolisieren." (10)

Die Ursachen für die Wiederkehr des Androgynen sind äußerst kompliziert und liegen teilweise im Bereich der Metaphysik. Im Wesentlichen geht es darum, die Liebe aller sexueller Regungen zu entkleiden und zu etwas absolut Reinem zu erheben. Darin zählen einzig und allein die Begegnungen der Seelen und die Äußerungen des Geistes. Diese vom Wunsch nach fortschreitender Läuterung erfüllte Haltung verleugnet die Liebe nicht, sondern betont in ihr das „Wesen einer heftigen Suche,

das leidenschaftliche Verlangen nach Vereinigung" (11). „Die Liebe ist auf Erden das Mittel, zur Erlösung zu gelangen, aber diese Liebe muß ihrem Wesen nach androgyn sein, um den primordialen Androgyn wiederzufinden. Liebe ist nur dann wahr, wenn der Mann und die Frau innerlich weder Mann noch Frau sind" (12). Wer das Androgynat als Wiedervereinigung der Geschlechter begreift, dem offenbart sich darin auch das Symbol der Erlösung.

Wichtig für das Verständnis des Symbolismus ist auch, daß in ihm die Alchemie wieder zu Ehren kommt. Der alchemistische Androgyn, Rebis, von Sonne und Mond geboren oder aus der Vereinigung von Schwefel und Quecksilber oder Gold und Silber hervorgegangen, verweist auf das unerreichbare Ziel des Werkes. (Vgl. den Beitrag von Hans Biedermann)

Zugleich freilich sind in England wie in Frankreich nicht die morbiden Züge des wie überzüchtet wirkenden Hermaphroditen zu verkennen, Züge, in die man durchaus „ein Übermaß von erotischen Freuden" einbeziehen kann (13). Eros ist androgyn, Satan könnte es gleichfalls sein. Alles ist doppelt, alles ist unklar. Auch homosexuelle Neigungen kommen ins Spiel und in ihrem Umkreis flirtet der Dandy mit dem Zwitter (14). Doppelt und vielfältig angelegte Naturen unbestimmten intellektuellen Geschlechts, bei denen Anmut in der Kraft nochmehr Anmut wird und Kraft sich noch in der Anmut wiederfindet (15). Sein äußerstes Raffinement, seine Vorliebe für das Seltene und Kostbare führen zwangsläufig zu einer gewissen Verweichlichung und sind überdies dazu angetan, die Grenzen zwischen Gut und Böse zu verwischen. Die entmoralisierende Wirkung seiner Neigungen liefert den Dandy dem Skeptizismus gegenüber allen herkömmlichen, allgemein anerkannten Werten aus, doch wird „der Dandy sich über diesen Trümmern auf einer anderen, notwendigerweise entfernteren Ebene eine eigene Ästhetik schaffen. Aber die Kluft, die zwischen ihm und der übrigen Gesellschaft besteht, wird immer da sein" (16).

Aus Ästhetizismus also wendet sich der Dandy dem Androgynen zu, aus dem starken Verlangen, ihm ähnlich zu sein, zugleich aber auch um einer anderen Ethik willen. „Das Dandytum erweist sich als Versuch, in einem einzigen Geschöpf alle Prinzipien zu verschmelzen, die den Menschen und die Welt zerteilen: aktiv und passiv, Yang und Yin, männlich und weiblich, Animus und Anima, Sadismus und Masochismus" (17).

Auch die ebenso zaghaften wie trügerischen Anfänge weiblicher Emanzipationsbestrebungen tragen auf ihre Weise zur Ausbildung des Mythos bei. Um an der zunehmenden Sittenfreiheit teilzuhaben verkleidet die Frau sich als Mann, bis sie – wie Théophile Gautiers

Hauptfigur „Mademoiselle de Maupin" (1835–36) – sich nicht mehr nur in den Grenzen eines einzigen Geschlechts einrichten muß. Die Frau will alle Freuden und alle Freiheiten kennenlernen, ohne jedoch deren Risiken zu akzeptieren und ohne sich von niedrigen Instinkten beherrschen zu lassen, indem sie Abstand hält, ganz so wie die Heldin in Péladans „Curieuse" (1885). Verkleidung ist in jener Phase des Fin de siècle ebenso in Mode wie in diesem Fin de siècle, in dem wir heute leben. Sie irritiert, provoziert, sie reizt die Sinne. Ein Idealbild verkörpert auch die dem Epheben gleichende Amazone, die sich durch eher dem Mann vorbehalten scheinende kriegerische Fähigkeiten auszeichnet. Hauteclaire in „Le bonheur dans le crime" (1874) von Jules-Amédée Barbey d'Aurevilly hat manch starkes Neidgefühl geweckt.

In der Literatur setzt die Neubelebung des Mythos des Androgynen mit all seinen vielfältig schillernden Spielarten in der ersten Hälfte des neunzehnten Jahrhunderts ein. In Balzacs Roman „Seraphita" (1835), Ergebnis der Auseinandersetzung des Schriftstellers mit der mystisch-theosophischen Weltanschauung Swedenborgs, mündet der Dualismus von Seraphita und Seraphitus in die Forderung, das Fleisch der seelischen Läuterung und Erhöhung wegen zu transzendieren. Andererseits lassen sich Schriftsteller allein durch die Verlockungen des Verbotenen faszinieren, die alles Androgyne umgeben: „Ist es ein junger Mann? Ist es eine Frau? Eine Göttin, vielleicht gar ein Gott? Aus Furcht, unehrlich zu sein, zögert die Liebe und schiebt ihr Geständnis hinaus" (18). Der 1884 veröffentlichte Roman „Monsieur Vénus" der jungen Rachilde verbindet ohne schamhafte Umschweife die Wesensforschung des Androgynen mit Verirrungen der Begierde. Und läßt sich nicht der Narzißmus in Oscar Wildes „Bildnis des Dorian Gray" (1891) als Bedürfnis deuten, in der Vereinigung mit dem Doppel das vollkommene Wesen wiederzufinden? Später greift Wilde den als literarisches Motiv immer wieder auftauchenden Narziß-Mythos noch einmal in „The Disciple" auf: „,War Narziß denn schön?' fragte der Teich. ,Wer könnte es wohl besser wissen als du', antworteten die Nymphen. ,Uns ist er stets nur flüchtig begegnet, nach dir aber sehnte er sich, er wollte an deinem Rand liegen, niederblicken auf dich und im Spiegel deines Wassers seine Schönheit gespiegelt sehen.' Und der Teich antwortete: ,Doch, ich liebe Narziß: Als er an meinem Ufer lag und auf mich schaute, erblickte ich im Spiegel seiner Augen meine eigene Schönheit.'" (19)

Wilde ließ sich, in Samt gehüllt, als Salome verkleidet photographieren, eine Lilie in der Hand, mit ang herabfallendem Haar und in schmachtend-hingebungsvoller Pose (20).

Walter Sauer, Das sterile Idol, 1925 (A)

Joséphin Péladan, der sich als Großmeister der Rosenkreuzer den Beinamen „Sâr Mérodack" zulegte, kann als ein von der Ideenwelt der Androgynie geradezu Besessener gelten. Nicht nur, daß die Handlung seiner Romane um dieses Thema kreist, auch seine theoretischen Schriften muten wie Lobgesänge auf alles Androgyne an. Vor allem ist da die „Hymne an den Androgyn" (21) aus dem Roman „L'Androgyne" (1891) zu erwähnen:

„Feingliedrig-hagerer Ephebe, Mischung aus herannahender Kraft und schwindender Grazie. O vager Augenblick des Leibes wie der Seele, köstliche Nuance, unmerkliches Intervall körperlicher Musik, erhabenstes Geschlecht, drittes Wesensbild! Gelobt seist du!
Schlankarmige Jungfrau mit flachen Brüsten, Trugbild der Stärke mit darin schlummernder Anmut, unbestimmter Moment des Körpers und dunkel verworrener Seelenpunkt, schwankender Farbklang, Akkord in einer Harmonie, Heros und Nymphe zugleich, Gipfel aller Form – die einzig wahrnehmbare in der Welt des Geistes! Gelobt seist du!" (22)
„Zur Reinheit geläutertes Geschlecht, das in Liebkosungen erstirbt; hochheiliges und als einziges in den Himmel emporgestiegenes Geschlecht; herrlich schönes Geschlecht, von aller Gewöhnlichkeit befreit; begnadet edles Geschlecht, Herausforderung dennoch an das Fleisch; unkörperlich-wesenloses Geschlecht, das

dennoch mancher heimsucht wie es ehedem Adam tat im Garten Eden.

Von irdischer Leidenschaft ausgeschlossenes Geschlecht!

Gelobt seist du, das es nicht gibt!

Berückend sanftes Geschlecht, dessen Anblick der Trost der Einsamen ist; besonnen ruhevolles Geschlecht, das alle Kraft im Umkreis erschlaffen läßt; zärtlich liebkosendes Geschlecht, das unsere Seele küßt;

stark berauschendes Geschlecht, das uns die Träume schenkt, Geschlecht Jeanne d'Arcs und Geschlecht des Wunderbaren! Gelobt seist du!" (23)

„...Unberührbarer Eros, Eros vom Stamme des Uranos, für die grobschlächtigen Menschen des Moral-Zeitalters bist du nicht mehr als schändliche Sünde. Sodom nennt man dich, göttlicher Zeuge aller Sinnenlust. Ein Bedürfnis ist es den Jahrhunderten der Heuchelei, die Schönheit anzuklagen, jenes strahlende Licht inmitten der Finsternis, die in den Herzen der Gewöhnlichen wohnt. Bewahre dir die erhabene Maske, die dich abschirmt von allem Niedrigen! Gelobt seist du!" (24)

„...O Urgeschlecht, Geschlecht von unwandelbarer Endgültigkeit, Urwesen der Liebe, Absolutheit der Form, Geschlecht, das Geschlecht verneint, Geschlecht der Ewigkeit! Gelobt seist du, Androgyn!" (25)

Um Péladans Einfluß recht zu ermessen, muß man zweifellos zwischen seinem Wirken als Denker und Philosoph unterscheiden und dem umständlich zu Werke gehenden Inszenator seiner selbst, der Person, deren beifallsheischendes Gauklertum Léon Bloy so verabscheute. Bald in Samt gekleidet, mit Spitzenjabots, in weichen Hirschlederstiefeln und von einem roten Umhang umhüllt, bald im schlichten Priesterrock auftretend, trägt Péladan einen Bart nach dem Vorbild assyrischer Könige, dazu eine Haartracht nach Hippie-Art. Seine Lehren verbreitet er in ganz Europa. Péladan zufolge hat „Kunst den gleichen Auftrag wie die Religion, nämlich Gott für den Menschen erfahrbar zu machen." „Schönheit ist sublimierte Wirklichkeit." Und: „das mystische Wesen einer Form ihr Nimbus, ihr jenseitiger Gehalt" (26).

Péladan gründet am 26. August 1891 einen Zweig des Rosenkreuzordens, den „Ordre du Temple de la Rose-Croix". Sein Zweck ist die „Zusammenführung von Menschen in einem tätigen Bund, die nach Licht und Geistigkeit streben, aber auch ihrerseits Strahlen aussenden wollen, um die Segnungen der Spiritualität und der reinen Mystik in die profane, dem Stofflichen verhaftete Welt zu tragen" (27). Als wichtigsten Vollstrecker dieser Kreuzzugsidee sieht Péladan den Künstler: „Künstler, du bist Priester. Kunst ist das große Mysterium schlechthin, und wenn dein Mühen zu einem Meisterwerk führt, dann fällt darauf ein göttlicher Strahl wie

auf einen Altar. O greifbare Nähe der Göttlichkeit, die in so unübertrefflich großen Namen aufleuchtet wie da Vinci, Raffael, Michelangelo, Beethoven und Wagner. Künstler, du bist König: Das wahre Reich ist die Kunst. Gelingt deiner Hand eine vollkommene Zeile, so steigen die Cherubim selbst herab und gefallen sich darin wie in einem Spiegel" (28).

Von Péladans Persönlichkeit muß ein gewisses Charisma ausgegangen sein, denn immerhin gelang es ihm, Künstler von Rang und unterschiedlicher Nationalität in seinem Salon zusammenzuführen: wie z.B. Schwabe, Hodler, Vallotton und Bourdelle, Rouault und Emile Bernard, Previati, Toorop, Sarluis, Khnopff und Delville. Indessen gelingt es Péladan nicht, Gustave Moreau zu gewinnen, ebensowenig wie Odilon Redon. Dafür läßt er als stolzen Hinweis auf seine geistige Verwandtschaft am Eingang der ersten von ihm organisierten Ausstellung große fotografische Wiedergaben prä-raffaelitischer Bilder anbringen.

Neben Wilde und Péladan gibt es eine Reihe weiterer außergewöhnlicher Gestalten, die entweder selbst das Androgyne verkörpern oder es bewußt kultivieren. Sarah Bernhardt tritt abwechselnd als Aiglon, Hamlet und Lorenzaccio auf. Robert de Montesquiou, Autor der Gedichtsammlung „Le chef des odeurs suaves" (1893) und nach diesem Titel benannt, wurde von Proust auch zum „Professor der Schönheit" erwählt. Er gab nicht nur das Modell ab für Prousts Figur des Baron de Charlus in „Auf der Suche nach der verlorenen Zeit", sondern diente auch Joris Karl Huysmans als Muster für Des Esseintes, den Helden in dem Roman „Gegen den Strich" (1884) und Inkarnation des Preziösen, die in sich alle Merkmale des morbiden Lebensgefühls im Fin de siècle vereint.

Um den mit den Mitteln boshafter Ironie arbeitenden Schriftsteller Jean Lorrain (Paul Duval) „bildete sich eine Legende, die ihn als eine Art wollüstigen, triebhaft-barbarischen, primitiven und zugleich höchst raffinierten Verächter jeglicher Religion erscheinen läßt, auf der Suche nach unbekannten Empfindungen, nach sublim erdachten Lastern – ein Apostel glühender Liebesleidenschaft, ohne jeglichen gefestigten Glauben, dem Harmlosen wie dem Perversen primitiver Geschlechtlichkeit ebenso zugetan wie den zweideutigen Vorlieben der griechisch-römischen Antike" (29).

Der Maler und Dichter Dante Gabriele Rossetti, die beherrschende Gestalt in der Bruderschaft der Präraffaeliten, betonte die neue Priorität der Malerei vor dem Wort im Dienste der Poesie: „Wenn jemand eine Spur Poesie in sich trägt, dann sollte er malen, denn alles ist bereits gesagt und besungen, aber sie haben gerade erst begonnen es zu malen."

Dante Gabriel Rossetti, Venus Verticordia, 1864–8 (A)

Rossetti ist der erste, der im Rückgriff auf die historische Vergangenheit und auf legendäre Stoffe nach Ausdrucksmöglichkeiten für die Wiedergabe des Nicht-Sichtbaren sucht. Einige seiner Bilder erscheinen wie wahre Mythen-Stickereien, wobei „Stickerei" sowohl die seidenähnliche Kostbarkeit der Ausführung meint, als auch den Fadenverlauf von der Vorder- zur Rückseite des Gewebegrunds: Die Rückseite mag schwieriger zu deuten sein, ist womöglich aber die faszinierendere.

Die Funktion des Künstlers als Abgesandter der Götter, jene von Péladan so nachdrücklich hervorgehobene Idee, taucht als Vorstellung auch in den Schriften auf, in denen John Ruskin die Präraffaeliten, namentlich Rossetti, würdigt. Ganz wie ein Priester solle der Künstler seine Vermittlerrolle des Unendlichen übernehmen. Wenn er mit der Natur verbunden sei, dann sei er es auch mit Gott. Die Unordnung der sichtbaren Welt, vom Künstler traumhaft-intuitiv entwirft, liefere edlere und wahrhaftigere Bilder als die natürlichen Erscheinungen, zumal der Künstler die genaue Darstellung dieser Erscheinungen erlernt habe (30).

Der Gedanke, Mann und Frau könnten sich in einem einzigen Wesen zu einer neuen Einheit verbinden, fasziniert die Präraffaeliten und übt eine gewisse erotische Anziehungskraft auf sie aus (31). J. Dixon Hunt mutet die Schönheit von Rossettis Frauengestalten „wie eine sichtbare Verkörperung der Seele" an (...) Der Künstler sollte seine Seele dadurch adeln, daß er ihr malend Form verleiht, und zwar in der Wiedergabe der verschiedenen Stimmungen einer schönen Frau (31).

In dieser Sicht der weiblichen Schönheit als Verkörperung der Seele des Malers offenbaren sich narzißtische Vorstellungen. So läßt sich denn auch in der Hingabe, der so glückseligen wie beständigen Erwartung der „Beata Beatrix" von Rossetti (1863) „die bereitwillige Neigung zur Selbstverliebtheit" (33) erkennen. „Venus Verticordia", 1868 vollendet, läßt dagegen derartige Gedanken kaum aufkommen. Der seltsam traurige, leicht verwunderte und doch matte Blick verleiht der Figur den Ausdruck selbstversunkener Insichgekehrtheit. Von Blumen ganz umschlossen, wirkt sie wie eine Gefangene. Mag auch die Gegenwart eines Schmetterlings die Grausamkeit des Pfeils mildern, den die Schöne gegen ihre Brust drückt, die „Femme fatale", wie sie in dieser Gestalt begegnet, erscheint wie ihr eigenes Opfer, als Beute eigener arglistiger Ränke. Überhaupt wird in den Bildern der Präraffaeliten und ihrer Nachfolger – bis Delville und Khnopff, eingeschränkt auch bei Moreau – weniger die Frau mit männlichen Zügen ausgestattet als vielmehr das Geschlecht des Mannes durch Unbestimmtheit verschleiert (34). Möglicherweise drückt sich hierin die damals unterschwellig

Edward Burne-Jones
Perseus und die Meeresnymphen, 1875–7
Öl auf Leinwand
Staatsgalerie Stuttgart

recht verbreitete, sich bis zu ausgesprochener Frauenfeindlichkeit steigernde Abneigung des Mannes gegen das andere Geschlecht aus: Der Mann möchte dominieren, sei es auch in Gestalt des Androgyns, in der freilich stets die Frau hindurchscheint. Auf diese Weise vollzieht sich die Bekehrung der ursprünglichen Heroen zum Androgynat.

Schlagartig deutlich wird dies am Beispiel der Bilder zum Perseus-Zyklus von Edward Burne-Jones (1875–77). Perseus erscheint hier als zarter Ephebe mit durchsichtigem Profil. Die Rüstung, die er trägt, wirkt wie ein Schuppenkleid, das, statt zu beschweren, die Anmut des ätherischen Körpers noch unterstreicht. Es ist bekannt, daß Burne-Jones vor dem Malen einer Rüstung davon zunächst ein Modell anfertigte und sein Bild so anlegte, „daß es am Ende eine Reflektion einer Reflektion von etwas rein Imaginärem ist." (35)

Perseus befreit bei Burne-Jones nicht nur Andromeda, sondern erlöst auch die an ihrer schrecklichen Macht verzweifelt leidende Medusa indem er sie tötet. Die Legende scheint so mit dem Mysterium der Erlösung verbunden, auf das, wie wir gesehen haben, wiederum das Ideal des Androgynen ausgerichtet war.

Die Doppeldeutigkeit dessen, was man im vorigen Jahrhundert als „drittes Geschlecht" bezeichnete, wird besonders an den Engelsdarstellungen von Burne-Jones deutlich. Ihrer eigentlichen Natur nach sind Engel als Mittler zwischen Gott und den Menschen reine Geistwesen, körper- und geschlechtslos. Um in ihrer Existenz greifbar zu werden, nehmen sie im Alten und im Neuen Testament körperliche Gestalt mit vielfach wechselnden Zügen an, die manchmal männlich und manchmal weiblich sind. Deshalb erscheinen sie in der Ikonographie des Symbolismus gerne als vollkommene Androgyne. In lange Gewänder gehüllt und mit riesigen Flügeln sind sie mit Attributen versehen, die sowohl ein Schwert sein können, als auch, wie beim Engel des fünften Tages der Schöpfung von Burne-Jones, eine kristallklare Kugel. Während der Verkündigungsengel wegen des intimen Charakters seiner Botschaft zum weiblichen Geschlecht hin tendiert, sind die über Dämonen siegenden Engel männlichen Geschlechts.

Uriel, einer der sieben Erzengel, erscheint in der Bibel in unterschiedlicher Gestalt. So ist er einer der drei Magier, der den Menschen die göttliche Alchemie bringt. Daran muß Burne-Jones gedacht haben, als er, angeregt durch ein Tarotspiel, 1884 sein Uriel-Bild malte (36). Übrigens wird Uriel auf den Monat September bezogen; er ist aber auch einer der vier Engel, die für die Wind- und Himmelsrichtungen stehen und bezeichnet als solcher den Süden. Sein hebräischer Name (Licht Gottes) regte Milton an, Uriel in „Paradise Lost" als Herrscher über die Sonne einzusetzen. Der feierliche Ernst seiner Erscheinung im Gemälde von Burne-Jones entrückt ihn an die Grenze der sichtbaren Welt, „erfrorenen Erinnerungen gleich in einem Garten aus vergangenen Tagen, fast erstarrt im zweifelnden Unglauben an diese Welt" (37). Ein ganz ähnlicher Engel, ebenso geschlechtslos, taucht in „Die Liebe und der Pilger" (1896–97) auf. Das von „Roman de la Rose" inspirierte Bild stellt kein in der Dichtung erwähntes Ereignis dar, bringt vielmehr deren Geist zum Ausdruck oder bezeugt, besser gesagt, die besondere Sensibilität von Burne-Jones gegenüber jenem Versroman des dreizehnten Jahrhunderts (38). Der Engel, das ist Eros, der nunmehr ebenfalls seinen Platz in der Verschiebung der Geschlechtergrenzen einnimmt. Nach orphischen Vorstellungen gilt er als Widersprüche und Gegensätze aufhebende und ausgleichende Macht, als doppelgeschlechtliche Macht par excellence (39).

Darf man so auch die Eros-Figur in „Amor und Psyche" (Farbabb. S. 72) deuten, eine Gemäldefolge, die durch „Das irdische Paradies" von William Morris angeregt wurde? Für Morris, Burne-Jones und den Kreis Eingeweihter, der sie umgab, besaß der Psyche-Mythos eine tiefe Bedeutung. Er verwies auf die Grenzen menschlichen Wissens. Da der Wissensdrang, der Psyche be-

Edward Burne-Jones, Die Liebe und der Pilger, 1896–7
Öl auf Leinwand The Tate Gallery, London

Edward Burne-Jones
Der Erzengel Uriel, 1884 (A)

Edward Burne-Jones, Die Hochzeit des Königs, 1870 (A)

seelte, das Mysterium des Lebens zerstörte, erkannte
man in Psyche eine Art Personifizierung des modernen
Zeitalters, das Trauer um etwas auf immer und ewig
Verlorenes empfindet (40). Darin, daß Burne-Jones
Eros mit weiblichen Zügen ausstattet und ihn Psyche
ähnlich darstellt, könnte man entfernt anklingende Zusammenhänge mit dem Kult einer Vergangenheit sehen, die noch vor der Trennung der Menschheit in Geschlechter liegt.

Beardsleys Bildsprache ist bei aller Raffinesse offener.
Das dritte Blatt seiner Illustrationen zu Théophile Gautiers „Mademoiselle de Maupin" (1898) zeigt einen
Transvestiten mit eindeutig erotischem Bezug. Der
überaus manieristisch wirkende „Siegfried, II. Akt"
(1893) scheint gleichfalls ein Transvestit zu sein, und
nicht weniger fraglich im Hinblick auf ihr Geschlecht
mutet die mit Pfeil und Bogen bewaffnete, von einem
Hund begleitete Amazone in „Atalante in Calydon" –

Aubrey Beardsley
Théophile Gautier, Mademoiselle de Maupin, 1898 (A)

Alastair, Mademoiselle de Maupin (A)

Aubrey Beardsley
Der geheimnisvolle
Rosengarten, 1892
aus „The Yellow Book"

Aubrey Beardsley
Oscar Wilde, Salome (A)
Klimax
Salome und Johannes
Titelseite

Aubrey Beardsley, Der Liebesspiegel, 1895 (A)

vergleicht den Künstler in einem monographischen Essay mit Pierrot: , Und so erreicht er Vollendung in der Falschheit, sich am meisten davor fürchtend daß ein einziger Hauch der Natur ihm seine Maske verschieben und ihn wehrlos machen könnte. Da Einfalt bei ihm das Lächerlichste von der Welt wäre, wird er gelehrt, pervers, vergeistigt seine Lust und brutalisiert seinen Geist. Seine schwarzseherische Anschauung der Dinge wird zu einer Art grotesker Freude...“ (42) Beardsley gehörte, angetan mit gelben Handschuhen und einer Kamelie im Knopfloch, einen Stock mit kostbarem Knauf schwenkend, zweifellos zu den glänzendsten Erscheinungen des Dandytums im Fin de siècle.

Der Maler Simeon Solomon ging über die Lebensauffassung des Dandyismus weit hinaus. Als einstiger Vertrauter und Weggefährte Swinburnes stand er 1873, angeklagt wegen Verstoßes gegen die guten Sitten, vor den Scherben seiner Laufbahn. Von ihm geblieben sind ein paar elegische Traumbilder vom melancholischen „love boy“, die sich gelegentlich, wie „The Dark Blue I“ (1871), auf Gedichte Swinburnes beziehen. Der Schlaf, den er beschwor, dünkte ihm als eine Art hypnotischer Zustand, von beunruhigend dunklen Kräften erfüllt.

Aubrey Beardsley, Der Abbé (A)

nach der Dichtung Swinburnes – an. „Der geheimnisvolle Rosengarten“, in der von Beardsley mitherausgegebenen Vierteljahreszeitschrift „The Yellow Book“ (1892) erschienen, vereinigt Eros und Psyche gewissermaßen in einer Gestalt und zeigt einen der schönsten androgynen Engel in der Kunst des Symbolismus. Kein Schutzengel erscheint hier und auch kein gefallener Engel, dargestellt ist vielmehr der Engel der Sünde. Mit der leichten Andeutung eines Barts, in eleganter Gewandung, auf geflügelten Sandalen tanzend und der nackten Eva, die er mit sich zieht, ins Ohr flüsternd, ist er die verführerische Verkörperung der Schlange.

Beardsleys „Liebesspiegel“ (1895) schließlich offenbart mit unverhüllter Deutlichkeit das Zweigeschlechtliche des Eros. Diese Illustration der ersten Strophe von „The Thread and the Path“ von Mark André Raffalovitch („Set in a heart as in a frame love livith“) wurde seinerzeit vom Herausgeber Nutt, der sich von der Hauptfigur des Hermaphroditen tief schockiert fühlte, zurückgewiesen (41). Arthur Symons, Zeitgenosse Beardsleys,

Simeon Solomon, Nacht und Schlaf, 1888 (A)

88

Simeon Solomon, Der Gesang der Liebe, 1870 (A)

Simeon Solomon, Dämmerung, 1971 (A)

George Frederic Watts, Endymion, 1903 (A)

Überhaupt kommt dem Schlaf in der Gedankenwelt der Symbolisten eine ungemein wichtige Bedeutung zu. Sie ebnet Freuds Theorien den Weg und hüllt sich in eine poetische Aura, die unter Berufung auf die Erlösungskraft von Traumbildern auf eine Ablehnung der wirklichen Welt gerichtet ist. In George Frederic Watts Bild „Endymion" (1869 und 1903) ist die griechische Sagengestalt, der die Göttergabe des ewigen Schlafs zuteil wurde, in mystische Ekstase entrückt. Die als fast körperloses Wesen hinter ihren Schleiern kaum wahrnahmbare Diana beugt sich zu ihm herab – eine nach griechischer Überlieferung zweigeschlechtliche Gottheit. Die Kreisform, die kompositorisch beide Figuren umschließt, läßt an das Ur-Ei als Keim allen Lebens denken. Im Schlaf findet der Hirte vielleicht zur verlorenen Einheit zurück.

Das Bestreben von Watts ist, Gedanken in bildhafte Formen zu kleiden: „Ich male Gedanken, keine Gegenstände, ich male, weil ich etwas mitzuteilen habe." Es sind dies erhabene Gedanken, die sich an die Phantasie des Betrachters wenden und die Malerei somit in den Rang der Poesie erheben. Bemerkenswert ist übrigens, daß Péladan in „L'Androgyne" auch den jungen Hirten in den Lobgesang einschließt: „Endymion mit glutrot blühendem und stolzen Körper, gelobt seist du!"

Gustave Moreau gilt als das „unverzichtbare Bindeglied" zwischen dem Idealismus der Präraffaeliten und dem Symbolismus (43). Seine wegbereitende Rolle für den Symbolimus besteht vor allem darin, daß er „die seiner Zeit eigene Ruhelosigkeit und die Sagenwelt der Antike zu vereinen wußte" (44). Diese Verbindung ist zugleich auch die Ursache seiner Ambiguität und hermetischen Verschlossenheit. Berühmtheit verschaffte ihm „Ödipus und die Sphinx" im Salon von 1864. Dieses Bild, das sich im Geist vom Ödipus-Gemälde Ingres' (1808) grundlegend unterscheidet, ist reich an Bedeutungsebenen. Veranschaulicht werden der Konflikt zwischen Gut und Böse, der Geschlechterkampf – die Sphinx, die Ödipus zu verführen sucht, hat bereits etwas von einer „Femme fatale" – und das Rätsel des Lebens. Das Bild verkörpert die vom Verstand regierte Weltanschauung des Künstlers, die sich in literarischen Anspielungen zeigende Empfänglichkeit für Überlieferungen des Altertums wie auch die enge Verbindung mit den Ideen seiner Zeit, die in der Verherrlichung des androgynen Ideals, dem Moreau einen Großteil seines Werkes gewidmet hat, zum Ausdruck kommt. Dieses Werk kam übrigens eher im Verborgenen zustande. „So sehr liebe ich meine Kunst, daß ich nur glücklich bin, wenn ich sie für mich allein erschaffe" (45). Narziß, Orpheus und der Dichter sind die Verkünder seiner Botschaft.

Narziß verkörpert das sich selbst erforschende Gewis-

sen des Künstlers. „Der Spiegel des Wassers wird zum Spiegel des Bewußtseins" (46). Die Verliebtheit in sein Spiegelbild steht für die Flucht aus der wirklichen, grobsinnlichen Welt in das intime Zwiegespräch mit sich selbst, um so – auf dem Weg über den Traum – zu äußerstem Raffinement zu gelangen. Darin liegt ein Bekenntnis zu einem rein kontemplativen Dasein; zugleich bedeutet sie eine ästhetische Position. Doch das Doppelsinnige bleibt bestehen, denn die natürlichen Elemente verschließen sich Narziß. Die Vorstellung von Strafe und Selbstzerstörung klingen in Moreaus Interpretation an: „Schon der feurige Blattwuchs, schon die in die Höhe schießende Blume, allein schon die gierige Vegetation bemächtigen sich des angebeteten Körpers, dieser in abgöttischer Betrachtung des Seins selbstvergessenen Liebe" (47).

Die Orpheus-Legende ist eine der umfassendsten und fließendsten der antiken Mythologie. Welche Faszination sie auf Moreau ausübte und welche Bedeutung ihr für alle Geistesströmungen des Fin de siècle zukommt, hat erst unlängst D. Kosinski dargelegt (48). Sie hat überdies darauf aufmerksam gemacht, daß jene Zeit dazu neigte, die Rolle der Eurydike herunterzuspielen, etwa indem man ihre Rolle als Liebende auf ein alchemistisches Symbol reduzierte (49).

Nach einigen Versionen der Legende flieht Orpheus nach dem Verlust Eurydikes alle Frauenliebe und wendet sich stattdessen Knaben zu. Aus Zorn darüber zerreißen ihn die Frauen Thrakiens. Kopf und Lyra des Sängers treiben auf den Fluten des Hebros, bis sie von einer jungen Frau aufgefangen werden, die die Lyra hatte spielen hören. Schließlich werden sie an den Strand der Insel Lesbos getrieben, der Heimat der lyrischen Dichtkunst.

Für Moreau ist Orpheus ein Magier, ein Seher und Erleuchteter, jemand, der „schreckliche Geheimnisse" durchdrungen hat und die Zukunft vorauszusagen vermag, allerdings auch jemand, dessen Musik Heilung bringt. „Seine siebensaitige Lyra umarmt das Universum. Jede Saite entspricht einer Grundstimmung der menschlichen Seele, birgt das Gesetz einer Wissenschaft und einer Kunst. Der Schlüssel zu seiner vollen Harmonie ging uns verloren, indessen vibrieren die einzelnen Tonlagen noch immer in unseren Ohren" (50). Diese Lichtgestalt hat freilich auch ihre Kehrseite: „Aufgewühlte Seele, mächtig und schwach zugleich, erhaben und erbärmlich; hin- und hergerissen zwischen Zweifel und Glaube, aus wunderbarer Verzückung in tiefste Verzweiflung stürzend" (51). Gerade diese Seite fesselt Moreau.

Die Enthauptung des Sängers regte Moreau zu einer seiner schönsten Kompositionen an, zu dem Bild

Gustave Moreau, Indischer Dichter (A)

Gustave Moreau, Titelblatt zu „Vie de l'Humanité" (A)

Gustave Moreau, Jakob und der Engel (A)

Gustave Moreau, Bacchus bei dem Hymenäen (A)

Gustave Moreau
Die Stimmen (Heiliger Sebastian), vor 1890 (A)

Gustave Moreau
Herkules und die Laster (A)

Gustave Moreau, Der Tod des Dichters (A)

Gustave Moreau, Der Abend und der Schmerz (A)

Gustave Moreau, Narziß, Aquarell, Musée Gustave Moreau, Paris

Gustave Moreau, Orpheus an Eurydikes Grab, 1890 (A)

„Junge Thrakierin mit dem Haupt des Orpheus" (1865). Orpheus gleicht hier einem christlichen Märtyrer. Der Blick, den das junge Mädchen auf ihn richtet, verrät Erbarmen und Mitleid. Ungeachtet des von ihm selbst herbeigeführten Endes, genauer gesagt aufgrund der Umstände seines physischen Todes, kann Orpheus über sein Schicksal triumphieren und zu einer Symbolgestalt der idealistischen Ästhetik werden, die sich ihrer selbst noch in ihrem Pessimismus annimmt (52).

Zahlreiche weitere Werke Moreaus sind mit dem Orpheus-Mythos verknüpft, darunter „Der tote Dichter, von einem Kentauren getragen" (1890), „Der reisende Dichter" (um 1868), „Der arabische Dichter" und „Ein indischer Sänger", ein Bild, das man lange für eine Salome-Darstellung hielt. Der androgyne Charakter der Gestalt bestätigt, was P. L. Mathieu die „latente Homosexualität" Moreaus nennt. Ganz offensichtlich ist jedenfalls, daß für Moreau „der Dichter ein Geschöpf von weiblichem Wesen und Empfinden ist" (53). In seinen Notizen spricht der Maler dies auch aus. So soll der Dichter Tyrtäus „jung" dargestellt werden, „weiblich nur der Kopf, dazu von antiker Schönheit". Und zu einer Figur mit einer Lyra bemerkt er: „Die Gestalt muß völlig verhüllt und sehr weiblich sein. Sie ist fast eine Frau, die in dieser erregten Menschenmenge als einzige die Hingabe und all die Qual des Poeten zu erfassen vermag" (54).

„Man könnte die Schönheit als Suche nach der engelhaften Form definieren. Niemand wird sich allerdings diese geistige Form, deren substantieller Schatten wir sind, als nicht jugendliches Wesen vorstellen und es zugleich über die Geschlechter erheben können", schreibt Péladan (55).

Péladans getreuer Schüler, der belgische Maler Jean Delville, hat diese Gedanken offenbar auf sein Bild „Der Tod des Orpheus" (1893) übertragen, für das seine Frau Modell stand. Das Werk verrät den Einfluß Moreaus; sieht man aber von der weiblichen Gestalt ab, dann

Gustave Moreau, Salome, um 1874–76 (A)

98

Jean Delville, Die Schule des Plato, 1898 (A)

Jean Delville
Der Tod des Orpheus, 1893
Öl auf Leinwand
Anne-Marie Gillion-Crowet, Brüssel

hielt Delville hier lediglich einen Kopf mit entrückt wirkenden Zügen fest, der mit geschlossenen Augen auf einer Lyra ruht und in einem blauen, von Wellen durchzogenen, sternenüberwölbten Raum dahintreibt. Man muß sich dazu die Auffassung Delvilles ins Gedächtnis rufen, wonach „der menschliche Kopf dem Rhythmus der planetarischen Gesetze entsprechend konstruiert ist: Er übt Anziehungskraft aus und strahlt; in hm manifestiert sich der Einfluß der Gestirne. Es gibt keinen Unterschied zwischen dem Netz planetarischer Anziehungskräfte und den Ausstrahlungen des Nervengeflechts" (56). Dieser Aufschwung zu fernen Horizonten schließt den Glauben an die Reinkarnation ein.

Delvilles „Die Schule des Plato", bekannt auch unter dem Titel „Der lehrende Plato n den Gärten der Akademie" (1898), ist vielleicht das Bild des Fin de siècle, in dem das Thema dieser Ausstellung am augenfälligsten Gestalt angenommen hat, einmal in der Wahl des Sujets voller intellektueller Bezüge, zum anderen im Zusammenspiel der Formen. Plato sitzt, bärtig wie ein olympischer Gott oder eine Christusfigur, den Körper über und über in die Falten eines rosafarbenen Gewandes gehüllt, unter einem Baum und breitet die Arme zu einer fast religiös anmutenden Willkommensgeste aus. Zugleich wirkt diese Geste wie d ejen ge eines Dirigenten, der den zärtlichen Gedankenaustausch seiner Schüler wie eine Symphonie dirigiert. Die Schüler halten sich zu beiden Seiten des Lehrers in respektvollem Abstand. Die voller Hingabe lauschenden, blumenbekränzten Jünglinge erweisen sich sowohl ihrer Haltung wie ihren Körperformen nach als reine Androgyne. Die Konturen der beiden Epheben links sind ohne jeden Zweifel feminin. Der frontal dargestellte der beiden erweckt den Eindruck, als wende er sich kokett von dem Gefährten ab, den er umschlungen hält; selbst die leicht preziöse Geste, mit der er das Gewand faßt, ist die einer Frau.

Die grenzenlose Bewunderung, die Delville für die griechische Kunst hegte, kommt in seinem im Jahr 1900 der Öffentlichkeit vorgestellten Bild „Die Mission der Kunst" zum Ausdruck. Hier wird nicht etwa das klassische Zeitalter mit dem von Phidias geprägten Ideal der Männlichkeit beschworen, sondern die Kunst des Hellenismus und des Manierismus im 16. Jahrhundert. Die Schlangenlinie, die die Körperhaltung der meisten Figuren bestimmt, feierte gerade im Manierismus ihre größten Triumphe.

Die zweideutige Anmut jener jungen Gestalten bleibt den Zeitgenossen Delvilles keineswegs verborgen. So zögert einer der Künstlerkollegen Delvilles, Albert Ciamberlani, nicht, „die Jünglinge mit dem aalglatt geschmeidigen Benehmen von Androgynen" als störend zu diffamieren (57). Der damalige Generaldirektor des Brüsseler Museums widersetzt sich dem Wunsch, das Bild für den belgischen Staat anzukaufen, mit dem schlichten Hinweis auf die Aktdarstellungen. Delville jedoch nimmt dies zum Anlaß einer eindrucksvollen Verteidigung, in der er seine Sicht von Aktbildern darlegt. Im Akt drücke sich das Eigentliche des Lebens aus, die universellen Ideen und die allumfassenden Gefühle. Er ist es, der auf irgendeine Weise das Menschengeschlecht eine, indem er seine Brüderlichkeit unterstreiche. Seine Darstellung erneuere die Kunst, zumal sie in den Herzen der Menschen Prägungen hinterlasse, die auf eine soziale und psychologische Harmonisierung hinausliefen (58). Was das Verhalten jener Jünglinge angeht, so entspricht es voll und ganz dem Credo Péladans.

Es wäre falsch, im Plato-Bild, das sich durch eine bemerkenswerte rhythmische Ausgewogenheit auszeichnet, nach Andeutungen irgendwelcher Abartigkeit zu suchen. Der Rhythmus spielt für Delville als Universalgesetz eine wichtige Rolle (59). Die Komposition verschleiert die Symmetrie durch die Unterschiedlichkeit der Attitüden, die sich gleichwohl spiegeln.

Im engeren Enflußbereich Moreaus und der Präraffaeliten nimmt ein anderer Belgier, Fernand Khnopff, eine noch bedeutsamere Stellung ein als Delville. Die Bewunderung, die er für Moreau empfand, wird ablesbar an einem Frühwerk „Die Versuchung des Hl. Antonius" (1884). Wie bei Moreau umgibt hier die beiden Bildfiguren – die „Femme fatale" und den ihr Widerstehenden – ein Traumhof, in dessen Dunkel Edelsteine zu schimmern scheinen.

Stärker noch als Moreau verkörpert Khnopff den Narziß. Darauf weist allein schon sein Exlibris hin – es trägt

neben dem Wort „Mihi" den Satz „Man hat nur sich selbst" –, das auf einem gläsernen Tiffany-Hausaltar seinen Platz hatte, mit der Maske des Hypnos, des griechischen Schlafgottes, darüber. Khnopffs selbstentworfenes Wohnhaus ist ein Tempel des Narziß. In der Mitte des weiß-marmornen Hauptraums kündet ein großer goldener inkrustierter Kreis davon. „Der Kreis, dessen Rund ein Symbol des Selbst war, veranschaulicht die menschliche Vollkommenheit" (60). Khnopff begab sich, so heißt es, in den Mittelpunkt jenes Kreises, um die Inspiration zu empfangen.

Obwohl durchaus weltgewandt und ein glänzender Unterhalter, ist sein geistiges Auge ganz nach innen gerichtet. „Sein Leben ist ein fortwährendes Klosterdasein", bemerkt Verhaeren, der früh auf ihn aufmerksam geworden war. Diese Nachinnengekehrtheit des Geistes gleicht einem Forschen, ist der Versuch „der Zurückgewinnung des in tiefster Seelenschicht Verborgenen" (61). Es äußert sich hier also der Wille, das Wesen der eigenen Persönlichkeit freizulegen und zu bewahren, es zu läutern und zu festigen.

R. Delevoy zufolge „bildet Bisexualität eine der geheimen Grundlagen für Khnopffs intensiven Monolog" (62). Und befinden wir uns nicht in der Zeit, in der „geistige Vollkommenheit sich gerade darin offenbart, daß man den Androgyn in sich selbst entdeckt" (63)? Im vereinigten Zeichen von Narziß und Androgyn steht Khnopffs Werk. Dies macht ihn zu einer der Schlüsselfiguren dieser Ausstellung. Die Maske mit den geschlossenen Augen auf dem erwähnten Exlibris-Blatt ist weiblich. Faltenwerk umgibt sie, gehalten von einem wie der Blütenstempel eines Aronstabes aufragenden Finger, wobei die Falten wie die Kelchblätter der Aronstabsblüten auseinanderfallen. Als androgyne Blume par excellence begegnet er im Vordergrund eines nur noch als Fotografie bekannten Bildes von Khnopff, in „Arum Lily" (1895). Die Frauengestalt wiederum, die auf dem Frontispiz zu „Mon cœur pleure d'autrefois" von Grégoire Le Roy vor dem Hintergrund einer mittelalterlichen Landschaft ihr Spiegelbild küßt, ist ein weiteres Indiz für die konzentrierte Hinwendung zur eigenen Person und für den sinnlichen Wunsch nach selbstvergessenem Eintauchen in eine aristokratische Vergangenheit, die vom Lärm, vom Getriebe und vom grellen Licht einer vergänglichen Aktualität abgeschirmt ist (64). Péladan läßt Khnopff in seiner Einführung zum zweiten Salon der Rosenkreuzer eine sehr hohe Wertschätzung zuteil werden: „Ich halte Sie für ebenbürtig mit Gustave Moreau, mit Burne-Jones, Chavannes und Rops, ich halte Sie für einen bewundernswerten Meister. ‚Das Schweigen', ‚Die Sphinx' und ‚Der Ritter und die Chimäre' sind Meisterwerke. Diese Schrift steht unter Ihrem Namen. Ich flehe zu den Engeln, den Freunden meiner hohen Ziele, daß Sie dem Rosenkreuzer-Orden die Treue

Fernand Khnopff, Medusenhaupt, 1898 (A)

halten mögen, der Sie durch meinen Mund zum ruhmeswürdigen, unsterblichen Meister erklärt." Péladan sah in ihm in der Tat „den begnadetsten belgischen Künstler" (65). Beide Männer bleiben eng verbunden. Knopff zeichnet für mehrere Romane Péladans die Titelblätter, während – wie R. Delevoy darlegt – der Großmeister mit seinen Schriften die Arbeiten des Malers ins rechte Licht rücken hilft (66). „Die Kunst" oder „Die Zärtlichkeiten" (1896, Farbabb. S. 72), Knopffs heute bekanntestes Werk, nimmt das Thema des Hl. Antonius und der Königin von Saba wieder auf. Auch hier das Gegenüber zweier Figuren, der Versucherin und ihres potentiellen Opfers, und doch eine andere Sicht der Begegnung: Zwischen beiden kommt es zu keinem Konflikt. Eher handelt es sich um ein Tête-à-tête, getrübt zwar, doch auch heiter – ein vom Schicksal so gewolltes Zusammentreffen zwischen einem menschengesichtigen Geparden und einem seinen Träumen nachhängenden jungen Mann.

Der wichtigste Sinngehalt des Bildes ist seinerzeit in einer Kritik von Gustave-Max Stevens, der selber Maler war, so formuliert worden: „Das schlicht ‚Zärtlichkeiten' betitelte Bild stellt ein ungemein interessantes Symbol des Kampfes zwischen dem Wunsch nach irdischer Herrschaft und jenem nach Hingabe an die Lust dar." (67) Diese Deutung, die sich offenbar auf eine Erklärung des Künstlers selbst bezieht, ist indessen oberflächlich und unvollständig zugleich. Wäre dies die einzige Botschaft des Werks, dann wäre es nicht mehr als eine herkömmliche Allegorie, der vieldeutige Zauber der Darstellung entfiele ebenso wie die durch ihn heraufbeschworenen Fragen. Der androgyne Charakter der linken Figur ist nie übersehen worden: „...Der Androgyn mit dem hageren Körper neigt sich der Liebkosung einer Sphinx mit Gepardenleib zu, durch reptilienhafte Geschmeidigkeit als weiblich charakterisiert, während er mit der Rechten ein prächtiges Zepter hält, Sinnbild der vom beflügelten Geist beherrschten Erde; die Augen des unschlüssigen Androgyns blicken starr, ohne zu sehen, traumverloren" (68). Die Szene läßt an Ingres' und Moreaus Bilder von Ödipus und der Sphinx denken, weicht ikonographisch jedoch entschieden von ihnen ab: Der Gedanke an die todbringende Macht der Sphinx erscheint hier völlig ausgeschlossen. Soll man stattdessen in dem Bild, wie W. E. Olander vorschlägt, eine Anspielung auf Péladans Ideendrama „Ödipus und die Sphinx" (1897) erkennen, derzufolge die Sphinx von Ödipus nach dessen Sieg nicht auf der Stelle getötet wird, sondern einen erfolglosen Verführungsversuch unternimmt? (69). Olander sieht auch Zusammenhänge mit dem Frontispiz eines weiteren Rosenkreuzers, Alexander Séon, zum Roman „Le Victoire du mari" (1889) von Péladan. Hier ist der Zwitter im Vordergrund eine Art Wächter der Sphinx, ein Ritter zu ihren Diensten, ihr Vertrauter und Verbündeter. Bei der Sphinx

selbst jedoch handelt es sich um das großartige Monument von Gizeh, frei von allen menschlichen Zügen. Dagegen erbebt der von Khnopff gemalte Gepard, „dessen Körper sich im Zustand extremer Erregung befindet" (70), geradezu vor Lebendigkeit. Seine gesamte Kraft sammelt sich in den mächtigen, zusammengelegten Tatzen und im langen, gewundenen Schwanz. Die Stärke kontrastiert hier zur Lieblichkeit des Gesichts. Es ist ein ambivalentes Wesen, nicht nur, weil es Mensch und Tier in einem ist, sondern wegen seiner Zweigeschlechtlichkeit.

Doch zurück zu Péladan: „Die Sphinx lächelt ihrem grenzenlosen Werden entgegen; sie hat, da sie sowohl Mann wie Frau ist, ihre geschlechtliche Einheit wiederhergestellt; zugleich weiß sie um die künftige Rückgewinnung ihrer ursprünglichen Einheit von Mensch und Gott, sie birgt in gleichem Maße ruhenden Stillstand in sich wie die Möglichkeit zu fortschreitender Evolution" (71).

Insofern könnte man in Khnopffs Gemälde einen Augenblick der Übereinstimmung zwischen zwei Androgynen sehen. Die ausgestreckte Tatze, die sowohl Liebkosung wie Bedrohung bedeutet, verdeutlicht die Übertragung des geheimen Wissens der Sphinx ins Androgyne, wodurch der Sphinx irdische Macht zuwächst, Geist und auch Lustempfinden. Die latente Erotik jener Zweisamkeit wird durch diese Gedanken nicht eingeschränkt, zumal Péladan in seinem Roman das verwirrend Unklare und die geheimen Wunschbegierden, die dem Androgynen innewohnen, schwärmerisch herbeibeschwört.

Olander sieht im Androgyn eine Art Selbstprojektion Khnopffs, ein Traumbild vom eigenen Ich. Wiederum begegnen wir hier der sich durch das gesamte Werk ziehenden Vorstellung von Narziß und – oder – vom Androgyn. Die minutiöse Sorgfalt und das Preziöse der Ausführung setzen eine derartige Intensität des Schaffens voraus, einen Zustand verzauberter Besessenheit, daß der Künstler sich im Dargestellten spiegelt, daß er zu dem wird, was er malt, und im Gemalten enthüllt, was er selber ist.

Der elegische Grundton, der in „Zärtlichkeiten" anklingt, ist noch stärker in einer als Tondo gemalten Studie zu diesem Bild zu verspüren, bei der es sich nach meiner Auffassung aber wohl eher um eine spätere Fassung handelt. Sie ist ein Werk höchster Vollendung. Der Kopf des Epheben ist noch mehr verweiblicht, das eigenwillige, männlich wirkende Kinn im Dreiviertelprofil seines Gegenübers tritt betont hervor. Bedeutungsvoll ist überdies die Rundform des Bildes: „...Das männliche und das weibliche Prinzip sind in der unerbittlichen Perfektion des Kreises vereint, Zeichen des

Einklangs und verbinder der Gemeinschaft" (72). Erinnern wir uns auch an Äußerungen der Schüler C. G. Jungs über den Kreis. Doch kehren wir über jenes Tête-à-tête in „Zärtlichkeiten" zum eigentliche Problem um Narziß und den Androgyn zurück.

Die Figur in Khnopffs „L Isolement" (1890–91) hält ein Zepter und herrscht über zwei Kugeln, irrisierende, unkörperlich leichte Gebilde, die des öfteren in den Gemälden Khnopffs auftauchen. Das dunkle Gewand, das sie vom Kinn bis zu den Füßen einhüllt verbirgt die Körperformen und scheint, wie eine Rüstung, jede sinnliche Berührung von vornherein zu verbieten. Das Zepter ist natürlich Sinnbild der Macht. Darf man die Kugel als Symbol des Selbst deuten? Dann wäre die Botschaft vielleicht diese: Wer sich von der Welt isoliert und das eigene Ich beherrscht, der besitzt Macht. Wir befinden uns in der Gegenwart einer Magierin, einer Priesterin und einer Offiziantin. Diese Rolle nahm in der Traumwelt, der Khnopff Leben verlieh, häufig die Schwester des Malers ein (73). Man hat zahlreiche Vermutungen über die inzestuösen Neigungen angestellt, die sich augenscheinlich in der Bevorzugung dieses Modells äußern, eines Modells, dem alle anderen von Khnopff gemalten Frauen ähnlich sehen. Doch handelt es sich nicht vielmehr um die Suche nach dem abgetrennten Teil des ich, einem fehlenden Stück wie bei einer Zerstückelung? „Jeder von uns ist demnach die Hälfte einer ursprünglichen Einheit, mit der zwangsläufigen Folge, daß wir alle nach dem uns ergänzenden Teil verlangen" (74). Trachtet Khnopff, indem er seine Träume in die Hülle einer reinen, von jeder erotischen Anziehungskraft freien Frau kleidet, nicht danach mit ihr zu verschmelzen?

„L'Isolement" war einige Jahre lang nach dem Willen Khnopffs die rätselhafte Zentralfigur eines Triptychons. Sie trennte zwei Frauenfiguren voneinander, Acrasie und Britomartis, zu denen ihn Edmund Spensers Epos „The Faerie Queene", Buch 3, Canto I und XII (1590), angeregt hatte. Links (1897) ist Acrasie als blührendes, üppig-sinnliches Weib in Schleiern dargestellt, die mehr enthüllen als verbergen. Britomartis rechts (1892) dagegen ist eine Frau in Rüstung, deren Geschlecht allein an der langen Haartracht deutlich wird; das Gesicht könnte man in seiner Schönheit durchaus als androgyn bezeichnen.

In Spensers philosophischer Dichtung verkörpert Britomartis die keusche Liebe, ihr Geschlecht aber bleibt zweideutig. Im selben Abschnitt tritt sie als bretonischer Prinz auf, als Ritter-Fee, Gefährte des Königs Artus sowie als junges, sehnsuchtsvolles Mädchen. Sie ist wie die Exegeten meinen, von Grund auf zweigeschlechtlich angelegt, ist in dieser Dichtung aber keineswegs die einzige, die von einem Geschlecht ins an-

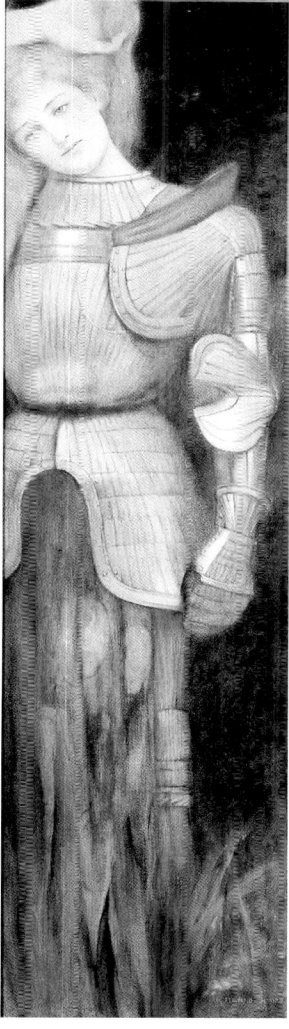

Fernand Khnopff
Britomartis, 1892
Öl auf Leinwand
Anne-Marie Gillion-Crowet, Brüssel

dere überwechselt (75). Das Epos war also dazu angetan, Khnopffs Phantasie anzuregen.

In seinem Werk begegnen uns mehrfach Frauen in Rüstungen, weibliche Ritter als Idealfiguren, frauliche Amazonen. Die Rüstung verleiht ihnen Männlichkeit, ist Attribut der Stärke, nimmt ihnen alle geschlechtliche Verlockung, macht sie unberührbar und läßt sie mehr als Jungfrauen denn als naturhafte Geschöpfe erscheinen. Zugleich bezeichnet die Rüstung ihre Zugehörigkeit zur Aristokratie; als Standesprivileg zeugt sie von hoher Abkunft und entrückt ihre Träger in eine, gemessen an der Gegenwart, ferne Vergangenheit, in eine legendäre Zeit, in die sie eingebunden sind wie in einen Schrein. Ihnen begegnen dort Perseus und Jason wieder, deren Schwestern sie sind, selbst auch der Erzengel Gabriel.

Solche mythischen und biblischen Bezüge ins Mythische finden sich auch in einem Werk wieder, das als

103

Fernand Khnopff, Ein Engel, 1889 (A)

sie wird gebändigt vom geharnischten Androgyn, der sie an den Haaren packt und ihr das Auge zermalmt, während über das Antlitz der Besiegten ein eigentümliches, glückseliges Lächeln gleitet. Die beiden Figuren erscheinen auf einer Tribüne, die sie wie ein Sockel vom Betrachter trennt. Der Sternenhimmel, vor dem sie erscheinen, rückt sie ins Zeitlose und verleiht ihnen eine Art kosmischer Feierlichkeit.

Einen Schlüssel zum Verständnis der Figur in der Rüstung liefert die Beischrift in einem weiteren Gemälde Khnopffs, „Victoria" (1892): „Flammengleich leckten die langen roten Haare die goldene Rüstung ihrer so schönen Teilnahmslosigkeit". Teinahmslosigkeit – dies ist das Stichwort zur Kennzeichnung des Wesens der Amazonen.

Alle Künstler, die Péladan um sich sammelte, hatten sich mehr oder weniger dem Ideal androgyner Schönheit verschrieben. Am nachdrücklichsten tat es, allein schon durch die Erscheinung seiner Person, der Holländer Léonard Sarluis, dessen erstaunliche Schönheit zahlreiche Berühmtheiten in den Kreisen der Dekadenz zu ihren Bewunderern machte. Oscar Wilde ließ ihn angeblich während eines Banketts zu Ehren Verhaerens einen Tisch besteigen und bekränzte ihn mit Blumen (78).

Léonard Sarluis, Die Hermaphroditen, 1916 (A) ▶

Fernand Khnopff
Braune Augen und eine blaue Blume, 1905 (A)

„Ein Engel" oder „Tiernatur" (1889) bekannt wurde. Die entsprechende Gestalt, angetan mit einer Rüstung, die eine Hand auf einer bekrönten Sphinx ruhend, geht zeitlich dem 1897 erschienenen Roman „Der Engel und die Sphinx" von Edouard Schuré voraus. W. Shaw Sparrow spielt auf ein soziales Problem an, „das unsere Städte heimsucht" (76). Tatsächlich werden zwei unterschiedliche Frauentypen dargestellt, deren Spur sich seit der Romantik verfolgen läßt. Es ist einmal die Personifizierung fleischlicher Verderbtheit, deren „niedrige Stirn sie als ein von Instinkten beherrschtes Wesen verrät, unfähig, zum Denken als der höherstehenden Daseinsform zu gelangen" (77). In ihr verkörpert sich Khnopffs Frauenfeindlichkeit, die hier derjenigen Moreaus gleicht, eine Feindschaft, die im übrigen von nicht wenigen Zeitgenossen geteilt wird und die sich in der Literatur widerspiegelt. Das Tier, von dem dieses Weib sich den Körper auslieh, ist der Tiger, nicht der Gepard, damit eher dem Bild der Frau als beuteverschlingende Jägerin entsprechend. Hier verschlingt sie nichts mehr;

104

Unter der Obhut von Péladan stellte Sarluis 1896 im fünften Rosenkreuzer-Salon aus und schuf zusammen mit Armand Point das Plakat. Das Bild mit Zolas abgetrenntem Kopf, den eine behelmte Minerva schwenkt, ist sein Werk.

Noch vor seiner Ankunft in Paris und dem Zusammentreffen mit Péladan quillt Sarluis' Kunst von verschwommener Mystik geradezu über. Der Einfluß seines Guru sollte dann, wie „Die Hermaphroditen" aus dem Jahr 1916 zeigt, von Dauer sein (79). Die beiden fast unbekleideten Figuren, eine in Vorder-, die andere in Rückenansicht, stellen jeweils einen fleischigen Körperbau zur Schau, der erotische Phantasien geradezu herausfordert. Die beiden im Profil wiedergegebenen Gesichter, die sich gegenseitig nicht zur Kenntnis nehmen, rufen indessen die dem Androgyn eigene Einsamkeit in Erinnerung – auch wenn er als Paar auftritt.

„Doch sehe ich in Moreau (...) eine erlesene und empfindsame Durchdringung des eigenen Bewußtseins als Maler", schreibt Odilon Redon (80). Auf ihn selbst trifft dies nicht weniger zu. Auch bei Redon stoßen wir auf Narziß, wenn auch auf einen in der Anbetung seines Spiegelbilds äußerst zurückhaltenden, einen Narziß, der sich in sein Bildnis vertieft, um sich in der Intimität einer ungemein keuschen Begegnung zu suchen. „O meine Seele von einst, ferne Seele, heute abend bist du von den Schatten zu mir zurückgekehrt. Willst du, daß ich noch bei dir bleibe, in dir, um diese süßen Stunden zu verlängern? Nächtliche Freundin, die kommt und geht und die ich auf immer verloren glaube, was ruft dich zurück und zu dieser Zeit? Ich weiß es nicht" (81).

Redons Werk unterstreicht nachdrücklich die Lehrsätze Mallarmés: suggerieren, nicht beschreiben, nicht definieren, keine Grenzen setzen. In Tagebuchnotizen scheint er Mallarmé zu paraphrasieren: „Suggestive Kunst ist wie eine Ausstrahlung der Dinge durch den Traum, in dem sich auch die Eingebung vollzieht" (82). Und: „Ich habe dort (d. h. in seinen Bildern) eine offene Pforte zum Mysterium hin angebracht". Mallarmé würdigt in ihm den Eingeweihten: „Doch meine volle Bewunderung gilt dem großen Magier, dem untröstlichen und hartnäckigen Sucher eines Mysteriums, von dem er gleichwohl weiß, daß es nicht existiert, und dem er dennoch ewig nachjagen wird, zur Trauer seiner hellsichtigen Verzweiflung, denn dies wäre die Wahrheit gewesen" (83).

Tatsächlich fühlt sich Redon dem romatisch-symbolistischen Credo des Leids verbunden: „Der Unterschied zwischen einem Künstler und einem Dilettanten besteht lediglich in dem Schmerz, den jener empfindet" (84). „Der Leidende ist es, der sich erhebt. Schlagt zu. Schlagt nur zu. Wunden sind fruchtbar" (85).

Odilon Redon, Lichtprofil, 1886 (A)

Odilon Redon, Buddha, 1895 (A)

Odilon Redon, Dann entfaltete der verirrte Engel schwarze Flügel, 1886 (A)

Odilon Redon
Die göttliche Kunst, 1894 (A)

Odilon Redon
Gehörzelle, 1894 (A)

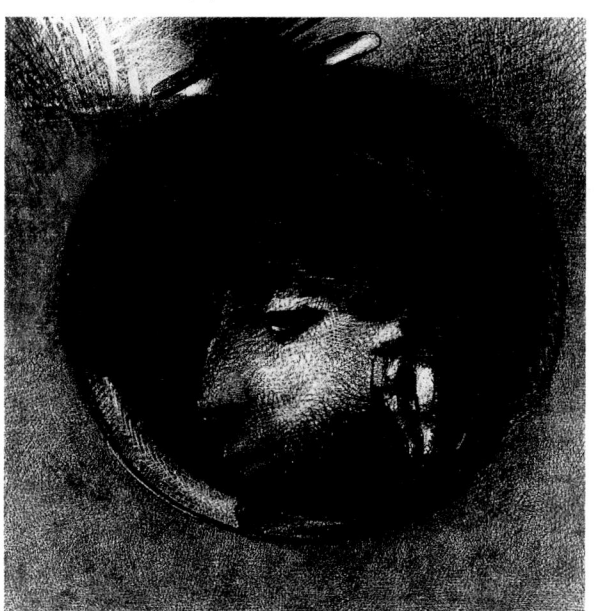

Redon versucht nicht, glaubwürdigen Wesen Leben einzuhauchen, sondern „unwahrscheinliche Phantasiegestalten auf menschliche Weise leben zu lassen, indem er die Logik des Sichtbaren bis an die Grenze des Möglichen in den Dienst des Unsichtbaren stellt" (86).

Die Lieblingshelden der Symbolisten fesseln auch ihn, taucht doch mit ihnen eine unsichtbare Welt auf, von Schatten umsäumt und teilweise nicht zu enträtseln: Parzifal, Orpheus, Brünhilde, Mephisto, letzterer im Zusammenhang mit Baudelaire und seinen „Litanies de Satan". Mal erscheint er mit einer Dornenkrone als Bruder Christi, des Schmerzensmannes, ein andermal gibt er unter einer Schellenkappe ein erbarmungswürdiges Bild vom gefallenen Engel ab (87). „Die Rüstung", geschlechtslos in den Umrissen, bahnt metallummantelten Gestalten den Weg, wie auch Khnopff sie malte. Hier findet sich dieselbe Entrücktheit, dieselbe Neigung zu hieratischer Strenge – Züge, wie sie bei Redon übrigens häufig begegnen.

Es hieße wohl seine Botschaft verfälschen, wollte man in Redons Werk Hinweise auf jenes Unbestimmt-Androgyne suchen, das für die Literatur des Fin de siècle so kennzeichnend ist. Bewußte, tieferlebte Askese führte ihn zur Darstellung völlig geschlechtlos wirkender Figuren, deren Körperhülle sich vorzustellen unmöglich ist, da sie keinen Körper besitzen, ja besitzen können. Gesichter mit geschlossenen Augen schweben in einem grenzenlosen Raum – engelhafte Wesen, Traumbilder seiner melancholischen Narziß-Seele.

„Das Haupt des Märtyrers" (1877), ein Bild ohne konkrete Geschichte, ist gleichsam die Summe aller trauervoll in der Bibel wie in Legenden beschriebenen enthaupteten Männer und Frauen. Was das 1891 entstandene Gemälde mit dem auf dem Wasser dahintreibenden Orpheus-Kopf angeht, so meinte man darin eine Entlehnung aus der Bildwelt Gustave Moreaus zu erkennen. Doch ist es allein die Identität des Helden, die daran erinnert. Redons Orpheus ist von allen bekannten Orpheus-Darstellungen in der Malerei die geheimnisvollste und einsamste: Nichts erinnert an die Sage, weder Mänaden noch junge Thrakierinnen, nicht einmal eine Lyra. Es ist, als habe es Eurydike nie gegeben. Dies geschlechtslose Profil ist jedoch Ausdruck größter Poesie.

Strenge Geistigkeit beherrscht die in Licht getauchten Umrisse anderer Profildarstellungen, darunter „Symbolistischer Kopf" (1890), „Kopf mit Blumen" (1895) und „Der weiße Schmetterling" (um 1910). Sämtliche Arbeiten dieser Art sind in Öl oder als Pastell ausgeführt; der Triumph der Farbe hat die Kosmogonie embryonaler Geschöpfe verdrängt. Daß es sich hier um sogenannte verlorene Profile handelt, trägt zur Stoff- und Schwerelosigkeit der Erscheinungen bei. Redon, der zuvor so oft

Odilon Redon, Die geschlossenen Augen, 1890 (A)

Anregungen bei Schriftstellern suchte, etwa bei Poe, Flaubert und Baudelaire, erweist sich nun als von jeglicher literarischen Einwirkung befreit.

„Die geschlossenen Augen" (1890) zeigt zwar ein dem Betrachter voll zugewandtes Gesicht, der Blick der Augen jedoch geht nach innen, entzieht sich der Materialität der Dinge. Redon, der das Auge sonst als Symbol der Seele darstellte, verschließt es hier. Das ganze Gesicht wirkt nunmehr als Seelenhülle. Das Gegenstück ist „Die Stille" (1910), ein Bild, das seinen Titel von einem auf die Lippen gelegten Finger ableitet. Redon verbirgt den Blick, folglich muß er auch das Wort verbannen. Wie das geschlossene Auge den Blick nach innen freigibt, ermöglicht das Schweigen das Lauschen auf die innere Stimme. Man gab sich in jener Zeit mit geradezu mystischer Verzückung der Stille hin, wie es auch eine Ikonographie der Stille bzw. des Schweigens gab, die wahrscheinlich auf eine Petrusfigur Fra Angelicos zurückgeht (88). Auch an die Vishnu- und Hanuman-Figuren in der indischen Skulptur wäre in diesem Zusammenhang zu denken, Figuren mit dem zum Mundwinkel oder Kinn erhobenen Zeigefinger. Die Hypothese wirkt um so schlüssiger, bezieht man die auf orientalische Vorbilder zurückgehenden Werke des Symbolismus ein, die womöglich durch die theosophische Annäherung an Fragen nach einer jenseitigen Welt angeregt worden sind. So läßt sich denn auch der Kreis um das Werk im New Yorker Museum of Modern Art im Sinne C. G. Jungs deuten.

Doch wie auch immer, die während seiner Jugendzeit so gepflegte Hingabe an den Schmerz, schwächte sich bei Redon mit zunehmendem Alter ab: Der melancholische Narziß tritt zurück hinter den „Buddha" (1905). Mag die Figur auch wie alle vorherigen einen Teil der Persönlichkeit des Künstlers spiegeln, so hat diese doch den engen Kreis des Ego verlassen, erlöst von allen Zweifeln und im Zustand heiterer Kontemplation.

In einigen Werken aus dem Umkreis des Symbolismus tritt das Thema des Androgynen gleichfalls deutlich zutage. Félicien Rops griff es auf gewagte, wenig ehrerbietige Art auf. „Gaieté hermaphroditique" (1878–90) mutet wie eine Satire auf Péladans emphatische Schriften an, auch wenn das Blatt ihnen zeitlich vorausgeht. Die nackte Gestalt, die über dem weiblichen Spalt einen dünnen erigierten Phallus zur Schau trägt, dazu einen ausladenden Busen, sitzt auf einem Sockel, dessen Relief zwei umschlungene weibliche Gestalten zeigt.

Der von Péladan äußerst geschätzte Rops war für die Lobsprüche des Magiers so empfänglich, daß er mehrere Titelblätter für ihn schuf, darunter jenes für seinen bekanntesten Roman, „Le Vice suprême" (1884). Der Unabhängigkeit seines Geistes waren die Ideen der Ro-

G. A. Mossa
Lui (Er), 1906
Aquarell
Musée des Beaux Arts,
Nizza

senkreuzer indessen zuwider. 1894 hatte er zu sich selbst zurückgefunden: „Man muß gegen die Péladansche Verschwommenheit angehen und mit Gedankenklarheit operieren, mein Freund", schreibt er dem Maler und Graphiker Armand Rassenfosse (89). Sicherlich hat sich dieser Freigeist, der sich zu ausgesprochen weiblichen Frauen hingezogen fühlte, gegen die Lektüre der zahlreichen Romane gesträubt, die das dritte Geschlecht verherrlichten. Seine „Garçonne" jedenfalls ist ein munteres, flottes Frauenzimmer mit Freude am Verkleiden, vielleicht ein wenig verrucht, doch durchaus natürlich.

Am Beispiel von Gustave Mossas „Lui" („Er", 1906) dagegen begegnet man in einem manirierten, gekünstelten Stil einem solchen Ausmaß an unverhohlener Zweideutigkeit, daß sie die filmischen Rom-Visionen eines Fellini hätte inspirieren können. Ein mit weiblichem Flitterkram behängter, dick geschminkter Jüngling pudert sich vor einem Frisiertisch. Die beigegebene Erklärung ist ein Zitat aus „La vie de Néron": „Und dann ahmte er die Stimmen und Schreie junger Mädchen nach, denen Gewalt angetan wird". Man hat das Bild mit Jean Lorrains Prosawerk „Vice errant" in Zusammenhang gebracht und es als getreue Wiedergabe des Fürsten Noronsow gedeutet, der, in Frauenkleidern herausgeputzt, in seinem Badezimmer residiert. (90). Zum leichten Fäulnisgeruch, der Lorrains Werk durchzieht, würde diese Szene durchaus passen. Im übrigen hat Mossa das Geschehen in die damalige Zeit verlegt, wie die sich dem Transvestiten nähernde Männergruppe mit Zylindern bestätigt.

Der Geist der Dekadenz und die Verehrung für das Androgyne befinden sich hier auf ihrem Höhepunkt. In derselben Zeit vollzieht sich Aufbruch der Fauves, und nicht mehr lange, da werden die Kubisten alle Miasmen hinwegfegen. Narziß und Orpheus sind überholt. Die Malerei entledigt sich der nebulösen Auffassung, die den Maler und den Dichter an die Scheintür zur wirklichen Welt versetzte. Sie hat sich nunmehr in einen Demiurgen verwandelt, der das Chaos erschafft und es zugleich ordnet.

Man wird bis zum Surrealismus warten müssen, der in mancher Hinsicht das Erbe des Symbolismus übernahm, um erneut auf das gefährliche Land der Mythen zu stoßen.

Übersetzung: Sigrid Lézin und Ursula Prinz

1 Ch. Chassé, Le Mouvement symboliste dans l'Art du XIXe siècle, Paris, 1947, S. 21
2 Les Disciples de Saïs et les Fragments de Novalis, traduits de l'Allemand et précédé d'une introduction par Maurice Maeterlinck, Bruxelles, 1914, S. 218
3 S. Mallarmé, Réponse à une enquête, angeregt durch L'Echo de Paris. Die Schlußfolgerungen wurden vom 3. März bis 5. Juli 1891 in dem Journal publiziert.
4 E. Verhaeren, Silhouettes d'artistes, Fernand Khnopff, in: L'Art moderne, 12. September 1886, S. 290.
5 J. Moréas, Les premières armes du symbolisme, Paris, 1889, S. 33–34
6 G. Pillement, Encyclopédie du symbolisme, Paris, 1979, S. 47
7 J. Lorrain, La Nostalgie de la beauté, Paris, o. J., S. 59 und 66
8 Ed. Schuré, Les Grands initiés, Paris, 1889, 1946, S. XXIII
9 „Die Malerei ist ein leidenschaftliches Schweigen" erklärt Moreau. Ed. Schuré, Précurseurs et révoltés, Paris, 1904, S. 375
10 M. Delcourt, L'Hermaphrodite, Paris, 1958, S. 1
11 G. Busquet bemerkt „dieses heftige Verlangen der Rückkehr zu einem ungeteilten Zustand, dieser leidenschaftliche Wunsch nach Verschmelzung." G. Busquet, C. Beaune, Les Hermaphrodites, Paris, 1978, S. 7
12 Ebda. S. 86
13 M. Eliade, Méphistophélès et l'Androgyne, Paris, (1962) S. 123
14 „... der Dandy hat etwas Unnatürliches, Androgynes, das ihm unendliche Verführungsgabe verleiht." J. Lemaître, Barbey d'Aurevilly, Les Contemporains, Paris, 1889, S. 58
15 J. Barbey d'Aurevilly, Du Dandysme et de George Brumell, Paris, 1918, S. 94
16 M. Lemaire, Le Dandysme de Baudelaire à Mallarmé, Montréal, 1978, S. 43
17 Ebda., S. 60
18 Contralto, de Théophile Gautier, zit. von Ph. Julian, Esthètes et magiciens, Paris, 1969, S. 299
19 The Complete Shorter Fictions of Oscar Wilde, Oxford, 1979, S. 255
20 Ph. Jullian, a. a. O., S. 125
21 veröffentlicht in: La Plume, 1. März 1891, wieder aufgenommen in: De l'Androgyne, Paris (1910)
22 a. a. O., S. 121–122
23 a. a. O., S. 129–130
24 a. a. O., S. 133
25 a. a. O., S. 136
26 J. Péladan, L'Art idéaliste et mystique, Paris, 1894
27 Ed. Bertholet, La Pensée et es secrets du Sâr Joséphin Péladan, Paris-Lausanne, 1952–1958, 4 Bde., Bd. 1, S. 14)
28 Introduction au premier Salon de la Rose-Croix Paris, 1892
29 O. Uzanne, Jean Lorrain, in Les Amis d'Edouard, Nr. 14, Abbeville, 1913, S. 11–12
30 J. Rosenberg, The Darkening Glass. A Portrait of Ruskin's Genius, New York 1961
31 J. Dixon Hunt, The Pre-Raphaelite Imagination, London, 1978, S. 207
32 Ebda. S. 178.
33 F. Boenders, Une Mascarade. A propos de Fernand Khnopff, in: Ausst.-Kat. Fernand Khnopff, Paris, Bruxelles, Hamburg, 1979–1980, S. 88
34 „Der Androgyn ist ein als Frau verkleideter Phallus, dadurch daß er den Unterschied negiert, ist er die tückischste Maskerade der Liquidation des Wirklichen." A. Roger, Hérésie du désir, Paris, 1985, S. 71
35 M. Harrison et B. Waters, Burne-Jones, London, 1973, S. 145
36 Ebda., Abb. 157, S. 110
37 W. E. Fredeman, Pre-Raphaelitism. A Bibiocritical study, Cambridge, 1965, S. 154
38 J. E. Pythian, Burne-Jones, London, o. J., S. 129–132
39 G. Busquet, C. Beaune, a. a. O., S. 31, 32, 35
40 Paintings and Drawings of the Pre-Raphaelites and their Circle, Cambridge, Fogg Art Museum, April-Juni 1946, Kat. 6 bis 10, S. 25–27
41 Le Symbolisme en Europe Rotterdam, Bruxelles, Baden-Baden, 1976, Kat. Nr. 6
42 A. Symons, Beardsley, London, 1966, S. 19–20)
43 G. Michaud, Le Message poétique du symbolisme, Paris, 1961, S. 221
44 R. Boyer, Les Artistes au Salon de 1897, in: L'Artiste, 1897, S. 349

45 G. Moreau, L'Assembleur de rêves, écrits complets de G. M., texte établi et annoté par P. L. Mathieu, Fontfroide, 1984, S. 187

46 J. Pierrot, L'Imaginaire décadent, Paris, 1977, zit. C. Mauclair, S. 250

47 G. Moreau, a. a. O., S. 86

48 „Seine vielseitige mythische Figur ist in den wichtigsten geistigen und ästhetischen Strömungen der Zeit implizit vorhanden, im religiösen Synkretismus, im Pessimismus der Décadence, in der Vorstellung vom Androgynen, in der Synästhesie, im Mystizismus der Rosenkreuzer, im Okkultismus und in der Wagnerverehrung". D. Kosinski, Orpheus – das Bild des Künstlers bei Gustave Moreau, in Gustave Moreau Symbolist, Kunsthaus Zürich, 1986, S. 43

49 Ebda., S. 67, Anm. 37

50 Ed. Schuré, Les Grands Initiés, 1889, 1946, S. 222

51 Ed. Schuré, Précurseurs et révoltés, Paris, 1904, 1926, S. 325–377

52 D. M. Kosinski, a. a. O., S. 66. „Sein abgetrenntes Haupt, ätherisch und fein, Verkörperung der orphischen Harmonie der Natur mit der Welt, ist das perfekte Symbol für die idealistische Ästhetik".

53 P. L. Mathieu, Gustave Moreau, Fribourg, 1976, S. 165–167

54 Cahier noir grand format, Archives Moreau, zit. von P. L. Mathieu, a. a. O., S. 165

55 J. Péladan, L'Art idéaliste et mystique, Paris 1894, S. 44

56 J. Delville, Dialogue entre nous. Argumentation kabbalistique, occultiste, idéaliste, Bruges (1895), S. 73

57 A. Ciamberlani, Notice sur Jean Delville membre de l'Académie, in: Annuaire de l'Académie Royale des B.-A. de Belgique, Bruxelles, 1954, Bd. CXX, S. 183

58 J. Delville, La Mission de l'Art, Bruxelles, 1900, S. 59

59 „Das ist tatsächlich ein Universalgesetz, ein Gesetz, das aus dem Universum einen wahrhaftigen Ozean von Schwingungen und Strahlungen macht. Das ist der Rhythmus der unendlichen Strahlung, des Schöpfers kosmischer Wellen, von den Planeten des Zodiakus bis zum kleinsten Atom im Schoß des Moleküls. Es ist auch das große Rätsel der Kunst und des Lebens." Jean Delville, Le Rhythme dans les Arts plastiques, in: Bulletin de l'Académie Royale des Beaux-Arts de Belgique, Bd. XX, 1938, S. 11–29

60 C. G. Jung u. a., L'Homme et ses symboles, Paris 1964, S. 240 und 241

61 Ch. Morice, La Doctrine symboliste, Documents éd. par Guy Michaud, Paris, 1947, S. 65

62 R. L. Delevoy, Fernand Khnopff, Bruxelles, 1979, S. 98

63 M. Eliade, Méphistophélès et l'Androgyne, Paris (1962), S. 8

64 „In this image of a woman kissing her own reflection, one can read an attempt to reach across time, into the past, through the self, in an effort to discover the real self in the past, as if by a narcissic kiss, she may pass through the magical mirror into the world already gone by". L. D. Morrisey, Fernand Khnopff. The Iconography of Isolation of the Aesthetic Woman. (Dissertation) University of Pittsburgh, 1974, S. 69

65 A. Mercier, Les Sources ésotériques et occultes de la pensée symboliste, Paris, 1969, S. 199

66 R. L. Delevoy, a. a. O.

67 G. M. S., Chez Fernand Khnopff, in: La jeune Belgique, 1896, S. 118

68 Ebda

69 W. R. Olander, Fernand Khnopff's „Art or the Caresses", in: Magazine of Art, New York, Juni 1977, S. 116–121

70 R. L. Delevoy, a. a. O., S. 177

71 J. Péladan, De l'Androgyne, a. a. O., S. 24–25

72 R. L. Delevoy, a. a. O., S. 113

73 Vgl. das Portrait der Schwester des Künstlers (1887), cf. F.-C. Legrand, Le Symbolisme en Belgique, Bruxelles, 1971, S. 70

74 M. Delcourt, L'Hermaphrodite, Paris, 1958

75 P. Conrad, The Everyman History of English Literature, London 1985, S. 119

76 W. Shaw Sparrow, English Art and Mr. Khnopff, in: The Studio, 1894, Bd. II, S. 207

77 F.-C. Legrand, a. a. O., S. 73

78 Ph. Jullian, a. a. O., S. 224

79 Kunstenaren der Idee. Symbolistischen tendenzen in de Nederland ca. 1880–1930, Den Haag 1978, Kat. Nr. 153

80 O. Redon, A soi-même, Paris, 1961, S. 65

81 Ebda., S. 100

82 Ebda., S. 26

83 H. Mondor, Vie de Mallarmé, Paris, 1941, S. 453

84 O. Redon, a. a. O., S. 42

85 Ebda., S. 60

86 Ebda., S. 63

87 Man nennt ihn oft „La Folie", aber Sandström sieht in ihm einen Mephisto. S. Sandström, Le Monde imaginaire d'Odilon Redon, Lund, 1955, S. 96 und Abb. 74

88 Th. Reff, Redon, Le Silence, in Gazette des Beaux-Arts, Dez. 1967, S. 359–367

89 F.-C. Legrand, Rops et Baudelaire, erscheint in La Gazette des Beaux-Arts

90 Ausst.-Kat. Gustav Adolf Mossa et les symboles, Nizza, Sommer 1978, Kat. Nr. 125

Ralph Tegtmeier

Zur Gestalt des Androgyns in der Literatur des Fin de siècle

Sofern sie leidenschaftlich ist, spiegelt die Beziehung zwischen Mann und Frau jene zwischen Mensch und Daimon wider und wird zu einem Element, durch welches Mensch und Daimon miteinander spielen, sich jagen und einander Gutes oder Böses zufügen.
William Butler Yeats (1)

Das Fin de siècle, jene widersprüchliche Epoche, deren Faszination für uns, die Zeugen einer neuen Jahrhundert-, ja sogar Jahrtausendwende ständig an Intensität gewinnt, war literarisch sicherlich eine der fruchtbarsten Perioden der europäischen Kulturgeschichte. Vorbereitet von Präraphaelitentum, Symbolismus und Spätromantik, sich mit diesen teilweise auch stark überschneidend, war es von Ängsten und Hoffnungen, von Träumen und Desillusionierungen geprägt, die noch heute nachhallen, „aktuell" oder, wie der Tiefenpsychologe sagen würde, „unverarbeitet" geblieben sind. So wie das 20. Jahrhundert den größten Teil seiner Errungenschaften, aber auch seiner Probleme Entwicklungen verdankt, deren Weichen im 19. Jahrhundert gestellt wurden (von der Industrialisierung über soziale, politische und ökonomische Umwälzungen bis zum Primat der Technologie, des Materialismus/Säkularismus und der Naturwissenschaften), so haben gerade die Verheißungen und Utopien damaliger Denker, Literaten und Künstler nichts oder nur wenig von ihrer ursprünglichen Frische und Relevanz eingebüßt.

An kaum einem Motiv lassen sich diese Hoffnungen und Sehnsüchte in der Literatur des Fin de siècle deutlicher beobachten, als an der Gestalt des Androgyns. Vorauszuschicken ist dieser Betrachtung um der Klärung der Begrifflichkeit willen, daß es zwischen „Androgyn", „Hermaphrodit" und „Gynander" in den literarischen Zeugnissen dieser Zeit zwar Nuancen gibt, diese aber nur selten als solche thematisch wirklich zum Tragen kommen. Nicht einmal der Hauptverfechter und -impulsgeber des literarischen Androgynismus, „Sâr Merodack" Joséphin Péladan, von dem ein Kenner der Materie wie Alain Mercier immerhin konstatiert, er habe seiner literarischen Generation die beiden beherrschenden Themata des Androgyns und des Magus beschert (2), unterscheidet in seiner umfangreichen Romanserie „La Décadence Latine" (Die lateinische Dekakenz) genau zwischen diesen drei Aspekten ein und derselben biologischen und mystischen Gestalt. Mit anderen Worten: Für die Literaten des Fin de siècle gibt es dabei keinen nennenswerten Unterschied, es wird

Karl Walser, Théophile Gautier.
Mademoiselle de Maupin, 1913 A)

kaum nuanciert, und dies gilt sowohl für die Literatur Deutschlands und Frankreichs, als auch für die Englands und Italiens. Wenn also im Folgenden vom „Androgyn" die Rede sein soll, so in weitgehend synonymer Bedeutung mit „Hermaphrodit" und „Gynander".

Obgleich dem nicht unerheblichen Einfluß Péladans, dem sogenannten „Péladanismus", durchaus eine grenzüberschreitende Wirkung zukam, der sich gerade Literaten zweiter Garnitur wie etwa Stanislaw Przybyszewski und Hans-Heinz Ewers (der übrigens Péladans Romane ins Deutsche übertrug) kaum zu entziehen vermochten, verkörpert Péladan selbst jedoch, was die literarische Behandlung der Androgyn-Gestalt betrifft, wohl eher den Höhepunkt als die Pionierzeit dieser Phase. Die folgenden Ausführungen sollen stichwortartig einen kurzen Überblick über die große Verbreitung der Androgyn-Figur in der Literatur des 19. Jahrhunderts geben, ohne dabei jedoch näher auf Einzelheiten eingehen zu können.

Schon Balzac hatte in seiner „Seraphita" (1835f.) und in „La fille aux yeux d'or" (Das Mädchen mit den Goldaugen) (1843) das Thema aufgegriffen. Latouche steuerte, noch früher, seine „Fragoletta" (1829) bei, und Mario Praz zufolge war es eigentlich Théophile Gautiers Roman „Mademoiselle de Maupin" (1835), welcher den

Stein erst richtig ins Rollen brachte und für die Androgyn-Mode der Zeit verantwortlich zeichnet (3). Wen wundert es da noch, daß kein geringerer als Joris-Karl Huysmans, der „Chefideologe" der Décadence, sich ebenfalls der Androgyn-Gestalt annimmt, etwa im 9. Kapitel von „A Rebours" (Gegen den Strich) (1884), indem er seinen Helden Des Esseintes hoffen läßt, die Zirkusakrobatin Miss Urania würde sich bei ihrer erotischen Begegnung als Androgyn herausstellen – freilich wird Des Esseintes darin bitter enttäuscht. Huysmans' „Certains" (1889) greift das Motiv noch einmal auf, doch noch viel früher finden wir es bereits wiederum bei Gautier, nämlich in seinem „Contralto" (in „Emaux et camées", 1852), in Swinburnes „Hermaphroditus" (in „Poems and Ballads", 1866) und im Roman desselben Autors, „Lesbia Brandon" (1864–1867). Péladan spielt das Thema in seinem einundzwanzigbändigen Zyklus „La Décadence Latine", „Ethopée" (erschienen, z. T. posthum, 1884–1925) in vielen Varianten durch, am deutlichsten vielleicht in seinem Roman „L'Androgyne" (1891), auf den noch näher einzugehen sein wird. Stanislaw Przybyszewskis „Androgyne" (dt.: 1919), zunächst auf Polnisch, später auf Deutsch geschrieben, ist ein weiteres Paradebeispiel, aber auch Thomas Manns frühe Novelle „Gerächt" (1899), ebenso wie Villiers de l'Isle Adams „Isis" (1862). Auf vergleichsweise trivialem Niveau wäre unter anderem der nahezu pornographische Roman „Monsieur Vénus" (1884) von Rachilde (Pseudonym für Marguerite Eymery) zu erwähnen. Im italienischen Bereich ragt, wie so häufig, Gabriele D'Annunzio mit seinem Roman „Il piacere" (Lust) (1888) heraus, in dem er seinen Protagonisten eine „Favola d'Hermafrodito" (Geschichte vom Hermaphroditen) schreiben läßt. Später thematisiert Gustav Meyrink (1915 in „Der Golem", 1917 dann in „Das grüne Gesicht") den Androgyn; 1912 wird er zum tragenden Element in Thomas Manns „Der Tod in Venedig", während William Butler Yeats an dem Motiv in seiner Offenbarungsschrift „A Vision" (1917, rev. 1925) indirekt weltanschauliche wie poetologische Positionen festmacht – und ganz nebenbei wesentliche Bestandteile der Tiefenpsychologie C. G. Jungs vorwegnimmt. Letzteres ist übrigens um so auffälliger, als der Literatur der Jahrhundertwende das uns heute so geläufige Paradigma von der „Animus/Anima"-Struktur der Psyche weitgehend unvertraut ist. Männliche und weibliche Komponenten der Seele werden wohl ins Außen projiziert, als Bestandteile ein und derselben Seele werden sie dagegen allenfalls erspürt, jedoch nur selten explizit behandelt. Zwar ist auch die Bisexualität dem Fin de siècle und seiner Literatur nicht unbekannt, doch bleibt das Androgyn-Motiv davon praktisch unberührt. Dies deutet darauf hin, daß wir es hier eher mit einem Mythem, einer Art Mythos-Keim oder -Bruchstück, zu tun haben, als mit einem Bild voll direkter „Alltagsbezüge" und „realistischer" Relevanz. So bleibt der Androgyn auf ei-

ner Ebene reine Kunstfigur und Projektionsfläche allenfalls halbbewußter Seeleninhalte, auf die wir noch eingehen werden.

Die obigen Ausführungen machen deutlich, daß das Androgyn-Motiv bzw. -Thema im Fin de siècle allenthalben „in der Luft" lag. Es soll hier jedoch weniger um eine kommentierte Materialsammlung gehen, als vielmehr darum, am literarischen Umgang mit der Androgyn-Gestalt ihre Vielschichtigkeit festzumachen. Bereits in seiner Zweigeschlechtlichkeit weist der Androgyn seine ihm eigene Mehrdeutigkeit auf, ist er doch Mann und Frau zugleich. Und so ist es nicht weiter erstaunlich, daß die Literaten des Fin de siècle sich seiner auch auf mannigfaltige Weise bedienen. Vier dieser Angänge wollen wir hier auf exemplarische Weise näher untersuchen. Zwei davon könnte man als philosophisch-weltanschauliche Funktionen dieser Kunstgestalt bezeichnen: nämlich der Androgyn als Verkörperung des „Ursprungs", und der Androgyn als „Verheißung". Die beiden anderen sind eher attributiver und ästhetischer Natur: der Androgyn als Ausdrucksform einer bestimmten Qualität der „Schönheit", und der Androgyn als Personifikation der „Sterilität".

Ursprung-Verheißung

Wie schon in der spätmittelalterlichen Alchemie (vgl. dazu den Beitrag von Hans Biedermann in diesem Katalog), wird der Androgyn zu fast allen Zeiten teils als Ausgangspunkt begriffen, als „Ursprung" also, teils aber auch als Ziel allen irdischen Strebens, als „Verheißung". Diese Auffassung findet im Fin de siècle erst relativ spät ihre Parallele, zu einer Zeit nämlich, als das reine „L'art pour l'art"-Ideal der Symbolisten bereits skeptisch gebrochen wird und eher zur wehmütigen Pose degeneriert, mithin also an Frische verliert. Freilich ließe sich dieser Trend auch zum Teil biographisch aus dem Interesse an Okkultem und Metaphysischem erklären, das unter den Literaten der Zeit grassierte (4). Péladan etwa, dessen Roman „L'Androgyne" uns ein Musterbeispiel für die Behandlung der Androgyn-Gestalt in ihrer Funktion als Ursprungsverkörperung liefert, war einer der führenden Okkultisten des Fin de siècle. Nicht nur, daß er mit seinen Rosenkreuzer-Salons Furore machte und die bildenden Künste seiner Epoche okkultistisch beeinflußte, er unterhielt auch rege Kontakte zu herausragenden Köpfen des französischen Okkultismus wie Papus (Gérard Encausse) und Lévi (Alphonse Louis Constant), gründete einen eigenen „Ordre Kabbalistique de la Rose-Croix", ein „Théâtre de la Rose-Croix" usw. Doch war es keineswegs okkultistisches Gedankengut allein, welches dem Androgyn seinen Aspekt des Ursprünglichen verlieh.

In Péladans Roman „L'Androgyne" kämpft ein Junge namens Samas Oelohil Ghuibor um seine sexuelle Unschuld, die ihm zunächst von seinen Schulkameraden, später aber auch vom weiblichen Geschlecht in der Gestalt der Marquise de Senanques und Yvettes streitig gemacht wird. Auf die schwüle, psychologistisch überlagerte Atmosphäre dieser „Monographie über die Pubertät" (5) soll hier nicht im Detail eingegangen werden. Statt dessen läßt sich zusammenfassen, daß dieser etwas melodramatische, ästhetizistisch überhöhte Roman tatsächlich einen Androgyn zum Helden hat, dessen Attribute freilich – wie in der Literatur übrigens fast stets – biologisch nicht allzu spektakulär definiert sind. Ein Mediziner könnte ihn nur mit Einschränkungen unter den Begriff „Hermaphroditismus" einordnen. Der junge Oelohil ist im Prinzip männlichen Geschlechts, doch weist er auch deutlich zweigeschlechtliche Züge auf, etwa eine füllige Brust und einen eher weiblichen Körperbau, so daß einer seiner Internatskameraden beim gemeinsamen Bad erstaunt ausruft: „Ein Mädchen!" (6) Danach buhlen nun der dämonische Tanis und der lichte Agûr um seine Seele. Denn es geht Péladan beim Androgyn diesmal um die Unberührtheit: „der Androgyn existiert nur im Zustand der Jungfräulichkeit: schon bei der leisesten Bejahung der Geschlechtlichkeit löst er sich in Männlich oder Weiblich auf" (7). Solange er also unberührt bleibt, ist der Androgyn ein Wesen jenseits, genauer gesagt vor der Geschlechtertrennung – die Parallele zum paradiesischen Zustand vor der Versuchung fällt sofort auf und wird auch im Roman immer wieder thematisiert. Jungfräulichkeit, Unschuld und Ursprünglichkeit werden hier also als synonyme Werte begriffen, die der Androgyn erreicht hat oder die ihm, genauer, als platonischer Ur-Mensch von Anfang an eignen. Schließlich stürzt dieser lichte Engel aber doch noch ins Reich der profanen Geschlechtlichkeit ab, verliert also seine Unschuld auch im kosmogonischen Sinn, ein gefallener Luzifer zwar, aber auch Adam und Eva zugleich. Hier wird der Androgyn also durchaus im Sinne Platos geschildert, und der Topos vom verlorenen Paradies bedient sich dabei einer Gestalt, die in alchemistischen Darstellungen oft mit der Materia Prima gleichgesetzt wird. Der eingeschlechtliche Mensch wird hier als versklavt begriffen, da er von Geschlecht und Dualismus geprägt und abhängig ist. Dem liegt eine fleisch-, ja lebensfeindliche Haltung zugrunde, wie sie uns gerade am Beispiel des Androgyrismus in der Literatur des Fin de siècle immer wieder begegnet. Allerdings haben wir es dabei weniger mit einer authentisch christlichen Vanitas-Thematik zu tun (ein Schluß, der durch den Mode-Katholizismus eines Péladan, des späten Oscar Wilde, eines Huysmans, eines Villiers und zahlloser anderer Literaten der Zeit immerhin nahegelegt wird), sondern vielmehr mit einer durch Pessimismus und Psychologismus bestimmten Weltsicht, die den vergleichsweise jungen Darwinis-

Wilhelm von Gloeden
Foto (A)

mus noch nicht verdaut hatte und erst in Sigmund Freud einen vorläufigen Höhepunkt erleben sollte. So wird der Androgyn auch zur rückwärtsgewandten Utopie, zu einer Provokation bürgerlicher Zivilisation mit ihrer Vermassung und Gleichmacherei, unter der die meist aristokratisch, ja snobistisch gesinnten Literaten der Jahrhundertwende wie keine zweite Generation litten – oder leiden zu müssen glaubten.

Die „L'Androgyne" vorangestellte Hymne an den Androgyn führt uns zum zweiten der hier zu behandelnden Aspekte:

Unwirklicher Sexus, den manche überwinden, wie Adamah es einst in Eden tat; Sexus, du, der du der irdischen Ekstase unerreichbar bleibst! Heil dir, der du nicht bist (8).

Hier finden wir das, was Lothar Hönnighausen in ähnlichem Zusammenhang die „geheimnisvolle Zweideutigkeit der Aspekte und ihre Suggestion einer Transzendenz der Unmöglichkeit" (9) genannt hat. Damit sind wir beim Thema der „Verheißung" angelangt, die im Grunde natürlich nicht zuletzt auch eine Spiegelung des „verlorenen Paradieses" darstellt. In Przybyszewskis „Androgyne" (10) etwa führt der Protagonist eine Reihe sexualmagischer Rituale durch, erfährt Himmel und Hölle, Visionen unbeschreiblicher Schönheit und ebensolchen Entsetzens, um schließlich in rauschhafter Ekstase die Verschmelzung mit der „Geliebten" zu erlangen und in der Zweigeschlechtlichkeit aufzugehen, wenn auch eher andeutungsweise. Ähnlich beim späteren Gustav Meyrink: Im „Golem" (11) bahnt sich zwischen Athanasius Pernath und Mirjam Hillel eine erotische Beziehung an, die vom Androgyn-Thema getragen wird:

Es gehört zu meinen Träumen, fuhr sie leise fort, mir vorzustellen, daß es ein Endziel sei, wenn zwei Wesen zu einem verschmelzen... zu dem verschmelzen, was der ‚Hermaphrodit' als Symbol bedeuten mag. ...Ich meine: Die magische Vereinigung von Männlich und Weiblich im Menschengeschlecht zu einem Halbgott. Als Endziel! – Nein, nicht als Endziel, als Beginn eines neuen Weges, der ewig ist – kein Ende hat (12).

Am Schluß des Romans finden die beiden zur ersehnten Vereinigung, zum Androgyn, und zwar „in einem jenseitigen Reich, das die profane Geschlechtertrennung nicht mehr kennt" (13). Der Androgyn als „Verheißung", als Traum von der Vollkommenheit, läßt sich auch als Überwindung der irdischen Polaritäten mit all ihrem Leid, ihrer Zerrissenheit und ihrer Hoffnungslosigkeit begreifen. Hier wird er zum Träger einer (nichtchristlichen) Heilserwartung, einer positiven Utopie, wie sie in fast jeder endzeitlichen Epoche zu finden und nachzuweisen ist. Dieser, im Fin de siècle freilich skeptisch gefilterte und nicht selten wiederum ironisierte Erlösungsglaube bedient sich aber vielleicht auch gerade wegen seines inneren Zwangs zum Pessimismus eher des Erotischen und des Sexus, sucht im konkreten, handfesten Rausch einen Ersatz für die vage, unwirkliche Erleuchtung, verdankt seine Ekstase, wie Hönnighausen formuliert, „eher der Droge als der göttlichen Gnade" (14). Allerdings ist das Grundprinzip der Rauschüberhöhung dabei alles andere als neu: Der Religionswissenschaftler und Ethnologe kennt es sowohl von der späthellenischen Sperma-Gnosis der Ophiten her, als auch vom dravidisch-indischen Tantra, beobachtet es bei schamanischen Ekstasetechniken ebenso wie im Hippiekult unserer allerjüngsten Vergangenheit. Fin de siècle-spezifisch wird die Handhabung des Androgyn-Motivs erst durch seine ästhetizistische Färbung und seine Einbettung in andere typisch dekadente Themen und Motive.

Schönheit

Dies leitet über zum Attribut der seltsamen, oft fast makabren „Schönheit", die dem Androgyn in der Literatur der Zeit immer wieder eignet. Ähnlich wie die Figur der

„Femme fatale", ist auch der Androgyn in diesem Punkt eine äußerst vieldeutige Erscheinung. Sein Überhobensein über die gewöhnliche Sexualität, seine Freiheit von der Bindung an den Kampf der Geschlechter vermittelt ihm eine Qualität der Distanz, die oft mit der erotischen Grausamkeit der „Femme fatale" eine seltsame Verbindung eingeht. Huysmans' Des Esseintes und seine dekadente Hoffnung auf ein erotisches Erlebnis besonderer Art mit der als Androgyn erhofften Miss Urania wurde bereits erwähnt. Hier dient der Androgyn dem dekadenten Ästheten aus „A Rebours" als Gaumenreiz ermatteter Nerven – eine neuartige (früher formulierte man gern süffisant: „abartige") Sexualerfahrung mehr. Doch erhalten Figuren wie Thomas Manns männlich-herbe Dunja Stegmann in der Novelle „Gerächt", Hans-Heinz Ewers betörende „Alraune" (1911) mit ihrer knabenhaften Gestalt, und selbst Baudelaires Angebetete mit ihren „Antiopes Hüften und Schultern eines Knaben" im Gedicht „Les Bijoux" (Das Geschmeide) der „Fleurs du Mal" (Blumen des Bösen) (1857) (15), wie auch die Protagonistin in „Monsieur Vénus" von Rachilde durch ihre Androgynie nicht nur einen erotischen Reiz der „Verruchtheit"; es eignet ihnen vielmehr darüber hinaus eine Art „transzendenter Attraktivität", die aus dem Mysterium ihrer Herausgehobenheit resultiert, wobei man allerdings auch das „Un-Bürgerliche" dieser Figuren berücksichtigen muß. Seine Dämonie als erotisches Prinzip gewinnt der Androgyn dabei vor allem durch den Aspekt der Unerfüllbarkeit allen erotischen Verlangens. Er ist mithin eine „unmögliche" Gestalt, eben ein „unwirklicher Sexus", ruft Triebe und Verlangen wach, ohne sie stillen zu können oder zu dürfen. Darin gleicht er der im Fin de siècle so beliebten literarischen Gestalt der „Kindfrau" noch mehr als der „Femme fatale" oder der „belle Dame sans merci". Andererseits erfüllt der Androgyn oft auch das Kriterium des Daimoniums im platonischen Sinne, wird er gelegentlich sogar zu einer Art Über-Ich der Protagonisten.

Deutlich läßt sich bisweilen auch eine Sub-Strömung der, meist latenten, Homosexualität bei der Behandlung der Androgyn-Gestalt nachweisen. Männliche wie weibliche Gleichgeschlechtlichkeit, im Fin de siècle literarisch ohnehin hoch im Kurs, werden nämlich sehr häufig mit dem Androgynismus in einem Atemzug genannt bzw. thematisiert (man denke auch an die erwähnten Passagen bei Péladan) und finden sich etwa im Bereich der Malerei und Graphik ganz eklatant bei Künstlern wie Aubrey Beardsley und Félicien Rops. Thomas Manns Tadzio in „Der Tod in Venedig" (16) wäre ein denkbares Beispiel für einen – möglicherweise auch aus biographischen Gründen – kaschierten Homosexualismus; doch erfährt auch diese androgyne Figur als Psychopompos des alternden Aschenbach eine Überhöhung zum Hermetisch-Mystischen. Es fällt auf, daß der ungleich subtilere Thomas Mann nicht, wie Péladan und teilweise auch Meyrink, Schilderungen anatomischer Zweideutigkeiten bedarf, um den Knaben Tadzio als Androgyn zu kennzeichnen. Gewiß, man hatte sich „gehütet, die Schere an sein schönes Haar zu legen" (S. 470), „Weichheit und Zärtlichkeit" (ebda) bestimmten „ersichtlich seine Existenz" (ebda), doch wird die „gottähnliche Schönheit des Menschenkindes" (S. 473) auf viel differenziertere Weise „androgynisiert", indem nämlich die Bezüge zum Mythischen eher unterschwellig oder wie beiläufig angedeutet und in die Schilderung integriert werden, etwa wenn Tadzio beim Baden beschrieben wird:

Er kehrte zurück, er lief, das widerstrebende Wasser mit den Beinen zu Schaum schlagend, hintübergeworfenen Kopfes durch die Flut; und zu sehen, wie die lebendige Gestalt, vormännlich hold und herb, mit triefenden Lokken und schön wie ein Gott, herkommend aus den Tiefen von Himmel und Meer, dem Elemente entstieg und entrann: dieser Anblick gab mythische Vorstellungen ein, er war wie Dichterkunde von anfänglichen Zeiten, vom Ursprung der Form und von der Geburt der Götter. (S. 478)

Schließlich folgt Aschenbach Tadzios letzter, endgültiger Verlockung:

Ihm war aber, als ob der bleiche und liebliche Psychagog... ihm winke; ...voranschwebe ins Verheißungsvoll-Ungeheure. Und wie so oft, machte er sich auf, ihm zu folgen. (S. 525)

Der „Psychagog" aber ist ein eindeutiger Hinweis auf Hermes Psychopompos, den klassischen Seelenführer, der in der Alchemie mit dem „spiritus mercurialis" gleichgesetzt wird, in der Gnosis dagegen mit dem „Anthropos". Schon die Kirchenväter sahen im legendären Hermes Trismegistos, auf dessen Weistum sich die gesamte abendländische Hermetik rückbezieht, den ägyptischen Gott der Weisheit, der Sprache und der Schrift, Thot. Im allgemeinen gilt Hermes als zweigeschlechtliche Gestalt, er wird auch dem ebenfalls oft doppelgeschlechtlich beschriebenen Merkur gleichgesetzt. Und so spricht Thomas Mann von Aschenbachs „Lust des Wortes" (S. 493) und erotisiert dergestalt den schriftstellerischen Akt, der schließlich sogar als „Seltsam zeugender Verkehr des Geistes mit einem Körper" (ebda) geschildert wird: Hier verkörpert der Androgyn nicht nur die beiden Geschlechtskomponenten des Menschen, er manifestiert dadurch auch die Polarität zwischen Körper und Geist und nimmt die Funktion der Muse oder des göttlichen Daimoniums wahr. Durch seine Erleuchtungs- und Lichtbringerfunktion weist der Androgyn über das irdische Leben hinaus und wird zum

Quasi-Gott, eben zu einem immer unwirklicher werdenden, jugendlichen Seelen- und Schicksalsführer.

Sterilität

In einer auf Künstlichkeit geradezu versessenen Epoche wie der der Jahrhundertwende kann auch die *Sterilität* des Androgyns als Thema nicht fehlen. In der Verschmelzung von Mann und Frau zum Androgyn findet sich schließlich nicht zuletzt auch eine Variante des „hierosgamos"-Topos von der „Heiligen" oder auch „Chymischen" Hochzeit, wie er etwa in der der christlichen Mystik, der mittelalterlichen Alchemie und in zahlreichen hermetisch-gnostischen Spekulationen nachzuweisen ist. Die gnostische Syzygie, die heilige Vermählung also von Nous (Geist) und Epinoia (Einsicht), von Simon und Helena, deren Ziel beispielsweise bei der gnostischen Sekte der Simoniten weniger die Freude am Leben als seine Transzendierung, mithin eine Art metaphysischer Anti-Fruchtbarkeit war, findet ihre Teilentsprechung etwa in Baudelaires „kalter Majestät der unfruchtbaren Frau" (17), in Mallarmés „Herodiade" (ca. 1869–1898, in vollständiger Form erst 1959 posthum erschienen) ebenso wie – wenngleich interpretatorisch auf subtilerer Ebene – in Gustav Meyrinks „Das grüne Gesicht". Dabei wird die Sterilität des Androgyns im Fin de siècle in der Regel grundsätzlich auf zweierlei Weise thematisiert: als ästhetizistischer Ausdruck endzeitlich gebrochenen Skeptizismus und Spiels mit der Künstlichkeit, aber auch als Topos der Befreiung vor der Bedingtheit der materiellen Welt. Nicht immer sind diese beiden Ansätze voneinander zu unterscheiden, oft verschmelzen sie miteinander zu einer höchst heterogenen Einheit, die ihren Ausdruck weniger in der Mehrdeutigkeit als vielmehr in einer Pose bewußter Künstlichkeit sucht, deren weltverachtender, „gnostischer" Grundtenor selten zu überhören ist.

Sicherlich ist der Androgyn als literarische Gestalt im Fin de siècle oft auch Ausdruck einer intellektuellen Spielerei mit dem Widersprüchlichen, dem Unmöglichen und dem als abstrus oder gar pervers Empfundenen. Darin knüpft diese Epoche, die ja in mancherlei Hinsicht eher „vollenden" als „neuerschaffen" wollte, an spätromantische Traditionen an, wie sie sich etwa in der Generation eines Symonds in der engen Verflechtung von Bild-Elementen wie der Sphinx mit der „Femme fatale" und dem Androgyn äußert:

In ihrer Mischung von Tier und Mensch, Grauenhaftigkeit und Anziehungskraft vermittelt die Sphinx, wie der Hermaphrodit durch den Doppelaspekt der Schönheit und Sterilität, einer späten Zeit, deren spirituelles Erlebnis in der Auflösung der Grenzen besteht, ihr Faszinosum... (18).

Die Sehnsucht und das Streben nach Verheißung, ja Erlösung, welche nachweisbar bereits seit der Antike im Androgyn eine ihrer Ausdrucksformen finden, kennzeichnen mit Sicherheit auch das Grundbedürfnis der Fin de siècle-Literaten, hinter allem Maskenspiel, hinter Gebärdensprache und Künstlichkeit einen urmenschlichen Traum gleichzeitig zu verbergen und preiszugeben. Der Umgang mit Symbolen verlangt bekanntlich stets nach einem feinen Gespür für das Uneindeutige – Symbole und Bilder leben oft von der Ambivalenz, entziehen sich gern der rein rationalen Deutung. Ihr Wert liegt in ihrer archetypischen Erfahrbarkeit, nicht so sehr aber in ihrer Funktion als offenkundige Informationsträger oder Sinnvermittler. Der Androgyn ist, unter diesem Aspekt betrachtet, ein Symbol par excellence, vieldeutig, schillernd, Träume und Phantasie anregend – und dennoch kaum faßbar, allenfalls als spirituelle Größe zu erahnen oder wirklich nachvollziehbar. Dies sollte stets berücksichtigt werden, erst recht aber bei einer Betrachtung der Literatur der Jahrhundertwende; Hönnighausen warnt bereits im Zusammenhang mit der Spätromantik davor, den Versuch zu unternehmen, „in der Zeit, die zwischen literarischer Gebärde und psychologischer Realität ebensowenig wie zwischen Künstlichkeit und Kunst zu unterscheiden weiß, Motiven wie Sphinx und Hermaphrodit durch ‚eindeutige‘ Lösungsversuche gerecht" zu werden (19). Im Spannungsfeld zwischen symboltypischer Ambivalenz und geschmacklicher wie ontologischer Verunsicherung bewegt sich der Androgyn wie ein „Deus ex machina", indem er auch diese Pole in sich vereint – zu einem un-eindeutigen, und vielleicht gerade dadurch erst wirklich umspannenden Ganzen.

Allerdings hatte die Vieldeutigkeit der Androgyn-Gestalt speziell im Fin de siècle oft auch recht profane Gründe. Die Literaten dieser Epoche vergnügten sich zwar recht gern damit, die Pose des Bürgerschrecks und des Bilderstürmers zur Schau zu tragen, doch dürfen wir nicht vergessen, daß selbst die vielgerühmten, nach Oscar Wildes einflußreichem Werk „The Picture of Dorian Gray" (Das Bildnis des Dorian Gray) so benannten „Yellow Nineties" keineswegs eine Zeit absoluter Freizügigkeit und sexueller Ausschweifung waren – zumindest nicht an der Oberfläche. Ein großer Teil der Literatur dieser Zeit erklärt sich ja auch gerade aus der Diskrepanz zwischen einer oft ungewöhnlich liberalen Duldung künstlerischer Posen einerseits und einer im Grunde kompromißlos harten und humorlosen Zensurmentalität von Staat, Gesellschaft und Kirche andererseits. Der Prozeß um Oscar Wildes Homosexualität, der diesem Liebling der Salons und der Bohème ja auch schließlich zum Verhängnis wurde, bietet uns ein gutes Beobachtungsbeispiel dafür: Mit Verwegenheit und Verruchtheit zu kokettieren, das war eine Sache – sie womöglich tatsächlich zu praktizieren, eine völlig andere. Die Behandlung der Androgyn-Gestalt bildet darin keine Ausnahme, und so ist es völlig legitim, die Vermutung zu wagen, daß viele Literaten dahinter auch, wenngleich mit Sicherheit nicht nur, ihre eigenen erotischen Phantasien verbargen, ob diese nun homo- oder bisexueller Art gewesen sein mochten.

Andererseits sehen wir im Androgyn-Motiv und seiner Behandlung in dieser Epoche auch eine bisweilen recht handfeste Zivilisations-, seltener freilich eine echte Gesellschaftskritik, die sich gegen Industrialisierung und Kommerzialisierung, gegen Massenkultur und seelische Entwurzelung richtet. Immerhin war das Fin de siècle eine in vielem rückwärts blickende Epoche, die den Klassizismus zu Beginn des 19. Jahrhunderts mit seiner an der griechischen und römischen Kultur orientierten Ästhetik ebenso unerbittlich auschlachtete, wie sie dies mit der anti-klassizistischen Romantik und ihrem Kult des Individualismus tat. Der „androgyne Geist", der viele Literaten von Baudelaire bis Yeats prägte, war zugleich auch der bewußt stilisierte Versuch, die Trennung zwischen Objektivem und Subjektivem, zwischen dem Individuum und der Gesellschaft, ja zwischen Menschsein und Göttlichkeit zu überwinden, die Zerrissenheit einer sich immer schneller wandelnden Zeit technologischer und industrieller Entwicklungen zu heilen. Es verwundert nicht, daß man sich dazu gerade der Androgyn-Gestalt bediente, verkörperte diese doch auch das erotische Element, weshalb es sich geradezu anbot, sie zum Träger und Übermittler all dieser unterschiedlichen Anliegen zu machen. In einer von weltanschaulichen, gesellschaftlichen, politischen und ökonomischen Widersprüchen gekennzeichneten Epoche, in der Karl Marx und Friedrich Engels ihre Theorie der Produktionsmittelverteilung und des Kommunismus fast zeitgleich mit Gobineaus Rassenlehre und Stirners Individual-Anarchismus entwickeln konnten, bot der Androgyn nicht zuletzt auch den Traum von einer als Einheit verstandenen Vollkommenheit an: ein Eins-Sein von Mensch und Natur, wie wir es interessanterweise auch in unserer Zeit oft als Ideal formuliert wiederfinden.

Schon früh hatte Gautier die Fülle und den Reichtum der Androgyn-Gestalt betont, thematisierten Balzac ebenso wie Baudelaire den „androgynen Dichter", der – meist männlich verstanden – zu seiner inneren Weiblichkeit finden mußte, wollte er wirklich schöpferisch, ja vollkommen und göttlich werden. Wenngleich zum Teil aus anderen Quellen schöpfend, hat C. G. Jungs Tiefenpsychologie in unserer Zeit diesen uralten Gedanken einmal mehr zu einem festen Bestandteil abendländischer Bewußtseins- und Realitätsmodelle gemacht. Gerade Mallarmé und Rimbaud sahen im Androgyn auch den Genius des Menschen, der in seiner Ganzheit und Integrität erst den wahren Künstler verkörpern kann. Ähnlich finden wir in Péladans „Amphitheâtre ces sciences mortes" (Amphitheater der toten Wissenschaften) den weiblichen Androgyn als Verbindung von Maria und Martha, also einer Verschmelzung von Aktivem mit Kontemplativem, von Intelligenz und Wollust. Die Behandlung dieses Themas bei Thomas Mann haben wir bereits gestreift.

So vereinigen sich auf anderer Ebene, und hier wird auch der Bezug zur bildenden Kunst deutlich, Subjektives und Objektives miteinander, wird das Gesamtkunstwerk zu einem Abbild des Lebens, wie es sein sollte, verschmelzen Mikro- und Makrokosmos in der Gestalt des Androgyns zu einer Vision der schöpferischen Überwindung einengender und illusionärer, weil „nachparadiesischer" Gegensätze. Auf diese Weise wird der Künstler – der Maler wie der Dichter – zur Verkörperung des biologisch ansonsten unmöglichen Androgynismus, erlöst er durch das Kunstwerk die Welt aus ihrer Zerrissenheit – und oft genug ist dieses Kunstwerk das Leben des Künstlers selbst.

1 „The relation of man and woman, on so far as it is passionate, reproduces the relation of man and *Daimon,* and becomes an element, where man and Daimon sport, pursue one another, and do one another good or evil." William Butler Yeats, A Critical Edition of Yeats's A Vision, (1925) edited by George Mills Harper and Walter Kelly Hood London, 1978, S. 27

2 Alain Mercier, Les Sources ésotériques et occultes de la poésie symboliste (1870–1914), Bd. I: Le Symbolisme Français, Paris, 1969, S. 222

3 Mario Praz, The Romantic Agony, translated from the Italian by Angus Davidson, Second Edition with a New Foreword by Frank Kermode (London u. a., 1970), S. 182f., 107. Praz zitiert auch Marcel Schwobs Einschätzung Péladans, welche er 1896 veröffentlichte; die „péladanesken Sittengemälde" („éthopées péladanesques") seien zwar zäh, ja langweilig, andererseits aber geschickt verkauft und voll „betörender Androgyne": „Autrement il faut convenir qu'elles étaient bien à notre portée, et, de plus, décorées d'androgynes alléchartes pour les faire vendre." (S. 413f., N. 60A)

4 Zu den okkultistischen Hintergründen vgl. das Werk des Verfassers: Ralph Tegtmeier, Okkultismus und Erotik in der Literatur des Fin de siècle, Mit einem Vorwort von Dr. Hans Biedermann, Königswinter, 1983

5 „monographie de la Puberté", Joséphin Péladan, L'Androgyne. La Décadence Latine. Ethopée VIII, Paris, 1891; repr. Genève, 1979, „Schèma de Concordance", s. v. „L'Androgyne", S. XVII

6 „Une fille!" ebda., S. 135

7 „l'androgyne n'existe qu'à l'état vierge: à la première affirmation du sexe, il se résout au mâle ou au féminin", ebda., S. 38

8 „Sexe irréel que quelques-uns traversent comme autrefois Adamah en Eden; Sexe impossible á l'extase terrestre! Los á toi qui n'existes pas!" ebda., S. 7

9 Lothar Hönnighausen, Präraphaeliten und Fin de Siécle. Symbolistische Tendenzen in der englischen Spätromantik, München, 1971, S. 353

10 Stanislaw Przybyszweski, Androgyne, München, 1919

11 Gustav Meyrink, Der Golem, Zürich u. a., 1965

12 ebda., S. 134

13 Tegtmeier, a. a. O., S. 54

14 Hönnighausen, a. a. O., S. 364

15 „hanches de l'Antiope au buste d'un imberbe', Charles Baudelaire, Les Fleurs du Mal, Introduction, relevé de variantes et notes, par Antoine Adam, Paris, 1961, S. 163

16 Hier zitiert nach: Thomas Mann, „Der Tod in Venedig", in: Erzählungen, Stockholmer Gesamtausgabe Bd. 6, Frankfurt a./M., 1958, S. 444–525

17 Zitiert nach: Thomas Williams, Mallarmé and the Language of Mysticism, Athens, Georgia, 1970, S. 64

18 Hönnighausen, a. a. O., S. 353

19 ebda., S. 460, Nr. 35

Andrea Kuhn

Sprachlosigkeit – das Geheimnis des Hermaphroditen

Eine gewisse Sprachlosigkeit scheint dem Hermaphroditen verbürgt zu sein. Unsere maßgeblich bildlichen Vorstellungen sind geprägt durch die – vielfach kopierten – späthellenistischen Statuen, die, verbreitet in Illustrationen und Abbildungen kunsttheoretischer und mythologischer Schriften, seit dem 19. Jahrhundert zirkulieren.

Träumend, ruhend und schlafend – zuweilen wollüstig hingegossen – scheinen das Schweigen und die Stille diesen Zuständen der Selbstbezogenheit zutiefst zugehörig. Auch in der Figur des stehenden Hermaphroditen, in seiner – ehemals rituellen – Geste der Enthüllung eines männlichen Geschlechts unter Frauenkleidern ist die Sprache ganz in die Geste der Demonstration hineingenommen.

Und noch der Anblick dieser Figuren und ihrer Abbildungen spielt eher mit einem Ausdruck von Überraschung und Entsetzen, die auf einem ihm zugewandten Gesicht ablesbar wären, als daß er den Betrachter zum Sprechen evoziere. (Und was fiele diesem ein, was könnte er von ihm erzählen?) Wovon sollte der Hermaphrodit auch sprechen können – und zu wem – als sein Geheimnis, das Rätsel einer Geschlechterfusion, sprachlos zur Schau zu stellen? Verkörpert er ja die schöne Aufhebung jenes Mangels einer Teilung und einer Trennung, die uns in dichotomische Geschlechter spaltet: Ganzheit und Vollkommenheit. Und – die Schönheit ist bekanntlich stumm. Nicht nur, daß sie nicht erklärt werden kann. „Wie eine Gottheit (und ebenso leer) kann sie nur sagen: *ich bin, der ich bin.*" (1)

Sollte der Hermaphrodit noch mehr sagen, dann doch nur diese letzten Worte „Sterben, Schlafen, Träumen – vielleicht…" Aber nicht nur der steinerne Hermaphrodit schweigt, auch der mythologische und literarische Diskurs der Antike wissen nur wenig von ihm zu erzählen. „Die literarischen Zeugnisse lassen uns hier gänzlich im Stich", kommentiert ein mythologisches Lexikon (2) die Prädominanz bildlicher Darstellungen und stellt gleichzeitig fest, daß diese nichts zu sagen vermögen über die Geschichte seines Bedeutungswandels von einer ursprünglich kultischen Funktion zu einer „rein künstlerischen Fiktion." (3)

Für das Schweigen der Dichter – nicht ein einziges Abenteuer von Hermaphroditos ist überliefert, außer der Geschichte seiner Geburt, die ein bißchen ausgeschmückt wird – findet Marie Delcourt eine Erklärung in der Signifikanz der Mythe als einer Idee, nicht einer Person (4). Als Verlust eines ursprünglich rituellen Sinns der Bisexualität interpretiert sie die hervortretende erotische Komponente der figürlichen Gestaltung. „They brought into the world of forms what should have remained in the world of the imagination." (5)

Die Sprachlosigkeit des Hermaphroditen läge demnach, so ließen sich diese Indizien vervollständigen, in der Idee (s)einer Totalität begründet, die nur in einem Bild repräsentierbar ist. Sein Geheimnis wäre „das schlechthin Unsägliche, nur metaphorisch immer wieder neu zu Umschreibende. Da wo Letztes sich verbürgt, versagen die Worte ihren Dienst und das Bild stellt sich ein." (6)

Bilder und eine nicht-existente Legende verweisen uns weiter auf eine philosophische Deutung des Mythos. Auf die berühmte Gestaltung des Hermaphroditen im „Symposion" und damit auf die Geschichte seiner unwiederbringlich verlorenen Gestalt, die Platon Aristophanes erzählen läßt. Es ist die Geschichte der Spaltung der ursprünglich drei Geschlechter in Gestalt von Kugelmenschen; der gedoppelte Mann, die gedoppelte Frau und das männlich-weibliche Doppelgeschlecht, der Androgyn. Auch äußerlich den Planeten ähnlich – der pythagoräischen Vollkommenheit der Kreis- und Kugelfigur – deren Abkömmlinge sie sind, gehören sie zur Sonne, zur Erde und das dritte Geschlecht zum Mond. Zeus teilt sie als Strafe für ihre Hybris (7). Er zerstückelt die sphärische Gestalt – mit Androhung weiterer Zerstückelung – der Rücken an Rücken, die Angesichter auf einem Kopf einander gegenüberliegend, vereinigten Menschen durch einen Schnitt („wie wenn sie Eier mit Haaren zerschneiden") (8). Durch eine Korrektur, die er Apollon vornehmen läßt, Zurechtrücken der Köpfe, Gliedmaßen und Schamteile, läßt Zeus die so Individuierten einander wieder erreichen, damit sie sich umfangen und auch zeugen können. Das zur Schnittfläche gewendete Gesicht aber hat auch die Funktion „damit der Mensch, seine Zerschnittenheit vor Augen habend, sittsamer würde".

„Also sucht nun jedes sein anderes Stück." Über die Sprache sagt Platon nichts an dieser Stelle. Man darf annehmen, daß sie auch erst den Getrennten zuteil wird. Denn, der Planet spricht nicht, wie Lacan sagt, weil er rund ist, ein zirkulärer Körper und „der… kann tun, was er will, er bleibt immer sich selbst gleich." (9) Die getrennten Hälften bilden nun Blick und Stimme aus, um in einer Begegnung, in einer Umarmung, in der Kopulation zumindest temporär die verlorene Einheit wiederherzustellen. Aber sie werden nicht mehr, wie der planetarische Körper, sich selbst gleich bleiben können. Die Sehnsucht nach Ganzheit entsteht erst mit diesem Schritt und erst sie konstituiert das Begehren, die Liebe und den Eros. Eine Liebe, die sich immer an dem Bild der imaginären Ganzheit orientieren wird, eines Eins-Seins, das immer schon verloren, Vorgeschichte ist. Das Geheimnis des Hermaphroditen ist mithin auch das Versprechen, daß die Spaltung rückgängig zu machen sei (10). Eine Einheit, die nur im Bild vorgestellt werden kann, weil sie als immer schon verlorene nicht denkbar ist. Eine Einheit, die die Sprache ohnmächtig werden läßt, weil sie das Bild eines sprachlosen Zustands ist. Sprachlos zu sein, bedeutet aber, eine zirkuläre Figur, ein Planet zu sein.

Die androgyne Utopie hat viele Renaissancen. Als Bildermythe avanciert sie von einer künstlerischen Fiktion zu einer ästhetischen und erotischen Opposition, zu einem symbolischen Sujet des Fin de siècle, zur Chiffre einer Subversion der Kunst und Leben organisierenden Herrschaftsnormen. Die Eignung des Hermaphroditen als zu enträtselndes Bild einer niemals positivierbaren Totalitätsutopie wird u. a. mit seiner Figur als einer „Hohlform" erklärt, „in der vieles Platz hat, ohne daß irgendeines vorstellbar wäre, das sie füllte" (11)

Doch schon am Ausgang des Fin de siècle scheint das Theorem vom genuin subversiven Bild des Hermaphroditen als Traum und Chiffre einer geheimen, nicht-diskursiven Sehnsucht, nicht nur bestätigt, da wo es in den Text überführt, das Verstummen der Sprache buchstäblich nach sich zieht, sondern darin auch in Frage gestellt. Das Bild scheint seine Widerständigkeit einzubüßen und seine rein intellektuelle Determinierung zu verlieren, wenn in narzistischer Fixierung das Kunstvolle der Überschreitung eliminiert wird und das Bild einen für das Leben repräsentativen Charakter bekommt. Ein Beispiel finden wir in Thomas Manns „Wälsungenblut". Hier setzt der Text Auslassungszeichen in dem Moment, wo die Geschwister im Nachvollzug des Ur-Inzests der Wagnerzwillinge androgyne Einheit zu erlangen suchen. Die Ohnmacht der Sprache die auf den ironisch erzählten Akt als einem „hastiger Getümmel und Schluchzen" (12) folgt, überführt das Idealbild der Lüge, da wo es Verwirklichung erheischen, den Mythos in ein ästhetisiertes Ritual der Einigung und einen Wunsch-Traum in Lebenskunst überführen will. Die Sprache offenbart die Unerfüllbarkeit eines Zustands von Ganzheit, über deren Illusion gerade das Bild zu täuschen vermochte, indem es den Spiegel der Fülle suggerierte. (Und in der Sprache erscheint die im Bild vorgestellte Einheit nur mehr als die Wirklichkeit einer sprachlosen Autoerotik.) Sprachlosigkeit entdeckt hier die Grenzen der Subversivität dieses Bildes der Einheit, das als Vorspiegelung von Einzigartigkeit das gespaltene Subjekt zu leugnen versucht, von der gerade die Sprache Zeugnis ablegt.

Ossip Zadkine
Torso eines Hermaphroditen, 1925 (A)

In einer nochmaligen Verschiebung kehrt die androgyne Vorstellung des Fin de siècle wieder in der Rezeption durch die esoterische Camp-Kultur der fünfziger Jahre, nun verwirklicht in einem Gesicht, das zu ihrem Leitbild werden sollte, das Gesicht Greta Garbos. Ein Gesicht, hinter dessen vollkommener Schönheit die Verwirklichung des Androgynen nun selbst angeschaut werden konnte als die Faszination einer Leere, wie Susan Sontag bemerkt (13). Der Wunsch bildlich versprochener Fülle, deren imaginäre Täuschung die Sprache zu relativieren vermag, entbirgt, ins Leben überführt, die Vollkommenheit als Abwesenheit. So erscheint Androgynie als das Abwesende schlechthin, als das, was verloren gegangen ist. Die Aufhebung einer mit Mangel konnotierten Dichotomie der Geschlechter wird sichtbar als Zeichen eines Gesichts. Ein Gesicht, das infolge dieser Markierung aber nicht die versprochene Fülle ausdrückt – und ein Spiel mit Bedeutungen –, vielmehr in einer Leere erstarrt und die Faszination einer Abwesenheit – jeglicher Bedeutungen – hervorruft. Die lebendige Schönheit, die sich dem schweigenden Bild des Vollkommenen assimiliert, das ist die „göttliche Garbo".

Das androgyne Versprechen, das sich mediengerecht verlagert von der künstlerischen Fiktion einer Vollkommenheit in die Fiktion der Vollkommenheit eines Künstlers, bzw. einer Künstlerin, blieb bislang eine Kunst- und künstliche Figur. Mittlerweile scheint es naturalisiert. Als Leitbild einer Geschlechterharmonie zeigt es sich realisiert in der androgynen Stilisierung der Körper. Seine Anerkennung und breite Förderung lassen vermuten, daß es Ausdruck eines Bemühens – und eines „Täuschungsmanövers" – ist, die Spannung/Ambivalenz der Geschlechter zu neutralisieren (14). Das Bemühen um eine Neutralisierung des Androgynen zerstreut – im Dienst einer Kaschierung des Geschlechtsunterschiedes – was die symbolische Inszenierung des Androgynen auch immer intendierte: das Raffinement einer erotischen Kultur als Verstoß gegen die Natur der Geschlechter. Das Spiel mit der Beunruhigung transformiert sich in eine Beruhigung, die zu maskieren versucht, was hinter der androgynen Stilisierung auch immer aufscheint, die Leere der Vollkommenheit.

Angesichts der gegenwärtigen Bilderfülle und Akzeptanz des Androgynen stellt sich die Frage nach der Reichweite und Wirkungsweise eines die normativ reglementierende Kultur der Geschlechterrollen unterlaufenden Bildprogramms androgyner Imagination neu. Die Wirkungsmächtigkeit des Bildes, so die These, ist da noch einmal zu befragen, wo ihr Rätselcharakter ausgedrückt ist, in der „Vertreibung" der Sprache. Das Verschwinden der Sprache wäre nicht nur als Rückzug zu deuten vor dem Unsagbaren eines immer überdeterminierten hermaphroditischen Symbols, sondern auch

Indiz, daß die Polyvalenz des Bildes droht, sich in ihr Gegenteil zu verkehren; die sprachlich niemals zu erfüllende „Hohlform" in den Sog einer Leere. Das Verstummen der Sprache korreliert, so ist zu vermuten, mit der Erstarrung der androgynen Imagination in einer narzistischen Projektion der Vollkommenheit. Eine Fixierung, die nicht mehr das Begehren als Sehnsucht nach einer einigenden Umarmung auslöst, sondern den Vereinzelten mit dem Zauber einer Selbstgenügsamkeit umgibt. Das Spiel mit der „Integration" des anderen Geschlechts wäre in diesem Fall die Kultivierung des einsamen Selbst, Ausschluß der Begegnung und Erfahrung mit dem Fremden, Heterogenen, dem Anderen.

Der androgyne Zauber der Fülle erwiese sich als Täuschung über die Bedürftigkeit des Menschen, über das was ihn sterblich und damit lebendig macht und ihn zum Sprechen nötigt; die Tatsache, daß er gespalten ist und unvollkommen, ein auf ein anderes verwiesenes Geschlecht.

Das Fehlen von Abenteuern, die nicht-erzählten Legenden stellten uns den Hermaphroditen als eine Figur vor, von der einzig Geburt und Tod literarisch ausgeschmückt sind. Ergänzen können wir, daß ihm die Abenteuer des Geschlechts fehlen, die sein Leben als die Geschichte eines Subjekts erst erzählbar machen. Die androgyne Sehnsucht, wenn sie den Blick abwendet von der „Wunde" der Trennung, die sie allererst begründet, ein Schnitt, den Platon so nachdrücklich unterstreicht und sich der Illusion einer Komplementierung der eigenen Person ergibt, endet notwendig in der Sprachlosigkeit und Leblosigkeit der steinernen Statue des Hermaphroditen.

Nur wer sich ihm nähert sieht in den Zügen des Hermaphroditen die Trauer, den Schatten des Todes, der diese Figur nicht lebendig sein läßt. Eine Wehmut über seine Einsamkeit, die man in den Zügen der Hermaphroditenstatuen gesehen haben will und von der Lautréamont im „Maldorodor" erzählt (15). Trauer über den „Makel" der Vollkommenheit, die Verlust des Begehrens und der Lebendigkeit bedeutet. Denn beide setzen „Getrenntheit und Verschiedenheit... Anerkennung des Mangels und der Endlichkeit (voraus), die in der Imago der narzistischen Vollkommenheit getilgt schienen." (16)

In einem Text schließlich, der im folgenden kommentiert wird, kommt die Unerfüllbarkeit der androgynen Sehnsucht zur Sprache. Erfüllung gibt es nur um den Preis des Verstummens und das hieße den Tod des Subjekts. In „Der Mann ohne Eigenschaften" hat Robert Musil das Abenteuer des Androgynen umschrieben als das, was in der Sprache als seine ständige Herausforderung erscheint: die „unerfüllte Erfüllung."

„Der Mann ohne Eigenschaften" von Robert Musil

Als Ursprungsutopie entwirft Robert Musil im „Mann ohne Eigenschaften" das archaische Experiment der Geschwister Ulrich und Agathe, die verlorene Einheit wiederzuerlangen. Die „Reise ins Paradies" ist das zentrale Geschehen des zweiten Buchs dieses unabgeschlossenen Romans. Es ist, darin den Fragmentcharakter des gesamten Textes spiegelnd, Entwurf geblieben.

Präformiert ist das Erlebnis der Geschwister in einem Kapitel des ersten Buches „Die vergessene, überaus wichtige Geschichte mit der Gattin eines Majors". Diese Geschichte ist die Erinnerung an eine Episode, die Ulrich mit einem „blendend leeren Begriff" einer großen Liebe flieht, um auf einer unbekannten Insel sich der „seligen Gewißheit" seiner Imaginationen zu überlassen: einem einsamen Erlebnis des Eins-Seins mit den ihn umgebenden Dingen, „keinen Scheidungen des Menschtums mehr untertan". In Ulrichs Reflektionen auf seine mystische Abkehr von der Welt – die sich in einer in Nähe zu einer fremden Person niemals zu erfüllenden Sehnsucht narzistisch gefällt – hat Musil die Bestrebungen vorgezeichnet, die Ulrich im zweiten Buch im Erlebnis mit der Schwester wiederholen und als unerfüllbar erfahren wird. „Die Geschwisterliebe muß sehr verteidigt werden. Als etwas ganz Tiefes, mit seiner Ablehnung der Welt Zusammenhängendes empfindet sie Ulrich. Die autistische Komponente seines Wesens schmilzt hier mit der Liebe zusammen. Es ist eine der wenigen Möglichkeiten von Einheit, die ihm gegeben sind..." (17) Diese Tagebuchnotiz Musils erläutert seine Wahl der Geschwisterfiguration, um von einem androgynen Abenteuer zu erzählen und weist auf einige Implikationen der Hermaphroditenmythe hin, die oben genannt sind.

Die Wahl einer Schwester als Liebespartnerin, in der Hoffnung, „daß sich der Unterschied zwischen Geist, tierischer und toter Natur in solchem Beisammensein verlor", greift mit diesem romantischen Motiv eine weitreichende symbolische Bedeutung auf. Das Geschwisterpaar als Urmotiv verbindet sich in den verschiedensten Kosmologien mit androgyner Einheit und Ganzheit, in dem ägyptischen Mythos von Isis und Osiris und der alchemistischen Idee einer „coniunctio", die häufig als Bruder-Schwester Inzest vorgestellt wurde. In der gemeinsamen Genealogie des Männlichen und Weiblichen in Bruder und Schwester, scheint die Aufhebung der Dichotomie in die Nähe der Verwirklichung gerückt.

Aus dem Vergessen – analog zur Erinnerung an die „Geschichte mit der Gattin eines Majors" – taucht die Schwester für Ulrich nach dem Tod des Vaters wieder auf. In ein, seinem Hauskleid ähnliches Pierrotgewand

gekleidet (18), steht Agathe Ulrich als Doppelgängerin gegenüber und löst die Sehnsucht einer alten Phantasie aus. „So wie an den Mythos vom Menschen, der geteilt worden ist, könnten wir auch an Pygmalion, an den Hermaphroditen oder an Isis und Osiris denken; es bleibt doch immer in verschiedener Weise das gleiche. Dieses Verlangen nach einem Doppelgänger im anderen Geschlecht ist uralt ... Unzählige Male ist dieser Traum vom Fluidum der Liebe, das sich, unabhängig von den Beschränkungen der Körperwelt, in zwei gleichverschiedenen Gestalten begegnet schon in einsamer Alchemie den Retorten der menschlichen Köpfe entstiegen" – Sprechend versuchen die Geschwister der aus ihrer Ähnlichkeit erwachenden Anziehung und dem aus ihrer gegengeschlechtlichen Identifikation wachsenden Wunsch nach Verschmelzung Namen zu geben und bemühen in wechselseitiger Rede und Engeständnissen die Erzählungen der Mythen und die Sprechweise der Mystik. Agathes Erinnerung an Platons Erzählung von der Teilung des „Menschen in Mann und Weib" und die daraus folgende „Suche der unseligen Hälften wieder ineinander zu fahren", wird von Ulrich ironisch kommentiert als die „vergeblichsten Anstrengungen der Menschheit .. sich wenigstens im Kind zu vereinigen", ein hoffnungsloser Versuch, bei dem die „wesenhafte Einigung .. wie der Mond vor dem Schlafzimmerfenster (steht)". Agathes Einwand, daß sie als Geschwister „doch den halben Weg schon zurückgelegt haben müßten", folgen sie, indem sie sich zu „siamesischen Zwillingen" erklären; eine wie Ulrich anmerkt, „seltene und würdige Sehenswürdigkeit". Im Bewußtsein dieser hohen Auszeichnung wagen sie als „Erwählte" das Experiment, die andere Hälfte des Weges zu beschreiten, um den „anderen Zustand", die Entrückung in die Vollkommenheit eines Doppelgeschlechts, zu erfahren.

Das archaische Experiment der Geschwister beginnt mit einer Reise. Mit einer Reise in die Vorgeschichte des Paradieses und in die Zukunft des „tausendjährigen Reichs". Gleichnishaft, signifikante Elemente androgyner Kosmologien und Mythen zitierend und sich des mystischen Diskurses bedienend, bemüht Musil die Sprache, das Unsagbare, die Vereinigung der Geschwister, das Tabu des Inzests zu erzählen. Die Reise führt in den Süden mit unbestimmbarem Ziel, in die mythische Auflösung von Raum und Zeit. „Irgendwo war es... Sie wußten es selbst kaum ... so... daß sie den Weg gar nicht mehr zurückfinden könnten." Die Geschwister „verstanden nichts in dieser neuen Welt und alles war wie die Worte eines Gedichts." (19) Ihren archaischen Vorbildern sich assimilierend sind Ulrich und Agathe „mit einemmal unnahbar aufgerichtet wie ein königliches Elternpaar." Eine Anspielung auf die Nähe der königlichen Geschwister zum Göttlichen, zum Ursprung und auf die Vorschriften der ägyptischen Reli-

Ossip Zadkine
Hermaphrodit, um 1920 (A)

gion, die das königliche Geschwisterpaar auf den Inzest verpflichteten, um die Auerwähltheit der Nachkommenschaft zu sichern (20).

In einem kosmischen Erleben „vor der Ruhe des Meeres und des Himmels nicht anders als vor hunderttausenden Jahren" erfahren die Geschwister ihre Vereinigung als ein Mysterium. „Und da gelang den Körpern das Wunder. Ulrich war mit einemmal in Agathe oder sie in ihm." Das Wunder einer Vereinigung, das obwohl körperlich, doch „in der Mitte des Herzens stattfindet", wobei die Gestalt des anderen als „leere, leuchtende Hülse" außerhalb wahrnehmbar bleibt. Dieses Bild zitiert den vorgeschichtlichen, nicht-physischen Lichtkörper des androgynen Adam, des uranfänglichen Menschen, wie ihn Jakob Böhme, in Anlehnung an Gnosis und Kabbala, vor dem Sündenfall und seiner Materialisierung in zwei Geschlechter beschreibt (21). Auch die wiederholten Beschwörungen des Meeres, als die „Geliebte mit dem ovalen Spiegel. Das aufgeschlagene Auge der Geliebten. Die Gott gewordene Geliebte. Die unerbittliche Forderung", erinnern mit dem Spiegelvergleich als Symbol der kontemplativen Einheit an Böhme, an den Spiegel, in dem sich der Sündenfall Adams konkretisieren sollte.

Als „wundersam einfach" umschreibt Musil den Moment der Vereinigung und versucht nachvollziehbar zu machen, was vor aller Erfahrung liegt. Es „hatten sich alle Grenzen verloren", da Agathe und Ulrich „keinerlei Scheidung mehr spürten, weder in sich noch von den Dingen, waren sie eins geworden." Doch eine Konkretion dieses Zustands ist nur per negationem möglich, und Musil bestätigt noch einmal die Begriffslosigkeit der Sprache, die mit dem androgynen Zustand korreliert. Die Dichter schweigen über das Abenteuer des Hermaphroditen. Das Abenteuer der selbsternannten Zwillinge führt auch sie diesseits der Sprache, in den Zustand einer Ungeschiedenheit, die vorsprachlich ist. „...es regte sich kein Gedanke in ihnen, sie konnten keinen Vorsatz fassen, alle Worte waren weiter zurückgewichen, der Wille leblos". Die literarische Fiktion Musils, die Erfüllung der Sehnsucht Ulrichs nach dem Erlebnis der Einheit, ist nur vor- und darstellbar als Abwesenheit alles dessen, was ihn zum Menschen macht, zu diesem gespaltenen und daher unvollkommenen Wesen, das symbolisch zu handeln verurteilt ist und daher zu sprechen hat. Was sich in Musils Bild der Worte, die zurückweichen und des Willens, der leblos wird, ankündigt, ist die Aufhebung der Sterblichkeit des Menschen, ist sein Tod. Ein Tod, der Unsterblichkeit verheißt und als Leblosigkeit erscheint, das bedeutet für den Menschen eine Steinnatur. „In dem vollen Licht war nicht zu bemerken, ob sie noch atmeten, oder wie Steine seit tausend Jahren dalagen." Der hermaphroditische Stein des Weisen, das Ziel des einsamen Alchemisten, auf den Ulrich als ein Bild des Androgynen anspielte, die „coniunctio" der Gegensätze, sie bedeutet letztlich nur Erstarrung, ihre Harmonie Versteinerung; die Vollkommenheit der Statue.

Die von Musil mit „Ablehnung der Welt" konnotierte Geschwisterliebe, als eine der „wenigen Möglichkeiten von Einheit", erscheint in den Momenten, wo sie erzählbar sein soll als Weltverlust, als gerade noch wahrnehmbarer Prozeß des Verlorengehens. Die ehemals aktiv gesetzte Bewegung der Welt-Abkehr des Subjekts wandelt sich in eine Erfahrung des Ausgesetzt-Seins. „Es war beinahe ein Schmerz. Sie waren ganz verirrt, weithin von sich, in eine Weite gesetzt, darin sie sich verloren." In die Fiktion der Erfüllung mischt sich der Verlust als ein Schmerz. Ein Schmerz, der aber das Attribut der „Süße" bekommen soll, ermöglicht er doch auch als Indikator einer – paradox – noch verbliebenen Unterscheidungsfähigkeit (im Zustand des Ununterschiedenen) das Erlebnis einer Bewegung und einer Verwandlung von „Glück in Trauer und Trauer in Glück". Aus dem Gefühl der ozeanischen Auflösung, in die Musil die Geschwister „untergegangen, schwimmend und fliegend zugleich" in einen Zustand des ‚reinen' Bewegtseins durch die Elemente mit denen sie eins geworden waren, versetzt hat, erlöst er sie im Prozeß des Schreibens durch aktive Bewegung, die Erinnerung auslöst. Erinnerung der Geschwister und androgynen Zwillinge daran, geschieden, doch geteilt zu sein. „Agathe weinte vor Glück. Wenn sie sich bewegten, fiel die Erinnerung, daß sie noch zwei waren, wie ein Weihrauchkorn in das süße Feuer der Liebe und löste sich darin auf; dies waren vielleicht die schönsten Augenblicke, wo sie nicht ganz eins waren." Die Einführung der/einer Differenz noch im Moment ihrer Auflösung ist zwingend, die einzige Möglichkeit den „anderen Zustand" zu erzählen. Das fortgesetzte und unabgeschlossene Sprechen Ulrichs mit Agathe kreist um diese Grenze des Sagbaren. Der „andere Zustand", die androgyne Vereinigung führt die Geschwister an den Rand der Sprache und hier kündigt die Verheißung der Totalität an, was im Zurückweichen der Worte als ihre Erfüllung sich zeigt: das Erscheinen einer Leere. „Mit einemmal erschrak Ulrich und glaubte in großer Helligkeit zu sehen, daß gerade dies das Geheimnis der Liebe ist, daß man nicht eins ist." Mit Schrecken erkennt Ulrich die Tatsache der Spaltung der Subjekte und anerkennt die Voraussetzungen der Liebe, die „Wollust der Fremdheit". Das Geheimnis der Liebe offenbart sich ihm in der Unmöglichkeit, den Zustand der Vereinzelung aufzuheben. Und Ulrich deutet den Traum der Vereinigung um in den Wunsch „unserer Einheit zu entrinnen, zwei zu werden in einer Vereinigung, aber lieber noch zwölf, tausend, unzählbar viele". Doch diesem Wunsch der sich offenbaren Einsamkeit einer – göttlichen – Einheit zu entrinnen, folgt unmittelbar die Angst

vor dem Gefühl der Spaltung, aus deren Abwehr er hervorgegangen ist. „Es müßten eine Schwester und ein Bruder noch dann sein, wenn sie in hundert Stücke geteilt sind." In dieser Spannung steigert sich die androgyne Utopie der Geschwister zu einem Zwang der Wiederholung. Was als religiöse Erfüllung des Selbst seinen Ausgang nahm, erweist sich im Fortgang als die Faszination einer Leere. „Fürchterliche Gewalt der Wiederholung, fürchterliche Gottheit! Anziehung der Leere, die wie der Trichter eines Wirbels immer tiefer hineinzieht, dessen Wände ausweichen..."

Und so findet die Sprache an ihre Grenze getrieben der Ausdruck der Leere, den uns der stumme Hermaphrodit offenbarte. „Wie eine Gottheit (und ebenso leer) kann sie nur sagen: Ich bin, der ich bin..." Seine absolute Form als ein Bild der Erfüllung erweist sich am Ende nur als eine Verabsolutierung der Form, eine Nature morte. Auf dieses Bild lenkt das Nachdenken Ulrich „scheinbar fast versehentlich" in der Idylle seines Gartens, der Wiederholung des Paradieses, mit Agathe im Gespräch über die Liebe. „Das was in der Malerei Stilleben genannt wird", erscheint ihm als ein Gleichnis ihrer Liebe deren „markbetäubter Anhauch" Verwandtschaft hat mit der Kunst der Nature morte. Die androgyne Sehnsucht zeigt sich in einem Bild erstarrter Vollkommenheit, und es ist die Sprache Ulrichs, die seine Faszination als die einer Todesverfallenheit aufdeckt. Eine Sprache, die um dieses Bild kreisen, aber nicht vor ihm verstummen sollte. „...und es ergab sich mehr oder minder der folgende Wortwechsel, der wie ein Wirte das Gespräch nochmals spannte und von neuem abrollen ließ."

Die Reise ins Paradies, das archaische Experiment der Geschwister ist unabgeschlossen geblieben im großen Romanfragment Musils. Wie der Versuch, die Vereinigung zu erzählen Entwurf bleiben mußte, hält sich die androgyne Utopie in der Schwebe als die „unerfüllte Erfüllung". (Als das, was „beinahe geschehen wäre – und eben doch nicht geschah" – „es geschah wahrlich, ohne daß irgendeinerlei geschah" – „was sich ereignete aber hatte es sich denn ereignet?")
Wie der Text das Ganze nicht kunstvoll zusammenfügt so schließen Ulrich und Agathe sich nicht zu einem Kreis. Sie bleiben Bruchstücke, wie die Teile des Romans unabgeschlossen Fragmente bleiben. Der Wunsch nach dem runden Körper, dem schweigenden Planeten des Androgynen, die wesenhafte Einung, sie bleibt wie Ulrich ironisch kommentiert, „wie der Mond vor dem Schlafzimmerfenster (stehen)."

1 Roland Barthes, S/Z, Frankfurt/Main 1976, S. 38
2 W. H. Roscher (Hg.), Ausführliches Lexikon der Griechischen und Römischen Mythologie, Leipzig 1884–1890, Bd. 1, 2, S. 2318

3 ebda

4 Marie Delcourt, Hermaphrodite. Myths and Rites of the bisexual Figure in classical Antiquity, London o. J., S. XI

5 ebda

6 Gert Mattenklott, Bilderdienst. Ästhetische Opposition bei Beardsley und George, München 1970, S. 49

7 In der Gnosis, Kabbala und in der christlichen Mystik, die den androgynen Mythos theologisieren, immer wird ein Fall, ein Unfall der Strafe der Teilung vorausgehen.

8 Platon, Symposion, in: Sämtliche Werke 2, Hamburg 1975, S. 222

9 Jacques Lacan, Das Seminar. Buch II, Olten 1980, S. 307

10 Noch Freud wird im Nachdenken über die Natur des Sexualtriebs diese „verlorene" und ersehnte androgyne Gestalt Platons zitieren und diesen Mythos benötigen, um über den Todestrieb als einem Wunsch nach Herstellung eines früheren Zustands zu sprechen.

11 Mattenklott, a. a. O., S. 49

12 Thomas Mann, Waelsungenblut, Frankfurt/Main 1984, S. 91

13 Susan Sontag, Kunst und Antikunst, Frankfurt/Main 1982, S. 326

14 Mit dieser äußerlichen Androgynisierung korreliert die Wiederbelebung der Vorstellung einer psychischen Androgynie, die nicht als intrasubjektive Ambivalenz gedacht wird, sondern als Möglichkeit der freien Wahl zwischen männlicher und weiblicher (passiver und aktiver) Erlebnisform.

15 Roscher a. a. O., S. 2323 „Zuweilen findet sich in den Darstellungen dieser Reihe ein Zug stiller Trauer oder schmerzlicher Wehmut beigemischt, als ob der Hermaphrodit durch das Widernatürliche seines Wesens, das ihn zu allen anderen Geschöpfen in Gegensatz bringt, im Innersten schmerzlich ergriffen wäre." Comte de Lautréamont, die Gesänge des Maldorodor, München 1981, S. 51 ff.

16 Hartmut Böhme, Sinne und Blick. Variationen zur mythopoetischen Geschichte des Subjekts, in: Konkursbuch 13, S. 57

17 Robert Musil, Der Mann ohne Eigenschaften, Hamburg 1952, S. 1593. Alle Zitate folgen dieser Ausgabe.

18 Zur Figur des Pierrot, die den Mond zum Begleiter hat und über seine androgyne Imagination siehe Jean Starobinski, Porträt des Künstlers als Gaukler, Frankfurt/Main 1985

19 Hier klingt die romantische These von der Androgynität als figuraler Selbstinszenierung der Kunst an, die ausgehend von Coleridge auch von Virginia Woolf wiederbelebt wurde und deren Zuspitzung bei Thomas Mann Peter Szondi als die „Gnadenmär von Narziß" kommentiert. Siehe Peter Szondi, Schriften 2, Frankfurt/Main 1978, S. 235 ff

20 Im Mai 1923 veröffentlichte Robert Musil ein Gedicht mit dem Titel „Isis und Osiris", das den ägyptischen Bruder-Schwester Mythos als inzestuösen Austausch der Geschlechter im Sonne-Mondwechsel schildert. Er notiert später in seinem Tagebuch „An Isis-Osiris-Gedichte erinnert. Es enthält in nucleo den Roman. Man hat den Roman Perversität vorgeworfen. Entgegnung: Das Archaische und das Schizophrene äußern sich künstlerisch übereinstimmend, trotzdem sind sie total verschieden. Ebenso kann das Geschwistergefühl pervers und es kann Mythos sein." Robert Musil, Tagebücher, Hamburg 1976, Bd. I, S. 847

21 Zum Einfluß der Androgynitätsvorstellungen Jakob Böhmes auf Musil: siehe Werner Fuld, Die Quellen zur Konzeption des „anderen Zustands" in Robert Musils Roman „Der Mann ohne Eigenschaften". In: DVJS 50, 1976, S. 664–682.

Eberhard Roters

Die Opferung und Verklärung der Braut

Nicht der Haß, wie die Weisen sagen, sondern die Liebe trennt die Wesen und bildet die Welt, und nur in ihrem Licht kann man diese finden und schauen. Nur in der Antwort des Du kann jedes Ich seine unendliche Einheit ganz fühlen. Dann will der Verstand den inneren Keim der Gottähnlichkeit entfalten, strebt immer näher nach dem Ziele und ist voll Ernst, die Seele zu bilden, wie ein Künstler das einzig geliebte Werk. In den Mysterien der Bildung schaut der Geist das Spiel und die Gesetze der Willkür und des Lebens.
Friedrich Schlegel, Lucinde

Zerstückelung

Zur Serie der FATA GAGA-Collagen Max Ernsts, die teils aus seiner Zusammenarbeit mit Hans Arp bei dessen Besuch in Köln hervorgegangen, teils durch die daran anschließende freundschaftliche Korrespondenz zwischen beiden Künstlern – von Zürich nach Köln und vice versa – angeregt worden sind, gehört ein, wie alle diese Arbeiten, kleinformatiges Blatt, von dem nichtsdestoweniger eine eindringliche Bildwirkung ausgeht. Von der 1921 entstandenen Arbeit, einer Collage und Fotomontage, die der Künstler stellenweise mit weißer Deckfarbe überarbeitet hat, um die Nahtstellen der geklebten Teile plausibel in den Bildzusammenhang zu integrieren, schickt Max Ernst 1921 eine Fotopostkarte an Hans Arp (1).

Dem erschreckten Auge bietet sich ein unheimliches Bild, das auf Anhieb vermuten läßt, es handle sich um die Tatortaufnahme eines geheimnisvollen Kriminalfalls. Auf einem nicht näher definierbaren Terrain steht in schräg geneigter Perspektive mit dem Kopfende nach vorn eine längliche Wanne, in deren Inneres der Betrachter, zwangsläufig zum schaudernden Voyeur gemacht, von oben her hineinblickt. Die Leiche einer weiblichen Gestalt liegt längs darin ausgestreckt und gibt dem bildbetrachtenden Kriminalisten Rätsel auf. Der Kopf hängt über den Wannenrand. Die Augenlider sind geschlossen, die Mundwinkel erscheinen, wie nach ausgestandenem Leid zur Ruhe gekommen, herabgezogen. Der Kehlkopf liegt herauspräpariert frei. Der rechte Arm ist mit geöffneter Handfläche schräg aus der Wanne nach oben gestreckt. In Leibesmitte ist die Figur säuberlich durchschnitten; der Oberkörper ist mit einem einzigen Rundumschnitt kunstvoll vom Unterleib getrennt. Ein arterienartiger Schlauch hält als einzige Verbindung noch beide Hälften optisch zusam-

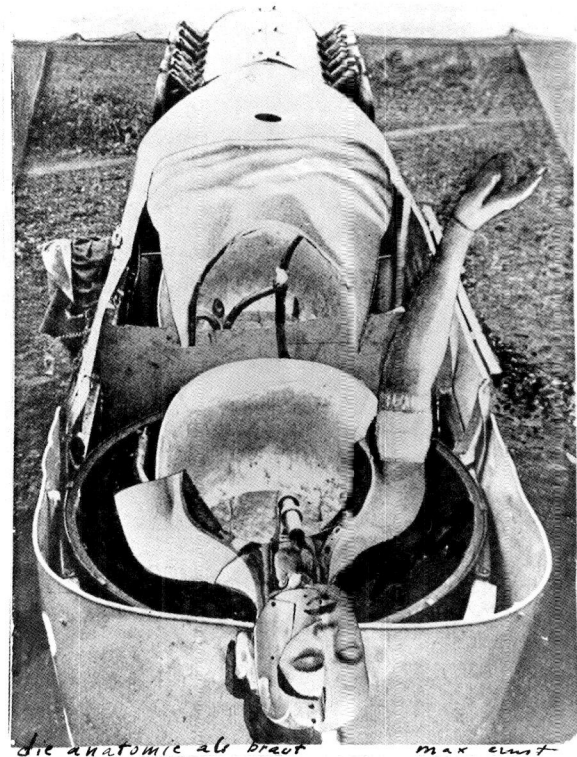

Max Ernst
Die Anatomie als Braut, 1921
Foto einer Collage und Gouache
Privatsammlung, Paris

men. Ein Fachmann muß am Werk gewesen sein, ein Metzger oder ein Chirurg. Der Oberkörper hängt waagerecht über einer kleinen runden Wanne, die in die Längswanne eingesetzt ist. Soll das Blut dahin ablaufen? Soll der Körper weißbluten? Rätsel über Rätsel, die sich noch verdichten, sobald näheres Hinschauen erweist, daß die Gestalt, die hier geschlachtet liegt, gar nicht die Leiche eines Menschen, sondern die einer Puppe ist und sich, noch genauer betrachtet, als Mischwesen aus beidem, Mensch und Puppe, herausstellt. Eine Hälfte des Gesichts ist aus einem leichten Panzer miteinander vernieteter Platten gefügt; das Handgelenk ist nicht am Unterarm angewachsen, sondern mit ihm wie bei einer Kleiderpuppe durch ein Scharnier verbunden (indes bestünde auch die Möglichkeit, daß die Zirkumzision am Handgelenk nicht von vornherein da war, sondern erst durch den unbekannten chirurgischen Schlächtermeister zugefügt worden ist).

Die Figur hat keine Beine. Der von einem Tuch umhüllte Schoß verschwindet am Fuß der Wanne in einer Bucht. Ihr ist von außen ein Mittelzylinder angesetzt, der als das Verbindungsstück eines provisorischen Abflußrohrs gedeutet werden kann. Sind dem Wesen die

Beine abgenommen worden? Hatte es je welche? Oder hatte es einen Fischschwanz? War es vielleicht eine Nixe? Stammt die Tote von den Undinen ab oder von der Puppe Olimpia aus E. T. A. Hoffmanns Erzählung „Der Sandmann"? Ist sie ein von einem Roboter und einer Melusine gezeugter Wechselbalg?

Die Collage trägt mit schwarzer Tinte am unteren Rand rechts die Signatur „max ernst", unten links den Titel „die anatomie" und, in einer anderen Version „die anatomie als braut" (2). Damit gibt uns der Autor der Tatortaufnahme einen Hinweis. Die Summe der Geheimnisse, die sich zur Lösung darbieten, ist in den beiden Fragen zusammenzufassen: Wer ist die Braut? Und: Warum ist sie zerstückelt worden?

Sonderbarerweise ist der Lustmord ein spezifisches Motiv in der europäischen, insbesondere der deutschen Malerei innerhalb des Zeitraums von 1916 bis 1921, also von der zweiten Hälfte der Kriegszeit bis in die ersten Nachkriegsjahre, auffällig im Oeuvre von George Grosz und Otto Dix, aber nicht nur dort, sondern z. B. auch in einem Aquarell von Paul Furhmann (3). Die Bilder, die Dix und Grosz dem Thema widmen, sind alle in der „heißen" Phase des Übergangs vom expressioni-

Otto Dix
Lustmörder, 1920
Öl auf Leinwand (verschollen)

stischen zum veristischen Stil entstanden. Die Hitze ist den Werken anzuspüren, sie strahlt unmittelbar von ihnen aus. Heute noch ist nachzufühlen, daß sie mit der wütenden Wonne dessen gemalt sind, der sich von seinen Ängsten vor sich selbst befreit, indem er heiligste Tabus verletzt und eine Todsünde in effigie begeht. Die Kaltschnäuzigkeit, mit der wir, inzwischen daran gewöhnt, die Bilder betrachten, tut den innersten Absichten der Künstler Unrecht. „Lustmord in der Ackerstraße" heißt die berühmte Federzeichnung von George Grosz aus dem Jahre 1916 (4). Auf dem Bett im Vordergrund liegt die Leiche einer fülligen Frau mit abgehacktem Kopf. Das blutige Beil liegt noch daneben. Im Hintergrund wäscht sich der Mörder, das schlechte Gewissen im Blick, die Hände in einer Emailleschüssel. 1918 variiert Grosz das Motiv in zwei Gemälden, „Der Frauenschlächter" (5) und „John, der Frauenmörder" (6).

Der „Lustmörder", („Selbstbildnis als Lustmörder") (7), den Otto Dix 1920 ins Bild gesetzt hat, ergeht sich in einem Paroxysmus der Zerstückelung. Im Zentrum steht groß der Mörder, in einen Pfeffer- und Salzanzug wie eingelötet. Mit zähneknirschender Freude schwingt er das blutige Messer in der erhobenen Linken, und die rings umherfliegenden Leichenteile haben die Petroleumlampe an der Decke über dem Kopf des Berserkers heftig zum Schaukeln gebracht. Es fällt auf, daß die negativen Helden jener Bilder betont männliche Merkmale gemäß dem Selbstverständnis spießbürgerlicher Konvention zur Schau tragen, Züge des brutalen Vorstadtmachos, des kleinbürgerlichen Hauspaschas, des in der Küche herumschlurfenden Pantoffelhelden, des Kaschemmenganoven und des sexprotzenden Rüpels mit Nußknackerkinn und an den Schultern wattiertem Sakko greifen ineinander. Es riecht nach Schweiß, gekochtem Kohl und Flaschenbier. Absichtlich-unabsichtlich liefern damit die Künstler auch ihre Selbstbildnisse. Ihre künstlerische Begabung, ihr Genie setzt sie in die Lage, endlich die Zwänge und Obsessionen ins Bild herauszulassen, denen die Männer der europäischen Industriegesellschaft, vor allem in den Unter- und Mittelschichten zur Prüderie, zum betonten Herauskehren der Männlichkeit, zur Scham am falschen Platz und zu einem dumpfen Begriff von hirnlosem Heldentum in der Männergesellschaft des Militarismus erzogen, unterliegen, erzogen damit aber letztlich zur Angst vor der Frau, einer irrationalen Angst, die sie sich vor der Welt und vor sich selbst keinesfalls zugeben dürfen, und die sich somit, der Forderung nach männlichem Behauptungsanspruch gehorchend, zwangsläufig in Aggression verkehrt. Der Begriff „Lustmord" ist im Grunde falsch; eigentlich müßte es „Qualmord" heißen oder „Zwangsmord". Mit gefletschtem Gebiß wird eine persönliche Materialschlacht ausgefochten, Sturmangriff mit aufgepflanztem Bajonett gegen einen unfaßbaren, beängstigenden Feind, das Wesen Frau.

Unleugbar besteht zwischen den Hervorbringungen solcher Bilder und den Materialschlachten des ersten Weltkriegs ein direkter Zusammenhang. Die gleichen Künstler, die sie schufen, waren es auch, die ihrem Entsetzen angesichts der zerfetzten Soldatenleiber in den Schützengräben und Granattrichtern an der Front Ausdruck zu geben wußten, indem sie sich die dadurch erlittenen Verletzungen und Verstörungen von der Seele zeichneten und malten, Grosz in zahlreicher nervösen Kritzelzeichnungen, Dix in der Serie der „Schützengraben"-Radierungen und in seinem grandiosen „Schützengraben-Triptychon". Der gewaltige Schock des hautnah miterlebten Massenmordes, der kollektiven Gewalttat und der Zerstückelung förderte aber aus den Tiefen des Unterbewußtseins die traumatischen Besessenheiten zutage, die in den sexuellen Zerstückelungsphantasien der Bilder Gestalt gewonnen haben. Die vorgebliche „Lust" ist ein Kaschee für Haß, für einen Geschlechtshaß nämlich, hinter dem sich wahrlich neurotischer Selbsthaß verbirgt, der Haß des Mannes darauf, von der bigotten Gesellschaft und deren Protagonisten, den Eltern, Verwandten, den Lehrern und „Vorbildern" in die Gefangenschaft der männlichen Rolle wie in einen Panzer hineingezwängt worden zu sein, so sehr, daß es ihm nicht gelingt, sich mit eigenen Kräften daraus befreien zu können. Das Verdienst der Künstler ist es, diesem zumeist unartikulierten und damit ohnmächtigen Selbsthaß in ihren Bildern Gesicht verliehen und damit wenigstens den Ansatz zu einer Diagnose geliefert zu haben. Die puerilen Phantasien, von denen die Männer überwältigt wurden und denen sie offensichtlich hilflos ausgesetzt waren, spiegeln sich auch in den Texten der Künstler, bei Dix in zotigen Briefpassagen, bei Grosz in autobiographischen Hinweisen wie z. B. dem: „Einen geheimnisvollen süßen Reiz übten der Zeit entsprechenden strammhüftigen und korsettierten Artistinnen aus. Hier konnte man die ganze fleischliche Pracht im Gegensatz zu der damals verhüllenden Mode ausgiebig mit dem Opernglas bewundern. Die dickschenkligen Beine in den seidenen Trikots spielten in meiner Phantasie eine große Rolle" (8).

Das Zerstückelungssyndrom, dessen Antriebe zweifellos aus dem Zusammentreffen von unterdrückten sexuellen Phantasien mit dem Schützengrabenerlebnis gespeist sind, unterliegt aber noch einem übergeordneten Aspekt. Die Materialschlacht als Gleichnis einer Suprastruktur der Zerstückelung erscheint somit auf der Ebene einer massenpsychologisch begreifbaren Symbolik als Quintessenz der Zerstückelungstendenzen, die der Industriezivilisation generell innewohnen. Das Informationsdurcheinander, die Heterogenität und Disparatheit, die die künstlich von unserer Gesellschaft hervorgebrachte Umwelt, eine auf die Produktion und Konsumtion materiellen Komforts eingeschränkte Umwelt, unseren wahrnehmenden Sinnen anbietet, hat

die Ganzheit unserer Weltwahrnehmung zerstört. Inzwischen sind wir darauf geschult, uns Zweck und Ziel der Information, die wir brauchen, um uns zu orientieren und mit einigermaßen großer Sicherheit in unserer Umgebung zurechtzufinden, aus dem disparaten Angebot rings um uns her jeweils heraussondern und selbst zusammensetzen zu können; wir finden uns, allerdings unter Inkaufnahme von Stress, in der täglichen Materialschlacht der Medien und Zeichensysteme ganz gut zurecht, aber das Bewußtsein einer unzerstörten Wahrnehmungswelt ist darüber verlorengegangen. Die bildende Kunst, die ja ein Indikator eigenen Grades ist, hat darauf folgerichtig mit der Erfindung des zerstückelten und aus der Zerstückelung neu zusammengesetzter Bildes reagiert, mit der Erfindung der Collage, der Fotomontage und der Materialmontage, dem genuinen Beitrag der Dadabewegung zur Kunst des 20. Jahrhunderts.

Das Frauenmordmotiv tritt mit Max Ernsts „Anatomie als Braut" von 1921 in eine neue Phase. Es unterscheidet sich von Dix' und Grosz' Lustmordorgien in wesentlichen Punkten. In Dix' und Grosz' Bildern ist das innere Klima überhitzt, in der kleinen Montage von Max Ernst ist es kühl. Die Bilder von Dix und Grosz sind im höchsten Grade affektiv. Sie beben geradezu vor Wut. Das trifft auf die „Anatomie" überhaupt nicht zu. Die Zerstückelung der Braut ist mit einer Kunstfertigkeit vorgenommen, die sowohl überlegtes Kalkül als auch eine innere Distanz erkennen läßt, hinter der das Walten einer höheren Absicht zu vermuten ist. Im Unterschied zu einem Mord im Affekt liegt hier ein Ritualmord vor – eine Opfergabe. Die Frage danach wer geopfert wurde, ist fürs erste leicht zu beantworten: die Braut. Doch sogleich erweist sich, daß damit noch gar nichts gesagt ist, denn es ergeben sich daraus die weiteren Fragen:

Wer ist die Braut?
Wer ist der Bräutigam?
Hat der Bräutigam die Braut selbst zum Opfer gebracht?
Wem dient das Opfer und was soll es bewirken?

Durch das europäische Denken zieht sich in zahlreichen Bildformeln und Hieroglyphen die unter die Oberfläche unseres Bewußtseins so in den Boden des Alltäglichen eingesunken sind, daß wir den täglichen Umgang mit ihnen zumeist gar nicht mehr bemerken, eine seit Jahrtausenden am Leben gebliebene diffuse aber hintergründig vital gebliebene Unterströmung, die aus einer Mischung gnostischer, häretischer und apokrypher Vorstellungsbilder gespeist ist. Sie trägt entscheiden dazu bei, daß die europäische Phantasie noch farbig und lebendig geblieben ist. Künstler des zwanzigsten Jahrhunderts, Max Beckmann z. B. oder Paul Klee, besonders aber auch die Dadaisten haben sich dadurch, teils durchaus überlegt, teils nahezu halluzinatorisch ihren aus der Tiefe ihres Innern steigenden Bildern folgend inspirieren lassen, möglicherweise ohne immer zu ahnen, aus welchen Quellen sie schöpfen. Denn die Quelle interessiert den Künstler kaum noch, sobald er das Bild hat.

Aus den Ursprüngen des Mythos am Aufgang des Abendlandes stammt das rituelle Motiv des zerstückelten Gottes. Zum geheimnisvollen Kern der Mysterien des griechischen Dionysoskultes gehörte die Zerstückelung des Dionysos, die Zerstückelung eines Gottes also, vollzogen von den Priestern im Zeichen einer Krise innerhalb des Initiations-Vorgangs, die auch für den Initianten selbst einen Wendepunkt bedeutete, nämlich im seelischen Nachvollzug des Gottestods das unmittelbare Erleben des eigenen Hindurchgehens durch die absolute Finsternis im Null-Ort des Todes, eine Transformation, die notwendig ist, um an der Auferstehung des Gottes teilhaben zu können. Die Zerstückelung des Dionysos ist die Voraussetzung für dessen Auferstehung. Im griechischen Mythos widerscheint der Reflex einer noch älteren, nämlich der ägyptischen Sage von Osiris, dem Sonnengott, Gatten der Isis, der von seinem eifersüchtigen Bruder Typhon, Sohn des Saturn, einem Dämon der Finsternis, getötet, in einen Kasten gepackt und in den Nil geworfen worden ist. Schließlich, als Isis den Sarkophag mit dem balsamierten Leichnam, den sie im Gebüsch aufgefunden hat, zu bergen sucht, raubt Typhon ihn ihr wieder und zerreißt den Körper in viele Stücke, die er in den Nilsümpfen verstreut. Isis gelingt es, die Teile wieder zusammenzufinden. Die Liebe der Isis bewegt Osiris dazu, aus dem Totenreich zurückzukehren und zu ewigem Leben zu erwachen. Auch in dieser Sage ist die Zerstückelung eine Vorbedingung für die Auferstehung.

Derart urbildhafte Menschheitsimaginationen verlöschen nicht einfach, nachdem sie, vom Christentum sublimiert, in der degenerativen Weiterentwicklung von den kanonischen Regelungen der europäischen Vorstellungswelt mittels der kirchlichen Dogmen verbannt wurden, sondern sie wandern in den Untergrund – in den Untergrund der Überlieferungen wie in den des Bewußtseins. Subversive Transportmittel sind u.a. die Volksmärchen. Die Auffassung, Märchen seien zum Trost und zur Belustigung kleiner Kinder da, beruht ja in der Tat auf einer pädagogischen Fehleinschätzung. Die Zusammenhänge sind weit komplexer. Das soll nicht etwa heißen, daß die Märchen den Kindern vorenthalten werden sollten, – im Gegenteil.

Das Märchen „Von dem Machandelboom" (9) erzählt von einem Knaben, dessen eifersüchtige Stiefmutter ihn dazu verlockt, aus einer Truhe einen Apfel zu holen. Als er sich über die Truhe beugt, schlägt sie ihm mit dem schweren Truhendeckel den Kopf ab. Die Drastik

der Schilderung läßt nichts zu wünschen übrig. „Do köhm doorna Marleenken (das Stiefschwesterchen) to erer Moder in de Käak (Küche) de stünn by dem Föhr un hatt enen Putt mit heet Water vör sik, den röhrd se jümmer üm. ‚Moder', säd Marleenken, ‚Broder sitt vor de Döhr un süht ganß witt uut un hett eenen Appel in de Hand. Ik hebb em beden, he schull my den Appel gewen, awerst he antwöört my nich, do wurr my ganß grolich'. ‚Gah nochmal hen', säd de Moder, ‚un wenn he dy nich antworden will, so gif em eens an de Oren'. Do güng Marleenken hen und säd: ‚Broder, gif my den Appel'. Awerst he sweeg still, do gaf se em eens üp de Oren, do feel de Kopp herünn, doräwer vörschrok se sik un füng an to wenen un to roren un lööp to erer Moder un säd: ‚Ach Moder, ik hebb mynen Broder den Kopp afslagen', un weend un weend un wull sik nich tofredengewen. ‚Marleenken', säd de Moder, ‚wat hest du dahn? awerst swyg man still, dat et keen Mensch maarkt, dat is nu doch nich to ännern; wy willen em in Suhr kaken'. Do nöhm de Moder den lüttjen Jung un hackd em in Stükken, ded de in den Putt un kaakt em in Suhr. Marleenken awerst stünn darby un weend un weend, un de Tranen füllen all in den Putt un se brukden goor keen Salt."

Der Vater ißt, nach Hause gekommen, seinen Sohn auf und wirft die Knochen unter den Tisch. Marleenken sammelt sie auf und begräbt sie unter dem Machandelboom (dem Wacholder, dem Hollerbusch, der im Volksglauben eine besondere Beziehung zum Geisterreich hat). Da schlägt aus dem Baum ein Feuer, und ein schöner bunter Vogel steigt daraus hervor. Das ist, ohne daß er im Märchen beim Namen genannt wird, der Vogel Phönix, der, Gleichnis der Auferstehung, aus der Asche steigt. Der Vogel fliegt zuerst zum Goldschmied, dann zum Schuster und schließlich zur Mühle und singt:

„Mein' Mutter der mich schlacht',
Mein Vater der mich aß,
Mein Schwester der Marlenichen
sucht' alle meine Benichen,
Bind't sie in ein seiden Tuch,
Legt's unter den Machandelbaum.
Kywitt, kywitt, wat vörn schöön Vagel bün ick".

Zur Mühle kommt der Vogel zuletzt, die Müllerburschen können seinen Gesang zunächst nicht vernehmen, weil die Mühle solch einen Lärm macht. Denn „twintig Möhlenburßen, de hauden eenen Steen un hackden ‚Hick hack, hick, hack' un de Möhl güng ‚klippe, klappe, klippe, klappe, klippe, klappe'." Schließlich aber hört doch einer nach dem anderen mit dem Werkeln auf, um dem Vogel zu lauschen; dieser trägt den Mühlstein davon, den er zuguterletzt auf die böse Stiefmutter herunterfallen läßt (10).

Künstler arbeiten imaginativ. Sie unterliegen dabei mitunter einer besonderen geistigen Luminiszenz, in der sich kalkulative Bewußtheit mit erhöhter Aufnahmebereitschaft für die Wahrnehmung von Bildern vereinigt, die durch das Unterbewußtsein tradiert werden. Ich bin mir sicher, daß bei der Entstehung solch einer Collage wie „Die Anatomie als Braut", geschaffen von einem Künstler, der für sensitive Reize mehr als andere empfänglich war, derartige Bilderinnerungen, wie im Focus eines Hohlspiegels aufgefangen, mitgespielt haben.

Der entscheidende Unterschied zum Kanon mythischer Überlieferung besteht indes darin, daß das Opfer des Ritualmords in diesem Fall kein männliches Wesen ist, kein Osiris, kein Dionysus, kein Gott, kein Sohn, kein Brüderchen, sondern ein weibliches: die Braut.

Auftritt der Braut

Die Braut ist eine Personnage. Das bedeutet, sie ist ein Wesen, dessen persönliche Erscheinung in der imaginären Wirklichkeit von einigen Künstlern, die alle dem Dadaismus nahestehen, ohne gegenseitige Verabredung zitiert wird. Die Zeugnisse ihres Auftritts geben aphoristische Aufschlüsse über den Lebenslauf der Braut. 1912 in München zeigt sie sich zum ersten Mal, 1915 erhalten wir eine Mitteilung über die eigentümlichen Umstände ihrer Geburt, 1919 wird sie gerädert, 1921 zerstückelt und 1923 schließlich „von ihren Junggesellen nackt, entblößt sogar" gehenkt. Nachstehend sind die hauptsächlichen Werke aufgezählt in denen die Braut vorkommt. In die kleine Liste sind auch diejenigen Arbeiten aufgenommen, in denen die Braut nicht expressis verbis beim Namen genannt ist, die sich aber dem Motiv annähern.

1911
In Neuilly entsteht winters die erste Fassung der „Nu descendant un escalier" von Marcel Duchamp (11).

1912
im Januar vollendet der Künstler die berühmte zweite Fassung (12). Mit der aus dem Rütteleffekt gewonnenen Konjunktion organischer und mechanischer Bewegungszeugung ist das Motiv im Prinzip schon angekündigt; der Akt, der eine Treppe herabsteigend, von oben her auf den Betrachter zukommt, um an ihm vorbeizugehen, befindet sich aber noch nicht im Status der Braut (das müßte näher begründet werden. Dazu ist hier jedoch nicht Raum. Die Ausführung des Themas verlangte ein Buch).

1912
Im Juli/August in München wird die Jungfrau zur Braut. Beleg dafür ist Duchamps „Le passage de la vierge à la mariée" (13).

Marcel Duchamp
Die Braut, 1912
Öl auf Leinwand
Philadelphia Museum of Art
Louise and Walter Arensberg Collection

1913
Im August setzt Duchamp die Braut zum ersten Mal fertig ins Bild (14). (Die vollständige Aufzählung aller Studien zum Bild ist hier weder möglich noch beabsichtigt)

1915
gibt Francis Picabia mit seiner Studie „Fille, née sans mère" einen Hinweis auf den Ursprung der Braut (15) Ohne, daß etwas Direktes über den Vater ausgesagt wird, ist dadurch mitgeteilt, daß die Tochter in einer eigentümlichen Verkehrung der Parthenogenese ohne Mutter zur Welt gebracht wurde. Das heißt, es steht zu vermuten, sie sei eine Junggesellengeburt.

1915
heißt es bei Picabia zur Wiedergabe von Maschinenteilen „Voilà, la femme" (16).

1919

führt Kurt Schwitters in Hannover eine „Konstruktion für edle Frauen" vor, bei der es sich um eine Maschine zur Räderung der Braut handelt (17).

1920

läßt Max Ernst „Katharina ondulata, die Frau Wirtin an der Lahn" ins Bild treten (18). Die edle Frau wird hier nicht von einer Maschine bearbeitet, sie ist selbst Maschine.

1920

im gleichen Jahr stellt Max Ernst den weiblichen Körper metaphorisch als Maschinenlandschaft vor (19).

1921

erscheint ein Verweis auf die Braut in einer Arbeit von Max Ernst, ebenfalls verbunden mit einem Verweis auf den Maschinenaspekt. Eine Schautafel, die den Längsschnitt durch eine Verkokungsanlage zeigt, ist, vom Künstler auf den Kopf gestellt, überarbeitet und mit dem Titel „Winterlandschaft" versehen worden. Der Untertitel lautet: „Vergasung der vulkanischen Eisenbraut zur Erzeugung der nötigen Bettwärme". (20)

1921

Im gleichen Jahr ist die Opferung der Braut in Max Ernsts „Anatomie als Braut" vollzogen.

1923

beendet Marcel Duchamp seine Tätigkeit am „großen Glas", indem er es als „definitiv unvollendet" erklärt. Das Werk mit dem Titel „La mariée mise à nu par ses célibataires même" – zweifellos eines der bedeutendsten Kunstwerke unseres Jahrhunderts – in dem die Quintessenz des Brautmotivs gezogen wird, zeigt die Hülle der Braut auf der linken Seite in der oberen Hälfte des Glases gehenkt.

Damit ist das Opfer vollbracht, und es stellt sich dringlicher die Frage: Wer ist denn da geopfert worden? Enthält nicht der Begriff der Braut die Disposition zum Opfer bereits in sich? Eine Braut im klassischen Sinne der Definition ist eine Jungfrau, die nicht mehr frei, sondern versprochen ist. Der Bräutigam tritt aber, wenn überhaupt, in den vorliegenden Beispielen in der Vielzahl als „Junggesellen" auf. Die Geschichte bekommt dadurch einen anzüglichen Beigeschmack. Eine Braut für alle. Wer ist denn die Braut als Paradigma? In der Zusammenfassung der Bilder öffnet sich der Blick auf einen seltsamen Ritus: Mit der leiblichen Opferung der Braut durch die Junggesellen wird offensichtlich deren transmutierte Wiederkunft beschworen.

Der Aspekt von Transzendenz, der dem innewohnt, ist durchaus konkret aufzufassen. Kurt Schwitters greift

ihn auf, wenn er die Intentionen zu seiner künstlerischen Arbeit erläutert: „Was das verwendete Material vor seiner Verwendung im Kunstwerk bedeutet hat, ist gleichgültig, wenn es nur im Kunstwerk seine künstlerische Bedeutung durch Wertung empfangen hat. So habe ich zunächst Bilder aus Material konstruiert, das ich gerade bequem zur Hand hatte, wie Straßenbahnfahrscheine, Garderobenmarken, Holzstückchen, Draht, Bindfaden, verbogene Räder, Seidenpapier, Blechdosen, Glassplitter usw. Diese Gegenstände werden, wie sie sind, oder auch verändert, in das Bild eingefügt, je nach dem es das Bild verlangt. Sie verlieren durch Wertung gegeneinander ihren individuellen Charakter, ihr Eigengift, werden entmaterialisiert und sind Material für das Bild" (21).

Schwitters beschreibt den künstlerischen Prozeß als Vorgang einer Opferung des Zerstückelten. Die Verwandlung, der das Material dadurch unterliegt, gleicht einer Transsubstantiation. Die Substanz wird entindividualisiert, ihrem irdischen Zweck entzogen und verliert dadurch ihr „Eigengift". Sie erfährt ihre Heilung durch Entgrenzung in einen neuen Zustand jenseits ihrer irdischen Herkunft; sie wird ins Bild entrückt.

Auf analoge Weise wird in effigie die Entrückung der Braut beschworen. Das suggestive Bild, das damit hervorgerufen wird, steht insofern zu den jahrtausendealten Vorbildern im Widerspruch, ja es stellt deren vollständige Reversion dar, als es jetzt, im 20. Jahrhundert, zum ersten Mal kein Gott, sondern eine Göttin ist, kein männliches, sondern ein weibliches Wesen, das hingeopfert wird, um seine Auferstehung, seine Befreiung, seine Verewigung und Entgrenzung herbeizurufen. Ist das nicht Blasphemie? Es ist beachtlich, daß die „Braut" in den Werken der Dadaisten ausschließlich eine Projektion der Phantasie von Männern ist, und zwar von solchen, die unter den Künstlern unseres Jahrhunderts zweifellos zu den intelligentesten zählen (22). Wenn sie derart ihre Vorstellungswelt entlasten, folgen sie damit offensichtlich einem Bedürfnis, das erst jetzt, in der Industriegesellschaft des 20. Jahrhunderts, danach drängt, sich sichtbar zu machen. Wenn die Personnage der „Braut", die sich in ihrer männlichen Innenwelt geformt hat, herausdrängt, um sich in die Welt zu befreien, so ist zu fragen, wo haben die Männer sie her? Welchen Ursprung hat die Projektion? Irgendwo muß er zu fassen sein, und so weit kann er noch nicht zurückliegen.

Diotima und Phryne

Die Konstellationen unseres Jahrhunderts, die äußere wie die innere, die gesellschaftliche wie die unserer

Vorstellungsbilder – das ist der unauflösliche Bedingungszusammenhang realitätsbildender Wechselwirkungen – sind in ihrer spezifischen Abweichung von den Ur- und Vorbildern unserer Phantasie durch die Entwicklung im 19. Jahrhundert vorgeprägt, und jenes, das Jahrhundert der „industriellen Revolution", das Jahrhundert der Triumphe der Technik wie der Naturwissenschaft, das Jahrhundert des Dampfs und der Elektrizität, das Jahrhundert des Positivismus, des Materialismus, der objektiven Naturwissenschaft mit ihren Dogmen der Quantifikation und der exakten Messung als ausschließlicher Mittel der Naturerkenntnis, das Jahrhundert der Nationalstaaten, mit Napoleon beginnend und Wilhelm II aufhörend, das Jahrhundert des entgeisterten Spießbürgertums aller Klassen mit seinen speziellen Neurosen, an dessen Ende Sigmund Freuds „Traumdeutung" erscheint, jenes Jahrhundert zählt – abgesehen von dem unseren – bewußtseinsgeschichtlich gesehen sicherlich zu den sonderbarsten aller sonderbaren Jahrhunderte seit Christi Geburt.

Dabei vollzieht sich die Wende vom 18. zum 19. Jahrhundert in Deutschland im Zeichen einer luziden weltanschaulichen Bewegung, die wohl die Chance gehabt hätte, eine geistige Revolution im Pendant zur sozialen Revolution der Franzosen auszulösen und im Verbund damit überhaupt erst *die* Revolution der europäischen Gesellschaft zustandezubringen, wenn sie nicht nach einem ikarischen Höherflug umso tiefer in die Dumpfheit und Plattheit des angebrochenen Jahrhunderts hineingestürzt wäre; das ist die deutsche Frühromantik. Die emanzipatorische Brisanz mancher ihrer Ideen ist, wohl wegen der Lähmungserscheinungen, die in der weiteren Entwicklung ihre Schatten zurückwarfen, zuwenig beachtet geblieben.

Einer der Protagonisten der Frühromantik, Friedrich Schlegel, der zusammen mit seinem Bruder August Wilhelm seit 1798 in Berlin die kultur- und gesellschaftskritische Zeitschrift „Athenäum" herausgab, hat sich, angefeuert durch seine Liebe zu Dorothea Veit, in einigen seiner Beiträge ausführlich mit dem Thema Frau und Mann in ihrem Verhältnis zueinander auseinandergesetzt und ist dabei zu Einsichten gelangt, die vor jeder aktuellen Debatte über Emanzipation zur Elementarlektüre empfohlen sein sollten. Bereits 1795 veröffentlichte Schlegel sein Essay „Über die Diotima" (23). Er stellt dort fest, daß über Diotima nichts weiter bekannt sei, als daß Sokrates sich ihren Bewunderer und Schüler genannt habe. Diotima müsse also, das sei daraus zu schließen, eine geistvolle und geistig gebildete Frau gewesen sein. Bildung sei in Griechenland im Prinzip ein Privileg der Männer gewesen, darüber hinaus aber vor allem den Hetären zuteil geworden, da sie deren Aufgabe gedient habe, die Männer zu unterhalten; durch Aspasia sei das Hetärentum zu einer schö-

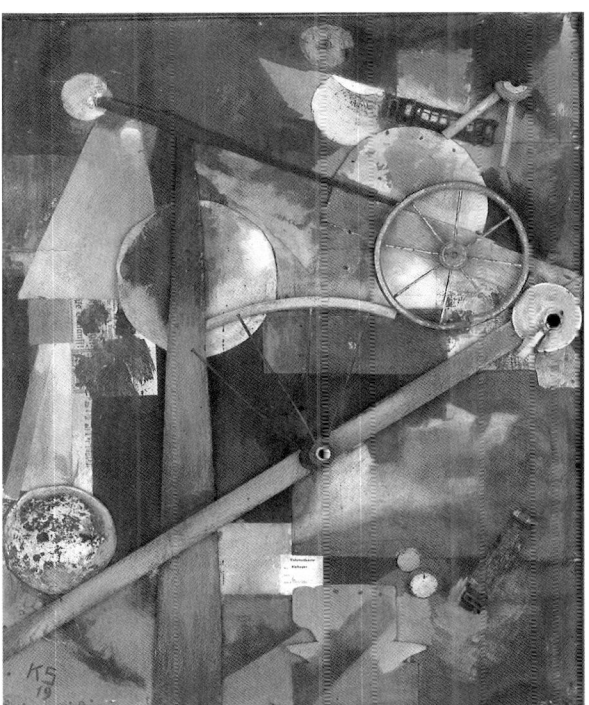

Kurt Schwitters
Konstruktion für edle Frauen, 1919
Reliefassemblage
Los Angeles County Museum of Art

nen Kunst entwickelt worden. Eine Hetäre habe aber Diotima nicht sein können, da sie nicht aus der Klasse der Sklaven, sondern aus jener der Freien stamme. Diotima müsse deshalb wohl einer Sekte angehört haben für die die Bildungsgleichheit beider Geschlechter als vorbildlich gegolten habe, das sei die Gemeinschaft der Pythagoräer gewesen.

„Da Proktus, ein später, aber nicht unbelesener Schriftsteller, in seinem Kommentare zu der Republik des Plato über dessen Lehre von der weiblichen Erziehung redet, sagt er: der Satz, daß die Vollkommenheit (Bestimmung) beider Geschlechter nur eine sei, habe den Platoniker Sokrates bewogen, für beide Geschlechter gleiche Erziehung zu bestimmen; die Veranlassung dazu habe ihm aber die Erfahrung gegeben" (24).

Entscheidend ist die Schlußfolgerung, zu der Schlegel selbst kommt: „Trennen wir aber das Wesentliche vom Zufälligen, so ist der Grundsatz unwiderleglich: die Weiblichkeit soll wie die Männlichkeit zur höheren Menschlichkeit gereinigt werden; und der Versuch, wenn er gleich mißlang, bleibt immer ruhmwürdig, in den Sitten und im Staate das zu erreichen, was die Idealkunst der Attischen Tragödie wirklich erreicht hat, das

Léon Gérôme, Phryne vor ihren Richtern, 1861, Öl auf Leinwand, Hamburger Kunsthalle

Geschlecht, ohne es zu vertilgen, dennoch der Gattung unterzuordnen. Die Richtung der griechischen Sitten ging auf das Notwendige; der unsrigen, auf das Zufällige und Einzelne. Was ist häßlicher als die überladene Weiblichkeit; was ist ekelhafter als die übertriebene Männlichkeit, die in unseren Sitten, in unseren Meinungen, ja auch in unserer besseren Kunst, herrscht? Ja, sogar auf künstlerischen Darstellungen, welche *ideal-isch* sein sollen, auf Versuche, den Begriff der Weiblichkeit rein zu entwickeln, äußert diese verderbliche Denkart ihren Einfluß! Man betrachtet die Bestandteile der reinen Weiblichkeit oder Männlichkeit als notwendige Eigenschaft, die die Freiheit des Gemüts vernichten würden. Sie sind aber nur Lockungen oder Erleichterungen der Natur; und sie zu lenken, ohne sie zu zerstören, mit Schonung der Natur der Notwendigkeit gehorchen, ist das höchste Kunstwerk der Freiheit.... Aber eben das herrschsüchtige Ungestüm des Mannes, und die selbstlose Hingegebenheit des Weibes, ist schon übertrieben und häßlich. Nur selbständige Weiblichkeit, nur sanfte Männlichkeit, ist gut und schön." (25)

Erfassen wir den Androgyn als eine geistige Figur, die im Habit der Doppelgeschlechtlichkeit ihre äußere Gestalt gewinnt, so ist diese mit Schlegels Satz: „Die Weiblichkeit soll wie die Männlichkeit zur höheren Mensch-lichkeit gereinigt werden" vollkommen definiert. Damit ist selbstverständlich nicht etwa eine Modeforderung ausgedrückt, sondern ein utopisches Ideal formuliert. Nichtsdestoweniger ist dahinter der Glaube an die Möglichkeit wahrzunehmen, daß den griechischen Begriff „Soma" einmal als den aus der Matrix der eigenen Persönlichkeit gewachsenen Willen zur Bildung der aus der psychischen und geistigen Konstitution des Ich beeinflußbaren Leiblichkeit aufgefaßt, das seiner Sensibilität selbstgewisse Individuum wohl in der Lage sein könne, seine Physis diesem Ideal gemäß von innen heraus modellieren zu können. In „Lucinde" schildert Schlegel seine sinnliche Vorstellung davon ganz handfest: „Auch Julius war männlich schön, aber die Männlichkeit seiner Gestalt offenbarte sich nicht in der hervordrängenden Kraft der Muskeln. Vielmehr waren die Umrisse sanft, die Glieder voll und rund, doch war nirgends ein Überfluß. Im hellen Licht bildete die Oberfläche überall die breiten Massen und der breite Körper schien dicht und fest wie Marmor, und in den Kämpfen der Liebe entwickelte sich mit einemmale der ganze Reichtum der kräftigen Bildung" (26).

Daß solche Sätze damals einen Skandal hervorriefen, nimmt, zumal Schlegel damit sein eigenes Verhältnis zu einer verheirateten Frau paraphrasiert, nicht wunder. Immerhin hatten die Frauen in den Kreisen der Romantiker ein hohes Selbstverständnis ihrer Bildung erlangt und waren in ihrer Schicht des liberalen Bildungsbürgertums der gesellschaftlichen Gleichstellung mit den Männern ziemlich nahe gekommen. In dieser Hinsicht brachten die folgenden Jahrzehnte des 19. Jahrhunderts einen Rückschlag. Das von Schlegel vorgestellte Ideal fordert nicht allein die Emanzipation der Frau (die für sich gestellt eine Absurdität wäre), sondern es fordert die gemeinsame Emanzipation der Geschlechter zum *ganzen* Menschen. Dem Mann wird nicht die Unterdrückung, sondern im Gegenteil, die Erkenntnis und Anerkennung der weiblichen Eigenschaften in seiner eigenen genetischen Veranlagung und deren bewußten Einbezug in sein lebendiges Fühlen, Denken und Handeln im Sinne des Strebens nach Vervollständigung zum Ganzen abverlangt, der Frau umgekehrt gleichermaßen die Erkenntnis und Anerkennung der männlichen Eigenschaften in ihrer eigenen Veranlagung, ohne indes die weiblichen aufzugeben, sondern zu deren Unterstützung. Das heißt, daß die Ausprägung der geschlechtlichen Persönlichkeit sich nicht in der Betonung und hybriden Hervorhebung der geschlechtlichen Dominanten, sondern im Hinterfangen der Dominanten durch die rezessiven Geschlechtseigenschaften zu erkennen gibt. Beim Mann sind damit diejenigen Eigenschaften angesprochen, die von den Vertretern der Schule Carl Gustav Jungs – einer psychologischen Lehre mit entschieden kulturphilosophischem Einschlag – mit dem Begriff der „Anima" benannt, von der Frau diejenigen, die mit dem Begriff des „Animus" bezeichnet werden. Für wichtig halte ich es, auf den Bedeutungshof zu achten, der beim Aussprechen der beiden Worte mitschwingt – beide Male wird die außerhalb des kausalen Denkens wirkende Empfindlichkeit der Wahrnehmung, das Ahnungsvermögen angesprochen – und der im Namen „Anima" von einem Hauch der Weltseele, im Namen „Animus" von einem Hauch des Weltgeistes umflossen erscheint.

Diese aus dem Esprit der Frühromantik gewonnene Idealvorstellung, die Friedrich Schlegel dem anbrechenden 19. Jahrhundert auf den Weg zu geben suchte, kam jedoch nicht zum Tragen, statt dessen setzte sich das genau entgegengesetzte Paradigma durch. Nicht Diotima, die Pythagoräerin, sondern die Hetäre Phryne wurde zum Leit- und Wunschbild erkoren. Die Fabel berichtet: Phryne, die dem Praxiteles für die Statuen der Aphrodite Modell stand, habe sich von ihrer Eitelkeit dazu verführen lassen, sich mit der Göttin zu identifizieren. Daraufhin wurde sie, der Gotteslästerung angeklagt, vor den Areopag geführt. In der Verhandlung riß ihr Advokat ihr die Kleider vom Leibe, um zu beweisen, daß die Hetäre den Vergleich mit der Göttin nicht zu scheuen brauche. So überzeugte er die Richter. Als Léon Gérôme sein Gemälde „Phryne vor ihrer Rich-

Man Ray
Marcel Duchamp als Rrose Sélavy, 1921 (A)

tern" (27) nach Mitte des 19. Jahrhunderts im Pariser Salon ausstellte, machte er damit Furore. Das Publikum war hingerissen, und das Gemälde avancierte zu einem Mode-Bild der Epoche, dessen Erfolg andere Künstler zur Nachahmung inspirierte, so z. B. Reinhold Begas zu seiner Phryne-Statue von 1868. Dreißig Männer in roter Roben sitzen im Halbkreis um die Bühne und genießen die Szene der Enthüllung, die ihnen als Grundlage für das Urteil dient, das sie zu fällen haben. Das ist meines Wissens in dieser historisch verbrämten Eindeutigkeit der erste Striptease in der Kunstgeschichte, Vorbild für alle weiteren. Welcher Titel wäre dafür besser geeignet als in seiner trivialsten Bedeutung der von Duchamps Großem Glas „Die Braut, von ihren Junggesellen nackt. entblößt sogar"?

Die Mühle, der Ritter und die Jungfrau

Das sind drei von den Bausteinen, aus denen sich Märchen zusammensetzen lassen, etwa das von der Jungfrauenmühle oder, im Gegenzug dazu, das von der Rittermühle.

Der Umbruch, der im Laufe der zwischen Frühromantik und Dadaismus liegenden 120 Jahre stattgefunden hat

 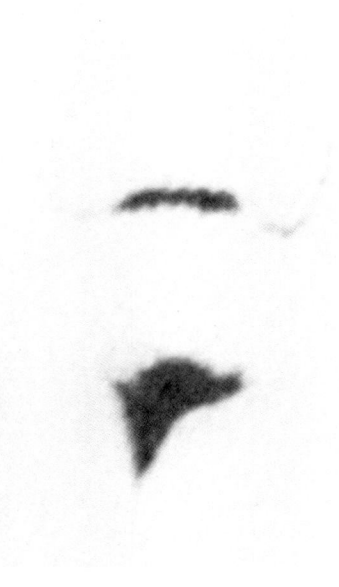 

Francis Picabia nach Marcel Duchamp L.H.O.O.Q., 1920 (A)   Schnurrbart und Bart von L.H.O.O.Q., 1939 (A)   Marcel Duchamp L.H.O.O.Q., rasiert, 1965 (A)

sei er nun als Fortschritt aufgefaßt oder als Katastrophe oder als beides zugleich, hat die Außenwelt und vice versa die Innenwelt des Menschen verändert. Daß es sich bei der Veränderung der Innenwelt, die ja ein komplexer Reflex auf die selbstgeschaffene Veränderung der Außenwelt ist, um eine Deformation handelt, geht u. a. daraus hervor, daß derjenige Dadaist, der sich mit der Problematik des Androgyn am intensivsten auseinandergesetzt hat, Marcel Duchamp, auf das Ideal der Frühromantik, so wie es Schlegel vorschlug, gemäß der Bewußtseinshaltung des Intellektuellen im frühen zwanzigsten Jahrhundert reagierte, in dem er die Identifikationsfigur der Rrose Sélavy erfand, deren Reiz eben darauf beruht, daß sie ironischer Gebrochenheit unterliegt (28).

Die Frage nach den Gründen der Deformation läßt sich nicht einfach und eindeutig beantworten, denn, wer danach fahndet, trifft auf ein Konglomerat von Ursachen. Auf ein Phänomen, in dem sich einer der Ursachenkomplexe zur Sichtbarkeit verdichtet, weist Friedrich Schlegel in einem anderen seiner Texte hin, wahrscheinlich, ohne vorauszuahnen, wie direkt er damit den Nerv der Entwicklung trifft. „Der häusliche Mensch bildet sich nach der Herde, wo er eben gefüttert wird, und besonders nach dem göttlichen Hirten; wenn er reif wird, so pflanzt er sich an, und tut Verzicht auf den törichten Wunsch, sich frei zu bewegen, bis er endlich versteinert, wo er denn oft noch auf seine alten Tage als Karrikatur in bunten Farben zu spielen anfängt. Der bürger-

liche Mensch wird zuvörderst freilich nicht ohne Mühe und Not zur Maschine gezimmert und gedrechselt. Er hat sein Glück gemacht, wenn er nun auch eine Zahl in der politischen Summe geworden ist, und er kann in jeder Rücksicht vollendet heißen, wenn er sich zuletzt aus einer menschlichen Person in eine *Figur* verwandelt hat" (29).

Der Satz stellt eine funktionelle Beziehung zwischen Maschine und Mensch her, die besagt, daß die rapide wachsende Macht, die der Maschine als Massenproduktionsmittel zugebilligt wird, nach außen das Bild hervorruft, als habe die Maschine selbst die Freiheit gewonnen, die die maschinelle Produktion der Arbeit des Menschen weggenommen hat. Der Mensch unterwirft sich der Maschine im Laufe des gesellschaftlichen Prozesses des fortschreitenden Wachstums maschineller Produktion und verwandelt sich infolge dessen letztendlich, wie Schlegel es sagt, „aus einer menschlichen Person in eine Figur". Die Meduse bedient sich heute anderer Mittel als vordem. Ihr Blick läßt den Gebannten nicht zu Stein erstarren, sondern verzaubert ihn in ein Maschinenteil. Bemerkenswert an dieser Wahrnehmung ist, daß der Prozeß, als er begann, „nicht ohne Mühe und Not" vonstatten ging. Damit aber ist das Drama und die Tragik des 19. und, in Fortsetzung und Steigerung der Entwicklungstendenzen, des 20. Jahrhunderts auf eine kurze Formel gebracht: Das Drama der „Industriellen Revolution", das Drama der Ausbildung und Verdichtung der Industriezivilisation und, da-

136

mit verbunden, die Tragik der Deformation. Die Wahrnahme des Geschehens wird von den Zeitgenossen, die es erleben, aus dem Ursachenzusammenhang, der für den einzelnen zu unübersichtlich geworden ist, um noch mit einfachen Mitteln durchschaut werden zu können, in das herausgebrachte Phänomen verlagert. So wird die Maschine selbst zum Bild der durch das Geschehen hervorgerufenen Ängste und Zwänge, sie wird zum obsessiven Imago der industriellen Produktion und damit zum Idol. Die Maschine, die ja merkwürdigerweise als weibliches Wesen erlebt wird, tritt als Göttin hervor, die sich den Menschen, ihren Erzeuger, unterworfen hat, die über ihn die Herrschaft ergriffen hat und von ihm angebetet sein will. Daß dem so ist, kann sich heute jeder Nichtfachmann selbst bestätigen, indem er sein Gefühl der Ohnmacht bezüglich der komplexen Auswirkungen von Computertechnik, Informatik und Elektronik überprüft. Allerdings haben die Maschinen ihr Aussehen vollkommen geändert, sie haben im Zuge der zweiten Phase der industriellen Revolution ein anderes Gesicht bekommen. Diesem Wandel kann sich unsere Phantasie nicht so rasch anpassen. Das Urbild, das uns vor Augen steht, wenn wir an die Maschine denken, besteht im wesentlichen aus drei Elementen: dem Kolben, dem Kessel und dem Rad. Der Kolben und der Kessel sind als Bestandteile seit dem Siegeszug der Dampfmaschine hinzugekommen. Das Rad ist der Archetyp.

In der Bildwelt der Dadaisten spielt die Maschine, angefangen mit Max Ernsts „Fiat modes...", Lithographien von 1919 (30) und seiner „trophée hypertrophique" von 1919/20 (31) bis zu Francis Picabias Maschine-Mensch-Gleichsetzungen, eine Hauptrolle als absurde Herrscherin und Göttin unserer Epoche. Der Maschinenaspekt verbindet sich in den Bildern der Dadaisten mit dem der Braut. Entweder unterliegt die Braut der Maschine, wird Teil von ihr und wird von ihr gerädert wie in Kurt Schwitters' „Konstruktion für edle Frauen", oder sie tritt selbst als Maschine auf, und der Triumph der Maschine erweist sich als eine Metamorphose der Braut, wie etwa in den Blättern und Bildern Max Ernsts. Als Hauptbestandteil erscheint immer wieder das Rad, und daran wird das faßbar, was die Künstler, stellvertretend für uns alle, als Urform der Maschine begreifen, nämlich die Mühle. Tatsächlich ist der Müller überhaupt der erste Fabrikbesitzer, der über mechanische Mittel zur Steigerung der Produktion verfügt. Die Mühle nimmt eine Schlüsselstellung in der Kulturgeschichte ein, denn mit ihr beginnt die Entwicklung der Industriezivilisation. Mühlstein und Mühlrad sind die Bestandteile der Maschine des Müllers. Die Müllerburschen sind die ersten Fabrikarbeiter, und das Klipp-Klapp, das ihnen in den Ohren liegt und beinahe verhindert, daß sie den Gesang des Auferstehungsvogels hören, ist das erste Beispiel für ein Geräusch, das die Sinne infolge der Me-

chanisierung der Industriearbeit abstumpft. Im übertragenen Sinne sind die Müllerburschen Junggesellen. Die schöne Müllerin haben sie zwar andauernd vor Augen, aber sie ist unantastbar. Die Mühle geht vor, sie ersetzt ihnen die Braut. Die Junggesellenmühle ist das Betriebsmittel, das die untere Zone in Duchamps großem Glas beherrscht. Die dadaistische Maschinenmetaphorik erscheint in diesem Werk zusammengefaßt und auf den Hauptnenner gebracht. Die Haltung des Künstlers, der es geschaffen hat, ist eine fundamentale existenzielle Ironie, die anstelle einer Moral (jeglicher Moral, welcher auch immer) gesetzt ist. Darauf ist die grundsätzliche Ambivalenz der Deutungsmöglichkeiten zurückzuführen, die das Große Glas anbietet. Das Ergebnis ist Aporie. Das Scheitern ist das Gelingen (32).

Das Thema des Großen Glases ist, kurzschlüssig definiert, die Verhinderung eines Zeugungsakts, genauer gesagt, das Zustandekommen eines Zeugungsaktes mittels dessen mit aller Kunstfertigkeit des technischen Aufwands betriebenen Nichtzustandekommens oder, um es so zu formulieren, daß die Dimension des Widerspruchs nicht betroffen ist, mittels dessen Transfiguration in eine pataphysische Ebene. Auf die Bestandteile dieses Apparats der funktionalen Disfunktion kann hier nur in groben Zügen hingewiesen werden. Ins Auge fallend ist zunächst die Zweiteilung des Großen Glases, seine Aufteilung in zwei scharf voneinander geschiedene Regionen; die untere gehört den Junggesellen, die obere der Braut.

Die untere Region ist von einer komplizierten Mechanik beherrscht. Links unten ist das Gestänge des Schlittens zu sehen, dessen (vorgestelltes) Vor- und Zurückgeiten mittels Übersetzung der Hin- und Herbewegungsenergie auf ein Radwerk eine Anzahl von Drehbewegungen nach verschiedenen Richtungen erzeugt, die

Man Ray
Hermaphrodit, 1919 (A)

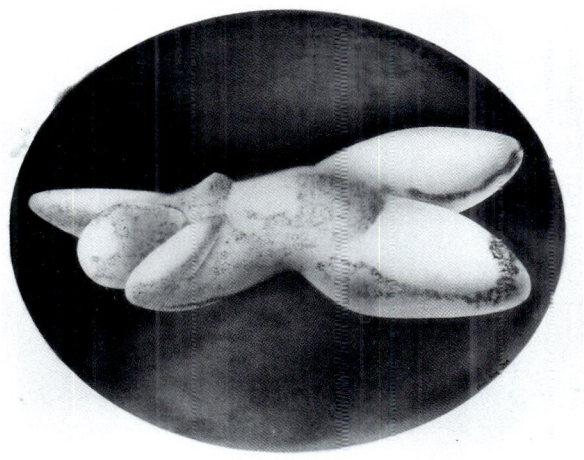

Albrecht Dürer, Holzschnitt aus „Vnderweysung der messung, mit zirckel und richtscheyd, in Linien ebnen und gantzen corporen", Nürnberg 1525

ihrerseits ineinandergreifen. Erstens werden die Schokoladenreiben in der Mitte des Bildes in Bewegung gesetzt, zweitens wird das Garderoben-Karussell ruckartig zum Kreisen gebracht, an dessen Gestänge der Friedhof der Uniformen und Livreen aufgehängt ist, und drittens ist in die Korrespondenz der durch das Göpelwerk hergestellten gegenläufigen Drehbewegungen auch die Skala der Haarsiebe in der Zone über den Schokoladenreiben eingebunden. Sie werden über Kapillarröhrchen mit Leuchtgas gespeist, das von den Uniformen und Livreen, auch „männische Gußformen" oder „Eros-Matrizen" genannt, ausströmt. Auf der rechten Seite gegenüber der Maschine befinden sich die Zeichen der Okulisten-Zeugen. Darüber ist eine Kodak-Linse als Lupe in das Glas eingesetzt, die den Betrachter als Aufforderung, hindurchzusehen, so in das Geschehen einbezieht, daß er selbst zu einem Bestandteil des Großen Glases wird. In der oberen Region des Glases ist links oben der Leib der Braut zu erkennen (auch als Gehenkter, Jungfrau und Skelett bezeichnet), die ihr Kleid nach unten abwirft. Die große wolkige Emanation, die in der Kopfzone, von drei „Netzen" durchzogen, von der Gestalt der Braut horizontal nach rechts wegströmt, trägt die Bezeichnung Milchstraße. Während in der unteren Region das mechanische Formengefüge überwiegt, drängt in der oberen Region die organische Form nach Befreiung. Das Große Glas ist ein System einander durchdringender vieldeutiger Anspielungen. Auf drei Figurationen sei das besondere Augenmerk gerichtet: den Friedhof der Uniformen und Livreen, die Zone der Okulisten-Zeugen und die Gestalt der Braut.

Die Junggesellenmaschine, auf der die männischen Gußformen Karussell fahren, ist, Allegorie der fruchtlosen Betriebsamkeit, eine Selbstbefriedigungsmühle (33). Das Erzeugnis, das die Maschine schließlich nach Inbetriebsetzung all der mittels Übersetzungsmechanismen aufeinander einwirkenden Gleit-, Reib- und

Drehbewegungen zustandebringt, ist anstelle einer Inkubation mit der Region der Braut eine Verspritzung in die Gegend der Drei-Pralls rechts unterhalb der Okulisten-Zeichen, dem Ort der Braut diametral entgegengesetzt. Der Figur des Junggesellen läßt Duchamp auf der Anspielungsskala der Deutungsmöglichkeiten eine Bipolarität der Bewertungen offen. Der Junggeselle kann ebenso der Eremit sein, der aus resignativer Einsicht den Gewinn der Einsamkeit zieht und sich zu seiner Autarkie bekennt. – Duchamp (der sich wohl selbst diesem Typ im Sinne der Bewertung der Figur des Eremiten im Tarot zurechnet): „Der Junggeselle zerreibt seine Schokolade selbst" – wie andererseits der in seiner Rolle gefangene Mann, der nicht mehr in der Lage ist, sich aus der „männischen Gußform", in die er eingesperrt ist, aus eigenen Kräften zu befreien. Die männischen Gußformen sind Hohlformen, Matrizen der dem Mann zugewiesenen Rolle im Rollenspiel. Sie heißen: Kürassier, Gendarm, Lakai, Laufbursche eines Warenhauses, Piccolo, Priester, Leichenträger, Stationsvorstand und Schutzmann. Die Person des Junggesellen findet sich in eine dieser Zwangsjacken hineingepreßt, um sich auf dem Karussell des Friedhofs der Uniformen und Livreen mitdrehen zu können. Er sitzt dann in seiner Uniform, die ihm gemäß des Ranges seiner Aufgabe im Alltag gegenüber den anderen abzeichnet (daher tragen Uniformen Rangabzeichen) wie in einem Käfig. In Korrespondenz zum Friedhof der Uniformen und Livreen schweben auf der gegenüberliegenden Seite in der Durchsichtigkeit des Glases die sauberen Zeichen der Okulisten-Zeugen, zusammen mit der Kodak-Linse der Lupe. Auch sie gehören zum Junggesellenbereich, wenngleich scheinbar in der Position prononcierter Distanz. Denn die Zeichen tun so, als kämen sie gleich Meteoren von weit außerhalb aus dem Kosmos hereingeschwebt und gehörten eigentlich gar nicht mit zum Geschehen. Serge Stauffer vergleicht sie, um die Metapher dingfest zu machen, mit einem Holz-

Marcel Duchamp, Das große Glas, 1915/23, Philadelphia Museum of Art, Bequest of Katherine S. Dreier

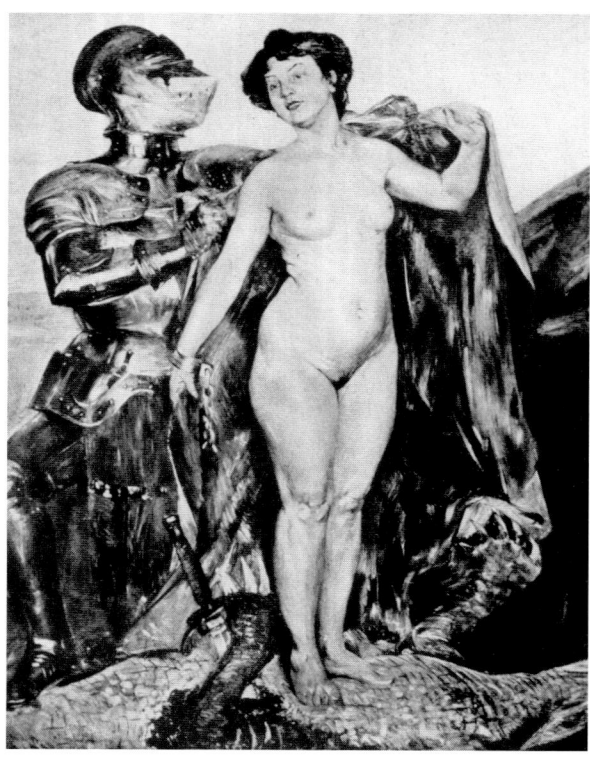

Lovis Corinth
Perseus und Andromeda, 1900
Öl auf Leinwand
Sammlung Hirsch, Buenos Aires

schnitt aus Albrecht Dürers „Unterweisung der Messung", Nürnberg 1525 (34). Sie zeigt einen Mann, der einen liegenden Akt zeichnet. Die füllige Figur der Frau lagert lässig hinter einem mit einem Linienraster überzogenen pergamentenen Fensterschirm. Ihr gegenüber sitzt der Zeichner und überträgt die Umrisse des Frauenkörpers auf einen vor ihm liegenden gerasterten Papierbogen, indem er mit vor Sachlichkeit angestrengter Miene über einen Peilobelisken auf das durch den Schirm (das Große Glas) von ihm getrennte „obskure Objekt der Begierde" starrt. Die Zeichen der Okulisten-Zeugen ironisieren den Begriff der Objektivität, der wissenschaftlichen ebenso wie der richterlichen, die im Symbol des gläsernen Objektivs, des Okulars im Mikroskop, im Fernglas, im Fotoapparat, im Projektor ausgedrückt ist und entblößt ihre voyeuristische Funktion. Wäre jeder der männlichen „Richter" in León Gérômes „Phryne"-Bild mit einem Okular zum Hindurchschauen sowie mit einem trennenden Fenster ausgerüstet, dann wäre die Peep-Show perfekt (denn die Peep-Show ist, bis in die technischen Einzelheiten, eine Junggesellenmaschine des gegenwärtigen Alltags).

Das Okular, das der „Unterweisung der Messungen" dient, da es die Objektivität in einem Brennpunkt zu-

sammenzuziehen scheint, sowie die Uniform, die die Rolle des Mannes festlegt, sind zwei Ausrüstungsgegenstände, die den Junggesellen – insbesondere den mit den Weihen des Positivismus versehenen – trefflich charakterisieren. Duchamps auf den Kleiderrechen des Friedhofs der Uniformen und Livreen aufgehängte männische Gußformen könnten heute z. B. durch eine Rocker-Uniform, einen Chirurgen-Kittel und einen Astronauten-Anzug ergänzt werden. Die Urform davon ist die Ritterrüstung. Interessanterweise wird das mittelalterliche Motiv des Ritters und der Jungfrau auf besondere Weise in der Malerei des 19. Jahrhunderts wieder aufgegriffen. Das Motiv des Ritters, der auszieht, die Jungfrau vom Drachen zu erlösen, kommt sowohl in zahlreichen Volksmärchen wie in Gestalt des St. Georg (einer irdischen Fassung des Erzengels Michael) in der Malerei seit dem Mittelalter vor. Auch dabei geht es um die Opferung einer Jungfrau. Zur Braut des Ritters wird die Jungfrau erst dadurch, daß es ihm gelingt, durch Tötung des Drachens das Opfer zu verhindern. In den Darstellungen von St. Georgs Kampf mit dem Drachen ist die Jungfrau nicht „nackt, entblößt sogar", sondern die Prinzessin ist reich und prachtvoll gekleidet und mit Geschmeide geziert; sie zeigt sich in ihrem Seelenkleid. (Das Brautkleid, das zur Hochzeit getragen wird, ist eine Reminiszenz daran).

Im Brustharnisch des Ritters spiegeln die Reflexe der Sonnenstrahlen den Kosmos. Das Motiv ist Symbol für die ersehnte Befreiung der (Welt-)Seele durch den (Welt-)Geist im Sieg über die in die Tiefe ziehende Gravitation des (Nur-)Irdischen. Im 19. Jahrhundert ist es die Ritter-Romantik, eine Erscheinung der Spätromantik, die das Thema wieder aufs Tapet bringt. Von den Nazarenern wiedererweckt, wandert es nach England, wo die Präraffaeliten sich seiner annehmen. 1870 malt Sir John Everett Millais das Bild „Der irrende Ritter" (35), und aus dem Jahre 1893 stammt das nach einer Ballade von John Keats „La belle dame sans merci" benannte vielbeachtete Gemälde des Präraffaeliten-Nachfolgers John William Waterhouse (36). Der Ritter ist jetzt nicht mehr der Drachentöter, der die Prinzessin erlöst, sondern er hat sich im finstern Wald verirrt und wird, hilflos in seine Rüstung eingenietet, von der „schönen Dame ohne Gnade" mit den Strähnen ihrer roten Hexenhaare eingefangen. (Ein Mann, der sich in eine Rüstung zwängt, tut dies in der Überzeugung, sich dadurch unverwundbar zu machen. Das Verblüffende daran ist das unbeirrte Festhalten an diesem Glauben, unerachtet aller gegenteiligen Erfahrungen). In der Umkehrung der Rollenperspektive zeigt sich der Fortschritt der Entfremdung des „Ritters" von seiner Anima. Die Motivkette soll nicht über alle Stufen weiterverfolgt werden. Sie endet bei Lovis Corinths „Perseus und Andromeda" von 1900 (37). Das Bild, Beispiel brillanter Malweise und wohl in erster Linie derentwegen geschaffen, zeit das Thema inzwischen völlig sinnentleert. Eine absolut nackte Frau, von den Sternen des Weltalls nur durch den Duft ihrer Haut getrennt, ist neben eine absolut leere Rüstung gestellt worden. Vom Ritter ist nur die Konservenbüchse übriggeblieben. Damit ist der Endzustand erreicht. Die Braut steht, nackt, entblößt sogar, neben nichts anderem als einer männischen Gußform.

In einer genialen Analogie hat Harald Szeemann das Verhältnis des Junggesellen zur Braut im Großen Glas mit einer Photographie, aufgenommen in Mai and 1892, verglichen, die das italienische Medium Eusapia Paladino bei der Levitation eines Tisches zeigt (38). Die Situation ist typisch für den materialistischen Spiritismus der wissenschaftlich orientierten Séancen, einem Widerspruch in sich, der Kehrseite des positivistischen Skeptizismus, der in einer Art Raptus der versuchten Überwindung des Unglaubens durch Unglauben das Inkommensurable mit naturwissenschaftlichen Mitteln am Zipfel zu erwischen und das Unmeßbare zu messen versucht. Eusapia hat den Tisch, wie das Photo zeigt, zum Schweben gebracht. Die beiden Gelehrten du Prel und Brofferio, beide geradezu karikaturenhafte Musterexemplare des Junggesellentyps, begutachten mit ernsthaften Diagnostikermienen das Mirakel. Brofferio, sitzend und gleichsam auf dem Junggesellenkarussell fahrend betastet das Medium, ohne ihm etwas anhaben zu können. Du Prel, dahinterstehend, beäugt den Vorgang aus der Position des Okulisten-Zeugen. Eusapia, die „Braut", „die weiß, daß sie sich an der vierten Dimension labt" (Szeemann), entzieht sich dem Kontakt mit verzücktem Lächeln, sie entschwebt in eine Sphäre, die von den Junggesellen nicht zu greifen ist.

Das aber ist präzis die Position der Braut im großen Glas. In der oberen Region links an der dem Friedhof der Uniformen und Livreen entsprechenden Stelle hängt der Körper der Braut. Das heißt, das was genau gesagt, hängt, ist der Leichnam der Braut, ihr Skelett. Der Kontakt zwischen dem Junggesellen und der Braut, der im Konkreten versagt, stellt sich (für die Junggesellen scheinbar versehentlich) im Irrationalen her. In seinen Notizen zum Großen Glas geht Duchamp mehrfach ausführlich auf den Entkleidungsakt ein, der, von den Junggesellen zwanghaft provoziert, von der Braut zwanglos-freiwillig vollzogen wird. „Indem die Junggesellen der Braut als architektonische Grundlage dienen müssen, wird diese zu einer Apotheose der Jungfräulichkeit" (39). Und: „Die kinematische Entfaltung ist der wichtigste Teil des Bildes … Sie ist, im allgemeinen, die Aureole der Braut…, die Gesamtheit ihrer herrlichen Vibrationen: graphisch ist nicht die Rede davon … diesen Endpunkt glückselig-Verlangen der Braut durch eine exaltierte Malerei symbolisch darzustellen. Einzig klarer, in diesen ganzen Entfaltungen, wird die Malerei: ein Inventar des Elements dieser Entfaltung sein, Ele-

Das Medium Eusapia Paladino bei der Levitation eines Tisches, Mailand 1892

ment des von ihr vorgestellten sexuellen Lebens. In dieser Entfaltung … präsentiert sich die Braut nackt in zwei Erscheinungsformen, die erste, die der Entkleidung durch die Junggesellen, die zweite Erscheinungsform die freiwillig-imaginative Braut. Von der Paarung dieser zwei Erscheinungsformen, der reinen Jungfräulichkeit – von ihrer Kollision … hängt … die ganze Entfaltung ab…" (40).

Im Zusammenhang mit dem weiblichen Gehenkten gebraucht Duchamp auch das Wort Wespe. Tatsächlich eignet dem Körper des weiblichen Gehenkten etwas Insektenhaftes. Es ist die Larve der Braut, in die sie sich verpuppt hat. Indem sie sich jetzt entblößt und ihr Kleid gleich einer Gürtelspende sinken läßt, entpuppt sie sich jenseits der Grenzen ihrer Nacktheit; sie entgrenzt sich, während die Junggesellen unten in ihrem Rüstungsgetriebe als irrende Ritter im Kreis herummüllern, ohne überhaupt zu begreifen, was eigentlich vor sich geht, nämlich daß der Phönix aus der Asche steigt, entblößt sich die Braut aus ihrer Leiblichkeit in eine den Junggesellen nicht mehr faßbare Dimension, die Milchstraße. Das ist die Epiphanie der Braut. Sie erscheint im Zustand ihrer Verklärung.

Die Entgrenzung der Braut ist das reaktive Gegenbild auf die Verkapselung der Junggesellen.

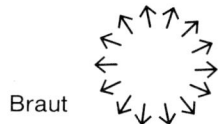 Braut  Junggesellen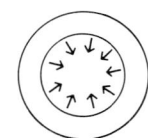

Wenn die Gestalt des Androgyn als Symbol für das Ideal einer geistig-geschlechtlichen Ganzheit aufzufassen ist, so kann dieses Ideal, auf eine kurze Formel gebracht, lauten:

$$\text{Anima} + \text{Animus} = 1$$
$$1 = \infty$$
$$\text{Anima} + \text{Animus} = 1 = \infty$$

denn in der Lemniskate finden sich die beiden A fließend vereint. So gesehen sind die dadaistischen Stellungnahmen zum Thema Braut, die im Großen Glas ihre Kulmination und Zusammenfassung finden, Parabeln für den dazu entgegengesetzten Vorgang, den des Auseinanderdriftens. Er führt schließlich zur Selbstentfremdung des „Junggesellen", der infolge seiner Verkrustung und Einkapselung die Verbindung zu seiner „Anima" verloren hat. Die Opferung der Braut ist der verzweifelte Versuch einer imaginativ-rituellen Beschwörung. Das Ereignis, das herbeibeschworen wird, ist die Wiederkunft der Anima.

1 Postkarte an Arp vom 27. 10. 1921. Kat. Max Ernst in Köln, Die rheinische Kunstszene bis 1922, Köln, Kölnischer Kunstverein, 1980, S. 188/189

2 die anatomie als braut, 1921, Photographie einer Collage und weißen Gouache (FATAGAGA), 24 × 18 cm, Paris, Slg. Robert Lebel, Bibl.: Spies – Metken Max Ernst, Oeuvre-Kat., Texas-Köln 1975, Nr. 423; Werner Spies, Max Ernst, Collagen, Köln 1974, Nr. 114; Kat. Tendenzen der zwanziger Jahre, 15. Europäische Kunstausstellung, Dada in Europa, 3/655, Abb. S. 3/49.

3 Paul Fuhrmann (Berlin 1893–1952), Lustmord, 1921, Aquarell, Berlinische Galerie Inv. BG-G 125/76

4 George Grosz-Nachlaß, Princeton, New Jersey; Hess 55

5 Privatbesitz, Mailand, Hess 61

6 Kunsthalle Hamburg, Hess 59

7 verschollen, Fritz Löffler, Otto Dix, Leben und Werk, Dresden 1960, Tafel 23

8 George Grosz, Ein kleines Ja und ein großes Nein, Hamburg 1955, S. 27

9 „Von dem Machandelboom", Brüder Grimm, Werke, Jubiläumsausgabe, Zürich 1974, Bd. I, Nr. 47

10 Vgl. Rudolf Meyer, Die Weisheit der deutschen Volksmärchen, 7. Aufl., Stuttgart 1969, S. 69ff.: „Das Märchen vom Machandelboom".

11 Nu descendant un escalier no 1, Neuilly 1911, Öl auf Karton, Sammlung Louise und Walter Arensberg, Philadelphia Museum of Art; Kat. Marcel Duchamp, Paris CNAC, 1977, Nr. 63

12 Marcel Duchamp, Nu descendant un escalier no 2, Neuilly, Januar 1912, Öl auf Leinwand, Sammlung Louise und Walter Arensberg, Philadelphia, Museum of Art; Kat. Marcel Duchamp, Paris, CNAC, 1977, Nr. 64

13 Marcel Duchamp, Le passage de la vierge à la mariée, München, Juli/August 1912, Öl auf Leinwand, The Museum of Modern Art, New York; Kat. Marcel Duchamp, Paris, CNAC 1977, Nr. 74

14 Marcel Duchamp, Mariée, München, August 1912, Öl auf Leinwand, Philadelphia, Sammlung Louise und Walter Arensberg, Philadelphia Museum of Art; Kat. Marcel Duchamp, Paris, CNAC, 1977, Nr. 75

15 Francis Picabia, Fille née sans mère, 1913–1915, Kreide auf Papier, New York, The Metropolitan Museum of Art; Kat. Picabia, Paris, Grand Palais, 1976, Nr. 44. Die Zeichnung ist der Entwurf für das Titelblatt von Heft 4 der Zeitschrift 291, Juni 1915

16 Francis Picabia, Voilà la femme, 1915, Aquarell, Gouache auf Papier, Paris, Sammlung Robert Lebel; Kat. Picabia, Paris, Grand Palais, 1976, Nr. 54

17 Kurt Schwitters, Konstruktion für edle Frauen, 1919, Reliefassemblage aus Holz, Metall, Malerei, Los Angeles County Museum of Art; Schmalenbach Abb. S. 31

18 Max Ernst, Katharina ondulata d. i. frau wirtin a. d. lahn erscheint als der deutschen engelin u. perlmutter auf korksohlen im tierbild des krebses, 1920, Gouache und Bleistift, Übermalung eines Reproduktionsdruckes, auf Karton aufgezogen, London, Privatsammlung; Werner Spies, Max Ernst, Collagen, 1974, Abb. 6; Spies-Metken, Max Ernst, Oeuvre-Katalog, Nr. 256; Vgl. dazu: Max Ernst, frau wirtin an der lahn, schutzengelin der deutschen, dein ist die industrie, paläontologie, schenk uns kleine frohlokken, 1920, Bleistift und Tuschfeder über Gouache auf bedrucktem Papier (Häkelmusterblatt); Gunther Thiem, Staatsgalerie Stuttgart, Graphische Sammlung, Stuttgart 1984, Nr. 34

19 Max Ernst, eislandschaften, eiszapfen und gesteinsarten des weiblichen körpers, 1920, Gouache und Bleistift, Übermalung eines Druckes, Stockholm, Moderna Museet; Spies-Metken, Max Ernst, Oeuvre-Katalog, Nr. 352

20 Die Arbeit ist offensichtlich verschollen. Hertha Wescher, Die Geschichte der Collage, Köln 1968, Paperback 1974, Abb. 101

21 Kurt Schwitters in Merz I, Holland Dada, 1923. Zit. nach Schmalenbach a.a.O. S. 98

22 Hannah Höchs Arbeiten zum Thema, wie z.B. das Gemälde „Die Braut" von 1924/27 (Berlinische Galerie) verhalten sich dazu wie ironische Kommen-

tare, gewonnen aus eigener leidvoller Erfahrung. In Raoul Hausmanns Liebesverhältnis mit Hannah Höch spiegelt sich die Problematik ganz handfest exemplarisch, biographisch. Hausmann, der versuchte, Hannah Höch gegenüber die Rolle des Junggesellen zu spielen und sie selbst zur Braut zu stilisieren, ist schließlich an ihrer dadurch von ihm provozierten inneren Unnahbarkeit gescheitert.

23 Erstdruck: Berlinische Monatsschrift, 26. Band (Juli bis Dezember 1795), Dessau; Friedrich Schlegel, Dichtungen und Aufsätze, hg. von Wulfdietrich Rasch, München 1984, S. 277ff.

24 a.a.O. S. 285

25 a.a.O. S. 293ff.

26 a.a.O. S. 69ff.

27 Léon Gérôme, Phryne vor ihren Richtern, Öl auf Leinwand, Hamburg, Kunsthalle

28 Die imaginäre Biographie der Rrose Sélavy hat Serge Stauffer zusammengetragen. Vg. „Lebenszeichen der Rrose Sélavy" in: Marcel Duchamp, Die Schriften, Bd. I, Zürich und Cochabamba, 1981, S. 177

29 Friedrich Schlegel, Über die Philosophie, An Dorothea, Athenäum, Zweiten Bandes Erstes Stück, Berlin 1799. A.a.O. S. 454

30 Max Ernst, Fiat modes pereat ars, Köln 1919, 8 Lithographien und Deckblatt in Mappe; Spies – Metken, Œuvre-Katalog, Nr. 65–73

31 Max Ernst, trophée hypertrophique, um 1919/20, Klischeedruck mit Feder und Tusche überarbeitet, Krefeld, Privatbesitz; Spies-Metken, Oeuvre-Katalog, Nr. 302

32 Vgl. zur grundsätzlichen Problematik den Kat. Junggesellenmaschinen / Les machines célibataires, Kunsthalle Bern 1975, darin vor allem den grundlegenden Aufsatz von Harald Szeemann, Les machines célibataires, S. 5ff.

33 Duchamp „Exposé des Leiterwagens (im Text: Litaneien des Leiterwagens) – Träges Leben – Lasterkreis – Onanismus – Horizontal – Prellbock – Leben –..." (durchgestrichen). Vgl. Stauffer a.a.O. S. 64 und 65

34 Stauffer, S. 31

35 The Tate Gallery, London

36 Hessisches Landesmuseum Darmstadt

37 Lovis Corinth, Perseus und Andromeda, 1900, Öl auf Leinwand, 197 × 157 cm, Buenos Aires, Sammlung Hirsch, Behrend Corinth 208

38 Kat. Harald Szeemann, Junggesellenmaschinen/ Les machines célibataires, a.a.O. S. 12. Vgl. Fanny Moser, Das große Buch des Okkultismus, (Reprint von Okkultismus – Täuschungen und Tatsachen 1935), Olten 1974, Tafel 12, S. 113

39 Stauffer, S. 44

40 Stauffer, S. 45

Robert Short

Der Androgyn im Surrealismus

Es geht dort in der Tat mehr als anderswo um die notwendige Wiederherstellung des p r i m o r d i a l e n A n d r o g y n s , wie er uns überliefert ist und um seine ersehnte, g r e i f b a r e Inkarnation durch uns.
André Breton (1)

Das hartnäckige Überleben antiker Mythen über Jahrtausende, wie dasjenige des Androgyns, erklärt sich zum großen Teil aus deren Anpassungsfähigkeit. Innerhalb elementarer und universaler Strukturen wie derjenigen, die die Vereinigung der Gegensätze des männlichen und weiblichen Geschlechts postuliert, kann jede Art von Sinn übermittelt werden, vom Banalen bis hin zum Dunklen und Verschlüsselten. Mythen lassen ständige Neuinterpretationen zu, die ihnen erlauben, aktuelles und geeignetes Transportmittel von Bedürfnissen, Ängsten und Wünschen verschiedener Kulturen verschiedener Zeiten zu bleiben. Sinnwandlungen und neue Lesarten bereichern den Mythos und tragen zu seiner umfassenden Bedeutung bei. Es ist bezeichnend, daß eine der wichtigsten Darstellungen des Androgyn-Themas, die in der surrealistischen Presse erschien – Albert Béguins Artikel „L'Androgyne" in der vorletzten Nummer von „Minotaure" (2) – die Form eines historischen Überblicks über die Entwicklung des Mythos hatte. Die Veränderung des Mythos besteht in einer Verlagerung des Akzentes von der psychischen Harmonie auf die imaginative Kreativität. Dieses Phänomen ist besonders im neunzehnten Jahrhundert, z. B. bei den Romantikern, Balzac und den Symbolisten zu beobachten. André Breton bekannte sich dazu, den Surrealismus als sehr „greifbare Erzählung" der Romantik zu verstehen. Seine Bewegung verdankte der Romantik viel, und dies kann wie an so vielem an der Verwendung des Androgyn-Mythos nachvollzogen werden. Aber es gibt auch viel Originäres und historisch Spezifisches bei der Aufarbeitung des Themas im Surrealismus, besonders im surrealistischen Kult der Frau und der Erotik, wie auch in der Untermauerung surrealistischer Ideen über Kreativität. Dies gilt auch für die Theorien des dichterischen Bildes und der Funktionen des objektiven Zufalls. Die Ambivalenz, die das Verhältnis der Surrealisten zur Frau kennzeichnete, findet ihr Gegenstück in ihrer Entfaltung des Androgyn-Mythos, in einem Umgang mit ihm, der ebenso widersprüchlich wie vermittelnd ist. Mythische Archetypen spielten in der surrealistischen Kunst und Literatur eine große Rolle; nicht nur der Androgyn, sondern auch Ödipus, Narziß, Dionysus, der Minotaurus und totemistische Wesen, die die Künstler selbst erfanden, wie Max Ernsts „Loplop".

Trotz aller Betonung des Potentials unbegrenzter Erfindungsgabe, die sich in der individuellen Psyche verbarg, war der Surrealismus niemals zügelloser Erguß privater Phantasie. Seine intensive Beschäftigung mit Träumen und mit dem Unbewußten traf sich mit einer neuen Hinwendung zur Realität, die durch das Kunstwerk zu vermitteln war. Die surrealistische Theorie des objektiven Zufalls band den individuellen Impuls in ein kosmisches Geschick. Der Automatismus wurde sehr schnell mit dem Mythos in Verbindung gebracht, besonders nach 1929, als das „Zweite Manifest" den Surrealismus dazu bestimmte, das grundsätzliche Problem „menschlichen Ausdrucks in all seinen Gestalten" zu lösen. Darauf dringend, daß die Mittel zu einer Revolution für uns in der Wiedererlangung verlorener Kräfte, die mit der Kindheit und dem primitiven Geist verbunden wurden, zu finden seien, stellte sich der Surrealismus nicht als modernistische Avantgarde vor und empfand keinerlei Verlegenheit über einen Rückgriff auf antike Tradition und den Mythos. Der Mythos teilte mit ihm dieselben rhetorischen Figuren und Strukturen – Verdichtung und Verdrängung z. B. – wie der psychoanalytische oder dichterische Diskurs. Dank seiner wiedererkennbaren Symbole war dies ein Weg, das Irrationale zu organisieren und die surrealistischen Bildvorstellungen zu verallgemeinern, was für eine künstlerische Bewegung, die einen verbindlichen visuellen Stil scheute, wichtig war. Er übertrug eine historisch fundierte Gültigkeit auf offensichtlich wilde Bildschöpfungen. Er bot ein System von Verallgemeinerung an, das in Analogie-Mustern verankert war, die den Platz der abstrakten Idee oder des Konzepts konventioneller Denkart einnehmen sollten (3). Und der Mythos war sowohl ein belebendes Prinzip, als auch eine Form von Erkenntnis und Ausdruck. Der Mensch ist – wie Aragon in „Le Paysan de Paris" (Der Bauer von Paris) proklamierte – „voller Götter", und er meinte damit, daß er eine unendliche Fähigkeit besitzt, die Dinge des täglichen Lebens mit magischen und symbolischen Eigenschaften zu erfüllen. Der Surrealismus machte sich daran, die gesamte Struktur mythischer Darstellungen zu erneuern, auf der unsere Kultur basiert und die unsere Wertvorstellungen diktiert und führt. Das surrealistische Kunstwerk kann so verstanden werden, daß es die unheilige Allianz von Rationalismus und Ästhetizismus aufzeigt und durch eine affektive Interpretation ersetzt, die auf der Trinität von Liebe, Freiheit und Dichtung fußt – daher ähneln so viele surrealistische Arbeiten Totems, Ikonen, Fetischen und rituellen Objekten eines Freiheitskultes.

Die Anziehungskraft des Androgyn-Mythos auf die Surrealisten ist auf mehreren Ebenen zu erklären. An erster Stelle war der Androgyn als eine symbolische Vereinigung der gegensätzlichen Geschlechter eine derjenigen höheren Synthesen, auf die der Surrealismus

Max Ernst, Die Menschen werden es nie begreifen, um 1921 (A)

zielte, ähnlich seiner Vorstellung des Wunderbaren, des objektiven Zufalls und des Surrealen selber. Als eine Verschmelzung von Männlichem und Weiblichem gelangt er an den Punkt, der im „Zweiten Manifest" angesprochen ist, an dem das „Reale und das Imaginäre, Traum und Wachheit, Vergangenheit und Zukunft, das Bewußte und das Unbewußte nicht mehr als einander ausschließend angesehen werden." Dies bedeutet die Überschreitung einer der großen „partages" (Spaltungen), oder Systeme von Ausschließlichkeiten, die unsere Kultur durchdringen und dadurch – nach surrealistischer Auffassung – die Möglichkeiten des menschlichen Lebens beeinträchtigen.

Für Breton, Péret und Eluard, wenn nicht überhaupt für jeden Surrealisten, symbolisierte der Androgyn die perfekte Verbindung von fleischlicher und spiritueller Liebe, den Gipfel der Erwartungen, die sie in die Liebe als das erlösende Prinzip setzten. Von allen Gebieten menschlicher Erfahrung, die die Surrealisten für ein reicheres Bewußtsein vorsahen, war die Liebe die intimste, die unmittelbarste, nachprüfbare und allgemein anerkannte Offenbarung menschlicher Möglichkeiten. Sie wandten sich dem Androgyn-Mythos zu, weil er – wie Albert Béguin schrieb – den Sinn der Metamorphose des Selbst erzählte, wenn nicht gar erklärte. Dieser Sinn bestand darin, auf einer anderen Ebene zu leben, wie es in besonderen Erlebnismomenten der Liebe geschieht. Bretons ausführlichste Evokation des Mythos findet sich in „Arcane XVII", in dem er über das liebende Paar schreibt: „Dieses höchste Sehnen genügt, um ihm das allegorische Feld zu eröffnen, das besagt, daß jedes menschliche Wesen ins Leben geworfen wurde, um ein Wesen des anderen Geschlechts zu suchen und zwar ein einziges, das ihm unter allen zugeordnet ist und dies so sehr, daß das eine ohne das andere wie das Produkt der Zerstückelung eines einzigen Lichtblocks wirkt." (4) Diese Passage enthüllt zwei Aspekte von Bretons charakteristischer Lesart des Mythos. Sie scheint sich auf Platos „Symposion" zu beziehen, in dem Aristophanes an das Schicksal der Urbewohner der Erde aus dem Goldenen Zeitalter erinnert, das diese aus den Händen der eifersüchtigen Götter empfingen: Vollkommene Androgyne, die nun in zwei Hälften gespalten waren, so daß jedes Individuum durch den brennenden Wunsch dazu getrieben wurde, ruhelos nach seiner geraubten anderen Hälfte zu suchen. Allerdings, wenn auch Plato eine seiner Quellen ist, sollte doch angemerkt werden, daß Breton die Geschichte auf die heterosexuelle Liebe beschränkt; er verschweigt die anderen Kategorien der Menschheit, die ebenfalls in die Hälften des Androgyns zerschnitten sind, Frauen, die Frauen in Liebe verfallen und Männer, die Männer lieben (5). Zweitens benutzt Breton den Mythos für sein Ideal der einzigen erwählten Liebe. Für Breton bedeutet der Androgyn ein Zeichen individuel-

ler Wahl der einzigen Frau, die jeder Mann selber finden muß – vielleicht infolge einer zufälligen Begegnung – und durch die er vollständige Einheit erlangt, sowohl organisch als auch psychisch. Jeder der beiden füreinander Vorbestimmten erkennt im anderen sein verstecktes Doppel, so daß Breton zu seiner Geliebten sagen konnte: „Du weißt, daß ich dich, als ich dich zum ersten Mal sah, ohne Zögern sofort wiedererkannt habe."

Bei der Bildung des Paares überlagert das vom Schicksal Geschriebene das nüchterne Protokoll alltäglichen Lebens. Und somit ist die Liebe eine immanente Realität und keine transzendente Angelegenheit. Die Surrealisten verschrieben sich nicht der platonischen Idee menschlicher Liebe, die von den tatsächlichen Liebesobjekten zum Wesen der Schönheit vordrang und ein außerirdisches Ideal darstellte. Paradoxerweise schätzen die Surrealisten den Androgyn, weil sie der Frau und dem weiblichen Prinzip so viel Wert beimessen. Die Frau wird als möglicher Träger von Wundern gefeiert, die die Welt der „merveilleux" (des Wunderbaren) offenbaren kann und die einseitige Realität des gewöhnlichen Lebens negiert. Sie ist der Vermittler zwischen Mensch und Natur, physisch den Mysterien des Lebens nahestehend, die sie instinktiv und ohne Überlegung begreift. Sie hat die Macht, uns aus der Entfremdung zu befreien, die durch den Stolz des Menschen, seine Aggression und den forschenden Rationalismus verursacht wurde. Weil die Frau als Schlüssel zu den Geheimnissen der Natur und des Kosmos angesehen wird, liefert die surrealistische Kunst solchen Überfluß von Bildern, die den Körper der Frau mit Naturszenen in Verbindung bringen und die oft trächtig von Erotik sind. Die Frau wird die höchste Entsprechung, das okkulte Prinzip universaler Analogie. Sie verweiblicht die Welt dadurch, daß sie mit ihrer unendlichen Fähigkeit zur Anpassung allem verbunden wird. Auf dem höchsten Gipfel der Exaltation der surrealistischen Vision nähert sich die Frau selbst dem Umfassenden des androgynen Status.

Wenn auf der einen Seite die Fähigkeit zur unendlichen Verwandlung, die der Frau zuerkannt wurde, sie dazu befähigte, den androgynen Zustand ohne fremde Hilfe zu erreichen, schien auf der anderen Seite die surrealistische Konzeption künstlerischer Kreativität für den männlichen Künstler eine parallele Möglichkeit bereitzuhalten. Der Prozeß des Kunstmachens, der vom inneren Rausch des Automatismus und vom Traum gesteuert wurde – zusammen mit Bretons Forderung, daß Kunst nicht mehr eine Darstellung von Dingen der äußeren Welt sein dürfe und stattdessen von einem „inneren Modell" hergeleitet werden sollte – schloß eine Identifikation mit der inneren Fruchtbarkeit ein, die das Kunstwerk mit dem biologischen Mysterium der Schöptung verband. Es gibt da z. B. eine absichtliche – in diesem Falle irritierende und heikle – Ähnlichkeit zwischen einer realen Kindesgeburt und der Konzeption und Schöpfung von Hans Bellmers ursprünglicher Puppe. Seinerseits hat der spanische Surrealist Salvador Dali, indem er seine Bilder häufig mit „Gala/Dali" signierte, deren „weibliche" Urheberschaft proklamiert. Das Vergleichen der Kunst mit der reproduzierenden Kraft der Frau könnte als Selbstdemütigung der hauptsächlich männlichen surrealistischen Künstler vor dem weiblichen Prinzip und als Teil der notwendigen Wiederherstellung des Gleichgewichts zwischen männlichen und weiblichen Werten verstanden werden. Andererseits hat Whitney Chadwick erörtert, daß es den männlichen Künstler in einen Wettstreit mit der einmaligen biologischen Funktion der Frau als Lebensspender verwickelt, der sich aus dem Neid auf die Geburt erklärt. Das bedeutet die symbolische Übertragung des schöpferischen Prozesses von der physischen Ebene, auf der er allein weiblich ist, auf die spirituelle, auf der die Menschen den gleichen Bedingungen unterworfen sind. Ob nun Huldigung oder Usurpation, es bedeutete, daß der Künstler androgyn werden konnte, eine die männlich-weibliche Polarität vereinigende Figur, indem er neue Wege fand, an diesem inneren fruchtbaren Seinsreich teilzuhaben.

Der Mythos des Androgyns im Surrealismus richtet sich einerseits nach innen auf die individuelle sexuelle Identität, andererseits auch nach außen auf die Bildung des Paares hin. Und daher überkreuzt er sich oft mit einem anderen mächtigen Metamorphose-Mythos, demjenigen des Narziß. Robert Benayoun hat aufgezeigt, daß die Surrealisten der kathartischen Idee eines Aus-

tausches von Substanzen zwischen Liebenden viel verdanken: der männliche Partner wird sich des weiblichen Doppels innerhalb seiner selbst bewußt und die Frau gibt ihrem männlichen Doppel Ausdruck. Das männliche Herz verweiblicht sich freiwillig selbst und die Frau verkörpert für den Mann das Ziel all seiner metaphysischen, intellektuellen und sinnlichen Bestrebungen (6). Joe Bousquet ist noch genauer, was die Rolle des Narziß betrifft, und zwar in dem, was er als die „Alchemie der Reflektion" bezeichnet: „Der Mensch ist als was ich erscheine; ich bin eine Frau in meinem psychologischen Horizont, in meiner amourösen Berufung!" (7) Die Projektion des Selbst auf den Geliebten als ein Doppel und ihre Umkehrung führt vom Autismus des Narziß zur Erfahrung des Selbst in der Liebe als Androgyn: „Ich liebe in dir den Wunsch, daß ich bin und daß du dich selbst in mir liebst, um in mir deinen Wunsch wiederzufinden."

Wie in ihrer allumfassenden Konzeption der Liebe sehen die Surrealisten im Androgyn ein Gleichgewicht von fleischlichen und spirituellen Aspekten. Der eine kann dem anderen nicht geopfert werden. So ist Balzacs „Seraphitus/Seraphita", der/die sich durch dichterische Metamorphose selbst umwandeln konnte, aber zu physischer Reproduktion unfähig war, nicht ihr Ideal. Auf der anderen Seite kann der physische Liebesakt, obwohl er die Geschlechtsunterschiede im Moment der ekstatischen Vereinigung verschleiern kann, nicht allein die Bedingungen des perfekten Androgyns erfüllen. Die Surrealisten schreiben der Liebe eine initiatorische Funktion zu als Ausgangspunkt für eine alternative und weltlich „geheiligte" in der post-christlichen Welt. Bezüge zu den Katharern und zur Alchemie zeigen den

Victor Brauner
Projekt für „La Palladiste" I, 1943 (A)   Anatomie des Wunsches, 1936 (A)   Ohne Titel, 1964 (A)

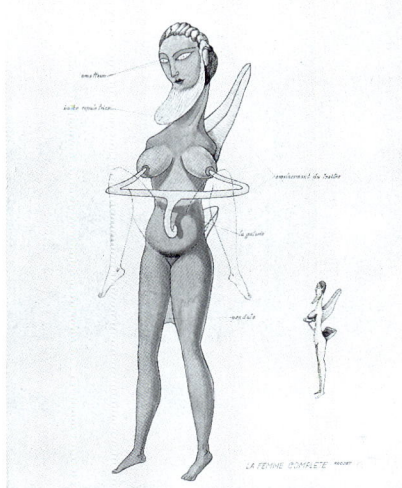
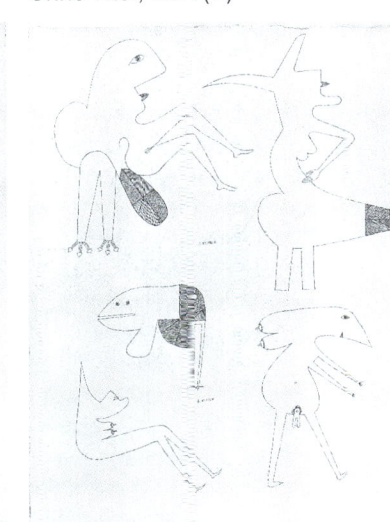

André Masson, Metamorphose, 1929 (A)

Geist der Verschleierung an, den Breton in seinem „Zweiten Manifest" für die Aktivitäten der Bewegung im Ganzen forderte.

Der Androgyn sollte eine passende, kongeniale Chiffre poetischer Spekulation sein, die den latenten Inhalt, der sich hinter den handgreiflichen Erscheinungen der erfahrenen Realität verbarg, durchforschte. Der Surrealismus postulierte Bedeutung hinter der Absurdität der zufälligen Welt, aber eine Bedeutung, die nur in einer kodierten Sprache ausgedrückt werden konnte. Wie Breton in „Nadja" zu sagen wagte: „Es kann sein, daß das Leben wie ein Kryptogramm entziffert werden muß." (8) Der Zugang zu solchem Wissen verlangte von dem Adepten eine asketische Disziplin. Der Sprung vom Kommunizierbaren zum Inkommunizierbaren war nichts für den Nicht-Eingeweihten. So verband der Sur-

realismus, ohne jeden Sinn für die Widersprüchlichkeiten, den kodierten Diskurs der Psychoanalyse des 20. Jahrhunderts mit der traditionellen Sprache der hermetischen Literatur – Neo-Platonismus, Gnostizismus, Alchemie – durch die das geheime Wissen durch die Jahrhunderte überliefert worden war. Die Hermetiker hatten wie die Surrealisten die ganze Schöpfung in Dualitäten und Entsprechungen gesehen. Beide schworen auf analogisches Denken und auf die Verbindung von Zufall und Gestaltung. Breton, dessen Grabstein folgende Inschrift trägt: „Ich suche das Gold der Zeit", teilte die Ambitionen des alchemistischen „grande œuvre", das er allerdings symbolisch verstand. Das bedeutete nicht nur die Verfeinerung von Basis-Metallen zu Gold, sondern auch die Versöhnung von Gegensätzen durch materielle und geistige Klärung, so wie sie die Surrealisten in der beabsichtigten Umwandlung des

148

menschlichen Bewußtseins anstrebten. Der Androgyn spielte natürlich in dieser esoterischen Tradition eine Rolle und trat hier viel mehr in Erscheinung als in der populären Kultur. Als selbsternannte Erben mystischer Philosophie übernahmen die Surrealisten auch den Androgyn und all das, was er verkörperte, indem er das Mysterium mit Erotik verband. Es war daher kein Zufall, daß das erste bedeutendere surrealistische Bild mit der Darstellung des Androgynen, Max Ernsts „Les hommes n'en sauront rien" aus dem Jahr 1923 (Abb. S. 14), seine Formen folglich aus der Psychoanalyse (der Fall des Richters Daniel Paul Schreber, dessen paranoider Wahn ihn dazu führten, seine sexuelle Identität zu bezweifeln, und der schon Freud fasziniert hatte) und aus der Alchemie bezog. Max Ernst sagte dazu: „Das Bild ist seltsam durch seine Symmetrie – die beiden Geschlechter halten einander im Gleichgewicht." Geof-

frey Hinton kommentiert in einer detaillierten Studie des Bildes: „Ein kopulierendes Paar, das im Raum schwebt ist ein verbreitetes alchemistisches Symbol für die ‚coincidentia oppositorum', das oft gemeinsam mit Sonne und Mond dargestellt wird" (9). Der Künstler, der die ausgiebigsten Bezüge zwischen Surrealismus und Alchemie herstellte, war jedoch Victor Brauner, in dessen Werk die Androgyn-Gestalt häufig die eigene künstlerische Kreativität zelebriert. In der „Zahl" von 1934 (Abb. S. 15), also auf dem Höhepunkt von Brauners hermetischer Periode, umgeben männliche und weibliche Organe einen kastenartigen Leib, der eine winzige skulpierte Figur birgt.

Wenn man von der thematischen zu den mehr formalen und bildnerischen Bezügen zwischen Surrealismus und dem Androgyn übergeht, wird die Kongenialität

Victor Brauner, Ohne Titel, 1938 (A)

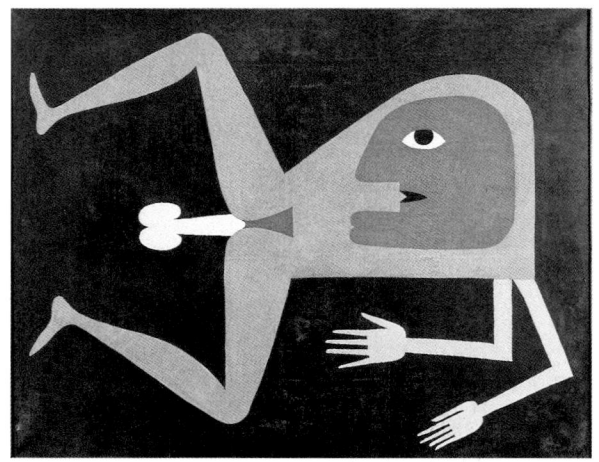

Victor Brauner, Ohne Titel, 1964 (A)

Victor Brauner, Totintot 1942 (A)

Victor Brauner, Der Stein der Weisen, 1940 (A)

René Magritte, Die Geburt des Idols, 1926 (A)

Victor Brauner, Die Verwirklichung des Paares, 1957 (A)

René Magritte, Der Ozean, 1943 (A)

des letzteren wiederum offensichtlich. Als ein Mythos der Metamorphose hat der Androgyn eine lange Tradition überraschender symbolischer Bilder inspiriert. Von Eingeweihten entziffert, zeigten sie den Weg zum endlichen Ziel der Harmonie. Wörtlich genommen – eine bärtige Aphrodite z. B. – konnten sie monströs und grotesk wirken. In Anbetracht der polaren Unterscheidungen zwischen den Geschlechtern in unserer Kultur, war das Auftauchen dieses Zwiespalts im Bild des Androgyns ein perfektes Rezept für ein surrealistisches Bild. Breton hat immer Reverdys Wort unterstrichen: „Je entfernter und echter die Verwandtschaft zwischen den sich überlagernden Realitäten ist, desto stärker wird das Bild sein – desto größer seine emotionale Kraft und poetische Wirklichkeit." (10) Die Surrealisten forderten, daß das Bild verwirren und schockieren konnte, jedenfalls als anfängliche Reaktion, und daß es eine psychische Verstörung im Betrachter auslösen sollte, die sowohl den Geist als auch die Sinne ergreift. Die zusammengesetzte Figur des Androgyns konnte ihr Kriterium einer aus der gefährlichen Spannung zwischen dem Statischen und dem Dynamischen, dem Banalen und dem Extravaganten, dem Idealen und dem Obszönen zusammengesetzten Schönheit erfüllen – eine konvulsivische Schönheit, die in Bretons Formulierung in „L'Amour fou" „erotisch-verschleiert, explos v–fixiert, magisch-genau oder überhaupt nicht wäre". (11) Der Maler, der diese Kriterien in Werken mit der Darstellung des Androgynen vielleicht am besten erfüllte, war André Masson. In der „Metamorphose" (1929) z. B. (Farbabb. S. 148/9) finden wir eine phantasierende Interpretation animalischer und vegetabiler Formen und eine Austauschbarkeit zwischen den Elementen sowie ein Verschmelzen von Figuren und Grund. Masson sagte, daß es sein Ehrgeiz war, „das Geschlecht der Natur zu malen, seine unterirdischen Kräfte". Obwohl Masson eher ein geschlechtlich unterschiedenes Paar malte als eine zusammengesetzte Figur, suggerierten doch die Blumen im Becken der einen Figur und die sich windenden Genitalien der anderen die Mittel ihrer bevorstehenden Verschmelzung.

Ob wir nun Masson, Dali, Ernst, Magritte oder Bellmer betrachten, so finden wir doch kaum Darstellungen des Androgynen im Surrealismus, die nicht eher verwirrend als utopisch sind, die nicht Thanatos genauso gebieterisch beschwören wie Eros. Die bildnerischen Kriterien konvulsivischer Schönheit gebären eher angstbeladene Monster, so wie Magrittes „Le viol" (Vergewaltigung) oder Dalis groteske, halb menschliche, halb tierische / halb männliche, halb weibliche Figur für das Titelblatt von „Minotaure" Nr. 8, als graziöse, klassische Darstellungen wie „Adam vor dem Sündenfall", und „Wiedervereinigung", die einst die Texte der Rosenkreuzer zierten. Das mag eine Diskrepanz zwischen der Dichtung der Surrealisten und ihrer bildenden

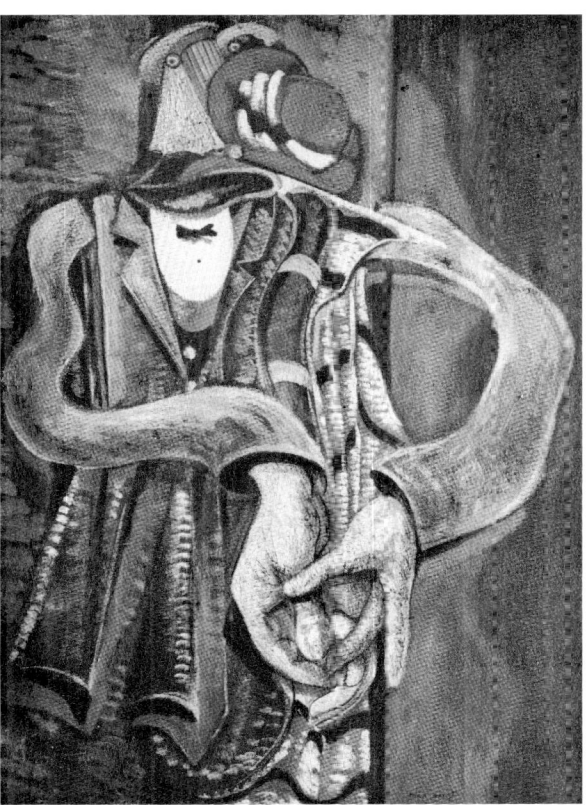

Max Ernst
Das Paar, 1924
Madame Jean Krebs, Brüssel

Kunst bei der Behandlung des gleichen Themas aufzeigen. Xavière Gauthier hat Recht mit ihrer scharfsinnigen Betrachtung der surrealistischen Frau, die auch auf den Androgyn angewandt werden kann: „In der surrealistischen Dichtung ist die Frau gut und geliebt. In der surrealistischen Malerei ist die Frau schlecht und gehaßt." Es gibt wenige surrealistische Bilder, die dem Androgyn etwas von der Heiterkeit zugestehen die der Dichter Eluard seiner Verschmelzung mit seiner Geliebten in „Premièrement" verleiht: „Und ich liebe dich so, daß ich nicht weiß, wer von uns beiden abwesend ist." (12)

Genauso wie die Frau geschmäht oder auch idealisiert werden kann, als mörderische Gottesanbeterin oder vagina dentata, als Muse oder Kindfrau, genauso konnte der Androgyn ein Gegenstand des Schreckens werden. Max Ernsts „Paar" von 1924 stellt eine einzige Figur dar, deren Kleider sowohl als männlich als auch als weiblich gesehen werden können. Die aufgedunsenen Hände an den Enden seiner strumpfhosenähnlichen Arme tändeln lüstern miteinander, als ob sie überrascht wären, nur die Extremitäten ein und dessel-

Max Ernst, Ohne Titel, um 1920 (A)

Yves Tanguy, Ohne Titel, um 1932 (A)

ben Körpers anzutreffen – das Bild, wie Xavière Gauthier schreibt, eines häßlichen und nutzlosen Hermaphroditen.

In der „Pinienfamilie" (1941) des englischen Surrealisten Ithell Colquhoun ist der „beschnittene Hermaphrodit", eine nackte, verstümmelte Figur, halb menschlich Versehrter, halb gefällter Baum, unfeierlich auf dem Boden neben andere ihm ähnliche gepackt – eine obszöne Parodie des Androgyn-Ideals. Sogar in weniger märchenhaften Versionen, wie Magrittes „Traum des Androgyns" (1938) wetteifert Pathos mit Humor vor der Aussicht auf eine quälend nahe, doch unmögliche Vereinigung.

Auf der einen Seite sind die Diskrepanzen zwischen dem Mythos der Harmonie und des Ausgleichs und seinen häufig grotesken Darstellungen in der surrealistischen Kunst zum Teil durch die Buchstäblichkeit des surrealistischen Zugriffs zu erklären, der munter die klassische Unterscheidung zwischen geistigem Konzept des Androgyns und seiner physischen Realität ignorierte. Auf der anderen Seite war der Surrealismus dem Mythos treu, wenn es richtig ist, was Robert Knott in seinem so fruchtbaren „Art Forum"-Artikel 1975 schreibt, nämlich, daß der Androgyn traditionell die Trennung als notwendige Voraussetzung zu einer eventuellen Einheit betont, daß also die beiden Themen der Trennung und Verschmelzung voneinander abhängig sind (13). Knott führt aus, daß viele Fruchtbarkeitsriten heftiges Zerstückeln als eine wesentliche Funktion der Wiedergeburt verordnen, als ob eine originäre Totalität zerbrochen werden müßte, damit der Mensch entstehen konnte. (Vgl. auch den Aufsatz von Eberhard Roters). Sicherlich scheint der Androgyn auch in manchem surrealistischen Werk als Flucht der Phantasie vor männlichen sexuellen Ängsten wie der Kastrationsangst zu dienen.

Ein Künstler wie Hans Bellmer setzte das, was in ihm weiblich war, künstlerisch um und erreichte dabei eher eine traumatische Auflösung der sexuellen Identität als einen friedvollen Zustand, in dem alle Impulse zur Ruhe kommen. Surrealistische Kunst wirkt im allgemeinen überzeugender und besser, wenn sie Fragmentierung, Zerstückelung und Verzerrung darstellen kann, die den Verlust der Einheit des Androgyns ausdrücken, als wenn sie die neuerschaffende Wiedergeburt, die der Mythos verspricht, ausdrücken soll.

Wenn der Traum, den primordialen Androgyn wiederzuerschaffen, ein Traum von Unbeweglichkeit und Glückseligkeit ist, dann ist er im Surrealismus kaum anzutreffen. Es gibt einige wenige Stellen bei Péret, die in diesem Sinn verstanden werden können: „Hat sie einmal das Objekt ihrer Wahl gefunden, hält die sublime

Max Ernst, Ohne Titel, 1935 (A)

Max Ernst, Chymische Hochzeit, 1925 (A)

Max Ernst, Où boivent les loups, 1932 (A)

Loplop, trunken vor Furcht und Wut, findet seinen Vo-
gelkopf wieder und bleibt zwölf Tage lang unbeweglich
zu beiden Seiten der Tür.

Max Ernst, La femme 100 têtes, 1929 (A)

Max Ernst
Elle ressemblait légèrement à un cheval, 1938 (A)

Max Ernst, Die chinesische Nachtigall, 1920 (A)

Max Ernst, Oedipus 2, Une semaine de bonté, 1934 (A)

Nun zeige ich euch den Onkel, dessen Bart wir Sonntags nachmittags zu kitzeln pflegten.
Max Ernst, La femme 100 têtes, 1929 (A)

Max Ernst, Titelblatt von Cahiers d'Art, 1937

Liebe für immer an ihm fest." (14) – und bei Breton: „Der wieder zusammengesetzte Klotz hintertreibt jeden Teilungsdrang durch seine eigene Struktur; er wird durch die Eigenschaft charakterisiert, daß zwischen seinen zusammengesetzten Teilen ein ganz ausgezeichneter und geistiger Zusammenhalt besteht." (15) Auch wenn diese Passagen, die die Errungenschaften des perfekten Paares rühmen, Dauer versprechen, ist dies nur noch ein ferner Widerhall von der Erlangung des Zustandes sexueller Ruhe und Beruhigung wie sie der Androgyn oder Hermaphrodit christlicher Ikonographie in der Figur des Engels zum Beispiel symbolisierte. Dies mag der Grund sein, aus dem Sarane Alexandrian leugnet, daß der Androgyn-Mythos jemals von zentraler Bedeutung für die Surrealisten gewesen ist – wenn man von seiner Bedeutung für Artaud, Crevel und Brauner absieht – obwohl man vermuten möchte, daß Alexandrian die gnostische Setzung des „égrégore" für den Androgyn benutzt, um ihre Polemik gegen Xavière Gauthier besser führen zu können (16). Sicherlich ist der Androgyn in der surrealistischen Ikonograpie niemals eine ruhige, engelhafte Einheit, sondern eher dynamischer Ausdruck von Begehren. Er steht nicht für einen entsexualisierten, befriedeten Zustand des Seins, sondern für ein unerreichbares, vitales Ziel, zu dem Leidenschaft führt. Er ist ein „signe ascendant" (aufsteigendes Zeichen). Er bedeutet auch eine Fragestellung, der unermüdlichen Vorstöße des Surrealismus in die Tiefen und das Herz des menschlichen Seins. Als solche ist die entschiedenste Verkörperung die Collage „Ödipus und die Sphinx" von Max Ernst, 1935: Diese zusammengesetzte, androgyne Figur verschmilzt mit wunderbarer Ausgewogenheit nicht nur die beiden Mythen und die beiden Geschlechter miteinander, sondern, indem sie Ödipus und seine Gegenspielerin in einer einzigen Gestalt vereint, offenbart sie, daß unsere Erlösung nur um den Preis der Energie und durchdringenden Kraft unserer Selbsterforschung zu erlangen ist.

Übersetzung: Ursula Prinz

1 „Il y va, en effet, là plus qu'ailleurs, au premier chef, de la nécessité de reconstitution de l'Androgyne primordial dont toutes les traditions nous entretiennent et de son incarnation, par-dessus tout désirable et tangible, à travers nous." André Breton, Du surréalisme, Hg. J.-J. Pauvert, 1962, S. 360
2 Albert Béguin, L'Androgyne, in: Minotaure, Nr. 11, Frühjahr 1938, S. 10–13 und S. 66
3 Ich verdanke in dieser Abteilung und für andere Teile des Artikels viel Whitney Chadwick, vor allem ihrem „Myth in Surrealist Painting, 1929–1939", UMI Research Press, 1980 und ihrem „Women Artists of the Surrealist Movement", Thames and Hudson 1985

4 „Cette aspiration suprême suffit à dérou er devant
   elle le champ allégorique qui veut que tout être hu-
   main ait été jeté dans la vie à la recherche d'un être
   de l'autre sexe et d'un seul qui lui soit sous tous les
   rapports approprié, au point que l'un sans l'autre
   apparaisse comme le produit d'une dislocation d'un
   seul bloc de lumière." André Breton, Arcane XVII,
   Editions cu Sagittaire, 1947, S. 38

5 Wie Xavière Gauthier in ihrem tendenziösen aber
   Pionierwerk „Surrealismus und Sexualität", Gallimard, Idées, 1971, S. 73 ausgeführt hat.

6 Robert Benayoun, L'Erotique du surréalisme, J.-J.
   Pauvert, 1965, S. 45

7 Joe Bousquet, Correspondance, Gallimard 1969,
   S. 144–150

8 „Il se peut que la vie demande à être déchiffrée
   comme un cryptogramme." André Breton, Nadja,
   Gallimarc, 1963, S. 112

9 Geoffrey Hinton, Max Ernst, Les hommes n'en sauront rien, in: The Burlington Magazine, Bd. 117,
   1975, S. 46–56

10 Pierre Reverdy, von André Breton zitiert in: Manife-
   stes du surréalisme a. a. O. S. 34

11 André Breton, L'Amour fou, Gallimard, 1937, S. 26

12 „Et je ne sais plus tant je t'aime
   Lequel de nous deux est absent."
   Paul Eluard, Premièrement, Poèmes, Livre de
   Poche 1951, S. 100

13 Robert Knott, The Myth of the Androgyne, in: Artforum, November 1975, S. 38–45

14 „L'amour sublime, une fois découvert l'objet de sa
   quête, s'y fixe à jamais." Benjamin Péret Antholo-
   gie de l'amour sublime, Editions Albin Michel 1956,
   S. 10

15 „Le bloc une fois réformé déjoue toute facteur de di-
   vision de par sa structure même; il se caractérise
   par cette propriété qu'entre ses parties composan-
   tes existe une adhérence physique et mentale à
   toute épreuve." André Breton, Arcane XVII, a. a. O.,
   S. 40

16 Sarane Alexandrian, Les libérateurs de l'amour,
   Editions du Seuil, Points, 1977, S. 246. Eine Antwort
   auf Alexandrian zu diesem Punkt siehe bei Philippe
   Lavergne, André Breton et le mythe, Librairie José
   Corti, 1985, S. 70

Peter Webb

Hans Bellmer

Das Männliche und das Weibliche sind austauschbare Bilder geworden; sie streben nach ihrer Vereinigung im Hermaphroditen.
Hans Bellmer (1)

Hans Bellmer wurde in Deutschland geboren und wuchs auch dort auf. Während André Breton in den zwanziger Jahren in Paris die Surrealisten um sich versammelte, machte Bellmer eine Karriere als Graphiker in Berlin. Er hatte keinen Kontakt mit der Gruppe der Surrealisten bis zu seinem Besuch in Paris 1935, ein Jahr nachdem er ein kleines Buch (Die Puppe) mit Fotos seiner noch im Entwicklungsstadium befindlichen Puppe publiziert hatte. Einzigartig war, daß er allein aufgrund seines Werkes von den Surrealisten aufgenommen wurde. Für den Rest seines Lebens war er in der surrealistischen Bewegung aktiv, obwohl er nicht vor 1938 in der Lage war, Berlin gänzlich zu verlassen. Ein Leitmotiv, das sich durch seine Fotografien in dem Buch „Die Puppe" zieht, ist die Verbindung von Gegensätzen: Unschuld und Bewußtheit, Schmerz und Vergnügen, Gewalt und Zartheit. Bellmer verstand es von Beginn seines künstlerischen Schaffens an, die Kraft der geschlechtlichen Zweideutigkeit für erotische Bilder zu nutzen. Das Heterogene der surrealistischen Kunst ließ einen erkennbaren Symbolismus besonders wichtig erscheinen. Bellmers enge Verbindung mit dem Surrealismus tritt besonders in seinem Bezugnehmen auf Archetypen und Mythen, wie denjenigen des Androgyns, in Erscheinung.

Im Surrealismus finden sich häufig androgyne Symbole. Und wenn auch das traditionelle Ziel von harmonischer Reinheit im Surrealismus oft durch eine konvulsivische Schöheit ersetzt wurde, tendierten Bellmers Beziehungen zum Mythos doch eher dazu, den Symbolismus von Alchemie und Magie durch eine sehr individuelle Mixtur von Delirien zu ersetzen und dabei den ästhetischen Effekt der befreienden Kraft zu opfern. Er war dabei weniger am Mythos selbst, als an den künstlerischen Möglichkeiten der Idee der Verschmelzung des Männlich-Weiblichen interessiert. Die daraus resultierenden Bilder übertrafen bei weitem die kalte Ekstase von Brancusis „Kuß" von 1909 oder den liebenswürdigen Humor von Magrittes „Traum des Androgyns" von 1938, sogar den wilden Erotizismus von Massons „Metamorphose" (1939). Bellmers Androgyne sollen genauso verunsichern wie rühmen, verstören und erregen.

Als sexueller Nonkonformist konnte Bellmer mit der scharfen Polarisation von Männlich und Weiblich, die ein integraler Bestandteil unserer Zivilisation ist, nicht zufrieden sein. Während seiner Kindheit und Jugend liebte er es, sich mit seinem Bruder und kleinen Freundinnen in einem Versteck, wo er der Welt des tyrannischen Vaters entkommen konnte, zu verkleiden. Seine Faszination durch die Verwirrung der sexuellen Rollen wurde schon in dem Streich deutlich, den er seinem Vater spielte, als er 1923 gegen seinen Willen im Zug nach Berlin gebracht wurde, um ein Ingenieurstudium zu beginnen. In seinem späteren Leben erzählte er oft, wie er aus dem Zugabteil stieg, mit dickem Make-up aus Lippenstift und Löckchen, die er mit Holzkohle auf seine dick bepuderten Wangen aufgemalt hatte. Sein erzürnter Vater mußte diesen außerordentlichen Anblick quer durch Berlin bis zum Hotel begleiten. Diese lebenslang anhaltende Faszination zeigt sich auch in der Bewunderung der androgynen Figuren von Aubrey Beardsley sowie in dem Vergnügen, das er und Max Ernst in Gesellschaft von Transvestiten empfanden, mit denen sie zu Beginn des Krieges in einem französischen Lager interniert waren.

Die in „Die Puppe" veröffentlichten Fotografien von 1934 erzählen die Geschichte der Schöpfung seiner Puppe, die er als ein „künstliches Mädchen mit anatomischen Möglichkeiten, die Leidenschaften befriedigen und sogar neue Begierden erfinden können" (2), bezeichnete. 1935 veränderte er die Puppe, schuf sie neu und versah sie mit einer Bauchkugel, an die an beiden Seiten ein Becken mit zwei Beinen angefügt werden konnte. Dies verschaffte ihm die Möglichkeit zu Verwandlungen, so daß seine Puppe die Träume und Fantasien, die sie verkörperte, auch erfüllen konnte. Die danach entstandenen Fotografien, die später in „Les Jeux de la Poupée" (Die Spiele der Puppe) (1949) veröffentlicht wurden, zeigen die neue Konstruktion an Schauplätzen für perverse sexuelle Spiele. Diese Bilder wurden von Märchen, religiösen Martyrien und Mythen inspiriert. Eine der bizarrsten und provokativsten Puppen ist Bellmers erster Androgyn. Neben einem Tisch mit den Überresten eines Mahles entgleitet das Doppelwesen einem Bett. Die obere Hälfte zeigt ihre Vulva, Oberschenkel und Beine mit Schulmädchensokken und -schuhen. Das Unterteil ist mit Hosen bekleidet, die schon halb ausgezogen sind. Andeutungen von Gewalt geben dem Bild eine zusätzliche Stärke. Bellmer selbst schrieb über die „sexuelle Zweideutigkeit" dieser Bilder und fügte hinzu: „Ich hatte das Unmögliche erreicht. Für die Wahrscheinlichkeit oder Möglichkeit solcher Monstrositäten waren meine Sensitivität und die des Publikums die einzigen Richter. Aber die schockierte Heftigkeit der Reaktion zeigte, daß die Wirkung nicht nur auf eine lüsterne Laune zurückzuführen sein konnte. Ein vitaler Lebensnerv war berührt worden." (3)

Ein Ableger der Puppe war „Das Maschinengewehr im Zustand der Gnade", eine drei Fuß hohe Schöpfung von 1937. Das Original ließ Bellmer zurück, als er aus Deutschland floh. Die Version im New Yorker Museum of Modern Art ist von 1961. Diese außergewöhnliche Schöpfung besteht aus einer kleinen, von Stäben umgebenen Kugel. Die Stäbe sind mit verschiedenen anatomischen Teilen verbunden, wie z. B. einem Frauenkopf, der auch einer Vulva gleicht, Brüsten und ein paar doppeldeutigen Gliedern, die sowohl weibliche Körperteile als auch männliche Hoden suggerieren. Gelenke ermöglichen die verschiedenartigsten Stellungen der einzelnen Teile. Die Eingebung zu diesem aufregenden Objekt war Bellmers ganz persönliche Sache. Dennoch gibt es Berührungspunkte mit Arbeiten seiner Pariser Kollegen, wie Miros Serie doppeldeutiger Gemälde von 1934 und Picassos Zeichnungen mechanischer Hermaphroditen, die in der ersten Ausgabe des „Minotaure" 1933 als „Eine Anatomie" veröffentlicht wurden (4). Das „Maschinengewehr" ist ein Symbol der Sexualität als Waffe, an der bourgeoisen oder an der Welt der Nazis geschult. Die verschiedenen Elemente, aus denen es zusammengesetzt ist, sind männlich und weiblich. Als Ganzes ist das Objekt jedoch eindeutig phallisch. Dieser Androgyn wurde benutzt, um den angenehmen Zwiespalt zwischen Männlich und Weiblich, auf der unsere Kultur fußt, in Frage zu stellen.

Nach der Internierung mit Max Ernst in Aix-er-Provence 1939–1940 verbrachte Bellmer den Rest des Krieges in einiger Gefahr als deutscher Bürger in Südfrankreich, und wie viele andere Deutsche, die vor den Nazis geflüchtet waren, wurde er von dem Dichter Joe Bousquet unterstützt, der enge Verbindungen zu Breton und Eluard unterhielt. Seine Freundschaft mit Bousquet entwickelte sich zu einer intellektuellen Partnerschaft, die zu einer ausgedehnten Brieffreundschaft zwischen 1945 und 1946 führte. Bousquets Ideen über die sexuelle Liebe waren stark von einem anderen Mythos, der die Surrealisten beschäftigte, beeinflußt, nämlich demjenigen des Narziß. „Meine Augen sehen das Auge, das ich liebe, und halten sich selbst für diese Augen. Ich sehe den Mund, nach dem ich dürste, nicht ohne ihn mir selber als meinen eigenen Mund zu formen. Das Gesicht, das ich liebe, ist das Geheimnis meines Gesichts und mein Gesicht ist auf ihm wie eine Maske, deren Gewicht ich nicht mehr spüre." (5)

In diesem wichtigen Brief an Bellmer gelangt Bousquet von der Erfahrung der Projektion seiner selbst auf die Geliebte zum Verständnis des daraus resultierenden Androgyns. „Es scheint, daß die vibrierende Form der Frau bereits vor meiner eigenen Form in meinem Körper war. Es ist, als ob mein ganzer Körper durch die Anwesenheit eines Wesens, das die Schwester seiner selbst ist, bewegt wird." (6)

Hans Bellmer, Die Puppe, Foto 1935

Hans Bellmer
Maschinengewehr im Zustand der Gnade, 1961
Museum of Modern Art, New York

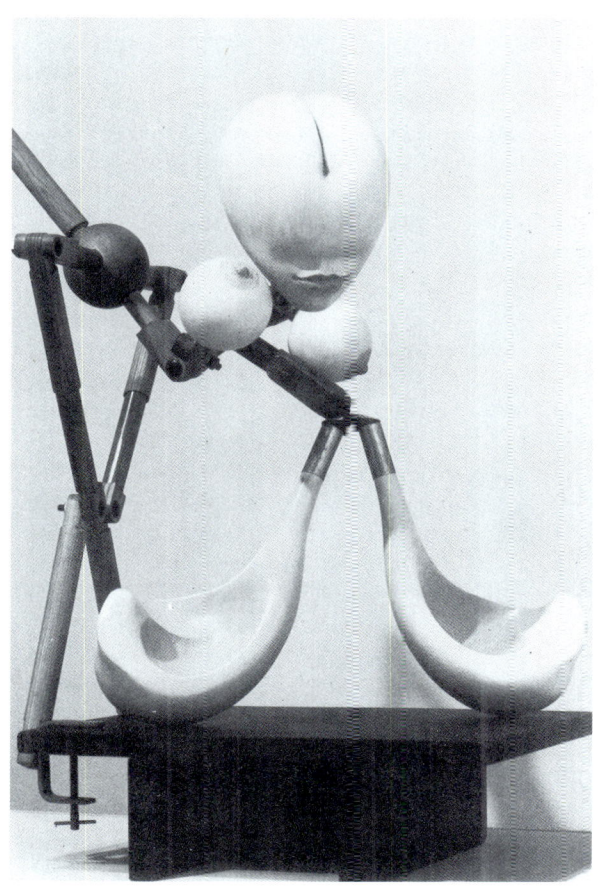

Bellmer war sich seit langer Zeit bewußt, daß die Bedeutung des Androgyn-Mythos über die tantrische Idee der Verschmelzung der Liebenden in einer orgasmischen Vereinigung weit hinausging. 1938 begann er einen theoretischen Text zu schreiben, den er 1946 fortsetzte und der schließlich 1957 als „L'Anatomie de l'Image" (Anatomie des Bildes) publiziert wurde. Dieses Buch enthält die klarsten Darstellungen seiner Ideen. Im zweiten Kapitel zitiert er einige von Bousquets Erfahrungen als bestärkendes Beweismittel für seine Überzeugung, daß die Mythen des Narziß und des Androgyns den Schlüssel zum sexuellen Verlangen in sich bergen: „Da die Samen des Verlangens vor dem Wesen selbst existieren, der Hunger vor dem Selbst, das Selbst vor dem anderen (du), wird die narzißtische Erfahrung in das Bild einfließen, das ich von dir habe. Der Mann, der von einer Frau und von sich selber besessen ist, verzweifelt selten, wenn er den bleiernen Spiegel poliert, den sie ihm zum Genuß seiner selbst vorhält und der auch ihr erlaubt sich selber zu genießen... Es ist eine Frage der besonderen hermaphroditischen Beziehung zwischen männlichen und weiblichen Prinzipien, in der die weibliche Struktur vorherrscht. Entscheidend ist, daß das Bild einer Frau von dem Mann selbst in seinem eigenen Körper ‚gesehen' werden kann." (7) Er schließt daraus, daß „das Begehren das Männliche mit dem Weiblichen, das Ich mit dem Du vermengt, das Ich mit dem Du sodomiert. Das Männliche und das Weibliche werden zu austauschbaren Bildern, ein jedes findet sich selbst im Hermaphroditen wieder." (8) Die Betonung liegt hier eindeutig auf der traumatischen Auflösung des Sinns sexueller Identität und nicht auf der Erlangung eines friedvollen Erleuchtungszustandes.

Bellmers Illustration zu Kapitel 2 der „L'Anatomie de l'Image" stellt eine kauernde Frau dar, deren Körper sich in einen aufrechten Penis verwandelt. Die Hoden werden zu ihren Brüsten, die Eichel zum Gesäß und deren Vorhaut verwandelt sich in ihre Klitoris. Dem Erfindungsreichtum, der sich in dieser Figur zeigt, kommen die Stiche, die Bellmer zur gleichen Zeit für Georges Batailles „Histoire de l'Oeil" (Geschichte vom Auge) (1947) anfertigte, nahe. Ein junges Mädchen sitzt auf dem Boden und bewundert einen großen, aufrechten Penis, der aus dem Inneren ihrer Vulva entspringt. Das bezieht sich direkt auf Bellmers Liebesbriefe in „L'Anatomie de l'Image": „Du wirst in mich dein Parfüm und deine Hitze einhauchen, so daß mein Geschlecht aus dem deinen entspringen wird." (9) Bellmer führt hier das Thema aus, das seine Auseinandersetzung mit dem Hermaphroditen abschließt: Die extreme Vorstellung des Körpers als umgestülpter Handschuh ist eine Fortführung der Umkehrbarkeit sexueller Identität, die für Bellmer in dem Mythos des Androgyns enthalten war: „In der Stufenleiter der Umkehrbarkeit, in der die physische Fantasie angesiedelt ist, steht der Akt des sich

nach außen Wendens mit Sicherheit an der höchsten Stelle." (10) Er hatte 1935/6 ein junges Mädchen gezeichnet, das seine Haut abzog, um seine Gedärme zu zeigen. („Rose ouverte la Nuit/Rose bei Nacht geöffnet"). Diese Zeichnung war teilweise von Vesalius und Valverdes „écorchées" (Geschundenen) angeregt und er kam auf diese Idee in der „Rose ou Verte la Nuit" (Rosige oder Grüne der Nacht) (1945), in der ein Mädchenkörper aus Ziegelsteinen gebildet wurde, wieder zurück. Beide Bilder scheinen seinem in der „L'Anatomie de l'Image" formulierten selbstgesetzten Ziel anatomischen Ausdruck zu geben: „Skandalöserweise das Innere zu enthüllen, das immer verborgen sein wird, das nur hinter den sukzessiven Schichten der menschlichen Struktur und ihren letzten Unbekannten wahrgenommen wird." (11) Eine spätere Behandlung dieses Themas ist die kolorierte Lithographie „Für immer das Bild der geliebten Frau mitnehmen" (1950), in der Bellmers Geliebte Nora Mitrani ihren Körper öffnet und darin ein Bildnis von Bellmer selbst enthüllt. Noch einmal die Worte Bousquets: „Der Mann wünscht in die Frau einzudringen, aber eher als sie selbst zu durchdringen, wünscht er, in ihren Traum, er zu sein, einzutreten." (12) In einer Zeichnung mit dem Titel „Déshabillage" (Entkleidung) (1968) öffnet ein junges Mädchen sein Fleisch, um eine gewaltige Erektion, die seine Vulva durchdringt, zu enthüllen. Dies ist vielleicht Bellmers extremstes Beispiel eines sexualisierten Androgyns. Die Titel der beiden früheren Arbeiten zeigen Bellmers Vorliebe für Anagramme, und dieses Interesse verbindet sich mit der im Mythos des Androgyns verborgenen Reversibilität. „Die Welt sodomieren, bis sich dort – so perfekt wie der Androgyn selbst – der ungewöhnliche Sinnspruch zeigt, der – ob auf den Mann oder die Frau bezogen – seinen Sinn vollkommen bewahrt." (13) Der leibliche Körper wird ein Anagramm des Begehrens. Den Körper neu zu arrangieren, kommt daher einer Ausdehnung der Arena des Begehrens gleich. Wie Bellmer in der „L'Anatomie de l'Image" beschreibt, ist „der Körper mit einem Satz zu vergleichen, der uns verführt, ihn undeutlich auszusprechen, so daß seine wahren Inhalte durch eine Serie von endlosen Anagrammen neu zusammengefügt werden können." (14)

Im letzten Jahrzehnt seines Arbeitslebens schuf Bellmer zwei seiner schönsten Werke in einer Serie von Stichen „A Sade" (1961) und „Petit Traité de la Morale" (Kleiner Traktat der Moral) (1968). Hier kam er auf Bilder und Themen zurück, die ihn in früheren Jahren beschäftigten. Der Androgyn taucht in beiden Serien auf. Stich 1 von „A Sade" ist ein Porträt von de Sade. De Sade stellt einen in eine Vulva eindringenden Penis dar. Seine Augen gleichen zwei Vulvas. Die Figur in Platte 4 hat eine Vielzahl von Brüsten, die von einer Männerhand betastet werden, und einen Phallus, der ihre eigene Vulva durchdringt. Stich 8 zeigt ein Paar,

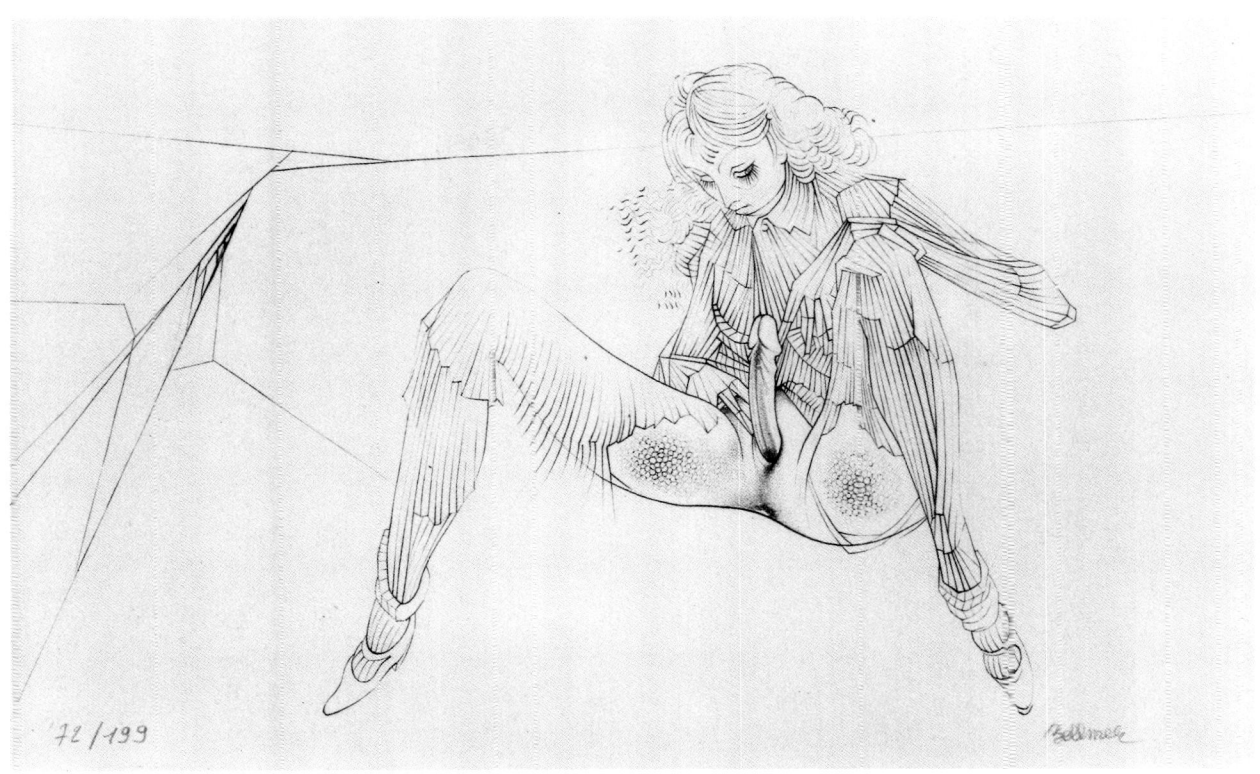

Hans Bellmer, Histoire de l'Oeil, 1944 (A)

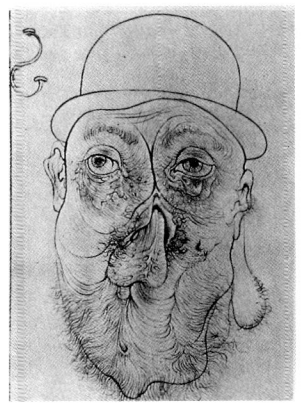

Hans Bellmer
A Sade 1961 (A)

Hans Bellmer ▶
Anatomie de l'Image, 1957

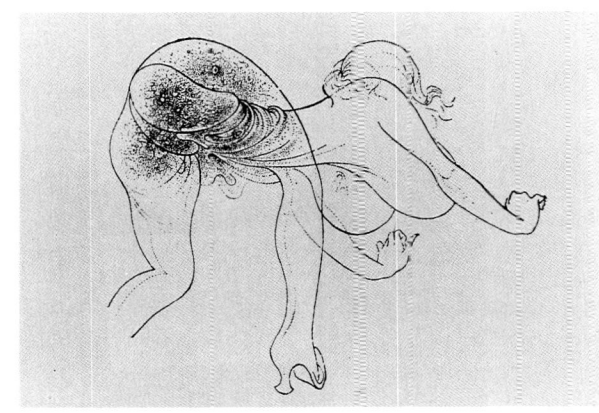

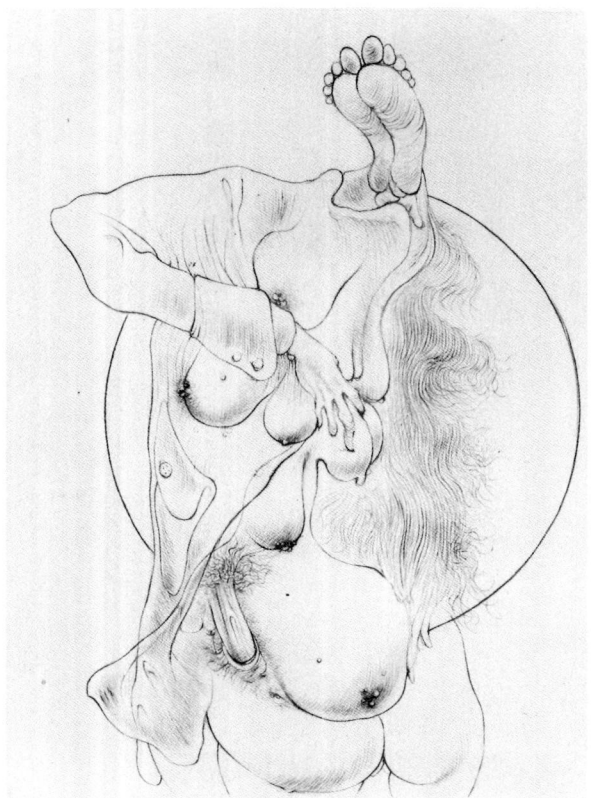

das sich küßt, während die Frau den Mann masturbiert. Bei näherem Hinsehen wird daraus ein Androgyn mit einem männlichen und weiblichen Körper. In Stich 10 werden vier Vulvas von ihrem jeweils eigenen Penis durchdrungen. Der „Petit Traité de la Morale" vereinigt Bellmers Lieblingsthemen in einem Lebenszyklus der Extreme physischer Leidenschaft. Jede Platte enthält zwei Bilder, die kunstvoll in verschiedenen Farben übereinandergelegt sind. Das Mädchen in „L'Anatomie de l'Image", deren Körper sich in einen Penis und Testikel verwandelt, erscheint in Platte 5 und 10. Das Mädchen in der „Histoire de l'Oeil", das seinen erigierten Penis inspiziert, der aus seiner Vulva entspringt, ist Teil von Platte 6. Es ist auch Bestandteil der komplizierten Zeichnung von Platte 4, einer der schönsten dieser Serie. Hier stellt der Phallus zugleich einen eindringenden Finger dar. Das Gesicht eines anderen Mädchens wurde darübergelegt und es verwandelt sich in den Körper einer weiteren Figur; ein Auge wird zur Vulva, die eine Träne Sperma weint, während das andere den Anus darstellt, der vom Phallus der gleichen Figur durchdrungen wird. Dieser Androgyn ist in pornographischen Spielen mit wiederum einer anderen Figur be-

schäftigt, so einer von Bellmers provokantesten Erfindungen noch eine weitere Potenz hinzufügend.

Unter den Surrealisten, die den Androgyn als den Dynamo der Begierde verstanden, der aus seiner sexuellen Zweideutigkeit konvulsivische Schönheit bezog, ist Bellmer mit Sicherheit der wichtigste.

Übersetzung: Lutz Domitz und Ursula Prinz

1 „Le masculin et le féminin sont devenues des images interchangeables; l'une et l'autre tendent à leur alliage dans l'hermaphrodite."
Hans Bellmer, L'Anatomie de l'Image, Le Terrain Vague, Paris 1977, S. 36

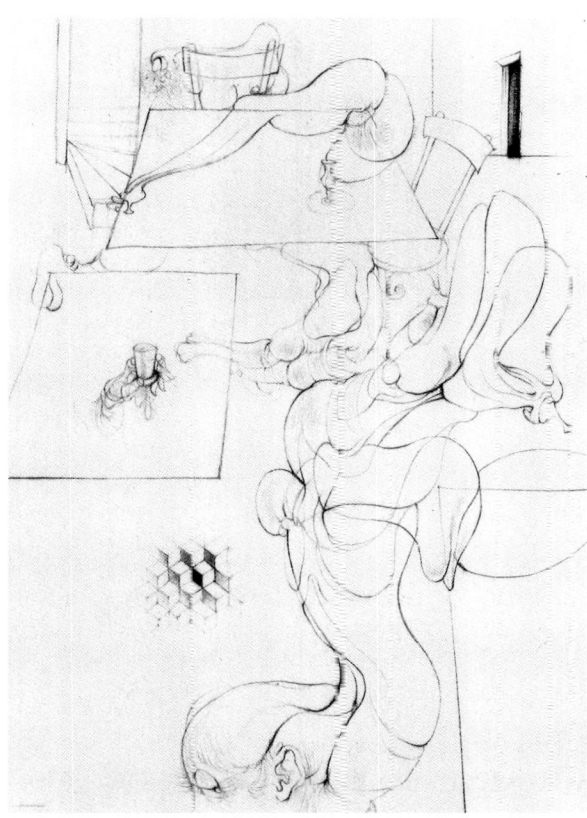

Hans Bellmer
A Sade 1961 (A)

2 Zitiert in der Biografie Bellmers von Marie le Creté im Katalog der Bellmer-Ausstellung, Centre National de l'Art Contemporain, Paris 1971, S. 91

3 Brief an Constantin Jelenski, zitiert in: The Drawings of Hans Bellmer, Editions de Noel, Paris 1966; Berlin 1969; London 1972; New York 1973, S. 4

4 Diese Bilder sind gemeinsam mit dem „Maschinengewehr" abgebildet in: Peter Webb und Robert Short, Hans Bellmer, Quartet Books, London 1985, S. 74–77

5 Brief vom 13. September 1945 an Hans Bellmer in: Joe Bousquet Correspondance, Gallimard, Paris, S. 144–150

6 Ebda

7 Hans Bellmer, a. a. O., S. 29–30

8 Ebda, S. 36

9 Ebda, S. 49

10 Ebda, S. 36

11 Ebda, S. 37

12 Joe Bousquet, a. a. O., Brief vom 10. April 1945, S. 119

13 Hans Bellmer, a. a. O., S. 36

14 Ebda, S. 43–44

Marianne Heinz

Francis Picabia

*... Alle sprechen von der Malerei, ich spreche vom Le-
ben. Man muß verrückt sein, man muß den Boden
„Mann" unter den Füßen verlieren können, um zu
schweben und mit dem Leben Liebe zu machen. Was für
eine schöne Frau und was für ein schöner, junger Mann
zugleich ist das Leben! ... (1)*
Francis Picabia

Picabias künstlerische Auseinandersetzung mit dem
Thema Androgynie ist zweifellos nicht philosophischer
oder ideeller, sondern eindeutig erotischer Natur. Auch
wenn die Erotik ein wesentliches Charakteristikum,
gleichsam ein Lieblingsthema innerhalb seines Ge-
samtwerkes überhaupt darstellt, so läßt sich gerade in
seinen „transparences" die Beschäftigung mit dem
Phänomen der Androgynie verstärkt nachweisen (2).

Die Figuren seiner „transparences", die hauptsächlich
zwischen 1927 und 1930 entstanden, sind auf ihre Um-
rißlinien reduziert, und ihre Durchsichtigkeit, ihre
Transparenz, gab dieser Werkgruppe ihren Namen (3).

Die vielfach sich überlagernden Konturlinien der einzelnen Motive – Figuren, Pflanzen und Tiere – verdichten sich auf manchen Gemälden so stark, daß das Bild-
gefüge oft bis zur Unkenntlichkeit verunklärt wird. Ein
einheitliches Bildgeschehen läßt sich, befindet man
sich einmal auf dem Weg, das Bilderrätsel zu lösen,
kaum, und wenn, dann nur mit Mühe lösen. Vielmehr
verschieben sich die einzelnen Ebenen ineinander und
ermöglichen immer neue wechselnde Zuordnungen
der einzelnen Motive untereinander. Konkrete Räum-
lichkeit wird stets vermieden, und so bleibt die Illusion
immer offen und ambivalent, weil unbestimmt. Die Motive zu seinen „transparences" entnahm Picabia der
klassischen Antike und der Kunstgeschichte, meist bekannten Renaissance- und Barockgemälden, deren Figuren er so weit auf ihre Umrisse hin reduziert, daß das
Typische, ihr Erkennungscharakter, jeweils erhalten
bleibt, indem er das Formelhafte der Figuren herauskri-
stallisiert, eine Methode, die sicher auch als ironischer
Kommentar zum Verständnis und Umgang mit der Un-
antastbarkeit klassischer Kunstwerke einzuschätzen
ist.

Sein Gemälde „Sphinx" – Picabia wählte nicht ohne
Grund diesen Geheimnisvolles versprechenden Namen – gehört zu seinen dichtesten, rätselhaftesten
„transparences", bei deren Auflösung das Auge des
Betrachters ständig auf Abwege gerät, sich verliert,

ohne einen Ausweg aus dem labyrinthischen Verwirr-
spiel zu finden. Einige klärende Hinweise seien nur angedeutet. Auf der rechten Bildhälfte sind die Umrisse
einer nackten weiblichen Figur zu erkennen, die mit erhobenen, angewinkelten Armen sich dem Betrachter
zuwendet, gleichzeitig von einer auf der linken Seite sit-
zenden doppelten Jünglingsgestalt betrachtet wird.
Eine Anregung aus einer Darstellung des Parisurteils
wäre denkbar. Gleichzeitig auf die stehende Frauenfigur bezogen ist eine andere männliche Gestalt am
rechten Bildrand, deren Profil und weit nach oben ausgestreckte Arme mit wie gefesselt erscheinenden Händen sich ihr entgegenstrecken. Die männliche Figur
links ist ihrerseits auch in einen anderen Figurenzu-
sammenhang eingebunden: Sie scheint gehalten oder
getragen zu werden von einer kräftigen Männergestalt,
durch Haartracht und Kopfschmuck einer Bacchusfigur
vergleichbar. Unmittelbar oberhalb des Bacchuskopfes
starrt ein Raubvogel aus dem Bild, in dessen Gefieder
Augen zu erkennen sind, Körper und Flügel erstrecken
sich weit in die rechte Bildhälfte. Auch die am linken
Bildrand sitzende Figur wird von den Umrissen eines
Vogels überlagert, dessen Krallen deutlich zu erkennen
sind.

Wie in den meisten „transparences", so ist auch hier das
eigentliche Thema erotischer Natur: der nackte Jüngling
in Betrachtung der ebenfalls nackten Frauenfigur, die
sich dem Jüngling links in eindeutiger Positur zeigt, für
den anderen, am unteren Bildrand rechts jedoch eher in
Siegerpose verharrt. Die Symbolik der Verbindung und
Überlagerung von nackten männlichen und weiblichen
Figuren mit Vogelwesen weist ebenso unzweifelhaft auf
den erotischen Charakter des Bildes hin.

Die „transparence" „Minos" (Farbabb. S. 169) gehört
zweifellos zu Picabias besten Werken dieser Gruppe.
Im Gegensatz zur satten, dunklen Ölmalerei im Gemälde „Sphinx", benutzte Picabia hier eine dünne, trok-
kene Ölfarbe auf einer unbehandelten, dünnen Holzplatte, deren einheitlicher Grundton und matte Oberfläche die Szene mit einer warmen Tonigkeit hinterlegt. Im
Zentrum des Bildes thront auf einem mit seitlichen Ba-
lustern gerahmten Sockel eine (steinerne?) Figur in
klassischem Gewand. Der Oberkörper ist entblößt. Die
erhobene Linke hält einen Zepter oder Stab. Zusammen mit dem Lorbeerkranz kennzeichnet Picabia die Figur als Herrscher- oder Göttergestalt. Die Vermutung,
daß es sich um eine Statuette handelt, wird durch die toten bzw. fehlenden Augen bestärkt.

Eine im Verhältnis überlebensgroße Gestalt – mit deutlich männlich-weiblichen Gesichtszügen – scheint die
Götterfigur mit ihren großflächigen Händen schützend
von hinten zu umfangen. Die Ähnlichkeit des Daumens
der linken Hand mit einem Phallus ist unübersehbar

Francis Picabia, Sphinx, 1923 (A)

und an der Stelle mühelos auch als der thronenden Mittelfigur zugehörig zu betrachten. Zwischen die beiden großen umfassenden Hände schiebt sich von unten eine dritte Hand ins Bildzentrum, um die Rechte der thronenden Götterfigur zu berühren. Schließlich zeichnet eine vierte Hand mit spitzer Feder ein Bildnis auf die entblößte Brust der Männergestalt. Unterstützt wird die gesamte Szene von einem zweiten Händepaar am unteren Bildrand, welches die Füße des bekränzten Jünglings zu halten, gleichsam „auf Händen" zu tragen scheint.

In der rechten oberen Bildecke ist ein Frauenkopf zu erkennen, der von oben das Geschehen interessiert beobachtet. Die dazugehörige rechte Hand umfaßt schützend die Mittelfigur. Die Konturlinien des Armes jedoch entsprechen gleichzeitig dem linken, weit ausgestreckten Flügel eines Schwans, dessen Körper auf den Knien

der Göttergestalt zu sitzen scheint und seinen schlanken Hals und seinen Kopf tief nach unten beugt. Baum und Astwerk, Blüten und Früchte umrahmen die Szene.

Das vielschichtige Ineinanderübergehen und Ineinandergreifen von Körpern, Köpfen und Händen schafft Raum für die verschiedenartigsten Assoziationsmöglichkeiten: Sie reichen von der Beschützerrolle der Frau bis hin zur totalen Vereinnahmung des Mannes durch die Frau, ja sogar „Tätowierung" als Kennzeichnung des Besitzes bis zur voyeuristischen Teilnahme am Geschlechtsakt zwischen Männergestalt und Schwan, eine Darstellung, die möglicherweise den Leda-Mythos reflektiert.

Die Szene wirkt insgesamt eher passiv, es überwiegt der meditative Ausdruck. Ihr erotischer Charakter ist of-

Francis Picabia, Myrtil, 1929 (A)

fensichtlich, wobei die Assoziationen entsprechend der Methode des Bildaufbaus transparent bleiben.

Die beiden Gemälde „Saint Sébastien" und „Myrtil" gehören einer etwas späteren Werkphase innerhalb der Gruppe der „transparences" an und entstanden um 1929/30.

Im Falle des Heiligen Sebastian diente Picabia Botticellis Venus als Vorlage, also eine weibliche Gestalt, die er der Figur des Märtyrers gleichsam hinterlegt. Standmotiv und Kopfhaltung wurden verändert, überraschend

sind die aufgeworfenen, geschminkten Lippen. Der zum Himmel gerichtete Blick entspricht wiederum dem Typus der Sebastian-Darstellung. Die Gestik der Armhaltung ist mit der Vorlage identisch. Während Botticellis Venus sich jedoch mit ihren Händen schamhaft und fast demütig bedeckt, scheint Sebastian mit der Linken sein empfindliches Geschlecht vor den Pfeilen schützen zu wollen. Mit der Rechten markiert er die Stelle, an der ihm die Verwundung weniger hinderlich wäre, aber sicher ebenso hart „treffen" würde: sein Herz. Der eigentliche Grund seiner Verwundung ist die nackte weibliche Figur, die sich ihm mit weit gespreizten Beinen zuwendet, und eher ihre Reize aktiv in Szene setzt, als daß sie ihm zu entrinnen sucht. Sebastian dagegen erscheint unbeweglich, plump und unbeholfen und von den spitzen Pfeilen körperlich eher ungerührt.

Religiöse Darstellungen treten nur vereinzelt in Picabias Werk auf und dienen ihm als Vorwand, sie in seinem Sinne zu profanisieren und ihren erotischen Gehalt zu betonen (4). Sebastian ist hier nicht als Märtyrer dargestellt gemäß der biblischen Überlieferung, sondern als eine von den Pfeilen Gott Amors Heimgesuchter, Getroffener.

Francis Picabia   Francis Picabia
Heiliger Sebastian, 1929 (A)   Minos, 1929 (A)   ▶

MINOS

Francis Picabia, La Nuit Espangnole, 1922
Museum Ludwig, Köln

Abschließend sei auf ein Gemälde verwiesen, das aus den verschiedensten Gründen eine Schlüsselstellung innerhalb seines Werkes einnimmt und gerade auch in unserem thematischen Zusammenhang Picabias Position unmißverständlich erklärt: „La Nuit Espagnole" aus dem Jahre 1922, heute im Museum Ludwig in Köln.

Das Bild erscheint wie eine Hommage an das eigene Lieblingsthema, die Erotik. Auf dem in zwei gleiche Hälften aufgeteilten Schwarz-weiß-Untergrund unterscheidet Picabia den bekleideten „aktiven" schwarzen Tänzer auf weißem Grund von der nackten „passiven" weiblichen weißen Figur auf schwarzem Grund, deren Kopf gesichtslos bleibt, während Brust und Geschlecht durch Zielscheiben betont sind. Der Schwarz-Weiß-Kontrast veranschaulicht die Gegensätze und gleichzeitig auch die Abhängigkeit beider Figuren untereinander: Die männliche Figur lebt allein durch den Kontrast zu Weiß, der Farbe der weiblichen Figur, während diese, umgekehrt, nur durch den schwarzen Hintergrund, der Farbe der männlichen Figur, sichtbar wird.

Im Gemälde „Myrtil" benutzt Picabia als Vorlage eine der zahlreichen Darstellungen des Orpheus mit der Leier, wobei die aufrecht stehende Figur deutlich als weibliche Figur gekennzeichnet ist: Unterhalb des rechten Handgelenks ist ein Teil ihrer linken Brust sichtbar. Die lineare Andeutung eines schützenden Gewandes vermischt sich mit darüberliegendem Blattwerk und zum Teil auch mit den großen, jeweils von oben und unten sich fast in Bildmitte berührenden Pferdeköpfen. Der Titel des Gemäldes „Myrtil" trägt kaum zur Erklärung des Bildes bei (5). Der elegische Ausdruck ist eher aus der Verbindung mit dem Mythos des Orpheus zu deuten, dessen Trauer um den Verlust des geliebten Menschen Inhalt endloser Klagen war.

Picabia interessiert die Erotik des Gedankens, des Einsseins von Mann und Frau, des Miteinanderverschmelzens beider Geschlechter. Deshalb zeigt er sie auch stets in seinen „transparences" als „deckungsgleich". Damit thematisiert er deutlich das erotische, emotionale Spannungsfeld zwischen Mann und Frau, deren Gegensätze, ihr Ausgeliefertsein untereinander bis hin zur möglichen zwanghaften Abhängigkeit. Picabia schilderte stets seine eigene emotionale Betroffenheit. Es verblüfft der „Realismus" und der anschauliche Charakter seiner Darstellungsweise, die in krassem Gegensatz zu Duchamps verschlüsselten Fiktionen im „Großen Glas" steht. (Vgl. Beitrag Eberhard Roters)

1 aus: Poetische Aktion. Francis Picabia Schriften, Zweiter Band, Verlag Lutz Schulenburg 1983, S. 71
2 Meines Wissens zum ersten Male hingewiesen auf das Phänomen des Androgynen in den „transparences" hat Schuldt in seiner Einführung zum Katalog Francis Picabia der Galerie Werner, Köln 1980, S. 11
3 Vgl. dazu Ausstellungskatalog Francis Picabia, Städtische Kunsthalle Düsseldorf 1983, mit Literatur; zu den „transparences" s. S. 17–29, 90–95, S. 99–106. Vgl. auch Ausstellungskatalog Francis Picabia, Madrid 1985; Maria LLuïsa Borras, Picabia, Barcelona 1985; Picabia. Opere 1898–1951, hrsg. von Enrico Baj, Electa Mailand 1986
4 Vgl. Ausstellungskatalog Düsseldorf 1983, S. 22, 86.
5 Nach dem Mythos verursachte der Wagenlenker Myrtilus, Sohn des Hermes, veranlaßt von Pelops, den Tod seines Herrn Oinomaos und wurde zur Strafe ins Meer gestürzt.

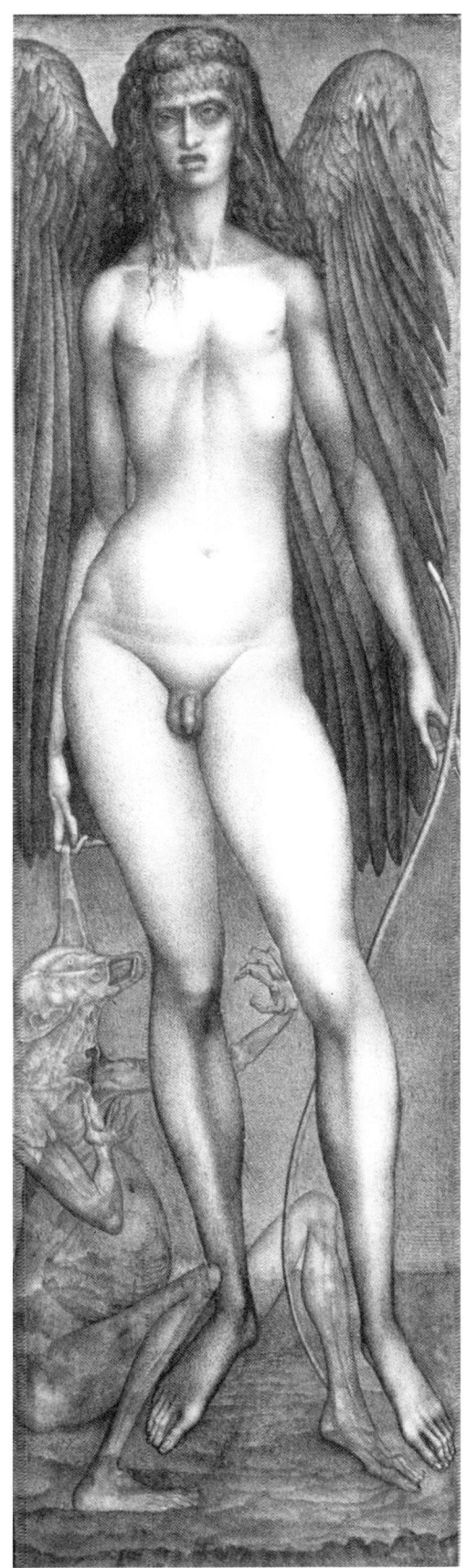

Hermann Strobel

Androgyn: Eine Wirklichkeit in uns

Der Arzt Wilhelm Fliess beobachtete vor der Jahrhundertwende, daß „das dominierende Geschlecht einer Person, jenes, das stärker entwickelt ist, die psychische Repräsentanz des unterlegenen Geschlechts ins Unbewußte verdrängt hat. Deshalb ist bei jedem menschlichen Wesen der Kern des Unbewußten jene Seite von ihm, die dem entgegengesetzten Geschlecht angehört" C. W. Socarides (1). So sehr sich Freud bemühte, die Realität des Unbewußten als Wirkungsfaktor deutlich werden zu lassen, so scheinen mir gerade die Art und Weisen seiner Reduktionen auf biographische Details dazu beigetragen zu haben, daß das dem Unbewußten inadäquate logische Denken das Primat über symbolisches Denken bekam. Das Konzept der Bisexualität führte in das Niemandsland und der lediglich gescheiten, aber nicht viel bringenden Diskussionen darüber, ob diese Bisexualität auf biologischen oder psychodynamischen, gesellschaftlichen Faktoren beruhe.

„Freud war der Meinung, daß eine vom Geschlecht unabhängige Objektwahl – also die Freiheit, gleichberechtigt unter männlichen und weiblichen Objekten zu wählen, wie sie in der Kindheit oder in primitiven Gesellschaftszuständen und frühhistorischen Zeiten zu beobachten ist –, das Ursprüngliche sei, aus dem sich durch Einschränkung nach der einen oder andern Richtung der normale wie der invertierte Typus entwickelt habe" C. W. Socarides (2). Trotz all seinen Bemühungen, rational faßbare Strukturen im Gegenüber zum Psychischen anzubieten, ist jedoch auch bei Freud gelegentlich zu spüren, daß für ihn letztlich wohl doch ein „Dämon" bestimmte, nach welchen Richtungen sich ein Beziehungsschicksal entwickelt und welche Einschränkungen es in Kauf nehmen muß. Die Psychoanalyse „steht auf gemeinsamem Boden mit der Biologie, indem sie eine ursprüngliche Bisexualität des menschlichen (wie des tierischen) Individuums zur Voraussetzung nimmt. Aber das Wesen dessen, was man im konventionellen oder im biologischen Sinne ‚männlich' und ‚weiblich' nennt, kann die Psychoanalyse nicht aufklären, sie übernimmt die beiden Begriffe und legt sie ihren Arbeiten zugrunde. Beim Versuch einer weiteren Zurückführung verflüchtigt sich ihr die Männlichkeit zur Aktivität, die Weiblichkeit zur Passivität, und das ist zu wenig" (3).

Ernst Fuchs, Engel und Kreatur, 1960 (A)

Gustave Moreau,
Die Sphinx, 1886 (A)

Simeon Solomon, Nacht (A)

In seinen „Drei Abhandlungen zur Sexualtheorie" schreibt er: „Der populären Theorie des Geschlechtstriebes entspricht am schönsten die poetische Fabel von der Teilung des Menschen in zwei Hälften – Mann und Weib –, die sich in der Liebe wieder zu vereinigen streben" (4). Später weist er darauf hin, daß es Fälle gibt, „in denen die Geschlechtscharaktere verwischt und somit die Geschlechterbestimmung erschwert wird" (5). Er verweist auf den anatomischen Hermaphroditismus als Norm: „Bei keinem normal gebildeten männlichen oder weiblichen Individuum werden die Spuren vom Apparat des andern Geschlechts vermißt, die entweder funktionslos als rudimentäre Organe fortbestehen oder selbst zur Übernahme anderer Funktionen umgebildet worden sind". Und er erwähnt in diesem Zusammenhang auch, welche Irritationen von Menschen, die sich einem konkreten, organischen Hermaphroditismus gegenübersehen, im Sinne von Abscheu Besitz ergreifen.

Das Seltsame bei Freud ist, daß er immer wieder dazu neigt, seelische Beziehungsphänomene konkretistisch zu interpretieren. So wird die Ödipus-Einstellung des Knaben der phallischen Phase zugeordnet und festgeschrieben, daß sie „an der Kastrationsangst, also am narzißtischen Interesse für das Genitale, zugrunde geht... Eine Erschwerung des Verständnisses ergibt sich aus der Komplikation, daß der Ödipuskomplex selbst beim Knaben doppelsinnig angelegt ist, aktiv und passiv, der bisexuellen Anlage entsprechend. Der Knabe will auch als Liebesobjekt des Vaters die Mutter ersetzen, was wir als feminine Einstellung bezeichnen" (6).

Bekanntlich nahm Freud an, wenn ein kleiner Knabe die Genitalgegend eines Mädchens erblickte, glaube er an die Wirklichkeit einer ihm gegenüber erfolgten Kastrationsdrohung, und reagiere auf das Mädchen mit „Abscheu vor dem verstümmelten Geschöpf oder triumphierender Geringschätzung desselben" (7). „Anders als das kleine Mädchen. Sie ist im Nu fertig mit ihrem Urteil und ihrem Entschluß. Sie hat es gesehen, weiß, daß sie es nicht hat, und will es haben... Das Mädchen verweigert es, die Tatsache ihrer Kastration anzunehmen, versteift sich in der Überzeugung, daß es doch einen Penis besitzt, und ist gezwungen, sich in der Folge so zu benehmen, als ob es ein Mann wäre" (8).

Freud geht in seiner Rationalisierung der Geschlechtsunterschiede sogar bis zur Behauptung, aufgrund des Penisneides vertrage „das Weib" die Masturbation schlechter als der Mann, sie sträube sich öfter gegen sie, ja sei sogar „außerstande, sich ihrer zu bedienen", wenn es sicher auch unzählige Ausnahmen gebe. Wir finden in dieser *Art*, Geschlechtsspezifisches behandeln zu wollen, bereits dieselben problematischen Ansätze, wie sie heute im Zusammenhang mit der Diskussion um die Gleichstellung von Mann und Frau auffallen. Glücklicherweise schränkt Freud aber – im Gegensatz zu manchen forschen Modernen – die Bedeutung seiner Rationalisierungen gelegentlich immer wieder selbst ein, nämlich: „daß alle menschlichen Individuen infolge ihrer bisexuellen Anlage und der gekreuzten Vererbung männliche und weibliche Charaktere in sich vereinigen, so daß die reine Männlichkeit und Weiblichkeit theoretische Konstruktionen bleiben mit ungesichertem Inhalt" (9). Die Art und Weise, wie von weiblicher Seite das Problem der Gleichschätzung von Mann und Frau behandelt wird, erinnert zweifellos an den von Freud bereits 1931 angesprochenen „Männlichkeitskomplex". Aber diesen zurückzuführen auf die Hoffnung der Frauen, doch „noch einmal einen Penis zu bekommen", wird heute wohl nicht mehr recht überzeugend wirken (10). Noch 1915 vertritt Freud in seiner Libidotheorie die Ansicht, die Libido „als quantitativ veränderliche Kraft, welche Vorgänge und Umsetzungen auf dem Gebiete der Sexualerregung" mißt, sei männlicher Natur: „Denn der Trieb ist immer aktiv, auch wo er sich ein passives Ziel gesetzt hat" (11).

Inzwischen wissen wir längst, daß derartige einfache Zuordnungen wie Aktivität = Männlichkeit sich nicht halten lassen, wenigstens nicht objektiv fixiert. Äußerstenfalls wäre es zulässig, sich im Sinne einer sprachlichen Verständigung im Rahmen des common sense auf eine solche Zuordnung zu einigen, ähnlich wie man contra naturam *formuliert*: „Nehmen wir an, A sei gleich B und B gleich C, dann ist A gleich C." Auffällig ist, wie oft vergessen wird, daß es sich bei solcher Formulierung nur um eine Annahme handelte und daß ein solcher Satz seine Richtigkeit nur im Rahmen *bewußter rationaler Strukturen* haben kann, sich aber auf die Natur nicht anwenden läßt.

Es hat natürlich auch zahlreiche Versuche gegeben, Männliches und Weibliches in seiner Unterschiedlichkeit soziologisch zu begründen, d. h. aus den Verhältnissen der menschlichen Gesellschaftsordnung. P. Lersch (12) zitiert Vaerting, der 1921 eine „Neubegründung der Psychologie von Mann und Weib" versuchte. Lersch erwähnt: „Die der Frau nachgesagten Eigenschaften seien solche, die sich in soziologischer Gesetzmäßigkeit immer bei der unterdrückten Menschenklasse zeigen, die männlichen solche, die sich zwangsläufig bei der Herren- und Herrscherklasse herausbilden... Die geringere physische Kraft der Frau, ihre volleren und weicheren Formen und ihre größere Üppigkeit sind – so wird gesagt – das Ergebnis ihrer Beschränkung auf den Tätigkeitsbereich der häuslichen Wirtschaft und der Familie. Ihre Neigung zum Schmuck und zur Pflege der eigenen Schönheit wird daraus erklärt, daß die Frau als beherrschtes Geschlecht darauf angewiesen sei, das herrschende Geschlecht anzulokken und sich ihm gefällig zu machen. Diese und andere Unterschiede sind – so ist die Meinung von Vaerting – ausschließlich das Ergebnis der Machtverhältnisse zwischen den Geschlechtern, also keineswegs angeboren, sondern soziologisch bedingt... Das Umgekehrte gilt für die Frauen in der gynäkokratischen Gesellschaftsordnung: Sie zeigen solche Eigenschaften, die bei uns als ausgesprochen männlich gelten. „Wenn die Frau herrscht, so ist sie der werbende Teil in der Liebe." Sie „besorgt die Geschäfte außerhalb des Hauses, und der Mann führt den Haushalt. Der Mann schmückt sich, und die Frau hat eine sehr eintönige Kleidung. Die Männer gelten als das gütigere, wohlwollende, aber geistig wenig befähigte Geschlecht" M. Vaerting (13). Lersch betont zu Recht, daß „alle diese Verschiebungen im Bilde der Frau ... sich lediglich auf die Sphäre der Leistung und des Verhaltens (erstrecken), ohne den Kern ihres Wesens zu berühren".

Lersch verweist in seinem 1950 erschienenen Buch auf die Gefahr von Fehlentwicklungen aufgrund solcher simplifizierend reduktiven Betrachtungsweisen: „Wenn nun die Frauenbewegung gerade aus der Polarität der Geschlechter zu verstehen ist, weil diese es nicht zuläßt, daß das Ganze des menschlichen Daseins auf die Dauer nach *einem* Pol ins Extrem verschoben bleibt, so hat sich die Frauenbewegung freilich in all *den* Tendenzen mißverstanden, die darauf hinausliefen, im Zuge des Sich-zur-Geltung-Bringens es dem Manne in Erscheinung (Hosenmode, Herrenhaarschnitt) und Gebaren gleichzutun und alle Rechte des Mannes in Anspruch nehmen zu wollen. Eine solche Vermännlichung der Frau, in der diese die ihr unvertretbar zugewiesenen Gattungsaufgabe verleugnet, verwechselt die tatsächlich in der Geschlechterpolarität begründete Gleich*wertigkeit* mit dem Begriff der Gleich*artigkeit* und hebt dadurch das Prinzip der Polarität recht eigentlich auf. Denn, wenn es gerade dem Gesetz der Geschlechterpolarität entspricht, daß die Verschiebung menschlicher Daseinsform nach einem der Pole den verstärkten Ruf des andern zur Folge hat, so widerspricht das eben diesem Gesetz, daß ein solcher Ausgleich in der Form der Nivellierung geschieht, weil diese die Polarität zur Auflösung brächte" (14).

Soziologisch ist auch heute das von Lersch angesprochene Problem weit entfernt von einer gangbaren Lösung. Im Gegenteil treibt es manchmal amüsant verwunderliche Blüten, die den fragmentarischen, ja oft dissoziierten Bewußtseinszuständen vieler „moderner" Menschen offenbar entsprechen, die in der „Anonymität der gesellschaftlichen Verhältnisse" und der „Absurdität des Realen" nach helfenden äußeren Strukturen suchen und gerade dadurch sich in ihrem Eigenwert immer mehr entfremden.

Da erschien in der Nummer 211 der „Süddeutschen Zeitung" vom 13. September 1985 eine doppelseitige Werbung eines Münchner Modehauses: „Androgyn. Heute Eröffnung! Eine alte Vision wird wahr. Andro = männlich, gyn = weiblich, androgyn = Aufhören, in Unterschieden zu denken. – Deine Mode ... Meine Mode. Der Spaß am ,gleich empfinden', der Spaß der gleichen Kleidung. Der Spaß am Ja zur Gemeinsamkeit." Die Ablichtung eines jungen Paares, dessen Blicke dem Betrachter der Werbeanzeige eher kritisch begegnen, aber keineswegs etwa „Spaß" an solcher „Gemeinsamkeit" ausdrücken, illustrierte die Eröffnung dieser „wahr gewordenen Vision". Sie mit kurzem Haarschnitt lehnt gegen einen Langhaarigen. Beide tragen Hose und Weste. Seine Hose zeigt das Dessin ihrer Hose, und überdies besteht die dokumentierte Gemeinsamkeit im gleichen Schuhmodell... Ist es wirklich nur ein oberflächliches Styling zum Unterschiedslosen hin, was man sich heute kollektiv unter „androgyn" vorstellen soll?

Daß es außerhalb von Modehäusern so viel Spaß an Gemeinsamkeit der Geschlechter offenbar doch nicht gibt, zeigt eine etwas gequälte Rechtfertigung des Schriftstellers Walter Schenker im Züricher Tages-Anzeiger vom 10. Oktober 1985 mit dem Titel: „Darf ein Mann wie eine Frau schreiben?" Schenker hatte sich nämlich genau dies „erlaubt", „nicht nur eine weibliche Heldin auf die Beine zu stellen, sondern darüber hinaus diese bis in alle Intimitäten mit der dazugehörigen Innenwelt auszustatten und sie in Ich-Form zum Sprechen zu bringen." Bemerkenswerterweise hatte ihm gerade dies ernsthafte Schelte von weiblicher Seite eingetragen. Dabei hatte er sich von seiner eigenen Frau absichern lassen, ob seine Vorstellungen und Formen des Ausdrucks auch wirklich weiblichen entsprechen konnten, und hatte vor da her manche Korrektur willig auf sich genommen. Nun fühlte er sich, trotz allem „in die Verteidigerrolle gedrängt". Ein eindrucksvolles Beispiel dafür, mit welcher Exklusivität modische Gynandrie Geschlechtlichkeit als Wert heute behandelt!

Leben die Geschlechter heute ohne wirkliche Wertbeziehung zueinander und ohne tiefere Verbindung zu einem gemeinsamen Inhalt? *Sind sie bloß noch oa, ohne Du, sich aber unterschiedslos duzend?* Für den mit dem individuellen Fall arbeitenden Analytischen Psychologen sieht das Problem so negativ glücklicherweise nicht aus. Er erlebt im Alltag der Praxis immer wieder, daß Gegensätze Pole einer übergeordneten Einheit sind, zwischen denen eine Spannung oder Beziehung herrscht, die manchmal freiwillig auf eine sehr irrationale Weise nach Vereinigung tendiert. Für ihr ist die Antinomik als Diagnose lediglich die höchste Stufe der Bemühung der *ratio*, die deshalb nur in *deren* Rahmen ihre Bedeutung hat. Wo sie die Einstellung eines indivi-

Max Ernst, Entrer, sortir, 1923 (A)

duellen Lebens beherrscht, wird der betreffende Mensch, wie leicht zu beobachten ist, hochgradig neurotisch. Da unser Zeitgeist von Antinomik, zunehmend mit der Einführung und Verbreitung des Computers, beherrscht wird, kann man sich alltäglich mit Hilfe der Medien über den Grad der fortschreitenden Kollektivneurosen informieren. Es bilden sich individuelle und kollektive Feindbilder, die auf mangelnder Auseinanersetzung oder sogar Unkenntnis des eigenen inneren Widerparts beruhen, der dadurch in Projektion auf die Umgebung kommt. *Statistische* Ergebnisse werden als *Wahrheiten* feilgeboten und auch geglaubt, obwohl keinerlei Langzeitbeobachtungen Daten geliefert hätten. Eine lediglich auf efficiency bedachte Rationalität provoziert terroristische Reaktionen.

Der Analytische Psychologe ist bestrebt, Brücken zu schlagen „zwischen dem von Entwurzelung bedrohten Gegenwartsbewußtsein und der naturhaften, unbewußt-instinktiven Ganzheit der Vorzeit. Durch diese Vermittlung wird die Einmaligkeit, Einzigartigkeit und Einseitigkeit des individuellen Gegenwartsbewußtseins an die natur- und stammhaften Vorbedingungen angeschlossen. Fortschritt und Entwicklung sind nicht zu leugnende Ideale; aber sie verlieren ihren Sinn, wenn der Mensch im neuen Zustand nur als Fragment seiner selbst anlangt und alles Hintergründliche und Wesenhafte im Schattten des Unbewußten, in einem Zustand der Primitivität oder gar der Barbarei zurückläßt. Das von seinen Grundlagen abgespaltene Bewußtsein, unfähig den Sinn des neuen Zustandes zu erfüllen, fällt dann nur allzu leicht in eine Lage zurück, welche schlimmer ist als die, aus welcher die Neuerung befreien wollte... Der allgemein verbreitete Glaube an Wörter ist eine wahre Krankheit der Seele, denn ein solcher Aberglauben lockt immer weiter weg von den Grundlagen des Menschen und verführt zu heillosen Identifikationen der Persönlichkeit mit dem jeweils geglaubten ‚slogan'. Unterdessen rutscht alles vom sogenannten Fortschritt Überwundene und Zurückgelassene immer tiefer ins Unbewußte hinunter, woraus schließlich der primitive Zustand der Identität mit der Masse wieder entsteht. Und dieser Zustand wird dann zur Wirklichkeit an Stelle des erhofften Fortschritts.

Das zweigeschlechtliche Urwesen wird im Laufe der Kulturentwicklung zum Symbol der Einheit der Persönlichkeit, des Selbst, in welchem der Konflikt der Gegensätze zur Ruhe kommt. Das Urwesen wird auf diesem Wege zum fernen *Ziel* der Selbstverwirklichung menschlichen Wesens, indem es von Anfang an schon eine Projektion der unbewußten Ganzheit war... Wie jedes Individuum aus männlichen sowohl wie aus weiblichen Genen hervorgeht und das jeweilige Geschlecht durch das Vorwiegen entsprechender Gene bestimmt wird, so hat auch in der Psyche nur das Bewußtsein, im

Falle des Mannes, männliches Vorzeichen, das Unbewußte dagegen hat weibliche Qualität. Bei der Frau liegt der Fall umgekehrt. Ich habe diese Tatsache in meiner Anima-Theorie nur wiederentdeckt und formuliert. Bekannt war sie aber schon längst" C. G. Jung (15). In diesem Zusammenhang sei an die oben erwähnte, früher formulierte Vermutung von W. Fliess erinnert. Während bei Fliess das Gegengeschlechtliche jedoch etwas Verdrängtes ist, ist es bei Jung a priori gegebenes Unbewußtes einer Ganzheit, das sich der Manipulation durch das Bewußtsein weitgehend entzieht. In der Regel ist das weibliche Unbewußte des Mannes auf eine reale Frau und das männliche Unbewußte der Frau auf ein männliches Gegenüber projiziert mit allen damit verbundenen positiven und negativen Konsequenzen. Der Komplexität der Psyche entsprechend könnte man auch von Introjektionsakten sprechen. Wenn immer nämlich ein Mann einer Frau begegnet, wird das Weibliche in ihm auf irrationale Weise aktiviert, und umgekehrt geht es den Frauen nicht besser, wenn sie einem Manne begegnen. Dies ist Quelle von Glücksempfindungen, aber auch von unendlichen Verwirrungen. Komödie und Tragödie liegen hier nahe beieinander.

Es gibt Untersuchungen aus neuester Zeit, was denn eigentlich für „männlich" oder „weiblich" auf der psychischen Ebene als signifikant gelten könnte. So seien Buben im Verhalten „variabler" als Mädchen und deshalb weniger „konditionierbar". Kagan und Tulkin (16). Bei seßhaften Völkern nähmen die Frauen eher abhängige Positionen ein, bei nichtseßhaften genössen sie mehr Ansehen. Dies wiederum habe eine unterschiedliche Folge auf die geschlechtsspezifische Mutter-Kind-Beziehung und die Ausbildung männlicher und weiblicher Charakterzüge. A. Stapf (17). Es wird hier offenbar vorausgesetzt, daß „abhängige Positionen" notwendigerweise auch geringeres Ansehen zur Folge haben müssen. Testuntersuchungen ergeben, daß männliche Personen bei figuralen Reizen (visuellen, akustischen, taktilen, wahrnehmbaren oder vorstellbaren) besser abschneiden als weibliche. Die weiblichen Testpersonen hätten es leichter als männliche bei symbolischen Reizen (Zeichen, Buchstaben, Ziffern, Noten, ohne Sinnzusammenhang) und semantischen Reizen (begrifflichen oder konstruktiven oder bedeutungshaltigen Bildern) F. Süllwold (18). Mehrere Untersuchungen erbrachten eine hohe Konstanz bezüglich der „Aggressivität" bei Männern (19). Mit Recht erinnert Bergius (20), wie sehr der Beobachter dazu neigt, „das Verhalten des anderen dessen stabilen Dispositionen zuzuschreiben". Ich möchte zusätzlich daran erinnern, wie sehr das beobachtete Ergebnis von der augenblicklich konstellierten Disposition des Beobachters abhängt.

Die komplizierte Erfahrung der Naturwissenschaft intui-

tiv vorwegnehmend, hat Jung es vorsichtigerweise vorgezogen, keine derartigen Maximen aufzustellen, sondern seine Beobachtungen lediglich als momentanes, individuell Bezogenes vorzustellen. Wo sich Gemeinsamkeiten zu zeigen schienen, überprüfte er diese immer wieder neu aus der aktuellen Situation des Betroffenen und unter Herbeiziehung der spontanen Manifestationen des Unbewußten, wie sie sich in Träumen, Visionen oder synchronistischen Phänomenen zeigen.

Seine kulturphänomenologischen Forschungen bezüglich der Androgynie faßt er unter anderem in seinem Werk „Psychologie und Alchemie" folgendermaßen zusammen (21): „Die Gegensätzlichkeit im ‚ens primum' ist sozusagen eine universale Idee. In China ist das Gegensatzpaar ‚Yang' und ‚Yin', ungerade und gerade Zahl, Himmel und Erde usw., ebenso findet sich die Einigung im Hermaphroditen." Bei Empedokles findet sich die neikos und philia der Elemente, wobei dem Zeus die Qualität des Feuers und seiner Gattin Hera die der Luft zugeordnet wurden. Wie im Falle der nordischen Ymir und Buri entstünden in zweiten Schöpfungsperioden Zwitter. Bei den Neupytagoräern ist die Monas männlich, die Dyas weiblich, bei Nikomarchos die Gottheit gerade und ungerade Zahl, daher mannweiblich. Bei Valentinus ist der Weltschöpfer Muttervater, bei Markos hermaphroditisch. Bei den Ophiten ist das „pneuma" mannweiblich.

Von der Idee des „pneuma" (Hauch, Seele) ausgehend, kam Jung zu dem inzwischen bestätigten Schluß, daß Mann und Frau zu verschiedenen Ergebnissen kommen können, was denn „männlich" und was „weiblich" sei und die diesbezüglichen Erlebnisse eher von *geschlechtsspezifischen inneren, seelischen Bedingungen* abhängen und weniger von äußeren Gegebenheiten. Sie können bei derselben Person, je nach Konstellation und aktualisierter Komplexstruktur variieren. Jung gibt der Seele eine feminine Qualität (22), jedenfalls vom Mann aus gesehen. „Die Frau mit ihrer der männlichen so unähnlichen Psychologie ist (und war stets) eine Quelle der Information über Dinge, für die der Mann keine Augen hat. Sie kann ihm Inspiration bedeuten; ihr dem männlichen oft überlegenes Ahnungsvermögen kann ihm nützliche Warnungen geben, und ihr aufs persönliche orientiertes Gefühl vermag ihm Wege zu zeigen, die seinem wenig persönlich bezogenen Gefühl unauffindbar wären." (23). Gerade „männliche" Männer besitzen „allerdings wohlbehütet und versteckt" ein sehr weiches (oft zu Unrecht als ‚weiblich' bezeichnetes) Gemütsleben…" Die Verdrängung des weichen Gemüthaften führt zu einer Anhäufung der entsprechenden Qualität im Unbewußten, die dann wiederum das Material bildet für Projektionen auf Frauen. „Der Mann (unterliegt) in seiner Liebeswahl öfters der Versuchung, jene Frau zu gewinnen die der besonderen Art seiner eigenen unbewußten Weiblichkeit am besten entspricht, eine Frau also, welche die Projektion seiner Seele möglichst anstandslos aufnehmen kann. Trotzdem eine solche Wahl des öfteren als ein Idealfall angesehen und empfunden wird, so kann es auch ebenso gut seine eigene schlimmste Schwäche sein, die der Mann auf diese Weise sichtbar heiratet. (Dies dürfte manche höchst merkwürdige Ehe erklären!)" (24).

Nur starke Männer können im allgemeinen zugeben, daß sie „eine Schwäche haben", wobei es sich meistens um einen Teil eines privat empfundenen Gefühls handelt, das so gar nicht mit Männlichkeitsidealen des gerade herrschenden Zeitgeistes übereinstimmt. Diese „Schwäche" haben sie oft für eine Frau, die in irgendeiner Weise unbewußt dem Weiblichen entspricht, das der Mann als solches als Kleinkind erfuhr. Die ersten Erfahrungen am realen Weiblichen haben und behalten meist prägenden Charakter. „Die erste Trägerin des Seelenbildes ist wohl immer die Mutter, später sind es diejenigen Frauen, welche das Gefühl des Mannes erregen, gleichgültig ob in positivem oder negativem Sinne." (25). Da unsere Kultur nicht mehr über entsprechend einschneidende Initiationsriten oder Männerweihen verfügt, die auch heute noch bei den sogenannten „Primitiven" der Ablösung von der Mutter dienen, wird die Anima (so nennt Jung die weibliche Seele) „in Form der Mutterimago auf die Frau übertragen, mit dem Erfolg, daß der Mann, so bald er heiratet, kindisch, sentimental, abhängig und unterwürfig wird, oder im anderen Fall aufbegehrerisch, tyrannisch und empfindlich, immer auf das Prestige seiner superioren Männlichkeit bedacht. Der Schutz gegen das Unbewußte, den ihm die Mutter bedeutete, ist dem modernen Menschen nicht ersetzt worden, weshalb er sein Eheideal unbewußt so gestaltet, daß seine Frau womöglich die magische Mutterrolle übernehmen muß. Unter dem Deckmantel der ideal exclusiven Ehe sucht er eigentlich bei der Mutter Schutz und kommt so dem Besitzinstinkt der Frau verführerisch entgegen. Seine Angst vor den dunklen Unberechenbarkeiten des Unbewußten verleiht der Frau eine illegitime Macht und gestaltet die Ehe zu einer so ‚innigen Gemeinschaft', daß sie aus innerer Gespanntheit beständig zu zerspringen droht, – oder er macht aus Protest das Gegenteil mit dem selben Erfolg." (26) Da die Welt also außen *und* innen ist, haben äußere Störungen den Charakter einer Spiegelung innerer Störfaktoren und umgekehrt. Durch sie erzwingt die Anima, daß sich die Aufmerksamkeit des Bewußtseins auf sie richtet. Deshalb haben Depressionen, Ehekrisen oder als schicksalhaft empfundene Schläge ihren *tiefen inneren Sinn*, der nicht einfach „wegtherapiert" werden sollte. Es wird dazu die sogenannte „Objektivation der Anima" unumgänglich. Zu ihr verhilft über den Umgang mit Träumen in ihrer Beziehung zum Alltag eine analyti-

sche und dann synthetische Auseinandersetzung, wie sie die Analytische Psychologie methodisch übt.

Anders als das männliche Bewußtsein entwickeln Frauen eine „weitläufige Bewußtheit der persönlichen Beziehung, deren unendliche Nuancierung dem Mann in der Regel entgeht." Liegt dem Mann das Logos-Prinzip mit seinen analytischen Vorgehensweisen näher, so dem Weiblichen das Eros-Prinzip mit einem eher synthetisch arbeitenden Annähern. Bei ihr wird weibliche Bewußtheit durch eine männliche, logoshafte Unbewußtheit kompensiert, ein Seelenbild, das Jung deshalb „Animus" nannte. Diese Seite befähigt sie zu einem sogenannten „gesunden Menschenverstand", aber auch zu kreativen, geistigen und künstlerischen Leistungen.

Werden die im Unbewußten dementsprechend als Energiepotential vorhandenen Begabungen nicht adäquat bewußt erkannt und benutzt, verursachen sie beim Manne Launen, Sexbesessenheiten, Spontaneitätsstörungen, Sentimentalitäten usw. Bei der Frau bewirken diese ungenutzten Potentiale ein Fixiertsein auf Vorurteile, Überzeugungen, verführen zu verallgemeinernden Prinzipienreitereien, die als unantastbar zu gelten haben. Die Männer sind dann abgespalten von ihrem Gefühl, die Frauen durchdenken nicht mehr, sie folgen blindlings Durchschnittsmeinungen. Beide Geschlechter formulieren ihre Aussagen mit einem unpersönlich und erkältend wirkenden „man". Z. B.: „Man tut so etwas nicht" oder „man sollte doch…". Das „man" hat den Platz warmer Ich-Bezogenheit eingenommen und das Ich zum Opfer unbewußter Kollektivität werden lassen. Individuell bezogene Betrachtungs- und Beurteilungsweisen sind dann nicht mehr möglich und werden einfach übergangen. Es findet damit eine Art Entpersönlichung statt. Eine Uniformität des Wesens fällt unangenehm berührend auf. Eine versteinernde Prinzipialität macht jede weitere Unterhaltung unmöglich. Wir stoßen auf Radikaleinstellungen wie „alles oder nichts", „so oder gar nicht", „wenn schon – denn schon", als Massenphänomen: „Du bist nichts, Dein Volk ist alles!" Generalisierung ist Trumpf. Wir haben dann eine Art unbewußter Androgynität: Der Mann ist kein „richtiger Mann" mehr, die Frau „ein Mannweib".

Der Mann empfindet die Frau dann als inspirierend, wenn sie ihn mit ihrem „logos spermatikos" befruchtet. In diesem drückt sich nicht nur die kindlich erlebte Erfahrung des Weiblichen am Männlichen aus, sondern auch originäre Spiritualität.

Anima und Animus bezeichnet Jung als „Zwielichtgestalten des dunklen Hintergrundes" (27). Sie sind in ihren Aspekten fast unerschöpflich. Dramatisch sehr schön in ihrem Wirken dargestellt kann man sie finden

Edgar Ende, *Der große Hermaphrodit*, 1960 (A)

im „Sommernachtstraum" von Shakespeare als Oberon und Titania. Wenn diese beiden miteinander im Streit liegen, geht in der Oberwelt alles schief: Die, die sich lieben, hassen sich plötzlich und die, die sich eben noch haßten, lieben sich, wenn sich die Harmonie zwischen Oberon (Animus) und Titania (Anima) wieder herstellen läßt.

Deshalb ist es auch so sehr wichtig, daß jeder Mensch um seine eigene psychisch gegengeschlechtliche Seite weiß. Wenn jeder darüber wüßte und lernen würde, sich entsprechend einzustellen auf diese Begabungen, bliebe uns manches Elend in Partnerbeziehungen erspart. Soziales Verhalten verliefe entspannter. Jung bezeichnet deshalb die *Auseinandersetzung* vor allem mit dem gegengeschlechtlichen Gegenpol *in* uns als ein Notwendiges. Indem der Mann um seine Weiblichkeit weiß, und die Frau um ihre Männlichkeit, versichern sie sich nicht nur ihrer Ganzheit. Mann und Frau werden im eigentlichen Sinne überhaupt erst soziabel. „Der unbezogene Mensch hat keine Ganzheit, denn er erreicht diese nur durch ihre Seele, die ihrerseits nicht sein kann ohne ihre andere Seite, welche sich stets im ‚Du‘ findet. Die Ganzheit besteht aus der Zusammensetzung von Ich und Du, welche als Teile einer transzendenten Einheit erscheinen", (28). „Es handelt sich selbstverständlich nicht um die Synthese, resp. Identifikation zweier Individuen, sondern um die bewußte Verbindug des Ich mit all dem, was sich als Projektion im Du birgt. Das heißt also, daß die Herstellung der Ganzheit ein intrapsychischer Vorgang ist, welcher essentiell vom Bezogensein des Individuums auf einen anderen Menschen abhängt. Das Bezogensein ist an sich eine Vorstufe der Individuation, beweist aber kein Vorhandensein der Ganzheit. Die Projektion auf das weibliche Gegenüber enthält die Anima…" (29).

Die oft anzutreffende rein sexualistische Ausdeutung des hermaphroditischen Symbols läßt immer erkennen, daß das betreffende Ich sich in einer unbewußten Identität mit seiner Anima oder dem Animus befindet. Beide Funktionskomplexe bilden bei sexuellen Störungen eine gar nicht zu überschätzende Rolle. Die sexualistische Diskussion, die gelegentlich auch heute noch fanatisch betrieben wird, ist hauptsächlich ein Symptom für die tiefe Gespaltenheit zwischen Mensch und Natur. Wo der Mensch im Einklang mit seiner Natur lebt, gibt es keine sexuellen Probleme und die faszinierende Wirkung des Sexuellen hält sich in wünschbaren Grenzen.

Träume

Denjenigen, die in diesem Zusammenhang erlaubten, ihr Traummaterial zu veröffentlichen, sei auch an dieser Stelle nochmals herzlich gedankt.

Träume mit androgynen Inhalten treten vor allem dann auf, wenn in kritischen Situationen im Bewußtsein ein Mangel an Orientierung durch Einseitigkeit herrscht. Eine angemessene Wertung ist dann erschwert. Solche Inhalte weisen, je nach Bewußtseinslage, kompensatorisch oder komplementär, entweder auf ein Ungleichgewicht in den männlich-weiblichen inneren Beziehungen hin oder eben auf die Möglichkeit einer Harmonisierung zwischen polaren Extremen.

Eine in einer auch gesundheitlich äußerst kritischen Situation befindliche Akademikerin träumte:

„Ich ging von meinem Grundstück eine breite Treppe zwischen den Weinbergen den Schloßberg hinauf. Der Berg war wie eine dreistufige Pyramide, in deren Inneres von den Stufen aus Eingänge führten, von denen ich aber keinen benutzte. Auf der Höhe des Berges sah ich Kastanienbäume stehen. Es war starker Regen gefallen. Ich sah zurück über das Land und sah, wie die Wasser stiegen. Ich war ein Mann. Links von mir ging eine schöne Frau, mit der mich eine tiefe Liebe verband. Mich durchströmte ein nie gekanntes Glücksgefühl, über die Liebe hinaus begründet in einer neuen Dimension des Gefühls, eines männlichen Bewußtseins und damit einer neuen Sicht der Dinge. Es war ein neues Erleben von Ganzheit. Wir blieben stehen, blickten zurück, die Wasser stiegen. Lautlos rutschte das untere Drittel des Weinberges ab in die Fluten. Hand in Hand stiegen wir bergauf. Ich wußte, daß wir oben unter den alten Kastanien sicher wären und das Wasser nur bis zum letzten Absatz steigen würde. Trotz der Bedrohung des Untergangs des Landes und der Lebewesen, erfüllte mich ein unglaubliches Glücksgefühl: Auf ‚dem Berg des Lichts‘ zu überleben, nach dem Absinken der Wasser völlig neu zu beginnen, alles zu gestalten, bereichert durch das Männliche in mir und die für mich neue Art, verantwortlich und tatkräftig in Beziehungen zu treten. Das Erleben der ‚Vollständigkeit‘ war so stark, daß ich mich gegen das Aufwachen wehrte, um es nicht wieder zu verlieren."

Zum Zeitpunkt des Traumes befand sich die freiberuflich tätige Träumerin in einer riskanten Streß-Situation. Der Beruf zwang sie, effizient zu sein, so wenigstens glaubte sie. Moralisch auf Tüchtigkeitsprinzipien festgelegt, litt sie unter chronischer Aggressionsgehemmtheit. Sie lief Gefahr, gegenüber einer bestehenden Herzinsuffizienz in ein Indifferenzsyndrom zu laufen. Bezeichnenderweise waren es Kastanien, die auf dem „Berg des Lichts" standen. Kastanien sind geschützt durch eine stachelige Schale, die dem sich ständig äußeren Bedingungen anpassenden Ich sehr nützlich gewesen wäre, bisher jedoch mangels Nutzung eines Zugangs zu inneren Werten (Eingänge in den Pyramidenberg) unrealisierbar blieben. Der Traum zeigt eine ris-

Tamara de
Lempicka,
Die Herzogin
von La Salle,
1925 (A)

kante, an Sintflut erinnernde Wandlungssituation an. Obwohl sich das Ich als Mann wohlfühlt, muß es fraglich bleiben, ob ihm diese Identität mit dem Männlichen auch wirklich gut bekommt. In seinem Streben nach Licht, nimmt es die Vernichtung des dionysischen, erdhaften Elementes des Weinbergs etwas gar zu leicht. Das Weibliche ist allzu sehr in den Schatten gekommen. Hier hat die Androgynität zweifellos ein riskantes Maß erreicht, indem die Differenzierung des weiblichen Ichs zu seiner urteils- und handlungsfähigen Männlichkeit durch Identität verloren gegangen ist. Das Ich zweifelt an einer möglichen Umsetzung in Alltagsleben. Es möchte am liebsten von diesem Traum nicht aufwachen. Wenn das Ich Sicherheit sucht, dann darf es eben gerade nicht zwischen Unbewußtsein und Bewußtsein stecken bleiben. Die existentielle Bedrohung des Lebens wird von der Träumerin nicht genügend bewußt zur Kenntnis genommen, ja sogar bagatellisiert.

Eine vierzig-Jährige von hoher Intelligenz geriet ausgerechnet an eine Analytikerin, die an einem Intelligenzkomplex litt und deshalb gelegentlich beim Argumentieren auf ihre größere „Weisheit" pochte, derentwegen einfach nur *sie* „rechthaben" könnte (Animus!). Dadurch wurde aber bei der Analysandin geradezu ein Macht-Ohnmachtskomplex provoziert. Die analytische Beziehung zwischen Analysandin und Analytikerin wurde so zu einem komplizierten Hick-Hack. In einer kritischen Situation der Überlegung, ob sie die Analyse nicht besser abbrechen solle, träumte die Analysandin:

„Meine Analytikerin ist hinter mir. Sie hält mich mit ihren Armen und Beinen an den Hüften fest. Ich spüre sogar ihren Penis! Sie sagt mir: ‚Weißt Du, die wollten eben nicht in diese Schule, denn sie schämten sich, Kurse zu besuchen, die für italienische Bauern ausgeschrieben waren.' Nur mit Widerwillen und nach einer Weile akzeptiere ich es und kann das Demütigungsgefühl dieser Leute einigermaßen nachempfinden. Es ist ein wunderbares Gefühl, von meiner Analytikerin akzeptiert zu sein und bei ihr Geborgenheit zu finden. Es ist auch physisch sehr angenehm."

Der Umstand, daß die Analytikerin im Traum im Rücken, also im Schattenbereich des Ichs plaziert war, wies darauf hin, daß sich in der Analytikerin real ein Potenzproblem spiegelte, das als eigenes der Träumerin noch unbewußt war und deshalb in Projektion kam. Der Penis würde auch hier eine kreative Potenz ausdrücken, die oft als bloße Macht mißverstanden wird. Vom reinen Machtstandpunkt des Animus der Frau aus, wird dann oft etwas als „minderwertig" deklassiert (italienische Bauern), was bei aller gesunden Primitivität die positive Qualität „natürlich" verdiente. Bei einiger Einfühlung (Nachempfindung) wird aus Demütigung dann Auf-

wertung, die Geborgenheit vermittelt. Diese wird wiederum sogar als physisch angenehm erlebt.

In Beziehungen, die Ganzheit suchen und vermitteln wollen, wird die Auseinandersetzung mit der Gegensatzproblematik geradezu zur ethisch verpflichtenden Aufgabe. In einer alten Schrift heißt es: „Es sollte aber in diesen Tiefenbereichen das Streben unseres menschlichen Geistes dahin gehen, sich zu einer Einfachheit emporzuschwingen, wo die Gegensätze ineinanderfallen" (30). Diese Traumerfahrung ermöglichte es der Analysandin, ihre Arbeit mit der Analytikerin fortzusetzen.

Die Androgynität *kompensiert* also auch eine Sicherheit, die sich glaubt, auf „wenn schon – denn schon", „so oder gar nicht" – Entscheidungen oder Urteile stützen zu können. Sie drückt das Prinzip des „sowohl als auch" aus, was nicht etwa zu Entscheidungsfaulheiten verleiten darf. Die Akzeptanz der Polarität gründet sich auf die Erfahrung, deren man sich nicht oft genug erinnern kann, und die Jung immer wieder ansprach: Daß nämlich „jede Wahrheit eine vorletzte ist" (31). Von daher gesehen, ist die Androgynität auch *Bild einer nur annähernd erreichbaren Ganzheit*. Sie vereinigt Teilsysteme des Psychischen, männliches und weibliches, auf einer höheren, übergeordneten Ebene, die Jung das „Selbst" genannt hat. Deshalb tritt sie als Trauminhalt meist auch erst in der zweiten Lebenshälfte auf, in der sich gewöhnlich die Sinnfragen im Rahmen eines individuellen Lebens stellen und alles das in den Vordergrund rückt, was die Befangenheit des Ichs in seinen materiellen Bedingungen transzendieren will.

In einer auf so vielfältige Weise gespaltenen Welt wie der, in der wir leben müssen, sollte jeder wissen, daß die Polarität in jedem Menschen lebt. Mit den ungeheuren Möglichkeiten der Zerstörung, die dem modernen Menschen zur Verfügung stehen, wird es entscheidend sein, ob es noch rechtzeitig gelingt, Gegensatzprojektionen und somit auch Feindbilder als solche zu erkennen und abzubauen.

„Eine Weltanschauung oder Gesellschaftsordnung, welche den Menschen von den Urbildern des Lebens abschneidet, ist nicht nur keine Kultur, sondern in zunehmendem Maße ein Gefängnis oder Stall. Bleiben die Urbilder in irgendeiner Form bewußt, so kann die Energie, welche diesen entspricht, dem Menschen zufließen." C. G. Jung (32). „Es gibt keine Bewußtheit ohne Unterscheidung von Gegensätzen. Das ist das Vaterprinzip des Logos, der sich in unendlichem Kampfe der Urwärme und der Urfinsternis des mütterlichen Schoßes, eben der Unbewußtheit, entwindet... Keins kann sein ohne das andere, weil beide am Anfang Eines waren und am Ende wiederum Eines sein werden. Bewußtsein kann nur existieren bei stetiger Anerkennung und Berücksichtigung des Unbewußten, wie alles Leben durch viele Tode hindurchgehen muß... Es gibt keine Wandlung von Finsternis in Licht und von Trägheit in Bewegung ohne Emotion." (33)

1 C. W. Socarides, Der offen Homosexuelle, in: Literatur der Psychoanalyse, Hg. A. Mitscherlich, Frankfurt 1971, S. 27

2 C. W. Socarides, a.a.O., S. 45

3 S. Freud, Über die Phylogenese eines Falles von versteckter Homosexualität, Studienausgabe, Bd. VII, Frankfurt 1973, S. 280

4 S. Freud, Studienausgabe, Bd. V, Frankfurt 1972, S. 48

5 S. Freud, a.a.O., S. 53

6 Einige psychische Folgen des anatomischen Geschlechtsunterschiedes, in: S. Freud, Studienausgabe, Bd. V, a.a.O., S. 258

7 S. Freud, a.a.O., S. 260f.

8 S. Freud, a.a.O., S. 261

9 S. Freud, a.a.O., S. 260

10 Über die weibliche Sexualität in: S. Freud, Studienausgabe, Bd. V, a.a.O., S. 279

11 Drei Abhandlungen zur Sexualtheorie, in: S. Freud, Studienausgabe, Bd. V, a.a.O., S. 123, Anm. 1

12 P. Lersch, Vom Wesen der Geschlechter, München 1950

13 M. Vaerting, Neubegründung der Psychologie von Mann und Weib, 1921, Bd. 1, S. 3f.

14 P. Lersch, a.a.O., S. 101–127

15 Zur Psychologie des Kindarchetypus, in: C. G. Jung, Gesammelte Werke, Bd. IX, 1, Olten und Freiburg 1976, S. 188f.

16 Kagan und Tulkin, zit. nach R. Bergius, Verhaltenstheoretische Ansätze in der Persönlichkeitsforschung, in: Die Psychologie des 20. Jahrhunderts, Bd. V, Hg. G. Strube, Zürich 1977, S. 811

17 A. Stapf, Soziale und kulturelle Determinanten in der Persönlichkeitsforschung, in: Die Psychologie des 20. Jahrhunderts, a.a.O., S. 951f.

18 F. Süllwold, Intelligenzdiagnostik und -theorie, in: Die Psychologie des 20. Jahrhunderts, a.a.O., S. 274

19 H. Thomas, Fallstudie und Längsschnittuntersuchung, in: Die Psychologie des 20. Jahrhunderts, a.a.O., S. 232

20 R. Bergius, a.a.O., S. 811

21 C. G. Jung, Gesammelte Werke, Bd. XII, Olten und Freiburg 1972, S. 381, Anm. 41

22 Die Beziehungen zwischen dem Ich und dem Unbewußten, in: C. G. Jung, Gesammelte Werke, Bd. VII, Zürich und Stuttgart 1964, S. 208

23 C. G. Jung, a.a.O., S. 207

24 C. G. Jung, a.a.O., S. 208

25 C. G. Jung, a.a.O., S. 217

26 C. G. Jung, a.a.O., S. 217f.

27 C. G. Jung, a.a.O., S. 231

28 Psychologie und Übertragung, in: C. G. Jung, Gesammelte Werke, Bd. XVI, Zürich und Stuttgart 1958, S. 259f.

29 C. G. Jung, a.a.O., S. 259, Anm. 19

30 De docta ignorantia, I, Cap. X, zit. nach C. G. Jung, Gesammelte Werke, Bd. XVI a.a.O., S. 341

31 Psychologie und Alchemie

32 Die psychologischen Aspekte des Mutter-Archetypus, in: C. G. Jung, Gesammelte Werke, Bd. IX, 1, a.a.O., S. 108

33 C. G. Jung, a.a.O., S. 110

Walter Keller

Es *ist* ganz einfach

Ich denke an eine Photographie von Colette aus dem Jahre 1904; Colette dreht mir, auf einem einfachen Stuhl sitzend, halb den Rücken zu und blickt mich über die Schulter hinweg voller sich selbst genügender, sensitiver Selbstsicherheit an. Sie trägt einen Anzug mit Krawatte. Ich döse über einem Bild von Marlene Dietrich im Herrenanzug, das eine Bein lässig aufs Trittbrett eines großen Autos mit offener Tür gestellt. Doch halt, nein, es muß ein Frauenherren-Anzug sein, den sie trägt, die Knöpfe scheinen auf der linken Seite des Jacketts aufzuleuchten. Ich schlummere ein über dem Gedanken an Virginia Woolfs „Orlando"-Figur, an Grace Jones' bizarre Posen, an Joel Greys Conferencen im Streifen „Cabaret", an die beinahe halluzinatorischen Figuren, wie sie Filmemacher Daniel Schmid 1985 in seiner Inszenierung von Alban Bergs „Lulu" im Genfer „Grand Théâtre" auf die Bühne treten ließ, an jenen Auftritt der Halbwelt, des Mondänen, der Lesben, der Homos, der Spekulanten und Hochstapler. Ich erwache mit dem Gedanken an Laurie Anderson. In ihrem Film „Home of the Brave" taucht das in ein Lied verwandelte Zitat von W. S. Burroughs auf: „Language is a virus from outer space". Wie, wenn es hieße: „Gender is a virus from outer space"? Wer um Himmelswillen hat das Geschlecht und die Bewußtwerdung davon auf uns fallen lassen, uns damit infiziert, wer hat die vordem zweigeschlechtlichen ADAM und EVA – AVE ihr beiden! – zum Sündenfall geführt und die Welt in den Geisterplaneten des Geschlechterkampfes verwandelt? „Warum denn, was ist Ihr Problem", rufen mir all die Komponisten, Literaten, Künstler und Producers zu, „Gott sei gedankt für das Geschlecht!" Weltumspannende Bücherregale, kosmische Sphären, meeresweite Leinwände und endlose Kreise drehende Filmrollen, sie alle verlangen nach dem Geschlecht, nach seiner Darstellung, seiner Obsession, seiner Überwindung und Wiedereinführung. „Oder denken Sie im Ernst, jemand hätte sich für die Dietrich interessiert, wäre sie nicht doch stets Frau geblieben, oder für Grace Jones, die Raubkatze im Käfig mimend?" „Gut, gut," antworte ich und denke zurück an L. A. Ist diese Laurie Anderson nicht der Durchbruch des geschlechtlich bewußt ambivalent inszenierten Wesens auf der Bühne, in dem der Kunst nahe stehenden Show Business? Wohl doch nicht, es darf ja kein Zufall sein, daß in meinem „Großen Brockhaus" der Begriff *androgyn* unmittelbar vor jenem des *Androiden* aufgeführt wird… Anderson wäre also eher das selbstinszenierte Opfer der Modern Times, von Normierung, Montage und Serie als den Prinzipien unseres industriellen Lebens (Enzensberger). Nein, nicht Opfer, sondern Bewußtwerdung und gleichzeitige Überwindung und Transzendierung dieses Lebens – in jedem Moment jedoch auch Frau, trotz verwirrenden, doppelgeschlechtlichen Maskenspiels.

Die massenmedial wirksame Durchdringung unseres Konsums durch das Androgyne: Womit hat sie begonnen, mit Balzacs „Seraphita", mit Colette, der Dietrich und wie sie alle hießen? Oder nicht doch erst mit den Subkulturen der Jugend, mit Marlon Brando („The wild One"), mit Kleidern, die für beide gingen, für sie und ihn, und die dieses traurige diesseitige Leben etwas lustiger und exotischer machten? Erinnern Sie sich noch als das Stichwort „Uni-Sex" auftauchte, als man Sie mit Ihrem Freund in der gleiche Hose und im gleichen Hemd an der Gartenparty sah? Und erinnern Sie die Zeiten, als Scott McKenzie seinen Song „San Francisco" erschallen ließ und als „Flower Power" Micha und Michelle, Jean und Jeanine, Claude und Claudine, Petra und Peter einander gleichen ließ? Das Tal in Antonionis „Zabriskie Point" mit den Pärchen, die sich im Sand lieben, war mehr als nur eine minutenschnelle Episode, es wies zwar nicht den Weg ins Doppelgeschlechtliche, deutete aber doch den Weg zur Vision einer neuen Beziehung zwischen „Boys and Girls", die auf die Rebellion der Jugend folgen würde. Was dann folgte, ist bekannt: Transformation dieser Vision in die Praxis, die Umsetzung in das Realisierbare. Manche sprechen von der Effeminierung unseres sozialen Handelns, ja sogar Wertsystems (die in Suburbia stets abwesenden, sich in den Büros der City aufhaltenden Väter dienen als Beweis dieser Sicht). Und doch setzten sich in der Ästhetik die Geschlechtsunterschiede wieder durch – sogar subtiler und präziser als zuvor. Eine Jeans des Camel-Manns oder Otto Meiers ist eine ganz andre als jene einer Jane Birkin oder eines Lieschen Müller. Heute beeindruckt Jean-Paul Gaultier mit seinen Schnitten, die auf den ersten Blick die Männlichkeit/die Weiblichkeit der Träger aufzulösen scheinen, um ihr auf den zweiten nur umso deutlicher wieder Referenz zu erweisen!

Elémire Zolla: „Die industrielle Umsetzung von Charme durch die Medien könnte in einem sexuell differenzierten Markt nicht überleben, ohne seine eher verdeckten Aspekte zu erforschen. Das war schon so lange vor den transsexuellen siebziger Jahren. Ein cooler Androgynen-Blick kann viel verführerischer wirken/eingesetzt werden als ein klar männlicher oder weiblicher Blick. Die männlichen Aspekte von Frauen werden dann den Männern wie ein Spiegel erscheinen – und auch auf die Frauen selbst ihre Wirkung nicht verfehlen. Das Umgekehrte gilt ebenso. Warum diese Grenzlinien, diese unentdeckt bleibenden Seiten so stark auf uns wirken? Die unerlaubten, ja versuchenden Seiten von uns tauchen dann als plötzliche Versprechen in uns auf." Die zwi-

Boris Grigorieff
Transvestiten, 1916 (A)

schen Männern und Frauen spielende Zurückweisung und Forderung, dieser für beide geltende Prozeß des Ekels und der Faszination, könnte man sich für einmal als verschwunden vorstellen, pulverisiert im Nichts. Den neuen Prozeß der Vermählung gäbe es dann vielleicht gar nicht mehr, und wenn, dann höchstens noch als in sich geschlossenen, harmonischen Vorgang der weder männlichen noch weiblichen, sondern „ontologischen" Vereinigung. In diesem Sinne den Mythos, diese leicht bewältigbare, weil stets nur in Gedanken oder narrativen Ereignissen sich abspielende Ebene (auch wenn sie Handeln beeinflussen mag), den Mythos also für einmal verlassen und sich in die banalen Bereiche der Objektwelt begebend, was müßte – die Androgynität wie eine Neutronenbombe vorausgesetzt, welche die Welt in einer Sekunde zum Zwiegeschlechtlichen hin verändern würde – was müßte daraus resultieren? Das Spiel macht keinen Sinn und nimmt dem Androgynen als Utopie seine Ernsthaftigkeit, um ihm gleichzeitig so etwas wie eine humoristische Seite abzugewinnen: Welche Objekte würden dann noch angemessen, welche nur noch lächerlich und überflüssig sein? Könnte, um noch direkter zu sein, die Ökonomie dies überhaupt ertragen, mit ihren Frauen- und Männerunterhosen, mit ihren Kosmetika, ihren Frauen- und Männerzeitschriften und -zigaretten, und so weiter und so fort, ad infinitum fortzuführen, soviel Produkte man auch immer finden mag!

Plötzlich war es da, in den Bars, sogar auf den Straßen meiner Stadt (Zürich). Es hatte sich zwar angekündigt, in Auftritten von Menschen wie Klaus Noomi, David Bowie oder Grace Jones, in der Frage, ob Amanda Lear in der bewußten Region dort unten wohl einen was weiß ich habe. Aber dann kam es doch überraschend, während die Punks in meiner Lieblingsbar schon am Ablaufen waren. Diejenige, die es zu später Stunde in der „Kontiki" am besten vorzuführen und auszuspielen wußte, war Jeanine, dieses magere, erotisch explosive, noch in der Pubertät steckende und doch schon mehr als erwachsene Wesen, das Männer (wie zum Beispiel mich) ebenso verwirrte und magisch in seinen Bann zog wie Frauen (Jeanine lebte damals mit einer Frau zusammen). Einziger Unterschied: Die Faszination der Frauen schloß ein geheimes Wissen mit ein, das den Männern verschlossen blieb. Denn es gab trotz allen Grenzgangs zwischen den Geschlechtern keinen Zweifel: Jeanine war eine Frau und blieb es auch. Aber, wie gesagt, plötzlich war es da, das Androgyne als Modeströmung. In der Schminke, die Richtung bleicher Vamp mit dem Design einer Dietrich und düsterer Verführer à la Pittigrillis „Kokain" ging, in den Lederjacken, deren Schnitt für Männchen und Weibchen gleichermaßen geeignet schien, in den Frisuren, die (für Frauen) virilisiert oder (für Männer) effeminiert waren – und im Gesichtsausdruck, der mit geschürzten Lippen ein stetes „Ach"

auszustoßen und dessen Coolness gleichzeitig kaum noch zu steigern schien. Seit dieser Zeit, es war Anfang der achtziger Jahre, hat sich das Androgyne in Form des Möchtegern-Zwischengeschlechtlichen und des *Design* nie mehr ganz aus dem Straßenbild meiner Stadt zurückgezogen, und selbst Jeanine, inzwischen auch einige Jahre älter geworden, stylt sich manchmal noch, als wäre sie ein androgyner Homunculus. Ja, Sie haben recht: Es wurden auch schon Modeaufnahmen mit ihr gemacht.

Ich erzähle einem Künstler aus meiner Stadt, einem jungen blonden, kräftigen Mann, der sich für den das kulturelle Leben entscheidend beeinflussenden Lokal-Matador hält, von meiner Mühsal, mich über das *Androgyne heute* äußern zu müssen. Sofort und ungefragt beginnt er, mir von einer spiritistischen Sitzung zu erzählen, an der er bei einer Kollegin (deren er viele hat) teilgenommen habe. Er berichtet, er habe sich nach einiger Zeit des Tassenrückens und Abfallsackumfallens ohne physischen Einfluß der Anwesenden, er habe sich also mitten im magischen Feld als Königin von *Atlantis* wiedergefunden, während sein Freund – ebenfalls anwesend in der okkulten Dreizimmerwohnung mit Flugmöglichkeit – seine Schwester gewesen sei. Er fände dies, und ich zitiere ihn wörtlich, „total androgyn". Die Schwierigkeit mit all diesen Bereichen wie Transsexualität, Hermaphroditismus oder eben Androgynie stellt sich vehement, so bald man sie in die Gespräche des täglichen Lebens überführt, sobald man von ihnen spricht. Der Zauber fällt sofort, ein unangenehmer Geruch der Profanisierung umgibt das Zweigeschlechtliche. Vielleicht erkläre ich mich zu unklar. Aber können Sie sich wirklich vorstellen, daß dieser schweißtreibende junge Mann neben Ihnen in der U-Bahn sich in ein androgynes Wesen voller Reinheit zu verwandeln vermöchte? Na also! Vielleicht tue ich meinem Künstler, so von Ungeschick durchdrungen seine Bilder auch sein mögen, aber unrecht. Vielleicht weist gerade die Profanisierung, diese Waffe der Hilflosen und Harmlosen, den Weg in die Utopie, heraus aus allem nur allzu Menschlichem. In Abwandlung des Wortes: *Selig sind die Unschuldigen* dann also: *Androgyn werden nur die Unschuldigen sein, da Bewußtsein nur stören würde?*

In einem Text in „Minotaure", Nr. 11, 1938, gibt Albert Béguin folgendes Zitat von Antoinette Bourignon aus dem Jahre 1679 wieder, das in eine Zeit führt, in der man sich Adam nach der Reintegration ins Androgyne noch so vorstellte: „Er war von größerer Gestalt als die gegenwärtigen Menschen: kurze Haare, eng anliegend, ins Schwarze gehend, die Oberlippe von einem Bärtchen bedeckt. Und statt jener tierischen Partien, auf deren Benennung wir verzichten wollen, war er dort gemacht wie unsere Körper im ewigen Leben wiederhergestellt sein werden, so, wie ich es nicht zu sagen wage.

Er besaß in der besagten Region eine Art Nase, gleich geformt wie diejenige im Gesicht. Und dort befand sich auch eine Quelle von Gerüchen und wunderbaren Parfums, von dort mußten auch die Menschen ans Licht der Welt treten, Menschen, deren Anlagen in ihm allein vollständig vorhanden waren. Denn er beherbergte in seinem Bauch ein Gefäß, in dem er kleine Eier gebar, und ein anderes Gefäß, voll mit Säften, die die Eier befruchteten. Und da der Mensch sich in der Liebe zu Gott erhitzte, und um seine Allmächtigkeit noch vielzähliger zelebrieren zu können, ließ der Wunsch nach mehr Kreaturen – die Gott geweiht werden sollten – die Säfte mit unbeschreiblichem Entzücken über eines oder mehrere Eier sich ergießen, und dieses so fruchtbar gemachte Ei trat einige Zeit später durch besagten ‚Nasen'-Kanal in Form eines Eis nach draußen, um dort zum perfekten Menschen heranzureifen... (...) Auf diese Weise wird es im ewigen Leben eine gesunde Generation ohne Ende geben, sehr verschieden von der durch die Sünde der Frau eingeführten, der Frau, die Gott kreierte, indem er aus den Flanken Adams diese die Eier enthaltenden Eingeweide heraustrennte. Denn jetzt noch enthält die Frau die Eier, aus ihr werden die Menschen bis heute geboren, ganz den neuen Entdeckungen der Anatomie gemäß." Was für eine Zeit der Direktheit ohne Peinlichkeit, der naiv-beseelten Vorstellung und beinahe überexakten Beschreibung, in der die Vorstellung vom Androgynen noch unmittelbar körperlich war und nicht als abstrakte, durch die Riten des zivilisatorischen Diskurses gereinigte, platonische Idee im körperlosen geistigen Raum! Vielleicht tue ich, dieses Zitat bedenkend, meinem blonden Maler unrecht; ist heute die Zeit einer neuen, einer direkten Annäherung ans Beidgeschlechtliche gekommen? Ob es wohl wirklich um den Glauben an eine neue Spiritualität geht, um den Glauben, der Mensch könne sich selbst in die Metamorphose heben? Also doch Erleuchtetes, Engelhaftes in Sicht, statt Modisches, Epigonales?

...und dann sah ich ihn, so erhaben und ordinär, so durchdringend und oberflächlich, nabelfrei und das brokatene Bolero-Cape um seinen Leib geschwungen, ihn, den Wanderer zwischen Kitsch und Perfektion, die Lippen zu einem nicht endenwollenden Kuß geformt, für „Girls and Boys" gleichermaßen bestimmt, ein Wesen zwischen Rudolfo Valentino und Mick Jagger angesiedelt, ich sah in under the „cherry moon", in seinem weißen Buick, in der Kerzengrotte das dionysische Fest der Liebe feiern, an einer Party, die Gastgeberin beschimpfend – und ich sah seinen Augenaufschlag, in Ewigkeiten verlängert. „I love you baby, love you so much, maybe we can stay in touch. Meet me in another world..." Vielleicht ist er der einzige, der die Illusion der Pflanzen mit männlichen und weiblichen Blüten leibhaftig in sein Erscheinen vor den verzückten Massen überführt hat. Sein Sex scheint für Sekunden so-

wohl Männern wie Frauen zu gehören, allein und niemandem. Ich glaube nicht, daß er wirklich existiert, es wäre furchtbar. Er ist das Medium des Androgynen, das diesem erlaubt hat, auf die Welt und in die Hitparaden zu kommen, zu uns, gefangen in unserem Geschlecht, unausweichlich und für immer. Er ist PRINCE. Seit er erfunden ist, schere ich mich einen Deut, ob das Androgyne modisch, erlaubt oder verkitschte Sehnsucht, platonische Idee oder körperliche Vibration sei. Es *ist* ganz einfach.

Wolfgang Petrick

Totentanz
Aufbruch, ich und Pietà, 1986

Dieter Appelt

Ezra Pound

Der komplementäre Raum, 1986

Der Zentaur, 1985

Thomas Lange

192

Michael Schwarze Zwitter, 1982

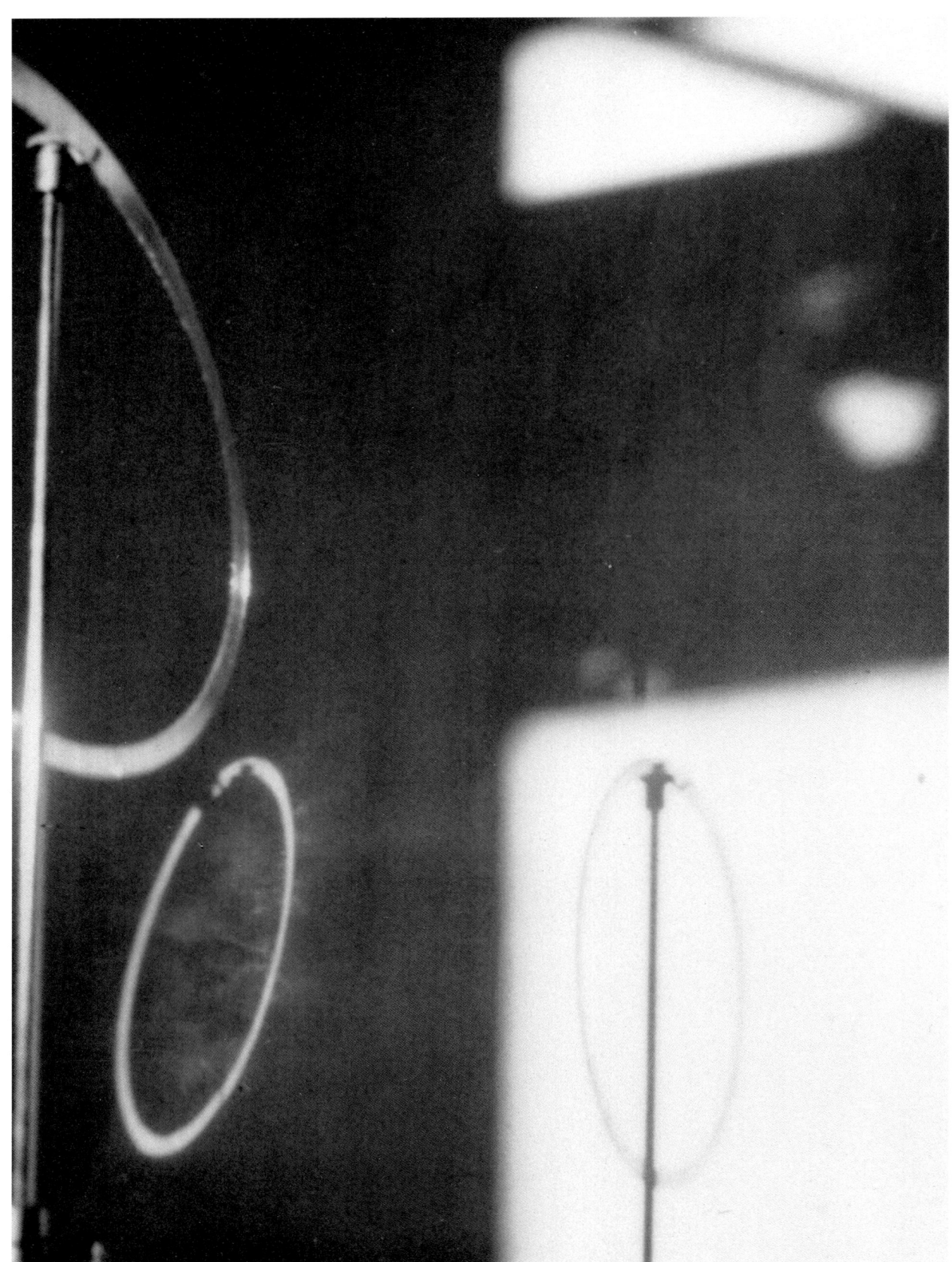

Jakob Mattner

Zwielicht, 1985/86

Giulio Paolini

Una superficialità profonda, intransigente,
ostinata, attrae irrimediabilmente
il soggetto a raggiungersi
(maschile) o (femminile)
a ritrovarsi, fuori da sé.

196

Eine tiefe, unnachgiebige,
eigensinnige Oberflächlichkeit treibt
den Gegenstand unwiderstehlich dazu,
sich selbst einzuholen
(männlich) oder (weiblich)
wieder zusammenzufinden, außerhalb seiner selbst.
aus: Vita nuova, 1986

Intervallo, I Androgino, 1986

Ohne Titel, 1963

Ohne Titel, 1963

Georg Baselitz

Ohne Titel, 1963 ▶

Michael Schoenholtz

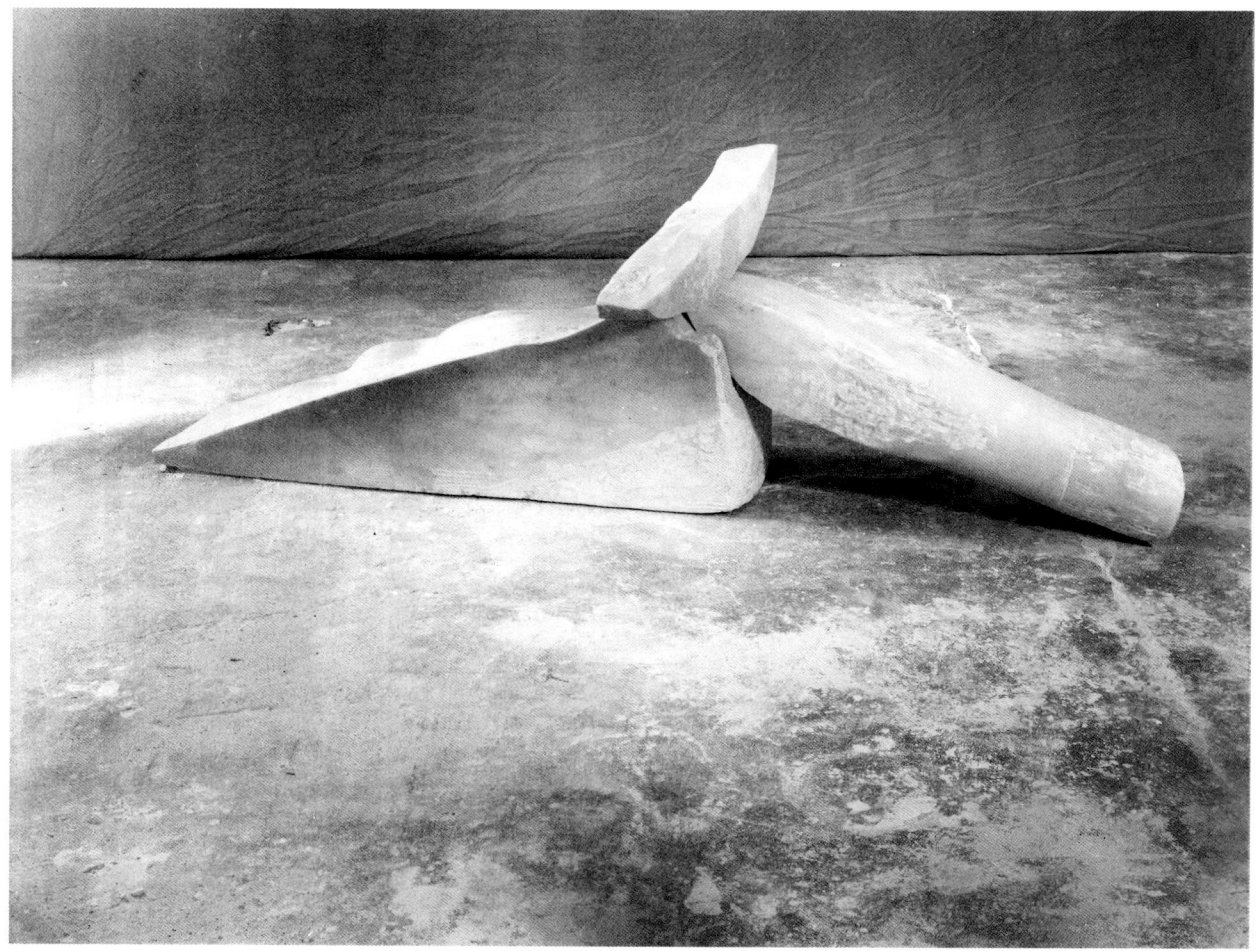

Erinnerung, 1985

Geteilte Figur, liegend, 1985

Jürgen Klauke

Transformer, 1973

Urs Lüthi

Selbstportrait aus der Serie der Telefonzeichnungen, 1985

Selbstportrait aus der Serie der reinen Hingabe, 1986

Ulrike Rosenbach

Ich bestehe sozusagen aus zwei Hälften
und beide sind sehr verschieden.
Die Linke ist gebrochen
und die Rechte ist zerstört.
Das Gefühl der Zerstörung ist imaginär,
nicht faßbar.
Das Erschreckende an meiner Verbindung
zur linken Hälfte meines Körpers ist,
ich spüre darin ein Gefühl der Schwäche
und der Passivität.
Die Rechte ist ein starkes Stück.
Sie ist sehr kräftig und muskulös,
besonders der Arm.
Ihr kann so leicht nichts passieren.
Sie verkrampft sich vor Aktivität
und ist fast unfähig, sich zu entspannen.
Sie ist extrem anders als die linke Seite.
Wenn ich bei links an weiblich denke,
komme ich zu der furchtbaren Erkenntnis,
daß ich mein eigenes Frausein als schwach
empfinde.
Und das, obwohl ich als Frau geboren bin.
Ich hatte einen Traum von einem Engel.
Es war in einer sehr schönen, sommerlichen
Landschaft.
Draußen auf dem Feld.
Das reife Getreide glänzte gelb in der Sonne
und durch die Weite führte eine Straße.
Das Feld wurde von ihr geteilt.
Ich war auf der einen Seite im Getreide
und auf der anderen sah ich im gelben
Lichtschein
einen seltsamen Engel stehen.
Er hatte Flügel, aber keine Arme.
Sie waren amputiert.
Er war ein Torso und er tat mir leid.
Gerne wäre ich über die Straße
auf die andere Hälfte gegangen,
aber es gelang mir nicht.

Merkur ist der Planet der Bewegung.
Von den Metallen ist ihm das
bewegliche Quecksilber zugeordnet
und von den Elementen das fließende
Wasser.
Von den Stoffen beherrscht er das Glas
und von den Farben das Gelb und Grün.
Auf alten Bildern trägt Merkur Flügel
und einen magischen Stab,
um den sich zwei Schlangen winden.
Sie bilden mit den Köpfen zwei Hörner,
die scheinbar auseinander streben,
aber eine Einheit bilden.
Der Weg des Merkurs ist der des
mittleren Planeten,
darum sein Tag der Mittwoch ist.

Ewa und Adam

Ich hatte schon viel zusammengesammelt.
Das Erste war diese seltsame Erkenntnis,
daß meine linke Seite weiblich und meine
rechte männlich sei.

206

Begegnung mit Ewa und Adam, 1982/83

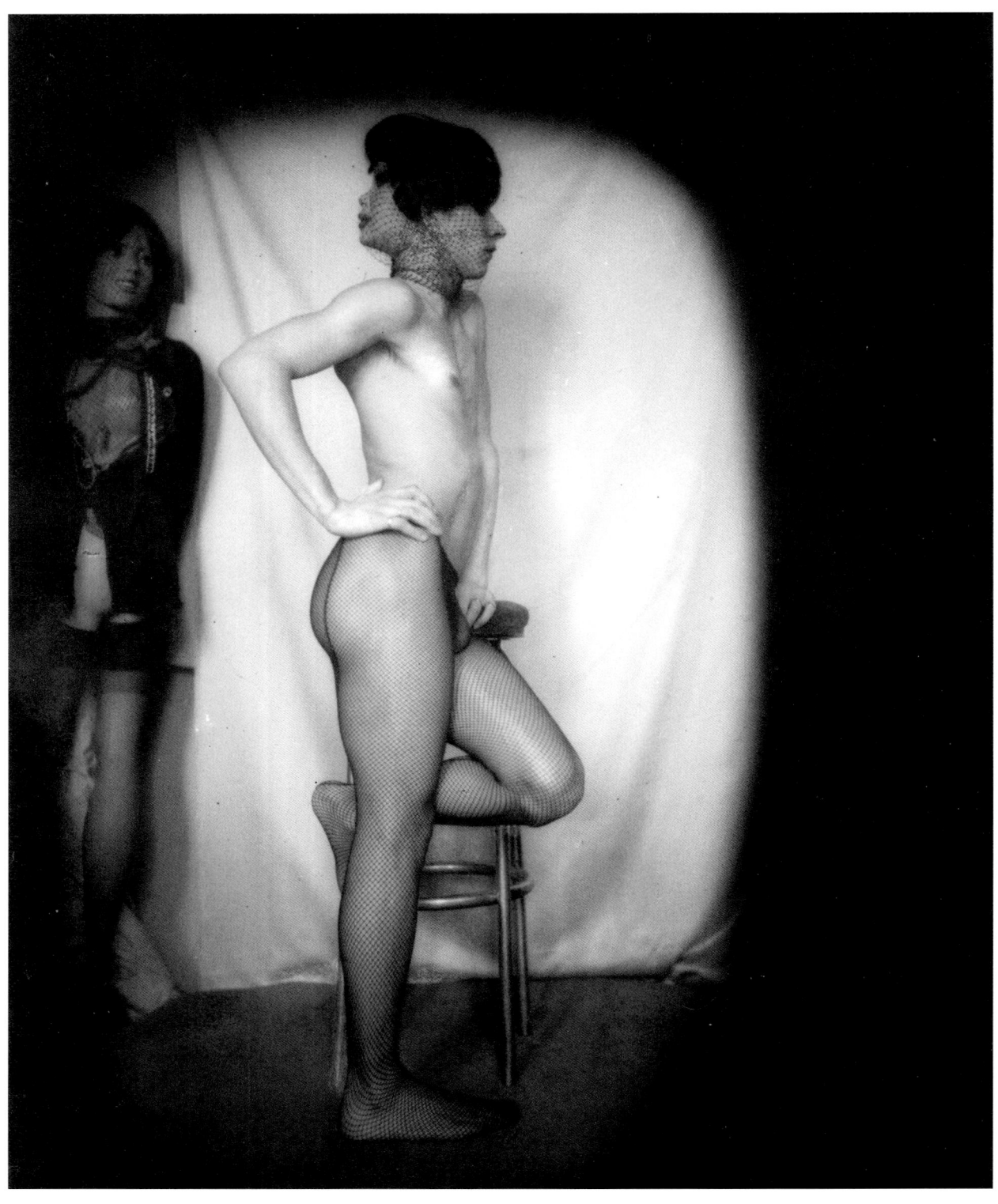

Pierre Molinier

Luciano Castelli

208

Luciano Castelli

Luciano und Salome, 1979

209

Francesco Clemente

Ja, ich glaube, daß ich eine Frau bin und ich denke,
Frauen sind Männer und Männer sind Frauen, aber dies
ist natürlich eines der ältesten Themen der Malerei.

Francesco Clemente, 1983

Two Lovers, 1982

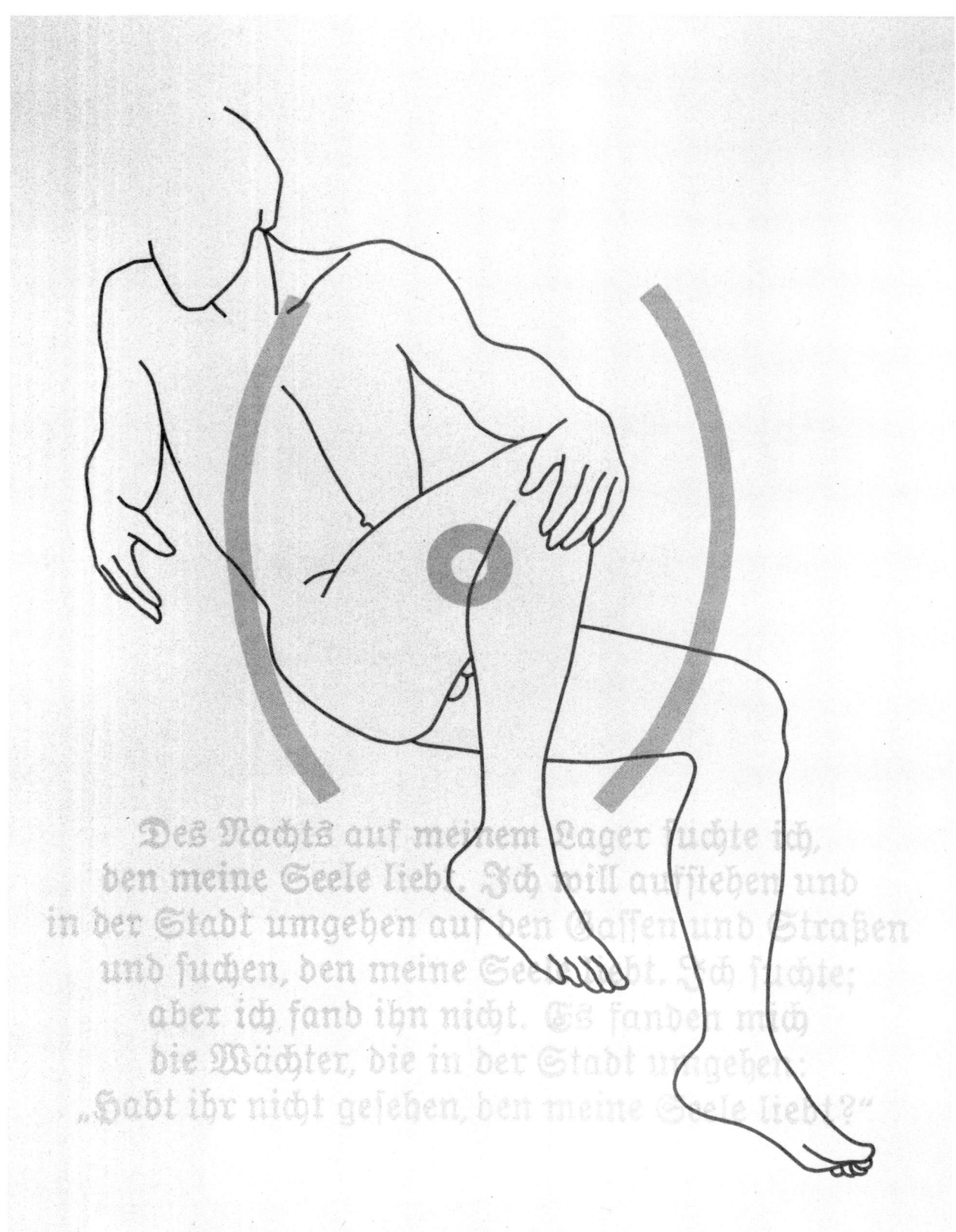

Des Nachts auf meinem Lager suchte ich,
den meine Seele liebt. Ich will aufstehen und
in der Stadt umgehen auf den Gassen und Straßen
und suchen, den meine Seele sucht. Ich suchte;
aber ich fand ihn nicht. Es fanden mich
die Wächter, die in der Stadt umgehen:
„Habt ihr nicht gesehen, den meine Seele liebt?"

Rune Mields   Über die Sehnsucht der Frauen, 1984, Der Sitzende

214

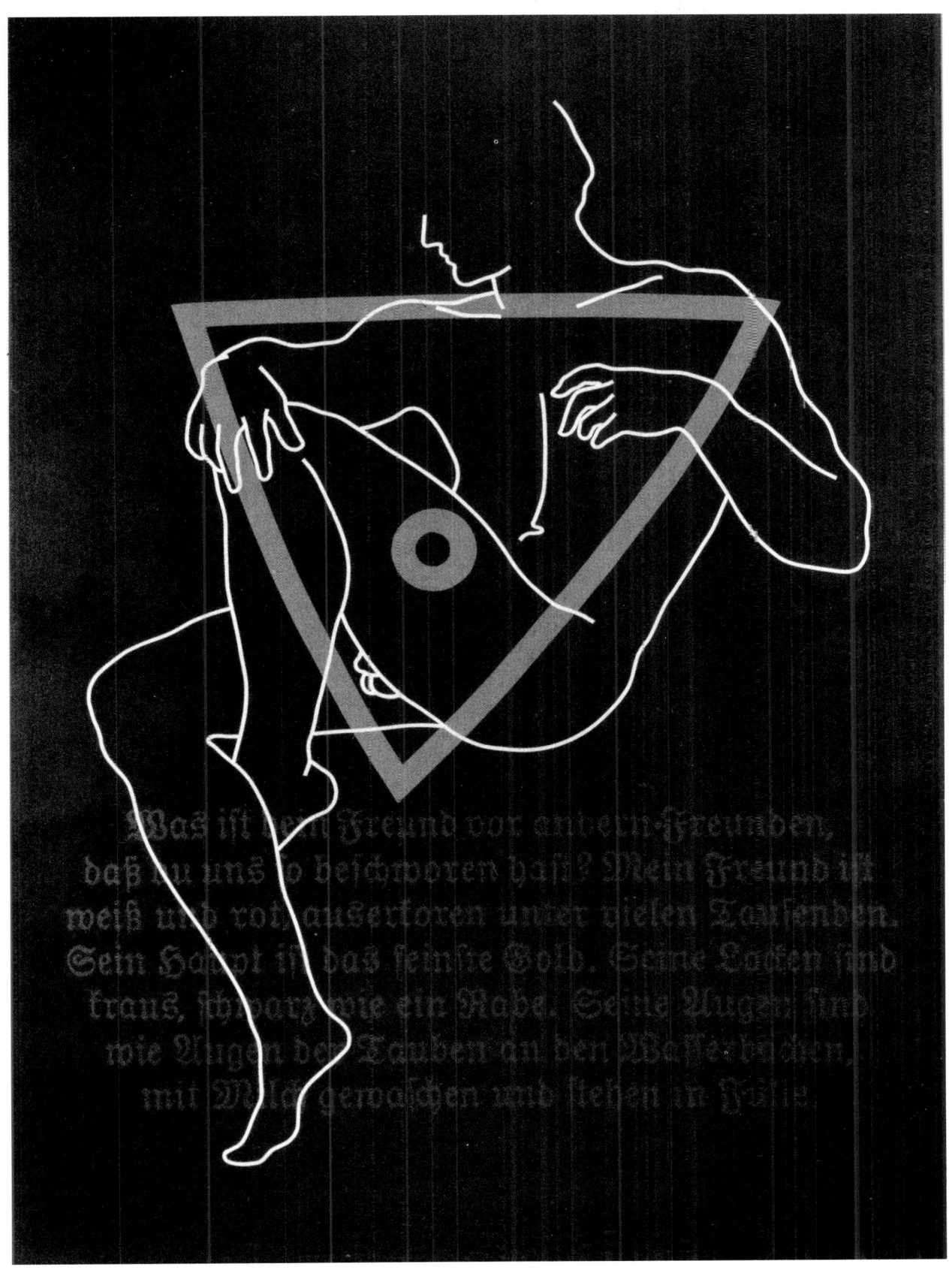

Über die Schönheit der Männer, 1984, Der Sitzende

Salome

216

Geile Tiere I, 1973

Martin Rosz

Selket/Schloßpark Stadthagen, 1980
Selket/Charlottenburg, 1980
Selket im Café Royal, 1980
Selket brennt, 1980

Selket und Bode, 1980

SELKET IM SCHLOSSPARK VON STADTHAGEN 5. Juni 1980
MARTIN ROSZ   12 50

13. Mai 1980
18 35

CAFE ROYAL
27 Mai 1980
18 00

15. Mai
1980
11 18

Bismarckstrasse

213

Sergio Sermidi

Androgyn

Das Bild, das sich selbst erzeugt, ist der Ort des Androgyns, Ursprungsort einer ungeteilten Ganzheit, die keine Hinzufügungen oder Definitionen zuläßt. Die Ambiguität als Ausdruck größtmöglicher Fruchtbarkeit, die Undefinierbarkeit als extreme Aufgabe für den Sinn, der schon ein „anderer" ist. Die „antiklassische", gegenstandslose Kunst, diejenige, die nicht nur rational konstruiert – die von Klee und Rothko und Newman z. B. – ist folgerichtig der Raum des Hermaphroditen. Sie stellt nicht vor oder dar, sondern deutet an: das Bild entsteht wieder und wieder, in allem Reichtum, in aller Fülle. Es ist nicht ein Formgeben und Formannehmen. Es ist ein Entstehen aus einander in Spannung haltenden Kräften, die sich multiplizieren und in ständiger innerer Dynamik vibrieren, die Leben und Feind jedes Stillstandes sind.

Jede Spur eines Zeichens ist energiegeladenes Pulsieren, das sich als erotische Symbiose meines Körpers und desjenigen des entstehenden Bildes erweist. Es ist kein übertragener oder übertragender Eros, kein in eine bestimmte Richtung gerichteter, auf eine erkennbare Polarität weisender, sondern eine Gefühlstotalität, die aus kontinuierlichen Schwingungen zwischen Machen und Wahrnehmen entsteht. Wenn überhaupt Polarität vorhanden ist, so besteht sie zwischen den Extremen des (transparenten) Mittagslichtes oder des (schattigen) nächtlichen Lichts, wo die Farbe alles Leben und innere Physiognomie erhält. Es geht nicht um etwas apollinisch Absolutes, sondern um aus extremer Beweglichkeit erzeugte Fülle.

Dort, wo diese Bewegung herrscht, gibt es kein Chaos mehr: Ein Organismus determiniert sich, unvorhersehbar und nie gekannt – originär und individuell, voll des befragten und durchdrungenen Sinns.

Es ist Weisheit, nicht Gnosis.

September 1981

Hermaphrodit, 1983/84 ▶

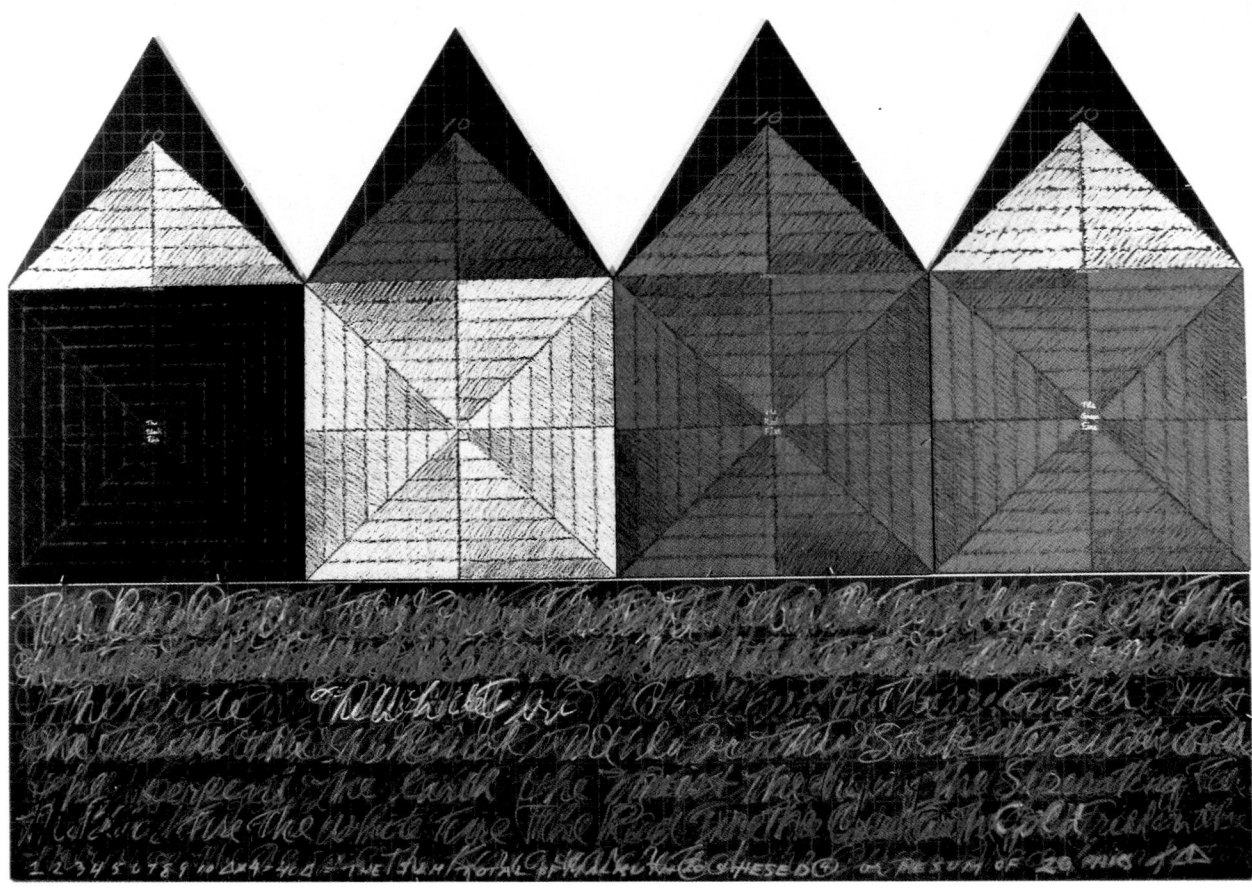

Das schwarze Feuer, das weiße Feuer, das rote Feuer, das grüne Feuer bringt das Gold, 1986

Edith Altman
Exodus 1939–1984 Wiederherstellung

Wenn wir geboren werden, erhalten wir ein goldenes Zelt. Das ganze Leben ist ein abbauen und aufbauen des Zeltes.

Der Tod meines Vaters drängte mich dorthin zurückzukehren, wo er zum Opfer gemacht worden war – eine Erfahrung, die ihn bis an sein Lebensende prägte.

Meine Reiseroute, die mich von Altenburg, meiner Geburtsstadt, über Leipzig, wo ich zur Schule ging, nach Buchenwald, der Todesstätte der meisten meiner Angehörigen, führte, glich vollkommen der Gestalt einer Triangel. In Buchenwald war mein Vater in den Jahren 1938–1939 interniert gewesen. Indem ich zurückkehrte in das Land, aus dem ich als Kind fliehen mußte, ver-

suchte ich dem Gefäß der Alchemisten, das Schleim zu Gold zu verwandeln vermag, neue Beachtung zu schenken. Ich hoffte, ich könne mein Leben ins Gleichgewicht bringen, wenn es mir gelänge meine Wut und die Ängste vor dieser Wut, neu zu bewerten. Es war die bleibende Qual meines Vaters, daß er die Rolle als Opfer angenommen hatte. Es gelang ihm nicht anders als diese einzige Macht, die ihm geblieben war, gegen diejenigen zu richten, die er liebte. Darin wurde er zu einer Art Verbrecher an seiner Familie. Um zu überleben mußte ich meinem eigenen, möglichen Tod in die Augen schauen und diejenigen Anteile in mir, die mich noch immer als Opfer sahen, bewältigen. Aber ich glaubte auch, daß meine Tätigkeit in Buchenwald meinem Vater in irgendeiner Weise helfen könne – sogar im Tode.

Als sich der Bus durch die üppigen Wälder dem Lager näherte, versuchte ich mich als das Kind, das ich leicht hätte sein können, vorzustellen, das auf dieser Straße

Zeltplatz, 1986

einem finsteren Schicksal entgegenreist. Ich war mir über die Freiwilligkeit meiner Pilgerfahrt bewußt und doch litt ich die Ängste, die mir mein Vater beschrieben hatte. Ich ergriff die Tasche, die den Gebetsschal meines Vaters barg. Daneben hatte ich einen schwerfälligen, beritzten Stein mitgebracht, der mir von einem nichtjüdischen Freund anvertraut worden war, um ihn als Markstein unseres kollektiven Gewissens zurückzulassen.

Ich hatte mich darauf vorbereitet, dem Lager, wie es mein Vater mir beschrieben hatte, gegenüberzutreten. Aber es gab nichts mehr, dem ich ins Auge hätte sehen können. Hinter dem schönen Eingangstor mit der Aufschrift „Arbeit macht frei" stehen nur noch wenige Gebäude. Allein die verräterischen Eindrücke in der Erde bezeichnen die Stellen, wo einst Baracken Gefangene, wie Vieh zusammengepfercht, behausten. Nichts erschien mir wirklich. Verzweifelt suchte ich nach einem greifbaren Beweis der Vergangenheit dieses Ortes; aber sogar die blumenübersäte Erde verweigerte dieses Zeugnis.

Ich hatte mir vorgenommen, Verse aus dem Lied der Lieder, dem biblischen Liebesgedicht, von dem die Kabbalisten glauben, es reflektiere die Schöpfung der Androgynität als spirituelle Hochzeit des menschlichen und göttlichen Elements, zu rezitieren. Im Juni 1984, 45 Jahre nach unserer Flucht aus Deutschland kehrte ich als ein Alchemist an den Ort der Öfen zurück, um Gegensätze zu vereinen. Ich tanzte im Kreis zur Hochzeit meines Vaters, der Vereinigung mit seinem göttlichen Gegenüber. Kabbalisten glauben, daß der Tag, an dem wir sterben, unser Hochzeitstag sei.

Als ich auf dem Hügel stand und das grüne Tal, in dem Weimar liegt, überblickte, wurde mir bewußt, wie stark diese Landschaft das Werk Schillers, Goethes und so vieler anderer Künstler, die hier lebten, beeinflußt hat. Während das Kind in mir sich bückte, um einen Wiesenstrauß zu pflücken und mein Haar zu schmücken, schreckte die Künstlerin, die sah, daß diese Blumen auf einer durch Blut befruchteten Erde wuchsen, zurück. Für einen kurzen Moment stellte ich mir den Farbenkreis vor, den rot-grünen Komplementärkontrast, nur zu gut wissend, daß die Vereinigung beider die Farbe braun erzeugt. Ich wehrte mich, mein Entsetzen mit der Einsicht in eine göttliche Ordnung des Universums in Einklang zu bringen. Als ich die Verse eingehüllt in den in Deutschland gemachten Gebetsschal meines Vaters las, begann ich, mich selbst herumwirbelnd, Kreise in der Luft zu beschreiben, in der Hoffnung und dem Glauben, diesen Ort von seinem immer noch anwesenden Bösen zu reinigen. Ich balancierte an der Schwelle zwischen Dunkel und Licht, trieb alles an seiner Quelle aus, was meinen Vater verfolgt hatte, damit er, falls er in ein anderes Leben wiedergeboren werde, frei sei vom Image des Opfers. Ich tanzte im Kreise zur Hochzeit meines Vaters, weinte Tränen des Schmerzes und der Freude und erlebte die Reinigung, das „Weißmachen" des alchemistischen Prozesses. Ich sah meinen eigenen Schatten an, ließ das Dunkel hinter mir und hoffte, in eine neue Zukunft zu tanzen, in der ich geschickter würde als treuer Schwellentänzer und freudiger Zeltträger.

Bevor mein Vater starb kreisten unsere Gespräche oft um die Geschichte unserer Familie, insbesondere um den Großvater meines Vaters, einen frommen, mystischen, polnischen Juden, Schriftgelehrten der Torah und Kabbalisten. In den letzten acht Jahren reflektierte ein Großteil meines Werkes das kabbalistische System. Wie ein Jungscher Analytiker, der meine Werke in einer Ausstellung gesehen hatte, mir zeigte, entsprach meine Wahl, in dieser Richtung zu arbeiten, einem unbewußten Archetyp. Die Kabbala ist die Lehre von den zehn göttlichen Emanationen der androgynen Gottheit. Das System der Kabbala wird als Lebensbaum, gelegentlich auch in der Form eines geometrischen Schemas, graphisch dargestellt. Hierauf beziehen sich meine Zeichnungen. Die beiden sich gegenüberliegenden Seiten, symmetrisch ausbalancierte Arme des Baumes, repräsentieren Gegensatzpaare wie männlich-weiblich, Tag-Nacht, gut und böse. Das Zentrum oder der Rumpf bezeichnen Gleichgewicht und Vereinigung, den Ort des Schwellentänzers. Parallelen zum kabbalistischen Lebensbaum findet man in verschiedenen anderen Lebensbereichen und wissenschaftlichen Disziplinen dargestellt in Symbolen, Metaphern, Archetypen, Numerologien und Modellvorstellungen der Mathematik, Physik und Biologie. Letztlich implizieren sie alle Vorstellungen von der Bestimmung des Menschen.

Wenn ich an dieser Stelle über mein Leben und das Geheimnis meines Überlebens sowie meiner Rückkehr nach Deutschland für „The Androgyne" nachdenke, wundere ich mich über die Ironie der Tatsache meines Beitrages der androgynen Kabbala als Jüdin zu dieser Ausstellung. Ich kann nicht anders, als mich als einer jener Alchemisten vorzustellen, die an der Schwelle tanzend unedlen Stoff zu Gold verwandeln. Während ich mein Zelt falte und entfalte, höre ich wie mein Großvater meinem Vater erzählte, – von dem ich es schließlich erfuhr – daß das Werk des Kabbalisten dazu dient, sich selber wiederherzustellen, auf die Wiederherstellung der Welt hin zu wirken und sie in ihr Gleichgewicht zurückzubringen.

Werner Tübke

Frank Dornseif

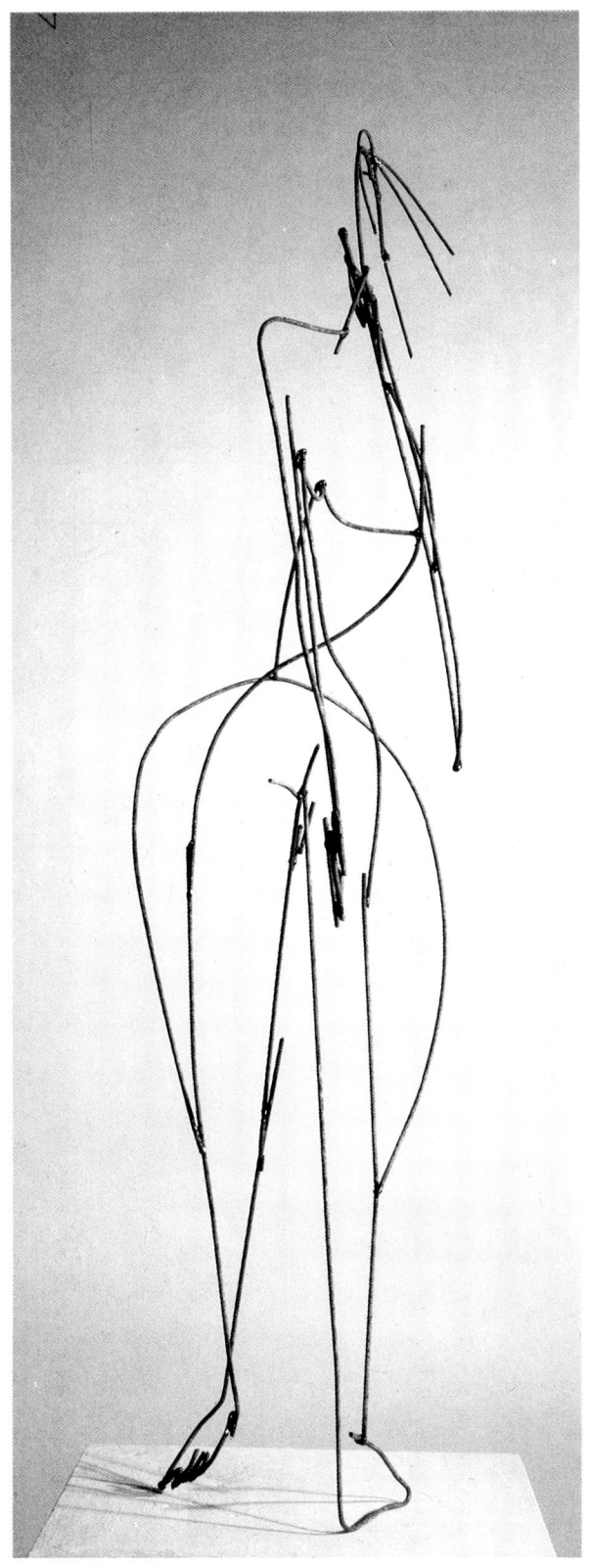

Ohne Titel, 1986

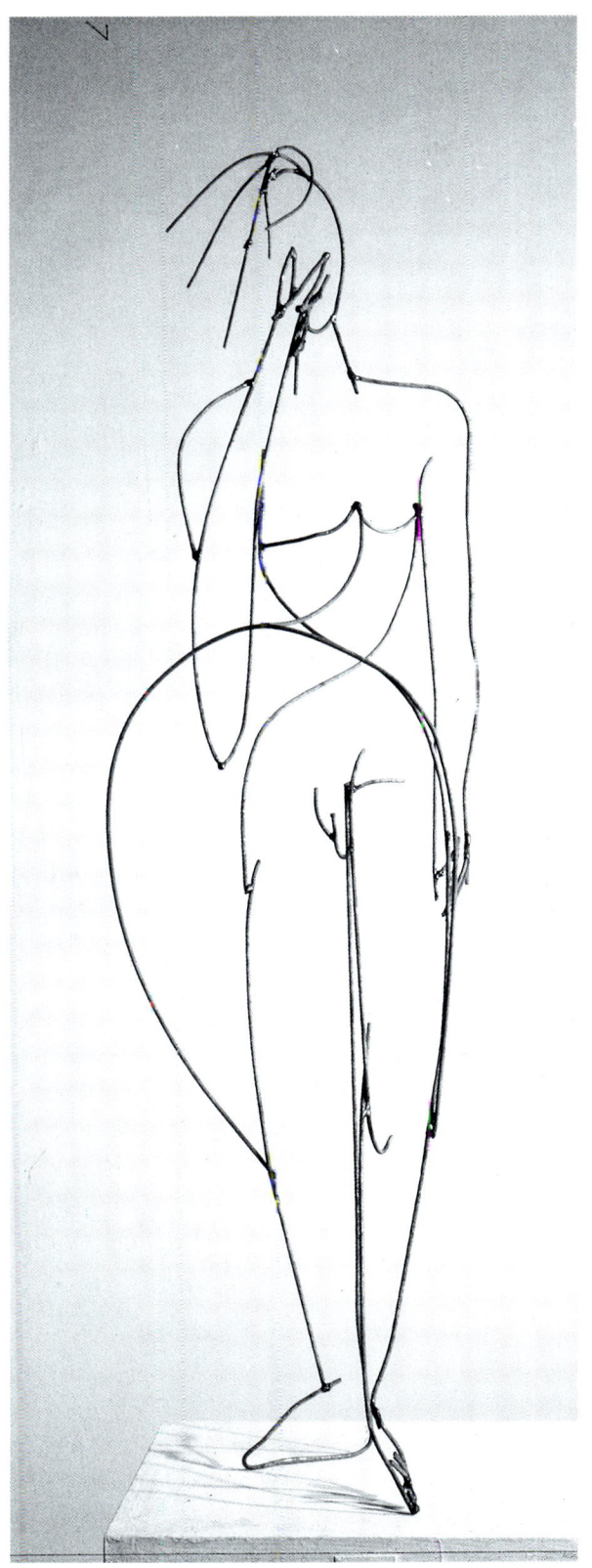

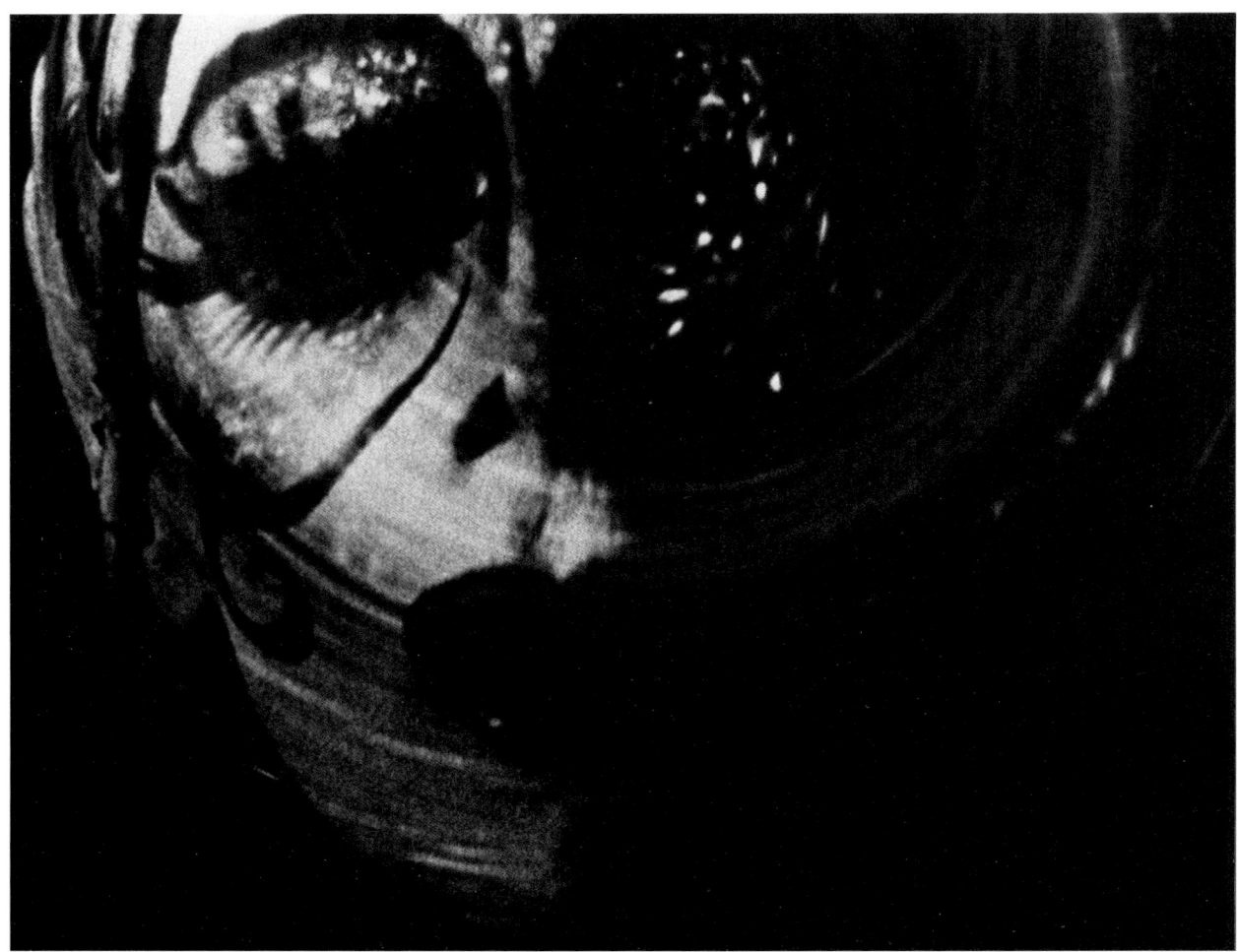

Transformed Identity, 1986, Aus der neunteiligen Serie

Anno Wilms

Ohne Titel, 1985

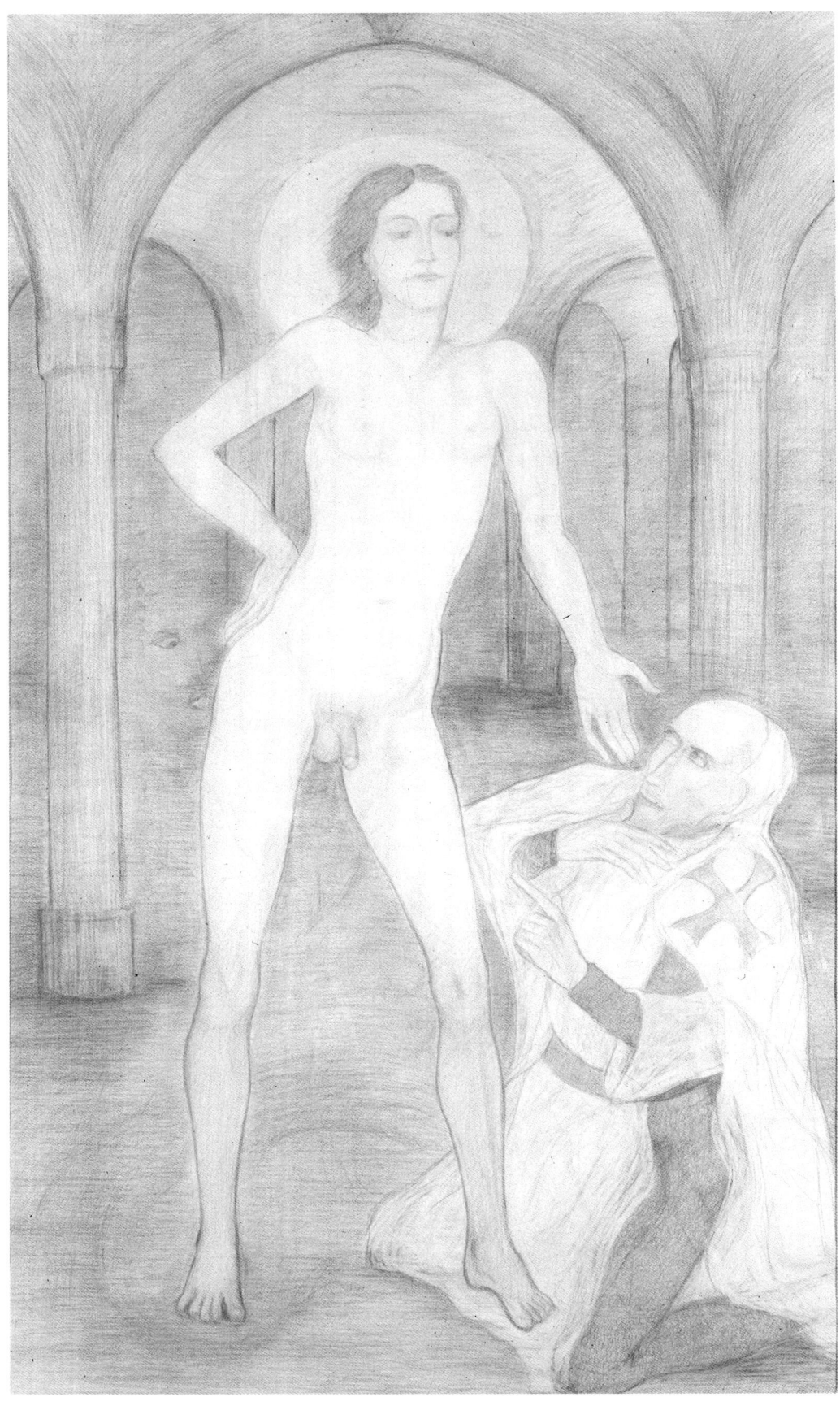

230

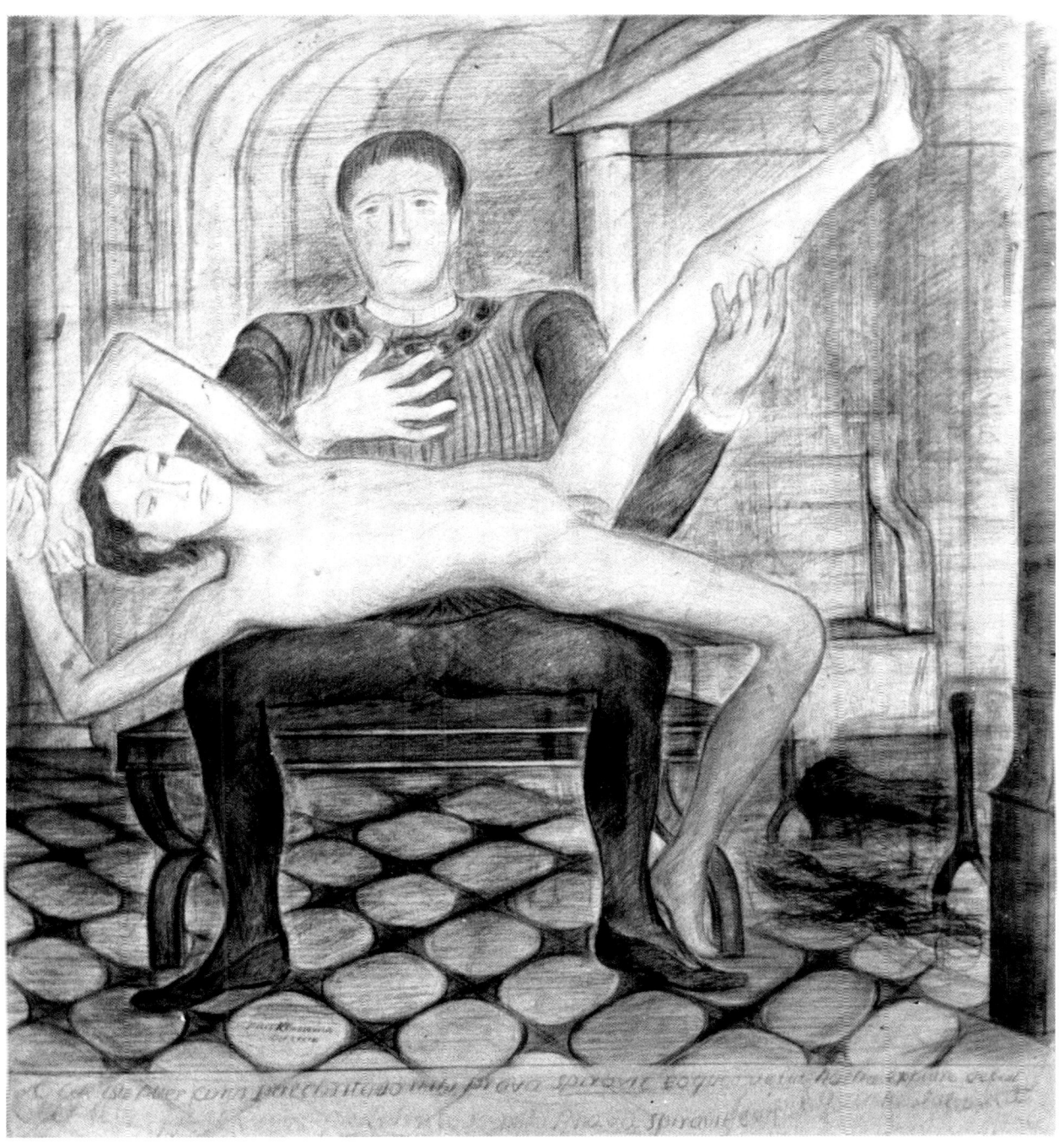

Die Reue des Gilles de Rais, 1985

◄   Der Baphomet und der Großmeister, 1982

Pierre Klossowski

Rebecca Horn der Skarabäus, der malt, 1986

232

Ohne Titel, 1984

Michael Buthe

Pfau, 1982

Alfred Hrdlicka

Chez nous, 1981

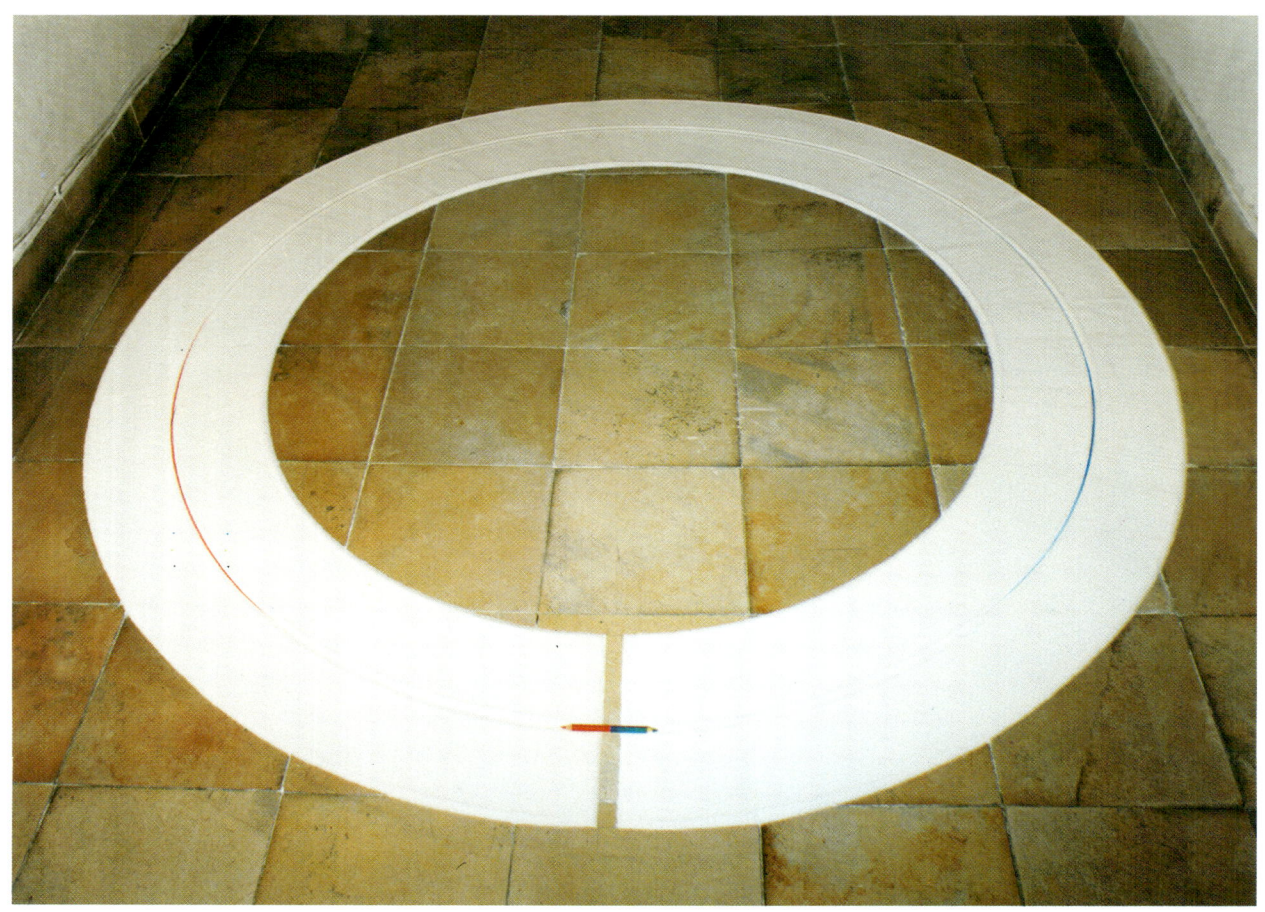

Uroboros oder „Das Blut eines Dichters", Salz-Zucker-Kontinuum, 1976

Timm Ulrichs

236

Helmut Uhlig

Androgynie in der buddhistisch-tantrischen Bildwelt

In fast allen Volks- und Stammesreligionen dieser Erde wie auch in den Religionen der alten Hochkulturen entdecken wir androgyne Züge. Dabei ist die Vorstellung verbreitet, daß die Geschlechterteilung nicht von Anfang an bestanden habe, sondern einen Spätzustand unseres Menschseins darstellt. In Platons berühmtem Mythos vom Zweigeschlechterwesen, aus dem Mann und Frau entstanden sein sollen, haben wir einen späten Widerschein dieser ältesten Glaubensvorstellungen, die sich wohl aus einem Urwissen um die anfängliche Einheit von Himmel und Erde im Kosmos herleiten.

Himmel und Erde, Licht und Finsternis, Sonne und Mond werden als männlich und weiblich empfunden, zugleich aber auch als Symbole einer großen kosmischen Ganzheit, die durch ihre Spaltung in das Männliche und das Weibliche zeugend weiter existiert.

Himmel und Erde definieren aus ihrem Dasein den Raum; Sonne und Mond, Tag und Nacht die Zeit. Dazwischen steht der Mensch als ein in Raum und Zeit hineingeborenes Wesen, das in seiner Sterblichkeit an der Unendlichkeit von Zeit und Raum infolge des ihm sicheren Todes nicht teilnehmen kann.

In vielen indischen Stammesreligionen, die zum Teil heute noch lebendig sind, findet dieses Urwissen seinen Ausdruck. So verehren die Stämme Assams im Nordosten Indiens Sonne und Mond als Doppelgottheit, die das männliche und weibliche Prinzip in sich als Schöpferkraft, als Lebenswillen enthalten. Bevor Sonne und Mond sich für unser menschliches Auge teilten und damit Welt und Menschheit in zwei Geschlechter auseinanderfallen ließ, bestand ein einziges ewiges Wesen von geistiger Natur. In der geschlechtlicher Vereinigung versuchen die Lebenden dieses Wesen wiederzugewinnen. Doch erst im Tod, so will es der Glaube dieser Menschen, ist die alte Einheit, das geschlechtslose Sein, wiederhergestellt.

Hier liegt die Wurzel jener zwiespältigen Auffassung des Geschlechtlichen, der wir in fast allen Religionen begegnen. Kultische Sexualpraktiken als Fruchtbarkeitsriten stehen neben dem Gebot sexueller Enthaltsamkeit und dem Bewußtsein, daß alles Zeugen ein Zeugen zum Tode ist und nur die Unterbrechung der Abfolge von Zeugung, Geburt und Tod Erlösung bringen kann. Erlösung in diesem Sinne aber heißt Ge-

schlechtsüberwindung: Rückkehr in jenen androgynen Zustand des kosmischen Seins, der nach uraltem Glauben am Anfang war. Hier ist der Androgyn Ursprung und Ziel des Seins.

Mittelpunkt dieses Denkens wurde der Androgyn im späteren Buddhismus, der besonders in seiner tantrischen Form, wie sie sich von Indien über Nepal und Zentralasien bis nach China und Tibet verbreitet hat, androgyne Züge zeigt. In der buddhistischen Kunst stellen sie sich allerdings anders dar als in der Zweigeschlechtlichkeit shivaitischer Formen der hinduistischen Bilderwelt.

Buddhas und Bodhisattvas, wie sie von der Zeitenwende an vielfältig in Indien, Afghanistan, Zentralasien und China entstanden sind, zeigen Körpermerkmale einer alles Sinnlichen entkleideten Geschlechtslosigkeit. Das gilt für den meditativen Gesichtsausdruck mit nur selten männlich anmutenden Zügen wie für die oft an weibliche Formen erinnernde Gestaltung der Brust und des Beckens. Arme und Beine sind ohne ausgeprägte Muskulatur.

In ihren besten Beispielen erreichen diese Buddha- und Bodhisattvadarstellungen als Skulpturen wie auch in der Malerei das vollendete Bild geschlechtsloser überirdischer Schönheit. Sie sind ein Prototyp des Androgyns im Sinne der Überwindung von Geschlechtlichkeit und damit von Zeitlichkeit.

Im Widerspruch zu diesen Beispielen einer geschlechtsverneinenden Haltung des Buddhismus, wie sie in solchen Bildwerken zum Ausdruck kommt, scheinen die zahlreichen tantrischen Figurengruppen zu stehen, die in geschlechtlicher Vereinigung dargestellt sind. Wir finden sie vor allem in Nepal und Tibet, wo sie als Yab-Yum-Figuren bezeichnet werden. Yab – Vater – und Yum – Mutter – tragen diese Bezeichnungen jedoch nicht als Ausdruck menschlicher Geschlechtlichkeit. Sie stellen vielmehr im ursprünglichen Sinne mannweiblicher Beziehung die Elemente Kraft und Weisheit dar. Sie sollen dem Meditierenden helfen, Lebensdrang und Geschlechtslust zu überwinden, ihm den Weg zeigen zur Erleuchtung und damit ins Nirvana – den Zustand ohne Wiedergeburt.

Wir haben es hier mit den umstrittensten Formen buddhistischer Kunst zu tun. Sie haben sich zweifellos aus den androgynen Vorstellungen der indischen Stammesreligionen entwickelt und dann – besonders in Tibet – ihre spezifische Ausformung erfahren.

Einem interessanten Beispiel androgyner Formentwicklung im Sinne des Geschlechtswandels begegnen wir in der um die Zeitenwende entstandenen Figur des

Bodhisattva Avalokiteshvara. Diese Heilsgestalt des „Herrn, der gütig auf uns herabschaut" hat sich wohl aus einem der zentralasiatischen Kushanprinzen der Zeitenwende entwickelt. Fürstlich in Haltung, Kleidung und Schmuck ist seine Darstellung in der Kunst von Gandhara, die am Anfang der bildlichen Darstellung von Buddhas und Bodhisattvas steht. Durch die Kaufleute der Seidenstraßen gelangt Avalokiteshvara mit all den anderen Darstellungen buddhistischer Kunst über das Tarimbecken bis nach China, Korea und Japan. Auf diesem Wege wandelte sich der Prinz vielfältig in lokal geprägte Erscheinungen der zentralasiatischen Oasenstädte.

In China begegnen wir ihm als Guanyin, in Japan als Kwannon in männlicher, aber öfter noch in weiblicher Gestalt. Aus dem Prinzen ist im Wandel der Räume und Zeiten eine an Christus erinnernde Göttin der Barmherzigkeit geworden. In beiden Geschlechtsformen herrschen auch hier äußere Merkmale einer betonten Geschlechtslosigkeit vor, das heißt, wir haben es mit einem Wesen von androgyner Gestalt zu tun. Es erscheint in vielköpfigen und vielarmigen Formen, die es in den Bereich mythischer Erscheinungen entrücken.

Als Jinasagara-Avalokiteshvara begegnet er uns in Tibet männlich in geschlechtlicher Umarmung mit seiner Prajna, was wörtlich übersetzt Weisheit bedeutet. Als Jinasagara – das ist der Sieger, der das Luftmeer durchschreitet – wird er in Verbindung mit der Weisheit zum Herrn der Lüfte: zum Überwinder von Zeit und Raum mit den Vorstellungen und Bedürfnissen, die sie erwecken. Was sein sinnliches Bild hier darstellt, hat er längst hinter sich gelassen.

Das gleiche gilt auf andere Weise von dem ganz in statischer Gelassenheit meditativ verweilenden achtarmigen, elfköpfigen Avalokiteshvara, der aus China stammt. In dieser Statue ist der Bodhisattva als Androgyn sowohl mit der esoterischen Welt der Buddhas verbunden, was man bildlich an seinem obersten Kopf – einem Buddhakopf – erkennt, wie auch mit dem Reich der zornvollen Gottheiten, wie der Dämonenkopf darunter zeigt.

Auch bei den Schutz- und Initiationsgottheiten – den Yidams – verkörpert die Vielzahl von Gesichtern und Armen die Fülle von Erscheinungen zwischen Menschen-, Götter- und Dämonenwelt, die alle Ausdruck des ursprünglich Einen sind, zu dessen Einheit sie wieder hinstreben.

Die gleiche Tendenz erkennen wir auch in der weiblichen Erscheinung der Ushnîshavijayâ, die als Mutter aller Buddhas und damit als Ursprung der Buddhaidee gilt. Aus ihrer vielarmigen Weiblichkeit streckt sie auf der hocherhobenen Rechten den roten Buddha Amitâbha, den Herrn des westlichen Paradieses, empor. Er gilt zugleich als der Herr des unermeßlichen Lichtes und ist derselbe, der uns als oberster Kopf des elfköpfigen Avalokiteshvara begegnet ist. Hier wird die Allverbundenheit und Verschwisterung der irdischen und der himmlischen Erscheinungen deutlich. Aus einem Wesen sind sie alle einmal hervorgegangen. In seinen Ursprung streben sie zurück. Das ist einer der zahlreichen, sich in der buddhistisch-tantrischen Bilderwelt entfaltenden Aspekte. Denn die Vielfalt aus der Einheit und die Einheit, der alle Vielfalt entgegenstrebt, sind ein Grundgedanke des Buddhismus, der sich im Weg von der Zeugung über die Geburt zur erstrebten Erleuchtung und der damit überwundenen geschlechtlichen Wiedergeburt ausdrückt. Es ist ein Gedanke, der die Verbindung des Buddhismus mit der androgynen Vorstellungswelt der Frühzeit erkennen läßt.

Jinasagara-Avalokiteshvara, Zentraltibet 18./19. Jh. (A)

Yidam Hevajra, Süd-Tibet 18. Jh. (A)

Mandala des Buddhakapāla, Süd Tibet, 16./17. Jh. (A)

Thangka der Ushnîshavijayâ, frühes 19. Jh. (A)

Yidam Akshobhyavajra-Guhyasamaja, Tibet 15. Jh. (A)

◄ Mandala der Vashya-Vajravārāhī, um 1900 (A)

Inmitten einer weiten, überirdischen Landschaft, die von Blütenduft erfüllt scheint, schauen wir von oben auf ein sternförmiges Mandala, das sich wie eine geöffnete Lotosblüte über einem dunklen dreieckigen See erhebt. Es ist der himmlische Palast der Vashya-Vajravārāhī, der Göttin der Verzauberung, die sich im Zentrum des Mandalas befindet. Sie gilt als eine der wichtigsten Vermittlerinnen geheimen Wissens im tibetischen Buddhismus. So wird diese Dākinī auch als Yidam, als persönliche Initiationsgottheit, verehrt. Vier weitere Dākinīs, tibet. mkha'-'gro-ma, „Luftwandlerinnen", in tanzender und ekstatischer Gebärde, jeweils von einer flammenden Aureole umhüllt, umgeben das Mandala. So sehen wir unten rechts in Pfeil-Boden-Stellung die blaue Dākinī Nairatmā, d. h. „Freisein von Selbstsucht", und links von ihr die rote Sarvabuddhadākinī. Ausschreitend steht sie auf zwei Dämonen, während sie aus einer Schädelschale Blut über sich gießt. – Sie war einst die Initiationsgöttin des indischen Siddha Nāropā, der im 10. Jahrhundert lebte. Wir sehen sie oben links noch einmal in fliegender Pose dargestellt, wie sie dem Ādibuddha Vajrasattva eine gefüllte Schädelschale als Opfergabe darreicht, welcher ganz oben, gleichsam über der Spitze des Mandalas schwebend, auf einem Sonnenlotos thront. Er hält die beiden tantrischen Kultgeräte, Vajra und Gantha, in Händen, welche zugleich das männliche und das weibliche Prinzip symbolisieren. Dieses spiegelt sich noch einmal im kosmischen Bereich als Sonne und Mond über ihm. Rechts oben sehen wir eine strahlend weiße Dākinī mit gespreizten Knieen. Sie hält, wie auch die anderen Dākinīs, in ihrer Rechten ein Gri-cug, ein kultisches Hackmesser, und in ihrer Linken eine Kapāla, eine Schädelschale, die mit Blut gefüllt ist. So kann man in diesen begleitenden Dākinīs auch vier verschiedene Formen und Aspekte der Vashya-Vajravārāhī erblicken, die im Inneren des Mandalas nur verhältnismäßig klein dargestellt ist.

Um in diesen innersten Bezirk zu gelangen und sich schließlich mit dieser Göttin zu vereinigen, muß der Meditierende eine Anzahl von Prüfungen bestehen, indem er sowohl umkreisend als auch von außen nach innen fortschreitend sich der Mitte des Mandalas nähert, das von vier Kreisen umschlossen wird. Im äußersten Kreis sehen wir acht fortlaufende Felder mit Darstellungen von Leichenplätzen, mit wilden Tieren, Stupas und Yogis, sowie von acht reitenden, den Erdkreis beschützenden Gottheiten. Ein Hinweis auf die acht großen Leichenplätze, die jeder Yogi in Indien aufsucht, um über die Vergänglichkeit des Irdischen zu meditieren. Die tiefere Symbolik dieser acht Felder bezieht sich jedoch auf die Befreiung von der Sinneswelt, die den Menschen an den leidvollen Geburtenkreislauf bindet, und damit auf die Umwandlung der acht Arten des natürlichen Bewußtseins in ein höheres Bewußtsein. Der zweite Kreis, den der Meditierende durchschreiten muß, ist ein Feuerkranz, der auch als ein gewaltiger, in den kosmischen Farben leuchtender Berg anzusehen ist. Sein strahlendes Licht vertreibt alle Dunkelheit und weist den Weg zur jenseitigen Weisheit. Der dritte schmälere Kreis, eine dunkle, von goldenen Vajras bekrönte Mauer, bildet die letzte Grenze zur äußeren Welt. Zugleich ist sie Sinnbild für die diamantene, unzerstörbare Natur des Absoluten, für das kosmische Bewußtsein, das es zu erlangen gilt. Der vierte Kreis schließ-lich ist ein farbiger Lotosblätterkranz. Die Lotosblüte, die aus dunklen Tiefen emporwächst, gilt seit altersher als Symbol der Reinheit. Hier versinnbildlicht dieser nach außen geöffnete Kranz das neu sich entfaltende höchste Bewußtsein, die geistige Wiedergeburt des Ini-tianden. Nun befindet sich der Meditierende im park-artigen, grünen Vorhof des Palastes, wo er erleuchteten Siddhas und Yogis begegnet, denen der Anblick des Al-lerheiligsten vergönnt ist. Neben ihnen befinden sich runde Körbe mit heiligen Büchern, ein Hinweis darauf, daß die wichtigen tantrischen Schriften als von den Dākinīs inspiriert gelten, und daß auch diese esoteri-sche Mandala in die geistige Traditionslinie der großen indischen Siddhas gehört, die den Vajrayānabuddhis-mus begründet haben. Auf dem Dach des Palastes se-hen wir, ähnlich wie auf den Klosterdächern in Tibet, Siegesbanner wehen, sowie Glückssymbole und Juwe-lenbäume in goldenen Vasen. Ein Zeichen dafür, daß der Meditierende nun in den Tempelbereich eintritt.

Zwei sich durchdringende gleichschenklige Dreiecke bilden den äußeren Grundriß des mehrstöckigen Pala-stes in Form eines Hexagramms. Dieser himmlische Palast, in dem sich die Farben der vier Himmelsrichtun-gen spiegeln, bildet zugleich die Spitze des Weltenber-ges oder die axis mundi. An den vollkommenen Maßen dieses Palastes und an seiner Symbolik wird nicht nur die äußere Harmonie des Kosmos anschaulich, son-dern auch sein innerer Zusammenhang. Das mit der Spitze nach unten weisende, rot umrandete Dreieck symbolisiert das weibliche Prinzip, während das aufge-stellte hellere Dreieck das männliche Prinzip darstellt. Beide Dreiecke sind untrennbar miteinander verbun-den. Für den Meditierenden wird hier zugleich die Spie-gelbildlichkeit von Makro- und Mikrokosmos erkenn-bar; beide sind von denselben polaren Prinzipien durchwaltet. Innerhalb der durch das Hexagramm sich bildenden äußeren Dreiecke sehen wir sechs tanzende, vierarmige Gottheiten, die sich nur durch ihre Körper-farbe voneinander unterscheiden. Es sind ebenfalls Dākinīs, die das Gefolge der Vashya-Vajravārāhī bil-den. Man könnte glauben, daß die „Göttin der Verzau-berung" sich vervielfältigt habe. Für den Eingeweihten aber wird hier die Zusammengehörigkeit von Einheit und Vielfalt erkennbar.

Im roten Innenhof des Palastes sehen wir vier grimmige Götterpaare in Yab-Yum, in geschlechtlicher Vereini-gung, dargestellt. Es handelt sich hier um Schutzgott-heiten, die entsprechend ihrer Körperfarbe den vier Himmelsrichtungen zugeordnet sind. Den Farben rot, gelb, blau und grün entspricht jeweils der westliche, der südliche, der östliche und der nördliche kosmische Be-reich. Hat sich der Meditierende durch die zornvollen Erscheinungen dieser Gottheiten nicht abschrecken

lassen, sondern ihr wahres, beschützendes Wesen er-kannt, so gelangt er schließlich zum innersten Heilig-tum, wo ihm die Dākinī Vashya-Vajravārāhī, von Flam-men umhüllt, erscheint. Ihr strahlend roter Körper ist nur mit einer mumdamāla, einer Schädelkette, ge-schmückt. Rot ist die Farbe der Leidenschaft. Ihre Er-scheinung soll anziehend wirken gerade auf denjeni-gen, welcher durch Leidenschaft am Erlangen der Er-leuchtung gehindert wird. Wie diese zu erreichen ist, zeigen uns die beiden Kultgeräte, die die Dākinī in Hän-den hält, nämlich Hackmesser und blutgefüllte Schädel-schale. Mit dem einen werden die Wurzeln des Unwis-sens abgeschnitten, das andere ist Sinnbild für das mystische Selbstopfer. Es ist im Grunde der mönchi-sche Weg der Askese, der bereits im frühen Hinayāna-buddhismus beschritten wurde. Tanzend auf einem Bein, das andere angewinkelt, steht die Göttin auf einer Lotosblüte über einem dreieckigen Altar. Der Einge-weihte erkennt in dieser Tanzpose die Figur von Pfeil und Bogen, wobei der Pfeil, das Standbein, die höchste Erkenntnis symbolisiert und der Bogen den Weg zu ihr, nämlich die Tugend des Mitleids. Es ist der Weg, den der Mahāyānabuddhismus gelehrt hat. Noch ein drittes Attribut ist zur Deutung der zentralen Gestalt wichtig: Die Vashya-Vajravārāhī hält, an sich geschmiegt in ih-rer Armbeuge, ein Khatvanga als Zeichen der Erleuch-tung; zugleich aber ist dieser tantrische Stab eine Chif-fre, die nur der Eingeweihte versteht, nämlich eine Chiffre für ihren männlichen Partner. So wird hier noch einmal, wie schon in der abstrakten Form der sich durchdringenden Dreiecke, das Symbol der mystischen Vereinigung, der heiligen Hochzeit enthüllt. Es ist der esoterische Weg, den der Vajrayānabuddhismus ge-wiesen hat. So verkörpert die Vashya-Vajravārāhī in ih-rer vielfältigen Symbolik selbst noch einmal einen Stu-fenweg zur höchsten Erkenntnis. Indem sich der Medi-tierende innerlich mit dieser Initiationsgöttin verbindet, gleichsam die Stelle des Khatvanga einnimmt, hat er sein Ziel erreicht, Vashya-Vajravārāhī gilt als „die das Begehren stillende Göttin". Sie ist die Verkörperung der Leerheit aller Erscheinungen, der Shunyatā.

Vor dem Mandala sind fünf Embleme aufgestellt: ein Spiegel, Zymbeln, zwei Granatäpfel, eine Duftmuschel und ein Schal. Sie symbolisieren die fünf Sinne, die hier der Göttin als Opfergaben dargeboten werden.

Es handelt sich hier um ein esoterisches Mandala, des-sen geheime Symbolik und dessen vielfältige inneren Bezüge sich nur dem Eingeweihten und Geschulten er-schließen. Solche Meditationsbilder sind im tibetischen Buddhismus wichtige Hilfsmittel, denn durch wieder-holte und intensive Meditation eines Mandalas kann der Meditierende eine höhere Wiedergeburt oder auch die endgültige Befreiung erlangen.

Gerd-Wolfgang Essen

Marianne Yaldiz

Androgynie in der indischen Kunst

Stets hat der Mensch versucht, sich ein Bild des Weltalls zu entwerfen und seinen Standort zu bestimmen. Dabei ging man in Indien von der Kugelform als beherrschendem Element des Weltbildes aus. Schon in der frühesten Literatur werden Himmel und Erde mit zwei Schalen oder zwei Bechern verglichen, deren Hohlräume aneinandergrenzen. Später sieht man das Weltall als Kugel an, deren unendlicher Raum mit unzähligen Welten, die die Form eines Eies (= anda) aufweisen, angefüllt ist.

Analog dazu stellte man sich in der antiken Welt den Menschen als aus zwei Hälften bestehend vor. Die dem zugrundeliegende philosophische Idee in Inden spricht von dem Zusammenwirken der männlichen, geistigen Schöpferkraft (purusha) und der weiblichen, aktiven aber ungeistigen Urmaterie (prakriti), aus denen jedes Wesen geschaffen ist. So ist es ist nicht weiter verwunderlich, daß auch die indischen Gottheiten in ihren unterschiedlichen androgynen Formen dieses Prinzip wiederspiegeln. Die Idee der Untrennbarkeit des männlichen und weiblichen Elements drückt sich in den Ardhanārishvara-(Gott Shiva und Shakti), Linga und Yoni (Phallus und Vulva) und Lakshmi-Nārāyana-(Göttin Lakshmi und Gott Vishnu) Darstellungen aus.

Ausgangspunkt derartiger Betrachtungen soll der Ardhanārishvara (Shiva und Shakti) aus Mathurā sein. Die zweiarmige Figur steht vor einer konisch zulaufenden Linga-Säule. Sie ist in vertikaler Teilung zweigeschlechtlich: Die rechte Hälfte ist, wie in der Mehrzahl solcher Darstellungen, männlich mit aufgerichtetem Phallus, die linke weiblich mit Brust und ausgestellter Hüfte.

Der Kopf einer solchen Figur stellt eine Besonderheit dar. Die Figur der halb männlichen halb weiblichen Gestalt ist geteilt: die linke Kopfseite weist senkrechte Haarflechten auf, auf der anderen Seite sind sie waagerecht angeordnet. Der Kopfteil mit der senkrechten, abgebundenen Frisur ist als männlich, der andere als weiblich zu verstehen: Gott Shiva in körperlicher Gemeinschaft mit seiner Shakti. Der nicht erhaltene Körper war mit Gewißheit auf der rechten, zu den waagerechten Haarsträhnen gehörigen Seite mit einer einzelnen Brust versehen, was jedoch der üblichen Anordnung, nach der die weibliche Hälfte stets die linke Seite der Gestalt einnimmt, widerspricht.

Die nächste Skulptur folgt ebenfalls der Idee der Vereinigung des männlichen und weiblichen Prinzips. Sie drückt sich in den Symbolen Linga (Phallus) und Yoni (Vulva) aus. Linga und Yoni stehen auf zwei verschlungenen Schlangenleibern, deren fünffache Köpfe sich zu einem schützenden Dach zusammenfügen. Auf den Köpfen, d. h. an den Seiten, sind die Kobra-Zeichen eingeritzt. Die Schlangen selbst ruhen auf einem doppelten Sockel, ihre Schwanzenden hängen vorn verkreuzt herab.

Ardhanārishvara, Mathurā, 3. Jh. n. Chr. (A)

◀

Ardhanārīshvara, Kopf
Mathurā, 5. Jh. n. Chr. (A)

Ardhanārīshvara (Shiva und Pārvati in einer Gestalt)
Pahari, Ende 18. Jh. (A)

Göttin Durgā, den Büffeldämon tötend
Zentralindien, um 800 n. Chr. (A)

Linga und Yoni
Südindien, 18. Jh. (A)

Ardhanārīshvara
Südindien, 20. Jh. (A) ▶

Lakshmī-Nārāyana (Göttin Lakshmī und Gott Vishnu)
Kashmir, 14. Jh. (A)

Ardhanārīshvara (Shiva und Pārvati in einer Gestalt)
Kangra, Ende 18. Jh. (A)

Auch die den Büffeldämon Mahisha tötende Göttin Durgā drückt ihre enge Gemeinschaft mit Gott Shiva durch die in ihrem Haar befindliche Mondsichel aus. Die Göttin steht in bewegter Haltung vor dem rechteckigen Reliefgrund, ihren rechten Fuß kraftvoll auf den Kopf des Büffeldämon Mahisha gestellt, der sterbend seine Zunge aus dem Maul streckt. Durgās vordere linke Hand zieht das Hinterteil des Tieres am Schwanz hoch, während die rechte mit dem zum tödlichen Stoß emporgehobenen Dreizack auf den Kopf des Mahisha zielt. Ihre hintere rechte Hand hält ein langes Schwert, die hintere linke einen Schild.

Unverwechselbare Zeugnisse für das Zusammenwirken der Schöpferkraft stellen auch die beiden Miniaturmalereien aus Pahari und Kangra dar. Die Miniatur aus Pahari zeigt eine Gottheit, die auf einem goldenen, edelsteinbesetzten Thron sitzt, der mit niedriger Rückenlehne versehen ist, an eine große Kissenrolle gelehnt. Die frontal gezeichnete Gestalt mit dem dritten Auge auf der Stirn ist vertikal in eine männliche und eine weibliche Hälfte geteilt. Die linke ist durch Attribute und Kleidung als die des Gottes Shiva in der Form des im Himalaya meditierenden Asketen gekennzeichnet. Aus seiner hochgebundenen Frisur springt in hohem Bogen die Gangā (= der Fluß Ganges) zur Erde, die der Legende nach ursprünglich im Himmel floß und von Shiva bei ihrem Sturz auf die Erde zur Milderung

des Aufpralls zunächst in seinem Haar aufgefangen wurde. Schlange, Dreizack mit Trommel und Tigerfell sind die Attribute des Gottes. Die weibliche Seite trägt außer reicher Schmückung keine besonderen Kennzeichen.

Als letzte Version dieses Themas wird eine relativ große und späte Bronze aus Südindien gezeigt. Der Ardhanārīshvara steht in tänzerischer Bewegung auf einem kleinen Lotussockel, die linke (weibliche) Hüfte stark ausgestellt.

Eine andere zweigeschlechtliche Gottheit in Indien ist Lakshmī-Nārāyana (Göttin Lakshmī und Gott Vishnu). Die achtarmige Figur aus Kashmīr steht auf einem kleinen Sockel. Eine kaum wahrnehmbare vertikale Linie trennt auch sie in eine weibliche (linke) und eine männliche (rechte) Körperhälfte. Die linken, der Göttin zugehörigen Hände tragen, von oben nach unten: Manuskript, Lotus, Spiegel, Gefäß. Die rechten Hände, die des Gottes Vishnu: Wurfscheibe, Keule, Schneckengehäuse, Lotus. Auch der Ohrschmuck weist die linke Hälfte als die weibliche aus: Lakshmī trägt eine Blütenrosette, Gott Vishnu einen rhomboiden Ohrring. Stehende Lakshmī-Nārāyana-Figuren sind in Indien sehr selten.

Die androgyne Gottheit in Indien soll das Wesen der Schöpfung wiedergeben und die Kraft aufzeigen, die durch die Vereinigung des weiblichen mit dem männlichen Element entsteht.

Monika Rohrbach-Benton

Die religiöse Bedeutung der Zweigeschlechtlichkeit in Indonesien am Modell der Semar-Figur

Die Figur des Semar gehört zu den wichtigsten und heiligsten Schattenspielpuppen des Wayang Purwa auf Java. Diese Theaterform dramatisiert die indischen Epen Ramayana und Mahabharata sowie autochthone javanische Überlieferungen.

Semar vereinigt ikonographisch Gegensätze, zu denen weibliche und männliche Geschlechtsorgane gehören. Er ist die einzige Gestalt im Wayang Purwa, die mit einer unbekleideten weiblichen Brust gezeigt wird, selten dagegen noch zusätzlich mit einem Penis. Die eigenartig aufgeschwemmte Gestalt von Semar deutet auf ein Hermaphroditentum hin. Seine starke Sinnlichkeit wird ikonographisch durch die Überbetonung des Mundes, der Nase, der Augen und der Ohren manifestiert (1). Mit den Fingern seiner beiden Hände formt Semar eine sexuelle Geste, die als typisch für ihn und die anderen „Clownfiguren" gilt.

In der javanischen Mythologie wird Semar als der mächtigste Ahnen- und Schutzgeist von Java, der Natur und allem Leben verehrt (2). Er existierte lange bevor es Geister oder Menschen auf Java gab, und gilt als der eigentliche Herrscher der Insel. Seine Doppelgeschlechtlichkeit repräsentiert den Urzustand des Universums, bevor sich das Männliche und das Weibliche herausbildete. Semar steht für einen Zustand vor der Schöpfung, als die Geschlechter noch eine Einheit bildeten. Anhand der indonesischen Schöpfungsmythen (3) kann der Mythos auf folgende Schwerpunkte reduziert werden: Meistens teilt sich ein „neutraler" Felsblock in zwei Personen: Mann und Frau. Zuerst lösen sich die beiden voneinander, um sich später wieder zu treffen, und durch ihre Vereinigung wird der Schöpfungsprozeß in Gang gesetzt. Der hermaphroditische Semar befindet sich immer noch in der ursprünglichen, ungeteilten Form des Kosmos, die durch seine Zweigeschlechtlichkeit versinnbildlicht wird. Aufgrund dieser Position vermittelt er in seiner Rolle im Wayang Purwa zwischen den Menschen und der ursprünglichen Natur.

Semar ist älter als Ardhanari. Dieses klassische, ikonographische Symbol des alten Java ist eine Figur, die sowohl weibliche wie männliche Wesensmerkmale verbindet. Die linke Körperhälfte ist weiblich und die rechte Körperhälfte ist männlich, wobei die Trennungslinie das Gesicht und den restlichen Körper genau in der Mitte halbiert (4). Der Gottkönig der hindu-javani

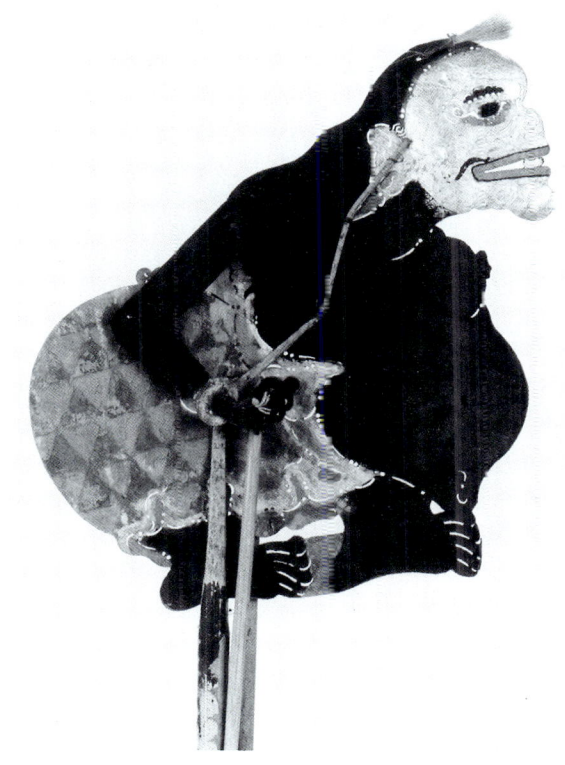

Semar
Wayang Schattenspielfigur aus Java (A)

schen Epoche wurde teilweise als Ardhanari in Stein gemeißelt. Es wurde als Zeichen der Macht gedeutet, daß der Herrscher sowohl weibliche wie männliche Eigenschaften in einer Person vereint (5).

In Indonesien ist die soziale Bedeutung des Transvestiten im historischen Kontext ähnlich der symbolischen Aussagekraft der Ardhanari Figur. Auch der Transvestit besitzt weibliche und männliche Merkmale. Durch diese Eigenschaft gewinnt er an Macht und ist für bestimmte religiöse Aufgaben besonders gut geeignet. Bei verschiedenen indonesischen Ethnien befähigt ihn seine Transvestitenrolle ein Priesteramt auszuüben.

In Ostcelebes gibt es eine Priestergruppe: Die Burake, deren Aufgabe darin besteht, das kosmische Gleichgewicht zu erhalten. Die Burake unterteilen sich in die Burake Tattiku (Priesterinnen) und in die Burake Tambolang (Transvestiten), die für Hermaphroditen gehalten werden. Ihre Zweigeschlechtlichkeit gibt ihnen die Macht, die kosmische Ordnung, das Gleichgewicht zwischen Ober- und Unterwelt, Tag und Nacht, West und

Ost, dem Männlichen und dem Weiblichen aufrechtzuerhalten (6).

Bei den Nagdju Dajak in Borneo herrschten (7) ähnliche Glaubensvorstellungen. Es handelt sich um eine Dualorganisation, die unter anderem ihren Ausdruck in der Weltanschauung findet. Das gesamte Universum ist einer Zweiteilung unterworfen. Einer der großen Gegensätze besteht in einer Gliederung des Kosmos in männliche und weibliche Prinzipien. Der Basir ist ein Priester, der, abgesehen von anderen Aufgaben, den Kosmos durch seine Vermittlerrolle zwischen männlichen und weiblichen Kräften in Balance hält. Die Voraussetzung für seine Tätigkeit ist entweder Homosexualität, Impotenz oder Hermaphroditentum (8).

Die Aufgaben von Semar im Wayang Purwa gleichen denen des Basir bei den Nagdju Dajak. Beide übernehmen eine Vermittlerrolle zwischen unterschiedlichen gesellschaftlichen Gruppen, den Menschen und den Göttern, sowie den Menschen und der Natur. Beide sind marginale Persönlichkeiten, die z. B. innerhalb der Gesellschaft weder die soziale Stellung einer Frau noch eines Mannes einnehmen.

Semar sichert die kosmische Harmonie, weil er abgesehen von anderen Gegensätzen auch das Weibliche und das Männliche in einer Person vereint. Die Balance der kosmischen Ordnung hängt in der javanischen Mythologie auch von dem Gleichgewicht in der Natur ab. Semar tritt im Wayang Purwa mit seinen Söhnen erst um Mitternacht in der „gara-gara" Szene auf, in der sich die gesamte Natur in Aufruhr befindet (Erdbeben, Orkane, Vulkanausbrüche). Nur durch das Erscheinen von Semar klingen die Naturkatastrophen ab und es herrscht wieder Ausgeglichenheit.

Bei Erntezeremonien werden oft Wayang Purwa Stücke aufgeführt, in denen Semar die Hauptrolle übernimmt und für ein Gleichgewicht in der Natur sorgt (z. B. daß genug Regen fällt). Der Inhalt dieser Wayang Purwa Stücke bezieht sich auf die Reproduktion von Pflanzen und Tieren und steht in engem Zusammenhang mit alten Fruchtbarkeitsriten. Nach dem Glauben der Javaner verfügt Semar als Gott der Liebe über lebensspendende Kräfte und kann mit Hilfe des heiligen Wassers die Reproduktion der Pflanzen unterstützen (9).

Semar entspricht mit seiner Wesensart: Gegensätze wie unterschiedliche soziale Positionen in einer Person zu vereinen, der kosmischen dualistischen Weltansicht der alten javanischen Kultur. Komponenten wie die Berge und das Meer, die Götter des Meeres und der Berge, das Männliche und das Weibliche, das Böse und das Gute etc.... stehen sich dabei gegenüber. Doch sie schließen sich nicht aus, sondern die eine Komponente erhält ihre Berechtigung durch die andere (10).

1 Semar wird in übertragenem Sinne auch als Schützer der fünf Sinne angesehen. Er dient den Pandawa (den Helden der sogenannten guten Partei), von denen jeder einen der fünf Sinne symbolisiert: Yudistira wird mit dem Geruch in Verbindung gebracht, Birma mit dem Gehör, Ardjuna mit dem Sehen, Nakula mit dem Fühlen und Sadewa mit dem Geschmack (H. Ulbricht, Wayang Purwa, Shadows of the Past, Kuala Lumpur, 1970, S. 26–28). Semar selbst hat besonders scharf entwickelte Sinnesorgane. Sein Mund, seine Nase, seine Augen und seine Ohren sind durch eine überverhältnismäßige Größe betont.

2 P. Stange, Mystical Symbolism in the Javanese Wayang Mythology, in: The South-East Asian Review, Vol. I, No. 2, 1977, S. 116

3 W. Stöhr und P. Zoetmulder, Die Religionen Indonesiens, Stuttgart 1965

4 Das Symbol der Ardhanari-Figur geht in Java auf die hinduistische Mythologie zurück. „According to tantric belief the Supreme Being is of one complete sex, possessing within himself both the male and female Principles. Such a deity is said to be ardhanari (ardha-nari, ‚half-female') and bears the qualities of both genders. Shiva is sometimes represented as Ardhanarishvara (Hermaphrodite Lord), fused halfway into the form of his spouse Parvati, or shown as a half-male, half-female figure in sculpture and painting exhibiting male elements along the right side of his body, and female elements on the left side." (B. Walker, Hindu World, London 1968, S. 43)

5 B. R. Anderson, The Idea of Power in Javanese Culture, in: Culture and Politics in Indonesia, ed. C. Holt, Cornell University, Modern Indonesia Project, Ithaca 1971, S. 14)

6 R. Kennedy, Ethnic Groups of Insular Southeast Asia, Part. III: Indonesia, London 1972, S. 176

7 M. Schärer, Nagdju Religion, The Hague 1963

8 „Im Basir repräsentieren sich nach Schärer die bisexuelle Gottheit und die totale Gemeinschaft. Er steht als Mittler zwischen allen Gruppen der Gesellschaft, zwischen hoch und niedrig, arm und reich, aber auch zwischen Mann und Frau." (W. Stöhr und P. Zoetmulder, Die Religionen Indonesiens, Stuttgart 1965, S. 145)

9 J. J. Ras, The Social Function and Cultural Significance of the Javanese Wayang Purwa Theatre, Conference on Asian Puppet Theatre März 1979 London, School of Oriental and African Studies, S. 7–9

10 „Reality, Indonesian Reality, construes the situation as a totality which can be expressed as two parts, neither of which can exist without the other."
(A. Christie, Natural Symbols in Java, in: Natural Symbols of South East Asia, ed. by G. B. Milner London 1978, S. 133)

Ahnenfiguren aus Nias (A)
In der Mythologie der Niasser findet man nicht nur das Motiv der Spaltung eines bisexuellen Urwesens in männliche und weibliche Hälften…sondern auch den Urmenschen, aus dem alles entsteht… An den zweigeschlechtlichen Ahnenfiguren (adu) erkennt man männliche Geschlechtsteile und Brüste, weibliche Geschlechtsteile und Bart kombiniert…
Hermann Baumann

Uli, Neu-Mecklenburg (A)
Uli genannte Figur, die bei Totengedenkfeiern im mittleren Neu-Irland aufgestellt wurde und wahrscheinlich den Verstorbenen repräsentiert. Die Zweigeschlechtlichkeit der Skulpturen wurde von frühen Informanten negiert. Bedeutung und Symbolik sind bis heute nicht geklärt.
Ingrid Heermann

Guanyin im Meditationssitz (weiblich), China, Ming-Dynastie (1368–1644 n. Chr.) (A)
Die aus Blanc-de-Chine-Porzellan gefertigte, mit blau irisierender Glasur versehene Guanyin oder Göttin der Barmherzigkeit ist im Dhyānā-Sitz dargestellt. Götterdarstellungen dieser Art wurden und werden noch heute in chinesischen buddhistischen Tempeln von Frauen angebetet, um einen Kinderwunsch zu erfüllen.

Bodhisattva Guanyin (männlich), China, Sui-Dynastie (581–618 n. Chr.) (A)
Der Bodhisattva Guanyin gilt als Helfer der Menschheit im Diesseits und erlangt aus diesem Grunde nicht das Nirvana.

Bodhisattva Avalokiteshvara, Murtug, Zentralasien, 9./10. Jh. n. Chr. (A)

Avalokiteshvara ist in seiner männlichen Form dargestellt; die Rechte hat er im Gestus der Argumentation, vitarka-mudrā, erhoben, die Linke hält er vor seinem Leib. Auf der Handfläche steht eine Flasche, kalasha, eines der Attribute des Bodhisattva, in der sich göttlicher Nektar, nach chinesischer Aussageweise „süßer Tau" befindet (der Buddhismus paßte sich der chinesischen Vorstellungswelt sehr gut an; Tau ist in China das Getränk der taoistischen Unsterblichen).
Der reich gekleidete und geschmückte Bodhisattva trägt in seiner Krone... das Bildnis des Buddhas Amitābha, seines geistigen Vaters...
Den Bodhisattva Avalokiteshvara umgeben auf dunkelblauem Grund, in den Wunschjuwelen eingestreut sind, je drei Bodhisattvas links und rechts, die vielleicht als seine Erscheinungsformen gedeutet werden können. In der Mitte links sitzt, in ein weißes Gewand gehüllt, ein weißes Tuch über dem hohen Kopfputz, eine der chinesischen Erscheinungsformen Avalokiteshvaras, die sogenannte Baiyi Guanyin, die Weiße-Gewand-Guanyin (Guanyin = chinesischer Name des Avalokiteshvara), oder die sogenannte Songzi Guanyin, die Kinderspenderin Guanyin. Die Figur hat die rechte Hand erhoben und deutet mit dem Zeigefinger auf ein Kind, das sie auf ihrer linken Handfläche trägt.

Peter Thiele

Yin 陰 und Yang 陽

Yin und Yang als Begriffspaar wurzeln im dualistischen Denken der Chinesen. Dieser Dualismus bildet ein Grundprinzip der chinesischen Naturanschauung. Er ist aus der Naturbeobachtung entstanden und wurde damit sowohl zur Grundlage des gesellschaftlichen Systems als auch der chinesischen Philosophie.

Analysieren wir die chinesischen Schriftzeichen (1) yin 陰 und yang 陽 , so stellen wir fest, daß beide ein gemeinsames Zeichen, das Wurzelzeichen (170 f = fou = Hügel, besitzen, über das beide Zeichen erschlossen werden. Der Tongeber 金 yin im ersten Schriftzeichen bedeutet soviel wie „überschatten", „schattig", „geheim", „dunkel", „mysteriös", „kalt"; das weibliche Prinzip in der Natur; „das Südufer eines Flusses, der Nordhang eines Berges". Alle Bestandteile ergeben in ihrer Kombination „der mit Wolken bedeckte Himmel überschattet den Hügel". Yin ist demnach die „Schattenseite" oder das „Dunkle". Der Tongeber 昜 yang bedeutet „Glanz", „Strahl", „glänzen", „strahlen". Yang ist demnach die Sonnenseite das Helle, das männliche Prinzip in der Natur. Insgesamt erscheint die Bedeutung von yang als „der von der Sonne angestrahlte Hügel".

Wie Williams (2) ausführt, hat dieses dualistische Denken seine Parallelen im Ormuz und Ahriman der Perser, im männlichen-weiblichen Prinzip der alten Ägypter, in den männlichen und weiblichen Elementen des Hindugottes Brahma und auch in Platos Theorie des universalen Dualismus.

Bei einem so alten Bauernvolk wie dem chinesischen spielte im täglichen Leben die Beobachtung der Naturphänomene eine wichtige Rolle. Vor allem der Rhythmus im jahreszeitlichen Wechsel wurde von ihnen genau registriert. Aus dem Wechsel von Winter und Sommer, von Herbst und Frühjahr, von Hell und Dunkel, von Sonne und Mond ließ sich eine Gesetzmäßigkeit des Naturrhythmus ableiten, die aus dem Makro- auch auf den Mikrobereich übertragen werden konnte. Die Chinesen stellten sehr bald fest, daß allen Naturerscheinungen im Wachstum von Tieren und Pflanzen das gleiche dualistische Prinzip zugrundeliegt. Um diesen Vorgang bildlich auszudrücken, schufen sie ein Emblem, das einer Wachstums- oder Eizelle entspricht.

In der bildlichen Darstellung stellen Yin und Yang zwei Hälften, eine dunkle = yin und eine helle = yang, dar. Innerhalb der Hälften befindet sich der Zellkern der an deren Hälfte. Diese paarweise Anordnung als „dualistisches" bzw. „negatives und positives Prinzip" durchzieht alle Naturvorgänge. Es spielt aber auch im gesellschaftlichen Leben der Chinesen, bei der materiellen Kulturausrüstung z. B. in der paarweisen Anordnung von Möbelstücken, Darstellungen bei Stickereien und bei Ornamenten eine große Rolle. Nicht nur das innere, sondern auch das äußere Leben der Chinesen wird von diesem Emblem beherrscht bzw. hinterläßt überall seine Spuren.

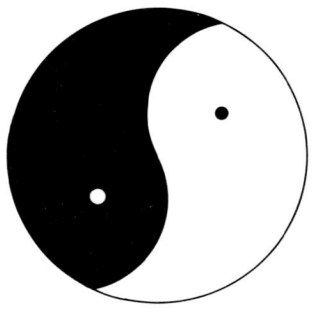

Die linke oder dunkle Hälfte symbolisiert die Erde, den Mond, die Einkehr und das Leben in Zurückgezogenheit, das Passive und das Weibliche. Die rechte oder helle Hälfte stellt den Himmel, die Sonne, die Tätigkeit nach außen, das Aktive und das Männliche dar. Erscheint beispielsweise in einem Naturphänomen zuviel Yin oder zuviel Yang, so ist die Harmonie, das Gleichgewicht gestört. Es muß ausgeglichen werden. In der bildlichen Darstellung erkennen wir die Harmonie der beiden Hälften: Sie haben die gleichen Abmessungen, die gleiche Form und gleichgroße Zellkerne in sich. Bei einem ungestörten Verlauf der Natur sind alle Dinge im Einklang.

Da, wie wir von den alten Griechen wissen, „alles im Flusse ist" (Heraklit: panta rhei), die Chinesen diese Erkenntnis ebenfalls hatten, wurde in dem Emblem oder Sinnbild von Yin und Yang die Teilung nicht durch eine starre Linie, sondern durch eine „Wellenlinie" dargestellt.

Wie bei anderen Völkern, so bildete sich bei den Chinesen schon früh eine Gruppe von Menschen heraus, die aufgrund ihrer Kenntnis der Naturbeobachtung und der Folgen daraus dieses Wissen speicherten und bei Stadt-, Tempel- oder Hausanlagen anwendeten. Die Lage eines Ortes mußte nach Yin-Yang-Kriterien vor dem Ausbau genau umrissen und bestimmt werden. Menschen mit solchen Fähigkeiten wurden als Fengshui-xiansheng, Geomanten oder „Wahrsager" bezeichnet. Aus den beiden Komponenten feng = Wind und shui = Wasser waren sie mit Hilfe weiterer Daten in der Lage, einen präzisen Ort und die genaue Zeit zu be-

stimmen, zu denen ein Gebäude errichtet werden konnte. Bei der Fixierung bäuerlicher Jahreszeitenregeln flossen Yin- und Yang-Vorstellungen konkret in die alten chinesischen Bauernkalender ein, die – wie wir wissen – im Reich der Mitte eine entscheidende Rolle im Lebensrhythmus dieses Ackervolkes spielten.

Fassen wir das bisher Geschriebene zusammen, so können wir sagen, daß Yin und Yang in China in sehr alten Naturanschauungen, den daraus erwachsenen gesellschaftlichen Folgen (Bildung sozialer Gruppen) sowie in den Bauernregeln, die einen Jahreszyklus in genau beschriebene Perioden und Feste einteilen, wurzeln. Yin und Yang dienten als Vorbild bzw. Muster der kosmischen Ordnung. Aus diesen Vorstellungen entwickelte sich das philosophische Denken der Chinesen.

Ein präzises Entstehungsdatum des Yin und Yang ist nicht zu ermitteln. Dadurch, daß sich seit dem 4. vorchristlichen Jahrhundert in China jedoch viele Gelehrte mit Astrologie und Naturphänomenen beschäftigten und ihre Erkenntnisse auch schriftlich fixierten, ist bekannt, daß in jener Zeit Yin- und Yang-Gedanken bereits allgemeines Wissensgut waren. Als eine der gesicherten Quellen für diese Annahme gilt die chinesische Abhandlung Yueling (= Kalenderbeschreibung) aus dem größeren Werk Chunqiu (Frühlings- und Herbstannalen) des Verfassers Lü Buwei, der dieses Buch im 3. Jahrhundert, d. h. zwischen 221–206 v. Chr., geschrieben hat. Kalender sind Darstellungen des zyklisch bedingten Jahresablaufes und damit auch in China eng mit dem bäuerlichen Leben und den Arbeiten der Landbevölkerung verbunden. Somit erscheint es nur logisch, daß hier Yin und Yang als Grundgesetze der Natur verwendet wurden. Das Gleichgewicht, die Harmonie in der Natur sollte durch Yin und Yang eingehalten werden. Außerdem waren zu den Zeitpunkten der Tag- und Nachtgleiche die Kräfte der Natur, dargestellt an den beiden Emblemen, in vollkommener Harmonie. Winter und Sommer, Aussaat und Ernte, das Verhalten der Pflanzen und Tiere im Jahresrhythmus sowie das der Menschen (= Zurückgezogensein im Winter, das Erscheinen in der freien Natur im Sommer) wird durch Yin und Yang versinnbildlicht und auf die kürzeste Formel gebracht. Somit kann angenommen werden, daß zuerst – wie bei der chinesischen Schriftenentwicklung – ein Bild bzw. ein „Sinn"-Bild vorhanden war und daß erst danach das Begriffspaar Yin/Yang entstand. Wesentlich ist, daß in dieser Konstellation etwas Gegensätzliches und gleichzeitig Verbindendes ausgedrückt wird.

Die chinesischen Kalender bestanden aus alten Bauernregeln, die auf Naturbeobachtungen fußten. Bei diesen Beobachtungen erkannte man die beiden antagonistischen Kräfte des Zerstörerischen und des Belebenden in der Natur, die man bildlich im Yin und Yang darstellte. In ihnen kam nicht nur die Notwendigkeit des Naturausgleichs, der Harmonie und des natürlichen Gleichgewichtes zum Ausdruck, sondern auch in übertragenem Sinne die Sehnsucht der Menschen danach. Welcher Mensch strebte nicht nach Vollkommenheit, Zufriedenheit und dem Zustand der Harmonie. Die Naturphänomene zeigen den harmonischen Wandel, einen Wandel, der keine Extreme oder Ungleichheiten aufweist bzw. aufweisen soll. Die Wandlung – sofern sie nicht durch den Menschen beeinflußt wird – vollzieht sich in einer gleichmäßigen Wellenbewegung. Seit frühesten Zeiten ist die Vorstellung des Wechsels in Verbindung zu bringen mit musikalischen Phänomenen. Hier ist es der Rhythmus, der sich in Yin- und Yang-Vorstellungen niederschlägt. Die Chinesen haben daher schon früh die zusammenstimmenden Wirkungen von Yin und Yang im musikalischen Bereich erkannt und diesen Vorgang als *tiac* bezeichnet (3). Altchinesische Kultfeiern wurden immer musikalisch umrahmt. Selbst Bauern traten bei ihrer der Natur gewidmeten Kultfeiern in genau vorgeschriebenen Formationen zusammen und sangen im Chor Litaneien zu Ehren von Himmel, Erde, Sonne, Mond, Frühling, Sommer, Herbst und Winter. Dabei wurden – wie man es von schamanistischen Tanzbewegungen her kennt – auch Gebärden der Tiere nachgeahmt. Gesang, Tanz und Mimik zielten immer darauf ab, Formen der steten Erneuerung der Natur auf das Gesellschaftsleben der Menschen zu übertragen. Diese Beobachtung des Wechsels in der Natur hat bei den Chinesen zu einem binären Denken geführt, das heute noch tief bei ihnen verwurzelt ist.

Dieses binäre Denken gründet sich auf Vorstellungen, die nicht wie bei uns nach „Arten" und „Gattungen" unterscheiden, sondern Klassenordnungen mit einer Zweiteilung zugrundelegen, was sich besonders in ihrer Sprache ausdrückt. Hierzu schreibt Marcel Granet (4). „Dem Chinesischen ist die grammatikalische Unterscheidung nach dem Geschlecht unbekannt, währenddessen das chinesische Denken völlig von ihr beherrscht wird. Kein Wort kann als männlich oder weiblich bezeichnet werden. Doch werden im Gegensatz hierzu alle Dinge, alle Vorstellungen nach Yin und Yang geschieden." Diese Vorstellungen sind bereits im „Alten China" fixiert worden, was z. B. die 64 Orakelhexagramme aus dem Iging belegen. Dort ist allein von 1520 Yin-Yang-Gegebenheiten die Rede. Zur menschlichen Ehe heißt es u.a.: „Männliches und Weibliches vermischen ihre Wesenskräfte (ching = Samenflüssigkeiten), und die Zehntausend Wesen entstehen " (5) Von den Naturphänomenen abgeleitet, wurden die Yin-Yang-Vorstellungen auf die Verhaltensmuster und die Gesellschaft der Menschen übertragen. Hier kommt vor allem dem obersten Herrscher die entscheidende Rolle zu. Von ihm wird erwartet, daß er als Vorbild dient und

im Sinne von Yin und Yang für Ausgleich, Harmonie und Vermeidung jeglicher Extreme seiner Untertaner sorgt. Der „Mittelweg" ist das Zauberwort für den Herrschenden ebenso wie für die Beherrschten. Auf die Kerngruppe oder kleinste soziale Einheit der chinesischen Gesellschaft, die Familie, übertragen, bedeutet das, daß vom Herrscher des Staates wie durch den Familienvater sittliches Verhalten ohne Ausschweifungen und Übertreibungen erwartet wird. Schon früh kristallisierten sich in der Gesellschaftsorganisation zwei Gruppen – die der Männer und die der Frau – heraus. Obwohl beide Gruppen ihren eigenen Lebensstil in beruflicher Hinsicht, im Verhaltenskodex und im Besitzrecht hatten, bildeten sie eine Einheit. Das, was man in der Psychologie als ganzheitliche Schau des Menschen bezeichnet, wird hier, da Individualität bei Chinesen selten in Erscheinung trat, als ganzheitliches Gruppenverhalten gesehen. So wie Körper, Geist und Seele beim Menschen miteinander verzahnt sind, so können Männer und Frauen, ihre Lebensäußerungen und Empfindungen nur als Einheit betrachtet werden. Das Zusammenwirken komplementärer Gruppen wie bei dem Yin-Yang-Emblem mit seinen sich ergänzenden Hälften und Kernen bilden die Einheit, eine Einheit, die selbst in der Wortschöpfung „Androgynität" vor *andros* (Mann) und *gyne* (Frau) ihren Niederschlag findet. Der Wirkungsbereich der Frau war das Innere des Hauses das *nei* (= Inneres), das Abgedunkelte, in dem sie vor allem im Winter tätig war. Dagegen wirkte der Mann außerhalb des Hauses, er verkörperte das *wai* (= Außen). Frauen und Männer als symmetrisches Ergänzungspaar traten im „Alten China" in homogenen Gruppen bei rituellen Festen auf, wobei auch hier der Ort nach dem Yin-(Schattenseite eines Hügels) und dem Yang-Prinzip (Sonnenseite) ausgewählt wurde. Dazu schreibt Marcel Granet (6): „Das Yang ruft, das Yin antwortet"; „Die Jünglinge rufen, die Mädchen antworten." In diesen antithetischen Formeln offenbart sich die gegensätzliche Disziplin, welche die Beziehungen der beiden gegenläufigen Symbole regelt, wie dies auch beim Zusammenwirken der beiden konkurrierenden Verbände der Fall ist. Die verwendeten Ausdrücke sind bedeutsam, lassen sie sich doch nur als Anspielungen auf die Riten und Spiele der sexuellen Feste verstehen. Vom Yang wird ausgesagt, daß es „ruft und den Gesang eröffnet" (Ch'ang), was tatsächlich während des mit Gesängen begangenen Festes für die Jünglinge zutrifft. Vom Yin heißt es, daß es mit einer harmonischen (ho) Entgegnung antwortet; und tatsächlich entsprach dies der Rolle der Mädchen. Mädchen und Jünglinge leiteten ihre Vereinigung (ho) mit einem Turnier (ching) ein. Auch das Yin und das Yang vollführen einen Wettkampf (ching), ehe sie sich vereinen (ho), und sie führen ihn jedes Frühjahr und jeden Herbst als Vertreter zweier wettstreitender Verbände aus. Das Wort ho, das diese symmetrischen Verbindungen bezeichnet, ist auch für die gesungenen Entgegnungen gebräuchlich, in welchen sich die vollkommene Übereinstimmung der Wettkämpfe offenbart. Es ist überdies ein Ausdruck für die Harmonie (ho), die sich infolge der zusammenstimmenden Wirkung (tiao oder tiao-ho) von Yin und Yang einstellt. Nun wird deutlich, weshalb man das rhythmische Zusammenspiel der Symbole Yin und Yang gern durch musikalische Metaphern andeutet."

So wie wir hier das rhythmische Zusammenspiel der Symbole gesehen haben, so werden Yin und Yang auf alle anderen Bereiche des menschlichen Wirkens übertragen. Als anschauliches und gut verständliches Beispiel soll hier stellvertretend für die Vielzahl anderer Lebensbereiche das der Medizin unter dem Yin-Yang-Aspekt kurz erläutert werden. „Stehen Yin und Yang im Einklang, so ist der Mensch gesund", so lautet die traditionelle chinesische Gesundheitsformel. Überwiegt nun eine der beiden Komponenten, so ist der Mensch krank. Die Kräfte seines Körpers harmonieren nicht miteinander. Die Yang-Kraft wird als aggressiv, wild, heiß und trocken dargestellt. Die Yin-Kraft gilt als rezeptiv, repressiv, ruhig, sanft, feucht und geschwollen. Gerät eine Kraft aus dem Gleichgewicht, so muß der Arzt einschreiten, indem er die eine Kraft stimuliert oder die andere besänftigt. Die traditionellen chinesischen Mediziner sind der Ansicht, daß der menschliche Körper als Ganzes nach dem Vorbild des Kosmos aus fünf Grundelementen, nämlich Feuer, Erde, Metall, Wasser und Holz aufgebaut ist. Jedem Element entspricht ein menschliches Organ. Feuer = Herz; Erde = Blut; Metall = Lunge; Wasser = Nieren; Holz = Leber. Alle Elemente stehen in Wechselbeziehungen zueinander wie die menschlichen Organe auch. Werden diese Wechselbeziehungen gestört, verlaufen sie unharmonisch, so ist der regulierende Eingriff unerläßlich. Die fünf Grundelemente bzw. Organe sind wiederum in Suborgane gegliedert, womit sich ein vertikales und ein horizontales Bezugssystem ergibt. Zwei Hauptblutkreisläufe entsprechen wiederum dem Yin und Yang. In sie wird beim Ungleichgewicht regulierend bzw. ausgleichend eingegriffen. Da nach Vorstellung der Chinesen jede Materie sowohl Yin- als auch Yang-Kräfte enthält, muß der Mediziner bei Krankheiten den Befund – nicht die Diagnose – feststellen bzw. einschätzen und entsprechend handeln. Da er im allgemeinen die Yin- und Yang-Kräfte kennt, kann er nach dem Befund entweder akupunkturell oder medikativ vorgehen, um die Harmonie wiederherzustellen. Nicht zu unterschätzen bei der traditionellen chinesischen Therapie ist jedoch das Eingebundensein des Chinesen in seine Gruppe. Die Gruppenmitglieder ersetzen in seelisch-emotionaler Hinsicht das, was bei uns Psychologen und Psychiater tun. Nur – in China muß man auch hier von der Ganzheitsbehandlung ausgehen: Die Gruppe ist als Yin-, der Mediziner als Yang-Komponente zu sehen.

Die rhythmische Wechselbeziehung, die hier beispielhaft in Grundzügen aufgezeigt wurde, ist auf alle menschlichen Daseinsbereiche als Yin-Yang-Einheit anzuwenden.

1 Nach: L. S. J. Wieger, Chinese Characters Explaines. (Kuangchi Press). Taichung/Taiwan 1967. S. 418 (Reprint)
2 Nach: C. A. S. Williams, Encyclopedia of Chinese Symbolism and Art Motives. (The Julian Press) New York 1960, S. 454
3 Zhuangzi, ein chinesischer Autor des 4. vorchristlichen Jahrhunderts, hat dieses Phänomen in seinem Werk „Das Buch vom südlichen Blütenland" in Kapitel 14 erwähnt.
4 Marcel Granet. Das chinesische Denken – Inhalt, Form, Charakter. München 1971. S. 102
5 Granet, a. a. O., S. 102
6 Granet, a. a. O., S. 105

Wolfhart Westendorf

Mann-weibliche Konzeptionen im Alten Ägypten

Der ägyptische Gelehrte Horapollo (4.–5. Jh. nach Christus) berichtet in seinen Hieroglyphika (I, 12), daß sich die Welt der Ägypter aus männlichen und weiblichen Elementen zusammensetze. Diese Nachricht deckt sich mit den Ergebnissen der ägyptologischen Forschung, die den Dualismus als das Prinzip altägyptischer Weltsicht und Welterklärung herausgestellt hat: Die Zeit vor der Weltschöpfung wird als eine Art Un-Zeit beschrieben, in der es noch nicht zwei Dinge gab, d. h. erst mit der ordnenden Teilung bzw. Trennung der chaotischen Einheitsmaterie setzt die Schöpfung mit den Lebensqualitäten Licht und Zeitablauf ein. Diese dualistische Sicht führt dazu, Ganzheitsbegriffe in ihre polaren bzw. komplementären Gegensatzpaare aufzuspalten: Himmel und Erde = die Welt; das Seiende und das Nichtseiende = Alles; Ober- und Unterägypten (bzw. die beiden Länder oder die beiden Uferstreifen) = das Einheitsreich Ägypten; Groß und Klein = die Menschen.

Die Differenzierung in männlich-weiblich, die auch im Falle „Männer und Frauen = alle Menschen" auftritt, begegnet auch schon in dem erstgenannten Beispiel: Der Himmel (äg. weiblich) und die Erde (äg. männlich) bilden ein Paar, aus dessen Vereinigung die Sonne als das erste und wesentlichste Schöpfungsprodukt entsteht. Während Paare wie „die beiden Länder" oder „Groß und Klein" lediglich einen statischen Befund beschreiben, sind die geschlechtlich differenzierten Paare dynamisch angelegt: Aus ihrer Vereinigung entsteht über die Ganzheit „Mann und Frau" hinaus ein drittes Element, das Kind, das die Lebenskraft weiterreicht und die nächste Generation beginnt. Die Erfahrung, daß die Erhaltung des Lebens und somit auch die Überwindung des Todes nur garantiert werden können, wenn die Prinzipien der Zeugung und der Geburt, das Männliche und das Weibliche, sich körperlich vereinigen, hat konsequenterweise auch zu einer geschlechtlich differenzierten Aufspaltung des Ewigkeitsbegriffes geführt. Die beiden im „Wörterbuch der Ägyptischen Sprache" und in vielen ägyptologischen Arbeiten als synonyme Begriffe für „Ewigkeit" auftretenden ägyptischen Wörter Neheh und Djet sind jedoch alles andere als Synonyma, sondern in jeder Hinsicht klar zu scheidende Bezeichnungen. Dabei ist es gewiß kein Zufall, daß schon rein sprachlich das eine Wort ein Maskulinum (Neheh), das andere ein Femininum (Djet) ist. Die ägyptische Sprache verwendet in der Regel das grammatische Geschlecht in Übereinstimmung mit dem natürlichen Geschlecht des Bezeichneten: Vater und Mut-

Die „Großen Götter" Neheh und Djet als den Himmel stützende Horizont-Gottheiten: Neheh links im Osten (= Tag), Djet rechts im Westen (= Nacht)
(nach Westendorf, MÄS 10, 1966, Abb. 6)

ter, Bruder und Schwester usw. werden durch maskuline bzw. feminine Wörter bezeichnet. Daher wird hier davon ausgegangen, daß das männliche Wort Neheh das „männliche Prinzip der Ewigkeit" und das feminine Wort Djet „das weibliche Prinzip der Ewigkeit" bezeichnet und daß nur die körperliche Vereinigung beider Prinzipien neues Leben schafft bzw. dem Leben dazu verhilft, die Ewigkeit zu erreichen.

Die ägyptische Theologie hat diese Grundidee in ganz lapidarer Aussage formuliert: auf die Frage nach dem Wesen der Existenz gibt sie die Antwort: Neheh ist das zusammen mit Djet (1). An anderer Stelle nennt sie Neheh und Djet „die beiden großen (bzw. alten) Götter" sieht in ihnen also ein Götterpaar, das hierarchisch (und zeitlich) über den anderen Göttern steht.

Will man den Qualitäten und Funktionen dieser beiden „Ewigkeiten" näherkommen, so gibt es drei Wege, zu Aussagen zu gelangen:
1. Die altägyptischen Texte, die mit Hilfe von Assoziation und Analogie das Paar der beiden Ewigkeiten mit anderen Paarbegriffen in Parallele setzen, z.B. Neheh und Djet = Re (Sonnengott) und Osiris (Totengott).
2. Die hieroglyphischen Schreibungen, deren Bildhaftigkeit in gewissen Fällen Rückschlüsse auf den Charakter des Bezeichneten erlaubt: So wird die männliche Ewigkeit mit dem Sonnenzyklus, die weibliche mit der Mumie geschrieben.
3. Die Etymologie ihrer Namen: So bedeutet Neheh wahrscheinlich „der Herumgehende", d. h. zyklisch Kreisende"; Djet dagegen ist offenbar identisch mit dem Wort für „Leib".

Aus allen diesen Daten ergibt sich: Neheh und Djet als physiologisch verstandenes Paar verkörpern das Prinzip der kontinuierlichen Schöpfung, indem das zyklisch kreisende männliche Element aus dem entsprechenden weiblichen geboren wird und nach Vollendung seines Zyklus in eben diesen Leib zurückkehrt, um dort seine Wiedergeburt (die äg. Texte nennen diesen Vorgang „Verjüngung") zu erfahren. Gegenüber dem weiblichen Element ist das männliche bei der Geburt der Sohn, bei der Rückkehr jedoch der inzwischen herangereifte Ehegatte, der zum „Stier seiner Mutter" (äg. Kamutef) geworden ist, wie die Ägypter dieses Phänomen des sich selbst re-produzierenden Gottes nannten. Vorbild und Garantie dieser Konzeption mögen die bei der Himmelsbeobachtung festgestellten Vorgänge gewesen sein, die in der Mythologie der Ägypter sich folgendermaßen abspielten: Die Himmelsgöttin (ursprünglich in Gestalt einer Raubkatze oder einer Kuh, später vermenschlicht als Frau) gebiert am Morgen die Sonne zwischen ihren Schenkeln (geographisch: im Osthorizont) und bewerkstelligt die Rückkehr in den Mutterleib durch einfaches Verschlingen am Abend (dieses „Einverleiben" wurde physiologisch als Akt der Zeugung bzw. Empfängnis gewertet). Im Laufe der Nacht wandert die Sonne bzw. der Sonnengott durch den Leib seiner Mutter, wird wieder zum Kind, um am nächsten Morgen geboren zu werden als sein eigener Sohn.

Bemerkenswert ist der unterschiedliche Einfluß der Zeit auf die beiden Repräsentanten der Ewigkeit: Das männliche Element, das sich im Fluß der Zeit über den Himmel bewegt und unter ihrem Einfluß reift und stirbt, kann mit seinen Qualitäten „Bewegung" und „Veränderung" als Inbegriff der Zeit gelten. Das weibliche Element, der mütterliche Raum, ist hingegen von der Zeit unberührt, ja darf es auch gar nicht sein, denn nur unter Ausschaltung des Zeitablaufes kann sich das Wunder der Verjüngung vollziehen. Die beiden Ewigkeiten vertreten demnach auch die komplementären Begriffe Raum (weiblich) und Zeit (männlich).

Dieses Prinzip der beiden Ewigkeiten durchwirkt sämtliche Bereiche der ägyptischen Welt, es ist allumfassend und allerklärend. Es gibt physikalisch die Begründung für das Wiederkehren der Gestirne und der Nilüberschwemmung; es garantiert staatspolitisch die Erhaltung des Königstums beim Thronwechsel, indem stets ein neuer Horus aus seinem Vater Osiris entsteht und im Tode seinerseits zu Osiris wird, d. h. körperlich in diesen eingeht; es gibt aber auch dem Ägypter Jedermann die Gewißheit, daß der Tod für ihn kein Ende darstellt, sondern nur den Übergang zu einer neuen Lebensform, denn aus der Mumie erhebt sich der „Seelenvogel" Ba sonnengleich zum Himmel (kehrt aber auch zyklisch wie die Sonne zu seinem Leichnam, seinem Leib, zurück).

Dieses allumfassende Prinzip der beiden Ewigkeiten läßt sich schematisch folgendermaßen darstellen:

Das Prinzip der beiden Ewigkeiten

Männliche Ewigkeit (Neheh)		*Weibliche Ewigkeit (Djet)*
Geborenwerden und Sterben von der Zeit berührt / werden vergänglich/sterblich	a) physiologisch	Gebären und Empfangen (= Töten) von der Zeit unberührt /sein unvergänglich/unsterblich
Sohn bzw. Gatte (eigener Vater)	b) soziologisch	Mutter/Gattin
Tag/Licht/Ordnung/Bewegung/Zeitablauf Zyklus/Diesseits/irdisch/Erde	c) kosmisch	Nacht/Dunkel/Chaos/Ruhe/Zeitlosigkeit Dauer/Jenseits/außerirdisch/Himmel
Zeit	d) physikalisch	Raum („Leib")
Sonnengott (Re/Horus)	e) mythologisch	Himmels- bzw. Totengottheit
regierender König (Horus) historischer König (*njswt*)	f) staatlich	toter König (Osiris) mythischer König (*bjtj*)
„Seele" (Ba)	g) anthropologisch	Leichnam (*ḫ3.t*-Leib)

Dieses in sich ausgewogene, das ideale Perpetuum mobile verwirklichende Prinzip der beiden Ewigkeiten geht von dem Vorhandensein zweier gleichwertiger Partner aus, die aufeinander angewiesen sind: Ohne Geburt keine Zeugung bzw. ohne Zeugung keine Geburt. Es ist offensichtlich, daß dieses System nur funktioniert, wenn es in Gang gekommen ist. Die Antworten auf die Fragen nach seinem Anfang und seinem Ende müssen über dieses System hinausweisen. Beide Fragen wurden von den Ägyptern gestellt und wie folgt beantwortet: Auf die Frage nach dem Weltende fand die ägyptische Theologie im Totenbuch, Kapitel 175, die Antwort, daß am Ende der Zeit die beiden Urgötter Atum und Osiris übrigbleiben würden „an einer Stelle", was mit anderen Worten besagt, daß die Zeit und das Licht, die beide ja nur ein Produkt des mütterlichen Raumes waren, in diesen zurückkehren und dieser lichtlose Raum allein übrigbleibt wie er auch am Anfang allein vorhanden war und aus sich heraus die Schöpfung hervorbrachte (2).

Die Frage nach dem Anfang dieses Systems der beiden Ewigkeiten wird durch eine Gottheit beantwortet, die dieses Prinzip der Zweiheit noch nicht kannte, sondern sie erst durch seine Schöpfungstätigkeit des „Trennens, Einteilens, Ordnens" hervorbrachte. Ein solcher Urgott, in dem die Zweiheit präexistent angelegt war, steht an der Spitze der Weltschöpfungslehre von Heliopolis; sein Name ist Atum, gebildet von einem Wortstamm, der das Nicht-Sein ebenso ausdrücken konnte wie das Alles-Sein. Atum dürfte also – umständlich übersetzt – derjenige sein, der aus dem Nichts sich in das Alles vollendete. Er schuf das erste geschlechtlich differenzierte Götterpaar Schu (den Luft- und Lichtgott) und Tefnut (die Himmelsherrin). Die Pyramidentexte (um 2250 v. Chr.) schildern, wie Atum die aus seinem Samen entstandenen Kinder Schu und Tefnut aushustet bzw. ausspeit (3).

Einen Gott mit derartigen Qualitäten nennen die Texte ‚Vater und Mutter", was besagen will, daß beide Schöpfungsprinzipien, das Zeugen und das Gebären, in einer Gottheit vereinigt sind. Dennoch ist bei genauerem Hinsehen keine ideale Doppelgeschlechtlichkeit zu sehen, denn seiner Erscheinung nach ist Atum ein männlicher Gott; auch sein Name ist der Form nach männlich; und vor allem besitzt er offensichtlich nur die männlichen Geschlechtsteile, während die Empfängnis und die Geburt durch seinen Mund erfolgen (4). Atum ist also im besten Sinne des Wortes ein Vertreter der Androgynie, d. h. ein geschlechtlich voll ausgebildeter Mann mit sekundären weiblichen Merkmalen (hier dem Mutterleib, in dem er seinen eigenen Samen zu einem Zwillingspärchen heranreifen läßt).

Umgekehrt treten, insbesondere in der Spätzeit, Göttin-

Die Göttin Mut als Urgöttin (nach LÄ II, 634)

nen mit dem Anspruch auf, als Urgöttinnen die Welt geschaffen zu haben. So sagt etwa Isis von sich: „Ich machte mich selbst zum Mann, obwohl ich eine Frau war". Oder Amaunet (das weibliche Gegenstück zum Urgott Amun) nennt sich „die Mutter, die Vater war". Solche Phänomene würden wir, der obigen Terminologie folgend, als Gynandrie bezeichnen. Doch müssen wir dabei im Auge behalten, daß die Mythologie hier keine physiologischen Erscheinungen beschreiben will im Sinne eines medizinischen Befundes, sondern daß es um die Überhöhung der Qualität einer Gottheit geht, die an den Anfang der Schöpfung gerückt werden soll und somit das bislang fehlende Geschlecht sekundär nachgeliefert erhält. Wie automatisch, aber konsequent dabei verfahren wird, zeigt etwa das Bild der Mut, die zu ihrem üblichen Erscheinungsbild als Frau noch einen Phallus aufgepfropft erhält.

Daß es in der Spätzeit vor allem die Göttinnen sind, die uns mit solchen Urgottansprüchen begegnen, während es in den davor liegenden Zeiten die Götter waren, hängt offenbar mit der Rolle zusammen, die der Vater bzw. die Mutter in der Gesellschaft spielen. So läßt sich vom Beginn der ägyptischen Geschichte an (um 3000 v. Chr.) erkennen, daß die männlichen Gottheiten zu dominieren beginnen (wahrscheinlich haben sie die Großen Mütter der Vorgeschichte abgelöst). In dieses Bild gehört der oben beschriebene Atum, der im Grunde ein Vater ist, dem aber sekundär die weiblichen Schöpfungseigenschaften zugelegt worden sind.

Ein Meister in dieser Hinsicht war der Sonnengott Re, der im Zuge seines sieghaften Aufstiegs zum Hauptgott Ägyptens den Vorrang des männlichen Zeugungsvermögens gegenüber dem weiblichen Prinzip des Empfangens und Gebärens durchsetzte. Der Sonnengott war ursprünglich das Kind der Himmelsgöttin, die Sonnenscheibe selbst zunächst ein Objekt von tiergestaltigen Mächten, die für die Bewegung der Sonne über den Himmel zuständig waren. Diese ursprüngliche Abhän-

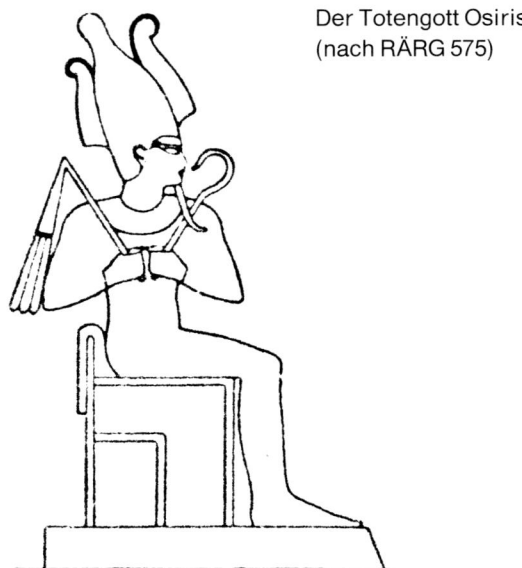

Der Totengott Osiris
(nach RÄRG 575)

gigkeiten von einer Mutter bzw. von anderen Mächten hat der Sonnengott mit steigender Machtfülle beseitigt: Zum Ur- und Schöpfergott aufgestiegen, degradierte er seine ehemalige Mutter, die Himmelsgöttin, zu seiner Tochter. Nicht sie hatte ihn geschaffen, sondern er sie (während er sich als „von selbst entstanden" bezeichnete). Aus den die Sonnenbewegung bewirkenden Tiermächten (vornehmlich die Uräus-Schlange und der Skarabäus-Käfer) wurden nunmehr Kreaturen des Sonnengottes; er machte sie zu seinen eigenen Erscheinungsformen (Skarabäus) oder formte sie zu dienenden Mächten (Uräus) oder gar zu bloßen mechanischen Hilfsmitteln für seine Himmelsreise. So wurde die Sonnenbarke als sein neues Reisefahrzeug konzipiert, doch die Tierbestandteile an ihr (die aus Verlegenheit oft als „apotropäisch" erklärt werden) künden noch beredt von ihrer eigenen Vergangenheit. – Diese „Entmachtung" ehemals weiblicher Prinzipien mündet im Extremfall in eine „Vermännlichung" und geht im Neuen Reich (um 1200 v. Chr.) so weit, daß selbst die weibliche Ewigkeit vermännlicht wird: In der Sprache bekommt das Wort Djet den männlichen Artikel, und in der Darstellung erscheint sie als Mann.

Eine Mischgottheit, die ursprünglich aus männlichen und weiblichen Anteilen zusammengesetzt war, jedoch in der historischen Zeit als Mann erscheint, ist der Totengott Osiris. Versuchen wir, seiner Entstehung auf die Spur zu kommen, so stoßen wir auf die Konzeption einer Himmelsgöttin in Tiergestalt (höchstwahrscheinlich einer Raubkatze), die (wie in geschichtlicher Zeit die Himmels-Kuh) die Gestirne gebar, sie aber nach Vollendung des Zyklus sich wieder einverleibte, um sie zu verjüngen. Dieser durch Erfahrung als gesichert betrachteten Himmelsmechanik der permanenten Erneuerung folgte der Jenseitsglaube der Könige (später

dann auch der Menschen überhaupt). Der König galt als Sohn der Himmelsgöttin, hervorgegangen aus der Vereinigung seines Vaters mit der Göttin (5). Wie die Sonne kehrte auch der König im Tode in den Leib seiner himmlischen Mutter zurück. Der Name dieser Himmelsgottheit war Osiris, der Form nach weiblich und dem Inhalt nach „Sitz des Auges" bedeutend (Sonne und Mond wurden als Augen der Himmelsgottheit verstanden). Durch die noch in den Pyramidentexten bewahrte Gleichsetzung des toten Königs mit dem Sonnenauge erfolgte rituell die Einbettung in den Mutterleib: „König NN ist dieses Auge des Horus (bzw. Re), das in die Löwenbahre gebettet und schwängernd empfangen ist und jeden Tag geboren wird" (6). Kultisch wurde diese Einbettung bewältigt, indem der Leichnam des Königs in eine raubkatzengestaltige Löwenbahre gelegt wurde. Nach der Gleichung Raubkatze = Himmel befand sich der tote König nunmehr im Himmel. Doch ergibt sich aus Parallelen mit dem benachbarten Afrika, daß diese Bestattungsform eine ältere abgelöst hat, die den Leichnam in den Balg einer Raubkatze stopfte, was ebenso die Einbettung in den Himmel bewirken sollte. Im Verlauf der Verfeinerung der Bestattungssitten wurden in Streifen geschnittene Tierbälge um den Leichnam gewickelt, die schließlich durch die historischen Leinenbinden der Mumifizierung abgelöst wurden. Doch trotz der äußeren Veränderungen bewies diese Umhüllung hinsichtlich ihrer Funktion ein enormes Beharrungsvermögen, denn noch in der geschichtlichen Zeit identifizierten die Ägypter die Mumienhülle des Osiris mit der Göttin Isis. Isis bedeutet aber ebenfalls „Sitz/Thron" und ist wahrscheinlich nur eine abgekürzte Variante des Namens Osiris „Sitz/Thron des Auges". Das bedeutet dann aber, daß in der historischen Mischgestalt des Osiris sich das männliche Prinzip durchgesetzt hat. Der Erscheinung nach ist Osiris ein männlicher Gott: Es ist der in der mütterlichen Umhüllung zum Gott gewordene tote König. In seinen Beiworten „Vater und Mutter" oder „Herr der Neheh-Ewigkeit, Herrscher der Djet-Ewigkeit" proklamiert er jedoch den Anspruch auf das komplementäre weibliche Prinzp, das nur noch in seinem Namen weiterlebt und in der Mumienhülle faßbar wird (die den weiblichen Aspekt des umschließenden Mutterleibes verkörpert). – Nach der Vermännlichung der Mischgestalt Osiris konnten die beiden Varianten Osiris und Isis zu einem Paar zusammengefaßt werden, als das sie uns in geschichtlicher Zeit begegnen.

Eine andere Größe der ägyptischen Religion, die solche Vermännlichungstendenzen klar erkennen läßt, ist der Ka-Begriff (bildlich dargestellt durch die beiden erhobenen Arme). Ka bedeutete ursprünglich wahrscheinlich schlicht „Hebekraft" und bezeichnete die Größe, die die Sonne aus der Nacht an den Himmel hob, sie am Abend aber auch wieder in Empfang nahm, denn ein „euphemistischer" Ausdruck für „sterben" heißt in der ägyptischen Sprache „zu seinem Ka gehen". Dieser Ka ist eine männliche und abstrahierende Nachfolgeform der ehemaligen Tiergottheiten, die für die Reise der Sonne über den Himmel zuständig waren. Auch die himmlische Mutter der Sonne zählte zu diesen den Sonnenzyklus in Gang haltenden Mächten. So zeigen die Bilder zum Beispiel das Sonnenkind zwischen dem Gehörn seiner Mutter, der Himmelskuh, sitzend. Und so wie die Himmelsgöttin das Verbindungsglied zwischen der morgendlichen Sohngestalt und der abendlichen Vatergestalt war, denn sie ließ ja in ihrem Leib den Vater wieder zum Sohn werden, so drängt sich in der ägyptischen Theologie der Ka immer stärker in diese Rolle: die Verbindung zwischen dem königlichen Sohn und dem göttlichen Vater herzustellen. Diese ägyptische Dreiheit aus Vater, Sohn und Ka ist mit der christlichen Trinität verglichen worden (7), wo der Heilige Geist diese Rolle als Verbindungsglied spielt. So überrascht es kaum, wenn in apokryphen Texten der Heilige Geist als „Mutter" angesprochen wird, d. h. die alte (physiologisch bedingte) Rolle der den Vater in den Sohn umwandelnden Mutter noch durchscheint. – Die Aufteilung der ursprünglichen Zweiheit in die Dreiheit, in der das männliche Element sowohl als Sohn als auch als Vater auftritt, hat offenbar in der Spätzeit zu der Berechnung geführt, daß die Urgöttinnen Neith und Hathor nicht als paritätisch mann-weiblich aufgefaßt wurden, sondern es heißt von ihnen: „Zwei Drittel von ihr sind Mann, ein Drittel von ihr ist Frau."

Die in der Spätzeit (wieder) dominierenden Göttinnen scheinen zu erweisen, daß das System der beiden Ewigkeiten, in dem sich das männliche und das weibliche Prinzip die Waage halten, wie eine Art Korrektiv funktioniert und der Tendenz zur Vermännlichung entgegenwirkt. Eine Rückbesinnung auf die Gleichwertigkeit des weiblichen Prinzips, ja fast ein gewisses Übergewicht, ist in der Amarnazeit unter König Achenaten („Echnaton") (Neues Reich, 18. Dynastie, um 1360 v. Chr.) zu beobachten. Zu Gunsten des von ihm als einzigen Gott verehrten Aten (= die Sonnenscheibe) ändert Amenophis IV. seinen Namen in den uns geläufigen Achenaten; in der Sonnenscheibe sieht der König „Mutter und Vater" der Schöpfung. Schon die geänderte Reihenfolge Mutter-Vater (statt des bisher üblichen Vater-Mutter) ist offenbar programmatisch. In anderen hymnischen Preisungen der Amarnazeit heißt es mitunter überhaupt nur „Mutter", so zum Beispiel: „Du bist die Mutter, die jedermann geboren hat; du, die du Millionen ernährst mit deiner Lebenskraft'. – Auch im Kunststil dieser Epoche dominiert bei der Darstellung der Körperformen die „weibliche Linie": Alle Menschen, selbst die Männer, folgen mit ihren breiten Becken und schwellenden Oberschenkeln sowie den fast weiblich wirkenden Brüsten diesem neuen Ideal. Vor-

bild für dieses neue Menschenbild ist selbstverständlich der König, der gottesgleich Menschen nach seinem Bilde schuf.

Um dieses Erscheinungsbild des Amarna-Königs rankt sich eine schon über ein halbes Jahrhundert reichende wissenschaftliche Kontroverse: Die einen sehen in den Darstellungen des Königs eine medizinhistorisch aufschlußreiche pathologische Studie, die zu minuziösen Diagnosen führte (die aber sämtlich wieder verworfen wurden). Andere (und mit ihnen der Autor dieses Arti-

Achenaten und Nofretete unter der Sonnenscheibe Aten, die durch ihre Strahlen den König und die Welt am Leben erhält (nach LÄ I, 528)

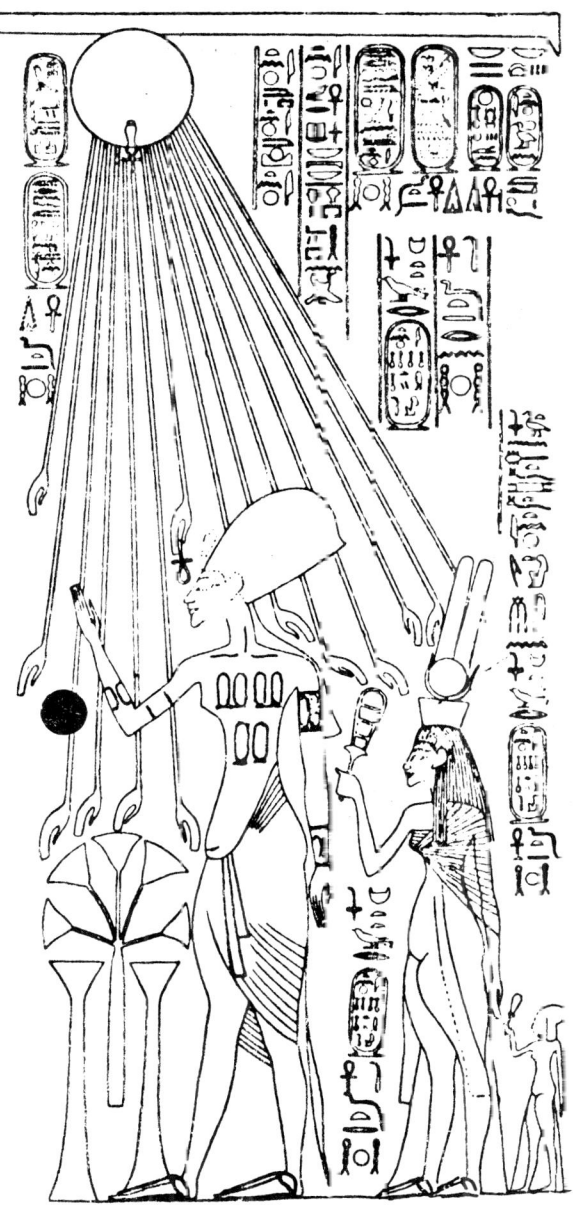

kels) sahen in diesen Körperformen des Königs die Absicht, eine Idee zum Ausdruck zu bringen (dabei läßt sich nicht ausschließen, daß gewisse Merkmale des königlichen Körpers als Anlaß oder zur Unterstützung dieser Konzeption der Darstellung gedient haben mögen).

Ausgangspunkt für die Deutung einer solchen möglichen Idee waren die Kolossalstatuen, die den König anscheinend nackt und geschlechtslos darstellten und die an der Stelle der früher üblichen Osiris-Pfeiler im Tempel aufgestellt waren. Osiris war, wie wir oben gesehen hatten, die Gottheit, mit der sich der König im Tode vereinigte. Doch schon in der Sinuhe-Geschichte des Mittleren Reiches (12. Dynastie, um 2000 v. Chr.) hieß es vom toten König Amenemhet I., daß er sich „mit der Sonnenscheibe (Aten) vereinigte, die ihn geschaffen hatte". Als Ziel der Vereinigung im Tode wird also schon hier statt Osiris die Sonnenscheibe Aten genannt. Da in der Amarna-Religion mit dem ägyptischen Pantheon auch Osiris ausgemerzt war, ist es verständlich, daß statt des Osiris-Pfeilers jetzt ein Aten-Pfeiler aufgestellt wurde und verkündete, zu welchem Ursprung der König im Tode zurückkehrte. Wie Osiris das Prädikat „Vater und Mutter" getragen hatte, so nennt

Statuette des Achenaten, um 1355 v. Chr. (A)

Kolossalstatuen des Königs Achenaten

sich jetzt Aten „Mutter und Vater" oder sogar nur „Mutter". – Die Darstellung des im Tode zu Aten gewordenen Königs mag also diese Idee der Gottheit, die „Mutter und Vater" war, durch entsprechende körperliche Merkmale zum Ausdruck gebracht haben – und danach vom König das Idealbild auf die Menschen der Amarna-Zeit ausgestrahlt haben.

Ein besonderes Merkmal an den Achenaten-Gestalten, nämlich der herabhängende Gürtel, der den schweren Bauch gleichsam auffängt, weist auf ältere Vorbilder dieser Gestalt: Es sind die sogenannten Nil- oder Fruchtbarkeitsgötter, Männer mit schwer über den Gürtel herabhängenden Bäuchen und mit herabhängenden Brüsten. Über den androgynen Charakter dieser Gestalten streitet sich die Ägyptologie jedoch auch noch immer: Die herabhängenden Brüste können durchaus die Formen der Brust von alten Männern darstellen, zumal die schwellende Brust schon früh in der Kunst den „Wohlhabenden" bezeichnet, also den in der überquellenden Speisenfülle Lebenden. Erst wenn – in der Spätzeit – aus diesen Brüsten das fruchtbringende Nilwasser quillt, ist auch physiologisch die Einbettung des weiblichen Prinzips in dieser Gestalt vollzogen. Als Vorbild wurde diese Nilgottgestalt jedoch nicht nur in

Amarna gewählt, sondern auch von anderen Göttern, die durch diese Gestalt ihre Ur- und Schöpfergott-Qualitäten belegen wollten, wie zum Beispiel der Gott Schu, der Sohn des Urgottes Atum.

Alle bisher vorgestellten Beispiele sind Realisationen gedanklicher Konzepte der altägyptischen Theologie, gehören also nicht in den irdisch-realen Bereich. Hier sind wir bei der Frage nach dem Auftreten entsprechender Fälle völlig auf Vermutungen angewiesen. Fein statistisch mag es Fälle von Doppelgeschlechtlichkeit gegeben haben, doch weder die medizinischen Texte noch gar die Kunstwerke geben über solche Zwitter Auskunft. Man sollte vermuten, daß en Hermaphrodit auch gar nicht als pathologischer Fall angesehn wurde, eher als ein besonderes Wunder, weil hier die religiös konzipierte Gestalt real in die Welt trat. Doch auch über solche Wunder wird nichts berichtet. Am ehesten möchte man noch dem Bericht des Eusebius von Caesarea (um 300 n. Chr.) den Hinweis auf Hermaphroditen entnehmen, wenn er in seiner Vita Constantini (IV.25) schreibt, daß bei den Nilfesten „weibische Männer" den Priesterdienst versahen.

Weiterführende Literatur in: Lexikon der Ägyptologie, Wiesbaden 1975ff., unter den Stichwörtern Dualismus; Götter, androgyne; Urgott. – Die in den Anmerkungen verwendeten Abkürzungen folgen der im „Lexikon der Ägyptologie" gegebenen Abkürzungsliste.

1 Totenbuch Spruch 17 (Urkunden V 17, 4–6)
2 Geradezu altägyptisch mutet es an, wenn Goethe im Faust Mephisto über das Licht reden läßt und dieser dabei sich selbst vorstellt: „Ich bin ein Teil des Teils, der anfangs alles war: Ein Teil der Finsternis, die sich das Licht gebar; das stolze Licht, das nun der Mutter Nacht den alten Rang, den Raum ihr streitig macht".
3 Pyr. 1248 und 1652 nach Kees, Götterglaube, S. 219–220
4 Die Empfängnis durch den Mund ist auch sonst belegt, z. B. bei der Himmelsgöttin, die die Gestirne verschlingt; Pap. D'Orbiney 18,4 nach Gardiner, LESt 28,6; Pap. med. London Nr. 38 nach Westendorf, in: ZÄS 92, 1966, S. 129–130
5 Mit dem Aufkommen des Sonnengottes Re am Ende der 4. Dynastie (um 2500 v. Chr.) wurde die Paarung dieser „Heiligen Hochzeit" umgekehrt: Das Dogma sah jetzt den König als „Sohn des Re", hervorgegangen aus dessen Vereinigung mit der Königin.
6 Pyr. 689d nach Westendorf, in: Nachrichten der Akademie der Wissenschaften in Göttingen 1985, 2, S. 115–116
7 H. Jacobsohn, Die dogmatische Stellung des Königs in der Theologie der Alten Ägypter, ÄgFo 8, 1955

Nilgott, um 900 v. Chr. (A)

Nilgötter
Fragmente eines Grabreliefs, um 300 v. Chr. (A)

Josef Franz Thiel

Androgynie in Afrika

Auf den ersten Blick scheint es vielleicht paradox, in Afrika von einer Androgynie sprechen zu wollen. Zu zahlreich sind die Hinweise, und zwar nicht nur im populären Schrifttum, von einem dualistischen Gegensatz zwischen Mann und Frau. Hermann Baumann, einer unserer ganz großen Afrikanisten, spricht von einem „Durchschlagen primitiver Mann – Weib – Antagonismen". Etwas weiter stellt er dann den lapidaren Satz auf: „Nicht das Androgyne ist das Ideal, sondern das Heterosexuelle" (1).

Zieht man noch strukturalistische Analysen heran, z. B. die von Luc de Heusch, so scheint der Schwarzafrikaner ausschließlich in binären Oppositionen zu denken. Man vergegenwärtige sich nur so geläufige Gegensatzpaare wie Himmel – Erde, Busch – Dorf, Feuer – Wasser, rot – weiß, Mann – Frau, roh – gekocht, Kultur – Unkultur, drei – vier usw. um nur einige der geläufigsten aufzuzählen. Es ist immer relativ leicht, binäre Oppositionspaare aufzustellen, zumal wenn man so tut, als gebe es ein Drittes – ein sogenanntes *tertium comparationis* – überhaupt nicht. Aber gibt es dieses Dritte wirklich nicht? Oder: Ist diese Opposition ursprünglich und das Idealbild des Afrikaners oder nur spätere Entwicklung?

Manches scheint darauf hinzudeuten, daß die binäre Opposition ein Produkt der unvollkommenen jetzigen Zeit ist. Die mythische Urzeit – in etwa das, was die Australier die *bugari-Zeit*, die Traumzeit, nennen – kannte diese Oppositionen noch nicht, sondern sie fanden damals in einem Ganzen ihre Einheit. Das Sich-auseinander-Entwickeln in eine Opposition, ist ein typisches Zeichen der unvollkommenen menschlichen Jetzt-Zeit. Wenn H. Baumann kategorisch betont, daß das Heterosexuelle das Idealbild ist, dann hat er diese unsere lineare, aber niemals die vollkommene Zeit im Blick. Doch die ganze afrikanische Mythologie und Religion deuten darauf hin, daß die jetzige Zeit und die darin stattfindenden Aktionen nur eine Nachahmung der Urzeit und der Taten in ihr sind. So ist z. B. nicht der jetzt lebende Mensch das Ideal, sondern der Urahn. Der sakrale König bezieht seine Sakralität aus dem Umstand, daß er eine „Neuauflage" des Gründers der Dynastie ist. Eine Handlung in der Jetztzeit ist ethisch gut, wenn sie mit jener des Urahns übereinstimmt, nach dem Vorbild der Urahnen handelt. Die Mythen beziehen ihre Wirkung gerade daraus, daß sie die Urzeit wieder erstehen lassen. Die Urzeit muß also wiederholt werden.

Es wird zu zeigen sein, daß der Mensch diesen Urzustand immer wieder anstrebt, um die Opposition zu überwinden. Im dem hier zu behandelnden Thema heißt dies, daß der Afrikaner immer wieder bestrebt sein wird, den Gegensatz Mann – Frau aufzuheben, um den Urzustand wiederherzustellen. Marcel Griaule berichtet von den Dogon in Westafrika, daß der Zwittergott Nommo jedem Menschen zwei Seelen gebe: eine männliche und eine weibliche. Jedes Neugeborene ist also ein androgynes Wesen. Solange jedoch das Geschlecht undifferenziert ist, bleibt die Persönlichkeit unstabil. Die weibliche Seele des Jungen befindet sich in der Vorhaut und die männliche des Mädchens in der Klitoris. Um also das Geschlecht zu spezifizieren und die Persönlichkeit zu stabilisieren, müssen Vorhaut und Klitoris entfernt werden (2).

Diese ursprüngliche Androgynie des Menschen ist bereits in der Urzeitmythe grundgelegt, wo sich Gott Amma und die Erde vereinigen, nachdem Gott das männliche Prinzip der Erde, den Termitenhügel, abgeschlagen hat. Die Vereinigung des männlichen Himmels mit der weiblichen Erde ist ein weltweites Mythologem. Solange die Vereinigung der beiden Prinzipien andauert, ist Urzustand, ist mythische Zeit. Erst die Trennung bringt die geschlechtliche Differenzierung, aber auch alle Nachteile der endlichen Zeit mit sich.

Luba, Südöstliches Zaire
Opferschale (Vorder- und Rückseite) (A)

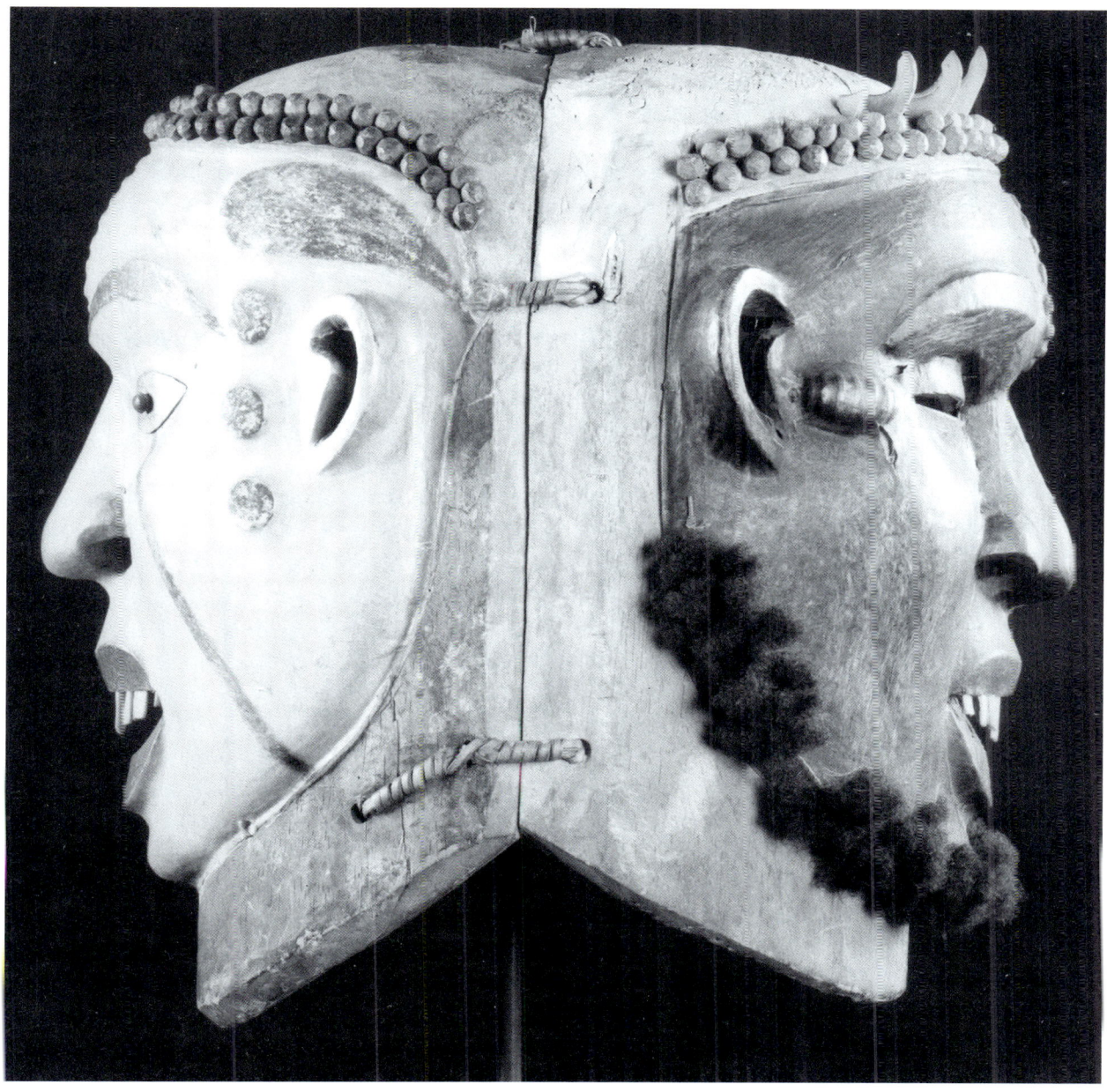

Ekoi, Süd-Nigeria, Maske in Januskopfform (A)

Es kann jedoch bei vielen Ethnien Schwarzafrikas gezeigt werden, daß sie die Opposition Mann – Frau auf einer höheren Ebene aufzuheben versuchen. Da s e bei besonderen Anlässen ihre Einheit symbolisch unterstreichen, muß man annehmen, daß dieser Einheit vorbildhafter Charakter zukommt. Ich möchte hier gar nicht die zahlreichen Ahnen- und Fetischfiguren erwähnen, die doppelgeschlechtlich sind. Allein bei den Yaka im Zaire sind mir zahlreiche solcher Figuren bekannt: mal werden sie als zweigeschlechtlicher Janus, mal als Figur mit beiden Geschlechtern neben- oder übereinan-

der dargestellt; dann aber kann auch wieder die Androgynie durch die Zahl sieben (3 plus 4) oder die Zahl neun (4 plus 5) zum Ausdruck gebracht werden. Ein andermal werden die Farben Rot (weiblich) und Schwarz (männlich) auf einer Figur so angebracht, daß man die Figur androgyn deuten muß.

Das Männliche und Weibliche können aber auch durch andere Mittel hervorgehoben werden. So, wenn auf einer Maske Pythonschlange (das chthonische Element) und Vogel (zölares Element) zusammen auftreten. Bis-

Dogon, Mali, Tellem Samana
Tanzmaske mit einem dreieckigen und einem viereckigen Auge (A)

Es geht bei dieser Zahlensymbolik weniger um die männliche und weibliche Zahl als vielmehr um die Summe der beiden Zahlen: sie ist nämlich die Zahl der Fülle, der Größe und oft sogar eine sakrale Zahl. Die Zahlen sieben und neun sind deshalb oft keine numerischen Größen mehr. Bei den Yansi im Zaire hörte ich von großen Häuptlingen immer wieder, daß sie neun Dörfer hätten. Wenn ich dann zählte, waren es mehr oder weniger: dennoch beharrten sie auf dem Titel „Häuptling von neun Dörfern". Ebenso pflegten große Dörfer immer vorzugeben, neun Klane zu beherbergen.

Ich lernte die Neun erst richtig begreifen, als ich das wichtigste Epitheton des Schöpfergottes verstand. Der Name des Schöpfergottes lautet *Ngwilmpwu* und das Epitheton *minawa*, was man „von neun Volkschaften" übersetzen könnte. Das Diktum will also besagen, daß *Ngwilmpwu* über alle Völker herrscht. Hier werden Männliches und Weibliches nicht als Antagonismus, sondern als Fülle, als Gesamtheit gesehen. *Ngwilmpwu minawa* könnte aber auch dahingehend verstanden werden, daß Gott das männliche und das weibliche Element in sich schließt. Eine Idee, die in der abendländisch-christlichen Theologie erst seit einigen Jahren um sich greift.

Weiblicher Christus (A), Matadi, Zaire

weilen sind auch männliches und weibliches Tier (Bamena) zu sehen. Bei den Bobo in Burkina Faso werden auf einer Maske die Sonne (männlich) und auf der anderen die Mondscheibe (weiblich) dargestellt. Beide müssen aber bei großen Anlässen zusammen auftreten.

Von Androgynie im eigentlichen Sinne können wir wahrscheinlich nicht sprechen, wenn bei großen Anlässen immer männliche und weibliche Masken zusammen auftreten müssen. Wohl aber zeigt dies, daß der Kosmos nur durch das Zusammenwirken beider Kräfte in der Balance gehalten wird.

Die Zahlensymbolik drei plus vier (bei manchen Ethnien Zentralafrikas auch vier plus fünf) spielt eine große Rolle. Wenn man heute traditionelle Afrikaner fragt, weshalb sie drei als männliche und vier als weibliche Zahl ansehen, so erhält man selten eine plausible Antwort. Bisweilen hört man, daß Penis und Hoden drei, die Schamlippen aber vier ausmachen. Diese Aussage klingt jedoch wenig überzeugend. Ob nicht vielleicht doch bereits in früher Zeit vom Mittelmeerraum her astrale Vorstellungen nach Schwarzafrika eingedrungen sein können?

Daß es im afrikanischen Kontext nicht abwegig ist, zu glauben, Gott schließe Männliches und Weibliches ein, zeigen folgende Fakten:

Bekanntlich erreichten die Portugiesen 1482 das alte Kongoreich. Seit 1492 setzte die christliche Missionierung ein. Seit dem 17. und 18. Jahrhundert zerfiel jedoch das Christentum zusehends. Doch die Kongolesen fuhren fort, die christlichen Sakralobjekte nachzumachen, nur brachten sie jetzt ihre eigenen Ideen ein, so daß synkretistische Formen entstanden. Sehr häufig wurde das Kreuz mit Korpus in Metall nachgegossen oder in Holz geschnitzt. Es sind jedoch eine ganze Reihe von androgynen Korpora auf uns gekommen. Es sind mehrere Metallkruzifixe bekannt, auf denen der Korpus mit weiblichen Brüsten dargestellt wird. Ein Korpus aus dem Tervurener Museum bei Brüssel hat sogar neben weiblichen Brüsten auf der rechten Hüfte ein kleines Kind sitzen. Im Museum zu St. Augustin bei Bonn ist ein Kruzifix ausgestellt, dessen Korpus in der oberen Hälfte weibliche Züge trägt: Brüste und Schmuck sind weiblich. Am rechten Oberarm (auf kikongo heißt „rechts" *diboko di yakala* – Arm des Mannes) trägt der Korpus drei Ringe und am linken („links" heißt auf kikongo *diboko di nkento* „Arm der Frau") vier Ringe. Hier fließt ganz offensichtlich die alte afrikanische Gottesidee mit ein, daß nämlich alles Große nicht nur männlich oder weiblich sein kann, sondern beides sein muß. Einige Autoren, die nicht vom afrikanischen Kulturstratum, sondern von christlichen Ideen ausgehen, machen den Einwand, daß wir im androgynen Korpus nicht Christus, sondern die heilige Wilgefortis oder heilige Kümmernis vor uns hätten. Eine Legende besagt, daß eine christliche Königstochter es ablehnte einen heidnischen König zu heiraten. Damit ihr Verehrer von ihr ablasse, bat sie Gott, sie zu verunstalten. Gott ließ ihr einen Bart wachsen. Ihr Vater war darob erzürnt und ließ sie kreuzigen (3). Doch die Androgynie auf dem einen Kruzifix von St. Augustin ist deutlich: Die drei und vier Ringe unterstreichen dies. Daß es sich bei dieser Androgynie um eine ureigene afrikanische Idee handeln muß, zeigt schließlich der Korpus aus Tervuren: Hier kann nicht die heilige Wilgefortis gemeint sein: Das Kind auf ihrer Hüfte ergäbe keinen Sinn, denn sie wollte ja ihre Jungfrauschaft bewahren. Zudem erscheint auch auf keinem der Korpora ein Bart, der ja ein Wesenselement in der Legende der heiligen Kümmernis bildet. Man wird nun verständlicherweise fragen, ob die Doppelgeschlechtlichkeit wirklich eine genuin afrikanische Idee ist. Der Name des Schöpfergottes der Kongo ist heute Nzambi (ob er dies auch früher war, sei dahingestellt). Dieser Name ist in verschiedenen Abwandlungen von den Herero im Süden bis zu den Ethnien am Kamerunberg im Norden und von den Kongo im Westen bis zu den Karanga im Osten als Gottesname in Verwendung (4). Wenn man die zahlreichen, zum Teil auch

Lobi, Elfenbeinküste, Doppelfigur (A)

265

sehr alten Berichte über Nzambi durchgeht, stellt man erstaunt fest, daß es sehr widersprüchliche Nachrichten über Nzambi gibt (5).

Manche Autoren sprechen von einem guten Nzambi, andere von einem bösen. Dann heißt es wieder, Nzambi sei im Himmel, dann wieder auf Erden. Bisweilen berichtet aber auch ein und derselbe Autor von zwei Nzambis, so z.B. Andersson 1969 und 1974 von den Kuta in Gabun (6). Ein Nzambi ist rot, einer weiß; einer Mann (der oben), der unten Frau. Die beiden Mächte

darf man sich jedoch nicht in Opposition stehend vorstellen, sondern sie bilden zusammen ein Ganzes. Es handelt sich jeweils um *einen* Aspekt oder um eine Funktion, vielleicht auch Emanation des Schöpferwesens. Dies wollte man ja auch ganz offensichtlich mit den Kruzifixen ausdrücken, wenn man Jesus mit beiden Geschlechtern versah.

Die konträren Nzambi-Interpretationen von Dennett (7), Weeks (8), Torday (9), Laman (10), Van Wing (11) und Doutreloux (12) lassen sich am besten erklären, wenn

Mayombe, Zaire
Mpindi Statue aus Londe-Iwakaiji, Lolo, Ende 19. Jh. (A)

Babwende, Zaire
Androgyne Figur, Ende 19. Jh. (A)

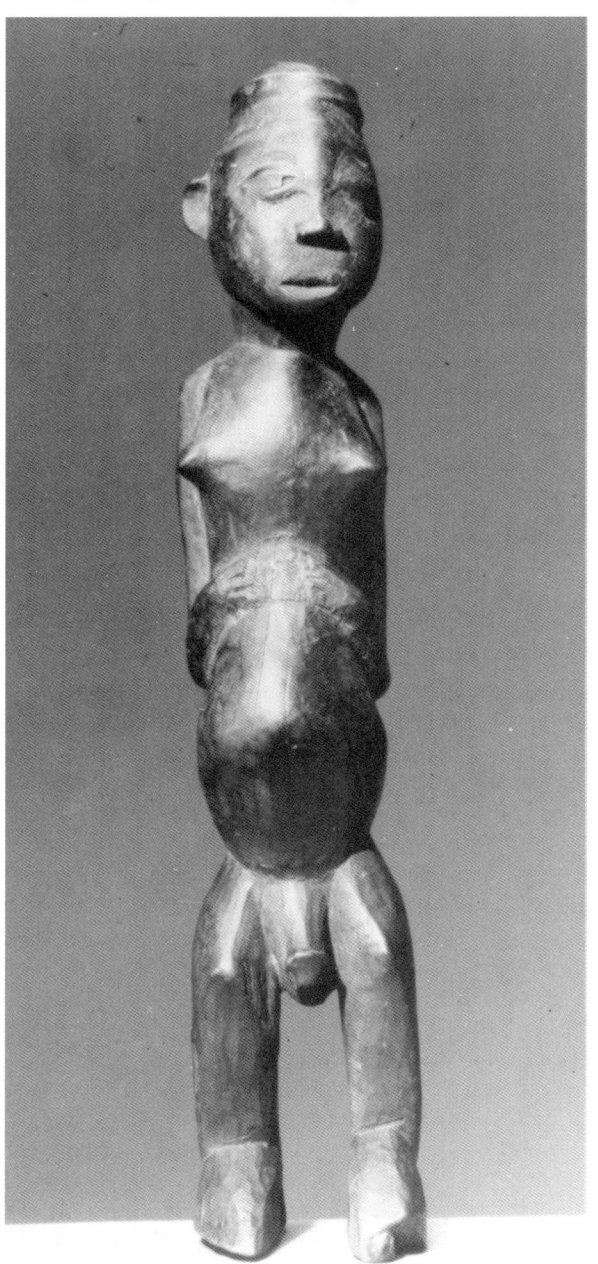

man zwei verschiedene Nzambis annimmt. Das Forschungsmaterial der einzelnen Autoren ist nicht so disparat wie es zu sein scheint, sondern die Autoren stellen jeweils einen Teilaspekt Nzambis heraus. Die gesamte Nzambi-Idee umfaßt aber mehr: er ist männlich und weiblich, oben und unten, gut und böse usw. Hermann Baumann war der Meinung, daß die sogenannten Naturvölker Afrikas eine androgyne Gottesidee praktisch nicht kennen. Er schreibt: „Die Ausbeute an Stoffen androgyner Mythik ist in Afrika, wie gesagt, nicht groß. Es überrascht aber nicht, daß sie stärker ist in den hochkulturlich überlagerten Gebieten des Sudans und des Bereichs rhodesischer Kulturen..." (13).

Mein Schüler Klaus Keuthmann hat 1982 in seiner Magisterarbeit über „Aspekte der religiösen Vorstellungswelt der Kxoe-Buschmänner (Nord-Kalahari)" deutlich bisexuelle Züge ihrer Schöpfergottheit herausstellen können. Die Kxoe aber sind heute Wildbeuter (wenn auch fraglich sein muß, ob sie dies immer waren). Nach Baumann dürften ihnen doppelgeschlechtliche Hochgott-Vorstellungen nicht zukommen. Er ist nämlich der Meinung, daß es im naturvölkischen Bereich zwar die Opposition Mann – Frau gibt, aber nicht bei den Wildbeutern, da diese Opposition in der „sinnvollen Arbeitsteilung und Gleichwertung der Geschlechter wenig Ansatzpunkte findet. Aber auch das Problem der Bisexualität ist in diesem Bereich des selbstverständlich Menschlichen kaum gegeben" (14).

Umso erstaunter muß man sein, daß gerade bei einer Wildbeuter-Ethnie eine bisexuelle Gottesidee scheinbar fest verankert ist. K. Keuthmann schreibt: „Nach der Vorstellung der Kxoe wohnt Kxyani hoch oben im ‚Himmel', entfernt von den Menschen, die nur durch die Ahnen seinen Willen erfahren können. Sie sind seine Diener und zugleich Mittler zu den Menschen. Kxyani ist omniszient gedacht, ‚mit starken anthropomorphen Zügen' (15). Der Name Kxyani ist als Inbegriff einer Reihe verschiedener und in ihren ‚Funktionen' unterschiedlicher Gestalten, besser wohl Emanationen des einen göttlichen Wesens zu verstehen. Ihre Abgrenzung voneinander ist nicht immer klar; obgleich sie entsprechend ihrer Geschlechtsgebundenheit sprachlich durch Genus-Suffixe unterschieden werden, tritt doch eine deutliche Bevorzugung des weiblichen Namens in den verschiedenen Quellen hervor, die nach der vorläufigen Gliederung der Emanationsformen durch Köhler nicht immer dem Kontext entspricht. So wird etwa Kxyani.ma als ‚Schöpfer aller Dinge' vorgestellt, zugleich aber die weibliche Emanation Kxyani he als ‚Schöpferin und Herrin der Tiere' erwähnt..." (16).

Da die Bisexualität mit einem so wichtigen Element wie den Jagdtieren verbunden ist, muß man annehmen, daß sie ein alter Buschmann-Bestandteil ist, selbst wenn

Luba, Südöstliches Zaire, Kleine Figur (A)

Fang, Gabun
Viergesichtige Maske, um 1900 (A)

diese „Sekundärprimitive" sein sollten. Es scheint demnach, daß die Bisexualität in Afrika von den Dogon im Westen bis zu den Buschmännern im Süden reicht. Im Norden und Osten hat H. Baumann sie als von Hochkulturen beeinflußt beschrieben. Wenn H. Baumann sie vor allem dem hochkulturlichen Einfluß zuschreibt, dann wohl nur, weil ihm das spätere Material noch unbekannt war. Unser heutiges Material läßt wohl den Schluß zu, daß die Androgynie eine genuin afrikanische Idee ist. Jedenfalls ist nicht die Opposition von Mann und Frau das Idealbild der Afrikaner, sondern ihre harmonische Vereinigung. Vieles deutet darauf hin, daß das Idealbild der Urzeit die Androgynie ist.

1 Hermann Baumann, Das doppelte Geschlecht, Ethnologische Studien zur Bisexualität in Ritus und Mythos, Berlin (1955) 1980, S. 85
2 Marcel Griaule, Schwarze Genesis, Ein afrikanischer Schöpfungsbericht, übers. von Jahnheiz Jahn, Frankfurt (1948) 1980, S. 166 ff.
3 Näheres hierzu bei Josef Franz Thiel und H. Helf, Christliche Kunst in Afrika, Berlin 1984, S. 90–92

4 Siehe Josef Franz Thiel, Zur Diachronie des Nzambi-Namens in Bantu-Afrika, in: Zeitschrift für Ethnologie, 108, 1983, S. 108 ff.
5 Es würde zu weit führen, hier im einzelnen darauf einzugehen, siehe Thiel 1983 a.a.O.
6 Efraim Andersson, La notion de Dieu chez quelques tribus congo-camerounaises, in: Journal of Religion in Africa, 2, 1969, S. 2; Ders. Contribution à l'ethnographie des Kuta II, Studia Ethnographica Uppsaliensia, 38, 1974
7 R. E. Dennett, At the Back of the Black Man's Mind of Notes on the Kingly Office in West Africa, London 1906, S. 167
8 John H. Weeks, Dreißig Jahre am Kongo, Sitten und Gebräuche der Kongoneger, Breslau 1914, S. 276
9 E. Torday, Dualism in Western Bantu Religion and Social Organization, in: Journal of the Royal Anthropological Institute, 58, 1928, S. 228
10 Karl Laman, The Kongo III, Uppsala 1962
11 Joseph Van Wing, Etudes Bakongo, Sociologie-Réligion-Magie, Bruxelles 1959
12 Albert Doutreloux, L'ombre des fétiches, Société et culture yombe, Leuven 1967
13 Baumann a.a.O., S. 193
14 Baumann a.a.O., S. 9–10
15 Oswin Köhler, Die rituelle Jagd der Kxoe-Buschmänner von Mutsiku, in: Festschrift H. Petri, Hg. K. Tauchmann, Köln 1973, S. 233
16 Klaus Keuthmann, Aspekte der religiösen Vorstellungswelt der Kxoe-Buschmänner (Nord-Kalahari), Unveröffentlichte Magisterarbeit, Phil. Fak. der Univ. Bonn 1982, S. 104–105

Literatur

Arte e scienza, Alchimia, La tradizione in occidente (Hg. Mino Gabriele), Arte e Alchimia (Hg. Arturo Schwarz), Biennale Venedig 1986

Philippe Ariès, André Béguin, Michel Foucault u. a., Die Masken des Begehrens und die Metamorphosen der Sinnlichkeit, Zur Geschichte der Sexualität im Abendland, Frankfurt 1984

Hermann Baumann, Das doppelte Geschlecht, Ethnologische Studien zur Bisexualität in Ritus und Mythos, Berlin 1955, 1986

Albert Béguin, L'Androgyne, in: Minotaure, Nr. 11, Mai 1938, S. 10–13 und 66

Alfred Bertholet, Das Geschlecht der Gottheit, Berlin 1934

Gisela Bleibtreu-Ehrenberg, Der Weibmann, Frankfurt 1984

Die Braut, geliebt, verkauft, vertauscht, geraubt, Zur Rolle der Frau im Kulturvergleich, hg. von Gisela Völger und Karin von Welck, Köln 1985

Bazon Brock, Eine Zukunft des Geschlechts im unaufhörlichen Abschied von Ödipus, in: Maskulin-Feminin, München 1972–75

Cottie A. Burland, The Arts of the Alchemists, London 1967

Gérard Busquet und Carris Beaune, Les Hermaphrodites, Paris 1978

A. J. L. Busst, The Image of the Androgyne in the Nineteenth Century, in: Jan Fletcher, Romantic Mythologies, London 1967

Joseph Campbell, The Hero with a Thousand Faces, New York 1949

Whitney Chadwick, Eros or Thanatos, the Surrealist Cult of Love Reexamined, in: Artforum, Nov. 1975, S. 46 ff.

Whitney Chadwick, Myth in Surrealist Painting 1929–1939, Ann Arbor 1980

Whitney Chadwick, Women Artists of the Surrealist Movement, London 1985

Sukie Colegrave, Yin und Yang, Frankfurt 1984

Marie Delcourt, Hermaphrodites, mythes et rites de la bisexualité dans l'antiquité classique, Paris 1958

Marie Delcourt, Hermaphroditea, Recherches sur l'être double promoteur de la fertilité dans le monde classique, in: Latomus, Revue d'études latines, Brussel 1966, Nr. 86

Bram Dijkstra, The Androgyne in Nineteenth Century Art and Literature, in: Comparative Literature 26, 1974, S. 62–73

Mircea Eliade, The Two and the One, London 1965

Wendy O'Flaherty, Women Androgynes and Other Mythical Beasts, University of Chicago Press 1980

Marie-Louise von Franz, Alchemy, Toronto 1980

Sara Friedrichsmeyer, The Androgyne in Early German Romanticism, Stanford German Studies, Verlag Peter Lang, Bern, Frankfurt, New York 1983

Xavière Gauthier, Surréalisme et sexualité, Paris 1971

Peter Gorsen, Das Bild Pygmalions, Reinbek 1969

Peter Gorsen, Intersexualität und Subkultur, in: Maskulin-Feminin, München 1972

Gaile Ann Haessly, Picasso on Androgyny, From Symbolism through Surrealism, Ann Arbor 1983

Jean Halley des Fontaines, La notion d'androgynie dans quelques mythes et quelques rites, Paris 1938

M. Hastings, Androgynous Imagery in Nineteenth-Century French Poetry, Ann Arbor 1972

Werner Hofmann (Hg.), Eva und die Zukunft, Ausst.-Kat., Kunsthalle Hamburg 1986

Eugen Holländer, Wunder, Wundergeburt und Wundergestalt in Einblattdrucken des 15.–18. Jahrhunderts, Stuttgart 1922 (2. Aufl.)

Lothar Hönninghausen, Präraffaeliten und Fin de siècle, München 1971

John Dixon Hunt, The Pre-Raphaelite Imagination 1848–1900, London 1968, S. 207–209

Paul K. Jewett, Man as Male and Female, Grand Rapids, Michigan 1975

C. G. Jung, Die Beziehungen zwischen dem Ich und dem Unbewußten, Gesammelte Werke, Band VII, Zürich und Stuttgart 1964

C. G. Jung, Psychologie und Alchimie, Olten 1975

Philippe Jullian, Les symbolistes London 1973

Robert Knott, The Myth of the Androgyne, in: Artforum Nov. 1975, S. 38 ff.

Stanislas Klossowski de Rola, Alchemy, the Secret Art New York 1973

Renate Laut, Weibliche Züge im Gottesbild israelitisch-jüdischer Religiosität, Köln 1983

Francine-Claire Legrand, Le symbolisme en Belgique Brüssel 1971

J. van Lennep, Art et alchimie, Brüssel 1966

Jean Libis, Le mythe de l'androgyne, Paris 1980

Gert Mattenklott, Bilderdienst, Frankfurt 1985

Wilhelm E. Mühlmann, Die Metamorphose der Frau Weiblicher Schamanismus und Dichtung, Berlin 1981 und 1984

Erich Neumann, Die große Mutter, Olten 1974

William R. Olander, Fernand Khnopff's Art or The Caresses: The Artist as Androgyne, in: Marsyas, 1975/76 S. 45–55

Karin Orchard, Androgynie in der Kunst des 15. und 16. Jhs., Magisterarbeit, Universität Hamburg 1986

Sâr Joséphin Péladan, Amphithéâtre des sciences mortes, Comment on devient fée, Paris 1893

Mario Praz, Liebe, Tod und Teufel, die schwarze Romantik, München 1960

L. S. A. M. von Roemer, Die androgynische Idee des Lebens, in: Jahrbuch für sexuelle Zwischenstufen 5, 1903, S. 917 ff.

Astrit Schmidt-Burckhardt, Variatio delectat, Über Metamorphosedarstellungen beim dadaistischen Porträt, in: Walter Vitt, Bagage de Baargeld, Freising 1985, S. 94 ff.

Arturo Schwarz, Alchemy, Androgyny and Visual Artists, in: Leonardo, Nr. 13, 1980, S. 57–62

June Singer, Androgyny, Toward a New Theory of Sexuality, New York 1976

Derek Stanford, Sex and Style in the Literature of the 90s, in: Contemporary Review, 216, 1970, S. 95–100

Derek Stanford, The Pre-Raphaelite Cult of Women: From Demozel to Demon, in: Contemporary Review, 217, 1970, S. 26–33

Jean Starobinski, Porträt des Künstlers als Gaukler, Frankfurt 1985

Harald Szeemann, Junggesellenmaschinen, Les machines célibataires, Venezia 1975 (Ausst.-Kat., Kunsthalle Bern)

Jehanne Teilhet-Fisk, Paradise Reviewed, An Interpretation of Gauguins' Polynesian Symbolism, Ann Arbor 1983

Barbara Wedekind Schwertner, Daß ich eins und doppelt bin, Studien zur Idee der Androgynie unter besonderer Berücksichtigung Thomas Manns, Frankfurt, Bern, New York, Nancy 1984 (Europäische Hochschulschriften, Reihe 1, Deutsche Sprache und Literatur)

Edgar Wind, Heidnische Mysterien in der Renaissance, Frankfurt 1981

Thomas Zaunschirm, Robert Musil und Marcel Duchamp, Klagenfurt o. J.

Elémire Zolla, The Androgyne, Fusion of the Sexes, London 1981

Ausstellungsverzeichnis

SMPK = Staatliche Museen Preußischer Kulturbesitz

Antike

Hermaphrodit
Pergamon, 2. Jh. v. Chr.
Istanbul, Antikenmuseum
Gipskopie, 186 cm
Gipsformerei, SMPK, Berlin

„Berliner" Hermaphrodit
Römische Kopie nach griechischem Original mit
späteren Ergänzungen, 1. Hälfte 4. Jh. v. Chr.
Pergamonmuseum Berlin (Ost)
Gipskopie, 172,3 cm
Gipsformerei, SMPK, Berlin

Renaissance

Cherubino Alberti
(Borgo San Sepolcro 1553–1615 Rom)
Bacchus, antike Statue mit Panther
Kupferstich 22,4 × 13,4 cm
Kupferstichkabinett, SMPK, Berlin

Heinrich Aldegrever
(Paderborn 1502–nach 1555)
Androgyne Teufel bemächtigen sich der Seele
des reichen Mannes, 1554
Kupferstich 8 × 10,9 cm
Kupferstichkabinett, SMPK, Berlin

Thomas Artus
Les Hermaphrodites, Paris 1605
Bayerische Staatsbibliothek, München

Robert de Baudous, (?), (G. Ryckius)
(Muhlbrecht (Venlo) 1558–1617 Haarlem)
nach Hendrik Goltzius
Salmacis und Hermaphrodit (Aus der Folge der
Metamorphosen)
Kupferstich 26 × 16,6 cm
Graphische Sammlung Albertina, Wien

Vicenzo Cartari
Les Images des Dieux Anciens..
(Die Bilder der alten Götter), Lyon 1581
Kunstbibliothek, SMPK, Berlin

Pierre Chenu nach Niccolò dell'Abbate
Franz I. als Athena
Kupferstich
Graphische Sammlung Albertina, Wien

Dominicus Custos
Helena Antonia nata… educata
Kupferstich
Graphische Sammlung Albertina Wien

Alexandre Collette
(Arras 1814–1876 Paris)
nach Leonardo da Vinci
(Vinci 1452–1519 Cloux)
Mona Lisa
Lithographie 26,5 × 21 cm
Kupferstichkabinett, SMPK, Berlin

Kopie nach Albrecht Dürer
(Nürnberg 1471–1528 Nürnberg)
Bildnis eines jungen Mädchens mit Barett,
1. Drittel 17. Jh.
Öl auf Holz 38 × 27 cm
Künstlerhaus, Gesellschaft m. b. H., Wien

Giorgio Ghisi nach Perino del Vaga
(Florenz 1501–1547 Rom)
Thetis mit zwei Tritonen
Kupferstich 25,5 × 16 cm
Kupferstichkabinett, SMPK, Berlin

Joseph Heintz d. Ä.
(Basel 1564–1609 Prag)
Amors Abschied von Psyche, nach 1603
Öl auf Leinwand 178 × 111 cm
Germanisches Nationalmuseum, Nürnberg

Phil a Gunst nach Nicolas Poussin
(Villères bei Les Andelys 1594 (?)–1665)
Hermaphrodit und Salmacis
in: Ovid, Metamorphosen, Amsterdam 1732, S.
123
Kupferstich und Radierung
Staatsbibliothek, SMPK, Berlin

Carlo Lasinio
(Treviso 1759–1838 Pisa)
nach Baldassare Peruzzi
(Siena 1481–1536 Rom)
(früher Giulio Romano)
Apollo im Reigen mit den Musen
Farbstich 49,4 × 61,2 cm
Kupferstichkabinett, SMPK, Berlin

Conrad Lycosthenes
Prodigiorum ac ostentorum chronicon
(Chronik von Ungeheuern und Wunderzeichen),
Basel 1557
Bayerische Staatsbibliothek, München

I. B. Massé nach Peter Paul Rubens
(Siegen 1577–1640 Antwerpen)
Maria de' Medici als Athena, 1708
Radierung und Kupferstich 50,5 × 35,6 cm
Kupferstichkabinett, SMPK, Berlin

Andrea Meldolla, genannt Schiavone
(Zara/Dalmatien, tätig 1540 (?), gest. 1563 Venedig)
Athena bei den Musen
Radierung 23,4 × 17 1 cm
Kupferstichkabinett, SMPK, Berlin

Andrea Meldolla, genannt Schiavone
Heiliger Johannes Evangelist
Radierung 22,1 × 11.2 cm
Kupferstichkabinett, SMPK, Berlin

Raffael Morghen
(Neapel 1758–1833 Florenz)
nach Bernardino Luini (früher Leonardo)
(tätig 1512/Lombardei, gest. 1532)
Christus disputierend (Halbfigur)
Kupferstich 32,5 × 23 cm
Kupferstichkabinett, SMPK, Berlin

Jan Muller
(Amsterdam 1571–1628 Amsterdam)
nach Bartholomäus Spranger
(Antwerpen 1546–1611 Prag)
Eros und Psyche
Kupferstich 38,5 × 53,5 cm
Kupferstichkabinett, SMPK, Berlin

Paulus Pontius
(Antwerpen 1603–1658 Antwerpen)
Sogenanntes Raphael-Bildnis
Radierung und Kupferstich 22 × 17,2 cm
Kupferstichkabinett, SMPK, Berlin

Egidius Sadeler
(Antwerpen ca. 1570–1629 Prag)
nach Bartholomäus Spranger
Athena legt die Unwissenheit in Fesseln
Kupferstich 50,2 × 35,4 cm
Graphische Sammlung Albertina, Wien

Jan Saenredam
(Zaandam, ca. 1565–1607 Assendelft)
nach Hendrik Goltzius
Bacchus, Ceres, Venus, 1600
Kupferstich 43 × 31,5 cm
Kupferstichkabinett, SMPK, Berlin

Bernard Salomon
Hermaphrodit und Salmacis
in: Ovidius, La metamorphose d'Ovide, figurée à
Lyon par Jean de Tournes,
Lyon 1557, Bl. 4
Staatsbibliothek, SMPK, Berlin

Petit Bernard Salomon (zugeschr.)
Der Hermaphrodit als Sinnbild der harmonschen Ehe, in: Bartolomaeus Anulus (Barthélemy Aneau), Picta Poesis, Lugduni. Apud Mahiam Bonhomme 1552. S. 14
Holzschnitt
Kunstbibliothek, SMPK, Berlin

Bartholomäus Spranger
Ohne Ceres und Venus erkaltet Bacchus, 1590
Öl auf Leinwand 163 × 99 cm
Alte Galerie am Landesmuseum, Joanneum,
Graz

Hans Springinklee
(nachgewiesen in Nürnburg 1512–1522)
Heilige Wilgefortis und der Spielmann
Holzschnitt 28,5 × 22,2 cm
Kupferstichkabinett, SMPK, Berlin

Francesco Susini
(tätig in Florenz, gest. 1346 Florenz)
Liegender Hermaphrodit
Bronze 12 × 42,5 × 20,5 cm
Kunsthistorisches Museum, Wien

André Thevet
Les vrais pourtraits et vies des hommes illustres…, Paris 1584
(Die wahren Porträts und Leben berühmter
Männer…)
Die Jungfrau von Orléans
Universitätsbibliothek Erlangen-Nürnberg

Cesare Vecellio
Bildnis Henri III
Farbholzschnitt, aquarelliert 32,3 × 27,2 cm
Kupferstichkabinett, SMPK, Berlin

Devotissime Meditiationes
Augsburg (Sigmund Grimm), 1520
Holzschnitt aus dem Burgkmair-Kreis
12,2 × 8,2 cm
Kupferstichkabinett, SMPK, Berlin

Porzellanteller KPM, um 1820
bemalt mit Szene von Salmacis und
Hermaphrodit nach Monet-Massart
Porzellan mit radiertem Gold und Muffelfarben
bemalt, 25 cm
Hagen Jung, Kunst und Antiquitäten, Berlin

Alchemie

Buch der Heiligen Dreifaltigkeit
Codex Germanicus Monacensis
Handschrift, deutsch, 2. H. 15. Jh.
Bayerische Staatsbibliothek München

Splendor Solis
Handschrift, Augsburg, um 1600
Staatsbibliothek, SMPK, Berlin

Alchemietraktat
Handschrift, Frankreich, 18. Jh.
Bibliothèque de l'Arsenal, Paris

Michael Maier
Symbola aureae mensae duodecim nationum,
Frankfurt a. M. 1617
Bayerische Staatsbibliothek, München
Germanisches Nationalmuseum, Nürnberg

–

Atalanta fugiens, Frankfurt a. M. 1617
Bayerische Staatsbibliothek München

–

Atalanta fugiens, Oppenheim, 1618
Kunstbibliothek, SMPK, Berlin

–

Chymisches Cabinet der großen Geheimnussen
der Natur, Frankfurt a. M. 1708
Kunstbibliothek, SMPK, Berlin

Johann Daniel Mylius
Philosohia reformata, Frankfurt a. M. 1622
Bayerische Staatsbibliothek, München

Hieronymus Reusner
Pandora, Das ist die Edelste Gab Gottes...
Basel 1582
Germanisches Nationalmuseum, Nürnberg

Daniel Stolcius von Stolcenberg
Hortulus hermeticus philosophorum
Frankfurt a. M. 1627
Staatsbibliothek, SMPK, Berlin

Salomon Trismosin
Aureum vellus, oder Guldin Schatz und Kunst-
kammer, Tractatus III
Rorschach, Bodensee, 1599
Germanisches Nationalmuseum, Nürnberg

Urbigerus
Abrégé de toute philosophie démonstrative,
Düsseldorf 1694
Bayerische Staatsbibliothek, München

Mode und Rollentausch

Französische Theaterkostüme, gestochen seit
1820
Bd. 1) Nr. 840
Kostüm einer Pierrette in „C'est encore du Bon-
heur" (Vaudeville)
Bd. 2) Nr. 872
Mademoiselle Georges, Cadette, Rolle eines
Pagen in „Les Mal-Contents"(Drama)
Bd. 3) Nr. 1355
Mademoiselle Déjazet in der Rolle des Riche-
lieu in „Les premières armes de Richelieu"
(Vaudeville)
Bd. 4) Nr. 1508
Mademoiselle Déjazet in der Rolle des Vicomte
de Letorieres im gleichnamigen Stück (Vaude-
ville)
Kunstbibliothek, SMPK, Berlin

Petit courrier des Dames, Paris 1826
Modezeichnung
Kunstbibliothek, SMPK, Berlin

L'Armée française et ses cantinières, Paris um
1857
Kunstbibliothek, SMPK, Berlin

**Drei Zeichnungen für die Zeitschrift „Die
Dame",** Berlin 1924/25
Kunstbibliothek, SMPK, Berlin

Alfred Eisenstedt
Marlene Dietrich in „Marocco", 1930
in: Marlene Dietrich, Portraits 1926–60
Schirmer-Mosel, München, 1984
Kunstbibliothek, SMPK, Berlin

Esther Colton
(Bremen 1951, lebt in Berlin)
Fotos
Serie 1975
Blixa Bargeld, 1982
Junge mit Gummibaum, 1982
Dame in Schwarz, 1985

Fin de siècle

Alastair (Hans Henning Voigt)
(Karlsruhe 1887–1969 München)
Mademoiselle de Maupin
Tinte, Feder, Pastell 32 × 16,7 cm
Trustees of the Victoria & Albert Museum, Lon-
don

Aubrey Beardsley
(Brighton 1872–1898 Mentone)
Der Liebesspiegel, 1895
Lavierte Tusch- und Bleistiftzeichnung
27,5 × 17,5 cm
Trustees of the Victoria & Albert Museum, Lon-
don

–

Théophile Gautier, Mademoiselle de
Maupin, Mappe, London 1898
Kunstbibliothek, SMPK, Berlin

–

Der Abbé (Abbé Franfeluche)
Zeichnung für „Under the Hill", 1904 als Buch-
ausgabe erschienen
Tusche 24,9 × 17,5 cm
Trustees of the Victoria & Albert Museum, Lon-
don

–

Oscar Wilde, Salome
Mappe, London 1907
Rüdiger Kampmann, München

Edward Burne-Jones
(Birmingham 1883–1898 London)
Die Hochzeit des Königs, 1870
Gouache, Gold gehöht auf Vellum 32 × 26 cm
Clemens-Sels-Museum, Neuß

–

Amor und Psyche, um 1871
Öl auf Leinwand 77,5 × 93 cm
Sheffield City Art Galleries, Sheffield

–

Der Erzengel Uriel, 1884
Gouache 50,8 × 25,4 cm
Privatsammlung, London

William Degouve de Nunques
(Monthermé, französische Ardennen 1867–1935
Stavelot)
Die Engel in der Nacht, 1894
Öl auf Leinwand 48 × 60 cm
Rijksmuseum Kröller-Müller, Otterlo

Jean Delville
(Louvain 1867–1953 Forest)
Die Schule des Plato, 1898
Foto von Alexandre, von Delville bezeichnet
40 × 60 cm
Cabinet des Estampes, Bibliothèque Royale
Albert Ier, Brüssel

Paul Gaugain
(Paris 1848–1903 Atuona/Marquesas-Inseln)
Der Zauberer von Hiva-Oa, 1902
Öl auf Leinwand 92 × 73 cm
Musée d'Art Moderne, Liège

Wilhelm von Gloeden
(Mecklenburg 1856–1931 Taormina)

10 Fotografien (Reproduktionen)
Galleria Lucio Amelio, Neapel

Fernand Khnopff
(Grembergen 1858–1921 Brüssel)
Ein Engel, 1889
Foto von Alexandre, von Khnopff gehöht, retou-
chiert und bezeichnet 29,5 × 18,4 cm
Cabinet des Estampes, Bibliothèque Royale
Albert Ier, Brüssel

–

Zärtlichkeiten, die Kunst, die Zärtlichkeiten,
1896
Öl auf Leinwand 50,5 × 151 cm
Musées Royaux des Beaux-Arts de
Belgique, Bruxelles/
Koninklijke Musea voor Schone Kunsten van
België, Brussel

–

Medusenhaupt, 1898
Lithographie 21,5 × 14,5 cm
Cabinet des Estampes, Bibliothèque Royale
Albert Ier, Brüssel

–

Braune Augen und eine blaue Blume, 1905
Bleistift und Gouache D 18,5 cm
Museum voor Schone Kunsten, Gent

Gustave Moreau
(Paris 1826–1898 Paris)
Orpheus an Eurydikes Grab, 1890
Öl auf Leinwand 173 × 128 cm
Musée Gustave Moreau, Paris

–

Indischer Dichter
Öl auf Leinwand 40 × 32 cm
Musée Gustave Moreau, Paris

–

Salome, um 1874–76
Aquarell 72 × 34 cm
Musée Gustave Moreau, Paris

–

Die Sphinx, 1886
Aquarell 31,5 × 17,7 cm
Clemens-Sels-Museum, Neuß

–

Hesiod und die Musen
Aquarell 33 × 19,5 cm
Musée Gustave Moreau, Paris

–

Der Abend und der Schmerz
Aquarell 24,5 × 33,5 cm
Musée Gustave Moreau, Paris

–

Bacchus bei den Hymenäen
Aquarell 19 × 10,5 cm
Musée Gustave Moreau, Paris

–

Herkules und die Laster
Aquarell 24,5 × 14,5 cm
Musée Gustave Moreau, Paris

–

Jakob und der Engel
Aquarell 29 × 16 cm
Musée Gustave Moreau, Paris

–

Titelblatt zu „Vie de l'Humanité"
Aquarell 11,5 × 29 cm
Musée Gustave Moreau, Paris

–

Der Tod des Dichters
Aquarell 20 × 15,5 cm
Musée Gustave Moreau, Paris

–
Die Stimmen (Heiliger Sebastian), vor 1890
Zeichnung 17,5 × 9 cm
Musée Gustave Moreau, Paris

Odilon Redon
(Bordeaux 1840–1916 Paris)
Dann entfaltete der verirrte Engel schwarze Flügel, 1886
Lithographie 25,8 × 21,5 cm
Kunstmuseum Winterthur

–
Lichtprofil, 1886
Lithographie 34 × 24,2 cm
Kupferstichkabinett, SMPK, Berlin

–
Die geschlossenen Augen, 1890
Lithographie 31,2 × 24,2 cm
Kupferstichkabinett, SMPK, Berlin

–
Gehörzelle, 1894
Lithographie 32,4 × 24,9 cm
Kupferstichkabinett, SMPK, Berlin

–
Die göttliche Kunst, 1894
Lithographie 31,5 × 25,8 cm
Kupferstichkabinett, SMPK, Berlin

–
Buddha, 1895
Lithographie 32,4 × 24,9 cm
Kupferstichkabinett, SMPK, Berlin

Dante Gabriel Rossetti
(London 1828–1882 Birchington-on-Sea)
Venus Verticordia, 1864–8
Öl auf Leinwand 98 × 69,9 cm
Russell-Cotes Art Gallery and Museum,
Bournemouth

Léonard Sarluis
(Den Haag 1874–1949 Frankreich)
Die Hermaphroditen, 1916
Farbstift auf Karton 98 × 68 cm
Félix Marcilhac, Paris

Walter Sauer
(Forest 1889–1927 Algier)
Das sterile Idol, 1925
Zeichnung, gehöht 84 × 70 cm
Galerie L'Ecuyer, Brüssel

Simeon Solomon
(London 1840–1905 London)
Der Gesang der Liebe, 1870
Bleistift und rote Kreide 40,5 × 69 cm
Birmingham Museum and Art Gallery,
Birmingham

–
Dämmerung, 1871
Aquarell 35,3 × 50,7 cm
Birmingham Museum and Art Gallery,
Birmingham

–
Nacht und Schlaf, 1888
Kreidezeichnung 35,7 × 29,5 cm
Birmingham Museum and Art Gallery,
Birmingham

–
Nacht
Aquarell 31 × 27 cm
Royal Albert Memorial Museum, Exeter

Karl Walser
(Feufen/Appenzell 1877–1943 Bern)
Cherubino aus „Figaros Hochzeit" von Mozart
in: Das Theater, Bühnenbilder und Kostüme von
Karl Walser mit Text von Oskar Bie,

Berlin, Bruno Cassirer, 1912
Kunstbibliothek, SMPK, Berlin

–
Théophile Gautier, Mademoiselle de
Maupin, deutsch von Arthur Schurig, Georg Müller, München und Leipzig 1913
Farblithographien
Rüdiger Kampmann, München

George Frederic Watts
(London 1817–1904 Compton)
Endymion, 1903
Öl auf Leinwand 104 × 122 cm
Trustees of the Watts Gallery, Compton/
Surrey

Zwanzigstes Jahrhundert
(Dada, Surrealismus, Klassische Moderne)

Hans Bellmer
(Kattowitz 1902–1975 Paris)
Histoire de l'œil, 1944
Die Geschichte vom Auge
Aquatinta 25 × 16,5 cm
Galerie Brusberg, Berlin

–
Mains articulées, 1950
Artikulierte Hände
Öl und Bleistift auf Leinwand 70 × 82 cm
Galerie Brusberg, Berlin

–
A Sade, 1961
10 Blätter
Mischtechnik 19,6 × 14,2 cm
Galerie Brusberg, Berlin

–
Ohne Titel
Radierung 19,5 × 14 cm
Sammlung Antoinette und Carl Mansker,
München/Deia

Victor Brauner
(Piatra Neamt/Rumänien 1903–1966 Paris)
Anatomie des Wunsches, die vollständige Frau
(Project C), 1936
Feder, Chinatusche und Farbtusche, grau laviert
und Aquarell mit Gouachehöhungen 65 × 50 cm
Musée National d'Art Moderne,
Centre Georges Pompidou, Paris

–
Ohne Titel, 1938
Feder und Chinatusche auf grauem Papier
49 × 63,5 cm
Musée National d'Art Moderne,
Centre Georges Pompidou, Paris

–
Der Stein der Weisen, 1940
Öl auf Leinwand 65 × 81 cm
Réunion des Musées Nationaux, Paris

–
Totinto, 1942
oder: die große Metamorphose
Öl auf Leinwand 54 × 65 cm
Réunion des Musées Nationaux, Paris

–
Zahl, 1943
Gips 161 × 64 × 64 cm
Réunion des Musées Nationaux, Paris

–
Projekt für „La Palladiste" I, 1943
Feder, Chinatusche und Bleistift auf Papier
65,4 × 50,3 cm
Musée National d'Art Moderne,
Centre Georges Pompidou, Paris

–
aus der Serie „Victor" 1949
Öl auf Leinwand

Victor Victorel ohne Zahl, 92 × 73 cm
Victor Victorios Victotalisateur, 55 × 46 cm
Victor Victorios, der widerspenstige Taschenspieler, 55 × 46 cm
Victor Victorel, sich selbst vergewaltigend
55 × 46 cm
Victor Victorios triapiert sich bei seiner Geburt,
65 × 54 cm
Réunion des Musées Nationaux, Paris

–
Zwei Menschen 1954
Wachs, Tusche, Farbe auf Karton
77,2 × 57,3 cm
Galerie Samy Kinge, Paris

–
Die Verwirklichung des Paares, 1957
Öl auf Leinwand 92 × 73 cm
Réunion des Musées Nationaux, Paris

–
Mutterfigur, sich selbst befruchtend, 1961
Tusche auf Papier 75 × 65 cm
Galerie Samy Kinge, Paris

–
Ohne Titel, 1964
Öl auf Leinwand 65 × 81 cm
Galerie Samy Kinge, Paris

–
Ohne Titel, 1964
Feder und Chinatusche auf Papier
65 × 50 cm
Musée National d'Art Moderne,
Centre Georges Pompidou, Paris

Paul Delvaux
(Antheit/Lüttich 1897, lebt in Boitsfort/
Brüssel)
Der Mann auf der Straße, 1940
Öl auf Leinwand 130 × 150 cm
Musée de l'Art Wallon, Liège
Dépôt du Ministère de la Communauté
Française

–
Die rote Stadt, 1943/44
Öl auf Leinwand 110 × 195 cm
Museum Boymans- van Beuningen,
Rotterdam

Marcel Duchamp
(Blainville-Crevon/Seine 1887–1968 Neuilly-sur-Seine)
Schnurrbart und Bart von L.H.O.O.Q., Zeichnung 1939, gedruckt in Paris, Mai 1941
Vorspann für ein Gedicht von Georges Hugnet
„Marcel Duchamp", 4 × 6,5 cm
Privatsammlung, Köln

–
Boîte-en-valise, 1941
Edition 1968
Lederkoffer mit Miniaturrepliken von Werken
von Marcel Duchamp 40,7 × 38,1 × 10,2 cm
Westfälisches Landesmuseum für Kunst und
Kulturgeschichte, Münster

–
L.H.O.O.Q., rasiert 1965
Readymade 8,8 × 6,2 cm
Privatsammlung, Köln

Edgar Ende
(Hamburg 1901–1965 Netterndorf bei
München)
Der große Hermaphrodit 1960
Öl auf Leinwand 120 × 90 cm
Privatbesitz München

Max Ernst
(Brühl 1891–1976 Paris)
Ohne Titel, um 1920
Aquarell und Gouache auf Zeitungspapier
12 × 11,5 cm
Sammlung Samy Tarica, Genf

–

Die chinesische Nachtigall, 1920
Fotografische Vergrößerung der Collage
56 × 40 cm
Privatsammlung, Krefeld

–

Die Menschen werden es nie begreifen,
um 1921
Gouache, Aquarell, Bleistift auf Papier
50,5 × 65 cm
Peter Schamoni, München

–

Entrer, sortir, 1923
Eintreten, Hinausgehen
Öl auf Hölz 205 × 80 cm (Tür)
Galerie Brusberg, Berlin

–

Chymische Hochzeit, 1925
Frottage, Bleistift auf Papier 20,8 × 16,4 cm
Privatsammlung, Houston

–

La femme 100 têtes, Paris 1929
Kupferstichkabinett, SMPK, Berlin
Galerie Brusberg, Berlin

–

Zu Tristan Tzara, Où boivent les loups, 1932
Wo die Wölfe trinken
Buch mit einer Radierung als Frontispiz der Vor-
zugsausgabe
Kaltnadel mit Tonplatte 15,5 × 11,6 cm
Editions des Cahiers Libres, Paris 1932
Privatsammlung, Krefeld

–

Tauben und Koralle, 1932
Collage, Öl und Bleistift auf Papier
50 × 65 cm
Galerie Brusberg, Berlin

–

Une semaine de bonté, Paris 1934
H. 4 Oedipe
Galerie Brusberg, Berlin

–

Ohne Titel, 1935
Aquarell und Bleistift auf Papier
30 × 24,5 cm
Privatsammlung, Krefeld

–

Sie erinnerte leicht an ein Pferd, 1938
Elle ressemblait légèrement à un cheval
Illustrationsvorlage für Leonora Carrington
„La maison de la peur", Paris 1938
Collage 15,5 × 12,5 cm
Privatsammlung, Krefeld

Ernst Fuchs
(1930 Wien, lebt in Wien)
Engel und Kreatur, 1960
Aquarell und Zeichnung, 30 × 10 cm
Peter Schamoni, München

Boris Grigorieff
(Moskau 1886–1939, 1919–1929 in Berlin)
Transvestiten, 1916
Öl auf Leinwand 204 × 88 cm
Galerie Alain Blondel, Paris

Alexej Jawlensky
(Torschok/Twer 1864–1941 Wiesbaden)

Violetter Schatten, um 1925
Öl auf Pappe 38,5 × 26,5 cm
Städtische KunstsammlungKassel

–

Nacht, 1933
Öl auf Pappe 42,5 × 32,5 cm
Städtisches Kunstmuseum, Bonn

Henri Laurens
(Paris 1885–1954 Paris)
Der kleine Amphion, 1937
Bronze 57 × 16 × 16 cm
Sprengel Museum Hannover

Tamara de Lempicka
(Warschau 1898 – lebt in Houston/Texas)
Die Herzogin von La Salle, 1925
Öl auf Leinwand 161 × 96 cm
Galerie Alain Blondel, Paris

Jacques Lipchitz
(Druskieniki/Litauen 1891–1973 Capri)
Der Schrei, 1928/29
Bronze 71,1 × 147,3 cm
Edition 2/7
Courtesy of Marlborough Gallery, New York

René Magritte
(Lessines 1898–1967 Brüssel)
Die Geburt des Idols, 1926
Öl auf Leinwand 120 × 80 cm
Galerie Brusberg, Berlin und
Galerie Zwirner, Köln

–

Der Ozean, 1943
Öl auf Leinwand 50 × 60 cm
Privatsammlung, Houston

André Masson
(Balayny/Oise 1896, lebt in Paris)
Der Kuß, 1928
Federzeichnung auf Bütten 32 × 27 cm
Privatsammlung, Krefeld

–

Metamorphose, 1929
Öl auf Leinwand 153 × 450 cm
Galerie Brusberg, Berlin

Francis Picabia
(1878 Paris – 1953 Paris) nach Marcel Duchamp
L.H.O.O.Q.
Umschlag für die Zeitschrift 391, Nr. 12, Paris,
März 1920
55–37,5 cm
Privatsammlung, Köln

–

Sphinx, 1923
Öl auf Leinwand 128 × 170 cm
Musée National d'Art Moderne,
Centre Georges Pompidou, Paris

–

Minos, 1929
Öl auf Holz 150 × 95 cm
Sammlung Angela Westwater, New York

–

Myrtil, 1929
Öl auf Leinwand 150 × 70 cm
Privatbesitz

–

Heiliger Sebastian, 1929
Öl auf Leinwand 195 × 130 cm
Mary Boone, New York und
Michael Werner, Köln

–

Pistil, 1946
Öl auf Holz 84 × 68 cm
Galerie Rudolf Springer Berlin

Pablo Picasso
(Malaga 1881–1973 Mougins/Cannes)
Frauenkopf, 1931
Bronze (einziger Abguß) 71,5 × 41 × 33 cm
Musée Picasso, Paris

–

Bildhauer, Kopfskulptur auf Postament
drehend mit sitzendem Modell, März 1933
Aus der Vollard Suite
Radierung 26,7 × 19,4 cm
Städtische Galerie im Städelschen Kunst-
institut, Frankfurt a. M.

–

Sitzender Bildhauer vor zwei
Kopfskulpturen, 26. März 1933
Aus der Vollard Suite
Radierung 26,7 × 19,4 cm
Städtische Galerie im Städelschen Kunst-
institut, Frankfurt a. M.

–

Ruhender Bildhauer mit liegendem Modell vor
Skulptur, 31. Mai 1933
Aus der Vollard Suite
Radierung 19,3 × 26,7 cm
Städtische Galerie im Städelschen Kunst-
institut, Frankfurt a. M.

–

Kopf von Boisgeloup 2, 1933
Radierung 31,8 × 22,9 cm
Galerie Louise Leiris, Paris

–

Geflügelter Stier von vier Kindern betrachtet,
1934
Radierung 23,8 × 29,8 cm
Städtische Galerie im Städelschen Kunstinstitut, Frankfurt a. M.

Man Ray
(Philadelphia 1890–1976 Paris)
Hermaphrodit, 1919
Sprühfarbe 40 × 50 cm oval
Hubertus Wald, Hamburg

–

Marcel Duchamp als Rrose Sélavy, 1921
Foto 28,3 × 27,2 cm
Arturo Schwarz, Mailand

Oskar Schlemmer
(Stuttgart 1888–1943 Baden-Baden)
Homo, Figur T, 1931
Edelstahlrohr auf Holzplatte 285 × 255 cm
Sammlung internationaler zeitgenössischer
Kunst der Kunsthalle Nürnberg

Yves Tanguy
(Paris 1900–1955 Waterbury/Connecticut)
Ohne Titel, um 1932
Federzeichnung 32,7 × 23,7 cm
Galerie Brusberg, Berlin

Ossip Zadkine
(Smolensk 1890–1967 Paris)
Hermaphrodit, um 1920
Bronze, patiniert 140 × 28 × 25 cm
1/5
Musée Zadkine, Paris

–

Torso eines Hermaphroditen, 1925
Akazienholz, lackiert um 1935
114 × 40 × 32 cm
Musée Zadkine, Paris

Aktuelle Kunst

Edith Altman
(geb. in Altenberg, lebt in Chicago)
Das goldene Zelt, 1986

Zeltplatz
Ölkreiden auf Acryl auf Holz 270 × 229 cm
Zelt 160 × 160 × 160 cm
Marianne Deson Gallery, Chicago

Die Entfaltung des Zelts
Ölkreiden auf Acryl auf Holz 227 × 115cm

Der Aufbau der Gefäße im Zelt
Ölkreiden auf Acryl auf Holz 105 × 105 cm
Mary und Leon Feldman, Highland Park,
Illinois

Das schwarze Feuer, das weiße Feuer, das rote
Feuer, das grüne Feuer bringt das Gold
Ölkreiden auf Acryl auf Holz 115 × 150 cm
Mary und Leon Feldman, Highland Park,
Illinois

Dieter Appelt
(Niemegk 1935, lebt in Berlin)
Der komplementäre Raum,
Shines in the Mind of Heaven, 1986
Eisen 90 × 120 × 55 cm und Fotoserie
Pauseback Kicken, Köln

Georg Baselitz
(Deutschbaselitz/Sachsen 1938, lebt in
Derneburg)
Ohne Titel, 1963
Bleistift, Tusche, schwarze Kreide auf Papier
48,5 × 31,5 cm
Galerie Michael Werner, Köln

—

Ohne Titel, 1963
Tusche, Aquarell, schwarze Kreide, Bleistift auf
Papier 48,5 × 31,5 cm
Galerie Michael Werner, Köln

—

Ohne Titel, 1964
Bleistift, Tusche auf oval ausgeschnittenem
Papier 36 × 31,3 cm
Galerie Michael Werner, Köln

—

Kopf, 1964
Bleistift, Tusche auf Papier 48,3 × 31,5 cm
Galerie Michael Werner, Köln

—

Ohne Titel, 1964
Kreide, Bleistift, Tusche, Aquarell auf Papier
38,5 × 31,5 cm
Galerie Michael Werner, Köln

—

Ohne Titel, 1966
Tusche, Kohle, Deckfarben auf Papier
196 × 73,5 cm
Galerie Michael Werner, Köln

—

Michael Buthe
(Sonthofen/Allgäu 1944, lebt in Köln)
Ohne Titel, 1984
Mischtechnik auf Leinwand 288 × 155 cm
Dietmar Werle, Köln

Luciano Castelli
(Luzern 1951, lebt in Berlin)
Luciano und Salome, 1979
Kunstharz auf Leinwand 240 × 200 cm
Sammlung Eric und Dominique Franck, Genf

—

Japanisches Portrait (Salome), 1981
Kunstharz auf Leinwand 180 × 375 cm
Sammlung Oliver Stahel, Zürich

—

The Bitch and the Dog, 1981
Dispersion auf Leinwand 240 × 200 cm
Privatbesitz, Berlin

Francesco Clemente
(Neapel 1952, lebt in New York)
Two Lovers/Zwei Liebende, 1982
Öl auf Leinwand 400 × 300 cm
Privatsammlung

Frank Dornseif
(Radevormwald 1948, lebt in Berlin)
Ohne Titel, 1986
Baudraht 240 × 80 × 80 cm

—

Chi è dic 1986
Baudraht 230 × 600 × 60 cm

Alfred Hrdlicka
(Wien 1928, lebt in Wien)
Travestie-Zyklus, 1980/81
Mischtechnik, 60 × 80 cm
La Danse 1 und 2
Pfau
Romeo
Julia
Bad Boy
Roberte
Les Boys
Chez nous
Tarantella
Rasputin und Anastasia
Amor und Psyche
Madame 100000 volts
Romeo und Julia
Pas de deux
Barbara Hrdlicka und Galerie Hilger, Wien

Rebecca Horn
(Mittelstedt 1944, lebt in Zell-Bad König)
der Skarabäus, der malt, 1986
Metall, Mortor, chinesische Pinsel, Tusche

Jürgen Klauke
(Kliding/Cochem 1943, lebt in Köln)
ET (enormer Transformer), 1973
Triptychon
Fototafeln, je 120 × 100cm

—

Triptychon
Fototafeln 120 × 100 cm, 180 × 105 cm,
120 × 100 cm

Pierre Klossowski
(Paris 1905, lebt in Paris)
Le Rocking-Chair, 1982
Farbstift auf Papier 150,5 × 126 cm
Lens Fine Art, Antwerpen

—

Szene des jungen Ogier und des
Kommandanten von St. Vit, 1982
Farbstifte auf Papier 132 × 150 cm
Galerie Maeght Lelong, Zürich

—

Der Baphomet und der Großmeister, 1982
Farbstifte auf Papier 205 × 120 cm
Raab Galerie, Berlin

—

Die Reue des Gilles de Rais, 1985
Farbstifte auf Papier 177 × 150 cm
Lens Fine Art, Antwerpen

Thomas Lange
(Berlin 1957, lebt in Berlin)
Der Zentaur, 1985
Öl und Tempera auf Nessel 200 × 300 cm

Urs Lüthi
(Luzern 1947, lebt in Zürich und München)

Zwei Fotos, je 100 × 70 cm
Courtesy Galerie Gugu Ernesto, Köln

—

Selbstportrait aus der Serie der Telefonzeich-
nungen, 1985
Acryl auf Leinwand 200 × 250 cm
Courtesy Galerie Gugu Ernesto, Köln

—

Selbstportrait aus der Serie der reinen Hingabe,
1986
(rechter Teil eines Diptychons)
Acryl auf Leinwand 200 × 250 cm
Courtesy Galerie Gugu Ernesto, Köln

Jakob Mattner
(Lübeck 1946, lebt in Frankfurt und Berlin)
Zwielicht, 1985/86
Installation

Rune Mields
(Münster 1935, lebt in Köln)
Über die Sehnsucht der Frauen – Über die
Schönheit der Männer, 1984
Aquatec auf Leinwand

Der Kniende, 200 × 145 cm
Galerie Jöllenbeck, Köln
Der Liegende, 200 × 200 cm
Galerie Jöllenbeck, Köln
Der Sitzende, 200 × 145 cm
Privatsammlung, Essen
Der Stehende, 250 × 145 cm
Privatsammlung, Köln
Der Liegende, 200 × 200 cm
Galerie Jöllenbeck, Köln
Der Sitzende, 200 × 145 cm
Privatsammlung, Essen
Der Stehende, 250 × 145 cm
Privatsammlung, Köln
Der Kniende, 200 × 145 cm
Museum Hedendaagse Kunst, Utrecht

Pierre Molinier
(Agen 1900–1976 Paris)
Drei Fotos von Luciano Castelli, 1976
Ein Foto Selbstdarstellung
Luciano Castelli, Berlin

Giulio Paolini
(Genua 1940, lebt in Turin)
Intervallo, (l'Androgino), 1986
(Pause, der Androgyni)
Fotografische Reproduktion 100 × 200 cm

Wolfgang Petrick
(Berlin 1939, lebt in Berlin)
Totentanz, 1986
Aufbruch, ich und Pietà
Öl auf Leinwand 200 × 600 cm

Ulrike Rosenbach
(Westdeutschland 1943, lebt in Köln)
Begegnung mit Ewa und Adam, 1982/83
Performance und Installation mit Diaprojektor,
Video, Objekten, Text- und Musikcollage

Martin Rosz
(Königsberg 1945, lebt in Berlin)
Arachne, 1975/76
Acryl auf Papier auf Spanplatten

Arachnes Puppen, 192 × 122 cm
Arachnes Frühling, 192 × 92 cm
Arachnes Flora, 35 × 215 cm
Arachnes Eltern und Otto, 170 × 153 cm
Arachne mit Augenbadewanne, 196 × 130 cm
Arachnes Tuch, 78 × 63 cm
Arachnes Eltern, 43 × 61 cm
Sammlung Hans Sandmeier, Berlin

Selket, 1980

Selket noch einmal
Acryl auf Umschlag, 26 × 16 cm

Stilleben mit Selket
Acryl auf Papier 27,5 × 46 cm

Reuterplatz-Tulpen und Selket
Acryl auf Papier 29,5 × 21 cm

Dank an Carin (Auge der Selket)
Collage und Acryl, 29,5 × 21 cm

Selket, Charlottenburg
Bleistift auf Papier, 29,7 × 21 cm

Selket im Bilka
Bleistift auf Papier, 29,7 × 21 cm

Selket am Baum
Bleistift auf Papier 29,7 × 21 cm

Die Gefiederte
Kaffee und Bleistift auf Papier 29,7 × 21 cm

Selkets Haus
Bleistift auf Papier 29,7 × 21 cm

Ohne
Bleistift auf Papier 29,7 × 21 cm

Selket im Café Royal
Bleistift auf Papier 29,7 × 21 cm

Selket, Bremen
Bleistift auf Papier 29,7 × 21 cm

Selket, Schloßpark Stadthagen
Bleistift auf Papier 29,7 × 21 cm

Selket brennt
Bleistift und Acryl auf Papier 29,7 × 21 cm

Selket – Liebe und Tod
Bleistift auf Papier 29,7 × 21 cm

Tränen
Bleistift auf Papier 29,7 × 21 cm

Seebüll finster
Bleistift auf Papier 29,7 × 21 cm

Regen in den Fängen des Skorpions
Aquarell 44 × 29 cm
Rainer Pretzell, Berlin

Selket und Bode
Bleistift auf Papier 29,7 × 21 cm
Privatsammlung, Düsseldorf

Selket beschützt Berlin
Acryl auf Papier, 24 × 30 cm
Helga und Helmut Schubauer, Berlin

Salome
(Karlsruhe 1954, lebt in Berlin)
TV VII, 1978
Kunstharz auf Nessel 180 × 160 cm
–

Geile Tiere I, 1979
Dispersion auf Nessel 160 × 420 cm
(dreiteilig)
–

Selbst als Geisha, 1981
Mischtechnik auf Leinwand 240 × 200 cm
Städtisches Museum Göttingen

Michael Schoenholtz
(Duisburg 1937, lebt in Berlin)
Erinnerung, 1985
Carrara-Marmor 48 × 160 × 101 cm
(dreiteilig)
–

Geteilte Figur, liegend, 1985
Carrara-Marmor 23 × 205 × 74 cm
(vierteilig)
–

Sonne und Mond, 1986
Carrara-Marmor 45 × 180 × 70 cm
(dreiteilig)

Michael Schwarze
(Krefeld 1939, lebt in Numbrecht/Hömel)
Duo, 1979
Bronze 50 cm
Galerie in Flottbeck, Hamburg
–

Zwitter, 1982
Bronze 82 cm
Galerie in Flottbeck, Hamburg

Sergio Sermidi
(Mantua 1937, lebt in Mantua)
Androgyn, 1981/82
Öl auf Leinwand 185 × 115 cm
–

Androgyn, 1982
Öl auf Leinwand 185 × 115 cm
–

Hermaphrodit, 1983/84
Öl auf Leinwand 240 × 150 cm

Werner Tübke
(Schönebeck a. d. Elbe 1929, lebt in Leipzig)
Mädchenakt, Studie zu einer Eva, 1969
Aquarell, Rötel, Bleistift 40 × 14,5 cm
Galerie Stübler, Hofheim am Taunus
–

Transvestit in Landschaft, 1980
Rötelzeichnung 54,5 × 44,3 cm
Galerie Stübler, Hofheim am Taunus

Timm Ulrichs
(Berlin 1940, lebt in Hannover)
Uroboros oder das Blut eines Dichters, 1976
Salz-Zucker-Kontinum

Stephen Willats
(1943 London, lebt in London)
Vom Tag in die Nacht und von der Nacht in den
Tag, April – August 1982
Fotos, Acryl, Bleistift, Tusche, Letraset und
Objekte von Andie und Ivie/Jane gesammelt
3 Tafeln, je 100 × 150 cm

Anno Wilms
(geb. in Berlin, lebt in Berlin)
Transformed Identitiy, 1986
Neunteilige Serie (Fotocollagen)

Ohne Titel, 1986
Fotocollage

Ohne Titel, 1985
Fotocollage

Ohne Titel, 1985
Fotocollage

Tibet

Yidam Akshobhyavajra-Guhyasamaja, 15. Jh.
Bronze, feuervergoldet 19 cm
Privatsammlung, Berlin

Mandala des Buddhakapâla, Süd-Tibet
Nor-Stil, 16./17. Jh.
Gouache auf Leinen, Brokateinfassung
34 × 26,5 cm
Gerd-Wolfgang Essen, Hamburg

Yidam Hevajra, Süd-Tibet, 18. Jh.
Dreiteiliger Hohlguß, kupfervergoldet mit Türki-
sen, Korallen und Lapis, Gesichter kaltvergol-
det, Haare rot bemalt, 25 cm
Gerd-Wolfgang Essen, Hamburg

Avalokiteshvara, China 18./19. Jh.
elfköpfig, achtarmig
Bronze, feuervergoldet 22 cm
Privatsammlung, Berlin

Jinasagara-Avalokiteshvara, Zentraltibet,
18./19. Jh.
Bronze, feuervergoldet 21 cm
Privatsammlung, Berlin

Mandala der Vashya-Vajravarahi, um 1900
Guache, Leinen Brokateinfassung 65 × 41 cm
Gerd-Wolfgang Essen, Hamburg

Thangka der Ushnishavijayâ, frühes 19. Jh.
Gouache, Leinen, Brokateinfassung
49,5 × 37,5 cm
Gerd-Wolfgang Essen, Hamburg

Indien – Nepal

Ardhanarishvara
Mathura, 3. Jh. n. Chr.
Rötlicher, gefleckter Sandstein
27,5 × 10,5 × 7,8 cm
Trustees of the Victoria & Albert Museum,
London

Ardhanarishvara, Kopf
Mathura, 5. Jh. n. Chr.
roter, gefleckter Sandstein 27,5 × 17 cm
Museum für Indische Kunst, SMPK, Berlin

Ardhanarishvara (Shiva und Parvati in einer
Gestalt)
Pahari, Ende 18. Jh.
Miniatur 17 × 12,5 cm
Museum für Indische Kunst, SMPK, Berlin

Ardhanarishvara (Shiva und Parvati in einer
Gestalt)
Kangra, Ende 18. Jh.
Miniatur 19,6 × 24,5 cm
Museum für Indische Kunst, SMPK, Berlin

Ardhanarishvara
Südindien, 20. Jh.
Gelbguß 104 cm
Hamburgisches Museum für Völkerkunde

Göttin Durga, den Büffeldämon tötend
Zentralindien, um 800 n. Chr.
Grauer Gneis 47 × 23 cm
Museum für Indische Kunst, SMPK, Berlin

Linga und Yoni
Südindien, 18. Jh.
Grauer Granit 32 × 19 cm
Museum für Indische Kunst, SMPK, Berlin

Lakshmi-Narayana
(Göttin Lakshmi und Gott Vishnu)
Kashmir, 14. Jh.
Bronze 20 × 11 × 5 cm
Galerie Darryl Isley Fine Art, New York

Südostasien

Uli-Figur, Neu-Mecklenburg
Holz, bemalt 56 cm
Staatliches Museum für Völkerkunde,
München

Uli-Figur, Neu-Mecklenburg
Holz, bemalt 115 cm
Linden-Museum, Stuttgart

Sechs Adu-Figuren, Nias, Indonesien
Ahnen-Schutzgeister
Holz, 34 cm, 41 cm, 35,5 cm, 25 cm, 24 cm,
22,7 cm
Museum für Völkerkunde, SMPK, Berlin

Twalen, Bali
Wayang Schattenspielfigur
Leder bemalt, 40 cm
Museum für Völkerkunde, SMPK, Berlin

Merdah, Bali
Wayang Schattenspielfigur
Leder bemalt, 30 cm
Museum für Völkerkunde, SMPK, Berlin

Semar, Java
Wayang Schattenspielfigur
Leder bemalt, 18,7 cm
Museum für Völkerkunde, SMPK, Berlin

Nala Gareng, Java
Wayang Schattenspielfigur
Leder bemalt, 20,5 cm
Museum für Völkerkunde, SMPK, Berlin

Zentralasien/China

Bodhisattva Avalokiteshvara
Murtug/Zentralasien, 9./10. Jh. n. Chr.
Tempelfahne, Malerei auf Ramie 95 × 59 cm
Museum für Indische Kunst, SMPK, Berlin

Bodhisattva Guanyin
China, Süd-Shansi,
Sui-Dynastie (581–618 n. Chr.)
Sandstein 138,5 cm
Museum Rietberg, Zürich

Guanyin im Meditationssitz
China, Ming-Dynastie (1368–1644 n. Chr.)
Porzellan 46,5 × 31 × 21 cm
Museum für Völkerkunde,
Abteilung Ostasien, SMPK, Berlin

Ägypten

Statuette des Echnaton
Tell el-Amarna, 18. Dynastie, um 1355 v. Chr.
Alabaster 12 cm
Ägyptisches Museum, SMPK, Berlin

Nilgott
22. Dynastie, um 900 v. Chr.
Bronze, vergoldet 10,5 cm
Staatliche Sammlung Ägyptischer Kunst,
München

Nilgötter
Fragmente eines Grabreliefs, um 300 v. Chr.
Schwarzer Granit 73 × 85 cm und 61 × 35 cm
Kestner-Museum, Hannover

Afrika

Tanzmaske, Tellem Samana, Dogon, Mali
Holz 35 × 20 cm
Privatsammlung, Berlin

Doppelfigur, Lobi, Elfenbeinküste
Holz 56 × 21 cm
Privatsammlung, Berlin

Maske in Januskopfform, Ekoi, Süd-Nigeria
Holz, mit Fell überzogen 35 cm
Museum für Völkerkunde, SMPK, Berlin

Blasinstrument, Bangwa, Kamerun
Elfenbein 24 cm
Museum für Völkerkunde, SMPK, Berlin

Doppelfigur, Bangulap, Kamerun, 1908
Holz 19,5 cm
Museum für Völkerkunde, SMPK, Berlin

Viergesichtige Maske, Fang, Gabun, um 1900
Holz, weiß gefaßt 41 cm
Linden-Museum, Stuttgart

Mpindi Statue aus Londe-Iwakaiji, Lolo,
Mayombe, Zaire, Ende 19. Jh.
Holz, Nägel, Eisenstücke 125 cm
Göteborgs Etnografiska Museum, Göteborg

Androgyne Figur, Babwende, Zaire, Ende 19. Jh.
Holz 41 cm
Göteborgs Etnografiska Museum, Göteborg

Opferschale, Luba, Südöstliches Zaire
Holz 37 cm
Museum für Völkerkunde, SMPK, Berlin

Kleine Figur, Luba, Südöstliches Zaire
Holz 36 cm
Linden-Museum, Stuttgart

Weiblicher Christus aus Kivala, Matadi, Zaire
Kunststoff 37 × 24,5 cm
Kopie Römisch Germanisches Museum, Mainz
1981, Original in Matadi
Haus Völker und Kulturen, St. Augustin

Unsere Beratung ist so individuell wie die Ziele unserer Kunden.

Das persönliche Beratungsgespräch ist der wichtigste Bestandteil unserer Partnerschaft mit dem Kunden. Unser Berater lernt Ihre individuellen Vorstellungen kennen und kann Ihnen sagen, wie sich das umfassende Angebot der Commerzbank am besten zu Ihrem Vorteil nutzen läßt.

Ob Sie wissen wollen, wie Sie Ihr Geld anlegen, ob Sie einen Kredit benötigen oder ob es um Ihren persönlichen Zahlungsverkehr geht. Kommen Sie zur Commerzbank.

Berliner Commerzbank.
Die Bank an Ihrer Seite.

„Andro-" und „Gyn-" bei Schering?

In den zwanziger Jahren begann in diesem „Alten Hauptlabor" (1872) die Hormonforschung bei Schering.
Progynon® kam 1928 auf den Markt.
Präparate des Forschungsgebietes *Andro*logie folgten.

Wenn Sie sich für die Geschichte der Schering-Forschung interessieren, sind Sie uns freitags (gegen Anmeldung unter Tel. 486 24 04) im „Alten Hauptlabor", das wir zu einem Museum umgestaltet haben, herzlich willkommen.

Forschung und Entwicklung sind die Grundlagen des Schering-Erfolges;
in Berlin und weltweit.

SCHERING

Pharma · Pflanzenschutz
Industrie-Chemikalien
Galvanotechnik